Veröffentlichungen
des Instituts für Sozialgeschichte e.V.
Braunschweig · Bonn

Herausgegeben von Dieter Dowe

Gerd Kuhn

Wohnkultur und kommunale Wohnungspolitik in Frankfurt am Main 1880 bis 1930

Auf dem Wege
zu einer pluralen Gesellschaft
der Individuen

Verlag J. H. W. Dietz Nachfolger

Für Anne und Marie

Die Deutsche Bibliothek – CIP-Einheitsaufnahme

Kuhn, Gerhard:
Wohnkultur und kommunale Wohnungspolitik in Frankfurt am Main
1880 bis 1930: auf dem Wege zu einer pluralen Gesellschaft der
Individuen / Gerd Kuhn. – Bonn: Dietz, 1998
(Veröffentlichungen des Instituts für Sozialgeschichte e.V., Braunschweig, Bonn)
Zugl.: Berlin, Techn. Univ., Diss., 1995

ISBN 3-8012-4085-1
ISSN 0941-763 X

Copyright © 1998 by Verlag J. H. W. Dietz Nachf. GmbH
In der Raste 2, D-53129 Bonn
Lektorat: Dr. Dieter Dowe
Umschlaggestaltung: Manfred Waller, Reinbek
Titelfoto: Siedlung Römerstadt, Frankfurt am Main
Druck und Verarbeitung: Seltmann GmbH Druckereibetrieb, Lüdenscheid
Alle Rechte vorbehalten
Printed in Germany 1998

Inhalt

Vorwort 9

I Einleitung 11

II Wendepunkt
Die sozialstaatliche Formierung der Wohnungspolitik und der
Wandel des Wohnungsmarkts im Ersten Weltkrieg 23
a. Vorgedanken (23); b. Sozialstaatliche Formierung der Wohnungspolitik im Ersten Weltkrieg (24); c. Wohnungsleerstand und Wohnungsmangel. Schwankungen des Wohnungsmarkts im Ersten Weltkrieg (31); d. Die Sammlungsbewegung der Wohnungsreformer im Ersten Weltkrieg (36); e. Eingriffe: Die Interventionen der Stellvertretenden Generalkommandos (38); f. Der Reichs- und Staatskommissar für Wohnungswesen (40)

III Die Rationalisierung der Wohnkultur

1 „Wohnen lernen"
Sozialdisziplinierung und die kommunale Wohnungspflege 51
a. Sozialdisziplinierung und Rationalisierung (51); b. Die sozialhygienisch begründete Kritik der Wohnverhältnisse und das Ideal der abgeschlossenen Familienwohnung (55); c. Über den schwierigen Weg, in Frankfurt am Main ein Wohnungsamt zu gründen und eine Wohnungsordnung zu verabschieden (60); d. Aufbau und Tätigkeit des Frankfurter Wohnungsamtes im Kaiserreich (67); e. „Trägerinnen einer sozialen Mission" – weibliche Wohnungspflege als soziale Familienpflege (72)

2 Das Wohnen ordnen
Die Entwicklung der Polizeiverordnungen über die Benutzung von
Gebäuden zum Wohnen und Schlafen (Wohnungsordnung) 79
a. Das hessische Wohnungsgesetz als Modell für die Frankfurter Wohnungsordnung (79); b. Die Frankfurter Polizeiordnung betreffend das Schlafstellenwesen (81); c. Die erste allgemeine Frankfurter Wohnungsordnung von 1914 (82); d. Die Frankfurter Wohnungsordnung von 1919 (84); e. Anmerkungen zur Frankfurter Wohnungsordnung von 1919 (87); f. Die Wohnungsnot von 1919 und die Grenzen der normativen Sozialdisziplinierung (96)

3   Rationales Wohnen in der Weimarer Republik oder die produktive
    Disziplinierung 101

    3.1 Vorbemerkungen 101
    a. Die produktive Disziplinierung (101); b. Die Tendenz zur Kleinfamilie in deutschen Großstädten (102); c. Anmerkungen zum Begriff der „Minderbemittelten" (103); d. Margarethe Sallis-Freudenthal und der Gestaltwandel städtischer Haushalte (104); e. Moderne Nomaden, Möbel auf Reisen und die Leere (109); f. Erziehung durch Architektur (113)

    3.2 Von der Kleinwohnung zur Kleinstwohnung 116
    3.2.1 Die Semantik der Räume 116
    a. Konstituierung der Grundriß-Wissenschaft (116); b. Die funktionale Differenzierung des Grundrisses in den Mietshäusern (122); c. Leitsätze zur Typenbildung in Frankfurt a.M. (126)

    3.2.2 „Lieber eine kleine Wohnung, als keine Wohnung" 127
    a. An der Wegscheide: Der II. CIAM-Kongreß in Frankfurt am Main (128); b. Der Begriff der Kleinstwohnung (130); c. Kontrast: Über den „normalen Wohnbedarf einer bürgerlichen Familie" in Frankfurt a.M. im Jahre 1920 (134); d. 1926: Anmerkungen über die behauptete Überlegenheit der Frankfurter gegenüber der Wiener Wohnung (136); e. Das Frankfurter Wohnungsbauprogramm von 1928 (137)

    3.3 Fallstudien zum Neuen Bauen in Frankfurt am Main 142
    3.3.1 Die Frankfurter Küche 142
    a. Initiativen zur Rationalisierung der Hauswirtschaft (142); b. Erna Meyer, der Wohnungsbau und die Hausführung (143); c. Küchenreform: „Wie klein kann eine Küche sein?" (147); d. Margarethe Schütte-Lihotzky und die Konzeption der „Frankfurter Küche" (152); e. Die Rationalisierung der Küche als produktive Disziplinierung (165)

    3.3.2 „Amerika vor den Toren" oder die vollelektrifizierten Siedlungen Römerstadt und Praunheim III 168
    a. Die vollelektrifizierte Siedlung Römerstadt (168); b. Soziale Schichtung und wohnkulturelle Aneignung (170); c. „Werbedamen" und die produktive Disziplinierung (178); d. Eine vergleichende Untersuchung (Römerstadt und Praunheim III)? (180)

    3.3.3 Die Wohnung für das Existenzminimum 185
    a. Variable Grundrißlösungen (185); b. „Einliegerwohnungen" (187); c. Frankfurter Modelle: „Übergangskleinstwohnungen. und Außenganghäuser" (188)

4   Zwischenergebnis 195

IV Soziale Wohnungspolitik und gesellschaftliche Regulierung

1 Kommunale Verwaltung und gesellschaftliche Konsensbildung:
Das Wohnungsamt und Mieteinigungsamt 203

   1.1 Vorbemerkung 203

   1.2 Das Wohnungsamt „die angefeindetste Behörde" 204
a. Die Konzeption des Wohnungsamtes als soziale oder technische Behörde? (204); b. Expansion der Aufgaben und Reorganisation des Wohnungsamtes zwischen 1918 und 1924 (211); c. „Von der Parteien Haß und Gunst verwirrt" (215); d. Die Phase der Normalisierung und des schrittweisen Abbaus des Wohnungsamtes nach 1924 (227)

   1.3 Die korporative Selbstregulierung durch das Mieteinigungsamt 230
a. Die korporative Sozialstaatskonzeption in der Weimarer Republik (230); b. Die Schlichtungsstelle für Mietstreitigkeiten in Frankfurt am Main (231); c. Die Institutionalisierung der Mieteinigungsämter im Ersten Weltkrieg (232); d. Die Tätigkeit und Frequentierung des Mieteinigungsamtes in der Weimarer Republik (234); e. Korporative Interessenvertretungen: Hausbesitzer- und Mieter-Vereine (237); f. Problemfelder der korporativen Selbstregulierung (245)

2 Die öffentliche Regulierung des Wohnungsmangels und der Miethöhe sowie die Ausgestaltung des Mieterschutzes

   2.1 Drei Rahmengesetze zum Miet- und Wohnrecht 252

   2.2 Maßnahmen gegen den Wohnungsmangel 254
a. Die Wohnungsmangelgesetzgebung der Weimarer Republik (254); b. Die kommunale Wohnungsmangelpolitik in Frankfurt am Main (256); c. Lokaler Wohnungsbedarf und kommunale Wohnungsvergabe (284).

   2.3 Der Mieterschutz und die öffentliche Mietpreisbildung 298
a. Die Entwicklung des Mieterschutzes und der öffentlichen Mietpreisgestaltung bis 1923 (298); b. Von der „Zwangswirtschaft" zur „Übergangswirtschaft" (302); c. Die Entwicklung des Mieterschutzes und der öffentlichen Mietpreisgestaltung von 1924 bis 1930 (304); d. Lokale Auseinandersetzungen um die Frankfurter Mietpreispolitik (307)

3 Zwischenergebnis 316

V Gemeinnützige Wohnungsbauträger und die gesellschaftliche Fragmentierung

1 Das plurale Modell gemeinnütziger Bauträger in Deutschland 319
   a. Einleitung (319); b. Der Begriff der Gemeinnützigkeit (322); c. Die Typisierung der Bauträger (326); d. Organisationsformen des Wohnungsbaus in deutschen Großstädten zwischen 1918 und 1929 (329); f. Städtischer oder kooperativer Wohnungsbau? (332)

2 Pluralität und Instrumentalisierung
   Gemeinnützige Bauträger in Frankfurt am Main 339

   2.1 Philanthrophie und Kleinwohnungsbau in Frankfurt am Main vor 1914 341
   a. Gemeinnützige Wohnungsbaugesellschaften (342); b. Drei privatwirtschaftliche Gesellschaften: AG Hellerhof, AG Frankenallee und Mietheim AG (349)

   2.2 Grenzen der kommunalen Instrumentalisierung
   Der gemeinnützige Wohnungsbau in Frankfurt am Main zwischen 1918 und 1933 351
   a. Die Dominanz städtischer Bauträger (351); b. Die kommunale Instrumentalisierung des gemeinnützigen Wohnungsbaus (353); c. Transformation: Die Aktienbaugesellschaft für kleine Wohnungen in der Weimarer Republik (356); d. Der Wohnungsbau für „Minderbemittelte" und die Erhebung von Baukostenzuschüssen (358); e. Ernst May und das Konzept der sozialen Wirtschaftlichkeit (364); f. Mieterhöhungen und Mitverwaltung (366); g. Konfliktsituationen zwischen einer städtischen Wohnungsbaugesellschaft und den städtischen sozialen Ämtern (369)

   2.3 Exkurs: Kommunale Vermittler 371
   a. Städtische Klassengesellschaft und gesellschaftlicher Wandel (371); b. Die kommunale Selbstverwaltung und ihre·Fachpolitiker (372); c. Die Konzeptionalisten der freien Mitte: Ernst May und das Frankfurter intellektuelle Milieu (375); d. Parteipolitischer Vermittler im sozialdemokratischen Milieu: Albrecht Ege (380); e. Fragmentierung und Vermittlung (382)

3 Zwischenergebnis 384

VI Städtische Visionen und die Konstruktion der gesellschaftlichen Mitte .. 387

VII Anhang
1. Verzeichnis der Tabellen 394
   Tabellen im Anhang 394
2. Quellen- und Literaturverzeichnis 420
3. Abkürzungsverzeichnis 445
4. Personenregister 447
5. Ortsregister 450
6. Bildnachweis 451
7. Der Autor 452

Vorwort

Der vorliegende Text ist die überarbeitete und gekürzte Fassung meiner Dissertation, die im Herbst 1995 vom Fachbereich Kommunikations- und Geschichtswissenschaften der Technischen Universität Berlin angenommen wurde.

Die Drucklegung dieser Arbeit ist mir ein willkommener Anlaß, mich für die vielfältigen Unterstützungen und Kritiken von Freunden und Kollegen zu bedanken. An erster Stelle möchte ich Prof. Dr. Wolfgang Hofmann nennen, der nicht nur durch seine fachlichen Anregungen und Kritiken alle Phasen des Arbeitsprozesses konstruktiv begleitete, sondern auch durch seine persönlichen Ermutigungen die Entstehung dieser Arbeit wesentlich förderte.

Jede historische Forschung hat ihre eigene Geschichte. Gerne erinnere ich mich an die leidenschaftlichen Diskussionen, die wir in einem Arbeitskreis zur Stadtsoziologie mit Dr. Walter Prigge führten. Anregungen aus diesem Arbeitskontext und meine Magisterarbeit, die Prof. Dr. Lothar Gall an der Johann Wolfgang Goethe-Universität in Frankfurt am Main betreute, standen am Beginn dieser Arbeit. Im stadtgeschichtlichen Colloquium von Prof. Dr. Wolfgang Hofmann und Prof. Dr. Heinz Reif und im Colloquium Neuere Geschichte der Technischen Universität Berlin konnte ich einzelne Aspekte meiner Forschungen zur Diskussion stellen. Den Teilnehmern dieser Veranstaltungen danke ich für die kritischen Auseinandersetzungen.

Nicht unerwähnt lassen möchte ich die bereitwilligen Unterstützungen bei meinen Archivrecherchen. Dies gilt besonders für Prof. Dr. Dieter Rebentisch und die Mitarbeiterinnen des Instituts für Stadtgeschichte (Stadtarchiv) in Frankfurt am Main. Dr. Dieter Dowe ermöglichte die Aufnahme in der von ihm herausgegebenen Schriftenreihe.

Abschließend möchte ich noch einige Personen namentlich nennen, die mich durch ihren Rat, aber auch durch ihre Kritik bei der Abfassung dieser Arbeit unterstützt oder mir bei der Überarbeitung geholfen haben: Corinna Arnold-Müller, Dr. Christoph Bernhardt, Martha Caspers, Prof. Martin van Gelderen, Marion Gerhardt, Dr. Rudi Gerharz, Claus Käpplinger, Didi Krüger, Barbara Leber, Andreas Ludwig, Prof. Axel Müller, Dr. Ralf Roth, Dr. Gerhard Schuck und Rosemarie Wesp. Ihnen gilt mein herzlicher Dank.

Diese Dissertation wurde von der Nassauischen Heimstätte mit dem Ludwig Landmann-Preis ausgezeichnet.

Gerd Kuhn
Berlin, im Herbst 1997

„Natürlich", hörte er Dr. Wolff sagen, „hängt alles von einer Veränderung unserer Einrichtungen im Sinne des Sozialismus ab." [...]

Um der Vernichtung seiner heimlichen Gedanken zu entgehen, setzte sich Georg gegen die Angreifer zur Wehr.

„Und die Menschen", fragte er Wolff, „was nützen die veränderten Einrichtungen, wenn die Menschen dieselben bleiben?"

„Aber gestatten Sie – wir werden uns doch einig darüber sein, daß die Menschen ein Produkt ihrer Verhältnisse sind. Nun, wenn diese gebessert werden, so wandeln sich mit ihnen selbstverständlich die Menschen." [...]

Dr. Wolff wischte ein Fädchen von seiner Hose; als sei er peinlich davon berührt, daß man so etwas Selbstverständliches wie die Menschen überhaupt erwähnte. Die Menschen waren ein Zubehör zu den Einrichtungen.

„Ich glaube eben nicht", begann Georg von neuem, „daß die Menschen bloße Einrichtungsgegenstände sind, die von den Architekten mit entworfen werden wie Schränke und Tische [...] Menschen müssen sich selber entwerfen."

Siegfried Kracauer: Georg. Schriften Bd. 7. (1934). Frankfurt 1973, S. 358

I. Einleitung

Mitte des 20. Jahrhunderts sei in Frankreich, so Antoine Prost, der „Sprung in die Moderne" vollzogen worden. Durch den staatlich subventionierten Wohnungsbau, der die Beachtung gewisser Normen wie Größe, Schnitt und Ausstattung der Wohnungen forderte, änderte sich grundlegend das private Leben. Erst die neu geschaffenen Räume ermöglichten die Entfaltung des „privaten Lebens des Einzelnen".[1]

Prost bezieht sich in seiner Analyse auf jene zentralen Determinanten, die Gegenstand dieser Arbeit sind: die öffentlichen Interventionen im Wohnungswesen und die Rationalisierung der Wohnkultur. Der Durchbruch der Moderne setzte in Deutschland allerdings nicht unvermittelt in den 50er Jahren dieses Jahrhunderts ein. Die soziale und kulturelle Modernisierung der Gesellschaft begann vielmehr bereits Ende des 19. Jahrhunderts und verlief in langwierigen, hochgradig widerspruchsvollen Prozessen.

Für diesen gesellschaftlichen Formierungsprozeß ist aus sozial- und kulturgeschichtlicher Sicht der Zeitraum von etwa 1880 bis 1930 entscheidend, der auch als Epoche der „Klassischen Moderne" bezeichnet wird. Detlev J. K. Peukert unterschied für diese Epoche aufgrund ihrer inneren Entwicklungsdynamik und ihrer Innovationen zwei große Etappen: zunächst eine Zeit der Vorbereitung, der Konzeptionierung und des Aufbruchs, die bis ins letzte Vorkriegsjahrzehnt reichte, und dann, mit dem Ersten Weltkrieg einsetzend, die Zeit der weiteren Ausgestaltung und der partiellen Durchsetzung der Innovationen der Moderne. Diese zweite Epoche sei zugleich von zunächst latenten, dann offenen Krisen überlagert gewesen. Im Übergang zu den Dreißiger Jahren wurden die Errungenschaften der Moderne zumindest teilweise infrage gestellt oder auch zurückgenommen.[2]

Die Anwendung dieses, die übliche Epochengrenzen überschreitenden Periodisierungsschemas erscheint gerade für die Geschichte des Wohnens sinnvoll, da sich häufig wohnungspolitische und politikgeschichtliche Zäsuren nicht decken.[3] Ein

---

1 Prost, Antoine: Grenzen und Zonen des Privaten. In: Geschichte des privaten Lebens. Bd. 5. Vom Ersten Weltkrieg zur Gegenwart. Frankfurt 1993, S. 73.
2 Peukert, Detlev J. K.: Max Webers Diagnose der Moderne. Göttingen 1989, S. 66.
3 Der Forschungsstand und Fragen der Periodisierung sind u.a. in folgenden Arbeiten skizziert: Saldern, Adelheid von: Wohnungspolitik – Wohnungsbau – Wohnformen. Aufriß eines Forschungsfeldes. In: Informationen zur modernen Stadtgeschichte (IMS), 2/ 1993, S. 3-10; Hofmann, Wolfgang/ Kuhn, Gerd: Einleitung. Die wohnungsgeschichtliche Periode 1900-1930 und ihre Erforschung. In: Dies. (Hg.): Wohnungspolitik und Städtebau 1900-1930. Berlin 1993. S. 1-16; Schulz, Günther: Kontinuitäten und Brüche in der Wohnungspolitik von der Weimarer Zeit bis zur Bundesrepublik. In: Teuteberg, Hans-Jürgen (Hg.): Stadtwachstum-Industrialisierung-Sozialer Wandel. Beiträge zur Erforschung der Urbanisierung im 19. und 20. Jahrhundert. Berlin 1986. S. 135-174; Schildt, Axel/ Sywottek, Arnold (Hg.): Massenwohnung und Eigenheim. Zum Stand der Diskussion und Erforschung der Geschichte des großstädtischen Wohnungsbaus und Wohnens seit dem Ersten Weltkrieg. In: Massenwohnung und Eigenheim. Wohnungsbau und Wohnen in der Großstadt seit dem Ersten Weltkrieg. Hg. v. dens., Frankfurt a. M. 1988. S. 9-40.

weiterer Vorzug dieser Epocheneinteilung liegt in der damit betonten Verflechtung von kultur- und sozialgeschichtlichen Entwicklungslinien.

Seit Mitte der 80er Jahre bilden sich zunehmend komplementäre Forschungsstrategien heraus, die kultur- oder alltagsgeschichtliche Fragestellungen mit sozialgeschichtlichen verbinden.[4] Dieser Paradigmenwechsel ist eine Entgegnung auf die Defizite der traditionellen Sozialgeschichtsschreibung, die ihre Prioritäten auf die Untersuchung von Klassen- und Ungleichheitsstrukturen legte und dabei nur unzureichend die Prozesse der gesellschaftlichen Modernisierung erfassen sowie ihre unaufhebbaren Antinomien erklären konnte. Oftmals vernachlässigte Kategorien wie Geschlecht oder Milieu waren für die Herausbildung sozialer und kultureller Entwicklungslinien, für eigensinniges Alltagsverhalten oder für die Erklärung von Erfahrungsmustern weitaus prägnanter.[5]

Neuere Forschungen zur Geschichte des Wohnens, vor allem „Häuserleben" von Adelheid von Saldern[6] oder die Bände „Geschichte des Wohnens"[7], verflechten inzwischen erfolgreich sozial- mit kulturgeschichtlichen Fragestellungen. Heute stellen Forschungen zur Geschichte des Wohnens daher kein abgelegenes Spezialfeld mehr dar, sondern sie sind ein wichtiger Beitrag zur Erklärung des gesellschaftlichen Wandels.

In den letzten 20 Jahren wurden viele Arbeiten zum Thema Wohnen verfaßt. Auffällig an diesen Studien ist, daß sie für das Kaiserreich andere Untersuchungsschwerpunkte setzten als für die Weimarer Republik. Der wegweisende Aufsatz von Lutz Niethammer und Franz Brüggemeier „Wie wohnten Arbeiter im Kaiserreich"[8],

---

4 Auf dem Berliner Historikertag 1984 wurden die unterschiedlichen Forschungsstrategien zwischen den „Bielefelder" Sozialhistorikern und den Alltagswissenschaftlern noch sehr kontrovers und leidenschaftlich geführt. Inzwischen ergänzen sich diese Ansätze zunehmend. Vgl. zur Debatte u. a. Brüggemeier, Franz-Josef/Kocka, Jürgen (Hg.): „Geschichte von unten – Geschichte von innen". Kontroversen über Alltagsgeschichte. Fern-Universität Hagen 1986; Ritter, Gerhard A.: Neuere Sozialgeschichte in der Bundesrepublik Deutschland. In: Kocka, Jürgen (Hg.): Sozialgeschichte im internationalen Überblick. Ergebnisse und Tendenzen der Forschung. Darmstadt 1989, insbes. S. 58-62; Borscheid, Peter: Alltagsgeschichte – Modetorheit oder neues Tor zur Vergangenheit? In: Schieder, Wolfgang/Sellin, Volker (Hg.): Sozialgeschichte in Deutschland. Bd. III. Göttingen 1987, S. 78-100; Kocka, Jürgen: Perspektiven einer Sozialgeschichte der neunziger Jahre. In: Schulze, Winfried (Hg.): Sozialgeschichte, Alltagsgeschichte, Mikro-Historie. Göttingen 1994, S. 33-39; Lüdtke, Alf (Hg.): Alltagsgeschichte. Zur Rekonstruktion historischer Erfahrungen und Lebensweisen. Hamburg 1989; Vgl. auch: Lindenberger, Thomas: Projektvorstellung: Herrschaft und Eigensinn in der Diktatur. Studien zur Gesellschaftsgeschichte in Berlin-Brandenburg 1945-1990. In: Potsdamer Bulletin für Zeithistorische Studien H. 5, 1995, S. 37-52; Hardtwig, Wolfgang: Wege zur Kulturgeschichte, in: Geschichte und Gesellschaft, Jg. 23, H. 1/1997.

5 Beispielsweise Lüdtke, Alf: Eigen-Sinn. Fabrikalltag, Arbeitererfahrungen und Politik vom Kaiserreich bis in den Faschismus. Hamburg 1993; Hagemann, Karen: Frauenalltag und Männerpolitik. Alltagsleben und gesellschaftliches Handeln von Arbeiterfrauen in der Weimarer Republik. Bonn 1990.

6 Saldern, Adelheid von: Häuserleben. Zur Geschichte städtischen Arbeiterwohnens vom Kaiserreich bis heute. Bonn 1995.

7 Kähler, Gert (Hg.): Geschichte des Wohnens. 1918-1945. Reform, Reaktion, Zerstörung. Bd. 4. Stuttgart 1996. Reulecke, Jürgen (Hg.): Geschichte des Wohnens. 1800-1918. Das bürgerliche Zeitalter. Bd. 3. Stuttgart 1997.

8 Niethammer, Lutz/Brüggemeier, Franz: Wie wohnten Arbeiter im Kaiserreich? In: AfS, Bd. XVI/1976, S. 61-134.

der zu vielen weiteren Forschungen anregte, verdeutlichte bereits jene Forschungsansätze, die sich vorrangig auf die Sozialgeschichte des Wohnens sozialer Unterschichten bezogen.[9] Die bürgerlichen Reformstrategien und den proletarischen Wohnalltag stellten diese Forschungen in den Mittelpunkt ihrer Fragestellungen.[10]

Da „ein halbes Jahrhundert unpraktizierter Phantasie" die Wohnungsreformer „mit einem großen Vorrat an instrumentellen Möglichkeiten" (Niethammer) versorgte[11], der theoretische Diskurs über die Wohnungsfrage in eine praktische Wohnungspolitik überging[12] sowie die Konzeption des sozial begrenzten Arbeiterwohnungsbaus zum allgemeinen Kleinwohnungsbau erweitert wurde, entstand der Eindruck übermächtiger Kontinuitätslinien vom Kaiserreich zur Weimarer Republik: „Aus dieser Erforschung hat sich eine Fülle von Reformansätzen herausgeschält," so Rodriguez-Lores und Fehl 1988, „die teilweise schon vor 1914 ausgereift waren und in die Praxis umgesetzt wurden. Es sind dieselben Ansätze, die sich in den 20er Jahren fortsetzten und die erst unter den besonderen Bedingungen der Weimarer Republik deutlicher zur Geltung kommen konnten, auf keinen Fall aber zu grundsätzlich neuen Qualitäten geführt wurden."[13]

In den Anfangsjahren der Weimarer Republik unterschieden sich jedoch die ökonomischen, politischen und gesellschaftlichen Bedingungen für eine Fortführung des bürgerlichen Reformansatzes grundlegend von jenen des Kaiserreichs. Die Arbeit versucht nachzuweisen, daß sich ungeachtet aller zweifellos bestehenden Kontinuitäten sehr wohl neue Qualitäten in der Weimarer Republik herausgebildet haben. Der Erkenntnisgewinn liegt nicht nur in der Untersuchung des Verhältnisses von Bruch und Kontinuität, sondern besonders in der Analyse der Dynamik des Wandels.

Wenn nach wohnungspolitischen Zäsuren bzw. nach neuen Qualitäten gesucht wird, ist gerade die in der Forschung vernachlässigte Phase von 1917 bis 1924 bedeutsam. Erstmals war in Deutschland die öffentliche Wohnungspolitik eindeutig von sozialpolitischen Prioritäten durchdrungen.

---

9 Niethammer, Lutz (Hg.): Wohnen im Wandel. Wuppertal 1979; Teuteberg, Hans J./Wischermann, Clemens: Wohnalltag 1850-1914. Bilder – Daten – Dokumente. Münster 1985; Teuteberg, Hans Jürgen (Hg.): Homo habitans. Zur Sozialgeschichte des ländlichen und städtischen Wohnens in der Neuzeit, Münster 1985; Wischermann, Clemens: Wohnen in Hamburg vor dem Ersten Weltkrieg, Münster 1983; Grüttner, Michael: Soziale Hygiene und soziale Kontrolle. Die Sanierung der Hamberger Gängeviertel 1892-1936. In: Herzig, Arno/Langewiesche, Dieter/Sywottek, Arnold (Hg.): Arbeiter in Hamburg. Hamburg 1983, S. 359-371. Rodriguez-Lores, Juan/Fehl, Gerhard (Hg.): Die Kleinwohnungsfrage. Zu den Ursprüngen des sozialen Wohnungsbaus in Europa. Hamburg 1988.
10 Auch im umfangreichen Standardwerk zur Berliner Mietshausgeschichte wird diese Forschungstendenz, die Priorität der bürgerlichen Wohnreform und des Kleinwohnungsbaus, beibehalten: Geist, Johann Friedrich/Kürvers, Klaus: Das Berliner Mietshaus. 3 Bde. München 1980/1984/1989.
11 Niethammer, Lutz: Rückblick auf den sozialen Wohnungsbau. In: Prigge, Walter/Kaib, Wilfried: Sozialer Wohnungsbau im internationalen Vergleich. Frankfurt 1988, S. 294.
12 Zimmermann, Clemens: Von der Wohnungsfrage zur Wohnungspolitik. Die Reformbewegung in Deutschland 1845-1914. Göttingen 1991.
13 Rodriguez-Lores/Fehl (Hg.): Die Kleinwohnungsfrage. Einleitung, S. 16.

Da sich die Weimarer Republik nicht primär durch die demokratische Revolution von 1918 legitimierte, sondern vorrangig durch ihren Sozialstaatsanspruch, erhielt die Wohnungspolitik eine hohe sozialpolitische Gewichtung. Dieser hohen faktischen Bedeutung steht jedoch ihre marginale Berücksichtigung in der traditionellen deutschen Sozialstaatsforschung gegenüber. Oftmals dominierten Fragen der Regelung von Arbeitsbeziehungen und sozialstaatlichen Absicherungen diese Forschungen.[14]

Wenn, wie in in dieser Arbeit, der sozialen Wohnungspolitik eine große Bedeutung für die Sozialstaatsformierung beigemessen wird, wäre es erwägenswert, statt des „deutschen" Begriffes Sozialstaat denjenigen des Wohlfahrtsstaates (welfare state) anzuwenden. Gegen die Benutzung dieses Begriffs spricht allerdings, daß ein wichtiger Aspekt der Sozialstaatsbildung in Deutschland, die korporative Einbeziehung der Interessenparteien und die Institutionalisierung von Schlichtungsorganen, im englischen Begriff „welfare state" nicht enthalten ist. Die korporative Einbeziehung der Konfliktparteien zur Interessenregulierung war ein wichtiger Teilaspekt der sozialstaatlichen Regulierung des Wohnungswesens, so daß trotz der problematischen Verengung der deutschen Sozialstaatsforschung den Begriffen Sozialstaat bzw. Sozialpolitik in dieser Arbeit der Vorrang gegeben wird.[15]

Hemmend für die die sozialstaatliche Ausrichtung der Wohnungspolitik war im Kaiserreich die mangelnde Zuordnung der Kompetenzen zwischen Reich, Ländern und Gemeinden. Bezeichnend für den „Reformstau" in der staatlichen Wohnungspolitik ist die Verabschiedung des preußischen Wohnungsgesetzes, das erst 1918, nach einer fast 20 Jahre dauernden Debatte, verabschiedet wurde.[16] Erst im Ersten Weltkrieg konnte die Paralyse gelöst werden.

Nach dem Kriegsbeginn erließ das Reich erstmals wohnungspolitische Rahmengesetze. Die staatliche Wohnungsfürsorge war damit nicht mehr im Sinne des Pater-

---

14 Häufig wird in neueren deutschen Forschungen zur Sozialpolitik die sozialstaatliche Wohnungspolitik ausgeklammert. So in Volker Hentschels Standardwerk (Geschichte der deutschen Sozialpolitik.1880-1980. Frankfurt 1983), aber auch in einem späteren Aufsatz: Die Sozialpolitik der Weimarer Republik. In: Bracher/Funke/Jakobsen (Hg.): Die Weimarer Republik 1918-1933. Politik. Wirtschaft. Gesellschaft. 2. Aufl., Düsseldorf 1988. S. 197-217. Gerhard A. Ritter erwähnt zwar den sozialen Wohnungsbau als Aufgabe des Sozialstaates, behandelt ihn aber in seinem Werk nicht. Ritter, Gerhard A.: Der Sozialstaat. Entstehung und Entwicklung im internationalen Vergleich. Beihefte der HZ. NF Bd. 11. München 1989, S. 16.
15 Zu erwähnen ist, daß historische Standardwerke, wie beispielsweise Preller, Ludwig: Sozialpolitik der Weimarer Republik. Stuttgart 1949, diese begrenzte Definition der heutigen Sozialstaatsforschung nicht teilten und sehr wohl die Wohnungspolitik einbezogen. Bezeichnenderweise werden Aspekte der Wohnungspolitik im Sammelband von Abelshauser, Werner (Hg.): Die Weimarer Republik als Wohlfahrtsstaat. Zum Verhältnis von Wirtschafts- und Sozialpolitik in der Industriegesellschaft. Stuttgart 1987, behandelt. Vgl. auch Schulz, Günther: Wohnungspolitik im Sozialstaat. Deutsche und europäische Lösungen 1918-1960. Düsseldorf 1993. In einem z. Z. laufenden Forschungsprojekt „Sozialstaat in Deutschland nach 1945" des BMA wird die Wohnungspolitik einbezogen.
16 Niethammer, Lutz: Kein Reichswohnungsgesetz. Zum Ansatz deutscher Wohnungspolitik 1890-1898. In: Rodriguez-Lores/Fehl, Die Kleinwohnungsfrage, S. 52-73; Ders.: Ein langer Marsch durch die Institutionen. Zur Vorgeschichte des preußischen Wohnungsgesetzes von 1918. In: Ders., Wohnen im Wandel, S. 363-384.

nalismus begrenzt, sondern im Prinzip auf die gesamte Gesellschaft ausgedehnt. Es bildete sich ein Subsidiaritätsprinzip im Wohnungswesen heraus, das den Gemeinden bei der sozialstaatlichen Formierung einen breiten Gestaltungsspielraum zugestand. Dies hatte allerdings zur Folge, daß aufgrund der sehr unterschiedlichen lokalen Ausprägungen eine allgemeine Aussage über *die* Wohnungspolitik der Großstädte in der Weimarer Republik erschwert wird.[17]

Die Großstädte waren jene Orte, in denen sich der soziale und gesellschaftliche Wandel zur modernen Gesellschaft am deutlichsten vollzog. Vielfältige und wechselnde Problemlagen, aber auch neue Lösungsansätze konzentrierten sich frühzeitig in den Städten. Entsprechend diesem ständigen Wandel änderte sich auch das Selbstverständnis der Kommunalpolitiker und die Handlungsebenen der kommunalen Politik. Anfängliche Prioritäten dieser Politik führten zum Ausbau der „Stadttechnik" (u. a. Energieversorgung, Kanalisation, Verkehr), um dadurch infrastrukturelle und sozialhygienische Auswirkungen des Verstädterungsprozesses bewältigen zu können. Die Folgen der Urbanisierung erforderten jedoch eine weitere Differenzierung kommunaler Handlungsansätze. Als beispielsweise die bestehende traditionelle städtische Armut neue Qualitäten erfuhr und im 19. Jahrhundert zu einem Massenproblem wurde, waren neben staatlichen Maßnahmen zur Subsistenzsicherung ebenso städtische Initiativen erforderlich. Gerade der Gegenstand dieser Arbeit, die kommunale Wohnungspolitik, soll verdeutlichen, daß der Prozeß der sozialstaatlichen Formierung nicht ausschließlich auf eine staatliche Ebene oder auf die Entwicklung der Arbeitsbeziehungen reduziert werden kann. Diese kommunalwissenschaftliche Arbeit soll weiterhin nicht die Begrenzung, sondern die Verflechtung der kommunalen Politik mit gesellschaftlichen Regulierungsprozessen aufzeichnen sowie die Durchdringung alltäglicher Wohnpraktiken durch Interventionen der Gemeinde. Obwohl bereits Ende des 19. Jahrhunderts die idealisierte Konzeption der Gesellschaft gleicher Bürger gescheitert war und zunehmend Klasseninteressen die städtische Gesellschaft fraktionierten, forcierten bürgerliche Kommunalpolitiker weiterhin eine Verallgemeinerung bürgerlicher Wertvorstellung und Lebensweisen. Dies führte zu einem Aufeinanderprallen unterschiedlicher Lebenswelten, da vermehrt öffentliche Eingriffe und Gestaltungsabsichten insbesonders die Alltagspraxis nichtbürgerlicher Existenzen tangierten. Kommunalpolitik kann auch als Versuch

---

17 Verschiedene Arbeiten bezogen sich daher wesentlich auf die lokale Praxis des sozialen Wohnungsbaus oder auf den Einfluß einzelner Stadtbauräte. Höpfner, Rosemarie/Fischer, Volker (Hg.): Ernst May und das Neue Frankfurt 1925-1930 (Ausstellungskatalog DAM Frankfurt). Berlin 1986; Scarpa, Ludovica: Martin Wagner und Berlin. Architektur und Städtebau in der Weimarer Republik. Braunschweig/Wiesbaden 1986; Homann, Klaus/Kieren, Martin/Scarpa, Ludovica (Hg.): Martin Wagner 1885-1957. Wohnungsbau und Weltstadtplanung. Die Rationalisierung des Glücks. (Ausstellungskatalog AdK Berlin). Berlin 1986; Saldern, Adelheid von: Die Neubausiedlungen der Zwanziger Jahre. In: Herlyn, Ulfert/Saldern, Adelheid von/Tessin, Wulf (Hg.). Neubausiedlungen der 20er und 60er Jahre. Ein historisch-soziologischer Vergleich. Frankfurt a.M. 1987, S. 29-74; Saldern, Adelheid von: Neues Wohnen. Wohnungspolitik und Wohnkultur im Hannover der Zwanziger Jahre. Hannover 1993.

der kontinuierlichen Alltagsgestaltung, als ein Prozeß der Konfrontation und Verschmelzung von Erfahrungen und Wertekategorien gesehen werden.

Im Selbstverständnis leitender Kommunalpolitiker waren die Städte – ungeachtet des Hausbesitzerprivilegs der Kommunalverfassungen vor 1918 – stets Wegbereiter einer fortschrittlichen sozialen Wohnungspolitik gewesen. Nicht der Staat oder die Länder, sondern die Gemeinden hätten sich der sozialen Frage der Wohnungnot und des Wohnungselends, trotz ihrer latenten finanziellen Überforderung, offensiv angenommen.[18] Aufschlußreich ist, daß die Kommunen und die gemeinnützen Bauträger die soziale Wohnungspolitik nicht nur auf die Wohnraumversorgung beschränkten, sondern mit ihren Initiativen stets sozialhygienische und gesellschaftspolitische Intentionen verknüpften. Ein maßgeblicher Aspekt der kommunalen Wohnungspolitik war zunächst die Stabilisierung gefährdeter bürgerlicher Existenzen durch Hilfe zur Selbsthilfe.[19] Im Kaiserreich war die kommunale Wohnungspolitik aber auch als bürgerliche Integrationspolitik konzipiert. Dieses bürgerliche Projekt der Einbindung der Arbeiterklasse durch Wohnungspolitik wurde allerdings in der Weimarer Republik erweitert bzw. neu definiert. Zunächst sollte, vergleichbar den Intentionen der Sozialversicherungsgesetzgebung, das existentielle Recht auf eine menschenwürdige Wohnung abgesichert werden. Dieser Aspekt der Absicherung eines Grundbedürfnisses wurde allerdings in einigen Städten, beispielsweise in Frankfurt am Main, erweitert. Durch die kommunale Wohnungspolitik sollte dort, so eine Hypothese dieser Arbeit, die Formierung von einer Gesellschaft der Klassen zu einer pluralen Gesellschaft der Mitte forciert werden.

Da sich im Zeitraum von etwa 1880 bis 1930 in Frankfurt am Main vielfältige Reformstrategien herausgebildet hatten und besonders nach 1925 eine radikale Modernisierung der städtischen Gesellschaft gewagt wurde, wird diese Stadt exemplarisch behandelt.

Die Forschungslage zum Themenbereich Wohnen und Wohnungspolitik ist bezüglich Frankfurt am Main günstig. In verschiedenen Arbeiten wurden die Anfänge des sozialen Wohnungsbaus[20], die Herausbildung differenzierter Planungsinstrumente[21] und die finanzpolitischen Handlungsspielräume der Kommune im Kaiser-

---

18 Landmann, Ludwig: Die öffentliche Hand im Wohnungswesen. In: Schriften der Kommunalen Vereinigung für Wohnungswesen. H. 12/1930. Berichte der 12. Hauptversammlung in Frankfurt am 5. und 6. Juni 1930. München 1930, S. 18.
19 Varrentrapp, Georg: Aufforderung zur Gründung einer gemeinnützigen Baugesellschaft in Frankfurt am Main. Frankfurt 1860, S. 3-4.
20 Kramer, Henriette: Die Anfänge des sozialen Wohnungsbaus in Frankfurt am Main 1860-1914. In: Archiv für Frankfurts Geschichte und Kunst. H. 56/1978; S. 123-190; Bullock, Nicholas/Read, James: The movement for housing reform in Germany and France 1840-1914. Cambridge 1985.
21 Weiland, Andreas: Die Frankfurter Zonenbauordnung von 1891 als Steuerungsinstrument. Soziale und politische Hintergründe. In: Rodriguez-Lores, Juan/Fehl, Gerhard (Hg.): Städtebaureform 1865-1900.

reich[22] untersucht. Während für den Zeitraum 1914 bis 1924 auch in bezug auf Frankfurt deutliche Forschungsdefizite vorliegen, fand die kurze Phase des Neuen Bauens von 1925-1930 unter Stadtrat Ernst May eine intensive Berücksichtigung.[23] Diese Forschungen zur kommunalen Wohnungs- und Siedlungspolitik werden durch eine Reihe von sozial- und stadtgeschichtlichen Arbeiten ergänzt.[24]

Während einige Städte die kommunale Wohnungspolitik und den Städtebau vernachlässigten, wurde diesem Aspekt in der kommunalen Politik in Frankfurt stets ein hoher Stellenwert beigemessen. Dies äußert sich auch in den vielfältigsten wissenschaftlichen Diskursen, an denen Frankfurter Wohnungspolitiker seit Ende des 19. Jahrhunderts teilnahmen. Erwähnt werden sollen nur die Beiträge verschiedener Frankfurter Kommunalpolitiker, wie beispielsweise Miquel, Adickes, Flesch oder Landmann, an den Erhebungen des „Vereins für Socialpolitik" oder des „Deutschen Städtetags".[25] Der zeitgenössische Diskurs spiegelte sich unmittelbar in der Praxis

---

Von Licht, Luft und Ordnung in der Stadt der Gründerzeit. Bd. 2, Hamburg 1985, S. 343-388; Schulz-Kleeßen, Wolf-E.: Die Frankfurter Zonenbauordnung von 1891 – eine „fortschrittliche" Bauordnung? Versuch einer Entmystifizierung: In: Rodriguez-Lores/Fehl, Städtebaureform, S. 315-342; Ladd, Brian U.: City planning and social reform in Cologne, Frankfurt und Düsseldorf 1866-1914. Yale 1986; Weis, Ursula: Zentralisation und Dezentralisation. Von der englischen Gartenstadt zur Frankfurter „Groß-Siedlung". In: Bollerey, F./Fehl, G./Hartmann, K. (Hg.): Im Grünen wohnen – im Blauen planen. Ein Lesebuch zur Gartenstadt. Hamburg 1990. S. 228-246; Köhler, Jörg R.: Städtebau und Stadtpolitik im Wilheminischen Frankfurt. Eine Sozialgeschichte. Frankfurt 1995.

22 Steitz, Walter: Kommunale Wirtschaftspolitik im zweiten deutschen Kaiserreich. Das Beispiel Frankfurt am Main. In: Blaich, Fritz (Hg.): Die Rolle des Staates für die wirtschaftliche Entwicklung. Berlin 1982. S. 167-201.

23 Diehl, Ruth: Die Tätigkeit Ernst Mays in Frankfurt am Main in den Jahren 1925-30 unter besonderer Berücksichtigung des Siedlungsbaus (Diss.). Frankfurt am Main 1976; Risse, Heike: Frühe Moderne in Frankfurt am Main 1920-1933. Architektur der zwanziger Jahre in Frankfurt am Main. Frankfurt 1984; Mohr, Christoph/Müller, Michael: Funktionalität und Moderne. Das neue Frankfurt und seine Bauten. 1925-1933. Köln 1984; Kähler, Gert: Wohnung und Stadt. Hamburg – Frankfurt – Wien. Modelle sozialen Wohnens in den zwanziger Jahren. Braunschweig 1984; Höpfner, Rosemarie/Fischer, Volker (Hg.): Ernst May und das Neue Frankfurt 1925-1930 (Ausstellungskatalog DAM Frankfurt). Berlin 1986; Henderson, Susan Rose: The work of Ernst May 1919-1930. Diss. Columbia University 1990.

24 Rebentisch, Dieter: Frankfurt am Main in der Weimarer Republik und im Dritten Reich. 1918-1945. In: Frankfurter Historischen Kommission (Hg.): Frankfurt am Main. Die Geschichte der Stadt in neuen Beiträgen. Sigmaringen 1991, S. 423-519; Rebentisch, Dieter: Ludwig Landmann. Frankfurter Oberbürgermeister der Weimarer Republik. Wiesbaden 1975; Rolling, John D.: Liberals, Socialists, and City Government in Imperial Germany. The Case of Frankfurt am Main. 1900-1918. Michigan 1979; Roth, Ralf: Stadt und Bürgertum in Frankfurt am Main von 1760 bis 1914. Ein besonderer Weg von der ständischen zur modernen Bürgergesellschaft. München 1996; Roth, Ralf: Gewerkschaftskartell und Sozialpolitik. Arbeiterbewegung vor dem Ersten Weltkrieg zwischen Restauration und liberaler Erneuerung. Frankfurt 1991.

25 Adickes, Franz: Die sozialen Aufgaben der deutschen Städte. Vortrag auf dem ersten deutschen Städtetag zu Dresden am 2. September 1903. Leipzig 1903; Miquel, J.(ohannes): Einleitung. In: Die Wohnungsnoth der ärmeren Klassen in deutschen Großstädten. Bd 1. (Reprint Vaduz 1988). Leipzig 1886. S. IX- XXI.; Flesch: Die Wohnungsverhältnisse in Frankfurt a.M. Gutachten. In: Die Wohnungsnoth der ärmeren Klassen in deutschen Großstädten und Vorschläge zu deren Abhülfe. Bd. 1. Schriften d. Vereins für Socialpolitik Bd. 30. Leipzig 1886 (Reprint Vaduz 1988). S. 57-91.

der Frankfurter Wohnungspolitik wider. Die „fortschrittliche" Frankfurter Kommunalpolitik war in vielen Teilbereichen seit Adickes oftmals wegweisend für kommunalpolitische Handlungsansätze. An diese lokale Tradition des Kaiserreichs knüpfte Frankfurt in der Weimarer Republik uneingeschränkt an. Während im Kaiserreich zumeist die Leistungen des gemeinnützigen Wohnungsbaus, die Entwicklung der Planungsinstrumente oder die bodenwirtschaftlichen Reformen im Vordergrund standen, überwogen in der sogenannten „Neuen Ära" von 1924 bis 1930, so der Stand der Forschung, die kommunalen siedlungspolitischen Leistungen, die Frankfurt zu einer herausragenden Stadt des Neuen Bauens machten.

Wenngleich in dieser Arbeit die Frankfurter Wohnungspolitik in der Weimarer Republik am ausführlichsten behandelt wird, so ist dennoch zur Charakterisierung der Dynamik des Wandels die Berücksichtigung der städtischen Wohnungspolitik und die Entwicklung normativer Satzungen (Wohnungsordnungen) im Kaiserreich unerläßlich.

Die Untersuchung endet um 1930, da seit Beginn der Weltwirtschaftskrise und der nachfolgenden sozialen und politischen Destabilisierung eine Fortführung des soziokulturellen und politischen Formierungsprozesses unmöglich war und in der Wohnungspolitik eine radikale Kehrtwende vollzogen wurde. Das Programm „Siedeln in der Not"[26], das bis 1936 auch die Wohnungspolitik der Nationalsozialisten prägte, stellte einen klaren Bruch gegenüber dem Reformwohnungsbau der Weimarer Republik dar und kann als ein Rekurs auf vorindustrielle Wohnkonzeptionen charakterisiert werden.[27]

Die vorliegende Arbeit ist in drei Hauptkapitel gegliedert. Diesen ist ein einleitendes Kapitel, das mit „Wendepunkt" überschrieben ist, vorangestellt. Dort sollen zunächst die sozialstaatliche Formierung der öffentlichen Wohnungspolitik und der Wandel des Wohnungsmarkts im Ersten Weltkrieg charakterisiert werden.

Anschließend werden in drei Untersuchungsschwerpunkten Leitlinien kommunalpolitischen Handelns entwickelt.

Im ersten Hauptkapitel wird die Rationalisierung der Wohnkultur behandelt. Der Begriff Rationalisierung weist eine strukturelle Verwandtschaft mit dem Begriff der Sozialdisziplinierung auf. Bereits Max Weber erhob den Disziplinierungsbegriff zu einer Schlüsselkategorie der modernen Gesellschaft.[28] Disziplin sei, so Weber, die

---

26 Harlander, Tilman/Hater, Katrin/Meiers, Franz: Siedeln in der Not. Umbruch von der Wohnungspolitik und Siedlungsbau am Ende der Weimarer Republik. Hamburg 1988.
27 Höpfner, Rosemarie/Kuhn, Gerd: Vergangene Gegenwart. Sequenzen städtischer Geschichten – 1928-1955. In: Prigge, Walter/Schwarz, Hans Peter (Hg.): Das Neue Frankfurt. Städtebau und Architektur im Modernisierungsprozeß. 1925-1988. Frankfurt 1988. S. 61-93.
28 Obwohl Weber keine formelhafte Definition der Epoche der Moderne hinterließ, setzte er sich dennoch intensiv mit einigen strukturbestimmenden Phänomenen auseinander, die einer definitorischen Annäherung an die Moderne dienen können: kapitalistische Wirtschaft und industrielle Klassengesellschaft; rational-bürokratische Staatsordnung und Sozialintegration; wissenschaftlich-technische Weltbemächtigung; rationalisierte und sozialdisziplinierte Lebensführung. Siehe Peukert, Max Webers Diagnose der Moderne, S. 64.

„Grundlage aller Ordnung."[29] Durch Untersuchungen Oestreichs – der auch den Begriff der Sozialdisziplinierung in den 60er Jahren prägte[30] – erfolgte zunächst eine enge Bindung des Sozialdisziplinierungskonzepts an den absolutistischen Fürstenstaat. In späteren Arbeiten wurde diese Eingrenzung jedoch erweitert. Es erfolgte eine zeitliche Ausdehnung der Anwendung des Konzepts auf die mittelalterliche Stadt und auf die moderne Gesellschaft, dann eine räumliche und herrschaftstypologische durch die Anwendung auf nichtabsolutistische Gesellschaften (z. B. England) und schließlich eine gesellschaftliche durch die Einbeziehung nichtstaatlicher Instanzen. Besonders von Anhängern der Modernisierungsthese wird der Begriff der Sozialdisziplinierung als zentraler Aspekt zur Erklärung der modernen Gesellschaft benutzt. Kritiker dieses Ansatzes formulieren dagegen berechtigte Einwände. Sie stellten beispielsweise eine tendenzielle Staatsüberschätzung fest und kritisierten die Fortschrittskonzeption, welche das Leiden der Disziplinierten außer Acht lasse. Es werden weiterhin Vollzugsdefizite festgestellt und die Nichtberücksichtigung der Aspekte der Selbsthilfe oder autonomer Subsysteme kritisiert.[31]

Jenseits der pauschalen Über- oder Unterschätzung der Bedeutung der Sozialdisziplinierung sollen in dieser Arbeit die Handlungsabsichten und -ansätze der Kommunalbehörden hinsichtlich des Dizziplinierungsprozesses untersucht werden. Es wird dabei von folgenden Prämissen ausgegangen: Erstens wird Sozialdisziplinierung als ein komplizierter Transformationsproß der Herrschaftsausübung betrachtet, der nicht linear in einer irreversiblen Richtung gedacht wird; zweitens wird Disziplinierung – im Sinne Oestreichs – als ein der Rationalisierung vorgängiger Prozeß aufgefaßt; drittens wird davon ausgegangen, daß die Disziplinierungsabsicht selbst einem steten Wandel unterworfen war. Es soll daher ein Prozeß dargestellt werden, der von dem Versuch der Herrschaftsausübung durch Normensetzung (Wohnungsordnungen) ausgeht. Weiterhin soll die Transformation der Wohnungsinspektion zur Wohnungspflege untersucht werden, um den sich vollziehenden Wandel zu erfassen. Gleichfalls sollen die Schematisierung der Ausrichtung und deren Eindimensionalität in Frage gestellt werden und die Bedeutung nichtnormativer, gesellschaftlicher Aspekte benannt werden. Denn nach der Revolution 1918 entstand ein Paradoxon: Zwar standen nun differenzierte Instrumente zur Verfügung, die die Benutzung von Gebäuden zum Wohnen und Schlafen regeln sollten, jedoch verhinderte der ausgeprägte Wohnungsmangel deren Anwendung. Die Wohnungspflege als unmittelbare Sozialdisziplinierung verlor daher sukzessiv an Bedeutung, statt

---

29 Weber, Max: Wirtschaft und Gesellschaft. Grundriß der verstehenden Soziologie. 5. Aufl. Tübingen 1985, S. 570.
30 Schulze, W.: G. Oestreichs Begriff „Sozialdisziplinierung in der Frühen Neuzeit". In: Zeitschrift für Historische Forschung 14/1987. S. 265-302.
31 Vgl. z. B. Peukert, Detlev J.K.: Grenzen der Sozialdisziplinierung. Aufstieg und Krise der deutschen Jugendfürsorge von 1878 bis 1932. Köln 1986; Dinges, Martin: Frühzeitliche Armenfürsorge als Sozialdisziplinierung GG 1/1991, S. 5-29.

dessen bildeten sich neue Handlungsstrategien heraus, die sich vorrangig auf die Bewohner der Neubauwohnungen bezogen. Es fand in der Kommunalpolitik also ein Perspektivenwechsel von der alten zur neuen Stadt, von den Klienten der Altstadtviertel – den nichtbürgerlichen Randexistenzen – zu den neuen Bewohnern der modernen Siedlungen – den sogenannten neuen Mittelschichten – statt. Im letzten Teil dieses Kapitels wird daher weniger die zögerliche Fortführung traditioneller Ansätze der Wohnungspflege und ihrer partiellen Integration in die neue kommunale Fürsorge untersucht, sondern in Fallbeispielen wird die „Selbsterziehung" in den Siedlungen der Moderne behandelt. Durch kommunalpolitisches Handeln wurde also eine Transformation von der repressiven Sozialdisziplinierung zur modernen, egalitären Vergesellschaftung vollzogen.

Während im ersten Hauptteil kultur- und zivilisationsgeschichtliche Fragestellungen des Wohnens im Kontext der Kommunalpolitik im Mittelpunkt stehen, wird im zweiten Hauptteil die kommunale Wohnungspolitik als unmittelbare Sozialpolitik untersucht. Gerade in der Phase der gehemmten Wohnungsproduktion von 1918-1924 waren die Sicherung bestehender Wohnverhältnisse, die öffentliche Mietpreisbindung in Zeiten eines deutlichen Mangels und die kommunale Wohnraumbewirtschaftung zugunsten Wohnungssuchender von überragendem sozialpolitischen Interesse. Organe dieser öffentlichen Sozialpolitik waren die Wohnungsämter, die besonders aufgrund ihrer weitreichenden Interventionen in das private Verfügungsrecht des vorhandenen Wohnraums zu den umstrittensten Ämtern zählten.

Kennzeichnend für die Sozialstaatskonzeption in der Weimarer Republik war die Verknüpfung der verfassungsrechtlich fixierten Idee des Sozialstaats mit der Einbindung korporativ organisierter Interessengruppen in der pluralen Gesellschaft.[32] In den 20er Jahren wurden deshalb, analog zu den Schlichtungsorganen bei Arbeitskonflikten, Mieteinigungsämter institutionalisiert, die als Organe der korporativen Selbstregulierung einen gerechten Interessenausgleich herbeiführen sollten. Neben der Institutionsgeschichte wird ausführlich die komplizierte und widerspruchsvolle Praxis der lokalen Wohnungspolitik behandelt. Dabei sollen Fallbeispiele aus der unmittelbaren Praxis die weitreichenden öffentlichen Eingriffe und Verfahrensweisen verdeutlichen. Zu fragen ist besonders, wie die gravierenden städtischen Konfliktbereiche durch kommunalpolitische Initiativen und durch gesellschaftliche Regulationen ausgeglichen werden konnten und zu welchen Ergebnissen diese weitreichenden öffentlichen Eingriffe führten.

Im letzten Hauptkapitel wird die häufig unterschätzte Bedeutung lokaler Bauträger für die soziale Wohnungspolitik behandelt. Die ehemalige Dominanz privater Bauherren im Mietshausbau wurde in den Städten in der Weimarer Republik zugunsten gemeinnütziger Wohnungsbaugesellschaften gebrochen. Durch öffentliche

---

32 Ritter, Gerhard A.: Der Sozialstaat. Entstehung und Entwicklung im internationalen Vergleich. München 1989, S. 121.

Finanzierungshilfen konnten die Gemeinden einen steuernden Einfluß auf die Wohnungsproduktion ausüben. Allerdings wurden die Gestaltungsmöglichkeiten sehr unterschiedlich genutzt. In Frankfurt a. M. nahm nach 1918 der Einfluß von städtisch kontrollierten Wohnungsbaugesellschaften gegenüber den sonstigen gemeinnützigen Wohnungsbaugesellschaften deutlich zu. Deshalb soll in diesem Kapitel untersucht werden, welche Ziele durch diese Instrumentalisierung verfolgt wurden. Konnte beispielsweise die Zielvorgabe, Wohnungen für die „Minderbemittelten" zu bauen, eingelöst werden? Da sich wohnungspolitische Initiativen in Frankfurt am Main bereits nach 1880 keineswegs auf den primären Aspekt der Wohnraumversorgung begrenzten, ist die Bedeutung des städtisch instrumentalisierten Wohnungsbaus für den gesellschaftlichen Formierungsprozeß zu benennen. In einem Exkurs wird auf die kommunalen Akteure eingegangen und nach ihrer Bedeutung für den komplizierten Vermittlungsprozeß gefragt.

Am Ende der Arbeit werden in einem Kapitel die städtische Visionen skizziert und die Bedeutung der kommunalen Wohnungspolitik als entwicklungsbestimmender Faktor für den gesellschaftlichen Formierungsprozeß von einer städtischen Gesellschaft der Klassen zu einer offenen, zivilen Gesellschaft der Mitte zusammengefaßt.

II Wendepunkt

Die sozialstaatliche Formierung der Wohnungspolitik und der Wandel des Wohnungsmarkts im Ersten Weltkrieg

a. Vorgedanken

> „Alle die Maßnahmen, die man unter dem Begriff ‚Zwangswirtschaft im Wohnungswesen' zusammenfaßt, [...], sind posthume Kinder des Krieges."[1]
>
> Ludwig Landmann

Von grundlegender Bedeutung für die Wohnungspolitik der Weimarer Republik waren staatliche Interventionen, die im Ersten Weltkrieg durchgeführt wurden. Sie markieren einen Wendepunkt in der sozialstaatlichen Formierung des Wohnungswesens. Trotz beachtlicher Kontinuitäten, die in der Wohnungspolitik nachwirkten, bildeten sich nach Ausbruch des Ersten Weltkriegs neue Qualitäten und Rahmenbedingungen heraus. Für diesen prozeßhaften Wandel in der Wohnungspolitik sind hauptsächlich zwei Veränderungen von grundlegender Bedeutung:

Erstens wurde die öffentliche Wohnungsfürsorge integrativer Bestandteil des Transformationsprozesses zum Sozialstaat. Die absolute Vertragsfreiheit zwischen Mieter und Vermieter wurde erstmals in Deutschland durch Mieterschutzbestimmungen in Frage gestellt, und es wurden öffentliche Interventionen eingeleitet. Begründet wurden diese Eingriffe mit der strukturellen Ungleichheit der Vertragspartner und mit der Unausgewogenheit des Wohnungsmarktes. Durch einen schrittweisen Ausbau des sozialen Miet- und Wohnrechts wurden schließlich die Rahmenbedingungen für die Weimarer Wohnungspolitik geschaffen. Kennzeichnend für die deutsche Variante der Sozialstaatsbildung ist zudem die Einbindung korporativer Interessenvertretungen. Den Mieteinigungsämtern, die zunächst nur einen „billigen Ausgleich" zwischen den Kontrahenten herbeiführen sollten, wurden schließlich sogar rechtsprechende und rechtschaffende Kompetenzen zugebilligt, so daß von einer gesellschaftlichen Regulierung des Wohnungswesens gesprochen werden kann.

Zweitens wurde die Lösung der Wohnungsfrage als öffentliche Aufgabe anerkannt. Es bildeten sich die Grundstrukturen der Aufgabenteilung zwischen Reich, Ländern und Gemeinden heraus, die auch in der Weimarer Republik fortwirkten.

Die Wohnungs- und Sozialpolitik im Ersten Weltkrieg kann in zwei Phasen unterschieden werden: Die erste Phase, etwa von 1914 bis 1916, ist durch eine Sozial-

---

1 Landmann, Die öffentliche Hand im Wohnungswesen, S. 25.

politik der korrektiven Stabilisierung gekennzeichnet. Vorrangig sollte das soziale Abgleiten bedürftiger Kriegsteilnehmer-Familien durch „Unterstützung zum notwendigen Lebensunterhalt und zur Fortführung ihres geordneten Haushalts"[2] verhindert werden. Der Wohnungsmarkt war in dieser Phase entspannt. Zwischen den Vertragsparteien sollte ein freiwilliger Interessenausgleich bei Mietkonflikten herbeigeführt werden. Einschneidende Interventionen in den Wohnungsmarkt waren hingegen noch nicht vorgesehen.

In der zweiten Phase, von 1917 bis Kriegsende, trat ein grundlegender Wandel ein. Der stabile Wohnungsmarkt kippte in eine Wohnungsmangelsituation um. Schrittweise erfolgte nun der Ausbau des Wohn- und Mietrechts, der seinen vorläufigen Höhepunkt 1918 mit Verabschiedung des preußischen Wohnungsgesetzes im März und den Bundesverordnungen vom September zum Mieterschutz und zum Wohnungsmangel erreichte. Auf der Grundlage dieser Gesetze bzw. Verordnungen - basierte grundsätzlich das soziale Wohn- und Mietrecht der Weimarer Republik.

b. Sozialstaatliche Formierung der Wohnungspolitik im Ersten Weltkrieg

Kriegsfürsorge und Kriegswohlfahrtspflege

Die Formierung der sozialen Wohnungspolitik ist nicht vom allgemeinen Prozeß der Sozialstaatsbildung zu lösen. Nach der Auffassung Ludwig Prellers wurde der Krieg zum Schrittmacher der Sozialpolitik.[3]

Durch Sozialpolitik sollten eine politische Befriedung und Stabilisierung im Inneren herbeigeführt und zudem soziale Härten gemindert werden, die durch die Umstellung der Wirtschaft auf Zwecke der Kriegführung auftraten. Im ersten Kriegsmonat erhöhte sich die Arbeitslosigkeit drastisch von 2,9% im Juli 1914 auf 22,4% im August 1914. Erst im April 1915 erreichte der Arbeitslosenstand wieder die gleiche Quote wie im letzten Friedensmonat. Die sozialen Folgen der Umstellung auf die Kriegswirtschaft waren vielseitig.[4] Einstweilen sozial abgesichert erschienen nur die zum Kriegsdienst eingezogenen Beamten mit ihren Familien sowie teilweise die Kommunalangestellten, da diesen weiterhin ihre bisherigen Vergütungen gezahlt wurden. Aufgrund der erheblichen Preissteigerungen im Kriege – die Lebenshaltungskosten stiegen zwischen 1914 und 1918 um 210%[5] – bei gleich-

---

[2] Preußischer Erlaß vom 28.9.1914. Zit. in: Sachße, Christoph/Tennstedt, Florian: Geschichte der Armenfürsorge in Deutschland. Fürsorge und Wohlfahrt 1871 bis 1929. Bd. 2. Stuttgart.u.a. 1988, S. 50.
[3] Preller, Sozialpolitik der Weimarer Republik, S. 85.
[4] Vgl. Reulecke, Jürgen: Die wirtschaftliche Entwicklung der Stadt Barmen von 1910 bis 1925. Neustadt 1973.
[5] Sachße/Tennstedt, Geschichte der Armenfürsorge, S. 47; Kocka, Jürgen: Klassengesellschaft im Krieg. Deutsche Sozialgeschichte 1914-1918. 2. Aufl. Göttingen 1978, S. 12-19.

zeitig unveränderten Gehältern änderte sich jedoch die privilegierte Situation auch dieser sozialen Gruppe. Die soziale Lage der Arbeiterklasse war sehr uneinheitlich. Einerseits waren starke lokale und regionale Schwankungen festzustellen, andererseits auch uneinheitliche Einkommensentwicklungen für die Beschäftigten in der Kriegsindustrie (insbesondere in der metallverarbeitenden Industrie) bzw. in der Friedensindustrie sowie zwischen Frauen- und Männerarbeit.[6] Einkommensverbesserungen konnten nicht die allgemeine Not ausgleichen, die sich besonders im Ernährungssektor drastisch bemerkbar machte. Der absolute Mangel an Nahrungsmitteln und Konsumgütern führte bereits seit dem Februar 1915 zur Ausgabe von Brot- und Mehlkarten. „Die dem einzelnen offiziell zustehenden, i.d.R. nur unvollkommen durch Schleichhandel ergänzten Lebensmittelrationen deckten 1918 nur noch 57-70% des tatsächlichen Kalorienbedarfs bei leichter, 47-54% bei mittelschwerer Arbeit."[7] Jürgen Kocka nimmt an, daß, abgesehen von der Spitzengruppe der Rüstungsarbeiter, eine Nivellierung des Lebensstandards der Arbeiter nach unten stattfand, mit zunehmender Knappheit an Lebensmitteln, Kleidern und Kohlen und – in den sich verdichtenden Stadtregionen – an Wohnungen.

Diese materielle Not war aber keineswegs beschränkt auf die Arbeiterklasse. Mit zunehmender Kriegsdauer wurde die Armut zu einem Massenproblem. „Der Krieg bewirkte eine ‚Umschichtung von Armut' und brachte Bevölkerungsgruppen in den Zugriffsbereich öffentlicher Fürsorge, die trotz materieller Not von ihrem sozialen Selbstverständnis her weit von den traditionellen Armutsgruppen entfernt waren."[8] Diese Tendenz der ökonomischen Egalisierung verdeutlicht ein Brief, den Walter Gropius am 22. Juni 1918 an seine Mutter schrieb: „Seit 14 Tagen haben sie hier [in Wien, G.K.] kein Brot. Es giebt Karten, aber keine Lebensmittel, nur gegen unerschwingliche Wucherpreise [...] Ich zermartere mir mein Gehirn. Ich sitze da draußen, gab dem Staat alles her und muß zusehen – ohne, daß ich selbst etwas irgendwie erklecklisches beisteuern kann – wie meine Familie ihr Geld aufbraucht und dabei hungert. Ich bin mir klar geworden, daß ich der Armut nahe bin. Ich habe mich nun entschlossen nach Berlin zu fahren, meine Möbel in den großen Atelierraum zu stellen, um Speicherkosten zu sparen, und die Wohnung dann zu vermieten. [...]. Ich gab jetzt 4 Jahre lang mein Bestes für diesen irrsinnigen Krieg her und habe nur verloren, verloren. Kein Mensch giebt mir je etwas dafür und ein großer Teil der anderen mästet sich währenddessen von uns. Ich habe größte Lust, den Spieß umzudrehen, denn ich will nicht schließlich ins Proletariat übergleiten, von dem ich nicht mehr weit entfernt bin."[9]

---

6 Kocka, Klassengesellschaft im Krieg, S. 14-15.
7 Ebenda, S. 19.
8 Sachße/Tennstedt, Geschichte der Armenfürsorge, S. 49.
9 Brief Gropius an seine Mutter v. 22. Juni 1918. In: Isaacs, Reginald R.: Walter Gropius. Der Mensch und sein Werk. Bd. 1. Berlin 1983, S. 178-179. (Kursiv im Org.).

Unmittelbar nach dem Kriegsbeginn war das „Gesetz betreffend die Unterstützung von Familien in den Dienst eingetretener Mannschaften" erlassen worden. Es stellte sich jedoch bald heraus, daß die Pflichtleistungen des Staates ausgesprochen unzulänglich waren, so daß diese mehrfach modifiziert werden mußten. Anders als beispielsweise die traditionelle Armenpflege sollte die Kriegsfürsorge nicht nur das Existenzminimum sichern, sondern auch die Beibehaltung des sozialen Status gewährleisten. Die Verwaltungsstellen wurden angewiesen, die Unterstützungen wohlwollend zu gewähren. Bedeutsam war, daß die demütigenden Grundsätze der Bedürftigkeitsprüfungen im Sinne der Armenpflege nicht galten, denn, so eine preußische Ausführungsverordnung: „Von den Angehörigen der vor dem Feind stehenden Familienväter wird alles fernzuhalten sein, was niederdrückende Empfindungen in ihnen auszulösen geeignet ist."[10]

Eine Ergänzung fand die Kriegsfürsorge in der sogenannten Kriegswohlfahrtspflege. „Unter Kriegswohlfahrtspflege fallen", so eine Definition des Preußischen Ministers des Innern vom 24. Dezember 1914, „im allgemeinen alle diejenigen freiwilligen Aufwendungen von Gemeinden und Gemeindeverbänden, die ohne Aussicht auf Erstattung und ohne Schaffung wirtschaftlicher Gegenwerte für minderbemittelte Ortseinwohner über das Maß der Friedensfürsorge hinaus aus Anlaß des Krieges gemacht sind."[11] Ferner sind noch Hilfsleistungen der privaten Fürsorge zu nennen. Die Wohlfahrtspflege im Krieg unterschied sich somit grundsätzlich von der kommunalen Armenhilfe der Vorkriegszeit. Erstmals beteiligten sich auch das Reich und die Länder an den erforderlichen finanziellen Aufwendungen. Zudem fand eine institutionelle Verflechtung der verschiedenen Wohlfahrtsträger (Reich, Gemeinden und private Träger) statt. Deutlich erkennbar ist diese neue Struktur bei der Leistungsgewährung durch die Kriegswohlfahrtspflege. „Die Kosten waren daher grundsätzlich von den Gemeinden zu tragen. Allerdings gewährten Reich und Länder – auch jenseits ihres finanziellen Engagements in der Mittelstands- und Arbeitslosenfürsorge – Beihilfen zu den kommunalen Kosten der Kriegswohlfahrtspflege derart, daß sie einen bestimmten Anteil der gemachten Aufwendungen erstatteten. In Preußen wurde die Obergrenze der Erstattung durch Erlaß des Preußischen Ministers des Innern vom 24. Dezember 1914 auf 66% festgelegt."[12] Neben der Verflechtung der Trägerschaft sind noch weitere Kriterien der neuen Wohlfahrtspflege zu nennen: Rechtsanspruch bei Bedürfigkeit, die Tendenz zur Standardisierung der Leistungen, Gewährung von Mindestsätzen, die nicht unterschritten werden durften, Einschränkung der sozialen Diskriminierungen im Falle der Gewährung von Unterstützungsleistungen, Beseitigung der Rückerstattungspflicht, Ausweitung der Emp-

---

10 Preuß. Erlaß vom 1.11.1914. In: Sachße/Tennstedt, Geschichte der Armenfürsorge, S. 50-51.
11 Ebenda, S. 50.
12 Ebenda, S. 56.

fängerkreise[13], Regulierung sozialer Konflikte durch Schlichtungsausschüsse und die endgültige Ablösung des Prinzips des Unterstützungswohnsitzes durch den gewöhnlichen Aufenthalt.

Miet- und Hypotheken-Beihilfen

Der Berichterstatter der Unterstützungs-Kommission des Lieferungsverbandes und der Organisation der privaten Kriegsfürsorge, Abt. Familienhilfe in Frankfurt am Main Rumpf, berichtete von Konfliktlagen, die sich in der Einstellung von Mietzahlungen äußerten: „Sofort mit Ausbruch des Krieges mußte in Familien vieler Kriegsteilnehmer als Schreckgespenst die Frage auftauchen: wie sollen bei Wegfall oder Beschränkung des Einkommens des Kriegsteilnehmers die Mietzinsen aufgebracht werden? Daß für das leibliche Wohl gesorgt werde, daran zweifelte wohl keiner, wie aber sollte es mit diesen laufenden Verpflichtungen werden? Gar bald fand man in weiten Kreisen eine Antwort, die in ihrer Naivität hätte vernichtend wirken können, wäre ihr nicht sofort energisch entgegengetreten worden: man ließ sich erzählen, im Krieg brauche man den Mietzinsverpflichtungen nicht nachkommen."[14]

Diese verbreitete Einstellung der Mieter beunruhigte wiederum die Hausbesitzer, da einige von ihnen durch die Verweigerung der Mietzahlung ihren Hypothekenzahlungen nicht nachkommen konnten. Einige Hausbesitzer forderten daher eine Vorauszahlung des Mietzinses. Dieses Verhalten wurde von Rumpf als „Übergriff" der Vermieter verurteilt. Bereits Ende August 1914 führten diese Interessenkonflikte zum Erlaß von Richtlinien zur Regelung von Mietangelegenheiten und im Dezember 1914 zur Verabschiedung einer Verordnung betreffend die Errichtung von Einigungsämtern für Miet- und Hypothekenstreitigkeiten. Finanzielle Hilfen gewährte den Mietern und Hausbesitzern im Falle von ausbleibenden Mietzahlungen weniger die öffentliche Armenpflege – diese sicherte nur den absoluten Mindestlebenssatz – sondern die Kriegswohlfahrtspflege. Diese sollte, wie bereits erwähnt, nach Möglichkeit den Ausfall der Unterhaltsbeiträge der einberufenen Kriegsteilnehmer decken, also „dem Unterstützungsberechtigten soviel zur Hilfe gewähren, daß er sich in seiner sozialen Schicht halten kann."[15] In den Richtlinien für die Regelung von Mietangelegenheiten wurde als Grundsatz aufgeführt, daß die Mieten, soweit dies möglich war, gezahlt werden sollten. Vermieden werden sollte auf alle Fälle die Stundung der Mietzahlungen, damit keine Überschuldung der Mieter nach Kriegs-

---

13 Oberbürgermeister Luppe, ehemals Stadtrat in Frankfurt, nahm an, daß etwa ein Drittel bis ein Viertel der Bevölkerung während des Krieges Unterstützungsleistungen erhielten. Vgl. Sachße/Tennstedt, Geschichte der Armenfürsorge, S. 51.
14 Rumpf, Hermann: Die Unterstützung der Kriegsteilnehmer-Familien in Frankfurt am Main. Bericht über die Tätigkeit der Unterstützungs-Kommission des Lieferungsverbandes und der Organisation der privaten Kriegsfürsorge, Abteilung Familienhilfe im ersten Kriegsjahr. Frankfurt/Main 1915, S. 18. Vgl. auch Sachße/Tennstedt, Geschichte der Armenfürsorge, S. 53.
15 Sachße/Tennstedt, Geschichte der Armenfürsorge, S. 52-53.

ende eintreten würde. Selbst die Lösung eines Mietverhältnisses sei einer Stundung vorzuziehen. In der Regel wurde allerdings ein Mietnachlaß angestrebt. Als Richtwerte wurden genannt: „Bei kleinen Wohnungen (Mietzins bis Mark 90,– monatlich) ist für den Regelfall anzustreben, daß der Vermieter einen Nachlaß von $^1/_3$ der Miete gewährt, daß $^1/_6$ die Bezirksstelle zuschießt und die restlichen $^3/_6$ von dem Mieter gezahlt werden."[16] Die Art und Weise der Beihilfen-Gewährung unterschied sich in den einzelnen Städten erheblich. In Frankfurt/Main wurde, abweichend von den Richtlinien, zumeist nach folgendem Modus verfahren: Die Bewilligung von Mietbeihilfen erfolgte durch die Kriegsfürsorge, Abteilung ‚Familienhülfen'. „Für die Bewilligung ist im allgemeinen der Grundsatz maßgebend, daß dem Hausbesitzer ein Nachlaß von $^1/_3$ der Miete zugemutet wird, während $^1/_3$ von dem Unterstützten aus seiner Unterstützung zu zahlen ist, das dritte $^1/_3$ aber von der Kriegsfürsorge als Extraunterstützung gewährt wird."[17] Die Bedeutung dieser Unterstützungsleistungen durch die Kriegsfürsorge ist daran erkennbar, daß beispielsweise im Juli 1915 der Anteil der Mietzuschüsse an Kriegsteilnehmerfamilien 177.269 Mark von insgesamt 465.826 Mark betrug.[18]

Aufschlußreich ist auch die Tatsache, daß bei dem Mieteinigungsamt in Frankfurt bis 1915, also noch in der Phase der eingeschränkten Kompetenzen des Amtes (vgl. Kap. IV), überhaupt keine Mietsachen verhandelt wurden, da die Kriegsfürsorge ebenfalls eine Kommission zur Regelung von Mieter- und Vermieterangelegenheiten eingerichtet hatte. Allerdings wurden im ersten Kriegsjahr in Vorterminen, welche durch Frankfurter Anwälte durchgeführt wurden, 1.129 Anträge behandelt und überwiegend durch einen Vergleich beigelegt (823 Vergleiche), ohne daß überhaupt eine Hauptverhandlung angestrebt wurde.[19]

Wegen der reduzierten Mieteinnahmen konnten allerdings verschiedene Hausbesitzer nicht die fälligen Hypothekenzahlungen begleichen. „Deshalb wurden durch Verordnungen in den Jahren 1914 und 1915 die *Zwangsstundungen der Hypotheken* auf sechs Monate sowie die Aussetzung des etwa eingeleiteten *Zwangsversteigerungsverfahrens* beliebig oft auf je sechs Monate vorgesehen. Diese Anordnungen wurden im Jahre 1916 ersetzt durch Bekanntmachungen über die Geltendmachung von Hypotheken, Grundschulden und Rentenschulden, wonach die Gerichte nach Anhörung von Hypothekeneinigungsämtern Zahlungsfristen wiederholt bewilligen und die Zwangsversteigerung wiederholt einstellen konnten."[20]

---

16 Richtlinien für die Gewährung eines Mietzuschusses. In: Rumpf, Die Unterstützung der Kriegsteilnehmer-Familien, S. 52.
17 Brief Magistrat an Regierungspräsident v. 13. Februar 1915. StA Ffm., MA T 819/I.
18 Zusammenstellung der Zahlungen. In: Rumpf, Die Unterstützung der Kriegsteilnehmer-Familien, S. 32.
19 Ebenda, S. 35.
20 Kruschwitz, Hans: Deutsche Wohnungswirtschaft und Wohnungspolitik seit 1913. In: Zimmermann, Waldemar (Hg.): Beiträge zur städtischen Wohn- und Siedelwirtschaft. Schriften des Vereins für Socialpolitik. Bd. 177. Erster Teil. München/ Leipzig 1930, S. 12.

Während Mieter an kommunalen Mietbeihilfen partizipierten, konnten bedürftigen Hausbesitzern ergänzt Beihilfen durch vielfältige kommunale und private Initiativen (u.a. auch durch den sogenannten Mittelstands-Fonds) erhalten. Wiederum lokal sehr unterschiedlich, gewährten verschiedene Städte entweder unmittelbar Zuschüsse zur Hypothekenzinszahlung, oder es wurden Darlehen zur Deckung der Mietausfälle durch Kriegskreditbanken, Darlehens- und Vorschußkassen bewilligt, die auf kommunale oder gemeinnützige Gründungen zurückgingen. Hans Kruschwitz, Direktor der Rheinischen Wohnungsfürsorge-Gesellschaft und des Rheinischen Vereins für Kleinwohnungswesen, vermutete allerdings, daß während des Krieges im wesentlichen keine Gefährdung des Haus- und Grundbesitzes erfolgte, da diese Darlehenskassen nur in sehr geringem Umfang in Anspruch genommen wurden.[21] Ein Indikator, der diese Annahme stützt, sind die geringe Inanspruchnahme der Hypothekeneinigungsämter sowie der stetige Rückgang der Zwangsversteigerungen von Immobilien insbesondere während der Kriegsjahre.[22]

Zur freiwilligen Schlichtung von Mietkonflikten wurde in Frankfurt auch eine Kommission für Mieter- und Vermieterangelegenheiten gebildet, in der alle „beteiligten Kreise" vertreten waren. Zumeist konnte durch diese Kommission der Kriegsfürsorge ein Kompromiß herbeigeführt werden, der die Mietzinsfestlegung zwischen dem Vermieter, den Mietern (Kriegsteilnehmern bzw. ihrer Familie) und der Kriegsfürsorge regelte. Die Beihilfe der Kriegsfürsorge – Familienhilfe – wurden in den ersten Kriegsmonaten aber auf maximal 15 Mark monatlich limitiert. Durch die Unterstützung sollte „vermieden werden, daß durch Stundungen in größerem Maße die Kriegsteilnehmer nach ihrer Rückkehr aus dem Kriege eine große Mietschuldlast vorfänden, die sie kaum je würden abtragen können."[23] Im weiteren Kriegsverlauf mußten auch diese Leistungen noch mehrfach modifiziert werden.

Bedeutsam erscheint die Tendenz zur Nivellierung der sozialen Unterschiede der Mieter. Diese Angleichung, jedoch nicht die Egalisierung der Lebensverhältnisse, verstärkte der Modus der kommunalen Kriegswohlfahrtspflege. Zwar sollte ein soziales Abgleiten der Bewohner verhindert und der soziale Status gesichert werden, aber dennoch war die Gewährung von Regelsätzen – wie oben genannt – in ihrer Höhe begrenzt.[24] Dies führte zu einer relativ niedrigen Unterstützung der Mieter von teuren Mietwohnungen, die in der Regel auch die großen Wohnungen waren. In Folge der Aufstellung von Festsätzen zur Mietunterstützung erlitten in der Regel die

---

21 Ebenda, S. 14.
22 Zwangsversteigerungen bebauter Grundstücke in Frankfurt am Main. 1910-144 Grundstücke mit Wertangaben/24 ohne Wertangaben; 1911-124/0; 1912-176/3; 1913-165/41; 1914-103/1; 1915-62/1; 1916-53/0; 1917-33/0; 1918-51/0. Stat. Jahresübersichten Ffm., Ausgaben für die Jahre 1910/11-1919.
23 Bericht des Magistrates, Frankfurt a.M., Verwaltungsjahr 1914, S. 140.
24 Rumpf, Die Unterstützung der Kriegsteilnehmer-Familien. S. 14. „Es gab alle erdenklichen Arten der Bemessung von Mietunterstützungen, die in der Regel eine obere Grenze hatte."

Vermieter von großen Wohnungen mit hohen Mietsätzen die größten Verluste.[25] Weiterhin ist festzustellen, daß sich der Empfängerkreis für Unterstützungen ständig erweiterte. Wurden zu Kriegsbeginn nur den „Kriegerfamilien" durch die Reichsfamilienunterstützung und durch kommunale Hilfen beigestanden, so mußten durch die Kriegsfürsorge zunehmend auch Arbeitslose und – überhaupt – Familien, die in Not gerieten, unterstützt wurden. Es ist eine Tendenz der sozialen Angleichung in der Not während des Krieges festzustellen, besonders zwischen der sozialen Gruppe der Facharbeiter und des Mittelstands (Angestellte, Beamte). Nach dem Kriegsende erschien die Rückbildung der sozialstaatlichen Familienunterstützung zur Armenfürsorge sehr problematisch bzw. undurchführbar.[26]

Das Miet- und Wohnrecht im Ersten Weltkrieg

Der tiefgreifende Wandel in der staatlichen Wohnungspolitik vollzog sich, wie in den vorhergehenden Ausführungen erwähnt, durch Maßnahmen zur sozialpolitischen Befriedung im Innern, aber auch durch eine Neubestimmung der legislativen Grundlagen in der Wohnungspolitik.

Bereits am 15. Dezember 1914 wurde im Reichsgesetzblatt eine Bekanntmachung veröffentlicht[27], welche die Errichtung von Einigungsämtern regelte. Zweck dieser Einigungsämter war, einen „billigen Ausgleich" zwischen Mietern und Vermietern oder zwischen Hypothekenschuldnern und Hypothekengläubigern herbeizuführen. Beachtenswert ist, daß das Reich sich erstmals direkt durch ein Gesetz in der Wohnungsfrage engagierte und die traditionelle Arbeitsteilung (Zuständigkeit der Länder und Gemeinden im Wohnungswesen) durchbrach. Weitere legislative Initiativen sind in dem Kontext der sozialen Befriedung einzuordnen, so beispielsweise die allgemeinen Maßnahmen der Kriegsfürsorge oder die Verordnung des Bundesrats über den Kündigungsschutz der Hinterbliebenen von Kriegsteilnehmern.[28]

Die Instrumente, die unmittelbar nach Kriegsausbruch zur Konfliktregelung zwischen Mieter und Hausbesitzer geschaffen wurden, blieben unzulänglich. Aufgrund der verstärkten Wohnungsnachfrage stiegen in vielen Städten die Mietpreise in einem bedenklichen Ausmaße.[29] Zudem stieg auch die Anzahl der Kündigungen, da Mieter entweder nicht gewillt oder nicht in der Lage waren, den Mietsteigerungen nachzukommen. Wegen der mangelnden Entscheidungsbefugnisse stand den geschaffenen Schlichtungsausschüssen kein wirksames Mittel zur Verfügung „die Beun-

---

25 Kruschwitz, Deutsche Wohnungswirtschaft und Wohnungspolitik, S. 14.
26 Sachße/Tennstedt, Geschichte der Armenfürsorge, S. 66-67.
27 Bekanntmachung betreffend Einigungsämter vom 15.12.1914, RGBl. S. 511.
28 RGBl. 1915, S. 642.
29 Auf einer Tagung der Mieteinigungsämter sprach der Delegierte Rumpf „von einem Kriegswucher auf dem Wohnungsmarkt". In Dortmund sollen, nach Angaben des dortigen MEA-Vorsitzenden Wulff, für mittlere Wohnungen Mietzinssteigerungen von 50-60% stattgefunden haben. StA Ffm., MA T 824.

ruhigung [...] zu beseitigen, die in den Kreisen der Mieterschaft mehr und mehr entstanden war".[30] Eine Bundesratsverordnung vom 26. Juli 1917 erwirkte erstmals einen relativen Kündigungsschutz. Da dieser Kündigungsschutz jedoch nicht bei Vertragsablauf oder Neuvermietung fortbestand, erließen vereinzelt militärische Dienststellen (Stellvertretende Generalkommandos) ergänzende Verordnungen. Diese Maßnahmen setzten sowohl kommunale als auch staatliche Behörden unter einen erheblichen Handlungsdruck, so daß schließlich die staatlichen Interventionen im Wohn- und Mietrecht stetig ausgebaut wurden. Schließlich umfaßten die Regulierungsansätze drei Hauptbereiche: den Mieterschutz, die öffentliche Bewirtschaftung des Wohnraums und die Mietpreisregelung.

Der Mieterschutz, bereits durch eine Verordnung vom 26. Juli 1917 initiiert, führte schließlich zu einem faktischen Kündigungsverbot seitens der Vermieter. Auch der Wohnungsmangel wurde noch während des Krieges teilweise durch das preußische Wohnungsgesetz, aber insbesondere durch eine Bundesratsverordnung (23.9.1918) öffentlich reguliert.[31] Während des Krieges erfolgten Eingriffe zur Festlegung der Miethöhe nur individuell durch die Stellvertretenden Generalkommandos bzw. Mieteinigungsämter. Eine gesetzliche Mietpreisfestlegung erfolgte aber erst nach dem Ersten Weltkrieg.

c. Wohnungsleerstand und Wohnungsmangel
Schwankungen des Wohnungsmarkts im Ersten Weltkrieg

In den deutschen Großstädten entspannte sich der Wohnungsmarkt nach Kriegsbeginn deutlich. Als wichtigster Indikator für diese Aussage wurde eine Quote von 3-4% leerstehender Wohnungen angesehen.[32] „Die Kurve der Leerwohnungsziffer schnellte nach Kriegsausbruch, abgesehen von bestimmten Ausnahmen, empor und

---

30 Scheidt, Adolf: Der Wiederaufbau der Wohnungswirtschaft. In: Zehn Jahre deutsche Geschichte 1918-1928. Berlin 1929, S. 350.
31 Häufig wurden von den Stellvertretenden Generalkommandos Bestimmungen zur Kontrolle des Wohnungsmarktes erlassen. Vgl. Brief des Städt. WA (Landmann) an Magistrat. StA Ffm; MA T 802: „Von dieser Bestimmung (An- bzw. Abmeldepflicht im Wohnungsgesetz Art. 6, § 1, Abs. 3) hat das Wohnungsamt mit Rücksicht auf die bislang gültige Verordnung des stellvertretenden Generalkommandos des XVIII Armeecorps betreffend Anzeige von leerstehenden und gekündigten Wohnungen vom 29. Oktober 17 [22. Dez. 17] keinen Gebrauch gemacht. Nachdem aber nunmehr das Gesetz über den Belagerungszustand vom 4. Juni 1851 aufgehoben worden ist, und damit, jedenfalls nach herrschender Meinung, auch alle Verordnungen der Generalkommandos, soweit sie auf jenem Gesetze beruhen, ist der Erlaß der angeführten Polizeiverordnung dringend erforderlich."
32 Bereits in den 90er Jahren des letzten Jahrhunderts glaubte der Statistiker Hasse aufgrund von Erhebungen in Leipzig zwischen 1892-93 die Folgerung ziehen zu können, daß bei einem Leerstand von 3-4% der Neuwohnungen (!) das normale Verhältnis erreicht sei. Wolff, Hellmuth: Wohnungsmarkt und Bautätigkeit. In: Handwörterbuch für Kommunalwissenschaften. Jena 1924, S. 570.

die Anzahl der Leerwohnungen erreichte einen seit längerer Zeit nicht gekannten Umfang."[33] Diese Entwicklung war auf die Einberufung von Kriegsteilnehmern, die Aufgabe von eigenständigen Wohnungen durch deren Angehörige, die für die Dauer des Krieges zu Familienmitgliedern oder in Pensionen zogen und schließlich auch auf den starken Rückgang der Eheschließungen und Bevölkerungsbewegung (Geburten) zurückzuführen.[34] Ehepaare, die während des Krieges geheiratet hatten, verzichteten für die Dauer des Krieges zudem häufig auf die Gründung eines eigenen Hausstands. Da aber gleichzeitig die Wohnungsproduktion seit Kriegsbeginn deutlich abnahm und mit zunehmender Kriegsdauer fast zum Erliegen kam35, sollten Tendenzen des aktuellen und zukünftigen Wohnungsmarktes durch statistische Erhebungen prognostiziert werden.

Es liegen Wohnungsleerstands-Statistiken von 67 Gemeinden (65 Städte über 50.000 Einwohner; zwei Städte mit weniger als 50.000 Einwohnern) aus dem Jahre 1916 vor. Dem Indikator Wohnungsleerstand wurde eine zentrale Bedeutung für die Beurteilung des Wohnungsmarktes und -bedarfs zugesprochen.[36] Bereits 1915 verlangsamte sich allgemein die Zunahme der Leerwohnungen. In einigen Festungs- und Industriestädten war bereits ein Rückgang des Leerstandes festzustellen. „In der Tat ist die Bewegung auf dem Wohnungsmarkt im Laufe des Jahres 1916 in das Gegenteil umgeschlagen."[37] Nur noch in sieben von 34 Städten, von denen Vergleichszahlen vorlagen, war eine Zunahme der Leerwohnungen festzustellen, aber bereits in 27 Städten wurde ein Rückgang ermittelt.

Schon in Friedenszeiten konnten isolierte Auslegungen des Wohnungsleerstandes erhebliche Fehlinterpretationen des Wohnungsmarktes zur Folge haben. Für eine gründliche Aussage war einerseits die Hinzuziehung weiterer Parameter erforderlich, wie beispielsweise die Bevölkerungsbewegungen, Bautätigkeit, einschließlich der Anzahl der Baugenehmigungen und des Reinzuzugs, Entwicklung des Baustoff- und des Hypothekenmarktes, Arbeitslosenquote im Bausektor, Quote der Eheschließungen, und andererseits mußten Leerstandsquoten an vorhergehenden Jahresergebnissen abgeglichen werden. Doch gerade unter den erschwerten Bedingungen des Krieges

---

33 Beiträge zur Wohnungsfrage während des Krieges. 14. Sonderheft zum Reichsarbeitsblatt. Bearb. v. Rusch/ Kaiserliches Statistisches Amt. Berlin 1917, S. 16.
34 Meerwarth, R./Günther, A./Zimmermann, W.: Die Einwirkungen des Krieges auf Bevölkerungsbewegung, Einkommen und Lebenshaltung in Deutschland. Stuttgart 1932. S. 27 (Eheschließungen) und S. 41 (Bevölkerungsbewegung).
35 „Während des Krieges kam das öffentliche Wohnungswesen allmählich zu völligem Stillstand." Fuchs, (Carl Johannes): Wohnungsneubau. Kommunale Wohnungswirtschaft vor und nach dem Kriege. In: Bericht über die 9. Hauptversammlung der Kommunalen Vereinigung für Wohnungswesen. H. 8. Berlin 1927, S. 16.
36 „Die Übersichten über die leerstehenden Wohnungen erstrecken sich im Berichtsjahr auf 76 Gemeinden, während es im Vorjahr nur 51 waren. Schon daraus geht hervor, wie die Bedeutung der Leerwohnungszählung während des Krieges in steigendem Maße anerkannt wird." Beiträge zur Wohnungsfrage während des Krieges, S. 16.
37 Ebenda, S. 16.

(u.a. eingeschränkte Erhebungen) war die Erstellung einer genauen Wohnungsstatistik und somit auch einer relativ exakten Prognose sehr erschwert. Durch eine Differenzierung des Wohnungsleerstandes nach Wohnungsklassen sollte das „Bild der rohen Umrisse" (Rusch) etwas präzisiert werden. Denn bei Städten mit steigender Leerwohnungsziffer stieg der Anteil leerstehender Kleinwohnungen überproportional. Hingegen war bei Städten, in denen ein Rückgang der allgemeinen Leerwohnungszahl festzustellen war, kein nennenswerter Unterschied zur Kleinwohnungs-Leerstandsquote festzustellen. Die meisten Kleinwohnungen waren in Aachen (8,2%), Altona (6,8%), Barmen (6,7%) und Berlin (6,2%) [Frankfurt/M. 5,3%] frei; die wenigsten in Essen (0,2%), Erfurt (0,2%) und Kiel (0,3%). Zusammenfassend stellte der Bearbeiter der „Beiträge zur Wohnungsfrage während des Krieges", Rusch, fest, daß zwar ein „völliger Umschwung in der Entwicklung des Wohnungsmarktes" seit Kriegsbeginn eingetreten sei, trotzdem rechnete er „keineswegs mit einer allgemeinen Wohnungsnot nach dem Kriege."[38] Diese zweckoptimistische Prognose, ohne Kenntnis der Dauer des Krieges und ohne Einbeziehung vergleichbarer lokaler Untersuchungen, war sehr fragwürdig. Die weitere Entwicklung sollte belegen, daß die Prognose aufgrund dieser Statistiken unzutreffend war.

Seit 1916 kam die bereits sehr eingeschränkte Bautätigkeit fast vollständig zum Erliegen. Schätzungen des Statistischen Reichsamtes gingen 1912 und 1913 von einem durchschnittlichen Reinzugang (neuerstellte Wohnungen minus Verlust, z.B. durch Abbruch) von durchschnittlich 200.000 Wohnungen im Reichsgebiet aus; bereits 1914 reduzierte sich diese Zahl auf 113.600 Wohnungen; 1915 auf 52.000, 1916 auf 15.200, 1917 auf 5.600 und 1918 auf 2.800 Wohnungen.[39] Dieser rapide Rückgang der Wohnungserstellung wurde durch das Bauverbot der Heeresleitung verstärkt. Zudem umfaßte der niedrige Reinzugang seit Kriegsmitte vornehmlich kriegswichtige Bauten. Selbst in bevorzugt geförderten Rüstungsarbeiter-Siedlungen, wie beispielsweise der Gartenstadt Staaken bei Spandau, kam die begonnene Wohnungsproduktion zum Erliegen. Genaue Angaben über den Reinzugang liegen nur in einzelnen Städten vor, die aber die genannte Tendenz eindeutig belegen.[40]

Neben dem Mangel an Bauarbeitern[41] wirkte sich auch die Zwangsbewirtschaftung der meisten Baustoffe aus. Besonders der Kohlemangel hemmte die Baustofferzeugung in erheblichem Maße. Am deutlichsten wirkte sich diese Entwicklung bei der Ziegelsteinproduktion aus. „Von 18.000 deutschen Ziegeleien hatten bei Kriegs-

---

38 Ebenda, S. 20.
39 Kruschwitz, Deutsche Wohnungswirtschaft und Wohnungspolitik, S. 16.
40 Wolff: Wohnungsbedarf und Wohnungsangebot. In: Zimmermann, Waldemar (Hg.): Beiträge zur städtischen Wohn- und Siedelwirtschaft. München/Leipzig 1930. S. 144.
41 Der Mangel an Bauarbeitern für den Wohnungsbau wurde durch die Einziehung zum Kriegsdienst, durch die Verlagerung zur sogenannten kriegswichtigen Bauproduktion, aber auch durch eine Abwanderung in andere Berufszweige mit besseren Bezahlungsmöglichkeiten verursacht, so daß die Zahl der Bauarbeiter auf die Hälfte derjenigen der Vorkriegszeit sank. Vgl. Kruschwitz, Deutsche Wohnungswirtschaft und Wohnungspolitik, S. 17.

beginn 8.000 sofort den Betrieb eingestellt. Bei Kriegsende waren nur noch 700 Ziegeleien in Betrieb. Von 700 Ziegeleien im Bereiche Groß-Berlins arbeiteten bei Kriegsende nur noch 40."[42] Etwas günstiger gestaltete sich die Lage in der Zement-, Kalk- und Holzindustrie. Aber trotzdem war nach Ansicht von Friedrich Schmidt (nach dem Krieg Ministerialrat im RAM) „in den ersten Nachkriegsjahren die Kernfrage nicht mehr die Finanzierung [des Wohnungsbaus, GK], sondern die Baustoffbeschaffung geworden."[43]

Da sich die Probleme im Wohnungswesen zunehmend verschärften, wurde im letzten Kriegsjahr – im Mai 1918 – eine Wohnungszählung durchgeführt. Diese erste reichsweite Wohnungszählung gibt einen detaillierten Überblick über die Wohnsituation. So konnte auch die Vermutung belegt werden, daß sich der Wohnungsmangel der Vorkriegszeit, hierbei besonders bei den Kleinwohnungen, zu einer Wohnungsnot verdichtete. Die Aussage von Rusch, die er aufgrund der Wohnungserhebung von 1916 getroffen hatte, nämlich daß keine durchgehende Wohnungsnot zu erwarten sei, wurde dadurch endgültig widerlegt.[44] Allgemein wurde festgestellt, daß die Wohnungsnot merklicher in den Großstädten als in den Mittel- und Kleinstädten existierte, allerdings aber in ihrem Ausmaß örtlich in recht unterschiedlicher Ausprägung. Auch wurde nochmals ersichtlich, daß die Wohnungsklassen regional stark differierten. Besonders in Berlin und den östlichen preußischen Provinzen war der Anteil der Kleinwohnungen am Gesamtwohnungsbestand sehr hoch. Von 100 Wohnungen waren in Berlin 77 Kleinwohnungen (maximal 2-Zimmer-Wohnungen mit Küche oder 3-Zimmer-Wohnungen ohne Küche). Hingegen war der Anteil der Kleinwohnungen in Hannover (22%) oder Braunschweig (20%) ausgesprochen niedrig. Eine Wohnungsnot bestand 1918, bei alleiniger Zugrundelegung der Wohnungsleerstandsquote, in Kiel (0,1% Leerstand bei Kleinwohnungen/0,1% gesamt), Magdeburg (0,2%/0,2%), Essen (0,3%/0,2%) und u.a. in Erfurt (0,3%/0,3%). Hingegen erschien nach diesem Parameter die Wohnungssituation in Altona (6,6%/6,0%), Barmen (5,7%/5,3%), Aachen (5,7%/5,1%), aber auch noch in Berlin (3,0%/3,1%) relativ entspannt zu sein.[45] Legt man aber den Angaben über den Wohnungsleerstand einen Vergleich zwischen 1916 und 1918 zugrunde, so müssen die Aussagen, die aus einer isolierten Interpretation der Angaben von 1918 beruhen, berichtigt werden. So erhöhte sich der Wohnungsleerstand nur in Elberfeld (+1,2% ges.); in Städten mit bereits alarmierendem Wohnungsleerstand (Essen und Erfurt)

---

42 Schmidt, Friedrich: Baustoffe und Bauweisen. In: Ders./Ebel, Martin: Wohnungsbau der Nachkriegszeit in Deutschland. Berlin 1929, S. 36; Kruschwitz, Deutsche Wohnungswirtschaft und Wohnungspolitik, S. 17.
43 Schmidt, Baustoffe und Bauweisen, S. 36.
44 Kuczynski, R(ené):Wohnungsnot bei Friedensschluß? Deutscher Wohnungsausschuß; Schriften H. 2. Berlin 1917.
45 Als Kleinwohnung wurde bei diesen Angaben die „großzügige Definition" von einer Wohnküche bis zu 4 Zimmern gewählt, da den verhandenen Vergleichszahlen von 1916 ebenfalls diese Definition zugrunde lag.

trat keine positive Veränderung (+/- 0%) ein. Besonders in Augsburg (-5,1%/-4,1%), Düsseldorf (-3,4%/-3,3%), Frankfurt/Main (-3,0%/-3,3%) und Berlin mit den später eingemeindeten Städten (Neukölln, Charlottenburg und Wilmersdorf) trat eine erhebliche Verschlechterung ein. So kann auch die Aussage eines entspannten Wohnungsmarktes in Berlin (bei mindestens 3% Leerstand) nicht aufrechterhalten werden. Es deutete sich vielmehr die Tendenz an, daß eine Verschärfung der Wohnungsnot nach Kriegsende auch in Berlin zu vermuten war, zumal in der Hauptstadt weiterhin eine deutliche Wachstumsdynamik festzustellen war.[46]

Eine der Intentionen zur Durchführung einer reichsweiten Wohnungszählung während des Krieges war, „Aufschluß über die nach Friedensschluß zu erwartende Wohnungsnachfrage"[47] zu gewinnen. Deshalb wurde in den Hauslisten „nach der Zahl der verheirateten oder verwitweten Frauen gefragt, die zur Zeit der Zählung keine eigene Wohnung hatten, aber nach dem Kriege mit ihrem Ehemann oder ihren Kindern oder allein eine besondere Wohnung beziehen wollten." Das Ergebnis dieser Erhebung korrespondierte mit den Resultaten der Leerwohnungszählung. Besonders in Berlin, Barmen, Aachen, Altona und Elberfeld wurde der „voraussichtliche" Bedarf noch durch den vorhandenen Leerstand gedeckt. Meist aber mußte eine Differenz zwischen Angebot und voraussichtlicher Nachfrage festgestellt werden. Obwohl in dieser isolierten Befragung der Frauen viele zentrale Indikatoren unberücksichtigt bleiben mußten, die, wie sich später herausstellte, die Wohnungsnot außerordentlich verschärften, wurde bereits eine eindeutige Aussage getroffen: „Hierbei zeigt sich [durch den vorgenommenen Vergleich zwischen Wohnungsangebot und -nachfrage, G.K.], daß im allgemeinen das Angebot von Wohnungen nicht ausreicht, um die Nachfrage zu befriedigen; denn der in der Übersicht beigefügte Unterschied, Angebot weniger Nachfrage, ist meistens eine negative Zahl. Auch wenn nur die Zahl der in der Zählgemeinde selbst beanspruchten neuen Wohnungen berücksichtigt wird, ist das Angebot nur wenig höher, mitunter auch dann niedriger als die Nachfrage, ein Zeichen, daß mit einer ganz unzweifelhaften Wohnungsnot zu rechnen ist."[48]

Die Ergebnisse der Reichswohnungszählung von 1918 können dahingehend zusammengefaßt werden, daß einerseits sich der bereits vor Kriegsausbruch bestehende partielle Wohnungsmangel, besonders im Bereich des Kleinwohnungswesens, ungeachtet der kurzfristigen Entspannung des Wohnungsmarktes nach dem Kriegsbeginn, bis Mai 1918 verschärfte und andererseits die Prognose für die Zeit nach dem Friedensschluß ausgesprochen ungünstig ausfiel.

---

46 In der Reichswohnungs-Zählung von 1918 wurde auch ein Vergleich der Leerzählungsziffern durchgeführt. Die Ergebnisse vom Mai 1918 wurden mit Erhebungen vom Winter 1913 und Winter 1915 verglichen. Aufschlußreicher ist ein Vergleich zwischen 1918-1916, da sich in diesem Zeitraum eine Trendwende im Wohnungsmarkt abzeichnete.
47 Reichswohnungszählung im Mai 1918. Statistik des Deutschen Reichs. Bd. 287, I und II. Bearb. im Statistischen Reichsamt. Berlin 1919, S. 24.
48 Ebenda, S. 27.

d. Die Sammlungsbewegung der Wohnungsreformer im Ersten Weltkrieg

Im Kaiserreich bildeten sich mehrere Vereine, die auf unterschiedliche Aspekte der Wohnungsreform einwirkten. Ein „halbes Jahrhundert unpraktizierter Phantasie" versorgte, wie Niethammer dies ausdrückte, diese Diskussion „mit einem großen Vorrat an instrumentellen Möglichkeiten."[49] Die Schwäche dieser Reformbewegung war, trotz ihrer populären Agitation[50], ihre Zersplitterung.

Aufgrund der veränderten innenpolitischen Konstellation – durch einen „Burgfrieden" sollte ein Ausgleich insbesondere zwischen dem monarchischen Staat und der Arbeiterklasse herbeigeführt werden – und der Staatsinterventionen in mehreren Bereichen der Wirtschaft und Gesellschaft formierten sich auch die Wohnungsreformer organisatorisch neu. Sie sahen während des Krieges eine günstige Gelegenheit, um nach Jahrzehnten anregender, aber hinsichtlich der Realisierung unzulänglicher wohnungspolitischer Diskussion nun endlich entschiedener auf die Wohnungsgesetzgebung einwirken zu können.

In den Räumen des Sozialen Museums in Frankfurt am Main fand am 22. bis 23. September 1916 eine Sitzung des Hauptausschusses des Deutschen Vereins für Wohnungsreform statt. Prof. Hinze, Reichstagsabgeordneter aus Münster, sah nun den geeigneten Zeitpunkt gekommen, um einen Wandel in der festgefahrenen Wohnungsdiskussion zu bewirken. Er wies „auf das Versprechen des früheren Staatssekretärs Delbrück hin, daß das Reich eintreten müsse, wenn die Einzelstaaten in der Regelung der Wohnungsfrage versagten. Das Reich werde sich im Gedanken an dieses Versprechen jetzt unter dem Eindruck des Krieges einem vereinigten Vorgehen der Freunde der Wohnungsreform nicht verschließen können. Wenn auch nicht alles sich werde erreichen lassen, so doch immerhin einiges. Es sei z.B. schon viel erreicht, wenn eine Zentralstelle für Wohnungswesen im Reichsamte des Innern errichtet werde."[51] Es wurde auf dieser Versammlung beschlossen, auf ein „enges Zusammenwirken aller Reformer" hinzuwirken. Außerdem sollte durch eine große Kundgebung ihren Bestrebungen Nachdruck verliehen werden. Die traditionelle Arbeitsweise des Deutschen Vereins für Wohnungsreform wurde allerdings insofern beibehalten, als man in der beabsichtigten „großen Kundgebung" auf eine „öffentliche Volksversammlung" verzichtete und statt dessen eine konzertierte Zusammenkunft mit den verschiedensten Vertretern der Wohnungsreform anstrebte. Um eine Einflußnahme bestmöglich zu gestalten, verlegte der Verein zudem seinen Sitz von

---

49 Niethammer, Rückblick, S. 294.
50 Beispielsweise zählte der Bund Deutscher Bodenreformer zu den größten Vereinsorganisationen im Kaiserreich. Alleine 728 Korporationen traten diesem Verein bei. Roycroft Sommer, Maureen: Bodenreform im Kaiserreich und in der Weimarer Republik. In: Hofmann/Kuhn, Wohnungspolitik und Städtebau, S. 73.
51 StA Ffm., MA T 796/IV.

Frankfurt/Main in das Zentrum der politischen Macht, nach Berlin. Im November desselben Jahres wurde schließlich der „Deutsche Wohnungsausschuß" gegründet.[52] Er sollte ein Zusammenschluß der „auf die Verbesserung unserer Wohnungsverhältnisse hinstrebenden Kräfte" sein. In einem Grundsatzreferat „Wo steht die Wohnungsfrage" umriß Prof. Fuchs aus Tübingen die Intentionen, die zur Gründung führten: „Trotz der wiederholten einstimmigen Beschlüsse des Reichstags stelle sich die Reichsregierung nach wie vor auf einen viel zu engen Standpunkt, indem sie grundsätzlich nur für Angestellten und Arbeiter sorge. […] Zu einer grundlegenden Reform sei gerade nach dem Kriege die Zeit gekommen."[53] Die Ziele und Aufgaben des Deutschen Wohnungsausschusses wurden von Mangoldt (Oberursel/Frankfurt) vom Verein für Wohnungsreform präzisiert. Die rhetorische Frage „Was soll das Reich tun?" beantwortete er folgendermaßen: „Es solle erstens energisch und umfassend alles tun, was in seine ausgesprochene und unbestrittene Zuständigkeit falle. Das ist immerhin ziemlich viel, wie z.B. wichtige Maßregeln für die Übergangszeit nach Friedensschluß, ferner als Dauermaßregeln z.B. ein Erbbaurecht, richtige Verwendung des reichsfiskalischen Landes und ferner vor allem Schaffung einer großen Reformorganisation zur Erschließung von Geldquellen. Sodann aber solle das Reich […] eine umfassende Tätigkeit der anderen Faktoren in der Wohnungsreform, insbesondere der Einzelstaaten und der kommunalen Körperschaften, veranlassen. […] Endlich müsse das Reich, um in der genannten Richtung tätig zu werden, sich selber für diese Arbeit ein größeres geeignetes Organ, etwa eine besondere Abteilung im Reichsamte des Innern schaffen."[54]

Als Vorsitzender des Geschäftsführenden Ausschusses wurde auf Vorschlag Ludwig Landmanns der Vorsitzende des Deutschen Vereins für Wohnungsreform Dietz (Darmstadt) gewählt. Oberbürgermeister Dominicus (Berlin/Schöneberg) wurde dessen Stellvertreter. Beisitzer waren u.a.: Albrecht (Berlin), Althoff (Münster), Luther (Berlin), Lindemann (Stuttgart) sowie die Reichstagsabgeordneten Naumann (Berlin) und Silberschmidt (Berlin). Als Geschäftsführer amtierte von Mangoldt. Somit wurde eine einmalige Dachorganisation der unterschiedlichen Wohnungsreformkräfte geschaffen. Die „große Wohnungsreformkundgebung" fand aber erst ein Jahr später, am 30. Oktober 1917, in Berlin statt. Zugelassen waren nur geladene Vertreter der Wohnungsreformbewegung.

Resultat dieser Kundgebung war die Verabschiedung von Leitsätzen, die nochmals programmatisch die zentralen Forderungen der bürgerlichen Wohnungsreformer der Vorkriegsjahre zusammenfaßten:

---

52 Mangoldt, Karl von: Der Deutsche Verein für Wohnungsreform 1898-1920. In: 30 Jahre Wohnungsreform 1898-1928. Hg. v. Deutschen Verein für Wohnungsreform. Berlin 1928. S. 5-59.
53 Deutscher Wohnungsausschuß: Broschüre zur Gründungsversammlung, S. 2. GSTA PKB, Merseburg, MdI, Geheime Reg., Rep. 77, Titel 662, Nr. 159 (Vereine, Akten betr. den deutschen Wohnungsausschuß in Berlin).
54 Mangoldt. Deutscher Wohnungsausschuß: Broschüre zur Gründungsversammlung, S. 2-3. GSTA PKB, Merseburg, MdI, Geheime Reg., Rep. 77, Titel 662, Nr. 159 (Vereine, Akten betr. den deutschen Wohnungsausschuß in Berlin).

Leitsätze des Deutschen Wohnungs-Ausschusses vom 30.Oktober 1917

„I. Eine durchgreifende Wohnungs- und Siedlungsreform ist ein unabweisbares Lebensbedürfnis unseres Volkes, namentlich auch gegenüber der drohenden Gefahr einer Wohnungsnot nach dem Kriege und gegenüber den berechtigten Ansprüchen unserer aus dem Felde heimkehrenden Truppen. Die Inangriffnahme dieses Werkes kann nicht ohne den größten Schaden noch länger aufgeschoben werden.
II. Als nächste wichtige Schritte der Wohnungsreform sind insbesondere zu fordern.
1. Zur Lösung der Bodenfrage: Gesetzliche Maßnahmen zur Beschaffung von Land aus privater Hand durch Ausgestaltung des Enteignungsrechtes, Vorkaufrechtes, usw., billige Hergabe fiskalischen, kommunalen und sonstigen öffentlichen Landes, sowie Gründung großer gemeinnütziger Boden- und Siedlungsgesellschaften mit öffentlicher Hilfe.
2. Zur Lösung der Kapitalfrage: Gewährung großer Darlehen und Bürgschaften für den Wohnungsbau durch Reich, Staat und Gemeinden, sowie organische Eröffnung neuer und Verbesserung bestehender Geldquellen für die Zwecke des Wohnungswesens.
3. Verbesserung der Verwaltungsorganisation für das Wohnungswesen durch Errichtung einer Zentralstelle für die gesamte Wohnungsfürsorge im Reichsamte des Innern, Bestimmung eines im Wohnungswesen führenden Ministeriums in Preußen und Durchführung einheitlicher Maßregeln in wirtschaftlich zusammenhängenden Gebieten.
4. Das baldige Zustandekommen der preußischen Wohnungsgesetzgebung."[55]

e. Eingriffe: Die Interventionen der Stellvertretenden Generalkommandos

Bis zum Kriegsausbruch war die Wohnungsfürsorge und die Wohnungspolitik eine Aufgabe der Länder und Gemeinden. Nur in Ausnahmebereichen engagierten sich Reichsbehörden in der Wohnungsfürsorge (z.B. paternalistischer Wohnungsbau für Reichsbahn- und Postbedienstete). Erst durch die Bundesverordnung vom Dezember 1914 wurde diese Arbeitsteilung durchbrochen. Seit Juli 1917 bildeten sich verstärkt Regulierungsansätze und Interventionen heraus, die grundlegend die Wohnungspolitik der Republik prägen sollten. Wesentlich war, daß einerseits die Kompetenzen zwischen Reich, Ländern und Gemeinden subsidiär koordiniert wurden und daß andererseits erstmals Eingriffe in das Privatrecht vorgenommen wurden.

Während in den beiden ersten Kriegsjahren vorrangig schlichtende Maßnahmen und unterstützende Leistungen den sozialen Frieden im Innern herstellen sollten, waren in der zweiten Kriegshälfte – nachdem in den meisten Großstädten eine Wohnungsmangelsituation festzustellen war – eingreifendere Maßnahmen erforderlich.

---

55 Leitsätze. Deutscher Wohnungsausschuß: Broschüre zur Gründungsversammlung, S. 2-3. GSTA PKB, Merseburg, MdI, Rep. 77, Tit. 662, Nr. 159 (Vereine, Akt. betr. den dt. Wohnungsausschuß in Berlin).

Auf der ersten reichsweit organisierten Tagung der Mieteinigungsämter, die im August 1918 in Frankfurt am Main stattfand, und an der Vertreter aus mehreren Städten teilnahmen, wurde mehrfach über die erlassenen Verordnungen der Stellvertretenden Generalkommandos geklagt, da diese Eingriffe in den Wohnungsmarkt zumeist ohne vorherige Rücksprache mit zivilen (kommunalen oder staatlichen) Stellen getroffen hätten. „Nun dürfen wir nicht verhehlen," so Rumpf auf dieser Tagung, „daß derartige militärische Eingriffe immer etwas Mißliches an sich haben. Wir sind gewöhnt, daß Verwaltungsmaßnahmen, die lediglich die Zivilbevölkerung angehen, von den Zivilbehörden ausgehen. Die Militärbehörden hatten allerdings immer richtig erkannt, daß die Ausübung der Befugnisse aus den Anordnungen am besten den Einigungsämtern übertragen werde und zwar gerade deshalb, weil sie ihrer Entstehungsgeschichte nach *Einigungsämter* sind, weil die Gewähr vorhanden ist, daß hier zunächst die Verständigung zwischen den beiden Parteien versucht wird."[56] Weitgehend unabhängig von zivilen Behörden intervenierten also zusätzlich lokale militärische Behörden zugunsten der Mieter und Wohnungssuchenden. Diese Eingriffe des Militärs und die Übertragung von teilweise weitgehenden Befugnissen an die Einigungsämter verdeutlichen den unmißverständlich ordnungspolitischen Charakter dieser Maßnahmen. Während die staatlichen und kommunalen Zivilbehörden, trotz der Ausnahmesituation des Krieges, wenn möglich keine allgemeinen wohnungspolitischen Verpflichtungen präjudizieren wollten[57], legten die Militärs ihre Priorität auf die strikte Vermeidung innenpolitischer Unruhen. Scheinbar unkoordiniert und ohne Absprache mit den zivilen Stellen, wurden unterschiedliche Mieterschutz-Verordnungen erlassen.[58]

In Frankfurt am Main wurde durch einen Erlaß des Stellvertretenden Generalkommandos vom 17.11.1917 und 19.1.1918 die Meldepflicht für alle leerstehenden Wohnungen eingeführt.[59] Häufiger wurden nun auch Kündigungen bestehender Mietverhältnisse, Verweigerungen von Verlängerungen bestehender Mietverhältnisse

---

56 Bericht über die Tagung der MEÄ. S. 10. StA Ffm., MA T 824.
57 Diese Absichten können mehrfach in den Begründungen zu den Wohngesetzen abgelesen werden. In der Bekanntmachung zum Schutze der Mieter wurde von dem Zwang zur Einholung von Genehmigungen Abstand genommen. „Sie würde aber einen der Enteignung ähnlichen Eingriff in das Privatrecht enthalten und auf eine öffentliche Zwangsbewirtschaftung des Mietwohnungswesens hinauslaufen, deren rechtliche und wirtschaftliche Folgen nicht zu übersehen sind." GSTA PKB Merseburg. Minst. f. Handel u. Gewerbe; Akt. betr. Ausführung des Wohnungsgesetzes. Rep. 120 BB, Abt. VII, Fach 1, adh 8a, Bd. 2, Bl. 1+2.
58 Auf der ersten Reichstagung der kommunalen Mieteinigungsämter berichteten verschiedene Delegierte über Eingriffe der Militärs. So beispielsweise Rumpf: „Im Mai 1917 war in Danzig eine Verordnung durch [die] Militärische Kommandantur erlassen worden. Es folgten die Generalkommandos des II., IV.,VII. und XX. Armeekorps." Luppe: Die Zivilbehörden waren „vor einigen Monaten [in] Stettin, wo zuerst dieses militärische Eingreifen erfolgte, angegangen, unsererseits wegen einer General Kommandos Ausgestaltung der Verordnung vorstellig zu werden." Rosenstock berichtete aus Königsberg von einer Verordnung des Stellvertretenden I. Generalkommandos zum Schutze der Mieter, die am 22.6. und 14.7.1918 erlassen wurde. StA Ffm., MA T 824.
59 Brief WA an Mag. v. 21.8.1918. StA Ffm., MA T 796/IV.

und Steigerungen des Mietzinses ohne die vorherige Zustimmung der Mieteinigungsämter untersagt. Im Sommer 1917 forderte der preußische Minister des Innern alle Regierungspräsidenten auf, unverzüglich „Einigungsbehörden" überall dort einzurichten, wo ein „öffentliches Bedürfnis dafür vorlag." Aufschlußreich ist wiederum seine Begründung: „Es ist zu hoffen, daß die Militärbefehlshaber, die sich mehrfach zu einem Eingreifen auf diesem Gebiet [des Wohnungswesens, GK] veranlaßt gesehen haben, in Zukunft nicht einzuschreiten brauchen und die erlassenen Anordnungen zurückziehen können, wenn von der neuen Verordnung der angemessene Gebrauch gemacht wird."[60] Auch in anderen Stellungnahmen (z.B. bei der Errichtung eines Reichskommissars für Wohnungswesen) forderten die Militärs rasche staatliche Eingriffe und umfangreiche Baumaßnahmen. Selbst Ludendorff (Generalstab des Feldheeres) forderte vom Großen Hauptquartier aus in einem Schreiben an den Reichskanzler die „nötigen Sicherungen gegen die Einflüsse der Bodenspekulation" durch „schnelle gesetzliche Enteignung und Abgeltung des Bodens" sowie die Förderung von „Heimstätten" mit Reichsmitteln.[61] Bis Kriegsende konnten die verschiedenen Handlungsansätze zwischen militärischen und zivilen Behörden nicht koordiniert werden.[62] Diese Interventionen der Militärverwaltungen, die „im Interesse der öffentlichen Sicherheit"[63] (General Hänisch) erfolgten, setzten die Zivilbehörden unter einen beachtlichen Handlungsdruck und stellen durchaus ein dynamisierenden Faktor bei der Ausgestaltung des Wohn- und Mietrechts dar.

f. Der Reichs- und Staatskommissar für das Wohnungswesen

In den Leitsätzen des Deutschen Wohnungsausschusses war, neben den traditionellen Forderungen nach einer Lösung der Boden- und Kapitalfrage, auch die Verbesserung der Verwaltungsorganisation durch Errichtung einer Zentralstelle gefordert worden. Innerhalb der Staatsministerien fand im letzten Kriegsjahr eine lebhafte Debatte über die Organisation des Wohnungswesens statt. Bis 1918 waren sechs verschiedene Reichsministerien für Fragen der Wohnungsfürsorge zuständig. Wahrscheinlich löste ein Schreiben des einflußreichen Rheinischen Vereins für Kleinwoh-

---

60 Rundschreiben des Ministers des Innern (Drews) an Regierungspräsidenten und den Oberpräsidenten in Potsdam v. 2.8.1917. StA Ffm., MA T 819/I.
61 Brief Ludendorff (Großes Hauptquartier) an Reichskanzler Graf von Hertling v. 29. Juni 1918. BA Potsdam, RAM, Wohnungsfürsorge, Best. 39.01, Sig. 11017. Bd. 6.
62 Die Eingriffe der Militärs wurden nicht nur von zivilen Stellen, sondern auch aus verständlichen Gründen von den Hausbesitzern kritisiert. So forderte der Schutzverband für deutschen Grundbesitz: „In erster Linie würde dahin zu Streben sein, daß die Eingriffe von Militärbehörden in das Verhältnis zwischen Vermieter und Mieter so rasch wie möglich wieder beseitigt werden." Eingabe an den RKfWW. In: General-Anzeiger. Abendblatt. Nr. 202 v. 29.8.1918. Vgl. auch Deutsche Tageszeitung. Abendblatt. Nr. 440. v. 30.8.1918.
63 So in einer Verordnung von General Hänisch (X. Armeekorps) v. 18.9.1918. In: GSTA PKB Merseburg. Minist. f. Handel u. Gewerbe. Akt. betr. Ausführung des Wohnungsgesetzes. Rep. 120 BB, Abt. VII, Fach 1, adh 8a, Bd. 2., Bl. 31.

nungswesen vom 29. Januar 1918 an den Vizepräsidenten des Staatsministeriums, in welchem die Ernennung eines Staatskommissars für das Wohnungswesen gefordert wurde, eine lebhafte Debatte innerhalb der Ministerien über die Wohnungspolitik aus.[64] Diese Debatte verdeutlicht einerseits die staatlichen Defizite in der Wohnungspolitik und andererseits das Krisenmanagement im letzten Kriegsjahr.

Die Debatte über die Notwendigkeit eines Reichs- und Staatskommissars für das Wohnungswesen

Unter dem Eindruck der befürchteten militärischen Niederlage (Frühjahr 1918!) und der vermuteten Wohnungsnot schienen offensichtliche Versäumnisse der staatlichen Wohnungspolitik politisch folgenreich zu werden. Erforderliche wohnungspolitische Maßnahmen waren nicht oder nur verspätet durchgeführt worden, wie beispielsweise das preußische Wohnungsgesetz, das Anfang 1918 verabschiedet wurde, nachdem seit den ersten Beratungen fast 20 Jahre vergangen waren.[65] Anfang 1918 wurde von einer „drohenden Kalamität" gesprochen, von „Zuständen welche die innerpolitische Lage" gefährden, oder vom befürchteten „Machtbegehren einer sozialdemokratischen Partei". Die ausgelöste Debatte zeigt weiterhin die verwirrende Kompetenzverteilung hinsichtlich der staatlichen Wohnungsfürsorge und eindrucksvoll die politischen Intentionen der staatlichen Wohnungspolitik.

Die Stellungnahme des Ministers der öffentlichen Arbeiten, von Breitenbach, zur Neuorganisation des Wohnungswesens war eindeutig von politischen Argumentationen geprägt. Eine Wohnungsnot, die nach seiner Ansicht eindeutig nach Kriegsende auftreten werde, berge eine erhebliche Gefahr. „Gelingt es nicht für sie [die heimkehrenden Soldaten, GK] und ihren Familien in möglichst kurzer Frist eine Unterkunft zu schaffen, so wird neben der wirtschaftlichen Beschwerung der Industrie und Landwirtschaft eine allgemeine Mißstimmung und eine tiefgehende Erregung in den betroffenen Kreisen hervorgerufen. Es können Zustände eintreten, welche über jene, wie sie nach dem Kriege 1870/71 in einzelnen Städten vorgekommen sind, hinausgehen und zu politischen Erschütterungen zu führen geeignet sind. Einer solchen Erschütterung wird aber nicht wie nach dem letzten Kriege eine von allgemeinem Vertrauen getragene Regierung gegenüberstehen, die dem Volke die durch Jahrhunderte ersehnte Einheit in zielbewußter Politik gebracht hat, sondern eine Regierung, welche trotz hoher Ziele während eines mehrjährigen schweren Krieges in fast allen ihren Maßnahmen von breiten Massen des Volkes angefeindet worden ist und mit dem wachsenden Machtbegehren einer sozialdemokratischen Partei rechnen muß."[66] Weiterhin argumentiert der Minister, „daß bei dieser politischen

---
64 Antrag des Rheinischen Vereins für Wohnungswesen. 20.2.1918. BA Potsdam, RAM, Wohnungsfürsorge, Best. 39.01, Sig. 11026.
65 Niethammer, Ein langer Marsch durch die Institutionen (1979), S. 369 ff.
66 Brief v. Breitenbach vom 20.2.1918, S. 2. BA Potsdam, RAM, Wohnungsfürsorge, Best. 39.01, Sig. 11026.

Gesamtlage die durch eine Wohnungsnot verursachte Erschütterung dem notwendigen wirtschaftlichen Wiederaufbau aller Verhältnisse nach dem Kriege abträglich sein wird. Die Abwehrmittel, die dieser Gefahr gegenüber zu Gebote stehen, sind zur Zeit nicht bereit." Erschwerend sei weiterhin, daß weder die Orte der größten Gefahr feststünden – nur allgemein könne man die Großstädte und industriellen Zentren nennen –, noch die materiellen Mittel zur Behebung der Wohnungsnot (Baugeld, Baustoffe und Arbeitskräfte) zur Verfügung ständen. Zudem sei der Wohnungsneubau durch die um ca. 100% gestiegenen Baustoffpreise außerordentlich erschwert. Die Folge sei eine „nicht erträgliche Entwertung der in der Übergangszeit errichteten Wohnhäuser". Die dadurch steigenden Mieten hätten ihre Auswirkungen auch auf die Mietpreise für Altbauwohnungen, welche wiederum nicht mit den zu vermutenden fallenden Löhnen in der Nachkriegszeit in Übereinstimmung gebracht werden könnten. Erforderlich sei daher ein „großzügiger Eingriff der öffentlichen Gewalten unter Aufwendung ganz erheblicher Mittel." Die bisherigen wohnungspolitischen Maßnahmen (Wohnungsgesetz, Bürgschaftssicherungsgesetz) seien in Anbetracht der gestellten Aufgaben vollkommen unzureichend. Die Bedeutung und Schwierigkeiten des Wohnungsproblems sind nach seiner Ansicht durchaus mit den Problemen des Ernährungswesens vergleichbar. Erschwerend sei außerdem, daß die Zersplitterung der Befugnisse, das Wohnungswesen betreffend, „ein kraftvolles Vorgehen der Staatsgewalt zur Bekämpfung der drohenden Kalamität auf das Äußerste erschwert, wenn nicht gar unmöglich macht." Eine Zuordnung aller Ressorts, die das Wohnungswesen betreffen, unter sein Ministerium lehnt er aber ab. „Ich bin vielmehr der Ansicht, daß nur eine neue Behörde nicht belastet mit der Vergangenheit und ausgestattet mit den weitgehendsten Befugnissen, welche die Summe der Einzelbefugnisse der jetzigen Ressorts übersteigen müßte, befähigt sein würde, den aus der Wohnungsnot nach dem Kriege entstehenden Gefahren mit Erfolg zu begegnen." Indirekt gestand von Breitenbach also schwere Versäumnisse seiner Behörde ein, die nun außerordentliche Maßnahmen rechtfertigten. „Es muß hier der Weg eingeschlagen werden, der bereits auf dem Gebiete des Ernährungswesens erfolgreich beschritten worden ist, und ein Staatskommissar für Wohnungswesen geschaffen werden. Der Schwierigkeit der Aufgabe entsprechend dürfen seine Vollmachten aber nicht denen gleichen, welche dem Staatskommissar für Volksernährung bei seiner Ernennung erteilt wurden. Es ist vielmehr notwendig, daß er die Befugnisse einer Zentralbehörde über sämtliche Angelegenheiten des Wohnungswesens erhält." Von Breitenbach beabsichtigte also eine Überwindung der extremen Zersplitterung der Kompetenzen. Alle Abteilungen, die Fragen des Wohnungsbaus und der -fürsorge bearbeiteten, sollten in dieser neuen Behörde vereint werden.

Abschließend faßte von Breitenbach nochmals seine Intentionen zusammen: „Durch die Einsetzung eines derartigen Staatskommissars für Wohnungswesen würde nach außen hin der Ernst der Lage gebührend gekennzeichnet und der entschlossene Wille der Staatsregierung zum Ausdruck gebracht, mit allen ihr zu Gebote stehenden Mitteln vorgehen zu wollen. Hierdurch würde gleichzeitig ein innenpolitischer Erfolg erzielt. Der Staatskommissar würde für behauptete oder tatsächliche Unterlassungen in der Vergangenheit keine Verantwortung tragen, der Kritik nicht ausgesetzt sein und überall Vertrauen begegnen, welches bei einer reinen Verschiebung der Ressortbefugnisse dem neuen verantwortlichen Ressort nicht in gleichem Maße gesichert ist. Er wird aber auch unbefangener den Dingen gegenüberstehen und rücksichtsloser durchgreifen können. Seine Bestellung würde politisch wirken als ein weithin sichtbares Signal für die Einleitung einer Aktion, die in Remedur gegen schon vorhandene und in naher Zukunft vorauszusehende schwere Mißstände bis zur Grenze des Erreichbaren durchgeführt werden soll. [...] Wenn auf dem Gebiete des Ernährungswesens die Schaffung eines Staatskommissars allseitig für notwendig erachtet wurde, so zweifele ich nicht, daß bei dem Ernst, den die Wohnungsfrage in der letzten Zeit anzunehmen droht, im Staatsministerium Übereinstimmung vorhanden sein wird, daß auch für das Wohnungswesen ein Staatskommissar ernannt werden muß, wenn nicht in der Übergangszeit Zustände eintreten sollen, welche die innerpolitische Lage gefährden."[67] Die Anregungen des Ministeriums der öffentlichen Arbeiten zur Bildung eines Staatskommissars für Wohnungswesen wurden innerhalb der verschiedenen Reichsministerien sehr unterschiedlich bewertet. In einem Schreiben vom 26. Februar 1918 legte beispielsweise Drews, Ministerium des Innern, seine Bedenken gegen diesen Vorschlag dar. Er sah in der Schaffung eines Staatskommissars nicht den geeigneten Weg, das Wohnungswesen neu zu organisieren. Problematisch erschien ihm insbesondere die beabsichtigte Personalunion des Staats- und Reichskommissars für Wohnungswesen, die nach seiner Ansicht innerhalb der Verwaltung zu erheblichen Kompetenzproblemen führen würde. Außerdem könne ein Staatskommissar keine Verantwortung gegenüber dem Landtag übernehmen. Entsprechend den weitgehenden Kompetenzen und Verantwortungen sei ein neues Ministerium für Wohnungswesen angebracht. Diesem Modell ständen jedoch allgemeine Bedenken gegenüber, die gegen eine Vergrößerung des Staatsministeriums beständen. Als Zwischenlösung sei daher, nach seiner Ansicht, die Zusammenfassung des Wohnungswesens in einer Abteilung, die dem Ministerium der öffentlichen Arbeit zugeordnet werde könne, denkbar.[68]

Grundsätzliche Bedenken gegen eine Zentralbehörde äußerte am 25.2.1918 allerdings Staatsminister Graf von Roedern, da die Wohnungsnot in den einzelnen Bezirken des Reiches recht unterschiedlich ausgeprägt sei. Sein Haupteinwand gegen die Ernennung eines Reichs- und Staatskommissars für Wohnungswesen bezog sich jedoch auf die Befürchtung, daß dann der Reichsverwaltung die allgemeine Wohnungsfürsorge obliege. Dies sei aber nach den bestehenden Zuständig-

---

67 Alle Zitate aus dem Brief v. Breitenbach vom 20.2.1918, S. 2-7. BA Potsdam, RAM, Wohnungsfürsorge, Best. 39.01, Sig. 11026.
68 Brief Drews (MdI) v. 26.2.1918. BA Potsdam, RAM, Wohnungsfürsorge, Best. 39.01, Sig. 11026.

keitsverhältnissen nicht möglich. Die allgemeine Wohnungsfürsorge müsse vielmehr den einzelstaatlichen Verwaltungen verbleiben.[69] Am 4. März 1918 erläuterte der Minister der öffentlichen Arbeiten nochmals seinen bereits dargelegten Standpunkt. Die Bildung einer weiteren Abteilung in seinem Ministerium, welche u.a. das Innenministerium befürwortete, sei wegen der Größe der zu erwartenden Dienstgeschäfte unzweckmässig. Da eine Entwicklung auf dem Gebiet des Wohnungswesens eintrete mit „bisher nicht bekannte[n] Schwierigkeiten und krisenhafte[n] Erscheinungen", müsse das staatliche Eingreifen auch „mit dem Aufgebot ungewöhnlicher Mittel" möglich sein. „Der Größe und Allgemeinheit dieser Übelstände [auf dem Wohnungsmarkt, GK] muß der Umfang der Maßregeln entsprechen, die ihnen gegenüber von der Staatsregierung zu ergreifen sind und deren Ergreifung von ihr erwartet wird. Eine derartig groß angelegte Aktion kann nicht mit genügender Aussicht auf Erfolg durch die Verschiebung vorhandener Zuständigkeiten in eine neu zu begründende Abteilung meines ohnehin bis zum Äußersten belasteten Ministeriums sondern nur durch Begründung einer neuen Zentralstelle mit ministerieller Machtvollkommenheit eingeleitet werden." Weiterhin betonte er nochmals „das politisch-psychologische Moment", das von der Ernennung eines Staatskommissars ausgehe. Nur durch ihn könne „eine Milderung des Ungestüms und der Schroffheit, mit welcher sonst vielleicht der Staat für kommende Mißstände verantwortlich gemacht werden wird," erwirkt werden. Eine Vermehrung der Anzahl der Ministerien befürwortete er nun gleichfalls nicht, gleichwohl sollte der „Wohnungskommissar", als vorübergehende Organisation, mit ministeriellen Befugnissen ausgestattet werden.

Auch der Regierungspräsident in Potsdam, von Massenbach, empfahl nachdrücklich die Schaffung einer Zentralstelle zur Koordinierung der dringendsten Maßnahmen im Wohnungswesen. Noch sei der Zeitpunkt nicht versäumt, dem Drängen der Öffentlichkeit und der Parlamente durch eine „staatliche Fürsorge großen Stiles" zuvorzukommen. Die Argumentationsweise des Regierungspräsidenten ist der des Ministers der öffentlichen Arbeiten sehr verwandt. So habe er entgegen seiner ursprünglichen Absicht, wie er in seinem Exposé erwähnte, an Beratungen des Vorstandes des Groß-Berliner Vereins für Kleinwohnungswesen teilgenommen. „Diese Verhandlungen haben mich in der Überzeugung bestärkt, daß die Königliche Staatsregierung zur Abwendung schwerer Erschütterungen mit aller nur denklichen Beschleunigung entscheidende Maßnahmen wird beschließen müssen. [...]. Wie Euer Exzellenz inzwischen von anderen Seiten bereits vorgetragen sein dürfte, geht die allgemeine Meinung dahin, daß in Groß-Berlin nach Friedensschluß ein Mangel an Wohnungen jeder Art zu erwarten steht, der mit Behelfsmitteln wirksam nicht zu beseitigen sein wird und der bei der vorhandenen Unruhe breiter Bevölkerungsschichten sehr rasch zu ernster politischer Erregung führen muß. Wenn dann die Freizügigkeit nicht mit scharfen Mitteln eingeschränkt werden soll oder werden

---

69 Brief Graf von Roedern v. 25.2.1918. BA Potsdam, RAM, Wohnungsfürsorge, Best. 39.01, Sig. 11026.

kann, wird einem zu gewaltsamen Ausbrüchen führenden Notstande nur auf zwei Wegen vorzubeugen sein."[70] Er führte den Bau von Baracken in größter Zahl an, der aber in großstädtischer Umgebung unwirtschaftlich und politisch bedenklich sei, und die Wiederaufnahme der regelrechten Bautätigkeit mit äußerster Beschleunigung und in größtem Stile. Als dringlichste Maßnahmen schlug er die Instandsetzung der Ziegeleien und ihre Versorgung mit Kohle, die Entlassung von Bauarbeitern aus dem Militärdienst zum frühestmöglichen Zeitpunkt, die Vergabe öffentlicher Mittel und Hypotheken zu niedrigem Zinsfuß und die Errichtung einer zentralen und örtlichen, für das ganze Gebiet von Groß-Berlin zuständigen Stelle, der die allgemeine und die örtliche Durchführung der Maßnahmen zu übertragen seien, vor. „Es gilt aber, zu wählen, ob diese neue Aufgabe mit Vorsicht und guter politischer Wirkung, wohlvorbereitet übernommen und erfüllt werden soll, oder dem Drucke der öffentlichen Meinung, wenn nicht der Straße folgend, verspätet und ohne politischen Erfolg."[71]

Da von den verschiedenen Ministerien sehr unterschiedliche Vorschläge über die Organisation einer Zentralstelle eingingen[72], wurde auf einer Sitzung des Staatsministeriums am 22. März 1918, bei Anwesenheit aller beteiligten Minister, diese Angelegenheit erörtert. In der allgemeinen Beurteilung, daß die drohende Wohnungsnot eine große politische Gefahr darstelle und daß eine Stelle mit Kompetenzen für das gesamte Wohnungswesen zu bevollmächtigen sei, bestand in Vorbesprechungen und unter den Ministern Übereinstimmung. Im Detail dominierten aber weiterhin Partikularinteressen der einzelnen Ressorts.

Ein Durchbruch in den Verhandlungen konnte erst am 20.4.1918 in einer „kleineren Runde" erzielt werden, bei der der Finanzminister, der Stellvertretende Staatsminister und der Minister der öffentlichen Arbeit anwesend waren. Es konnte nun dahingehend Übereinkunft erzielt werden, „daß ein dem Staatsministerium zu unterstellender Staatskommissar für das Wohnungswesen einzusetzen sei, der zugleich die Stellung des Unterstaatssekretärs der Bauabteilungen im Ministerium der öffentlichen Arbeiten bekleidet. Dem Staatskommissar als solchen wären die Geschäfte

---

70 Brief Regierungspräsident Potsdam (von Massenbach) vom 6.3.1918, S. 1. BA Potsdam, RAM, Wohnungsfürsorge, Best. 39.01, Sig. 11026.
71 Ebenda.
72 Ministerium des Innern am 26.2.1918 („Ich glaube nicht, daß die Schaffung eines Staatskommissars dazu der geeignete Weg sein wird."); Ministerium für Handel und Gewerbe am 8.3.1918 (Sydow schlug eine „Zentralstelle für das Wohnungswesen als Landeswohnungsamt" vor. Die „Fürsorge für die angemessene Befriedigung des Wohnungsbedürfnisses" solle wie bisher in erster Linie durch die Gemeinden erfolgen.); Finanzminister am 6.3.1918 (Hergt schlug eine Koordinationsstelle im Ministerium für öffentliche Arbeiten vor, alle Finanzangelegenheiten sollten aber in seinem Ministerium beraten werden); Minister für Landwirtschaft, Domänen und Forsten am 19.3.1918 (Begrüßte die Bestellung eines Staatskommissars, da diese „nach außen beruhigend wirken würde."). Vorbehaltlos unterstützten die Militärs – Kriegsministerium v. 8.3.1918 – die Schaffung eines Reichskommissars für das Wohnungswesen. Alle Schreiben in: BA Potsdam, RAM, Wohnungsfürsorge, Best. 39.01, Sig. 11026.

der neuzubildenden Wohnungsabteilung und der Hochbauabteilung des Arbeitsministeriums zu überweisen."[73]

In einem Arbeitspapier konkretisierte von Breitenbach seine Vorschläge für eine am 24. April 1918 anberaumte Staatsministerialsitzung hinsichtlich der Befugnisse des geplanten „Staatskommissars für Hoch-, Städtebau- und Wohnungsbau":
„1. In allen ihm zur uneingeschränkten Bearbeitung überwiesenen Angelegenheiten tritt er an die Stelle der zuständigen Minister.
2. Infolgedessen ist er befugt, die Provinzialbehörden mit Weisungen zu versehen; die Gemeinden und Kommunalverbände sind innerhalb seiner Zuständigkeit seiner Aufsicht unterstellt; die staatlichen Beamten seines Geschäftsbereichs (die vortragenden Räte und Hilfsarbeiter im Reichskommissariat, die Hochbaubeamten und Wohnungsinspektoren in der Provinz usw.), soweit sie ausschließlich in diesem tätig sind, werden ihm untergeordnet.
3. Werden Angelegenheiten des Staatskommissars in den Sitzungen des Staatsministeriums verhandelt, so wird er zugezogen und hat in den von ihm zu vertretenden Sachen den Vortrag.
4. Gemeinsame Verfügungen mit anderen Ressorts zeichnet er an letzter Stelle.
5. Immediatberichte erstattet der Staatskommissar durch die Hand des Vizepräsidenten des Staatsministeriums.
6. Erweist sich im Landtage in Angelegenheiten des Staatskommissars die Vertretung durch einen Minister als notwendig, so wird der Vizepräsident des Staatsministeriums oder ein anderes Mitglied desselben eintreten."[74]

Dieser Entwurf bildete die Grundlage für einen Kompromiß in der Frage der Organisation des Reichs- und Staatskommissars für Wohnungswesen. Am 17. Mai 1918 wurde schließlich der Unterstaatssekretär im Ministerium der öffentlichen Arbeiten von Coels von der Brügghen zum Reichs- und Staatskommissar für Wohnungswesen ernannt. Die dem Geschäftsbereich des Präsidenten des Staatsministeriums zugeordnete Behörde faßte die bisher in verschiedenen Ministerien verstreuten Aufgabenfelder, die das Wohnungswesen betreffen, zusammen.

Da eine Personalunion zwischen dem Reichs- und preußischen Staatskommissar vorgesehen war, mußten die Zuständigkeiten im Wohnungswesen zwischen Reich, Ländern und Gemeinden neu festgelegt werden. In einer Durchführungsverordnung wurden die Rahmenrichtlinien vom Reichskanzler folgendermaßen festgelegt: „Wenn auch die Wohnungsfürsorge wie bisher Aufgabe der Bundesstaaten und der Gemeinden bleiben soll, so ist es doch nicht zu umgehen, daß das Reich verschiedene Maßnahmen in die Wege leitet, um den Bundesstaaten während des Krieges und während der Übergangszeit nach dem Kriege eine zweckmäßige Durchführung der

---

73 Brief von Breitenbach an Staatsminister vom 21.4.1918. BA Potsdam, RAM, Wohnungsfürsorge, Best. 39.01, Sig. 11026.
74 Ebenda.

Wohnungsfürsorge zu erleichtern."⁷⁵ Als solche Maßnahmen waren die Verteilung der verfügbaren Heeresvorräte für Bauzwecke, die Förderung der Erzeugung von Baustoffen, die Regelung des Absatzes von Baustoffen und die Gewährung von Baukostenzuschüssen aus den durch den Reichshaushalt bereitzustellenden Mitteln vorgesehen. „Um eine möglichst schnelle Erledigung der dem Reichswirtschaftsamt auf diesen Gebieten zufallenden Verwaltungsgeschäfte zu ermöglichen, habe ich im Reichswirtschaftsamt einen besonderen Reichskommissar für die Übergangswirtschaft im Wohnungswesen bestellt. [...]. Zum Reichskommissar habe ich den Preußischen Staatskommissar für das Wohnungswesen, Unterstaatssekretär Wirklichen Geheimen Rat Freiherrn von Coels von der Brügghen ernannt, so daß eine Personenvereinigung zwischen dem Preußischen Staatskommissar für das Wohnungswesen und dem Reichskommissar für die Übergangswirtschaft im Wohnungswesen herbeigeführt ist. Die Interessen der nichtpreußischen Landesregierungen werden dadurch sichergestellt werden, daß dem Reichskommissar ein Ausschuß zur Seite gestellt wird. Dieser soll bestehen aus je einem Vertreter der Landesregierungen von Bayern, Sachsen, Württemberg, Baden, Hessen, Braunschweig, Hamburg und Elsaß-Lothringen, sowie aus Vertretern des Reichswirtschaftsamtes, Reichsamtes des Innern und Reichsschatzamt."⁷⁶ In allen grundsätzlichen Fragen, die das Wohnungswesen betrafen, sollte der Ausschuß gehört werden. Der neu ernannte Reichskommissar von Coels unterbreitete in einem Schreiben an den Staatssekretär des Reichswirtschaftsamtes von Stein zur Organisation des Wohnungswesens folgenden Vorschlag: „Die Verbindung zwischen dem Reichstag und dem Reichskommissariat wird am zweckmäßigsten durch den schon bestehenden Reichstagsausschuß für Wohnungswesen hergestellt. Dieser würde, soweit das angebracht, mit Fragen grundsätzlicher Bedeutung durch das Reichskommissariat befaßt werden können. Ein Reichsbeirat für Wohnungswesen nach der Art des in Preußen bestehenden Beirats wird dann nicht noch daneben einzurichten sein."⁷⁷

Die Organisationsentwicklung und Aufgabenbereiche des Reichs- und Staatskommissars für Wohnungswesen

Das Reichs- und das Staatskommissariat sollten nach dem Vorschlag von Coels in den gleichen Geschäftsräumen vereint werden und aus drei Referaten bestehen: einem Verwaltungsreferat für Rohstoff- und Überteuerungen, einem Verwaltungskoreferat für Rohstoff- und Überteuerungen und einem technischen Referat. Als

---

75 Schrieben Reichskanzler an sämtliche Bundesregierungen, Staatskommissar für Wohnungswesen und Statthalter Elsaß-Lothringen vom 23. Juli 1918. BA Potsdam, RAM, Wohnungsfürsorge, Best. 39.01, Sig. 11026.
76 Ebenda.
77 Brief von Coels an von Stein vom 30.8.1918. BA Potsdam, RAM, Wohnungsfürsorge, Best. 39.01, Sig. 11026.

Referenten wurden benannt: Geheimer Oberbaurat Hesse, Landeswohnungsinspektor Gretzschel und für Angelegenheiten von grundsätzlicher Bedeutung Geheimer Regierungsrat Scheidt, der gleichzeitig Koreferent im Reichswirtschaftsamt war.

Nach der Revolution bat von Coels auf eigenen Wunsch „wegen Gesundheitsgründen" um die Entlassung in den vorläufigen Ruhestand zum 1.1.1919. An seine Stelle wurde im Januar 1919 Scheidt zum Reichs- und Staatskommissar für Wohnungswesen und zum Dirigenten der Abteilung III (Wohnungs- und Siedlungsfragen) des Reichsarbeitsamtes berufen.

Der Reichskommissar für Wohnungswesen koordinierte wohnungspolitische Maßnahmen, regelte die Vergabe des rationierten Baumaterials, entwarf Verordnungen oder regte Gesetzentwürfe an, erstellte beispielsweise eine Muster-Wohnungsordnung oder gab Normtypen für den Notwohnungsbau in Auftrag.[78] Unterstellt waren dem Reichs- und Staatskommissar für Wohnungswesen die Bezirkskommissare. In Preußen wurde zumeist das Bezirkskommissariat von dem Regierungspräsidenten – in Personalunion – ausgeübt und fungierte gleichsam als kommunale Aufsichtsbehörde.[79]

In der ersten Jahreshälfte 1919 erfolgten noch einige Organisationsveränderungen. So wurde nach Auflösung des Reichsministeriums für wirtschaftliche Demobilmachung das Referat Hochbau (Referatsleiter Gutkind, Bearbeiter Hanisch, Meissener und Schmidt) dem Reichsarbeitsamt angegliedert. Am 23. Juni 1919 sollte Scheidt zum Unterstaatssekretär des in Bildung begriffenen preußischen Wohlfahrtsministeriums ernannt werden. Die Geschäfte des preußischen Staatskommissars wurden dann vom Ministerium für Volkswohlfahrt fortgeführt[80], so daß Scheidt nach wie vor die Verflechtung zwischen Reichs- und Staatsbehörde im Wohnungswesen personifizierte. Das Staatskommissariat wurde zum 1. September 1919 aufgelöst, und die Geschäfte gingen an die Abteilung für Wohnungs- und Siedlungswesen im Ministerium für Volkswohlfahrt über. Diese Abteilung wirkte bei verschiedenen Gesetzesinitiativen mit, u.a. bei der Verordnung zur Behebung der dringendsten Wohnungsnot, dem Reichssiedlungsgesetz, dem Erbbaurecht und der preußischen Musterbauordnung. Die parlamentarische Verantwortung für das Wohnungs- und

---

78 BA Potsdam, RAM, Wohnungsfürsorge, Best. 39.01, Sig. 11018.
79 Die Aufgaben des Bezirkskommissars für Wohnungswesen waren in der Verordnung zur Behebung der dringendsten Wohnungsnot vom 15.1.1919 (R.G.Bl. 1919, S. 69) geregelt. In Frankfurt beantragte Oberbürgermeister Voigt seine Ernennung zum BWK. Dies lehnte jedoch Scheidt ab. „Bei der Durchführung des Genehmigungsverfahrens sei die Gemeinde in der Regel Partei. Es sei deshalb nicht angängig, den Oberbürgermeister als Wohnungskommissar zu bestellen, weil dieser in weitgehendster Weise von der einen Partei, nämlich seiner eigenen Stadtgemeinde, abhängig sein würde." Brief StKfWW an OB Ffm. v. 6.4.1919. StA Ffm., MA T 804. Solange Wiesbaden von französischen Truppen besetzt war, übernahm der Regierungspräsident in Cassel die Dienstgeschäfte des BWK für Frankfurt am Main.
80 GSTA PKB, Merseburg. MdI, Rep. 77, Abt. 4, Tit. 733, Nr. 1 (Akt. betr. Übertragung der auf dem Gebiet des Wohnungswesens zu bearbeitenden Angelegenheiten auf den Staatskommissar für das Wohnungswesen). Es wurden im Mai 1919 drei Abteilungen geschaffen: Abt. I f. Volksgesundheit, Abt. II f. Wohnungs- und Siedlungswesen (STKfWW) und Abt. III Jugendpflege und allgemeine Fürsorge.

Siedlungswesen wurde vom Minister für Volkswohlfahrt übernommen.[81] Nach Auflösung des preußischen Staatskommissariats erfolgte am 1. April 1920 die vollständige Auflösung des Reichskommissariats. Die Durchführung der bisherigen Aufgaben wurde überwiegend von den Zentralbehörden der Länder übernommen.[82]

Das Reichs- und Staatskommissariat war als Instrument zur Krisenbewältigung in der Übergangsphase von der Kriegs- zur Friedenswirtschaft konzipiert. Trotz der Revolution im November 1918 wirkten deutliche inhaltliche und personelle Kontinuitäten fort.

Vorrangig sollten durch die Schaffung eines Reichs- und Staatskommissars wohnungspolitische Versäumnisse verdeckt und dessen ungeachtet die Handlungsfähigkeit der Reichsregierung symbolisiert werden. Zur „Minderung des Ungestüms und der Schroffheit" (von Breitenbach) kommender Zustände konnte allerdings die Organisation des Reichskommissars für Wohnungswesen nicht oder höchst unzulänglich beitragen, da diese Maßnahmen, vergleichbar der zögerlichen Parlamentarisierung, zu spät kamen. Dennoch verdeutlichte bereits diese Übergangsorganisation die Notwendigkeit wohnungspolitischer Maßnahmen. Knappe Ressourcen (Baustoffe, Kohle zur Ziegelsteinherstellung etc.) konnten, wie im Ernährungsbereich, gezielt organisiert und verteilt werden.

Aus der zentralisierten Krisenorganisation konnte schrittweise eine Ämterorganisation hervorgehen, die sich auf das Subsidiaritätsprinzip im Wohnungswesen bezog. In der Weimarer Republik verabschiedete der Reichstag zumeist Rahmengesetze. Das Reichsarbeitsministerium war als übergeordnete Behörde für die staatliche Wohnungsfürsorge zuständig. Die Länder modifizierten die Reichsgesetzgebung durch Ausführungsverordnungen. In Preußen war das neu gegründete Volkswohlfahrtsministerium für die staatliche Wohnungspolitik zuständig. Aufgrund breiter Handlungsräume gestalteten aber vorrangig die Gemeinden die soziale Wohnungspolitik in der Weimarer Republik.

Auf das Krisenmanagement des Reichskommissars wurde auch in späteren Jahren zurückgegriffen, so beispielsweise 1931, als ein Reichskommissar für Siedlungsfragen bestellt wurde.[83]

Da die Kompetenzen zwischen Reich, Ländern und Gemeinden seit 1919 in den Grundzügen geregelt waren, wird in dieser Arbeit nun die Priorität eindeutig auf die Wohnungspolitik der Großstädte und hierbei insbesondere auf die Stadt Frankfurt am Main gelegt.

---

81 Brief des Reichsarbeitsamts vom 31.8.1919 an die Redaktion der Vossischen Zeitung. BA Potsdam, RAM, Wohnungsfürsorge, Best. 39.01, Sig. 11026.
82 Brief des RKfWW an RAM vom 6.3.1920; Aktenvermerk (Bl. 190). BA Potsdam, RAM, Wohnungsfürsorge, Best. 39.01, Sig. 11026.
83 Im Rahmen der III. Notverordnung von 1931 wurde wieder ein Reichskommissar für Siedlungsfragen bestellt. Harlander/Hater/Meiers, Siedeln in der Not (1988), S. 38. Ebenso 1934 (Feder) und 1940 (Robert Ley – Reichskommissar für den sozialen Wohnungsbau, ab 1942 umbenannt in Reichswohnungskommissar). Harlander, Tilman/Fehl, Gerhard: Hitlers Sozialer Wohnungsbau. Hamburg 1986.

III Die Rationalisierung der Wohnkultur

1 „Wohnen lernen"
Sozialdisziplinierung und die kommunale Wohnungspflege

a. Sozialdisziplinierung und Rationalisierung

Die Rationalisierung gesellschaftlicher Beziehungen und, durch diese bedingt, die sukzessive Angleichung der Lebenswelten möglichst aller Bevölkerungsschichten durch Sozialdisziplinierung, gelten als zentrale Prozesse zur Konstituierung der modernen Gesellschaft. Erste Ansätze zur Sozialregulierung bzw. Sozialdisziplinierung städtischer Unterschichten durch die Obrigkeit sind bereits im Mittelalter festzustellen, erfuhren aber in der Frühen Neuzeit, insbesondere im Militär und in der Bürokratie, eine Intensivierung.[1] Neben der Reglementierung in Kasernen oder Amtsstuben spielten in der frühen Neuzeit die Arbeits- und Armenhäuser hinsichtlich der Sozialdisziplinierung eine exemplarische Rolle. Dort war die Gewährung eines Mindestmaßes an sozialer Sicherheit mit einer rigiden Unterwerfung unter vorgegebene Normen verbunden. Angehörige der Unterschichten, die nicht in das ständische Produktions- und Versorgungssystem eingebunden waren, sollten an diesem Ort ihre Armut als persönliches Schicksal überwinden und gleichzeitig an Werte der Arbeit und Selbstdisziplin herangeführt werden. „Arbeitshäuser sollten gewinnbringende Manufakturen und pädagogische Erziehungsheime, abschreckende Zuchthäuser und Armenbewahrungsanstalten zugleich sein."[2] Die Sphären des Produktions- wie Reproduktionsbereichs waren gleichermaßen erfaßt. Zudem war die erzieherische Wirkung aber keineswegs nur nach innen gerichtet, sondern sie sollte gleichzeitig mögliche Klienten, das „Gesindel", abschrecken. Herrschaft setzte sowohl die Ausübung der Macht voraus als auch die Unterordnung unter diese Ordnungssysteme.

Durch die moderne industrielle Fabrikarbeit, aber auch durch die moderne Gesellschaftsplanung, wurde die Wirkungsbreite der gesellschaftlichen Sozialregulierung kontinuierlich erweitert. Allerdings kann seit Anfang des 19. Jahrhunderts der

---

[1] Oestreich, Gerhard: Strukturprobleme des europäischen Absolutismus. In: VfSW 55/1968, S. 329-347; Foucault, Michel: Überwachen und Strafen. Die Geburt des Gefängnisses. Frankfurt 1976; Einen Überblick über die inzwischen umfangreiche Literatur vermitteln u.a. die Beiträge von Schulze, Oestreichs Begriff Sozialdisziplinierung. In: ZfHF, 14/1987, S. 265-302 und Breuer, Stefan: Sozialdisziplinierung. Probleme und Problemverlagerungen eines Konzepts bei Max Weber, Gerhard Oestreich und Michel Foucault. In: Sachße, Christoph/Tennstedt, Florian (Hg.): Soziale Sicherheit und soziale Disziplinierung. Frankfurt am Main 1986, S. 45-69.

[2] Kocka, Jürgen: Weder Stand noch Klasse. Unterschichten um 1800. Bonn 1990, S. 107.

Begriff der Sozialdisziplinierung nicht mehr im Sinne einer einseitigen repressiven Unterwerfung unter vorgegebene Normen („Pädagogik der Repression", Sachße/ Tennstedt) angewandt werden. Vielmehr wurde dieser Prozeß durch eine „erzieherische Betreuung und verstehende Anpassung"[3] überlagert. Die „harte" Unterwerfung unter vorgegebene Normen wich zunehmend einer „sanften", durch Wissenschaft begründeten Angleichung und Aneignung.

Gerade in der Armenfürsorge der Städte kann dieser Wandel anschaulich nachvollzogen werden. Die Hilfe zur Subsistenzsicherung war zunächst unweigerlich mit einer sozialen Disziplinierung gekoppelt. Das Armenrecht, lange Zeit mit demütigenden Bevormundungen verknüpft, setzte zunehmend eine Rationalität des menschlichen Verhaltens voraus, in die sowohl Geber als auch Empfänger eingebunden waren. Aufgrund der zunehmenden Rationalisierung und Organisation des „breitgefächerten, dezentralen gesellschaftlichen ‚Kontrollnetzes'"[4] fand gleichfalls eine innerinstitutionelle Disziplinierung statt. Unterschiedliche Versorgungsleistungen, die beispielsweise im Elberfelder System auftraten, sollten rational angeglichen werden. „Die Etablierung rationaler Ämterorganisationen, der Versuch systematischer Koordination öffentlicher Fürsorge selbst und schließlich die zunehmende Verwendung fachlich geschulten, beruflich tätigen Personals in der Fürsorge sind gleichsam die gesellschaftliche Außenseite der Verankerung von Maximen wissenschaftlich angeleiteter methodischer Lebensführung in den von Fürsorge Betroffenen."[5] Diese Interdependenz in der Rationalisierung des Handelns stellte aber vorerst nicht die Ausrichtung des komplizierten Transformationsprozesses der Sozialdisziplinierung grundsätzlich in Frage: Sie war auch im 19. Jahrhundert stets von oben nach unten ausgerichtet.

Diese Entwicklungstendenzen, die für die Armenfürsorge skizziert wurden, sind allgemein auch auf die gesellschaftliche Formierung zum Sozialstaat anzuwenden. Öffentliche Sozialpolitik ging stets mit einer Bürokratisierung einher, tendierte zur Angleichung der Lebensverhältnisse und zur Uniformität und Zentralisierung.[6] Der Prozeß der Entstehung moderner Formen öffentlicher Subsistenzsicherung setzte zudem eine „bürgerliche Normalität" voraus. „Die neuen, rationalen Weisen sozialer Sicherung, die in diesem Prozeß geschaffen werden, markieren die Entwicklungsstufen rationaler gesellschaftlicher Diszplin, die die *Trennung der Menschen von Lebensgütern* mit sich bringt und voraussetzt."[7]

In der wissenschaftlichen Handhabung des Disziplinierungsansatzes treten mehrere Schwierigkeiten auf. Zweifelhaft ist beispielsweise, ob eine „Universalität dieses Prozesses" (Sachße/Tennstedt) angenommen werden kann. Ebenso kann kein

---

3 Sachße/Tennstedt, Geschichte der Armenfürsorge, S. 12.
4 Ebenda, S. 12.
5 Ebenda, S. 12.
6 Ritter, Sozialstaat, S. 20.
7 Sachße/Tennstedt, Geschichte der Armenfürsorge, S. 13.

lineares Fortschreiten dieses Prozesses vorausgesetzt werden[8], vielmehr ist eine ständige Neuformulierung der Normen und Standards im Wechselverhältnis der gesellschaftlichen Ausdifferenzierung und des Wandels notwendig.[9] Zwischen den rationalen Lebenswelten und normativen Prägungen der bürgerlichen Sozialreformer und der alltäglichen Lebenspraxis sozialer Unterschichten blieb trotz der Sozialinterventionen nach wie vor eine deutliche Diskrepanz bestehen. Die krisenhaften Erscheinungen Ende des 19. Jahrhunderts, die in der Hochphase der Urbanisierung mit einer radikalen Umkehrung traditioneller Lebensformen und Lebensplanungen einhergingen, führten überdies zu einer offenen Konfrontation der unterschiedlichen Welten. Nach Peukerts Ansicht eröffnen sich dadurch für die historische Forschung folgende Möglichkeiten: „Unter dem Gesichtspunkt des Aufeinanderprallens von rationalen Systemen und Lebenswelten ließe sich auch die für das Verständnis der bürgerlichen Sozialreform wichtige Spannung zwischen der drängenden Unübersichtlichkeit der industriellen Massenquartiere einerseits und den Ordnungsutopien etwa von Kleinfamilie, Kleinwohnung und sozialer Hygiene andererseits thematisieren. Insofern könnte die Entkoppelung von Theorie der Moderne und Fortschrittskonzept Raum für eine begriffliche Integration der diffusen Phänomene der Alltagsgeschichte schaffen."[10] Die Kritiker des Disziplinierungsansatzes wenden zu Recht ein, daß vielfach ein Widerspruch zwischen dem normativen und faktischem Verhalten besteht, und sie stellen zudem eine „tendenzielle Staatsüberschätzung" fest.[11] Konsequent erscheint ihnen daher, den Schritt von der Untersuchung von Verordnungen und Normen bis hin zur Überprüfung ihrer tatsächlichen Anwendung zu kontrollieren.[12] Bei dieser Frage der Operationalisierbarkeit verliert sich jedoch der gesamtgesellschaftliche Blick, der gerade die Stärke des Sozialdisziplinierungskonzeptes darstellt. Einige Forschungen, die mit diesem Konzept arbei-

---

8 Oestreich wandte sich in einer Aufzeichnung aus seinem Nachlaß gegen eine progressive Ausrichtung dieses Prozesses: „Der Disziplinierungsprozeß [ist] kein gradliniger Vorgang, sondern vielmehr, wie jeder historische Vorgang, sich mehr oder weniger zielgerichtet in Schüben vollzieht, ein Steigen und Abfallen, einen Fortschritt und Rückgang deutlich offenbart." Zit. in: Jütte, Disziplin zu predigen, GG 1/1991, S. 95.
9 Sachße, Christoph/Tennstedt, Florian (Hg.): Soziale Sicherheit und soziale Disziplinierung. Dies.: Sicherheit und Disziplin. Eine Skizze zur Einführung. Frankfurt am Main 1986, S. 12.
10 Peukert, Grenzen der Sozialdizilinierung, Anm. 6, S. 19.
11 Das Für und Wider des Disziplinierungsansatzes wird erörtert in der Zeitschrift Geschichte und Gesellschaft, Bd. 1/1991: Dinges, Frühzeitliche Armenfürsorge, S. 5-29; die Entgegnung: Jütte, Robert: ‚Disziplin zu predigen ist eine Sache, sich ihr zu unterwerfen eine ander' (Cervantes) – Prolegomena zu einer Sozialgeschichte der Armenfürsorge diesseits und jenseits des Fortschritts. GG H. 1/1991, S. 92-101. Kritik an der „Erfolgsgeschichte" der Modernisierungstheorie formulierte Peukert u.a. in: Grenzen der Sozialdisziplinierung (1986), S. 19: „Gerade eine Geschichte der Sozialpädagogik wird, wo sie auf vielfältige Spuren von Prozessen der Disziplinierung, der Aufherrschung fremder Lebensnormen und der Auffächerung von Kontrollinstanzen stößt, beides im Blick haben müssen: die Fortschritte und das Leiden an ihnen."
12 Schuck, Gerhard: Polizeigesetzgebung und Sozialdisziplinierung in der Frühen Neuzeit. Manuskript. Max Planck Institut für Rechtsgeschichte. Frankfurt am Main 1993. An dieser Stelle möchte ich mich für die Einsichtnahme und Diskussionen bedanken.

ten[13], relativieren die zentralen, normativen Determinanten und betonen hingegen gerade die „modernen" Vergesellschaftungsprozesse, wie beispielsweise Reinhard mit seiner Konfesssionalisierungs-Theorie.[14]

Während sich die deutsche Sozialdisziplinierungsforschung, zumeist in der Tradition von Weber oder Oestreich stehend, auf die Auswirkungen der Bürokratisierung in Amtsstuben, beim Militär oder in den Schulen bezieht und die Einwirkungen staatlicher Organe auf die Individuen untersucht, erweiterte Gramsci bereits vor dem Zweiten Weltkrieg in seiner Fordismusanalyse den Disziplinierungsansatz. Er setzte als Marxist weiterhin die „Hegemonie der Fabrik" voraus, betonte aber auch den psychophysischen Nexus des fordistischen Vergesellschaftungsprozesses. „Die neuen Arbeitsmethoden sind mit einer bestimmten Weise des Lebens, des Denkens und des Lebensgefühls unlöslich verbunden; man kann nicht auf einem Gebiet Erfolg erringen, ohne greifbare Ergebnisse in einem anderen."[15] Gramsci stellte nicht die repressive Einwirkung der Verhaltenskonditionierung gegenüber, sondern betonte gerade deren wechselseitige Ergänzung: „Geschickt wird Macht (Zerstörung der Arbeitergewerkschaften auf territorialer Basis) mit Überzeugung gepaart (Hohe Löhne, verschiedene soziale Leistungen, höchst geschickte politische und ideologische Propaganda)." Das fordistische Regulationsmodell geht davon aus, daß die tayloristischen Strukturen des Arbeitsprozesses unmittelbar auf das Konsum-, Freizeit- und Sexualverhalten einwirken. „Die Fordmethode ist ‚rational', muß also verallgemeinert werden, aber dafür ist ein langer Prozeß der Veränderung der gesellschaftlichen Bedingungen und der individuellen Verhaltensweise und Sitten und Gewohnheiten nötig; und das kann nicht durch bloßen ‚Zwang' erfolgen, sondern nur durch Milderung des Zwanges (Selbstdisziplin) und durch Überzeugung, auch in Form hoher Löhne. Die Möglichkeit eines höheren Lebensstandards muß gegeben sein oder – vielleicht genauer – die Möglichkeit, einen den neuen Produktions- und Arbeitsmethoden entsprechenden Lebensstandard zu verwirklichen, weil jene Methoden einen besonderen Aufwand an muskulären und nervlichen Energien erfordern."[16] Dieser Ansatz, u.a. mit der Betonung der Bedeutung der Verhaltenskonditionierung und Selbstkontrolle, eröffnet neue Forschungsperspektiven, die einerseits den Vergesellschaftungsaspekt in den Mittelpunkt rücken und andererseits Muster und scheinbare Gegensätze, beispielsweise Arbeitsbereich contra Reproduktionsbereich, männliche contra weibliche Lebenswelten, in Frage stellen bzw. relativieren.

Strategien zur Durchsetzung der sicherheitsstiftenden Verhaltensdisziplin und rationalen Subsistenzsicherung bezogen sich in der Phase der Urbanisierung und

---

13 Beispielsweise Kuhlemann, Frank-Michael: Modernisierung und Disziplinierung. Sozialgeschichte des preußischen Volksschulwesens 1794-1872. Göttingen 1992.
14 Reinhard, Zwang zur Konfessionalisierung? ZHF 10/1983, S. 257-277.
15 Gramsci, Antonio: Amerikanismus und Fordismus. In: Ders.: Philosophie der Praxis, Frankfurt 1967, S. 392.
16 Ebenda, S. 400.

Hochindustrialisierung nicht mehr ausschließlich auf soziale Randgruppen. Allerdings waren keineswegs alle gesellschaftlichen Bereiche gleichermaßen von diesem Prozeß erfaßt. Deutlich variierte deren Intensität. Während in einzelnen gesellschaftlichen Bereichen (Militär und Amtsstuben) diese Totalität nachvollziehbar erscheint, existierten weiterhin gesellschaftliche Räume und Menschen, die sich diesem Vergesellschaftungsprozeß gegenüber vermeintlich resistent verhielten. Die Vermittlung rationaler Wertesysteme schien insbesondere gegenüber Personen, die nicht der Kontrolle des öffentlichen Raums (in Fabriken, Amtsstuben, Schulen, etc.) oder der „Obhut legitimer Autoritäten"[17] unterworfen waren – in erster Linie sind hierbei Haus-Frauen zu nennen –, ausgesprochen problematisch gewesen zu sein. Wie Adelheid von Saldern anmerkte, ist allerdings auch „Abschied von eindimensionalen funktionalistischen Vorstellungen über den ‚Wohnbereich als reine Reproduktionssphäre' zu nehmen, weiterhin von der Vorstellung, ‚Wohnen sei Privatsache' und deshalb ein relativ abgelegenes Spezialfeld."[18] Versuche städtischer und staatlicher Behörden zur sozialen Verhaltenskontrolle innerhalb des Hauses häuften sich seit der Jahrhundertwende. Mittels normativer Grundlagen (Wohnungsordnungen) und professioneller Vermittler (Wohnungsinspektoren bzw. -pflegerinnen) sollte auch der private Wohnbereich in diesen Disziplinierungsprozeß einbezogen werden. Da diese Interventionen im Kaiserreich als Grundlage der sozialen Wohnungsfürsorge der Weimarer Republik aufzufassen sind, sollen sie in diesem Kapitel – Rationalisierung der Wohnkultur – Berücksichtigung finden. Zu fragen ist, ob diese Eingriffe nur bürgerliche „Ordnungsutopien" (Peukert) widerspiegeln, die bestenfalls in eine „kommunalautoritäre Mieterbelegungspolitik" (Bodenschatz) mündeten und, kaum begonnen, in der Weimarer Republik aufgehoben wurden oder ob ein Prozeß der Differenzierung und des Wandels stattfand, an den auch nach 1918 angeknüpft werden konnte.

b. Die sozialhygienisch begründete Kritik der Wohnverhältnisse und das Ideal der abgeschlossenen Familienwohnung

Seit Mitte des 19. Jahrhunderts beschrieben Sozialreformer immer häufiger in Elendsreportagen die bedrückenden Wohnsituationen sozialer Unterschichten. Sensibilisiert durch die Ausbreitung der bedrohlichen Seuche des 19. Jahrhunderts in Europa, der Cholera[19], bildete sich außerdem das Bewußtsein einer Interdependenz von hygienischen Unzulänglichkeiten in den Städten und der Verbreitung von

---

17 Saldern, Adelheid von: „Statt Kathedralen die Wohnmaschine". Paradoxien der Rationalisierung im Kontext der Moderne. In: Bajohr, Frank u.a. (Hg.): Zivilisation und Barbarei. Die widersprüchlichen Potentiale der Moderne. Hamburg 1991, S. 179.
18 Saldern, Wohnungspolitik – Wohnungsbau – Wohnformen, S. 3.
19 Grüttner, Soziale Hygiene und Soziale Kontrolle, S. 359-371. Wischermann, Wohnen in Hamburg, insbes. S. 73-93; Evans, Richard J.: Death in Hamburg. Society and Politics in the Cholera Years 1830-1910. Oxford 1987.

Krankheiten heraus. Insbesondere die Tuberkulose, damals häufig als „Wohnungskrankheit" oder „Proletarierseuche" bezeichnet, wurde auf unzureichende Licht- und Luftmengen in den Wohnräumen zurückgeführt. Deshalb wurden die Wohnverhältnisse zum Gegenstand des öffentlichen Diskurses und der öffentlichen Interventionen. Allerdings fand auch in der zweiten Hälfte des 19. Jahrhunderts eine Überlagerung des sozialhygienischen Diskurses durch die Einbeziehung bürgerlich-moralischer Kriterien statt. Hinsichtlich des Lebens in proletarischen Wohnungen akkumulierten sich die vielfältigsten klischeehaften Vorstellungen. Diese Wohnungen waren, so die bürgerliche Sichtweise, die Stätten der Unordnung, Trunksucht und Krankheiten, die offene oder halboffene Familienform ein „stigmatisierendes Zeichen der Armut und einer anstrengenden ‚Sittenlosigkeit'."[20] Als Gegenteil dieser proletarischen Wohnweise und befremdlichen Alltagspraxis erschien das bürgerliche Leben in der geschlossenen Familienwohnung.[21] In ihr konnten sich scheinbar alle bürgerlichen Tugenden entfalten: Moral, Ordnung, Sauberkeit und Disziplin zur methodischen Lebensführung.[22] Der Frankfurter Oberbürgermeister Franz Adickes erläuterte seine Vorstellung über eine „Familienwohnung" folgendermaßen: „Als das Ideal einer Wohnung werden wir vielmehr eine Wohnung schon dann zu bezeichnen haben, wenn sie der sie benutzenden Familie ein in sich abgeschlossenes Leben ermöglicht und Kindern wie Erwachsenen ein behagliches Heim und Raum zu gedeihlicher Entwicklung gewährt." Als das „Gegentheil des Ideals" erschien ihm „die Zusammenhäufung zahlreicher Wohnungen in einem Gebäudekomplex, mag derselbe nun nur ein Vorderhaus oder außerdem noch Seitenflügel und Hinterhaus enthalten. Hier giebt es kein gesondertes Leben der einzelnen Familie mehr, Treppen, Flure, Hof und Kinderspielplatz – Alles ist gemeinsam –, körperliche und moralische Ungesundheit überträgt sich von Einem auf den Anderen, nachbarlicher Klatsch und Streit trägt die üppigsten Blüthen und der Hausherr artet leicht zum Tyrannen aus."[23]

Traditionelle Bauordnungen als Instrumente zur Durchsetzung von baulichen Mindeststandards ermöglichten nur äußerst unzureichend, sozialhygienische Anforderungen durchzusetzen. In der Regel enthielten sie vorrangig feuer- und baupolizeiliche Auflagen. Sozialhygienische Ziele blieben hingegen als unverbindliche Absichtserklärungen zumeist unberücksichtigt, so auch in der vielfach gescholtenen Berliner Bauordnung von 1853, die maßgeblich die Entwicklung der „Mietskaserne" ermöglichte. Die unzureichenden baupolizeilichen Bestimmungen, aber ebenso die soziale Lage der Mietshausbewohner, führten zur Überbelegung der Wohnungen.

---

20 Mooser, Josef: Arbeiterleben in Deutschland 1900-1970. Klassenlage, Kultur und Politik. Frankfurt a.M. 1984, S. 143.
21 Rodenstein, Marianne: Mehr Licht, mehr Luft. Gesundheitskonzepte im Städtebau seit 1750. Frankfurt 1988, S. 146.
22 Weber, Max: Die protestantische Ethik I., Textkritische Ausgabe. 3. Aufl. Hamburg 1973, S. 20.
23 Adickes, DVÖGP 1894, S. 17f. Zit. v. Rodenstein, Mehr Licht, mehr Luft, S. 147. Vgl. Bullock/Read. The movement for housing, S. 80.

Zur Kompensation der, gemessen an dem Einkommen der Unterschichten, in der Regel zu hohen Mietpreise mußten häufig „familienfremde" Personen in die „halboffenen Familien"[24] aufgenommen werden. Zudem konzentrierte sich das Wohnungselend häufig in den bestehenden Altstadtvierteln. Die baulichen Verbesserungen infolge der revidierten Bauordnungen (z. B. Zonenbauordnungen) bezogen sich zumeist auf die Neubauviertel.

Das Eindringen in die Sphäre des Privaten durch öffentliche Armen- und Wohnungspfleger stand im Gegensatz zur weltanschaulichen Konzeption der bürgerlichen Gesellschaft, die ja, so Adickes, ein „abgeschlossenes Leben" in der Familie ermöglichen sollte. In wohlhabenden bürgerlichen Schichten bildete sich bereits im späten 18. Jahrhundert eine „Kultur intimer Häuslichkeit"[25] heraus. Die „Wirtschaft des ganzen Hauses"[26] war bereits weitgehend aufgelöst. Im gleichen Maße, in dem sich Kapitalismus und Industrialisierung durchsetzten, differenzierten sich die sozialen Beziehungen innerhalb des Hauses. Zunehmend fand auch im bürgerlichen Haushalt eine Trennung der „Kern-Familie" von den Bediensteten statt. Diese äußerte sich symbolisch in der Auflösung des gemeinsamen Tisches und in der Fortsetzung der sozialräumlichen Trennung im Haus.[27] Die Herausbildung des privaten Wohnbereichs und des öffentlichen Arbeitsbereichs kennzeichnete, ebenso wie die geschlechtspezifische Zuordnung und Rationalisierung der Lebensführung, die Formierung der modernen urbanisierten Gesellschaft. Die abgeschlossene Kernfamilie der wohlhabenden Bürger war im gleichen Maße Sinnbild und Leitbild. Das bürgerliche sozialreformerische Projekt der Moderne legitimierte nun, anscheinend uneigennützig, die Interventionen in die geschlossenen und halboffenen Familienwohnungen. Gretzschel, im Kaiserreich erster hessischer Wohnungspfleger und in der Republik im Reichsarbeitsministerium für Wohnungsfragen zuständig, glaubte den Widerspruch zwischen der Unverletzlichkeit der Wohnung einerseits und der Sozialintervention in die Wohnung andererseits in einem Artikel im Handbuch der Kommunalwissenschaften 1924 folgendermaßen lösen zu können: „Durch die Wohnungspflege wird der bisher im Volke geradezu heilig gehaltene und im Art. 115 der Verfassung des Deutschen Reiches v. 11. VIII. 19 niedergeschriebene Grundsatz,

---

24 Niethammer/Brüggemeier, Wie wohnten Arbeiter im Kaiserreich? S. 122-134.
25 Mooser, Arbeiterleben in Deutschland, S. 143.
26 Riehl, W. H.: Die Naturgeschichte des Volkes als Grundlage einer deutschen Social-Politik. Bd. 3. Die Familie. Stuttgart/Augsburg 1855, S. 142-162; Brunner, Otto: Neue Wege der Sozialgeschichte. Vorträge und Aufsätze. Göttingen 1956, S. 33-62; Dülmen, Richard van: Kultur und Alltag in der frühen Neuzeit. Bd. 1. Das Haus und seine Menschen. München 1990, S. 12-23.
Der Begriff des „Ganzen Hauses" als wirtschaftliche Einheit werde, so Wehler, aufgrund der Entwicklung der kapitalistischen Marktbeziehungen sentimental verklärt. Wehler, Hans-Ulrich: Gesellschaftsgeschichte. Bd. 1. München 1987, S. 82. Insbesondere Claudia Opitz spricht von einem ideologisierten Modell Brunners, das gravierende Mängel aufweist. In: GG. H. 1/1994. S. 88-98.
27 In Frankfurt wurden seit Mitte des 19. Jahrhunderts die häuslichen Bediensteten zunehmend vom ehemals integrierten Lebensalltag der bürgerlichen Kernfamilie ausgeschlossen. Typisch war die vermehrte Unterbringung in der sozialräumlich abgetrennten Mansarde.

daß die öffentliche Aufsicht an der Schwelle der Wohnung Halt zu machen habe und diese unverletzlich sei gefährdet. Demgegenüber ist darauf hinzuweisen, daß dem Einzelnen in seinem Verfügungsrechte gewisse Beschränkungen im Interesse des Allgemeinwohls auferlegt werden müssen und daß auch die aus früheren paternalistischen Verhältnissen sich ergebenden Rechte des Familienoberhauptes oder Hausherrn den gegenwärtigen Anschauungen und Bedürfnissen nicht mehr entsprechen. Die Allgemeinheit hat ein erhebliches Interesse daran, daß auch innerhalb der Familie und der Wohnung geordnete Zustände herrschen und demgemäß ist die Auferlegung gewisser, dieser Forderung entsprechender Einschränkungen berechtigt."[28] Diese Aussage Gretzschels verdeutlicht den Wandel der Sozialinterventionen. Während die „früheren paternalistischen Verhältnisse" noch die familiäre „Ordnung" gewährleisteten, erschienen öffentliche Eingriffe im „Interesse des Allgemeinwohls" nach Auflösung traditioneller Familienstrukturen gerechtfertigt. Die Interventionen beschränkten sich nicht mehr grundsätzlich auf den Personenkreis der städtischen Armen, die durch die Inanspruchnahme der sozialen Hilfen ihre bürgerlichen Rechte einbüßten, sondern sie wurden tendenziell verallgemeinert.

Staatliche Interventionen in den privaten Wohnbereich im „Interesse der Allgemeinheit" wurden vordergründig mit sozialhygienischen Argumentationen begründet. Fließend konnten allerdings die Aspekte der Gesundheitsprophylaxe mit bürgerlichen Werten der Sittlichkeit und Ordnung verknüpft und dadurch, so eine Forschungsmeinung, eine Selbstverschuldung des Elends suggeriert werden. Durch die Internalisierung des Problems erschienen demnach gesellschaftliche Ursachen des Wohnungselends nachgeordnet. „Von diesem Volksbewußtsein der Selbstverschuldung des Elends wegen Mangel an Sittlichkeit, Wissen, Erziehung konnte der repressive Weg einer systemimmanenten Erlösung effektvoll inszeniert werden – ein Weg, der," so Juan Rodriguez-Lores, „eingleisig zur Übernahme der herrschenden Werte und Verhaltensnormen, der entsprechenden Lebens- und Wohnformen als Beglückungsgeschenke führte."[29] Die Möglichkeiten zur Internalisierung des Problems waren allerdings begrenzt, da die öffentlichen Interventionen nicht durch subjektive Kriterien der Inspektoren legitimiert wurden, sondern sich ursächlich auf Ergebnisse der exakten Wissenschaft (Sozialhygiene) beriefen. Auch wenn diese Ergebnisse noch so fragwürdig waren, wie beispielsweise die Errechnung der Mindestluftmenge zum Wohnen durch Pettenkofer, ermöglichten sie dennoch die Erstellung von exakten und damit verallgemeinerungsfähigen Standards. Dieser Diskurs, der sich zunächst eindeutig auf die Wohnweise sozialer Unterschichten beschränkte, ließ sich aber nicht vollständig sozial begrenzen. Langfristig stand nicht nur das proleta-

---

28 Gretzschel: Wohnungsaufsicht. In: Handwörterbuch für Kommunalwissenschaften, Bd. 4 (1924), S. 518.
29 Rodriguez-Lores, Juan: Stadthygiene und Städtebau. Zur Dialektik von Ordnung und Unordnung in den Auseinandersetzungen des Deutschen Vereins für Öffentliche Gesundheitspflege 1868-1901. In: ders./ Fehl, Gerhard (Hg.): Städtebaureform 1865-1900. Von Licht, Luft und Ordnung in der Stadt der Gründerzeit. Bd. 1. Hamburg 1985, S. 27.

rische Wohnen, sondern allgemein die „unzweckmäßige und unvernünftige" Wohnweise zur Disposition. Die bürgerliche Wohnung beengte als steinernes Korsett zunehmend die freie Entfaltung der Individuen. Ebenso wie die Gesellschaft erschienen auch die Wohnungen reformbedürftig. Anschaulich beschrieb diese umfassende Kritik Müller-Wulckow: „Der Fassadenschwulst der Gründerzeit wird in seiner Verlogenheit erst von denen durchschaut, die auch die Hohlheit der gesellschaftlichen Moral erkannt haben. Mit dem jetzt üblich gewordenen Abklopfen der Fassaden hat sozusagen Ibsen den Anfang gemacht, Wedekind hat in die Abgründigkeit der Hinterhöfe hineingeleuchtet." Das Haus und die Wohnung müßten, so der Kritiker, „den Bedürfnissen seiner Zeit lebenden Menschen" entsprechen, „ohne Hemmungen für seine körperliche-seelische wie geistige Entfaltung".[30] Seit der Jahrhundertwende spiegelte die bürgerliche Wohnung immer weniger ein anzustrebendes Ideal wider, sondern sie wurde selbst Gegenstand einer umfassenden Kritik. Mit ihren architektonischen Versatzstücken entwickelte sich die bürgerliche Wohnung – so Walter Benjamin – zunehmend zur Leiche der Behausung.[31] Folglich ist das in solch einem Interieur lebende bürgerliche Subjekt außerstande, Identitäten herzustellen.[32] Um die Jahrhundertwende vollzog sich daher sukzessiv die Entzauberung der bürgerlichen Privatheit.[33]

Mit der Kritik bürgerlicher Wohnwerte wurde auch deren Verallgemeinerungsfähigkeit in Frage gestellt. Folglich sollten Unterschichtfamilien immer weniger bürgerliche Wohnstandards schematisch imitieren, so beispielsweise die bürgerliche „Gute Stube", die Bruno Taut verächtlich die „kalte Pracht"[34] nannte, sondern es sollten die Bedingungen für eine freie Entfaltung der Menschen geschaffen werden.

Der Diskurs über die Umsetzung sozialhygienischer und moralischer Normen verdeutlicht einerseits die Disziplinierungsansätze der bürgerlichen Sozialtechniker, andererseits aber auch den Wandel, der zu einer Verallgemeinerung der Kritik führte. Um den Formierungsprozeß zur Rationalisierung der Wohnkultur aufzuzeichnen, werden nachfolgend die Bestrebungen der Kommunalverwaltung dargestellt. Damit die Wohnpraxis kontrolliert werden konnte, waren sowohl die Etablierung einer

---

30 Müller-Wulckow, Walter: Wohnbauten und Siedlungen. Königstein 1927, S. 5.
31 „Das bürgerliche Interieur der sechziger bis neunziger Jahre mit seinen riesigen, von Schnitzereien überquollenen Büffets, den sonnenlosen Ecken, wo die Palme steht, dem Erker, den die Balustrade verschanzt und den langen Korridoren mit der singenden Gasflamme wird adäquat allein der Leiche zur Behausung." Benjamin, Walter: Einbahnstraße. (1928). Frankfurt 1988, S. 14.
32 Die Anmaßung der Verallgemeinerungsfähigkeit soziokultureller Werte des Bürgertums kritisierte Adorno in der Glosse über Persönlichkeit: „Richtiger Mensch sei, wer es ihr gleichtut, in sich organisiert nach dem Gesetz, das die Gesellschaft im innersten zusammenhält. [...] Dem Begriff der Persönlichkeit wird heimgezahlt, was er frevelte, als er die Idee der Menschheit in einem Menschen auf dessen So- und nicht Anderssein einebnete." Adorno, Theodor: Glosse über Persönlichkeit. In: Kulturkritik und Gesellschaft II. Gesammelte Schriften Bd. 10.2, Frankfurt 1977. S. 641-642.
33 Vgl. die sehr anregende Analyse von Müller, Michael: Die Verdrängung des Ornaments. Zum Verhältnis von Architektur und Lebenspraxis. Frankfurt 1977. S. 148.
34 Taut, Bruno, Die Neue Wohnung. Die Frau als Schöpferin. Leipzig 1924, S. 66.

bürokratischen Organisation und als auch die Einstellung kommunaler Sozialtechniker erforderlich sowie die Formulierung normativer Satzungen.

c. Über den schwierigen Weg, in Frankfurt am Main ein Wohnungsamt zu gründen und eine Wohnungsordnung zu verabschieden

Kurz vor der Jahrhundertwende veröffentlichte der Frankfurter Mieterverein in einer Flugschrift die Ergebnisse einer Untersuchung über das Wohnungselend in dieser Stadt. In dieser Flugschrift wurde von den Mietervertretern die Errichtung einer Wohnungsinspektion gefordert: „Um alle in Betracht kommenden [schlechten und gesundheitsgefährdenden, G.K.] Wohnungen aufzuspüren und um festzustellen, was in jeder einzelnen zu geschehen hat, bedarf es einer eingehenden, Straße um Straße vorrückenden, sachverständigen Untersuchung aller irgendwie verdächtigen Wohnungen von Seiten der Behörden. Ferner genügt nicht eine einmalige Untersuchung, sondern es muß eine fortlaufende Aufsicht organisiert werden, namentlich auch um zu verhüten, daß Räume, die baupolizeilich gar nicht zur Bewohnung bestimmt waren, doch bewohnt werden, und daß sich aus der Zerteilung älterer, größerer Wohnungen in kleinere die Schäden entwickeln (Abtritte! Nebenräume!) die wir in unserer Untersuchung feststellen mußten. Mit anderen Worten, es handelt sich um die Einführung einer sogen. Wohnungsinspektion."[35] Diese Forderung nach Einführung einer Wohnungsinspektion, welche die Beaufsichtigung von Mietwohnungen und Schlafstellen zum Gegenstand hatte, war bereits einige Jahre vorher im Frankfurter Magistrat erörtert worden.[36] Vorbildlich erschien dem Frankfurter Magistrat insbesondere die bereits am 1.7.1893 in Hessen-Darmstadt erlassene Wohnungsordnung.

Die legislative Grundlage für eine Wohnungsinspektion war allerdings vor dem Ersten Weltkrieg in Deutschland recht unterschiedlich geregelt. Entweder verabschiedeten einzelne Bundesstaaten Wohnungsgesetze, oder beim Fehlen dieser – wie in Preußen – konnten Polizeiverordnungen für einzelne Städte oder Regierungsbezirke erlassen werden.[37]

Besprechungen zwecks Verabschiedung einer lokalen Polizeiverordnung und Einrichtung einer städtischen Wohnungsinspektion, die zwischen dem Frankfurter

---

35 Das Wohnungselend und seine Abhilfe in Frankfurt a.M. Flugschriften des Frankfurter Mietervereins; Nr. 2. Dargestellt nach einer Untersuchung des Frankfurter Mietervereins vom Herbst 1897. Hg. v. Vorstand. Frankfurt 1898, S. 34-35.

36 Seit 1897 wurde eingehend der Erlaß einer Polizeiverordnung im Frankfurter Magistrat diskutiert. Vgl. Magistratsbericht Ffm. (1912), S. 275. Allerdings wurde von einigen Frankfurter Magistratsmitgliedern bereits seit längerer Zeit (Varrentrapp 1866, Flesch 1886) die Errichtung einer Wohnungsinspektion gefordert.

37 In Preußen erst im Wohnungsgesetz vom 23.3.1918; Bayern – Königliche Verordnung vom 10.2.1901; Württemberg – Verfügung des Ministeriums des Innern v. 21.5.1901 und 18.5.1907; Hessen – Wohnungsaufsichtsgesetz v. 1.7.1893 und 6.8.1902; Coburg 21.5.1912; Hansestadt Hamburg 8.6.1898 und 8.2.1907; Hansestadt Lübeck 3.11.1908; Hansestadt Bremen 1.10.1910.

Magistrat und dem Polizeipräsidenten geführt wurden, erbrachten jedoch zunächst keine greifbaren Ergebnisse.[38] Erst nach langwierigen Verhandlungen konnte 1899 zwischen dem Preußischen Königlichen Polizei-Präsidium und dem Magistrat eine Übereinkunft über eine „Polizei-Verordnung über die Beschaffenheit und Benutzung von Wohnungen" erzielt werden. Trotzdem unterblieb aber der Erlaß der Polizei-Verordnung, „da auch auf Seiten des Königlichen Polizei-Präsidiums Bedenken bestanden, ob genügend geeignete Wohnungen vorhanden seien, welche die Einwohner zu räumender oder überfüllter Wohnungen beziehen könnten."[39] Nachdem 1899 die Verabschiedung einer Polizei-Ordnung gescheitert war, führte die städtische Gesundheitskommission nach der Jahrhundertwende in verschiedenen Stadtbezirken Erhebungen über die Wohnverhältnisse durch. Diese selektive Untersuchung – es wurden Ein- und Zwei-Zimmerwohnungen in den „Problemquartieren" der Altstadt und in den eingemeindeten Industriedörfern (Bornheim und Bockenheim) mit ihrem großen Altbaubestand untersucht – bestätigte die besorgniserregenden Mißstände. Obwohl nur der niedrige Wert von 10 cbm Luftraum pro Person im Schlafzimmer als normativer Richtwert angenommen wurde, mußte beispielsweise in Bockenheim jede Dritte untersuchte Wohnung wegen Überfüllung beanstandet werden. Trotz der nicht repräsentativen Auswahl der untersuchten Wohnungen (immerhin wurden 1840 Wohnungen mit fast 3000 Schlafräumen besichtigt) schien ein dringender Handlungsbedarf gegeben.

Hemmend für die Verabschiedung einer lokalen Wohnungsordnung und Gründung eines Wohnungsamtes erwiesen sich aber – trotz der prinzipiellen Bereitschaft und trotz der Enquete – besonders die anhaltenden Debatten über ein zukünftiges preußisches Wohnungsgesetz. Im Entwurf zum Preußischen Wohnungsgesetz von 1903 war die Übertragung der Wohnungsaufsicht an die Gemeinden in Aussicht gestellt worden. Deshalb wurden in Frankfurt lokale Überlegungen vorerst nicht weiterverfolgt.

Als allerdings die Verabschiedung des preußischen Wohnungsgesetzes aussichtslos erschien, setzten die Debatte auf lokaler Ebene erneut ein. Zudem belebte der 1. Deutsche Wohnungskongreß, der 1904 in Frankfurt stattfand, die Diskussion. Die städtischen Maßnahmen konzentrierten sich zunächst auf die Förderung der Errichtung gesunder und billiger Kleinwohnungen (Tab. 1, Anhang).[40] Ferner wurde eine Vermittlungsstelle freier Wohnungen, der städtische Wohnungsnachweis, eingerichtet. Auf freiwilliger Basis konnten leerstehende Wohnungen gemeldet werden. Jede zu vermietende Wohnung wurde vorher von einem städtischen Beamten besichtigt.

---
38 Brief Magistrat Ffm. an den Polizeipräsidenten v. 25.3.1893. StA Ffm. MA T 796/I.
39 Brief Magistrat Ffm. an das Königliche Polizei-Präsidium; Entwurf, 25.11.1910. StA Ffm., MA T 796/I.
40 Bereits Georg Varrentrapp forderte in seinem Aufruf zur Gründung einer gemeinnützigen Baugesellschaft 1860 die Verknüpfung der gemeinnützigen Bautätigkeit mit einer „sanitätspolizeilichen Aufsicht". Varrentrapp, Aufruf zur Gründung einer gemeinnützigen Baugesellschaft, S. 5.

Diese „Vor-Inspektionen" beruhten jedoch aufgrund fehlender normativer Grundlagen auf subjektiven Einschätzungen der Beamten. Dieser Wohnungsnachweis und die Vorinspektionen können allerdings als Vorläufer des Wohnungsamtes betrachtet werden.

Erneut kam Bewegung in die Debatte um die Gründung eines Wohnungsamtes bzw. einer Wohnungsinspektion, als im Herbst 1910 der Polizeipräsident erklärte, „selbst die Wohnungsaufsicht in die Hand nehmen zu wollen".[41] Der Magistrat, der durch Gründung eines Wohnungsnachweises bereits die ersten Schritte zur Errichtung eines kommunalen Wohnungsamtes unternommen hatte, suchte nun eine endgültige Klärung der Kompetenzfrage. In einem Schreiben an den preußischen Polizeipräsidenten vertrat er Ende des Jahres 1910 folgende Auffassung: „Es erscheint uns [...] nicht zweckmäßig, daß das Königliche Polizei-Präsidium die Wohnungsaufsicht ausübt, sondern wir halten es im Interesse einer wirksamen Gestaltung der Wohnungsaufsicht für unerläßlich, daß *alle* Bestrebungen zur Schaffung besserer Wohnungsverhältnisse in einer Hand vereinigt werden. Die Wohnungs-Aufsicht läßt sich u.E. von der Handhabung der baupolizeilichen Bestimmungen nicht trennen, eine gesonderte Behandlung des gesundheitspolizeilichen Teils der Wohnungsaufsicht neben dem baupolizeilichen würde lediglich zu ständigen Schwierigkeiten und Differenzen Anlaß geben. Wir haben demgemäß bei den Herren Ministern des Innern und der öffentlichen Arbeiten die Übertragung der Wohnungspolizei auf die Stadt Frankfurt a/M. in Antrag gebracht und möchten darum bitten, bis zur Entscheidung dieser Frage nicht mit der Wohnungsrevision zu beginnen."[42] Dem Schreiben an den Königlichen Polizeipräsidenten war ein Entwurf des Stadtrats Luppe beigelegt worden, das „Vorschläge über Einrichtung und Kosten der Wohnungsinspektion" beinhaltete. Luppe stellt in diesem Vorschlag verschiedene Modelle der Wohnungsinspektion vor. Vorbildlich erschien ihm damals die Essener Wohnungsinspektion, da dort die behördliche mit der ehrenamtlichen Tätigkeit verknüpfte wurde.[43] Als Hauptaufgabe der Wohnungsinspektion betrachtete Luppe die Belehrung von Mietern und Vermietern zur „vernünftigen Benutzung und Ausnutzung" der Wohnungen. Eine „gütliche" Lösung der Konflikte sei polizeilichen Maßnahmen vorzuziehen. Daß eine Besserung der „Wohnsitten" längerfristig zu erzielen sei, bewiesen nach seiner Ansicht einige gemeinnützige und private Baugesellschaften, „welche die Bestimmungen über Verbot der Aftermiete, Höchstzahl von Personen u.s.w." konsequent umgesetzt und somit eine „pflegliche Behandlung der Wohnungen durch die Mieter" erzielt hätten. Die Aufgabenfelder der zukünftigen kommunalen Wohnungsinspektion grenzte er folgendermaßen ein: „Von der Wohnungsaufsicht auszuscheiden bleibt die Überwachung der Konkubinate, die zur

---

41 Magistratsbericht Ffm 1912, S. 275.
42 Brief Magistrat Ffm. an Königliches Polizei-Präsidium. StA Ffm., MA T 796/ II.
43 In Essen waren 1910 drei Wohnungsinspektoren beschäftigt, die aber durch eine große Anzahl von Mitarbeitern aus den Bezirkskommissionen unterstützt wurden.

Sittenpolizei gehört; ferner die Kinderkostkontrolle, die zur Kriminalpolizei gehört, und die Handhabung der Bestimmungen über das Schlafgängerwesen. Die *Durchführung* der letzteren Bestimmungen wie die Durchführung baupolizeilicher Beanstandungen wird am besten den bisher zuständigen Organen belassen, damit die Wohnungsaufsicht möglichst wenig polizeilichen Charakter erhält."[44] Seit der Jahrhundertwende gewichtete der Frankfurter Magistrat eindeutige Prioritäten in der Wohnungspolitik. Diese Schwerpunkte sowie der latente Kompetenzkonflikt zwischen Stadt und Staat kamen auch in einem Schreiben des Magistrats an den Regierungspräsident zum „Entwurf eines Gesetzes zur Verbesserung der Wohnungsverhältnisse in Frankfurt a/M." zum Ausdruck. Der Frankfurter Magistrat stellte fest, daß das Vorgehen der Gesetzgebung zum Ziel haben solle, „die Herstellung von kleinen, in gesundheitlicher, sittlicher und sozialer Beziehung einwandfreien Wohnungen tunlichst zu fördern und zugleich den Mietpreis dieser Wohnungen in angemessenen Grenzen zu halten. Was das letzte anbelangt, so wird man auf absehbare Zeit sehr zufrieden sein dürfen, wenn die Mietpreise in den künftig zu erstellenden besseren Wohnungen nicht höher steigen als die in den jetzigen schlechten Wohnungen sind. Schon das Stehenbleiben der Mietpreise wäre ein grosser Gewinn, denn wenn der kleine Mieter für gleiches Geld bessere Qualität erhalten kann, so ist das gleichbedeutend mit dem Billigerwerden der Wohnungen überhaupt."[45] Es wurden drei Maßregeln zur Erreichung dieses Ziels vorgeschlagen (vgl. Tab. 1). Die Maßregeln lauteten:
1. Für den Kleinwohnungsbau sollte hinreichend baureifes Gelände bereit gestellt werden,
2. zudem sollte der Anreiz zur Herstellung kleiner und zugleich guter Wohnungen erhöht werden und
3. das Wohnen in „mißständigen Wohnungen oder das mißständige Wohnen in Wohnungen, die an sich nicht zu beanstanden sind", verhindert werden.
Zum dritten Punkt der Maßregeln – dieser ist für dieses Kapitel von Bedeutung – wird folgendes ausgeführt: Die Festlegung von „normierten" Anforderungen an Mietwohnungen, „so bescheiden sie sich darstellen", könnten bei der Durchführung der Wohnungsaufsicht erhebliche Schwierigkeiten hervorrufen. „Es muß mit großer Vorsicht und sehr allmählich vorgegangen werden, ein übereiltes Vorgehen kann auch in Städten wie Frankfurt, wo verhältnismäßig günstige Wohnungszustände sind, zu großem Wohnungsmangel führen. Jedenfalls wird es zweckmäßig sein, wenn ähnlich wie im Großherzogtum Hessen, der Gemeinde die Befugniss zur Enteignung von Häusern mit gesundheitsschädlichen Wohnungen erteilt wird. Daß die Wohnungsaufsicht im wesentlichen in die Hände von Beamten gelegt werden soll,

---

44 Luppe: Vorschläge über Einrichtung und Kosten der Wohnungsinspektion. 11.12.1910. StA Ffm., MA T 796/ II.
45 Brief: Magistrat Ffm. (Lautenschläger; Baupolizei) an Regierungspräsident in Wiesbaden. Zweite Ausfertigung. 22. August 1903. StA Ffm., MA T 796/II, S. 2-3.

erscheint nach den Erfahrungen, die in Frankfurt gemacht worden sind, sehr empfehlenswert. In Frankfurt hat sich bei den Wohnungsuntersuchungen, die probeweise als Vorbereitung für eine künftige einzurichtende ständige Wohnungsaufsicht in verschiedenen Stadtbezirken gemacht worden sind, das Zusammenarbeiten von Beamten der Baupolizei und von Ärzten, die eine entsprechende Vergütung erhielten, sehr bewährt. Auf die regelmäßige Zuziehung von Ärzten würden wir nach unseren Erfahrungen großen Wert legen. Noch größeren Wert würden wir darauf legen, daß die polizeilichen Befugnisse [...] der gleichen Behörde, die die Baupolizei auszuüben hat, übertragen würden. Nach unseren Erfahrungen gehen die baupolizeilichen und gesundheitlichen Beanstandungen die bei den Besichtigungen zu machen sind, in den allermeisten Fällen so sehr ineinander über, daß eine Trennung kaum möglich ist. Es wäre daher sehr wünschenswert, wenn in solchen Fällen, da die [...] vorgesehene Abhilfe durch ‚Rat, Belehrung und Mahnung' nach unseren Erfahrungen sehr häufig versagen wird, das notwendige polizeiliche Einschreiten von einer und derselben Stelle aus erfolgen würde."[46] In diesem Schreiben führte der Frankfurter Magistrat bereits jene kommunalen Initiativen auf, die auch im richtungweisenden „Dreier-Erlaß" der preußischen Minister von 1901 von den Kommunen gefordert wurden.[47] Zu einer Kompetenzabtretung der staatlichen Polizei an eine kommunale Behörde war der preußische Regierungspräsident jedoch noch nicht bereit. Letztlich stellte sich wieder die Frage, ob die Wohnungsinspektion als kommunale Fürsorge oder als staatliche Ordnungsaufgabe aufzufassen sei. Folglich polarisierte der Frankfurter Magistrat den Kompetenzkonflikt zwischen der Kommune und dem Staat auf die Ebene der gütlichen kommunalen Einigung oder des polizeilichen Zwangs. „Auch darf es wohl als eine immer allgemeiner werdende communis opinio bezeichnet werden, daß die Wohnungsaufsicht nur im äußersten Fall zu Zwangsmaßregeln greifen im übrigen aber durch gütliche Beeinflußung wirken soll und daher einen eminent gemeindlichen Charakter besitzt."[48] Im Selbstverständnis der Frankfurter Gemeindeverwaltung waren die Probleme im Wohnungswesen primär nicht durch Zwangsmaßnahmen zu lösen, sondern durch „Rat, Belehrung und Mahnung". Die Betroffenen in den Elendsquartieren waren allerdings nicht die Subjekte im Meinungsbildungsprozeß, sondern vorrangig deren Objekte. Gleichwohl überrascht die Einhelligkeit aller organisierten städtischen Interessengruppen hinsichtlich der Notwendigkeit eines Wohnungsamtes und Verabschiedung einer Wohnungsordnung. Wie anfangs erwähnt, forderte auch der Frankfurter Mieterverein die Er-

---

46 Brief: Magistrat Ffm. an Regierungspräsident v. 22.8.1903. StA Ffm., MA T 796/II, S. 18-19.
47 Der „Dreier-Erlaß" betreffend Verbesserung der Wohnungsverhältnisse vom 19.3.1901 wurde gemeinsam von den Ministern für Handel und Gewerbe, der geistlichen, Unterrichts- und Medizinal-Angelegenheiten und des Innern erlassen. In: Übersicht über die im Königreich Preußen zur Regelung des Wohnungswesens und zur Förderung der Herstellung von Wohnungen für die minderbemittelten Bevölkerungskreise getroffenen Maßnahmen (1904), S. 68-72.
48 Magistrat Ffm. an Minister der öffentlichen Arbeiten und den Minister des Innern. 12.1.1911, StA Ffm., MA T 796/III.

richtung einer „Wohnungsinspection". Mit deren Hilfe erhofften die Mieter, insbesondere eine Handhabung gegen bauliche Vernachlässigungen der Häuser seitens der Hausbesitzer zu erlangen. Die Sozialdemokraten unterstützten ebenfalls uneingeschränkt diese Initiative, da sie in der Etablierung der Wohnungsinspektion den ersten Schritt zum organisatorischen Ausbau der sozialen Wohnungspflege erhofften. Bezeichnend hierfür ist ein Redebeitrag von Max Ernst Quarck, den er am 25. Juni 1912 in der Stadtverordneten-Versammlung hielt, als die Errichtung eines städtischen Wohnungsamtes beschlossen wurde: Er hoffte, „daß mit dem Wohnungs-Amt eine Ära der Wohnungs-Politik bei uns inauguiert sein möchte, die nicht mehr bloß im Studieren besteht. [...] Ich wünsche also dem neuen Wohnungs-Amt, das ich im Namen der unbemittelten Bevölkerung begrüße, daß es *handeln*, nicht zuviel diskutieren möchte. Der Stoff dazu ist in Frankfurt mehr als reif. Öffentliche Erörterungen, literarische Beiträge, statistische Feststellungen sind in Hülle und Fülle vorhanden. Worum es [sich] jetzt handelt, ist, daß etwas geschaffen wird, und ich habe einstweilen das Vertrauen zu dem neu zusammengesetzten Wohnungs-Amt, daß es Initiativen ergreifen wird."[49] Ebenso äußerten die Frankfurter Hausbesitzer, anders als beispielsweise die Charlottenburger[50], keine grundsätzlichen Bedenken gegen die Errichtung einer kommunalen Wohnungsinspektion. „Der Wunsch der Hausbesitzerschaft geht natürlich auf eine städtische Wohnungs-Inspektion und wenn es beabsichtigt ist, bei der Organisation des Amtes die Wünsche der Nächstbeteiligter zu hören, alsdann plädieren wir mit aller Entschiedenheit und mit sehr berechtigten Gründen für eine städtische Wohnungsinspektion, die zweifellos von liberaleren Tendenzen erfüllt ist als eine staatliche Beaufsichtigung des Wohnungswesens, die gleich die polizeiliche Zwangsvollstreckung bei der Hand hat."[51] Die Hausbesitzer erwarteten im Falle einer kommunalen Inspektion eine weitgehende Berücksichtigung „örtlicher und persönlicher und wirtschaftlicher Verhältnisse". Zudem könne der Magistrat über einzelne Reklamationen befinden und ebenso die Stadtverordneten-Versammlung, in der die Hausbesitzer eindeutig dominierten, zu den Beschlüssen Stellung nehmen. Als Aufgabe der Wohnungsinspektion wird die Kontrolle der gesundheitlichen Beschaffenheit von Wohn-, Schlaf-, Küchenräumen sowie von Aufgängen, Kellern und Mansarden genannt. „Die Wohnungsinspektion verfolgt den Zweck, die Benutzung ungeeigneter Räume einzuschränken aber auch unzulässiger Benutzung entgegenzutreten. Damit ist ein altes Bedürfnis erfüllt, das leider von dem Vermieter nicht befriedigt werden konnte, die Feststellung ungeeigneter Behandlung der Miträume durch Kochen in den Zimmern, Waschen in der Küche, Aufhängen von nasser Wäsche in den Wohnräumen, Unterlassen der notwendigen Ventilation und sonstiges schädigendes Verhalten der Mieter. Wenn die Wohnungs-

---

49 StV Quarck (SPD), Protokolle StVV Ffm. 25. Juni 1912. S. 870.
50 Bernhardt, Christoph: Die Anfänge der kommunalen Wohnungspolitik und die Wohnungsmarktschwankungen in Groß-Berlin vor 1914. In: Hofmann/Kuhn, Wohnungspolitik und Städtebau, S. 33.
51 Wohnungsinspektion in Frankfurt. Hausbesitzer-Zeitung, Nr. 20, 16.5.1911.

Inspektion nach dieser Richtung eine intensive Tätigkeit entfaltet und wenn sie vor allen Dingen nicht als Polizeiorgan gedacht ist, dann wird sie die volle Unterstützung der Vermieter finden, die bislang dem Unfug widerrechtlicher, unhygienischer und Feuchtigkeitsschäden verursachender Wohnungs-Benutzung so gut wie machtlos gegenüberstanden, aber den Einwand der Feuchtigkeit, verursacht durch die vernunftswidrige Benutzung der Räume, bei jeder Gelegenheit zu gewärtigen hatten."[52] In der kommunalen Wohnungsinspektion sahen die Hausbesitzer ein Instrument zur normativen Kontrolle und Disziplinierung ihrer Mieter, welche ihnen bisher verwehrt wurden. Als Gegensatz faßten sie die staatlichen polizeilichen Kontrollen auf, die „jeden Fall" schematisch untersuchten und in einem, nach ihrer Ansicht, unzureichenden Maße die individuelle Lage der Hausbesitzer berücksichtigten. Es bestand demzufolge in Frankfurt ein Grundkonsens über die Notwendigkeit der Schaffung einer kommunalen Wohnungsinspektion, wenngleich aus unterschiedlichen Beweggründen. Korporative Einbeziehungen der betroffenen Parteien (Mieter und Vermieter), die in der Weimarer Republik allgemein die Sozialpolitik prägten, oder andere Partizipationsmöglichkeiten – z.B. in Form von Mieterräten, die bereits durch die größte gemeinnützige Frankfurter Wohnungsbaugesellschaft, die „AG für kleine Wohnungen", praktiziert wurde und ebenfalls in den 20er Jahren durch die Wohngesetzgebung möglich waren – gab es vor dem Ersten Weltkrieg nicht. Vielmehr prägten vorrangig bürgerliche Sozialreformer den wohnungspolitischen Diskurs.[53]

Erneut bemühte sich der Magistrat im Januar 1911 vergeblich, beim Minister der öffentlichen Arbeiten die Übertragung der Wohnungsaufsicht an die Gemeinde zu erwirken. Im Mai 1911 wiederholte der Magistrat sein Bemühen.[54] Er schickte dem Polizeipräsidenten eine Kopie der lokalen Charlottenburger Wohnungsordnung[55] und ersuchte, eine „gleichlautende Verordnung für das Gebiet der hiesigen Gemeinde erlassen zu wollen, da ohne eine solche weder der städtische Wohnungs-Nachweis seine Aufgaben erfüllen, noch eine einwandfreie Wohnungs-Statistik zu Stande gebracht werden kann."[56] Im September 1911 schließlich teilte der Regierungspräsident dem Magistrat mit, „daß, zur Ermöglichung einer erforderlichen Wohnungsauf-

---

52 Ebenda.
53 Lutz Niethammer und Franz Brüggemeier sahen in ihrer wegweisenden Studie „Wie wohnten die Arbeiter im Kaiserreich" nur eine charakteristische „Sichtweise von außen" der Reformer: „Sie setzten Wohnungsinspekteure zur Erzwingung gesunder Belüftung und zur Kontrolle der Relation zwischen Bewohnern und Rauminhalt ein. Sie interessierten sich für die Verschleißbarkeit der Aborte und die Trennung der Kinder nach Geschlechtern in den Schlafräumen. Ob dies auch die vordringlichen Interessen der Betroffenen selbst waren, kümmerte sie wenig; vielmehr beklagten sie die Bedürfnislosigkeit der ärmeren Volksschichten in dieser Richtung." Niethammer/Brüggemeier, Wie wohnten Arbeiter, S. 65.
54 In der StVV wurde nach einer Eingabe des Evangelischen Frauenbundes betr. die Schlafräume der Dienstboten, durch Beschluß vom 7.6.1910 die Errichtung einer Wohnungsinspektion gefordert.
55 Gut, Albert: Das Charlarlottenburger Wohnungsamt. Charlottenburg 1911; Seydel (Magistrat der Stadt Charlottenburg): Das Charlottenburger Wohnungsamt, Neuauflage. Berlin 1913.
56 Magistrat Ffm. an Königliche Polizei-Präsidium. StA Ffm., MA T 796/ III.

sicht es nicht notwendig erscheint, dem Magistrat wohnungspolizeiliche Befugnisse zu übertragen. Die Herren Minister sind damit einverstanden, daß der Herr Polizeipräsident von der Einführung allgemeiner Wohnungsrevisionen durch die Kreisärzte jetzt und in Zukunft absieht, wenn der Magistrat zum 1. Januar 1912 eine ordnungsmäßige Wohnungs*aufsicht* einrichtet, die jedoch als rein kommunale Angelegenheit zu behandeln sein wird."[57] Im November desselben Jahres konnte schließlich der Magistrat die Errichtung einer kommunalen Wohnungsaufsicht (Wohnungsamt) beschließen. Gleichzeitig wurde der städtische Wohnungsnachweis von der städtischen Arbeitsvermittlung abgetrennt und der Zuständigkeit von Stadtrat Luppe übertragen.[58] Das Wohnungsamt wurde schließlich im Sommer 1912, mit den Abteilungen Wohnungsinspektion und Wohnungsnachweis, gegründet. Hingegen genehmigte der Regierungspräsident erst im Januar 1914 eine Wohnungsordnung.

d. Aufbau und Tätigkeit des Frankfurter Wohnungsamtes im Kaiserreich

Anmerkungen zu den Begriffen: Wohnungsaufsicht – Wohnungsinspektion – Wohnungspflege

In den zeitgenössischen Quellen werden die Begriffe Wohnungsinspektion und Wohnungsaufsicht sowie Wohnungspflege häufig synonym verwendet.[59] Seit etwa 1910 kann eine Differenzierung festgestellt werden, denn mit den Begriffen Wohnungsaufsicht oder -inspektion wurde zunehmend ein polizeilicher Charakter assoziiert, während der Begriff Wohnungspflege auf eine fürsorgende Tätigkeit verweisen sollte.[60] Obwohl die Wohnungsaufsicht in Frankfurt von Wohnungspflegern, so die offizielle Bezeichnung, ausgeführt werden sollte, bezeichnete Stadtrat Luppe diese wiederholt als Wohnungsinspektoren. Die weiblichen Beschäftigten wurden allerdings nie als Wohnungsinspektorinnen, sondern immer als Wohnungspflegerinnen bezeichnet. Diese vermeintlichen Unklarheiten der Begriffe kennzeichnen jedoch den Wandel der Tätigkeitsmerkmale und ihre klare geschlechtsspezifische Zuordnung sowie die Arbeitsteilung innerhalb der Wohnungsaufsicht, die noch an anderer Stelle zu untersuchen ist.

---

57 Regierungs-Präsident an Magistrat Ffm., 24.9.1911, StA Ffm., MA T 796/ III.
58 Magistratsbeschluß Nr. 2173 vom 7.11.1911.
59 Im Handwörterbuch für Wohnungswesen wurden 1930 die Stichworte Wohnungsaufsicht und Wohnungspflege von Albert Gut gemeinsam behandelt. Albrecht, Gerhard u.a. (Hg.): Handwörterbuch des Wohnungswesens. Jena 1930, S. 799-787.
60 In Berlin wählte man, aufgrund des dominanten polizeilichen Charakters der Wohnungsaufsicht, die Bezeichnung Wohnungsinspektion bzw. -Inspektor, hingegen in Charlottenburg, aufgrund der fürsorglichen Konzeption, bewußt die Bezeichnung Wohnungspflege.

Der Aufbau der Wohnungsaufsicht

Stadtrat Luppe erarbeitete, wie bereits erwähnt, im Auftrag des Frankfurter Magistrats Ende 1910 Vorschläge über Errichtung und Kosten der Wohnungsinspektion, die dem Regierungspräsidenten und dem Polizeipräsidenten vorgelegt wurden. In den kommunalen Planungen war zunächst die Einstellung von zwei Wohnungsinspektoren vorgesehen. „Es würden zunächst einzelne Stadtteile in Arbeit genommen und im übrigen nur eingegriffen werden, soweit Beschwerden laut werden; ausscheiden könnten alle Wohnungen von Baugesellschaften, alle Arbeiter- und Dienstwohnungen von Staat und Stadt. 1, 2 und 3 Zimmerwohnungen kommen ca. 60.000 in Betracht. Nach den Erfahrungen anderer Städte kann ein Wohnungsinspektor etwa 2.500-3.000 Wohnungen im Jahre revidieren; diese Zahl beschränkt sich durch die Notwendigkeit der Nachrevisionen im zweiten Jahr auf etwa 10-1200 Neurevisionen, sodaß bei 2 Wohnungsinspektoren in 5 Jahren etwa 15.000 Wohnungen revidiert und kontrolliert werden könnten. Bei dieser Zahl werden u.E. alle Wohnungen, bei denen erhebliche Anstände vorhanden sind, getroffen werden können, so daß nach 5 Jahren ein Bild über die weitere Notwendigkeit und eventl. Ausdehnung der Aufsicht gewonnen werden könnte."[61] Luppe schlug vor, daß den Inspektoren ein Bürobeamter beigeordnet werden sollte. Außerdem sollten die Bezirks-Kommissionen „in Fühlung" mit den Armenpflegern eingerichtet werden, da diesen die Wohnungsverhältnisse in ihrem Bezirk sehr vertraut seinen. Nach der Gründung des Wohnungsamtes 1912 wurden entsprechend den Anregungen Luppes in Frankfurt zunächst zwei Wohnungspfleger und ein Wohnungsgehilfe eingestellt. Sie begannen ihre Tätigkeit mit der systematischen Revision sämtlicher Wohnungen in den bekannten „Elendsquartieren", den Armenbezirken 2a (Altstadt) und 22b (Alt-Bornheim). Da aber neben der systematischen Inspektion auch außerordentliche Revisionen vorgenommen werden mußten, war bald eine weitere personelle Aufstockung erforderlich. Bereits im April 1913 waren drei Wohnungspfleger und drei Wohnungsgehilfen angestellt, zudem auch eine Wohnungspflegerin. Nachdem die ersten Kontrollen der Mietswohnungen bestätigten, daß nur ein ganz geringer Teil der Schlafstellen polizeilich gemeldet waren und kontrolliert wurden, übertrug der Polizeipräsident, auf Antrag des Magistrats, dem Wohnungsamt am 1. Dezember 1912 auch die Prüfung und Kontrolle der Schlafstellen.

Die Stadt wurde 1913 zunächst in drei Bezirke eingeteilt, die von je einem Wohnungspfleger betreut wurde. Für die regelmäßigen Inspektionen wählte man ein koordiniertes Vorgehen nach Armenbezirken, „damit ein Zusammengehen mit den Organen der Armenpflege von vornherein gesichert und die leicht entstehenden Reibungsflächen vermieden werden".[62] Alle „ungünstigen Fälle" sollten mit den

---

61 Luppe: Vorschläge über Einrichtung und Kosten der Wohnungsinspektion. 11.12.1910. StA Ffm., MA T 796/ II.
62 Magistratsbericht Ffm. 1913, S. 277.

Armenpflegeorganen besprochen werden und ein möglicher Wohnungswechsel nur im Einvernehmen mit diesen erfolgen. „Außerordentliche Besichtigungen fanden in immer zunehmenden Maße statt, je mehr die Tätigkeit des Wohnungs-Amtes in der Bevölkerung bekannt wurde. Anzeigen erfolgten seitens des Polizei-Präsidiums, der Baupolizei, der Ortskrankenkasse, der jüdischen Wohnungspflege, des Armen-Amts, der Zentrale für private Fürsorge und des Kinderschutzes sowie schriftlich und mündlich seitens zahlreicher Mieter und Vermieter. Die Anzeigen seitens der Mieter sind vielfach lediglich Racheakte oder stellen den Versuch dar, sich vor der Miete zu drücken und sind deshalb oft ganz unzutreffend oder stark übertrieben."[63] Wenngleich die Anzeigen der Mieter nicht mehr überprüft werden können, so ist die allgemeine Aussage der unterstellten „Racheakte" der Mieter gegenüber den Vermietern doch zumindest fragwürdig, da in den unten aufgeführten Tätigkeitsberichten des Wohnungsamtes annähernd gleich viele Beanstandungen die Mängel des Hauses betreffen wie die Benutzung der Wohnungen.

Die Tätigkeit des Wohnungsamtes vor 1914

Zwischen dem 1. April 1912 und dem 1. April 1913 wurden insgesamt 1.993 Wohnungen besichtigt. In diesen wurden 2.731 Beanstandungen festgestellt! In 1.251 Fällen konnte eine Abhilfe erzielt werden (Tabelle 15-18, Anhang).[64] Systematisch erfolgten in diesem Zeitraum Inspektionen in drei Armenbezirken: in Alt-Bornheim (Armenbezirk 27b) 241 Häuser mit 961 Wohnungen; in Sachsenhausen (Armenbezirk 30) 107 Häuser mit 491 Wohnungen, darunter 80 Schlafstellen, und in der Altstadt (Armenbezirk 2a) 143 Häuser mit 435 Wohnungen, darunter 54 Schlafstellen. Weiterhin wurden in diesen Bezirken in 107 Wohnungen außerordentliche Besichtigungen durchgeführt sowie in 442 Wohnungen des übrigen Stadtgebietes.

Bei den ordentlichen Besichtigungen erfolgten in annähernd gleichem Maße Beanstandungen aus bautechnischen oder sozialhygienischen Mängeln. Da aber in Frankfurt eine Wohnungsordnung zu diesem Zeitpunkt noch nicht erlassen worden war, sollten sich die Inspektoren am Entwurf der Polizeiordnung von 1899 orientieren. Vielfach wurden den Beanstandungen deutlich subjektive Kriterien der Inspektoren zugrunde gelegt. Diese waren sowohl geprägt von ihren jeweiligen Ausbildungen (juristisch, technisch oder sozial) als auch von ihren individuellen Wertekriterien. Daher warnte selbst der Leiter des Wohnungsamtes Luppe davor, „aus der Statistik einer Wohnungsaufsicht allzuweitgehende Schlüsse zu ziehen."[65]

---

63 Magistratsbericht Ffm. 1913, S. 277.
64 Anm.: Die Differenz gegenüber der Tabelle 12-15 (insges. 2664 Beanstandungen bei 1508 ordentlichen und 1156 außerordentlichen Besichtigungen) beruht auf der Annahme des Haushaltsjahres (April-März) bzw. des rechnerischen Jahres (Jan.-Dez.).
65 Magistratsbericht Ffm. 1912, S. 279.

Da weder aussagekräftige Berichte der Betroffenen (Mieter und Vermieter), noch Tagebuchaufzeichnungen der Inspektionen – diese mußten die Wohnungspfleger- bzw. -innen über jeden Besuch anfertigen – noch die Protokolle über die Verhandlungen zur Beseitigung der Mängel erhalten sind, ist eine kritische Interpretation der Statistiken über die Tätigkeit der Wohnungsaufsicht erschwert. Diese Statistiken geben keinen objektiven Zustand der inspizierten Wohnungen und ihre Benutzung wieder, sondern sie sind als subjektive Quellen aufzufassen, welche insbesondere die Wertekategorien der Sozialtechniker widerspiegeln. Obwohl aus den Statistiken keine „allzuweitgehende Schlüsse" gezogen werden können, wie Luppe anmerkte, kann dennoch diejenige Aussage des Magistratsberichts über die Anzeigen der Mieter, die „vielfach lediglich Racheakte oder den Versuche darstellten [sollen, um] sich von der Miete zu drücken", angezweifelt werden. Außerordentliche Besichtigungen, die aufgrund von Anzeigen erfolgten, bezogen sich überwiegend auf bauliche Mängel der Häuser und Wohnungen und waren nur zu einem geringen Teil durch Beanstandungen des Wohnverhaltens der Mieter veranlaßt. Diese negative Interpretation hinsichtlich der Mieter ist keineswegs mit der Statistik der Wohnungsaufsicht belegbar. Vermutlich konnten sich die städtischen Beamten mehr in die Lage der Hausbesitzer versetzen als in die der Mieter.

Diese Annahme wird auch durch andere Magistratsberichte und Denkschriften verstärkt. Der Leiter des Wohnungsamtes Luppe, nunmehr Bürgermeister, bescheinigte im allgemeinen den Hausbesitzern ein kooperatives Verhalten. „Bei verwahrlosten Wohnungen weigerten sich allerdings vielfach Hausbesitzer, sie wieder herzustellen, da sie erst kurz vorher neu hergerichtet und von den Einwohnern schnell verschmutzt oder ruiniert waren. [...] Bezüglich Feuchtigkeit der Räume und Schwammbildung sowie der Ungezieferbeseitigung wurden eingehende Untersuchungen veranstaltet und Hausbesitzern, die vielfach erscheinen, um sich Rat zu holen, Auskunft erteilt; gegen Ungeziefer wurde insbesondere für alte Häuser stets Ersatz der Tapeten durch Ölfarbenanstrich empfohlen."[66] Dem wohlwollenden Verständnis für die Lage der häufig keineswegs wohlhabenden Hausbesitzer in den Altstadtquartieren stand – im diesem Punkt kann man Niethammer und Brüggemeier durchaus zustimmen – eine „Außensicht" und mangelndes Empfinden für die soziale Lage vieler verarmter Mieter auf Seiten der kommunalen Sozialpolitiker gegenüber. Luppe schrieb zudem: „Belehrung nutzte vielfach gegen eingewurzelte Vorurteile, Gleichgültigkeit oder Leichtsinn nichts." Diese Aussage milderte er allerdings ab, da die ungünstige wirtschaftliche Lage der Mieter „Schuld an der Überfüllung der Wohnungen, mangelnde Geschlechtertrennung, fehlenden Betten, großer Unordnung usw." sei. So scheiterte die Räumung überfüllter Wohnungen meist am Mangel an genügend großen Wohnungen, „deren Preis im richtigen Verhältnis zum Einkommen der Familie steht, das infolge Krankheit, Minderwertigkeit oder wegen

---

66 Magistratsbericht Ffm. 1912, S. 279.

großer Kinderzahl nicht ausreicht. Andererseits fällt es auch sehr schwer, für Familien, die bereits verwahrlost oder in wirtschaftlich zerrütteten Verhältnissen sind, Wohnungen zu beschaffen, da die Vermieter sie nicht aufnehmen wollen und eine Garantie für künftige Mietzahlung oder auch nur für gute Benutzung der Wohnung niemand geben kann."[67] Eine „wirkliche Hilfe" sei, so die Ansicht des Leiters des Wohnungsamtes, nur durch eine längere „pflegerische Behandlung" möglich, „die den Ursachen der Not nachgeht und sucht, diesen abzuhelfen; bei dieser Prüfung ist es notwendig, mit allen Organen der öffentlichen wie privaten Wohltätigkeit Fühlung zu nehmen, bei denen die meisten Familien bereits bekannt sind, es muß versucht werden, wirtschaftliche Hilfe zu bringen oder fortdauernd durch Rat und Tat zu helfen, da viele Hilfsbedürftige die Energie zur Selbsthilfe verloren haben und in Gleichgültigkeit versunken sind."[68]

Der Frankfurter Sozialpolitiker Flesch, ehemals auch dem Frankfurter Magistrat angehörend, berichtete in einem Gutachten für den Verein für Socialpolitik 1886 über die Wohnungsverhältnisse in Frankfurt a. M. und rückte die Frage der „Gleichgültigkeit und Hilfsbedürftigkeit" oder, um die verächtliche Sprache Luppes anzuführen, der „Minderwertigkeit" der Mieter aus den sozialen Unterschichten in eine andere, und zwar wirtschaftliche Wechselbeziehung: „Der Unbemittelte, der alle seine Bedürfnisse vom Arbeitslohn bestreiten muß, wird also, wenn dieser nicht auslangt, zuerst an der Wohnung sparen. Er wird die hohen Preise, die ihm gemacht werden, zu paralysieren suchen durch die geringen Anforderungen, die er an die Wohnung stellt. Das ist der ganz einfache Grund, warum die Unbemittelten selbst da, wo Wohnungen in relativ genügender Zahl vorhanden sind, sich gleichwohl gerade in den schlechtesten, verwahrlosten Gebäuden so eng wie möglich zusammen pferchen. Sie wollen billig wohnen, und je trübseliger die Räume sind, um so weniger ist man beim Miethen der Konkurrenz derer ausgesetzt, die zwar auch nur eine kleine Wohnung wollen, aber doch – als alleinstehend und vermögend – gewisse Ansprüche an Comfort machen. Der mangelnde Sinn für Ordnung, Reinlichkeit, frische Luft u.s.w. ist öfter die Folge als die Ursache des Bestrebens: *einen möglichst geringen Theil des Lohns für die Miethe auszugeben. Die Wohnungsfrage ist eine Lohnfrage.*"[69]

Um nicht nur disziplinierend auf Mieter, aber auch Hausbesitzer einwirken zu können, wurden bereits vor dem Ersten Weltkrieg mehrere Maßnahmen ergriffen. Eine Grenze der „gütlichen Einwirkung" auf die Hausbesitzer zur Beseitigung baulicher Mißstände stellten deren finanzielle Möglichkeiten dar. Deshalb wurde von der Stadt eine Darlehenskasse gegründet, die Hausbesitzern Mittel zur Verbesserung ihrer Häuser zur Verfügung stellen sollte. In der Geschäftsordnung wurden die Bedingungen der Darlehensgewährung geregelt:

---

67 Magistratsbericht Ffm. 1912, S. 279/ 280.
68 Magistratsbericht Ffm. 1912, S. 289.
69 Flesch, Die Wohnungsverhältnisse in Frankfurt a. M., S. 81-82.

„§1. Zur Darlehensgewährung an unbemittelte Hausbesitzer für Verbesserungen und Reparaturen ihrer Häuser wird ein Betrag von zunächst 10.000 M als besonderer Fonds zur Verfügung gestellt. Eingehende Zinsen und Kapitalabträge sind dem Fonds zuzuschreiben und können gleichfalls wieder als Darlehen ausgegeben werden.
§2. Darlehen dürfen nur an solche Hausbesitzer gegeben werden, die nicht in der Lage sind, sich die erforderlichen Mittel selbst zu verschaffen, sowie nur für erhebliche Reparaturen und für dauernde Verbesserungen an Häusern.
§3. Die Anträge auf Darlehensgewährungen sind von dem Wohnungspfleger aufzunehmen und bezüglich der Notwendigkeit und Sachgemäßigkeit der beabsichtigten Arbeiten wie bezüglich der Bedürftigkeit und Würdigkeit der Antragsteller zu prüfen.
§4. Die Bewilligung der Darlehen einschließlich Festsetzung der Zinsen und Rückzahlungen erfolgt durch das Wohnungsamt. Der bewilligende Betrag soll im Einzelfall 1.000 M regelmäßig nicht übersteigen, der regelmäßige Zinsfuß beträgt 4%. Ob eine Sicherheit verlangt werden soll, unterliegt der Beschlußfassung im Einzelfall.
§5. Die Auszahlung der gewährten Darlehen, die Aufnahme der Verpflichtungsurkunden, die Kontrolle des Eingangs der vereinbarten Zinsen und die Rückzahlungsbeträge und die Prüfung der Niederschlagungsanträge erfolgt durch die städtische Hilfskasse."

Zur Überraschung des Wohnungsamtes wurden die angebotenen Mittel nur ausnahmsweise von „unbemittelten" Hausbesitzern in Anspruch genommen. „Das Angebot der erforderlichen Mittel erwies dann vielfach, daß der erhobene Einwand [den Hausbesitzern fehle Geld, um die notwendigen Reparaturen durchzuführen, GK] nur ein Vorwand war. Nur in zwei Fällen wurde ein Darlehen gewährt, ein Darlehen wurde abgelehnt, weil der Hausbesitzer selbst im Besitze ausreichender Mittel war, ein anderes, weil der Hauseigentümer das Haus wegen Überschuldung doch nicht halten konnte; weitere Anträge wurden nicht gestellt."[70]

Gegenüber den unbemittelten Mietern war das finanzielle Engagement der Stadt ungleich bescheidener. Der Wohnungspflegerin, der die Hauptaufgabe der Sozialarbeit mit unbemittelten Familien zufiel, standen lediglich 300 Mark „zur Beschaffung von Reinigungs- und Putzmitteln für unsaubere Wohnungen sowie zur Ergänzung von Bettzeug und dergleichen" zur Verfügung.

e. *„Trägerinnen einer sozialen Mission" – Weibliche Wohnungspflege als soziale Familienpflege*

Bereits wenige Monate nach der Gründung des Wohnungsamtes wurde in Frankfurt eine Wohnungspflegerin eingestellt. Ihre Aufgaben unterschieden sich aber grundsätzlich von denjenigen ihrer männlichen Kollegen. Diese führten Erstinspektionen in ihren Bezirken durch. Die Wohnungspflegerin hingegen erhielt, wie in Charlottenburg, „alle Fälle zugewiesen, in denen schlechte sittliche, soziale oder wirtschaftliche Verhältnisse eine längere pflegerische Behandlung"[71] erforderten. Die Differenzen in den Tätigkeitsfeldern verweisen auf den doppelten Charakter der städtischen Wohnungsaufsicht und auf die geschlechtsspezifische Zuordnung.

---

70 Magistratsbericht Ffm. 1913, S. 159.
71 Magistratsbericht Ffm. 1912, S. 277.

Ihre spezifischen Eignungen für die neuen Berufe begründeten auch die Frauen mit der Verschiedenheit der Geschlechter. Besonders Vertreterinnen des sogenannten gemäßigten bürgerlichen Flügels der Frauenbewegung rückten die Differenz der Geschlechter in den Mittelpunkt ihrer Aussagen. Der bestimmende unterschiedliche Wesenszug der Frau sei, so deren Darstellung, ihre biologische Bestimmung zur Mütterlichkeit. Hieraus begründeten sich auch ihre pflegenden, hegenden und emotionalen Eigenschaften, die ihre spezifischen Aufgabenfelder „naturgegeben" auf die Familie und das Haus bezogen. Jedoch sollten sich diese Eigenschaften nicht nur auf die Familie, sondern ebenso auf die Gesellschaft segensreich auswirken. Den verheirateten Frauen wurde weiterhin die ehrenamtliche Wohltätigkeit zugewiesen, den ledigen Frauen sollte jedoch die professionelle „Sozialarbeit" eröffnet werden. „Geistige Mütterlichkeit in Form von sozialer Arbeit wurde zum Kulturbeitrag, den die Frauen als ihren Anteil an der Bewältigung der gesellschaftlichen Mißstände leisteten."[72] Weiblichkeit als Beruf[73] prägte auch das entstehende Berufsbild der weiblichen Wohnungspflegerinnen und umriß sowohl die Möglichkeiten als auch die Grenzen der weiblichen Professionalisierung in einer patriarchalischen Gesellschaft. Die jeweiligen geschlechtsspezifischen Eigenschaften optimierten die reformerische Einwirkung auf die Klienten, schufen aber, trotz der geschlechtsspezifischen „Entfaltung" dieser Sozialarbeit, keine berufliche Gleichberechtigung. Diese kam deutlich in der verweigerten gleichberechtigten Bezahlung weiblicher Wohnungsinspektorinnen zum Ausdruck.

Marie-Elisabeth Lüders, die erste Wohnungspflegerin von Charlottenburg, berichtet in ihrer Autobiographie von dieser geschlechtsspezifischen Diskriminierung. Nach ihrer Promotion, die die Ausbildung von Frauen im Gewerbe zum Gegenstand hatte, bewarb sie sich um eine Stelle als Wohnungspflegerin in Charlottenburg. Alle männlichen Wohnungspfleger besaßen in dieser Stadt, anders als Marie-Elisabeth Lüders, keinerlei sozialpflegerische Erfahrung. Sie hingegen hatte keine technische Ausbildung. Die Wohnungspflege erforderte jedoch technische und soziale Kenntnisse. Dies kommt in den zentralen Aufgabenfeldern der Wohnungspflege zum Ausdruck: Sie umfaßte insbesondere die Verbesserung der Beschaffenheit und Nutzung der Wohnungen, also bautechnische und soziale Aspekte. Ihre Bewerbung stieß bei den technischen Angestellten, aus sogenannten „technischen Gründen", auf Widerstand. Rückblickend berichtet sie weiterhin: „Der Oberbürgermeister verlangte, ich solle erst noch zwei Jahre an der Technischen Hochschule studieren. Ich antwortete: ‚Ja gerne, unter der Bedingung, daß meine männlichen Kollegen alle noch einen

---

72 Bergler, Andrea: Die Entwicklung der Gesundheits- und Sozialen Fürsorge in Charlottenburg 1900-1914. (Mag.-Arbeit TU-Berlin 1989), S. 42.
73 Sachße, Christoph: Mütterlichkeit als Beruf. Sozialarbeit, Sozialreform und Frauenbewegung 1871-1929. Frankfurt 1986, S. 200; vgl. auch Peters, Dietlinde: Mütterlichkeit im Kaiserreich. Die bürgerliche Frauenbewegung und der soziale Beruf der Frau. Bielefeld 1984; Riemann, Ilka: Soziale Arbeit als Hausarbeit. Von der Suppenküche zur Sozialpädagogik. Frankfurt 1985.

zweijährigen Ausbildungslehrgang an einer sozialen Frauenschule absolvieren!' Das kam natürlich nicht in Frage. So begann meine Arbeit erst einmal zum halben Gehalt der Kollegen und mit einem Angriff auf die angeblich ‚aussichtslosen' Fälle. Ich war erfolgreich."[74]

In der damals hessischen Stadt Worms konnte bereits frühzeitig auf die wirksame Tätigkeit der Wohnungsinspektorinnen verwiesen werden. Ihre Tätigkeit erstreckte sich auf den Zustand der Wohnung im allgemeinen, die Benutzung bzw. Ausnutzung der einzelnen Räume, die Anzahl der Bewohner sowie auf die „ordnungsmäßige" Instand- bzw. Reinhaltung und Lüftung der Wohnungen. In einem Bericht für das Kaiserliche Statistische Amt, Abteilung für Arbeiterstatistik, werden die Erfahrungen der Wohnungspflegerinnen wie folgt beschrieben: Gegenüber den Inspektorinnen hätten sich die Hausfrauen in der Regel entgegenkommend gezeigt. „Die Damen haben die Erfahrung gemacht, daß bei nicht ordnungsmäßigen und unsauberen Wohnungen meistens die Frauen ganz oder teilweise auf eigenen Verdienst angewiesen waren und des Vormittags auf sogenannten Monatsplätzen arbeiteten. Die Wohnungen wurden dann erst im Laufe des Tages in Ordnung gebracht. Auf gütliches Zureden und Belehren seien aber auch hier manche Mißstände zu beseitigen. Eine Mitwirkung von Frauen bei der Wohnungsinspektion halten die Damen schon deswegen für vorteilhaft, weil durch die Untersuchung von Wohnungen und Unterredungen mit den Frauen besonders die Unsauberkeit bekämpft und der Sinn für eine reinliche ordentliche Wohnung geweckt werde. Durch die Tätigkeit als Armenpflegerinnen sei ihnen ein besserer Einblick in die Verhältnisse vieler Leute gewährt, das Zutrauen und Ansehen sei größer, und es könne daher auch mit größerem Erfolg in wohnungspflegerischem Sinne gearbeitet werden."[75] Eine Verknüpfung von armen- und wohnungspflegerischen Tätigkeitsbereichen, die anscheinend in Worms vorgenommen wurde, lehnten zunächst viele andere Städte ab. Allerdings wurde die Zusammenarbeit, zumindest hinsichtlich der erforderlichen organisatorischen Kooperation zwischen den Ämtern, noch vor dem Ersten Weltkrieg immer häufiger angestrebt. Marie Kröhne, sie war die erste professionelle Wohnungspflegerin in Deutschland, betrachtete ihre Arbeit als eine „beratende, erziehende, fürsorgende Einwirkung der Frau auf die Frau in allen Fragen, die sich aus einer bestimmten Wohnung, dem darin geführten Haushalt und den darin lebenden Menschen ergeben."[76] Wohnungspflege verstand sie vorrangig als „Wohnen-Lehren".

Der Leiter des Wohnungsamtes (ab 1917) und spätere Frankfurter Oberbürgermeister Ludwig Landmann, linksliberaler Sozialpolitiker, u.a. Mitglied im „Verein für Socialpolitik" und „Verein für Wohnungswesen", beschrieb 1918 die Aufgaben

---

[74] Lüders, Marie-Elisabeth: Fürchte Dich nicht. Persönliches und Politisches aus mehr als 80 Jahren. 1878-1962. Köln/Opladen 1962, S. 51.
[75] Wohnungsfürsorge in deutschen Städten. Bearb. im Kaiserlichen Statistischen Amte. (Beiträge zur Arbeiterstatistik Nr. 11). Berlin 1910, S. 455-456.
[76] Kröhne, Marie: Frauen in Wohnungsaufsicht und -Pflege, 1912, S. 14-17. Zit. in: Bergler, Die Entwicklung der Gesundheits- und Sozialen Fürsorge, S. 42.

der Wohnungspflegerinnen folgendermaßen: „Was nun die Wohnungspflegerinnen anbelangt, so wird ihre Hauptaufgabe drin bestehen, Wohnungsbau und Wohnungspflege vom Standpunkt der Frau aus ständig zum Gegenstand der Beobachtung zu machen und zu praktischen Maßnahmen anzuregen. Insbesondere soll sie solche Wohnungszustände, die auf mangelhafte Reinlichkeit und Lüftung, nachlässige Behandlung und unzweckmäßige Benutzung der Wohnung zurückzuführen sind, aufdecken und durch Einwirkung auf die Hausfrauen zu bessern suchen und ferner beim Vorliegen erheblicher sozialer Übelstände, wie große Armut, Vernachlässigung der Kinder u.s.w. den Frauen mit Rat zur Hand gehen und ihnen zum Genuß der geeigneten Wohlfahrtseinrichtungen verhelfen."[77] Diese Differenzierung der Arbeitsbereiche nach geschlechtsspezifischen Kriterien spiegelt die Grenzen der weiblichen Berufstätigkeit auch in Frankfurt wider. Keineswegs unterschieden sich dabei die Vorstellung des Magistrats von den Ansichten der gemäßigten bürgerlichen Frauenbewegung. In einer Petition, die der Verband der Frankfurter Frauenvereine an den Magistrat richtete, wurde 1908 das Idealbild einer Wohnungspflegerin umrissen.[78] Als „Träger einer sozialen Mission" könne sich ein Wohnungsinspektor nicht alleine „mit einem Zollstock und Notizbuch in der Hand lediglich auf die Untersuchung der Wohnungen" beschränken oder unter „Anwendung schneidigen Polizeitones seines Amtes walten", vielmehr setze eine „ersprießliche Wohnungsfürsorge", nach der Auffassung der Frauenvereine, eine „verständnisvolle Individualisierung und zugleich ein Eindringen in intime häusliche Verhältnisse" voraus. Da die Wohnungsfürsorge auch die „Anleitung zu zweckentsprechender Wohnungspflege" umfasse, „die naturgemäß von einem weiblichen Beamten besser erteilt werden kann, zumal auch die Hausfrau den Ratschlägen der Frau williger Gehör leisten wird, beantragten sie die Errichtung einer selbständigen Wohnungs-Inspektion und die Anstellung „bei dieser Behörde besonders vorgebildeter Frauen mit Beamtenqualitäten". Weiblichkeit als Beruf ermöglichte somit erst die beginnende weibliche Professionalisierung. Die Unterschiede zwischen dem Magistrat und den Frankfurter Frauenvereinen sind also nicht in der Zuweisung der „Geschlechtercharaktere" begründet, sondern in der Frage der tarifrechtlichen Gleichstellung. Anhand eines Gutachten des Wohnungsamtes von Landmann vom September 1918 können die Differenzen zwischen Magistrat und Frauenbewegung hinsichtlich der weiblichen Berufsarbeit konkretisiert werden. Wohnungspflegerinnen „sollen nicht selber sozialpflegerische Kurpfuscherei betreiben, sondern sie sollen bei ihrer Tätigkeit ein wachsames Auge darauf haben, ob und wo Rat und Hilfe nötig sind, um die Hilfsbedürftigen dann an die sachverständigen Spezialstellen zu verweisen. Der Dienst der Wohnungspflegerin erfordert daher Takt, Besonnenheit und Menschenkenntnis, daß ein möglichst hohes soziales und allgemeines Bildungsniveau erforderlich ist,

---

77 Bericht des WA (L,andmann) an Magistrat vom 3.9.1918. StA Ffm., MA T 797/ I.
78 Verband Frankfurter Frauenvereine an Magistrat. 9.3.1908. StA Ffm., MA T 796/ II.

außerdem muß sie praktisch veranlagt sein, als Vorbildung wird man abgeschlossene Lycealbildung und Ausbildung in einer Frauenschule verlangen."[79] Diese weiblichen Qualifikationskriterien, bürgerliche Allgemeinbildung und frauenspezifische Ausbildung – aber keine „traditionelle" Fachausbildung, die männlichen Kollegen hatten in der Regel eine juristische oder technische Berufsausbildung – sollte sich auch in der Bezahlung widerspiegeln. So waren die Besoldungen der männlichen Wohnungsinspektoren von maximal 4.700 Mark bis minimal 2.700 Mark (IIa - IV) gestaffelt; Wohnungspflegerinnen hingegen sollten nur 2.400 Mark erhalten. Die Ausbildung der Frauen in „modernen" weiblichen Sozialberufen wurde nicht den „männlichen" Qualifikationen gleichgestellt, obwohl gerade die Wohnungspflegerinnen zumeist soziale Fachausbildungen oder langjährige Berufserfahrungen nachweisen konnten.

Am beruflichen Werdegang von zwei Wohnungspflegerinnen sollen exemplarisch deren Qualifikationen skizziert werden. Diese beruflichen Werdegänge verdeutlichen einerseits die zunehmende materielle Notwendigkeit für bürgerliche Frauen, einer bezahlten Berufstätigkeit nachzugehen (Lina Kaysser), andererseits aber auch ihre Qualifikation durch Berufserfahrung (Anny von Schulzen).

Lina Kaysser war bereits vor Beginn ihrer professionellen Tätigkeit „viele Jahre" ehrenamtlich in städtischen und privaten sozialen Frankfurter Wohltätigkeitseinrichtungen tätig gewesen. Bevor sie ins Wohnungsamt wechselte, hatte sie zwischen 1914 und 1920 eine Stelle bei der Kriegsfürsorge, Bezirk I Altstadt inne. 1924 wurde ihr aufgrund des Personalabbaus im Wohnungsamt gekündigt. Sie bat in einem Schreiben an den Organisations-Ausschuß der Stadtverordneten-Versammlung, die Kündigung nochmals zu überprüfen bzw. ihr einen Ersatzarbeitsplatz zur Verfügung zu stellen: „Neben der Sorge um den eigenen Lebensunterhalt liegt mir auch die Sorge ob, für meine infolge Krankheit nicht erwerbsfähige Schwester, mit der ich seit dem Tod meiner Eltern gemeinschaftlich Haushalt führe. Auf diesen Verdienst bin ich angewiesen, da die Vermögenseinbuße infolge der Kriegsverhältnisse es mir außerordentlich erschwert, eine neue Beschäftigung zu finden, zumal die vielleicht früher in Betracht gekommenen privaten Organisationen heute nicht mehr vorhanden, sondern unter städtische Leitung übernommen sind."[80] Kennzeichnend war also die langjährige „ehrenamtliche", d.h. unbezahlte Sozialarbeit einer unverheirateten Frau vor dem Ersten Weltkrieg, weiterhin ihre Einstiegschance zur bezahlten Berufstätigkeit im Ersten Weltkrieg sowie die spätere materielle Notwendigkeit der bezahlten Berufsausübung.

Anny von Schulzen bewarb sich im November 1916 über die „Zentrale für Stellenvermittlung und Auskunftsstelle für gebildete Frauen" beim Deutsch-Evangelischen Frauenbund um eine ausgeschriebene Stelle als Wohnungspflegerin in Frankfurt. Die damals 38jährige Anny von Schulzen war bereits seit 10 Jahren berufstätig.

---

79 StA Ffm., MA T 797/ I.
80 Brief an Organisations-Ausschuß der StVV, 3.3.1924, StA Ffm., MA 797/ III.

Sie war die Tochter eines Majors und Gutsbesitzers in Ostpreußen. Ihre ersten Erfahrungen auf dem sozialen Gebiet sammelte sie zunächst ebenfalls in der ehrenamtlichen Armen- und Krankenpflege. Danach war sie im Verein „Frauenbildung-Frauenstudium, Abteilung Prenzlau" tätig. Dort unterstützte sie die Leiterin bei der Gründung der „Uckermärkischen Haushaltungsschule". Nachfolgend leitete sie Seminare am Internat des Provinzial-Vereins Berlin des Vaterländischen Frauen-Vereins. In Charlottenburg war sie anschließend über 5 Jahre bei der „Vereinigung der Wohltätigkeits Bestrebungen e.V." tätig. Ihre Arbeitsgebiete umfaßten dort die Fürsorge für verschämte Arme, die Familienfürsorge für die Kriegsbeschädigten und die Fürsorge für geflüchtete Ostpreußen. Sie erledigte Büroarbeiten, führte Ermittlungen, verhandelte mit Behörden und sonstigen Stellen und leitete jüngere Helferinnen an. Stadtrat Samter aus Charlottenburg bescheinigte ihr dabei großes Geschick und Engagement zur vollsten Zufriedenheit der damals auf dem sozialen Gebiet sehr „fortschrittlichen" Stadt Charlottenburg. „Ihre Fähigkeiten und Erfahrungen machen sie für eine leitende Stellung geeignet und werden sicher bei Neuorganisationen auf dem Gebiet der sozialen Fürsorge überall wertvoll sein."[81] Ihre Gehaltswünsche lagen in dem Rahmen der üblichen Bezahlung der Frankfurter Wohnungspflegerinnen.

Betrachtet man die spezifischen Tätigkeitsmerkmale der weiblichen Wohnungspflegerinnen, so kann aus deren Tätigkeit eine wirkungsvollere Internalisierung zur „rationalen" Lebensführung konstatiert werden. Gerade die Verflechtung mit sonstigen Fürsorgeeinrichtungen erklärt deren weitgehende Akzeptanz. Ludwig Landmann benennt auch Aufgaben der Wohnungspflegerinnen, die über ihre engen Tätigkeitsmerkmale hinausreichen: „Aufgabe der Wohnungspflegerin ist daher vor allem, als Mensch in den Familien festen Fuß zu fassen und zu versuchen, die Ursachen der mangelhaften Wohnungszustände aufzudecken, Krankheit, Unwirtschaftlichkeit, Unordnung, Stumpfsinn, Kummer über Mann und Kinder u.s.w." Frauen sollten also nicht nur – wie ihre männlichen Kollegen – unmittelbar bauliche Mängel beseitigen, sondern sie sollten vielmehr langfristig erzieherisch und fürsorgend auf die Frauen einwirken. „Gerade weil sich es hier wesentlich um die Gewinnung eines Einflusses auf die Hausfrauen handelt," so Landmann, „ist dieses Gebiet für männliche Beamte wenig geeignet, umsomehr als dem Manne naturgemäß das Hauptsorgen- und Arbeitsgebiet der Hausfrauen, die Haushaltsführung und Kindererziehung ferner steht und er daher auch nicht leicht genug die sachlichen Einwendungen widerlegen und Änderungsvorschläge machen kann."[82] Weibliche Wohnungspflege war somit auch als erweiterte Familienpflege konzipiert und bedeutete nicht nur die Umsetzung sozialhygienischer Normen der Wohnungsordnung. Die Wohnungspflegerinnen waren nach dieser Konzeption einerseits Vermittlerinnen zwischen Privat-

---

81 StA Ffm., MA 797/ I.
82 Bericht des WA (Landmann) an Magistrat vom 3.9.1918. StA Ffm., MA T 797/ I.

heit und Öffentlichkeit, andererseits zwischen den städtischen Ämtern und privaten Wohlfahrtseinrichtungen. „Die Wohnungspflegerinnen haben mit allen in Betracht kommenden Wohlfahrtseinrichtungen Fühlung zu halten und sich ständig über allen Einrichtungen zur Fürsorge für hilfsbedürftige Familien auf dem Laufenden zu halten."[83]

Bürgerliche Werte und Tugenden wie Sauberkeit, Sittlichkeit und Ordnung sollten durch die Eingriffe in die private Sphäre des proletarischen Wohnens übertragen werden, und die direkte Verhaltenskontrolle der Frauen im Haus sollte langfristig eine Selbstdisziplinierung und Verinnerlichung der normativen Werte bewirken. Fraktionierte Zugriffe wurden allerdings bereits nach der Jahrhundertwende systematisch erweitert und die normativen Standards keineswegs mehr sozial begrenzt. In den letzten Kriegstagen erstellte das Wohnungsamt ein „Merkblatt für die Hausfrau", in dem die Intentionen der Wohnungsaufsicht nochmals thesenartig zusammengefaßt wurden. Da die Wohnungspfleger bzw. -pflegerinnen in Frankfurt keinen Zugriff auf alle Haushalte hatten, sah man bereits von einer individuellen Verteilung und Belehrung ab und plante statt dessen dieses Merkblatt zusammen mit den Brotkarten allen Haushaltungen zu überstellen. Vorerst war die Drucklegung von 130.000 Merkblättern beabsichtigt.[84]

Merkblatt für die Hausfrau

„Gesunde Luft ist ein Lebensbedürfnis für alle, besonders für kleine Kinder.
Die große Säuglingssterblichkeit ist zum Teil auf den Aufenthalt in schlecht gelüfteten Räumen zurückzuführen.
Sorgt also für gesunde Luft als bestes Bekämpfungsmittel gegen ansteckende Krankheiten.
Dazu ist nötig:
Peinliche Sauberheit und Ordnung, ausreichende Lüftung der Wohn- und Schlafräume, der Betten, der Flure, Treppen u.s.w.
Vermeidet es, den oberen Teil der Fenster durch Vorhänge zu verhängen, weil dadurch Luft und Licht abgesperrt werden.
Als Wohn- und Schlafräume eignen sich am besten Räume, zu denen Sonne, Licht und Luft den ganzen Tag Zutritt haben.
Verwendet solche Räume also nicht zur Einrichtung einer sogenannten guten Stube, die schon infolge ihrer Nichtbenutzung oft die ausreichende Lüftung der sonstigen Wohn- und Schlafräume verhindert.
Schont die Wohnung. Das verhindert mit ein sonst unvermeidliches Steigen des Mietpreises.
Beschädigungen der Wände, der Türen, des Fußbodens, mangelhafte Reinigung machen die Wohnung unbehaglich."

---

83 Ebenda.
84 Städt. WA an Magistrat v. 10.10.1918; MB Nr. 1154 vom 17.10.1918. StA Ffm., MA T 796/ IV.

2 Das Wohnen ordnen
Die Entwicklung der Polizeiverordnungen über die Benutzung von Gebäuden zum Wohnen und Schlafen (Wohnungsordnung)

Das Ziel der Interventionen der bürgerlichen Sozialtechniker im Wohnungswesen war zunächst, die nach ihrer Ansicht undisziplinierte Lebenspraxis der Unterschichten in geordnete Bahnen zu lenken. Das Leben ordnen bedeutete die Umsetzung der modernen Sozialhygiene und der bürgerlichen Moral in den Kontext des Wohn-Alltags. Entsprechend der Rationalisierung und Verwissenschaftlichung der sozialen Arbeit mußten normative Handlungsanleitungen entwickelt werden, welche die Wohnweise städtischer Unterschichten regelten und die Mindeststandards der Wohnungen hinsichtlich ihrer Beschaffenheit benannten. Formuliert wurden diese in den Wohnungsordnungen.

Mittels normativer Entwürfe (Wohnungsordnungen), die in diesem Zeitraum diskutiert wurden, können die Absichten der bürgerlichen Kommunalpolitiker zur Sozialdisziplinierung im Wohnbereich paradigmatisch abgeleitet werden. Deutlicher, als beispielsweise die subjektiven Statistiken der Wohnungsaufsicht, spiegeln diese normativen Wohnungsordnungen sowohl die Intentionen, als auch den Wandel der Wertekategorien der Wohnungsaufsicht wider.

In einigen preußischen Regierungsbezirken (z.B. Düsseldorf, Lüneburg, Münster oder Minden) und in einigen Städten (u.a. Düsseldorf 1895, Essen 1889, Charlottenburg 1911, Frankfurt/M. 1914) wurden vor dem Ersten Weltkrieg Wohnungsordnungen verabschiedet. Erst im preußischen Wohnungsgesetz vom 28.3.1918 wurde im Artikel 5 § 1 festgeschrieben, daß alle preußischen Gemeinden über 10.000 Einwohner eine Wohnungsordnung zu erlassen hätten. Diese sollten sich an einer Musterordnung orientieren, die der Staatskommissar für Wohnungswesen ausarbeiten ließ.

a. Das hessische Wohnungsgesetz als Modell für die Frankfurter Wohnungsordnung

Bereits 1897 fertigte der Frankfurter Magistrat einen Entwurf für eine lokale Wohnungsordnung an und trat in Verhandlungen mit dem Polizeipräsidenten. Der erarbeitete Entwurf orientierte sich am hessischen „Gesetz die polizeiliche Beaufsichtigung von Miethwohnungen und Schlafstellen betreffend".[85] Dieses hessische Gesetz (Wohnungsordnung), das bereits am 8. Juli 1893 erlassen worden war, sollte, wie in der Präambel formuliert wurde, „zur Verhütung der aus der miethweisen Benutzung ungesunder Wohnungen oder ungeeigneter Schlafstellen hervorgehenden Nachtheile für Gesundheit und Sittlichkeit" dienen. Bemerkenswert war diese hessische Ge-

---

85 StA Ffm., MA 796/I.

setzesinitiative insofern, als sie in einem Land erfolgte, in dem die Industrialisierung zu diesem Zeitpunkt vergleichsweise schwach ausgebildet war und in dem es noch keine Großstädte über 100.000 Einwohner gab. Gleichwohl kann man aber aus der verzögerten Industrialisierung und der Verabschiedung nicht folgern, daß die Wohnungsgesetzgebung in Hessen ausschließlich präventiven Charakter hatte, denn Untersuchungen über die Wohnsituation in einigen Städten (z. B. Worms) verdeutlichten, daß auch dort keineswegs befriedigende Zustände herrschten.[86] Trotzdem bestand aber in Hessen kein direkter Handlungszwang, wie beispielsweise in Hamburg nach der Choloraepidemie von 1892.

Das hessische Wohnungsgesetz diente als rechtliche Grundlage zur Untersuchung der Wohnverhältnisse durch Gesundheitsbeamte oder Ortspolizeibehörden. Es legte erste normative Bestimmungen fest, die sich einerseits auf zum „Vermiethen bestimmte Wohnungen und Schlafstellen" und andererseits auf Schlafräume, welche Arbeitgeber ihren Beschäftigten zur Verfügung stellten, erstreckten. In den Schlafräumen wurden 10 Kubikmeter Luft als Mindestforderung für jede Person gefordert.[87] Dieser Wert, von den Hygienikern Pettenkofer[88] und Voigt berechnet, blieb als „wissenschaftlich" begründetes Mindestmaß lange Zeit bestehen. Sarkastische Ansichten, die beispielsweise der hessische Abgeordnete Schönberger vertrat, „wo der Wind so recht hereinpfeift, da braucht man sich nicht darum zu kümmern, ob zehn Kubikmeter Luft vorhanden sind oder nicht, da ersetzt sich die Luft von selbst"[89], konnten sich nicht mehr durchsetzen. Ansonsten waren die inhaltlichen Bestimmungen erst in einem geringen Umfang differenziert. Klar festgelegt waren hingegen die Anforderungen der Anzeigepflicht. So waren sowohl Dach- und Kellerwohnungen als auch Mietwohnungen bis zu 3 Räumen einschließlich Küche anzeigepflichtig. Es mußte der Eigentümer sowie die Lage des Hauses benannt werden. Weitere Angaben bezogen sich auf die Lage der Wohnung, Anzahl und Bestimmung der Räume sowie Beruf, Name und Alter des Mieters und dessen Verhältnis zu den in der Hausgemeinschaft befindlichen Personen. Von der Anzeigepflicht explizit befreit waren Vermieter von möblierten Zimmern, deren Mietpreis acht Mark monatlich überschritt.

---

86 Der freisinnige Abgeordnete Gutfleisch aus Gießen wies, dies wäre ein Argument für eine beabsichtigte Prävention, auf die Notwendigkeit staatlicher Eingriffe hin, da „die starke Vermehrung unserer Bevölkerung und deren unaufhaltsame Verschiebung in die Mittelpunkte einer rasch entwickelten Industrie" die Gesundheit und Sittlichkeit gefährden könnte. In: Berger-Thimme, Dorothea: Wohnungsfrage und Sozialstaat. Untersuchungen zu den Anfängen staatlicher Wohnungspolitik in Deutschland (1873-1918). Frankfurt 1976, S. 180.
87 Dieser Standard wurden in dem Artikel „Maßregeln zur Erreichung gesunden Wohnens" der Deutschen Vierteljahresschrift für öffentliche Gesundheitspflege. Bd. 22. 1890, S. 20-60, veröffentlicht.
88 Pettenkofer, M. v.: Über die Beziehungen der Luft zu Kleidung, Wohnung und Boden. Drei populäre Vorlesungen, gehalten in Dresden. 2. Aufl.. Braunschweig 1872.
89 Zit. in Berger-Thimme, Wohnungsfrage und Sozialstaat, Anm. 66, S. 184.

b. Die Frankfurter Polizeiordnung betreffend das Schlafstellenwesen

Bereits ein Jahr vor Verabschiedung des hessischen Wohnungsgesetzes erließ am 30.7.1892 der Polizeipräsident die Frankfurter „Polizeiordnung betreffend das Schlafstellenwesen". Diese Polizeiverordnung kann nur sehr bedingt als Vorläuferin der allgemeinen Wohnungsordnung angesehen werden, da eindeutig Ordnungsfunktionen und nicht sozialhygienische Forderungen dominierten.[90] Die Gewährung eines bescheidenen hygienischen Mindeststandards war in der Polizeiordnung betreffend das Schlafstellenwesen unmittelbar mit der polizeilichen Registrierung sozialer Unterschichten verknüpft. Besonders durch die Klausel der Schlafgängermeldung sollte die extrem mobile Bevölkerungsschicht registriert werden. Die ausgeprägte Fluktuation in den Städten resultierte sowohl aus der Binnen- und Fernwanderung, aber ebenso aus einer extrem innerstädtischen Mobilität, die wiederum das Wohnverhalten prägte.[91] In Frankfurt am Main betrug der Anteil der „flottierenden Bevölkerung" 1875 ein Drittel der Gesamteinwohnerzahl. Diese Personen fanden Unterkunft vorwiegend als Untermieter, Chambregarnisten und Schlafgänger.[92] Um diesen Personenkreis besser polizeilich erfassen zu können, war in der Frankfurter Polizeiordnung das Schlafstellenwesen betreffend eine Anzeigepflicht bei der Zimmermietung innerhalb von 3 Tagen vorgeschrieben. „Das Polizeipräsidium prüft die Anzeige auf ihre Richtigkeit und stellt eine schriftliche Bescheinigung darüber aus. Ferner ist von jeder Veränderung der Schlafräume, sowie von jeder Vermehrung der die Schlafräume benutzenden Personen Anzeige zu erstatten."[93] Sozialhygienische Bestimmungen gaben nur die minimalen Forderungen wider. So durfte niemand Schlafgänger aufnehmen, wenn nicht für jedes Familienmitglied pro Kopf mindestens 3 qm Bodenfläche und 10 cbm Luft vorhanden waren. Für Kleinkinder unter 6 Jahren war gar nur 1 qm bzw. 3,3 cbm Luft vorgeschrieben, für Kinder zwischen 6 und 14 Jahren 2 qm bzw. 6,6 cbm Luft. In einem kleinen Raum mit 20 qm konnten beispielsweise 3 Erwachsene, 4 Kinder über 6 Jahren und 3 Kinder unter 6 Jahren untergebracht werden! Anders als die sozialhygienischen Normen, waren die Bestimmungen „zur Erhaltung der Sittlichkeit" ausgeprägter. „So muß für jedes Geschlecht ein besonderes Zimmer vorhanden sein, das einen getrennten, verschließbaren Eingang besitzt; auch hat eine völlige Absonderung der von der Familie

---

90 In den Akten des Magistrats findet sich kein Exposé oder Schreiben zur kommunalen Wohnungsordnung, das bezug auf die Schlafstellenverordnung des Polizeipräsidenten nimmt.
91 Der Berliner Statistiker Schwabe stellte in seinen Untersuchungen eine klare Verbindung zwischen der Umzugshäufigkeit und der Höhe der Miete fest. So erfolgte in Berlin 1886 jährlich in 45,9% der Wohnungen bei einem Mietwert von 100 Talern ein Wohnungswechsel, bei einem Mietwert von 1.000 Talern hingegen nur bei 24% der Mieter jährlich. Zit. in: Niethammer, Wie wohnten Arbeiter, S. 84.
92 Beiträge zur Statistik der Stadt Frankfurt am Main (1877), S. 51. Die Wanderungsbewegungen nach, von und innerhalb der Stadt Frankfurt ist für den Zeitraum 1905-1912 differenziert dargestellt in: Beiträge zur Statistik Ffm. (1919), S.171.
93 Wohnungsfürsorge in deutschen Städten, S. 191.

benutzten Gelasse von denen der Familien zu erfolgen. Für jeden Schlafgast muß eine besondere Lagerstätte vorhanden sein; zwei Personen dürfen nur zusammen schlafen, wenn es sich handelt um Eheleute, Kinder unter 12 Jahren und um ein und derselben Familie angehörige Personen gleichen Geschlechts. [...] Die Vermieter machen sich strafbar, wenn sie Personen aufnehmen, die vielleicht die Unsittlichkeit fördern könnten."[94] Auch die Ausstattung der „Lagerstätten" schrieb nur einen sehr bescheidenen Standard vor. So mußten mindestens ein Strohsack und eine wollene Decke vorhanden sein. Die Überzüge waren mindestens jede vierte Woche zu waschen. Die Benutzung eines Handtuchs war für höchstens zwei Personen erlaubt.

Bei genauer Durchführung der Verordnung könnten, so der Wohnungspolitiker Franz Adler, trotz der minimalen sozialhygienischen Bestimmungen, „Besserungen" herbeigeführt werden. Allerdings schränkt auch Adler die Wirksamkeit dieser Schlafgängerordnung ein: „Es erscheint jedoch aus denselben Gründen, die einer allgemeinen Einführung der Wohnungsinspektion entgegenstehen, sehr zweifelhaft, ob diese Schlafstellenverordnung mit der wünschenswerten Schärfe gehandhabt werden kann. Auch gehört ein großes und geschultes Beamtenpersonal dazu, um auch alle Handhabungen zu erfassen, die Schlafgänger aufzunehmen, da sonst in den nichtkontrollierten Fällen die Zustände durch größeren Andrang sich nur verschlimmern."[95]

Als die kommunale Wohnungsaufsicht ihre systematische Tätigkeit aufnahm, konnten jedoch die mangelhaften Kontrollen der Schlafstellen durch die staatliche Polizei belegt werden. Eindeutig sollten nicht bürgerliche Untermieter, sondern vorrangig die mobilen Unterschichten kontrolliert werden. Die mangelnde Anwendung und die sozialmoralischen Klauseln verweisen darauf, daß die Schlafgängerordnung vorrangig der Registrierung des Aufenthalts und der möglichen sittenpolizeilichen Disziplinierung diente.

c. Die erste allgemeine Frankfurter Wohnungsordnung von 1914

Nach langwierigen Diskussionen wurde am 6. Januar 1914 schließlich eine allgemeine „Polizeiverordnung betreffend Beschaffenheit und Benutzung von Wohnungen" für Frankfurt/Main erlassen. In dieser Polizeiverordnung wurden die Mindestanforderungen an Mieträume exakter benannt sowie die Überfüllung einer Wohnung definiert. Klauseln, die sich explizit auf soziale Unterschichten bezogen, wie beispielsweise die „acht Mark Grenze" in der hessischen Wohnungsordnung oder die Meldeverpflichtung der Schlafgängerordnung, waren nicht mehr vorhanden. Die

---

94 Adler, Franz: Wohnungsverhältnisse und Wohnungspolitik der Stadt Frankfurt zu Beginn des 20. Jahrhunderts. Frankfurt 1904, S. 64.
95 Ebenda, S. 65.

Fassung von 1914 weist gegenüber dem frühzeitig erlassenen hessischen Wohnungsgesetz eine größere rationale Durchdringung auf, die tendenziell durch „vernünftige" Kategorien bestimmt ist. Grundlage wird der „objektive Zustand" der Wohnung bzw. deren Nutzung und nur nachrangig der soziale Status der Bewohner. Allerdings wurden nur Minimalvorschriften aufgenommen. Während in der Schlafstellenordnung des Polizeipräsidenten von 1892 den Schlafgängern wenigstens 3 qm Bodenfläche zugestanden wurde, waren die Kriterien der Überfüllung in der Wohnungsordnung von 1914 mit nur 1 qm Bodenfläche angegeben. Die extrem geringe Bodenfläche galt für Schlafräume und sollte durch die Wohnfläche ergänzt werden, jedoch war für Schlafgänger der Schlafraum zumeist auch der „Wohnraum".

Mindestforderungen für Mietwohnungen waren (§ 2):
„1. Jeder Schlafraum muß mit einer Tür verschließbar sein und mindestens ein unmittelbar ins Freie führendes Fenster haben. Das Fenster muß den Raum ausreichend erhellen, gute Lüftung ermöglichen und die Rettung eines Menschen bei Feuergefahr bequem zulassen.
2. Schlafräume müssen mindestens 2,20 m hoch sein; bei schrägen Decken muß mindestens die Hälfte des Raumes diese Höhe haben.
3. Wohn- und Schlafräume müssen gegen Witterungseinflüsse ausreichend Schutz gewähren. Insbesondere müssen sie gedielt oder mit gleichwertigem, gegen Kälte schützenden Bodenbelag versehen sein, und Decken und Wände müssen in allen Zimmern, insbesondere auch in den Dachschlafräumen, vollständig verputzt sein.
4. Wohn- und Schlafräume dürfen nicht mit Aborten oder anderen Räumen, aus denen gesundheitsschädliche Dünste austreten können, in offener Verbindung stehen.
5. Mindestens für je 2 Wohnungen muß ein Abort vorhanden sein, der unmittelbar zugänglich, verschließbar, genügend erleuchtet und von allen Seiten abgeschlossen sein soll. In den alten Stadtvierteln kann zugelassen werden, daß nur für je 3 Hausstände, aber höchstens für 15 Personen ein Abort vorhanden ist.
6. Jede Wohnung muß genügend mit gesundem Wasser versorgt sein."

Als überfüllt konnte eine Wohnung bezeichnet werden, wenn nachfolgende Anforderungen nicht gewährleistet waren (§ 3):
„1. Die Schlafräume müssen für jede darin schlafende Person über 11 Jahren mindestens 10 Kubikmeter Luftraum und 1 Quadratmeter Grundfläche, für Kinder von 1-6 Jahren ein Drittel, für Kinder von 6-14 Jahren zwei Drittel dieser Maße enthalten. Werden Schlafräume auch zu gewerblicher Arbeit oder als Lagerraum so benutzt, daß die Luft dadurch erheblich verschlechtert wird, so erhöhen sich vorstehende Maße um die Hälfte.
2. Die über 14 Jahre alten, nicht in Ehegemeinschaft lebenden Personen müssen

nach dem Geschlecht voneinander und von Ehepaaren getrennt in besonderen Räumen schlafen können."⁹⁶

Mit dieser Polizeiverordnung konnte die bisherige subjektive Praxis der Wohnungsinspektoren auf eine normative Grundlage gestellt werden. Da das preußische Wohnungsgesetz von 1918 die Verabschiedung einer Wohnungsordnung vorschrieb, wurde die bestehende Polizeiordnung von 1914 bereits fünf Jahre nach ihrem Inkrafttreten nochmals eingehend überarbeitet. Zwar hatten sich die politischen und gesellschaftlichen Rahmenbedingungen nun grundlegend geändert, der Basiswiderspruch blieb aber weiterhin bestehen: Wie konnte eine Wohnungsordnung wirksam werden bei bestehender Wohnungsnot? Die Weimarer Republik legitimierte sich nicht primär durch ihre Revolution, sondern vorrangig durch den postulierten Sozialstaatsanspruch. Aber gerade die ausgeprägte soziale Wohnungsnot erschwerte die Wohnungspflege außerordentlich. Wohnungspolitik bedeutete damals vorrangig die Regulierung des Mangels. Mit Zwangsmaßnahmen wurden alle Wohnraum-Ressourcen mobilisiert.

Das Wohnen in Dach- bzw. Kellerwohnungen konnte seit den 80er Jahren durch das Instrument der Bauordnungen schrittweise eingeschränkt werden. In unmittelbarer Nachkriegszeit jedoch wurden fast alle Wohnmöglichkeiten ausgenutzt. Familien wurden in Schulen und Kasernen einquartiert, Notbaracken dienten der provisorischen Unterbringung, Großwohnungen wandelte man in mehrere selbständige Kleinwohnungen um, sogar Mansarden wurden beschlagnahmt und an Wohnungssuchende vergeben.

Angesichts dieses Spannungsverhältnisses zwischen sozialstaatlicher Regulierung des Wohnungswesens und realer Wohnungsnot wurde die neue Wohnungsordnung in Frankfurt/Main erarbeitet.

d. Die Frankfurter Wohnungsordnung von 1919

Einem neuen Entwurf der „Polizeiverordnung über die Benutzung von Gebäuden zum Wohnen und Schlafen (Wohnungsordnung)", der am 8.8.1918, also noch im Kaiserreich, ausgearbeitet worden war, stimmte der Magistrat (Beschluß Nr. 418) am 8.5.1919 zu. Obwohl diese kommunale Wohnungsordnung einen weiteren Differenzierungsgrad erreicht hatte, erhob der Regierungspräsident in Kassel, als zuständige Aufsichtsbehörde, Vorbehalte.⁹⁷ Er kritisierte, daß „die vorgeschlagene Fassung, für die Wohnräume allgemein keine Vorschriften" benenne, akzeptierte „jedoch den für jede Person notwendigen Schlafraum auf 12 bzw. 8 cbm und die

---

96 Polizeiverordnung betr. Beschaffenheit und Benutzung von Wohnungen. In: Amtsblatt für den Stadtkreis Frankfurt a. M., Seperatdruck Nr. 2, vom 10.1.1914.
97 Lokale Wohnungsordnungen sollten sich an einer Muster-Wohnungsordnung des Staatskommissars für Wohnungswesen, die am 6.12.1918 erlassen worden war, orientieren. Dort war die Größe der Schlafräume für Erwachsene mit 20 cbm Luftraum und 8 qm Bodenfläche und für Kinder unter 10 Jahren mit

erforderliche Fläche auf 3 qm festzusetzen".[98] Letztlich wurde die Wohnungsordnung Ende 1919 „nur unter dem Zwange der jetzigen Umstände genehmigt".[99]

Im Gegensatz zur „Polizeiverordnung betreffend Beschaffenheit und Benutzung von Wohnungen" vom 6.1.1914, die in 5 Paragraphen nur die Mindestanforderungen an Wohn- und Schlafräume sowie die Kriterien der Überfüllung der Wohnungen definiert hatte, wurden in der Polizeiordnung (Wohnungsordnung)[100] vom 11.12.1919 umfassend die baulichen, gesundheitlichen und sozialen Normen für das Wohnen festgelegt.[101] Bereits die Unterteilung der Wohnungsordnung in 28 Paragraphen mit vielen Unterziffern verweist auf einen hohen Differenzierungsgrad.

Die Wohnungsordnung galt für alle Wohnungen, die einschließlich Küche aus vier oder weniger zum dauernden Aufenthalt von Menschen bestimmten Räumen bestanden, weiterhin auch für größere Wohnungen, in denen nicht zur Familie gehörende Personen gegen Entgelt als Zimmermieter (Zimmerherren), Einlieger (Einlogierer, Miet-, Kost- und Quartiergänger), oder Schlafgänger (Schläfer, Schlafleute, Schlafsteller, Schlafgäste, Schlafburschen und -mädchen) aufgenommen wurden. Außerdem galt diese Ordnung für Wohnungen mit paternalistischem Charakter (Dienst- und Arbeitgeberwohnungen), für Wohnungen in Mietshäusern, die sich im Keller oder in einem nicht voll ausgebauten Dachgeschoß befanden, sowie für Ledigen- und Arbeiterlogierhäuser.

Grundsätzlich ist diese Wohnungsordnung in zwei Hauptteile (I und II) gegliedert. Der erste Hauptteil faßt jene Paragraphen zusammen, die das Wohnen in der Familie regeln sollten, der zweite Hauptteil behandelt hingegen das Wohnen mit familienfremden Personen.

Familien-Wohnungen (Teil I)

Der erste Hauptteil ist in 17 Paragraphen und vier Kapitel gegliedert: A – Allgemeines (§ 1), B – Bauliche Beschaffenheit (§ 2), C – Soziale und gesundheitliche Anforderungen (§§ 3-14) und D – Benutzung von Wohnungen (§§ 15-17).

---

    10 cbm/ 4 qm angegeben. In der Ausführung für die Musterordnung wurde vermerkt: „Die Entwürfe stellen nur Muster dar. Es bleibt der Prüfung im Einzelfalle vorbehalten, ob je nach den örtlichen Verhältnissen abweichende Bestimmungen oder sonstige Änderungen und Ergänzungen einzutreten haben." Staatskommissar für Wohnungswesen. 6.12.1918. GSTA PKB, Abt. Merseburg. Ministerium für Handel und Gewerbe. Akt. betr. die Ausführung des Wohnungsgesetzes. Rep. 120, Abt. VII, Fach 1, Nr. 11, Bd. 2, Blatt 175-177.
98 Brief des Regierungspräsidenten in Kassel an den Magistrat der Stadt Frankfurt am Main v. 17.9.1919. In: StA Ffm., MA T 829.
99 Nach spätestens fünf Jahren, bis zum 1.10.1924, sollte der Magistrat dem Regierungspräsidenten erneut über die Wohnungsordnung berichten.
100 StA Ffm., MA T 829.
101 Die neue Bezeichnung („Polizeiverordnung über die Benutzung von Gebäuden zum Wohnen und Schlafen – Wohnungsordnung") hob die Benutzung zum Wohnen und Schlafen hervor. Der Begriff der Beschaffenheit wurde hingegen fallengelassen (1914: „Polizeiverordnung betreffend Beschaffenheit und Benutzung von Wohnungen").

Besonders Teil B – Bauliche Beschaffenheit (§ 2) – ist als Ergänzung der Bestimmungen der Bauordnung vom 4. Juni 1912 aufzufassen. Die traditionelle Priorität feuerpolizeilicher Bestimmungen verschob sich zugunsten sozialhygienischer Erfordernisse. Nunmehr drangen die Ideale der Sozialhygieniker nach mehr Licht und Sonne in die Auflagen über die bauliche Beschaffenheit der Wohnungen ein und bestimmten deren Duktus. Alle Wohn- und Schlafräume „müssen hell, luftig, trocken und gut zugänglich sein" (§ 2.1). Diese Räume müssen zudem „mindestens 1 unmittelbar ins Freie führendes Fenster haben. [...] Es werden nur solche Fenster angerechnet, die dem Tageslicht freien Eintritt gewähren, Fenster, die in dunkle Höfe, Winkel, usw. führen, werden als nicht vorhanden angenommen."(§ 2.8) „Die als Wohn- oder Schlafräume (auch Küchen) genehmigten Räume sind in allen Teilen, insbesondere hinsichtlich Tapezierung, Anstrich, Fußböden, Türen, Fenster so herzustellen und dauernd so zu erhalten, daß sie ein gesundes Wohnen ermöglichen. Hausflure, Treppen, Höfe und sonstige der gemeinsamen Benutzung der Hausbewohner dienenden Teile des Hauses sind sauber, in Ordnung und von jeder gesundheitsschädlichen Lagerung freizuhalten" (§ 2.10).

Im Teil C – Soziale und gesundheitliche Anforderungen (§§ 3-14) – wurde eingangs die Mindestanforderung für eine „Familienwohnung" definiert. „Jede Familienwohnung, in der außer den Eltern mehr als 2 Kinder untergebracht sind, soll aus mindestens 2 Wohn- und Schlafräumen und einer Küche bestehen. Neben der Küche muß auch einer der beiden anderen Räume heizbar sein."(§ 3) In der „Familienwohnung" sollten alle über 12 Jahre alten Personen, die nicht in Ehegemeinschaft lebten, nach Geschlechtern getrennt in gesonderten Räumen schlafen. (§ 9). Die Mindestluftmenge wurde pro erwachsene Person in den Schlafräumen, wie bereits erwähnt, von 10 auf 12 cbm erhöht, die Grundfläche von einem auf drei Quadratmeter. Ansonsten bestehen die sozialen und gesundheitlichen Anforderungen vornehmlich aus sozialhygienischen Aspekten, wie beispielsweise Mindestanforderungen der Aborte, Heizmöglichkeiten und Verbote für die Nutzung von Arbeitsräumen zu Schlafzwecken. Untersagt war nun auch das Schlafen in Werkstätten und Küchen. Somit waren die dürftigen Schlafstellen besonders für Gesellen in Handwerker-Haushalten und für das „häusliche Gesinde" verboten.

Im Teil D, der die Benutzung der Wohnungen zum Gegenstand hatte, wird nochmals das Ideal der Familienwohnung aufgegriffen und ein bezeichnendes Problem der Nachkriegszeit benannt: „Die Benutzung einer Wohnung durch mehrere Haushalte ist nur ausnahmsweise zulässig und bedarf der Genehmigung des Wohnungsamtes. Wird eine Wohnung von mehreren Haushalten benutzt, so müssen die jedem der letzteren zugewiesenen Räume abgesondert von den anderen Haushalten überlassenen Räumen liegen. Die Verteilung der Räume hat so zu geschehen, daß der einzelnen Familie ihre Räumlichkeiten zugänglich sind, ohne daß sie die von anderen Familien benutzten Räumen betreten muß." (§ 15).[102] Neben diesen sozialräumlichen Aspekten über die Nutzung der Wohnungen sind in zwei Paragraphen (§ 16 und 17) allgemeine Richtlinien angeführt, die der Vermeidung von Gesundheitsschäden (Verbote der „vorsätzlichen oder nachlässigen Verunreinigung der Wohnung"; Aufbewahrung übelriechender Gegenstände; unsachgemäße Benutzung, insbesondere dann, wenn Feuchtigkeit in den Wohnungen dadurch hervorgerufen wird, etc.) dienen sollten.

Räume für familienfremde Personen (Teil II)

Der zweite Hauptteil hat explizit das Wohnen von familienfremden Personen zum Gegenstand. Er ist in drei Kapitel unterteilt: A – Allgemeines (§§ 18-21), B – Schlafräume der Angestellten, Dienstboten, usw. (§ 22) und C – Räume für Zimmermieter, Schlaf-, Kost-, Quartiergänger, usw. (§§ 23-24).

Generell durften nur dann familienfremde Personen (Zimmermieter, Dienstboten, Schlafgänger, etc.) aufgenommen werden, wenn für die Familienmitglieder die festgesetzten Mindestmaße an Schlaf- und Wohnräumen verblieben. Neben diesen Mindestanforderungen für die Familienmitglieder überwogen moralische Kriterien und einfachste Mindeststandards (Strohsack, Kopfkissen oder ein Handtuch pro Woche und monatlich frisches Bettzeug). Die familienfremden Personen mußten, abgesehen von Ehepaaren, nach Geschlechtern getrennt untergebracht werden. Der Zugang zu den Schlafräumen durfte nicht durch die Schlafräume der Familie oder der Personen des anderen Geschlechts führen. „Die Schlafräume müssen von innen verschließbar und gegen anstoßende Schlafräume des Vermieters und seiner Familienangehörigen dauernd abgeschlossen sein." (§ 20). Während für Dienstboten zusätzlich nur die Möglichkeit eines heizbaren Raumes erwähnt wird (§ 22), wird bei Schlafgängern gesondert die Vermietung untersagt, wenn diese „zu Unsittlichkeiten führen werde" oder wenn „in der Familie des Vermieters ansteckende Krankheiten herrschen"(§ 23).

e. Anmerkungen zur Wohnungsordnung von 1919

Wirkungsbereich

Die Wohnungsdichte hatte sich in Frankfurt am Main seit 1871 in den 2-Zimmer-Wohnungen (mit Küche)[103] von 4,9 Personen kontinuierlich auf 3,5 Personen im Jahre 1921 verringert, in 3-Zimmer-Wohnungen im gleichen Zeitraum entsprechend

---

102 Vgl. hierzu das Fallbeispiel „Eine kollektive Beschwerde gegen die Tätigkeit der Wohnungserfassungskommission" (Kap. V), S. 266-267.
103 In Frankfurt am Main wird in der Statistik „entsprechend dem ortsüblichen Brauch die Zimmerzahl der Wohnungen lediglich nach der Zahl der Wohn- und Schlafräume bemessen." Statistisches Handbuch der Stadt Ffm. (1928), S. 39.

von 5,5 Personen auf 4,1 Personen. Gleichzeitig stieg der Anteil der 2-Zimmer-Wohnungen am Gesamtbestand der Wohnungen stetig von 20,4% im Jahre 1871 auf 33,2% im Jahre 1921, der Anteil der 3-Zimmer-Wohnungen von 14,3% auf 34,3%. Somit betrug der Anteil der 2-Zimmer-Wohnungen 1921 ca. ein Drittel des Gesamtbestandes in Frankfurt am Main, derjenige der Kleinwohnungen[104] (bis 3 Zimmer) drei Viertel des Gesamtbestandes.[105]

Die normativen Richtlinien der Wohnungsordnung von 1919, mit ihrem Leitbild der „Familienwohnung", entsprachen somit „annähernd"[106] der allgemeinen durchschnittlichen Belegungsdichte. Hervorzuheben ist, daß der Wirkungsbereich der Wohnungsordnung die überwiegende Zahl der Wohnungen tangierte und daß eine eindeutig soziale Begrenzung auf soziale „Randexistenzen" (Schlafgänger, „8 Markgrenze" etc.) entfiel. Die Wohnungsordnung von 1919 führte also tendenziell zu einer Egalisierung der öffentlichen Kontrolle im Wohnbereich.

Überbelegung

Nach der deutschen Städtestatistik galt im Kaiserreich eine Wohnung erst dann als überbelegt, wenn in einer Wohnung pro beheizbarem Zimmer 6 und mehr Personen lebten.[107] Dies traf nach der Reichsgründung (1875) in Berlin und Breslau, den deutschen Großstädten mit dem höchsten Anteil an Kleinwohnungen und mit ungünstigen Wohnverhältnissen, bei 19,5% bzw. 15,2% jener Wohnungen zu. Die Wohnungsdichte betrug dort zu jenem Zeitpunkt 4,01 (Berlin, 1871) bzw. 3,55 (Breslau, 1875) Personen pro 1 Zimmerwohnung. Ernst Engel, Präsident des Preußischen Statistischen Büros, stellte in den 20er Jahren die Forderung auf, „daß für jeden Angehörigen eines Haushalts ein Wohnraum vorhanden sein müsse und daß Wohnungen, welche dieser Forderung nicht entsprächen, als überfüllt anzusehen seien."[108]

In Frankfurt a. M. definierte das Statistische Amt in der Wohnungsstatistik von 1871 bereits jene Wohnungen als überfüllt, in denen in einer 1-Zimmer-Wohnung mehr als 2 Bewohner, in den 2-Zimmer-Wohnungen mehr als vier Bewohner lebten. Bei Wohnungen mit drei und vier Wohnräumen wurde die Relation Wohnraum zu Bewohner geändert. Die Grenzlinie der Überbevölkerung sollte für Wohnungen mit drei Wohnräumen bei 8, mit vier Wohnräumen bei 10 Bewohnern beginnen.[109] Nach diesem Verfahren galten damals 13,3% der Kleinwohnungen (bis 4 Zimmer) als überbelegt. Nach Wohnungsklassen ergeben sich folgende Werte:

---

104 Kleinwohnungen wurden in Frankfurt normalerweise als diejenigen Wohnungen definiert, die bis zu 4 Schlaf- und Wohnräume inklusive Küche aufwiesen.
105 Statistisches Handbuch der Stadt Ffm. (1928), S. 32-33.
106 Es können nur Tendenzen genannt werden, da in den Wohnungsstatistiken nicht zwischen Erwachsenen und Kindern unterschieden wird.
107 Rodenstein, Mehr Licht, mehr Luft, S. 106.
108 Die Wohnungsverhältnisse in Frankfurt a. M. (1926), S. 65.
109 Ebenda, S. 65.

Tab. 1: Anteil der übervölkerten Wohnungen in Frankfurt am Main (nach der oben genannten Definition von 1871)

Größe der Wohnungen	1871	1925 ohne Teilwohnungen	1925 mit Teilwohnungen
1-Zimmer-Wohnung	45,15 %	44,2 %	43,2 %
2-Zimmer-Wohnung	30,58 %	20,0 %	18,3 %
3-Zimmer-Wohnung	10,65 %	3,9 %	2,9 %
4-Zimmer-Wohnung	5,70 %	1,3 %	0,8 %

Der Anteil der überfüllten 1-Zimmer-Wohnungen war, legt man als Vergleich die Angaben zwischen 1871 und 1925 zugrunde, annähernd gleich. Bei den 2-Zimmer-Wohnungen nahm die Überfüllung um ca. ein Drittel, bei den 3-Zimmer-Wohnungen um zwei Drittel und bei den 4-Zimmer-Wohnungen sogar um mehr als drei Viertel ab. Mittlere und Großwohnungen waren nur zu einem unerheblichen Anteil überbelegt. Man kann daher den Grundsatz des relativen Vergleichs (Schwabsches Gesetz) – je kleiner eine Wohnung ist, um so teurer ist sie – erweitern: Je kleiner eine Wohnung ist, um so höher die relative Überbelegung und Wohndichte.

Wohnbedingungen für Hausangestellte in Frankfurt am Main

Das Schlafen in der Küche oder in Werkstätten war in der Wohnungsordnung explizit untersagt. (§ 9-10). Allerdings waren die Schlafräume für Bedienstete und Gesellen in Frankfurt am Main auch in den Altstadtquartieren (Altstadt, Alt-Bornheim, Alt-Bockenheim) dort nur ausnahmsweise anzutreffen. Üblicherweise befanden sich die Schlafstellen unter dem Dach, sowohl in den Handwerkerhäusern als auch in den Mansarden der Bürgerhäuser.

Das Wohnen oder, besser gesagt, das Schlafen der Dienstboten in sogenannten Hängeböden, das beispielsweise bei fast einem Drittel der weiblichen Dienstboten in Berlin um die Jahrhundertwende üblich war[110] und von Theodor Fontane im „Stechlin" anschaulich beschrieben wurde[111], war in Frankfurt nicht üblich.[112]

---

110 Stillich, Oskar: Die Lage der weiblichen Dienstboten in Berlin. Berlin/Bern 1902, S. 193.
111 Fontane, Theodor: Der Stechlin. Berlin 1983, S. 160.
112 Müller, Heidi: Dienstbare Geister. Leben und Arbeitswelt städtischer Dienstboten. Berlin 1981, S. 179-189; Wierling, Dorothee: „Ich hab meine Arbeit gemacht – was wollen sie mehr?". Dienstmädchen im städtischen Haushalt der Jahrhundertwende. In: Karin Hausen (Hg.). Frauen suchen ihre Geschichte. München 1983, S. 144-171; Walser, Karin: Frauenarbeit und Weiblichkeitsbilder. Phantasien über Dienstmädchen um 1900. In: Ruth-Ellen B. Joeres/ Anette Kuhn (Hg.) Frauen in der Geschichte. Bd. VI. Düsseldorf 1985, S. 237-266; Ottmüller, Uta: Die Dienstbotenfrage. Münster 1978. Inge Kaltwasser geht in ihrem Buch „Häusliches Gesinde in der Stadt Frankfurt am Main. Frankfurt 1989" nur marginal auf die Wohnsituation der weiblichen Bediensteten ein.

Der Verband der Frankfurter Frauenvereine richtete bereits am 11.12.1909 eine Petition an den Magistrat, um eine Veränderung der Bauordnung zu bewirken. Die Frauenvertreterinnen aus 16 zumeist kirchlich orientierten Frauenvereinen verlangten eine Änderung der Unterbringung von Dienstmädchen in den typischen Frankfurter Mansarden: „Bekanntlich ist es, veranlaßt durch die hiesige Bauweise, allgemein üblich, dem Dienstpersonal die Mansarden als Schlafräume anzuweisen. Hieraus ergeben sich große Mißstände. Das Schlafen der Hausangestellten in den Mansarden erschwert das Gefühl der Zusammengehörigkeit zur Familie. Es leistet der sittlichen Gefährdung den größten Vorschub und gibt Veranlassung zu unliebsamen Klatschereien und Verhetzungen."[113] Daher sollte in jeder Etage je ein bewohnbarer Raum von ca. 10-15 qm für die Mädchen vorgesehen werden. Eine sittliche Gefährdung würde demnach insbesondere durch eine Reintegration in die Kernfamilie gelindert werden.

Als Ursache für die sittliche Gefährdung weiblicher Bediensteter wurde zumeist nicht die sexuelle Zudringlichkeit der männlichen Familienmitglieder genannt[114], sondern die vermutete „sexuelle Zügellosigkeit und Ehrlosigkeit" der weiblichen Bediensteten selbst. In mehreren Schriften wurde hauptsächlich auf zwei Indikatoren hingewiesen: erstens auf den hohen Anteil unehelich geborener Kinder, deren Mütter Dienstmädchen waren, und zweitens auf die Gefahr des „Abgleitens" der Dienstmädchen zur Prostitution. In seiner „Untersuchung über die geschlechtlich sittlichen Verhältnisse im Dienstboten- und Arbeiterinnenstande" gibt Othmar Spann an, daß der Anteil der Dienstmädchen an den unehelichen Geburten in Frankfurt mit 46,8% besonders hoch liege (im Vergleich hierzu Berlin mit 35,8%). Besonders der Prostitutionsvorwurf hielt jedoch korrekten Untersuchungen nicht stand. Er drückte mehr die Einbildungskraft „besorgter" Sozialpolitiker aus als die Wirklichkeit. Bereits vor dem Ersten Weltkrieg wurde in einer etwas genaueren Untersuchung über die Prostitution von Dienstmädchen in süddeutschen Städten das stereotype Bild zurechtgerückt: „So wurde z.B. der Dienstbotenstand vielfach als besonders sittlich gefährdet und besonders zur Prostitution neigend geschildert. [...] Aber relativ zur numerischen Stärke des Dienstbotenstandes sind die Dienstboten in Sachen der Sittlichkeit doch nicht so stark vertreten, als man gewöhnlich annimmt."[115]

---

113 StA Ffm., MA T 796/ II.
114 Gertraud Zull berichtet von wenigen Beschreibungen sexueller Belästigungen der Dienstmädchen durch die männlichen Familienmitglieder in den Erinnerungen ehemaliger Dienstmädchen. „Daß hierfür so wenig Aussagen vorliegen, könnte natürlich auch am Schamgefühl der Dienstmädchen gelegen haben [...]. Es ist aber auf alle Fälle unzulässig, aus einem einzigen Bericht allgemeingültige Aussagen ableiten zu wollen, wie Stillich dies getan hat." In: Das Bild der Dienstmädchen um die Jahrhundertwende. Eine Untersuchung der stereotypen Vorstellungen über den Charakter und die soziale Lage des städtischen weiblichen Hauspersonals. München 1984, S. 173.
115 Neher, Die geheime und öffentliche Prostitution (1912), Zit. in Zull: Das Bild der Dienstmädchen um die Jahrhundertwende (1984), S. 185.

Auch Paragraphen der Wohnungsordnung selbst, welche die Räume für familienfremde Personen behandeln, stellen das Stereotyp der Unsittlichkeit weiblicher Bediensteter in Frage. Dort ist zunächst die übliche Trennung der Geschlechter, abgesehen von Ehepaaren, festgeschrieben. Allerdings auch: „Der Zugang zu den Schlafräumen darf nicht durch Schlafräume der Familie oder Familienfremden des anderen Geschlechts führen. Die Schlafräume müssen *von innen verschließbar* und gegen anstoßende Schlafräume des *Vermieters* und seiner Familienangehörigen dauernd abgeschlossen sein." [Hervorhebung GK]. Also nicht die Hausväter und Söhne sind durch die „weibliche Unsittlichkeit" gefährdet, sondern die weiblichen Bediensteten mußten sich durch die Verriegelung des Schlafzimmers von innen schützen können!

In einer anregenden Analyse stellte Karin Walser ein Wechselverhältnis zwischen dem Heraustreten der Frauen aus der Familie und dem damit verbundenen Anspruch auf eine autonome Existenz und der „sexuellen Zügellosigkeit" bestimmter weiblicher Berufsgruppen her. „Obgleich nahezu alle weiblichen Erwerbstätigen der Prostitution verdächtigt werden, hefteten sich die damit zusammenhängenden Phantasien und deren Ausschmückungen doch besonders an Dienstmädchen. Gerade sie auffallender ‚Prostitutionsanfälligkeit' zu bezichtigen, war für eine diskursive Strategie gegen die Lösung von Frauen aus umfassender familialer Abhängigkeit von besonderer Funktionalität. Da Dienstmädchen als Bezugsrahmen die Arbeitgeberfamilie hatten, eigneten sie sich hervorragend als Objekte, um die Verfolgung eigener, familienunabhängiger Interessen als ‚sittlich gefährdend' zu brandmarken. Als Arbeitskräfte begehrt, waren die Dienstmädchen als Haushaltsfremde und Lohnarbeiterinnen für die bürgerliche Familie, die ein Hort privater Intimität gegen die Öffentlichkeit sein sollte, zugleich eine ständige Gefahr. Sie konnten, indem sie mit Nachbarn ‚tratschten', dem gesellschaftlichen Ruf schaden oder die Kinder ‚verderben'. Unverzichtbar, aber vollständig nicht kontrollierbar, weil sie eigene Interessen vertraten, eigene Liebhaber hatten, Lohnforderungen stellten, oft nach kurzer Zeit die Stelle wechselten, sich vielleicht ganz vom Dienen abwandten und ‚freie' Lohnarbeit vorzogen, waren sie in der Phantasie der Familienmitglieder ihre potentiellen Feindinnen."[116]

Die Lebenswelt der Dienstmädchen war also bereits zur Jahrhundertwende anachronistisch. Einerseits wirkten strenge paternalistische Abhängigkeiten fort, andererseits war aber die soziale und räumliche Integration in die bürgerliche Kernfamilie bereits aufgehoben. Die bürgerlichen Frauenvereine beabsichtigten durch die Reintegration in die Kernfamilie eine vergangene Sozialordnung wiederherzustellen. Für die jungen Frauen, die zumeist aus der näheren Umgebung nach Frankfurt zogen, um Arbeit zu finden, ermöglichte die neue Lohnarbeit in den Fabriken

---

[116] Walser, Frauenarbeit und Weiblichkeitsbilder, S. 241.

nun – zumindest im Privatbereich – freiere Gestaltungsmöglichkeiten ihres Lebens. Nachdem durch die Inflation Anfang der 20er Jahre die wirtschaftliche Basis vieler bürgerlicher Familien geschwächt worden war, war immer weniger die „Dienstbotenfrage" von Bedeutung, sondern vielmehr die Frage, wie der Haushalt ohne Bedienstete bewältigt werden konnte (vgl. Kap. III. 3.3.1 – Frankfurter Küche).

Wohnverhältnisse im Wandel

Im Vergleich zur Zeit vor dem Ersten Weltkrieg hatte sich die Lage auf dem Wohnungsmarkt grundlegend geändert. Auffällig war, daß einerseits der Anteil familienfremder Mitbewohner kontinuierlich abnahm, andererseits aber die Mehrfachnutzung einer Wohnung durch mehrere Familien nach Kriegsbeginn einen ungeahnten Aufschwung erlebte.[117] Die Unterteilung der Wohnungen erfolgte teils aus ökonomischen Interessen freiwillig, teils aber aufgrund der öffentlichen Bewirtschaftung des Wohnungswesens durch Zwangsbeschlagnahmung.

August Busch vermutete bereits 1919 einen deutlichen Anstieg der Zahl der „Aftermieter-Teil-Wohnungen".[118] Erst durch die Wohnungszählung von 1925 konnte deren Anteil exakt errechnet werden. Bei einem Gesamtwohnungsbestand von 117.343 Wohnungen nahmen die sogenannten ‚reinen Fälle' (106.622 Wohnungen) einen Anteil von 91% ein. Diese Wohnungen mit nur einem Haushalt – teils mit, teils ohne Zimmermieter, Schlafgänger oder Gewerbegehilfen – entsprachen dem in der Vorkriegszeit vorherrschenden Zustand. Die restlichen Wohnungen nahmen entweder mehrere selbständige Haushalte auf (12.225 Wohnungen), oder es waren Wohnungen (4.800), in denen zwei Familien zwecks gemeinschaftlicher Wirtschaftsführung in einem gemeinsamen Haushalt zusammengezogen waren.[119] In der letzten Gruppe war die Belegungsdichte überdurchschnittlich hoch (1-Zimmer-Wohnung 4,5 Personen pro Zimmer/2-ZW. 2,5 P.p.Z./3-ZW. 1,8 P.p.Z.). Diese Wohnungen waren größtenteils „Familienwohnungen", in denen die Familien der verheirateten Töchter (2.152 Fälle) lebten.

Nach den Ergebnissen der Wohnungszählung vom 16. Mai 1927, die einen guten Vergleich der Wohnverhältnisse zwischen den deutschen Großstädten ermöglicht, lebten in 7,5% der Wohnungen jeweils zwei oder mehrere Haushaltungen.[120] Überproportional hoch war dieser Anteil in Frankfurt am Main. So verteilten sich in die-

---

117 Seit der Wohnungszählung von 1895 sank der Anteil der Teilwohnungen von 6,7% des Gesamthaushaltsbestandes auf 1,8% im Jahre 1910.
118 Beiträge zur Statistik der Stadt Frankfurt (1919), S. 89-90.
119 Die Wohnungsverhältnisse in Frankfurt (1926), S. 47.
120 Die Wohnungsverhältnisse im Deutschen Reich nach der Reichswohnungszählung 1927; vgl. Gut, Albert: Der Wohnungsbau in Deutschland nach dem Weltkrieg. Seine Entwicklung unter der unmittelbaren und mittelbaren Förderung durch die deutsche Gemeindeverwaltung. München 1928, S. 31.

ser Stadt die 130.272 Haushaltungen auf 118.103 bewohnte Wohnungen. 12.169 Haushaltungen hatten also keine eigene Wohnung. Dies entspricht einem Anteil von 9,3%. Weder eine eigene Wohnung noch einen selbständigen Haushalt hatten 13,5% der Untermieterfamilien. Diese ausgesprochen schlechte Wohnsituation für Untermieterfamilien in Frankfurt am Main wurde in deutschen Großstädten nur noch in Hamborn (18,4%), Nürnberg (15,5%) und Leipzig (14,9%) negativ überboten. Der Reichsdurchschnitt lag bei den Großstädten bei 10,6%. Zwei Drittel dieser Untermieterfamilien lebten in Frankfurt am Main in mittelgroßen Wohnungen (4 bis 6 Zimmer), nur 11,3% in Kleinwohnungen und 22% in Großwohnungen.[121] Hingegen lag der entsprechende Anteil der Untermieterfamilien im Reichsdurchschnitt bei 29,8% in Kleinwohnungen, 55,8% in Mittelwohnungen und 14,4% in Großwohnungen. Besonders ungünstig waren die Verhältnisse in den Großstädten in Mittel- und Ostdeutschland, also in Städten mit einem überdurchschnittlich hohen Anteil an Kleinwohnungen. In Berlin lebten über die Hälfte dieser Familien (51,9%) in Kleinwohnungen (Hindenburg 74,4%, Königsberg 50%).

Schlafgänger

Für die bürgerlichen Sozialreformer war das Elend des Schlafgängerwesens der Inbegriff der allgemeinen Misere im Wohnungswesen. Neben den erbärmlichen sozialhygienischen Verhältnissen wurde insbesondere die sittliche Gefährdung, die nach ihrer Ansicht besonders vom Schlafgängerwesen ausging, hervorgehoben.

Um einer Gefährdung der Familien vorzubeugen, finden sich stets in den Polizeiordnungen, die das Schlafgängerwesen betreffen, Vorschriften über die Geschlechtertrennung.[122] Legt man für die Annahme die Entwicklung der normativen Polizeiordnungen als Indikator der Schlafgängerfrage zugrunde, so könnte eine gewisse Besserung der Wohnsituation angenommen werden. Klauseln der Meldepflicht, die in den Schlafgängerordnungen stets zu finden waren, wurden nicht mehr angeführt. Statt dessen überwiegen sozialhygienische Minimalanforderungen und moralische Bestimmungen. Interessant ist auch, daß in der differenzierten Wohnungsordnung

---

121 Dieser Anteil war ebenfalls überproportional hoch. In Kleinwohnungen lebten in Frankfurt nur 11,3% der Untermieterfamilien, hingegen im Reichsdurchschnitt (Großstädte) 29,8%. In: Wohnungsverhältnisse 1927, Bd. 1, S. 122-123.

122 Die Betroffenen hatten durchaus unterschiedliche Erfahrungen und Wertungen über die Misere des Wohnungswesen, als deren Hauptkritikpunkte das Schlafgängerwesen und die Mehrfachbelegung von Betten galt. Karen Hagemann erfuhr von Arbeiterfrauen hinsichtlich der gleichgeschlechtlichen Mehrfachbelegung ein differenzierteres Urteil: „In Arbeiterfamilien scheint es üblich gewesen zu sein, daß gleichgeschlechtliche Geschwister in einem Bett schliefen. Von den befragten Frauen aus dem sozialdemokratischen Milieu berichteten viele, daß sie in ihrer Kindheit mit einer Schwester das Bett geteilt hätten. Entgegen der negativen Bewertung dieses Umstandes in der zeitgenössischen Öffentlichkeit sind ihre Erinnerungen hierin überwiegend positiv: Die körperliche Nähe einer vertrauten Person vermittelte ihnen nachts Wärme und Geborgenheit." In: Hagemann, Frauenalltag und Männerpolitik, S. 72.

von 1919 nun die hygienischen Vorschriften für die Schlaflager der familienfremden Personen gegenüber der Schlafgängerordnung von 1892 allgemeiner gehalten wurden. In § 21 war 1919 vorgeschrieben: „Jeder Person ist ein besonderes Bett zuzuweisen, das mindestens aus Strohsack, Kopfkissen und wollener Decke zu bestehen hat. Ferner ist je ein Waschgeschirr und ein Trinkgefäß bereit zu stellen; für die tägliche Reinigung dieser Gegenstände hat im Zweifel der Vermieter zu sorgen. Mindestens wöchentlich ist vom Vermieter ein sauberes Handtuch und mindestens allmonatlich frische Bettwäsche zur Verfügung zu stellen." Die Beschaffenheit der „Lagerstätte" war 1892 noch durch detailliertere Vorschriften bestimmt. „Jede Lagerstätte muß mindestens aus einem Strohsack, einem Strohkopfkissen und einer wollenen Decke bestehen. Für je zwei Schlafgäste muß mindestens ein Waschzeug und für jeden Schlafgast ein Handtuch vorhanden sein. Die Bezüge der Säcke und Kissen, die Überzüge und Bettücher, sowie die Decken sind reinlich zu halten und mindestens alle vier Wochen zu waschen, außerdem stets, falls solche bei einer Besichtigung durch einen Polizeibeamten schmutzig befunden werden, auf sein Verlangen sofort zu wechseln. Das Stroh der Säcke und Kissen ist alle Vierteljahr, auch sofort auf Erfordern des besichtigenden Polizeibeamten zu erneuern. Hölzerne Urinkübel dürfen nicht benutzt werden. Die Schlafstellen sind ferner reinlich zu halten und zu diesem Behufe [Zweck, GK] müssen die Fußböden täglich am Morgen ausgekehrt und wöchentlich einmal gescheuert werden, in jedem Schlafraume muß ein mit Wasser gefüllter Spucknapf stehen, der an jedem Morgen geleert, gereinigt und frisch mit Wasser gefüllt werden muß. Decken und tapezierte Wände müssen jährlich getüncht werden; sind die Wände mit Ölfarbe gestrichen, so müssen sie öfters, mindestens zweimal im Jahre gründlich gewaschen werden."[123] Bereits die allgemeinere Beschreibung der „Lagerstätten" in der Wohnungsordnung von 1919 läßt vermuten, daß sich die Schlafgelegenheiten für familienfremde Personen gebessert hatten.

„Unselbständiges" Wohnen war keine neue Wohnerfahrung für die mobilen städtischen Unterschichten in alten Städten. Zunehmend wurden auch die beiden Kategorien, die noch in der Wohnungsordnung von 1919 aufgeführt wurden, unscharf (§ 18: 1. Dienstboten, Gewerbegehilfen – Gesellen, Gehilfen, Lehrlinge, Handlungsgehilfen, Handlungslehrlinge – oder sonstige Arbeiter und Angestellte; 2. Zimmermieter – Zimmerherren-, Einlieger – Einlogierer, Miet-, Kost- und Quartiergänger, Schlafgänger – Schläfer, Schlafleute, Schlafsteller, Schlafgäste, Schlafburschen und -mädchen). Weniger die neue Qualität war für die Wohnform des unselbständigen Wohnens kennzeichnend, sondern die quantitative Anhäufung und Verdichtung in der Hauptphase der Verstädterung zwischen 1870 und 1914. Seit dem Ersten Weltkrieg entspannte sich die soziale Lage der Schlafgänger zuneh-

---

123 Wohnungsfürsorge in deutschen Städten, S. 191.

mend.[124] Als Gründe können die zunehmende Seßhaftigkeit, die verbesserten Verdienstmöglichkeiten der arbeitenden Bevölkerung, der seit 1910 verstärkte Kleinwohnungsbau sowie Kontrolle des Schlafgängerwesens genannt werden.[125]

Der Familientyp der halboffenen Familie war ein „Übergangsphänomen". Josef Mooser führt hierfür folgende Gründe an: „Zunächst stellte besonders für die Zuwandernden die Erfahrung der halboffenen Familie ein Kontinuum dar mit Wohnformen der ländlichen Unterschicht; nicht nur im Hinblick auf miserable materielle Wohnbedingungen; auch Landarbeiter wohnten häufig ähnlich gedrängt, zu zweien oder auch mehreren Familien in kleinen Doppelhäusern, und das Gesinde lebte in der ebensowenig privat abgeschlossenen bäuerlichen Familie. Zum zweiten war die halboffene Familie wahrscheinlich besonders verbreitet bei den vom Land in die Stadt ziehenden Arbeitern, den unqualifizierten und schlecht bezahlten, die gerade deshalb häufig ihren Arbeitsplatz wechseln mußten. Drittens war sie familienzyklisch bedingt. Schlafgänger und Untermieter wurden besonders in der Phase der Kinderaufzucht in die Familien aufgenommen, solange die Kinder selber noch keinen Beitrag zum Familieneinkommen leisten konnten. Angesichts dieser Kumulation von negativen Bedingungen scheint daher – viertens – die ‚halboffene proletarische Familienstruktur' typischer für die erste Generation der städtischen Arbeiter im Kaiserreich als für die folgende. Für die Arbeiter der zweiten Generation, die häufig besser ausgebildet waren, einen stabileren Arbeitsplatz und besseres Einkommen hatten, schloß sich der halboffene Charakter des Wohnens und glich sich den Wohnformen der Arbeiter in den kleineren Städten und auf dem Lande an, wo das Schlafgängerwesen unter den Arbeitern seit je weniger verbreitet war, bei freilich ähnlich enger Ärmlichkeit der Wohnungen."[126]

Zuwanderer konzentrierten sich in Frankfurt am Main besonders in den Problemquartieren der Altstadtviertel (Altstadt, Alt-Bornheim, Alt-Bockenheim). Diese Viertel, mit einer extrem hohen Bevölkerungsdichte, können als „Übergangszone" bezeichnet werden, aber weniger im sozialökologischen Sinne, sondern hinsichtlich ihrer ausgeprägten Fluktuation.[127] Die Zentralität der sichtbaren Armut in diesen

---

124 Bereits durch die Volkszählung von 1916 konnte ein deutlicher Rückgang der Schlafleute und Untermieter festgestellt werden. „In der Kriegszeit ist also die Zahl der Wohnungen, in denen Zimmermieter und Schlafleute vorhanden waren, auf annähernd die Hälfte der im Jahre 1910 festgestellten Wohnungen (13.000 gegen rund 22.000) zurückgegangen. Die Zahl der Zimmermieter ist auf die Hälfte (rund 18.000 gegen rund 36.000) zurückgegangen." In: Beiträge zur Statistik der Stadt Frankfurt am Main. H. 11/ 1919, S. 100.
125 Auch die Zahl der Logiergäste in der Arbeiterherberge (Gewerkschaftshaus) in Frankfurt sank gegenüber der Vorkriegszeit beachtlich. 1906 übernachteten 29.046 Logiergäste; bis 1913 stieg die Zahl der Gäste auf 34.264 an, um bis auf 2.197 im Jahre 1926 abzusinken. Statistisches Handbuch Ffm. (1928), S. 315. Die Abnahme der Übernachtungen ist, neben der Einschränkung der Mobilität durch die Auswirkungen der Wohnungszwangswirtschaft, auch mit der geringeren Zuwanderung von ledigen und jungen Arbeitern erklärbar.
126 Mooser, Arbeiterleben, S. 143-144.
127 Vgl. Wanderungsbewegungen (Gewinne und Verluste) in Frankfurt am Main. In: Beiträge zur Statistik Ffm. (1919), S. 171.

Altstadtquartieren rief im Bürgertum „Angst und Abwehr"[128] hervor und bestimmte die Schlafgänger- und Wohnungselend-Diskussion im Kaiserreich.

Auffällig ist die Umbewertung des Phänomens des Schlafgängerwesens. War dieses in der Vorkriegszeit der Inbegriff der Wohnmisere, so fand innerhalb weniger Jahre eine Marginalisierung der Schlafgängerfrage statt, die nicht nur durch die Verbesserung der Wohnverhältnisse von Schlafgängern erklärbar ist. Nach der Wohnungszählung von 1910 wohnten im Winter dieses Jahres 35.941 Personen als Zimmermieter oder Schlafgänger in 22.168 Wohnungen. Von diesen waren etwas mehr als 10.000 Schlafgänger. In der Sommerzählung von 1925 wurden immerhin noch 23.258 Zimmermieter (mit Schlafgängern) festgestellt und die Wohnungen auf 15.800 geschätzt. Ausgesprochen vage Angaben wurden nun über die Schlafgänger in dieser ansonsten differenzierten Wohnungsuntersuchung gemacht. Ohne exakte Daten auszuführen wurde nur noch erwähnt: „Erfahrungsgemäß begnügen sich die Schlafleute im Sommer mit einfacheren Schlafgelegenheiten und die Gesamtzahl der Schlafleute dürfte bei der heutigen geschäftlichen Konjunktur überhaupt abgenommen haben."[129]

f. Die Wohnungsnot von 1919 und die Grenzen der normativen Sozialdisziplinierung

Ende 1919 entstand ein Paradoxon: Nach zwanzigjährigem Bemühen stand nun dem Wohnungsamt ein differenziertes Instrument zur Intervention in Wohnungen mit mangelhaften baulichen oder hygienischen Zuständen oder unzulänglicher Nutzung zur Verfügung, jedoch verhinderten sowohl die dramatische Wohnungsnot als auch erforderliche Aufgabenverlagerung eine effektive Anwendung des Instruments der Wohnungsordnung. Dieser Widerspruch kam bereits in einigen Klauseln[130], die die normativen Bestimmungen der Wohnungsordnung außer Kraft setzten, zur Geltung. Überdies waren häufig die erforderlichen Initiativen des Wohnungsamtes im Sinne der Wohnungsordnung kontraproduktiv.

---

128 Niethammer, Rückblick, S. 292.
129 Wohnungsverhältnisse (1926), S. 73. Anm.: Nach den Statistiken des Deutschen Reichs, Bd. 407 war das Schlafgängerwesen in den 20er Jahren noch keineswegs überwunden. „1925 beherbergten im ganzen Reich 18% der Familien von Berufslosen (die freilich nicht nur Arbeiter-Rentner umfaßten, aber nicht weiter zu differenzieren sind) sechs Prozent der Arbeiterfamilien ‚familienfremde Personen', die keine Dienstboten waren. Von den Familien, die überhaupt solche Personen aufgenommen hatten, waren 33% Arbeiterfamilien und 29% Familien von Berufslosen, 13,5% Angestelltenfamilien und 25% Familien von Selbständigen." In: Mooser, Arbeiterleben, S. 144.
130 So im § 15: „Die Benutzung einer Wohnung durch mehrere Haushalte ist nur ausnahmsweise zulässig und bedarf der Zustimmung des Wohnungsamtes." Oder § 27: „Ausnahmen in der Übergangszeit. Für eine Übergangszeit von höchstens 5 Jahren nach Abschluß des Friedens kann das Wohnungs-Amt Abweichungen von den oben für die Familienwohnungen festgesetzten Vorschriften gestatten. Die bei Einrichtung von Notwohnungen getroffenen Vereinbarungen werden hiervon nicht berührt."

Zwei Monate vor Verabschiedung der Wohnungordnung legte der Magistrat der Stadtverordneten-Versammlung einen Rechenschaftsbericht vor. Dieser hatte die Maßnahmen gegen die Wohnungsnot sowie die Notmaßnahmen zur vorläufigen Behebung der Wohnungsnot zum Gegenstand. Infolge mehrerer Ursachen, zu nennen sind der hohe Wohnungsbedarf für „Kriegsgetraute", die vollkommene Einstellung der Wohnungsbautätigkeit, die erhebliche Abwanderung von größeren in kleinere Wohnungen und der Zuzug von Rüstungsarbeitern während des Krieges, der Zuzug von Flüchtlingen aus Elsaß-Lothringen sowie von Beamten und sonstigen Personen aus den besetzten Gebieten, trat eine Wohnungsnot ein, die sich besonders im Kleinwohnungswesen bemerkbar machte. Im Oktober 1919 hatte der Zuzug von Ortsfremden in einer Woche die Zahl von hundert Personen überschritten.[131] Unter dem Eindruck dieser Ausnahmesituation konnte nicht auf eine langwierige Neubautätigkeit gewartet werden, sondern es mußten Notmaßnahmen ergriffen werden. Folgende waren vorgesehen: der Umbau von städtischen und staatlichen Gebäuden aller Art; der Umbau von Schulen; der Bau von Behelfswohnungen; der Umbau von leerstehenden Geschäftslokalen, Wirtschaften, Läden, Werkstatt- und Lagergebäuden; die Einrichtung von Dachwohnungen; die Teilung von Großwohnungen; die Fertigstellung von Rohbauten und Zwangseinmietungen.

Das Spannungsverhältnis zwischen der Sicherung sozialhygienischer und baulicher Mindestforderungen, die in der Wohnungordnung benannt waren, und der Errichtung von Notquartieren in der Phase der Wohnungsnot wird exemplarisch hinsichtlich der Einrichtung von Dachwohnungen deutlich. Bei bestehender Wohnungsnot gestattete der Minister für öffentliche Arbeiten am 6. Oktober 1917 den Städten übergangsweise den Ausbau von Keller- und Dachwohnungen. Kellerwohnungen waren in Frankfurt baupolizeilich jedoch nicht zugelassen und hatten sich infolgedessen als Bauform auch nicht herausgebildet.[132] Der Magistrat weigerte sich daher auch in jener Ausnahmesituation, die Nutzung von Kellerwohnungen zu erlauben. Anders jedoch hinsichtlich der Dachwohnungen. Diese waren bereits in Häusern bis zu zwei Obergeschossen vollständig und in Häusern mit drei Obergeschossen zur Hälfte als selbständige Wohnungen zugelassen. Besonders als Mansarden dienten die verbliebenen Räume zu Schlafzwecken für Familienmitglieder und insbesondere für Hausbedienstete. „Die Erlaubnis zum dauernden Ausbau des Dachgeschosses noch weiter, soweit er überhaupt möglich ist, auszudehnen, würde", so der Frankfurter Magistrat, „den allgemeinen anerkannten und gebilligten Grundsätzen einer Verminderung der Bau- und Wohndichte zuwiderlaufen. Trotzdem wurden

---

131 Auszug aus dem Vortrag des Magistrats über die Wohnungsfrage und die Tätigkeit des Wohnungsamtes von Frankfurt am Main. 30.10.1919. S. 3. StA Ffm., MA T 797/ IV.
132 In Frankfurt war die Bewohnung von Kellerräumen niemals sonderlich verbreitet gewesen. Während in Berlin oder Hamburg 1875 beispielsweise 10,2% bzw. 6,5% der Bevölkerung in unter der Erde gelegenen Wohnungen lebten, gab es 1880 in Frankfurt überhaupt nur 39 Kellerwohnungen mit 154 Bewohnern (0,1%). Vgl. Flesch, Wohnungsverhältnisse, S. 61.

durch Polizeiordnung vom 18. Dezember v. Js. [Wohnungsordnung 1919, GK] weitgehende baupolizeiliche Ausnahmen für Wohnungen in Zwischen- und Dachgeschossen sowie in Hintergebäuden der Wohnviertel widerruflich zugelassen. Die Zulassung ist um so bedenklicher, weil alle über eine gewisse Grenze genehmigten Notwohnungen, wenn sie einmal erreicht sind, sich nur sehr schwer beseitigen lassen und die Güte der Wohnverhältnisse auf die Dauer herabdrücken."[133]

Im Gegensatz zu den funktionalen Wohnungen des Neuen Bauens boten die traditionellen städtischen Mietwohnungen die bauliche Möglichkeit der Wohnungsteilung. Da die Teilung der Großwohnungen zunächst freiwillig erfolgen sollte, war der Erfolg der Kommunalverwaltung, wie im Vortrag des Magistrats an die Stadtverordneten-Versammlung vermerkt wurde, „nicht nennenswert." Die Teilung der Großwohnungen scheiterte meist, so der Bericht, weil „es nicht angeht, in einem Etagenhaus nur die eine gerade leerstehende Wohnung umzubauen, sondern es müßten dann auch die übrigen größeren Wohnungen frei gemacht werden und umgebaut werden. Dazu wird sich – schon wegen der hohen Kosten und der Schwierigkeiten der Beschaffung der Baustoffe – so leicht niemand entschließen, zumal er die Hoffnung hegen darf, daß nach einiger Zeit auch wieder ein Bedarf an größeren Wohnungen entstehen wird."[134] Baupolizeiliche Erleichterungen, Stundung der Baugebühren und finanzielle Beihilfen konnten zudem die „Privatinitiative" der Hausbesitzer nicht mobilisieren. Offensichtlich war keine soziale Durchmischung der Bewohner in den Mietshäusern von den Hausbesitzern erwünscht. Da sich die Wohnungsnot kontinuierlich verschärfte, wurden bereits seit Anfang 1919 Zwangseinmietungen und Zwangsteilungen der Großwohnungen umfangreicher vorgenommen (vgl. Kap. V). Das Wohnungsamt konnte solche Wohnungen in Anspruch nehmen, die im Verhältnis zu ihren Bewohnern gering belegt waren und die ohne erhebliche bauliche Änderungen als selbständige Wohnungen abgetrennt werden konnten.

Diese Maßnahmen deuten die Schwierigkeit bei der Umsetzung der angestrebten Mindeststandards zur Zeit der Verabschiedung der differenzierten Wohnungsordnung an. Wurde beispielsweise gegen die Richtlinie der Belegungsdichte verstoßen, wohin sollten dann die Bewohner ziehen? Sollten beispielsweise Schlafzimmer als unbewohnbar erklärt werden, wenn ein Fenster an einen dunklen und schlecht belüfteten Innenhof grenzte? Letztlich setzte, wie bereits der Polizeipräsident in Frankfurt 1910 feststellte, eine wirkungsvolle Umsetzung normativer Standards ein ausreichendes Angebot besonders an Kleinwohnungen voraus. Daher mußten in die Wohnungsordnungen in der Weimarer Republik Ausnahmebestimmungen aufgenommen werden, welche die Umsetzung sozialer und hygienischer Maßstäbe erschweren. In der Wohnungsordnung von 1919 war eine Übergangszeit von höchstens fünf Jahren nach „Abschluß des Friedens" vorgesehen, in welcher eine Abwei-

---

133 Auszug aus dem Vortrag (30.10.1919). S. 9. StA Ffm., MA T 797/ IV.
134 Ebenda.

chung der festgeschriebenen Vorschriften für Familienwohnungen gestattet war. Die Ausnahmegenehmigung bedurfte jedoch der Genehmigung durch das Wohnungsamt. In der Neufassung der Wohnungsordnung von 1929, die ansonsten nur unwesentliche Änderungen gegenüber der Wohnungsordnung von 1919 aufwies, wurde die Dauer der Übergangszeit sogar auf 15 Jahre erweitert!

Die hohen Erwartungen, die bürgerliche Wohnungsreformer in die Möglichkeiten der Wohnungsinspektion und Wohnungsordnungen setzten, konnten nicht eingelöst werden. Vielmehr verlor diese Form der öffentlichen Intervention zunehmend an Bedeutung.[135] Erst am 22. August 1928 forderte Oberbürgermeister Landmann das Wohnungsamt auf, „sich jetzt wieder der ursprünglichen Aufgabe, der Wohnungspflege", zu widmen und die nötigen Maßnahmen zu ergreifen.[136]

Die Wohnungsinspektion und -pflege ist aber keineswegs alleinig als gescheitertes bürgerliches Disziplinierungsinstrument aufzufassen, das anfänglich „hart", später „sanft" auf die Wohnpraxis sozialer Unterschichten einwirkte und diese hinsichtlich der „Erfordernisse der Moderne" konditionierte.[137] Direkte Interventionen bewirkten, daß zumindest extreme Mängel gelindert wurden.[138]

Wenngleich stets eine Diskrepanz zwischen normativer Satzung und alltäglicher Wohnpraxis bestehen blieb, sensibilisierte die Diskussion um die Wohnungsaufsicht und -pflege die Öffentlichkeit für ein soziales Problem und weckte auch Bedürfnisse. Die weitgehenden sozialstaatlichen Formierungsprozesse im Wohnungswesen wären ohne diesen Diskurs unvorstellbar.

Bedeutsam war aber auch, daß trotz der realen Defizite der formulierte Sozialstaatsanspruch eingefordert werden konnte. Wurde beispielsweise eine Wohnung durch das Wohnungsamt als „unbewohnbar" klassifiziert oder wies sie erhebliche Mängel auf, so entstand ein Anspruch auf eine bevorzugte Berücksichtigung (Dringlichkeitsbescheinigung) bei der kommunal regulierten Wohnungsvergabe. Dies war um so bedeutsamer, da bis etwa 1924 die finanzielle Leistungsfähigkeit der zukünftigen Mieter nur noch eine nachrangige Bedeutung hatte. Durch die öffentliche Bewirtschaftung des Wohnungswesens war der kapitalistische Regulationsmecha-

---

135 Dies äußerte sich auch in den defizitären Statistiken über die Tätigkeit der Wohnungsinspektionen in der Republik.
136 Brief: Oberbürgermeister (Ludwig Landmann) an das Wohnungsamt. Entwurf vom 22.8.1928. StA Ffm., MA T 796/ VI. Bl. 54.
137 Saldern, Statt Kathedralen die Wohnmaschine, S.179.
138 Paul Göhre vermerkte in seiner Reportage „Drei Monate Fabrikarbeiter und Handwerksbursche". Leipzig 1891, S. 24-25: „Die traurigsten, moralisch und sanitär gefährlichsten [Schlafstellen, G.K.] hat glücklicherweise eine verständige und nachahmenswerte Verordnung des Chemnitzer Amtshauptmanns unmöglich gemacht." Auch Heinz Reif stellte in seinem Oberhausen-Buch regulierende Einflüsse hinsichtlich der Durchsetzung der Wohnstandards fest: „Die Wohnungsrevision sortierte zwar angesichts ständigen Wohnungsmangels nur wenige Wohnungen aus, sorgte aber doch – sehr zum Unwillen der Hausbesitzer – mit ihren Kontrollen und Instandsetzungsauflagen zumindest dafür, daß gewisse Belegungs- und Ausstattungsstandards eingehalten wurden." In: Die verspätete Stadt. Industrialisierung, städtischer Raum und Politik in Oberhausen 1846-1929. Köln 1993, S. 436.

nismus (Wohnungsangebot und -nachfrage sowie die Zahlungsfähigkeit der Interessenten) weitgehend aufgehoben. Nunmehr waren soziale Kriterien bestimmend für die Wohnungsvergabe. Die normativen Bestimmungen der Wohnungsordnung von 1919 prägten diese Kriterien maßgeblich mit. Verloren die Wohnungsordnung und -inspektion einerseits als disziplinierendes Instrument unzweifelhaft an Bedeutung, so wurde diese andererseits, wie an anderem Ort darzustellen ist, hinsichtlich der kommunal regulierten Wohnungsvergabe aber bedeutsam!

Die Interventionen der bürgerlichen Sozialreformer in die halboffenen oder geschlossenen Wohnungen spiegelten das hegemoniale Konzept einer bürgerlichen Vergesellschaftung wider. „Vernünftig" wohnen wurde gleichgestellt mit der Umsetzung der methodischen Lebensführung in den Wohnalltag. Als gesellschaftliche Basis betrachtete man die intime Häuslichkeit der Familienwohnung. Sauberkeit, Ordnung und Selbstkontrolle waren deren Matrix. Der nichtbürgerliche Wohnalltag hingegen wurde potentiell gleichgesetzt mit sozialhygienischen Unzulänglichkeiten und sittlichen Gefährdungen.

Die Wohnungspfleger und besonders die -pflegerinnen waren die Spezialisten des Wohnalltags. Selbst dem Prozeß der Rationalisierung des Handelns unterworfen, wurde ihre Tätigkeit gleichfalls „geordnet", d.h. rationalisiert, differenziert und institutionalisiert und mit den sich herausbildenden Standardwerten abgeglichen. Das Resultat war die Verdrängung der bürgerlichen „ehrenhaften" Tätigkeit durch professionelle Sozialarbeit. Ehemals diffuse Leitbilder einer bürgerlichen Wohnkultur und Alltagspraxis wurden hinsichtlich eines Mindeststandards durch normative Satzungen konkretisiert.

3 Rationales Wohnen in der Weimarer Republik oder die produktive Disziplinierung

3.1 Vorbemerkungen

a. Die produktive Disziplinierung

In der Weimarer Republik änderten sich die Ansätze zur Sozialdisziplinierung grundlegend. Zwar standen den Wohnungsreformern nun normative Instrumente zur Verfügung, aber die soziale Realität der krassen Wohnungsnot paralysierte deren praktische Umsetzung. Statt das „vernünftige" Wohnen zu *verordnen* (kommunale Wohnungsordnungen oder auch Hausordnungen), wurde in der Reformphase der Weimarer Republik (1924-1931) das geordnete Wohnen *organisiert*. Die neue „Wohndiät" (Behne), die den Siedlungsbewohnern nunmehr verschrieben wurde, transformierte jene gesellschaftlich definierten Werte der Sittlichkeit und Sozialhygiene unmittelbar auf die neuen Wohnungen. Den Grundriß und die Funktionen der Wohnungen zu organisieren bedeutete zunächst die Materialisierung der normativen Rationalität. Das „steinerne Gehäuse", von den städtischen Sozialtechnikern geplant und realisiert, minimierte abweichendes Verhalten. Die öffentlich-gesellschaftlichen Zugriffe auf die Individuen waren nunmehr keineswegs repressiv, sondern tendenziell produktiv, und sie waren gleichzeitig, womit gesagt werden soll, daß die ökonomische Wirklichkeit des modernen Kapitalismus ihre direkte Entsprechung in den modernen Wohnsiedlungen fand. Die fordistische Regulierung implizierte eine Rationalisierung des Raums und der Zeit durch Taylorisierung, Massenproduktion und -aneignung. Wenngleich als zentrales Problem weiterhin der Aspekt der Wertevermittlung anzusehen ist, so stellt sich dennoch weniger die Frage der unmittelbaren Einwirkung durch „Rat, Belehrung und Mahnung", sondern vielmehr die Frage der *Verinnerlichung* sozialtechnischer Vorgaben.[139]

Norbert Elias beschrieb als Prozeß der Zivilisation, der nach seiner Ansicht keineswegs gradlinig erfolgt, jene Minderung der unmittelbaren körperlichen Gewalt zur Herrschaftsstabilisierung, statt dessen sah er eine Verstärkung von „Formen der Angewiesenheit und Abhängigkeit", die zu einer „Regelung oder Bewirtschaftung des Affektlebens in Form der Selbstzucht" führen. Dieser Selbstzwang wird nach seiner Ansicht durch den „Druck gesellschaftlicher Institutionen im allgemeinen und im besonderen durch bestimmte gesellschaftliche Exekutionsorgane, vor allem der Familie", bewirkt. Elias stand jedoch der Rationalisierung als Technik der Wer-

---

[139] Vgl. Saldern, Häuserleben, S. 178-187.

tevermittlung äußerst skeptisch gegenüber. „In der Tat weist nichts in der Geschichte darauf hin, daß diese Veränderung ‚rational‘, etwa durch eine zielbewußte Erziehung von einzelnen Menschen oder einzelnen Menschengruppen durchgeführt worden ist. Sie vollzieht sich als Ganzes ungeplant; aber sie vollzieht sich dennoch nicht ohne eine eigentümliche Ordnung."[140] Elias hebt statt dessen eine gesellschaftliche Verflechtungsordnung hervor, die aus Interdependenzen der Menschen hervorgeht.

Der Soziologe Walter Prigge hingegen beschreibt die politische Technik der Disziplinargesellschaft als Mittel zur Beseitigung von Unübersichtlichkeiten. Neben der Produktion von seriellen Räumen trat die zeitliche Durchdringung von Tätigkeiten: Die Zeiten wurden kapitalisiert, es ging um die Herstellung einer vollständig nutzbaren Zeit. „Gegenüber den absolutistischen Prozeduren der Überwachung und Bestrafung (körperlicher Schmerz) wirken die Disziplinen (nunmehr) *produktiv*; nicht Repression, sondern effiziente Normierung ist der Ansatz einer politischen Anatomie des Körpers, die seine raumzeitlichen Bewegungen detailliert registriert, seine Kräfte steigert und ihn als gelehrsames Objekt unterwirft: die Disziplinen arbeiten am Körper und zielen auf die Seele."[141]

Entsprechend der Standardisierung und Typisierung der Hauswirtschaft, der Grundrisse und seriellen Räume sollte auch die soziale Aneignung der neuen Wohnungen einer Vereinheitlichung unterworfen werden. Auf keinen Fall zielte die beabsichtigte produktive Disziplinierung mehr auf die marginalen sozialen Gruppen in den Elendsquartieren. Richteten die deutschen Städtebauer bereits vor dem Ersten Weltkrieg ihren Blick von einzelnen Quartieren auf die gesamte Stadt, so expandierte das gesellschaftliche Projekt der Wohnungsreformer vom begrenzten Arbeiterwohnungsbau zur allgemeinen Wohnraumbefriedigung für die „Minderbemittelten".

b. Die Tendenz zur Kleinfamilie in deutschen Großstädten

Das Leben der „modernen" Kleinfamilien in abgeschlossenen Kleinwohnungen, das noch in der Wohnungsordnung von 1919 als Ideal formuliert worden war, wurde in den 20er Jahren zum Programm. „Halboffenen" Familienstrukturen verblieben in den Frankfurter Siedlungswohnungen keine Räume.[142]

Es ist wichtig darauf hinzuweisen, daß der formulierte Vorrang für Familien, die in abgeschlossenen Kleinwohnungen leben sollten, keineswegs nur mit finanziellen

---

140 Elias, Norbert: Über den Prozeß der Zivilisation. Soziogenetische und psychogenetische Untersuchungen. Bd.1. Frankfurt 1980, S. 255-256.
141 Prigge, Walter: Durchdringung. In: Höpfner/Fischer, Ernst May und das Neue Frankfurt, S. 67.
142 Nur ansatzweise fand die soziale Realität der Vorkriegszeit ihre bauliche Entsprechung in den sogenannten „Anliegerwohnungen" in Frankfurt. Diese konnten zwar von „familienfremden" Menschen bewohnt werden, waren aber bereits räumlich von den „Hauptwohnungen" getrennt.

Notwendigkeiten begründet wurde, sondern ebenso mit der vorausgesetzten soziologischen Umschichtung der städtischen Bevölkerung.[143] Besonders die Gegenüberstellung der Reichsstatistiken von 1910 und 1925 verdeutlicht diesen auffälligen Wandel. So nahm trotz der hohen Eheschließungsrate unmittelbar nach Kriegsende die Geburtenrate deutlich ab.[144] Einschneidend war aber auch die relative Abnahme von Haushalten mit mehr als vier Personen und dementsprechend die verstärkte Zunahme von kleinen Haushaltungen. Diese allgemeine Tendenz war in den Großstädten noch deutlich ausgeprägter. In 75% der Haushalte in deutschen Großstädten lebten 1925 bis zu vier Personen.[145] Auch die absoluten Zahlen der in den großstädtischen Haushaltungen lebenden Personen verdeutlichen diese Tendenz: statt 44,3 % der Haushaltsgrößen mit 2 bis 4 Personen im Jahre 1910 lebten 1925 nun 60,4 % der Personen in Haushaltungen dieser Größenordnung.[146] Die Kleinfamilie (bis 4 Personen im Haushalt) war Mitte der 20er Jahre bereits die dominante Familienform.

c. Anmerkungen zum Begriff der „Minderbemittelten"

Der Begriff der „Minderbemittelten", der seit der Jahrhundertwende zunehmend benutzt wurde, war ausgesprochen vage und konnte daher fast beliebig instrumentalisiert werden. Eberstadt zählte bereits vor dem Ersten Weltkrieg 90 % der Bevölkerung zur Gruppe der „Minderbemittelten". Dieser Begriff umfaßte also für die Wohnungsreformer jenen Teil der städtischen Bevölkerung, der nicht in der Lage war, mit eigenen finanziellen Mitteln eine Wohnung bzw. ein Haus zu erwerben. Die fehlende begriffliche Schärfe verweist zudem auf die Tendenz der Verallgemeinerung des Problems des Wohnungsmangels und des Wohnungselends sowie auf die Verlagerung der Gewichtung vom Arbeiterwohnungsbau zum allgemeinen Wohnungsbau.

Auch Ernst May äußerte in den Zwanziger Jahren mehrfach, daß die „minderbemittelten Schichten" der Bevölkerung etwa 85 % der Gesamtbevölkerung umfaßten.[147] Je nach politischem Kontext wurden mit diesem Begriff entweder die sozialen Gruppen mit niedrigem Einkommen benannt, also die Unterschichten und Niedrig-

---

143 Gropius, Walter: Die soziologischen Grundlagen der Minimalwohnung für die städtische Bevölkerung. In: Internationale Kongresse für Neues Bauen (Hg.): Die Wohnung für das Existenzminimum. Frankfurt am Main 1930. S. 17-19.
144 Eheschließungsrate: 1910 – 7,7/1.000 Einwohner; 1919 – 13,4/1.000 EW; 1925 – wieder 7,7/1.000 EW, Geburtenrate: 1910 – 29,8/1.000 Geborene; 1920 – 25,9/1.000 Geb.; 1925 – 20,7/1.000 Geb. In: Stat. Jahrbuch d. Deutschen Reich, 1932, S. 24.
145 Im Deutschen Reich lebten 1910 54,6% der Menschen in Haushalten mit 2-4 Personen, 1925 bereits 64,2%; in den Großstädten hingegen 1910 bereits 62,1% und 1925 75,2%. In: Statistik des Deutschen Reichs, Bd. 407, S. 14.
146 Ebenda, S. 15.
147 May, Ernst. In: Berichte der StVV Ffm. 1929, S. 1126 oder bereits in der Zeitschrift „Schlesisches Heim" H. 4/1925, S. 140.

verdienenden, oder aber allgemein die städtische Gesellschaft, wobei nur die kleine Gruppe der Wohlhabenden ausgeschlossen blieb.

Als bereits 1927 ersichtlich wurde, daß das sozialpolitische Ziel, bezahlbare Kleinwohnungen für die „Minderbemittelten" zu bauen, nur unzureichend eingelöst werden konnte, erfolgte eine Revision: Zusätzlich zu den Kleinwohnungen für die „Minderbemittelten" sollten nun „Wohnungen für das Existenzminimum" für die „Mindestbemittelten" geschaffen werden. Diese neuen Begriffe blieben ebenso vage, konnten aber im politischen Diskurs zeitweise wirkungsvoll instrumentalisiert werden.

d. Margarethe Sallis-Freudenthal und der Gestaltwandel städtischer Haushalte

In ihrer Autobiographie beschrieb die Soziologin Margarethe Sallis-Freudenthal, die 1934 von Frankfurt a.M. nach Palästina emigrierte, folgende Begebenheiten:

„Zu den interessantesten Persönlichkeiten aus unserem nächsten Umkreis, dem ich persönlich sehr viel verdanke, gehörte ein Nachbar, der damals sein Haus auf den Niddahöhen baute, der Frankfurter Stadtarchitekt Ernst May [...] [Er] erklärte uns in Vorträgen und Aufsätzen, was ‚funktionelles Bauen' sei, ganz kurz gesagt: Nur was praktisch und zweckmäßig sei, sei auch schön; alles andere nebst den Hausfrauen selbst, die nicht logisch denken wollten, gehöre in die Rumpelkammer. Ich begann mein ganzes Leben von früh bis spät neu zu durchdenken, und ich gab mir Mühe, auch meinen alten Haushalt, der viel Ballast und Leerlauf enthielt, einigermaßen umzustellen. May baute natürlich ohne Dachboden und ohne Keller, da ja kein Gerümpel da war. Und da man im Innern nicht viel zu verbergen hatte, konnte so viel Glas wie möglich verwendet werden und Sonne, Luft und Licht und der Anblick blühender Gärten in die Häuser dringen. Er führte die praktische eingebaute kleine Küche ein, bei der kein Leerlauf entstand und in der die Hausfrau, ohne auf ihrem Drehstuhl aufzustehen, ringsum alles erreichen konnte. Er führte Klappbetten und übereinandergebaute Betten ein, namentlich für die Kinder, um so viel Platz wie möglich für den Tagesraum zu gewinnen. [...] In meinem Leben gab es immer von Zeit zu Zeit Menschen, die den nachhaltigsten Einfluß auf mich ausübten [...] So ging es mir damals mit Ernst May und einigen Wegbereiterinnen der ‚Neuen Hauswirtschaft' wie Dr. Erna Meyer mit ihrem berühmten Buch und ihrer Zeitschrift. Als mein Haushalt wuchs [...] wurde mir klar, daß ein Haushalt, genau wie jeder Betrieb nach rationellen Gesichtspunkten geführt werden müsse und der Organisation bedürfe."[148] Diese Textpassagen aus dem autobiographischen Rückblick von Margarete Freudenthal verdeutlichen, welche Ausstrahlungskraft Ernst May und

---

148 Sallis-Freudenthal, Margarete: Ich habe mein Land gefunden. Autobiographischer Rückblick. Frankfurt 1977, S. 79.

die Vertreterinnen der Neuen Hauswirtschaft auf sie ausübten. Freudenthal, die nach der Begegnung mit Ernst May ihr „ganzes Leben von früh bis spät zu überdenken" begann, lebte in einem großbürgerlichen Haushalt; ihr Haus lag am östlichen Niddatal, in der modernen Siedlung Höhenblick, der sogenannten Professorensiedlung. Margarete Freudenthal studierte vor dem 1. Weltkrieg Nationalökonomie, Philosophie und Kunstgeschichte in Freiburg, Frankfurt und Berlin. Im Ersten Weltkrieg heiratete sie den Juristen Berthold Freudenthal, der an der Frankfurter Universität lehrte. Aber bereits vor der Begegnung mit Ernst May begann sie ihren Haushalt zu organisieren. Angeregt durch ein Buch ihres Mannes, das „Wirtschaftsbuch für deutsche Beamte", legte sie eine Kartothek für ihren Gesamthaushalt an, die sie später „zu einer wirksamen technischen Hilfe der Haushaltsführung ausbaute".[149] Nach dem frühen Tod ihres Mannes schrieb sich Margarethe Freudenthal, inzwischen 36 Jahre alt und Mutter eines Kindes, 1930 nochmals zum Soziologiestudium ein. Keineswegs überraschend entschied sie sich auch in ihrem Studienschwerpunkt „nach bittersüßer Neigung und Erfahrung für den Haushalt." Ihr akademischer Lehrer war der Soziologe Karl Mannheim, der den Lehrstuhl von Oppenheimer übernommen hatte. An diesem Institut arbeitete zu jener Zeit auch Norbert Elias als dessen Assistent. Sie promovierte im Dezember 1933 wahrscheinlich als letzte Jüdin an einer deutschen Universität.[150] Ihr Mentor Karl Mannheim war zu diesem Zeitpunkt bereits nach England emigriert. Der Titel ihrer Dissertation lautete: „Gestaltwandel der städtischen bürgerlichen und proletarischen Hauswirtschaft unter besonderer Berücksichtigung des Typenwandels von Frau und Familie, vornehmlich in Süddeutschland zwischen 1760 und 1933. I. Teil von 1760 bis 1910." Der zweite Teil, so schrieb sie im Vorwort ihrer Dissertation, liege im Material, aber noch nicht in der Ausführung vor. Dort sollte dann der „Gestaltwandel in seiner Problematik erfaßt und mit den Kriegs- und Nachkriegsjahren eine Gegenwartsanalyse von 40 Frankfurter Haushaltungen aller Schichten aus den Krisenjahren verbunden werden." Obwohl diese Arbeit im Soziologischen Seminar der Universität unter der Leitung von Karl Mannheim „begonnen und nahezu fertig gestellt" war, wurde sie nie veröffentlicht und gilt als verschollen.[151] Ungeachtet des Verlustes des zweiten Teils ihrer Arbeit konnte M. Freudenthal im Schlußkapitel bereits auf ihr vorliegende Arbeitsergebnisse (40 Befragungen Frankfurter Haushalte) zurückgreifen. Als zentrale These ihrer Forschungen formulierte sie:
(1) „daß eine einigermaßen gradlinige Entwicklung von der Produktion zur Konsumtion im Haushalt bis ungefähr 1930 läuft,

---

149 Ebenda.
150 Sallis-Freudenthal – 85 Jahre. MB. Wochenzeitung der Irgun Olej Merkas Europa. Tel Aviv, Nr. 33, vom 31.8.1979, S. 7.
151 Rutschky, Katharina: Ein Stück deutscher Geschichte und Wissenschaft. Vorwort zur Neuauflage. In: Margarete Freudenthal. Gestaltwandel der städtischen bürgerlichen und proletarischen Hauswirtschaft zwischen 1760 und 1910. Frankfurt/Berlin 1986, S. XVII.

(2) daß der Anpassungsprozeß der Familie nicht gradlinig, sondern unregelmäßig und für die Proletarierfrau anders als für die bürgerliche Frau geschah, und
(3) daß die Struktur des bürgerlichen Haushaltes unter ähnlichen Voraussetzungen eine der Struktur des proletarischen Haushaltes ähnliche – wenn auch zeitlich ganz getrennte – Form annahm."[152]
Strukturell glich sich also der bürgerliche Haushalt dem proletarischen Haushalt an.

Bereits in der frühen proletarischen Haushaltung – etwa um 1860 – war eine Trennung der Produktions- von der Konsumtionswirtschaft vollzogen. Die Realsituation und der Wirkraum fielen, wie dies Freudenthal ausdrückte, bereits zusammen. Infolgedessen kann bei diesem Haushaltstypus nicht von Entwicklungslinien gesprochen werden, da sich die Voraussetzungen – Typenwandel des Haushalts, der Frau und der Familie – nicht veränderten.

Bedeutsam war hingegen die Feststellung, daß die Strukturlinien der bürgerlichen und proletarischen Haushalte erst in der Weimarer Republik zusammenfielen. „Als im ersten Viertel des 20. Jahrhunderts bestimmte Voraussetzungen – Funktionsverarmung im Haushalt, Aufnahmefähigkeit der industriellen Wirtschaft, knapper Männerverdienst, differenzierte Ansprüche und steigende Preise – zur Erwerbstätigkeit der verheirateten Frau, d.h. zu einem neuen Wohnraum der bürgerlichen Frau, führten, begannen für den bürgerlichen Haushalt dieselben Folgeerscheinungen Platz zu ergreifen, wie für den proletarischen Haushalt 50 Jahre früher. Es ist angedeutet worden, wie die Wirkungen zuerst bei der Wohnung, bei weiterer Funktionsausgliederung aus dem Haushalt und bei der Verteuerung der Lebenshaltung spürbar sind. Es wird die Aufgabe des zweiten Teils der Arbeit sein [der nie veröffentlicht wurde, GK], zu zeigen, wie im Fortschreiten der gleichen Voraussetzungen sich die dem proletarischen Haushalt ähnlichen Folgeerscheinungen ergeben. Als nämlich nach dem Weltkrieg zu den früheren Gründen noch die dem bürgerlichen Haushalt bisher eigentümliche Faktoren der Sicherheit und der fundierten Substanz fortfielen, war der Übergang zur reinen Konsumtionswirtschaft unerläßlich. Und zwar zeigte diese bürgerliche Konsumtionswirtschaft dieselben Züge wie der proletarische Haushalt, der starken Verminderung der häuslichen Gemeinschaft mit haushaltsfremden Elementen (Untervermietung). Die Parallelität der beiden Haushaltungen erstreckte sich ebenso auf das Was als auf das Wie des Einkaufs."[153] Die Angleichung der Strukturlinien von proletarischen und bürgerlichen Haushaltungen war sozioökonomisch begründet und stand im Gegensatz zur Ideologie und Praxis der strukturellen und kulturellen Adaption der Bürgerhaushalte durch die wohnkulturell minimierten Arbeiterhaushalte.

---

152 Freudenthal, Margarete: Gestaltwandel der städtischen bürgerlichen und proletarischen Hauswirtschaft unter besonderer Berücksichtigung des Typenwandels von Frau und Familie. Vornehmlich in Süddeutschland zwischen 1760 und 1933. I.Teil von 1760 bis 1910. (Diss. Frankfurt am Main 1933). Würzburg 1934, S. 171.
153 Ebenda.

Im gleichen Sinne argumentierte auch der Kunsthistoriker Walter Müller-Wulckow im Blauen Buch „Die Deutsche Wohnung der Gegenwart", das erstmals 1931 erschien: „Um in der Fülle dessen, was an Wohnungseinrichtungen seit dem Krieg entstanden ist, das Bleibende und Entwicklungsfähige zu erkennen, muß man die Wandlungstendenz zu verstehen suchen. Die wirtschaftlichen und soziologischen Veränderungen haben eine Revision der Lebensbedürfnisse von Grund auf erzwungen. In allen Schichten der Bevölkerung besinnt man sich auf das innerhalb des Lebenskreises Notwendige und Unentbehrliche. Das Existenzminimum ist zur wirtschaftlichen und ethischen Norm geworden. Während früher die Wohnansprüche der Oberschicht das Vorbild abgaben, so daß das Haus des Kleinbürgers in einer in allen Teilen proportionalen, höchst unzweckmäßigen Verkleinerung der Villa bestand, beispielsweise der Salon also sein Gegenstück in der selten benützten 'guten Stube' hatte, ist jetzt umgekehrt die Wohnung für das Existenzminimum zur Richtschnur, ja zum Ausgangspunkt für den Gestaltungswillen geworden."[154]

Ein weitere These, die Margarethe Freudenthal in ihren Forschungen herausarbeitete, bezog sich auf die Genese der Rationalisierung in der Hauswirtschaft.

Zeitlich verzögert zum proletarischen Haushalt, vollzog sich um 1900, nach ihrer Ansicht, ein Wandel des bürgerlichen Haushaltes von der traditionellen Produktions- zu einer eingeschränkten modernen Konsumtionswirtschaft. Entweder mußte die bürgerliche Frau diesen neuen Haushalt „organisierend" (wenn „dienstbare Geister" zur Verfügung standen) oder „eingreifend" bewältigen. Zudem schufen tendenziell engere „Einkommensgrenzen" eine, wie sie es nannte, neue „Frauenideologie". „Der Zwang, gute Qualität und den aus Herkommen und Beruf des Mannes sich ergebenden Lebensstandard mit sparsamer Wirtschaftsführung zu verbinden, hat sie zu einem sehr durchdachten Wirtschaftsplan und einer scharfen Durchdringung aller ihrer hauswirtschaftlichen Pflichten geführt."[155] Unter der geänderten sozioökonomischen Situation (Konsumtionswirtschaft, finanzielle Belastungen, Berufstätigkeit der Frauen etc.) wurden, nach ihrer Ansicht, die „starken ethischen und hausfraulichen Kräfte der Frau für eine neue Haushaltsgestaltung fruchtbar. Sie erkannte, daß nicht mehr die Gesetze der alten Vorratswirtschaft und des alten Produktionsbetriebes zu gelten haben, sondern daß sich die Hausfrau in eine neue Beziehung zwischen ihrer zusammengeschrumpften Konsumtionswirtschaft und dem vergrößerten außerhäuslichen Produktionsapparat zu setzen hat." Es sollen sich nunmehr wieder die Realsituation und der Wirkraum angeglichen haben. Die „neue Ideologie" versuchte, auch in Haushalten, in denen die Frauen nicht „außerhäuslich" berufstätig waren, die neuen „Bedürfnisse des Haushalts, d.h. der Konsumtion, mit dem außerhäuslichen Produktionsapparat in Einklang zu bringen und – an Stelle der Kenntnis des Produktionsprozesses und der Materialsparsamkeit von früher – das

---
154 Müller-Wulckow, Deutsche Wohnung, S. 7.
155 Freudenthal, Gestaltwandel, S. 161.

Wissen um die Gebrauchsfähigkeit der Güter für den Konsum und die Geldteilung und Geldsparsamkeit zu setzen. In den Bemühungen dieser voll beschäftigten, aber zu äußerster Sparsamkeit gezwungenen bürgerlichen Frau aus dem Beginn des 20. Jahrhunderts sind die einen Wurzeln der Haushaltsrationalisierung zu finden".[156] Die anderen Wurzeln der Haushaltsrationalisierung sah Freudenthal in jenen Haushalten, in denen die Frau einer Erwerbstätigkeit nachging. „Die Wohnung wird [dort] in Mitleidenschaft gezogen; es verengt sich der Raum. Es werden weitere Funktionen aus dem Haushalt ausgegliedert, Funktionen, die trotz der stabilisierten Konsumwirtschaft, noch immer dem Haushalt zugehörig waren. Der Haushalt verteuert sich; trotzdem aber ist die Berufsarbeit der Frau lohnend. Hier liegen nun die weiteren Wurzeln der Rationalisierung im Haushalt: neben der Geldersparnis, der sich diese berufstätige Frau, ebenso wie die voll im Haushalt tätige Beamtenfrau, befleißigt, denn sonst würde sie nicht mit solcher Energie 10 Jahre hindurch ein Haushaltungsbuch führen, muß sie sich, eben wegen dieser Berufsarbeit, um Raum-, Zeit- und Kraftersparnis im Haushalt bemühen. Es entsteht auch hier, von der Seite der berufstätigen verheirateten, bürgerlichen Frau her eine neue Ideologie, die sich zum Ziel setzt, mit neuen Methoden der Haushaltsführung die vierfache Aufgabe der Berufsarbeit, der Haushaltserfordernisse, der Kindererziehung und der Gattinnenpflichten zu verbinden. Wirkraum und Realsituation [...] fallen wiederum zusammen und bahnen eine neue, nun nicht mehr allein vom Manne her bestimmte Ideologie an."[157]

Diese Positionen, die Margarete Freundenthal bezog, verdeutlichen den Argumentationskontext der bürgerlichen (aber teilweise auch der sozialistischen) Frauenbewegung. Durch die Herstellung einer Gleichzeitigkeit des weiblichen Wirkraumes und der gesellschaftlichen Realsituation sollte eine gesellschaftliche Aufwertung der weiblichen Hausarbeit vorgenommen werden. Die Rationalisierung der strukturell angeglichenen Konsumtionswirtschaft erschien nach diesem Argumentationsmuster ein umfassendes gesellschaftliches Lösungsmodell zu sein, ohne jedoch die Geschlechterzuweisung im Haushalt und die Mehrfachbelastungen berufstätiger Frauen grundlegend in Frage zu stellen.

---

156 Ebenda, S. 162.
157 Ebenda, 163-164.

e. Moderne Nomaden, Möbel auf Reisen und die Leere

Moderne Nomaden?

Zur Charakterisierung der ausgeprägt mobilen Bevölkerung in der verstädterten Gesellschaft benutzen verschiedene Autoren die Metapher des Nomaden.[158] So auch der Städtebauer Reinhard Baumeister, der bereits 1876, also zu Beginn der Hochphase der Urbanisierung, jene wandernden Bevölkerungskreise als Nomadenfamilien bezeichnete.[159] Dieser Begriff schien zur Kennzeichnung fehlender Seßhaftigkeit und Bindungslosigkeit geeignet zu sein, denn diese Wanderungsbewegungen erfolgten nicht nur auf einer Einbahnstraße vom Land in die Stadt, nicht nur vom Osten nach dem Westen.[160] Es kann von einer „flottierenden Bevölkerung"[161] gesprochen werden, die aber selbst innerhalb der Städte vorerst mobil blieb, wenngleich sie ihr generatives Verhalten oft noch über ein bis zwei Menschenalter beibehielt.

Alexander Schwab weigerte sich in seinem „Buch vom Bauen", den besonders in den 20er Jahren modisch gewordenen Begriff des modernen Nomadentums unreflektiert zu übernehmen. Die enormen Wanderungsbewegungen mit diesem Begriff zu kennzeichnen, resultiert nach seiner Ansicht aus einem zweifelhaften Vergleich: „Das ist um so interessanter, als die, die den Vergleich gerne gebrauchen, damit eine Art von unausgesprochenem Vorwurf anklingen lassen, oder von romantischem falschem Mitleid: die alten jahrhundertelang am alten Fleck ansässigen Ackerbürger-, Pfahlbürger-, Spießbürgerfamilien waren doch bessere Menschen. Was man so nennt: ‚verwurzelt', mit ‚Heimatgefühl', mit wertvoller kultureller ‚Überlieferung'. Also recht ähnlich dem Bauern, dem man ja auch gerne sein ‚zähes Festhalten an der ererbten Scholle' rühmend nachsagt."[162] Anders als die traditionellen Nomaden wanderten die modernen Arbeiter nicht mehr in geschlossenen Verbänden (Sippen), sondern sie wanderten einzeln, auch dort, wo sie in Massen wanderten. Einen weiteren Unterschied sah Schwab darin, daß der Nomade mit all seinem Hab und Gut

---

158 Beispielsweise May, Ernst: Der Frankfurter Wohnungsbau, Rückblick und Ausblick. In: Frankfurter Wohlfahrtsblätter. 31. Jg. Aug./Sept. 1928, S. 78 („die unsichere Arbeitermieterschaft, ein Nomadenvolk"); Gropius, Walter: Der Hang zum Nomadentum. In: Architektur. Wege zu einer optischen Kultur. Frankfurt 1956, S. 178-180.
159 Baumeister, Reinhard: Stadterweiterungen in technischer, baupolizeilicher und wirthschaftlicher Beziehung. Berlin 1876, S. 27. Auch Hermann Schwabe überschrieb bereits 1874 einen Artikel mit „Das Nomadenthum in der Berliner Bevölkerung".
160 Matzerath, Horst: Urbanisierung in Preußen. Stuttgart u.a. 1985; Krabbe, Wolfgang R.: Die deutsche Stadt im 19. und 20. Jahrhundert. Göttingen 1986; Reulecke, Jürgen: Geschichte der Urbanisierung in Deutschland. Frankfurt 1985.
161 So in den Beiträgen zur Statistik der Stadt Frankfurt am Main (1877), S. 51.
162 Schwab, Alexander (anonym Albert Sigrist): Das Buch vom Bauen. 1930 – Wohnungsnot, Neue Technik, Neue Baukunst, Städtebau aus sozialistischer Sicht. (1930). Nachdruck. Braunschweig 1973, S. 167.

wandert, also auch mit seiner transportablen Behausung und seinen Produktionsmitteln. „Mit dem modernen Arbeiter wandert beides nicht mit: von der Wohnung kann er nur das Unwichtigste mitnehmen, Möbel und sonstige Einrichtungen, gerade bei der Wanderschaft, beim Umzug mehr Last als Besitz, Ursache von Transportkosten, die oft den Wert übersteigen. Das Wichtigere, vor allem in unserem Klima, das schützende Haus, kann er nicht mitnehmen. Und was das Produktionskapital anbelangt, so kommt in der modernen Wirtschaft der Arbeiter schon deshalb nicht in die Verlegenheit, es auf die Wanderschaft mitzunehmen, weil er nicht darüber verfügt."[163] Als bauliche Entsprechung zur sozialräumlichen Mobilität konnte sich Schwab ein „modernes Wohnzelt" – das transportable Haus – für die europäischen Nomaden vorstellen. Dieses Haus, nur für eine Nutzung von wenigen Jahren geplant (ca. 10 Jahre), müsse entweder wachsen können oder einfach „ohne Schaden als Altmaterial verkauft und durch ein neues besseres ersetzt [werden]. Ähnlich also, wie heute das Bürgertum und die Arbeiteraristokratie in Amerika mit dem Auto verfährt."[164] In diesen Visionen Schwabs klingen Überlegungen an, die auch Martin Wagner und Hans Poelzig in Berlin mit ihrem Konzept des „Wachsenden Hauses" verfolgten. Aber im Gegensatz zu Schwab bezog sich Wagner primär nicht auf die enorme Mobilität der Bevölkerung (die übrigens bereits vor 1914 ihren Zenit überschritten hatte), sondern auf die wirtschaftliche Krise der Bauproduktion.[165]

Möbel auf Reisen

Auch nach seinem Ortswechsel von den Frankfurter in die Berliner Redaktionsräume der Frankfurter Zeitung beschrieb der „wundersame Realist" Siegfried Kracauer weiterhin Alltagsbegebenheiten aus den Großstädten. Am 3. Oktober 1931 stellte er in einem Artikel in der Frankfurter Zeitung eine „wahre Völkerwanderung der Möbel" vom Berliner Westen in die neugebauten Siedlungen am Stadtrand fest. Die Möbel standen bisher „so sicher, als seien sie mit den Zimmerfluchten und Dielen verwachsen und rührten sich nicht. [...] Stück für Stück wird der Hausrat [nun] herausgeschleppt, ein Stück der Ablösung, der äußerst schmerzlich sein muß." Am Ziel der Reise, in den modernen Vorortsiedlungen, „enthüllen sich alle ihre Gebrechen. Das sind keine Möbel mehr, das ist altes Sack und Pack. Gedrechselte Säulchen schrauben sich sinnlos in die Höhe, Klaviere, deren Poster abgeschabt ist, verlieren auch durch die Konfrontation mit den kahlen Hausfassaden den letzten inneren Halt,

---

163 Ebenda.
164 Ebenda, S. 169.
165 Wagner, Martin (Hg.): Das wachsende Haus. Ein Beitrag zur Lösung der städtischen Wohnungsfrage. Berlin/Leipzig 1932, S. 42: „Im Wohnungsbau stehen wir heute – und von der Not unserer Zeit ganz besonders getrieben – vor der grundlegenden Aufgabe, das Bauen ‚auf Stottern' zu ermöglichen oder anders ausgedrückt: die kaufbare Baueinheit zu reduzieren, das Fertige der Wohnung in einzelnen Etappen zu zerlegen und den gegenüber anderen Gütern übersteigerten Preis der Ware Wohnung auf eine ‚erschwingbare' Höhe herunterzudrücken."

und die Fruchtkränze am Nachtkästchen, die holdselig sein sollen, lächeln blöd und verwirrt. Ob die Stuhlbeine, die Platten, die Füllungen und Säulchen je wieder zu richtigen Möbeln gedeihen? Sie ziehn in Zimmer ein, die kleiner sind als die preisgegebenen, und gleich über ihnen beginnt die Decke. Ich fürchte," so Kracauer, „daß sie fortan mit den Quadratzentimetern genauso rechnen müssen wie ihre Besitzer mit den Pfennigen, und die Zeit des Glanzes unwiderruflich für sie dahin ist."[166]

Die Leere

Als beachtliche Stärke der modernen Architekten wird, ungeachtet ihrer Radikalität, ihr Gespür für das Machbare, ihr Gefühl für die möglichen Veränderungen genannt. Dies äußerte sich auch in der produktiven Umsetzung der sozialen und ökonomischen Krise. Die neue Armut (spätestens seit der Hyperinflation waren hiervon auch Teile des Bürgertums betroffen) ermöglichte in ihrem Sinne paradoxerweise eine Befreiung. Als Bruno Taut im Januar 1924 sein Buch „Die neue Wohnung" veröffentlichte, schlug er eine radikale Handlungsanleitung zur Verbesserung der Wohnkultur in der Übergangsphase vor: „Was für eine Last ist der Haushalt – sich im eigenen Gehäuse wie der Seidenspinner in seinem Cocon einspinnen und sich der Überfülltheit ihrer Wohnung, von der ‚Schönheit' der über und über mit Bildern behängten Wände und davon nicht trennen können, daß diese Kunstwerke sie auch in den banalsten Situationen anstarren und ihnen beim Essen, Trinken, Verdauen, Schlafen, bei Ärger, Sorge und Hast ‚Stimmung' machen. Zu der Körperhygiene muß die Gehirnhygiene hinzukommen."[167] Die Gehirnhygiene Tauts beginnt mit einer Entleerung. Seine Argumentation ist historisierend: „Man muß ja heute alles und jedes historisch beweisen." Auf seiner historischen Suche nach einer „Reinheit der Raumgestaltung" bricht er beliebig Fragmente aus unterschiedlichen Kulturen und Zeit-Räumen heraus, um seinen Ausgangspunkt zu benennen: „Der Raum ist im wahrsten Sinne des Wortes Nichts, die Menschen allein Alles, die vollendete Umkehrung unserer heutigen Behandlung des Innenraums." Die Wohnungen der Gründerzeit, so Bruno Taut im expressiven Sprachgestus, waren größtenteils vollgestopft mit „sentimentalen Kinkerlitzchen". „Es wird ein Fetischismus mit den Gegenständen getrieben, man hat Aberglauben vor ihrer Vernichtung, und gibt ihnen damit Macht und Herrschaft, unterwirft sich der Tyrannei des Leblosen, anstatt in seinem Gehäuse selber der unanfechtbare Herrscher zu sein. Dieses Sichselbstaufgeben unterhöhlt unmerklich das beste Zusammenleben, die beginnende und alle Familienmitglieder mitschwächende Nervosität und Kränklichkeit der Frau wird dann auf das Übermaß der Arbeit geschoben. Aber niemand, sie selbst nicht, will im Grunde die Erleichterung der Arbeit; denn niemand ahnt, daß es Atavismen, Erinnerungs-

---

166 Kracauer, Siegfried: Möbel auf Reisen. Frankfurter Zeitung Nr. 735-736, 3.10.1931. Ich danke Martha Caspers für diesen Hinweis.
167 Taut, Die Neue Wohnung, S. 60.

reste der Großvaterzeit und der Fetischismus der Gegenstände, der Überflüssigkeiten sind, die, wie sie alle, so am meisten die Mutter matt und elend machen." Um die strapazierten Nerven besonders der Hausfrauen zu beruhigen sei alles Überflüssige aus der Wohnung „erbarmungslos wegzubringen", frei von jeglicher „Gefühlsduselei". Die „Generalinventur" hinterlasse somit eine entleerte Wohnung: Raumbefreiung korrespondiere dann mit dem befreiten Menschen. Zudem stelle sich hinterher auch nicht mehr die Frage, wohin mit den gedrechselten Säulchen und Kapitälchen, die, wie Kracauer dies beschrieb, beim Umzug in die Neubauwohnungen blöd und verwirrt auf der Straße herumständen, denn nach dem „Absägen der Verzierungen zeigt sich dann ein tadelloses konstruktives Gerüst".[168] Am besten aber sei, nach Taut, eine Destruktion: Der Verteidigungswall der alten Wohnung gegenüber technischen und sozialen Veränderungen „ist durchlöchert, teils zusammengestürzt und der Schutt muß weggeräumt werden, oder noch besser: man verläßt die Ruine und begibt sich auf freies Land."[169] Dort an der Peripherie der Städte könne dann „die absolut korrespondierende Hülle des heutigen Menschen", die Siedlerwohnung für „befreite" Minderbemittelte gebaut werden.

Jedoch: „Keiner aber lebt sich ein", so der Kritiker Bloch. „Je weiter vorn im Neuen, desto kahler. Die Wand im Zimmer sieht grau und gelblich aus wie die Straße, und der Boden ist sie. Glatt schieben sich die Stühle, nichts steht fest. Kaum noch ist möglich oder nötig, recht zu wohnen. Das leere Ich bildet sich keine Hülle mehr, um den darin zu bergen, der ohnehin nicht zu Hause ist. Die Möbel verschwinden, lösen sich in ihren bloßen Zweck auf, gehen an die Wand."[170] Diese vermeintliche Befreiung des Menschen durch eine Entleerung und Transparenz der Räume ist für Ernst Bloch eine Fälschung. An anderer Stelle in ‚Erbschaft dieser Zeit' führt er aus: „Sachlich sein, heißt hier, das Leben und seiner Dinge so kühl als leicht zu machen. Zunächst spricht sich darin nichts aus als *Leere*, und sie erschöpft sich im Weglassen. Und gleich darüber zeigt sich der *Betrug*, sofern die Leere derart vernickelt wird, daß sie glänzt und besticht. Die Entseelung des Lebens, das zur Ware-Werden der Menschen und Dinge wird poliert, als sei es die Ordnung, ja, die Ordnung selbst."[171]

Nicht die Möbel der neuen Siedler sollten mobil sein („Einbau-Möbel" sind ortsbeständig), sondern die neuen, „befreiten Menschen"[172]. Die modische Benutzung des Begriffs des modernen Nomaden assoziiert vielmehr die Wünsche der Architekten. Der „befreite Mensch" oder die „neue Frau" wurden losgelöst von Traditionen und Klassen gedacht, bar des materiellen und geistigen Ballasts. Gleich einer Flucht, einer Vertreibung *ins* Paradies, sollen sich diese modernen Nomaden von alten Lebensgewohnheiten lösen und von der alten Stadt abwenden.

---

168 Ebenda, S. 88.
169 Ebenda, S. 95.
170 Bloch, Ernst: Die Leere. In: Erbschaft dieser Zeit. (1935). Frankfurt 1985. S. 228.
171 Bloch, Ernst: Sachlichkeit, unmittelbar. In: Erbschaft dieser Zeit. Frankfurt 1985. S. 216.
172 Giedion, Sigfried: Befreites Wohnen. Licht. Luft. Oeffnung. Zürich/Leipzig 1929.

Fritz Wichert, Leiter der Kunstgewerbeschule Frankfurt und seit 1928 Mitherausgeber der Zeitschrift „Das Neue Frankfurt", sah durch die neuen Siedlungen der Moderne keine Neigung zur „Entseelung des Menschen", sondern gerade das Gegenteil. „Die neue Baukunst wird zu einer völlig neuen Lebenshaltung der Menschen führen, den schlecht verteilten Bevölkerungsmassen vieler Wohngebiete ein menschenwürdiges Dasein sichern und uns wieder schöne einheitliche Städte schenken."[173] In seinem programmatischen Artikel „Die neue Baukunst als Erzieher" konkretisiert er die oben genannte allgemeine Aussage: „Es heißt, der neue Baustil erwachse rein aus Zweckmäßigerfüllung, konstruktiver Notwendigkeit, wirtschaftlicher Bedürfnis und anderen Faktoren praktischer Gebundenheit. Immer wieder werden diese Sätze verkündet, und so ist es kein Wunder, wenn der Glaube entsteht, das neue Bauen sei der Ausdruck einer nüchternen, materiellen und der Befriedigung ungeistiger Bedürfnisse dienenden Gesinnung. Wir halten das Gegenteil für wahr. Diese Häuser, die so leicht und anspruchslos gestaltet sind, erscheinen in der Tat als Erzieher zu neuer Geistigkeit. Während sie darauf angelegt sind, ihren Bewohnern die reinsten und gesündesten Lebensquellen zu erschließen, fordern sie auf der anderen Seite eine gewisse Askese, Verzicht auf mancherlei ungeistige Behaglichkeit und Einführung in die Gemeinschaft. Innerhalb der Grenzen, die die Gleichordnung verlangt, leiten sie hin zu einem Leben der Tat und der inneren Vertiefung."[174]

f. Erziehung durch Architektur

    „Der Architekt denkt, die Hausfrau lenkt."[175]
    Bruno Taut (1924)

Die „Erziehung zu neuer Geistigkeit", auf welche Fritz Wichert in dem programmatischen Artikel hinweist, erforderte Wechselwirkungen: „Die Baukunst als Gehäuse, als Umgebung, als Milieu, vom Menschen geschaffen, strahlt bildende Kraft aus und gestaltet so wiederum von sich aus das Wesen der Menschen. Geformtes formt. Mensch und Menschenwerk stehen in dauernder Wechselwirkung. Am kürzesten gefaßt: Neuer Mensch fordert neues Gehäuse, aber neues Gehäuse fordert auch neue Menschen."[176] Aber keineswegs waren die neuen Siedlerwohnungen leere und hinsichtlich der sozialen Aneignung offene Hüllen, die nun von den neuen Bewohnern beseelt werden konnten. Gerade im Gegensatz zur bürgerlichen „Fassadenarchitektur" der Gründerzeit, die erst ansatzweise Wohn-Nutzungen definierte, wurden die Möglichkeiten der individuellen Aneignung zunehmend eingeschränkt (wenngleich

---

173 Wichert, Fritz: Zeitenwende – Kunstwende. DNF Hf.1/1926-27.
174 Wichert, Fritz: Baukunst als Erzieher. DNF H. 11-12/1928. (Nachdruck in Hirdina, Heinz: Neues Bauen. Neues Gestalten. DAS NEUE FRANKFURT/die neue stadt. Eine Zeitschrift zwischen 1926 und 1933. Dresden 1984, S. 278.
175 Taut, Die neue Wohnung, S. 10 und 104.
176 Wichert, Baukunst als Erzieher, S. 277.

eine Küche-Kammer-Wohnung der Arbeiterfamilien aufgrund ihrer reduzierten Struktur auch nicht variabel war). „Die neue Baukunst ist in ihren Absichten, ihren Grundsätzen, ihrem geistigen Gehalt und Charakter schon jetzt eine so umfassende und unzweideutige Bekundung, daß sich auch ihre Forderungen an die Menschen leicht erkennen und – wenigstens in der Hauptsache – darstellen lassen. *So wird sie – mit der Unentrinnbarkeit, die der Architektur eigen ist – zum Lehrer, zum Erzieher.* Bei der Jugend natürlich aus mancherlei Gründen mit besonderer Aussicht auf Erfolg."[177] [Hervorheb.,GK] Die Wechselwirkung, von der Wichert spricht, war somit zunehmend ungleich. Sie reduzierte sich – aufgrund der Unentrinnbarkeit der modernen Architektur – zunehmend auf die Frage der wohnkulturellen Annahme oder Ablehnung der architektonischen Vorgaben.

Anläßlich einer Rezension über die Versuchssiedlung Dammerstock der Reichsforschungsgemeinschaft für Wirtschaftlichkeit im Bau- und Wohnungswesen in Karlsruhe, formulierte der Architekturkritiker Adolf Behne, ein ehemals leidenschaftlicher Verfechter des Neuen Bauens, seine deutliche Kritik an den „späten" Entwicklungstendenzen dieser Baugesinnung: „Der Zeilenbau will möglichst alles von der Wohnung her lösen und heilen, sicherlich in ernstem Bemühen um den Menschen. Aber faktisch wird der Mensch gerade hier zum Begriff, zur Figur. Der Mensch hat zu wohnen und durch das Wohnen gesund zu werden, und die genaue Wohndiät wird ihm bis ins Einzelne vorgeschrieben. Er hat, wenigstens bei den konsequenten Architekten, gegen Osten zu Bett zu gehen, gegen Westen zu essen und Mutterns Briefe zu beantworten, und die Wohnung wird so organisiert, daß es faktisch gar nicht anders gemacht werden kann. [...] Kann man per Diktatur soziologisch sein?"[178]

Stets beharrte Behne auf der sozialen Funktion der Architektur. In seinem 1927 erschienenen Buch „Neues Wohnen – neues Bauen" wies er deutlich auf diesen Primat hin: „Die neuen Techniken, die neuen Materialien, so eminent wichtig sie sind, bleiben immer Mittel zum Zweck. Rechtwinkeligkeit, Ornamentlosigkeit, flaches Dach, so erfreulich, wünschenswert und sympathisch sie sind, bedeuten nicht das Entscheidende; sie sind willkommene Folgen. Entscheidend ist, daß der Mensch die Bauart sucht, die seiner neuen solidarischen Lebenshaltung entspricht."[179] Folglich bedeutet für ihn „mit Vernunft wohnen", daß bewußt an der Rationalisierung, Vereinfachung *und* Vermenschlichung des Wohnens gearbeitet wird. „Bauen ist ja nichts anderes, als Raum organisieren so, daß das Leben sich am besten entfalten und auswirken kann. Über gutes und richtiges Bauen nachdenken heißt nichts andres, als über gutes und richtiges Leben nachdenken."[180] Letztlich faßt Behne „richtiges Bauen" als einen Entwicklungsprozeß auf, bei dem sich Architekt und Mieter

---

177 Ebenda, S. 278.
178 Behne, Adolf: Dammerstock. Die Form, Hf. 6/1930, S. 164.
179 Behne, Adolf: Neues Wohnen – neues Bauen. Leipzig 1927; durchges. Aufl., Leipzig 1930, S. 106.
180 Ebenda, S. 109.

treffen; die jeweiligen Verpflichtungen sollten sein: Der Mieter trägt zur „Verbesserung der Wohnsitten" bei und hängt nicht am Alten, weil es alt ist, und der Architekt baut „nicht für seine Monographie", sondern für den Menschen.

Diese Ebene erweiterte Behne in seinem Dammerstockartikel auf ein anderes Wechselverhältnis: er plädiert für eine ausgleichende Architektur, für eine Suche nach der verlorenen Mitte. „Die Methode des Dammerstock ist die diktatorische Methode, die Methode des Entweder-Oder. Diktatur schneidet auseinander, ist unentwegt geradlinig, kennt zwei Flügel, aber keine Mitte."[181] Die Koordinaten seines Bezugsystems sind: Individuum (Funktion) und Gesellschaft (Form). Markus Bernauer sieht in dieser späten Kritik Behnes keinen Formalismusvorwurf; „vielmehr verbindet er darin im Grunde die Kritik an mangelnder Funktionalität im Sinne eines Eingehens auf die individuellen Bedürfnisse mit der Behauptung, daß die Form dieser Siedlung (Dammerstock, GK) gar nicht wirklich gesellschaftliches Element sei, sondern eigenes Produkt des Architekten, da sie der notwendigen Akzeptanz entbehre."[182]

Die Probleme, die aus der intellektuellen Erhabenheit der Modernisten resultierten, war den städtischen Spezialisten durchaus bewußt: „Von Anbeginn meiner Berufstätigkeit war ich bestrebt, die Bevölkerung aufzuklären und zu überzeugen."[183] Ernst May gründete bereits in Breslau, zur Propagierung seiner Visionen, die Zeitschrift das „Schlesische Heim". Die bereits genannte Zeitschrift „Das Neue Frankfurt", die ein Vorbild für weitere Zeitschriften war[184], definierte sich zunächst – so der Untertitel – als Monatszeitschrift zur modernen Großstadtgestaltung. Die Erweiterung der Herausgeberschaft, neben May seit 1928 auch Wichert, führte gleichfalls zu einer Erweiterung der Themenstellung. Es sollten nicht nur Themen des Städtebaus, „sondern darüber hinaus (sollten) alle jene Strömungen und Neubildungen dargestellt (werden), in denen das moderne Leben, soweit es aus künstlerischen Absichten heraus geformt wird"[185], zum Ausdruck kommen.

Zur „Aufklärung" der Frankfurter Bevölkerung bedienten sich die städtischen Ämter aller vorhandenen modernen Medien: Zeitschriften, Rundfunkreden, Ausstellungen, Vorträge, Reklame, Versuchsküchen- und wohnungen und „Werbedamen". Diese Mittel der Information und „Kundenwerbung" (vgl. Elektrifizierung) waren weit von einer „Pädagogik der Repression" entfernt, da sie nicht auf eine Unterwerfung, sondern auf Aufklärung und Verinnerlichung zielte.

---

181 Behne, Dammerstock, S. 165.
182 Bernauer, Ästhetik der Masse, S. 156.
183 May, Ernst; Das neue Bauen in Frankfurt am Main, S. 11. In: NL May, Ord. 19, Vortrag 122.
184 Beispielsweise „Das Neue Berlin". Vgl. Posener, Julius: Vorwort. Das Neue Berlin. Großstadtprobleme, (Reprint), Basel 1988; Hirdina, Heinz: Versuch über das neue Frankfurt. In: Ders. (Hg.). Neues Bauen. Neues Gestalten. DAS NEUE FRANKFURT/die neue stadt. Eine Zeitschrift zwischen 1926 und 1933. Dresden 1984. S. 11-13.
185 DNF Hf. 1/1928; Vgl. Höpfner, Rosemarie: „das publikum wird gebeten, auf den stühlen platz zu nehmen". In: Dies./ Fischer, Ernst May und das Neue Frankfurt, S. 32.

3.2 Von der Kleinwohnung zur Kleinstwohnung

3.2.1 Die Semantik der Räume

> „Die Geschichte des privaten Lebens ist zunächst einmal die Geschichte des Raumes, in dem es sich abspielt."
>
> Antoine Prost[186]

a. Konstituierung der Grundriß-Wissenschaft

Das enorme Städtewachstum in der Hochphase der Urbanisierung förderte die Auflösung traditioneller städtischer Sozialstrukturen und herkömmlicher Wohnweisen der Bevölkerung. Besonders die „Zentralität und Fremdheit des Elends"[187] bewirkte sowohl eine „bürgerliche" Abwehrhaltung als auch erste Reformstrategien. Vorrangiges Ziel dieser Reformbestrebungen war, so Niethammer, zunächst die Entflechtung der neuen „industriellen" Armut von der traditionellen städtischen Armut. Georg Varrentrapp forderte bereits 1860 zur sozialen Stabilisierung der städtischen Gesellschaft die „Gründung einer gemeinnützigen Baugesellschaft in Frankfurt am Main". Die Wohnungen der neuen gemeinnützigen Wohnungsbaugesellschaft sollten „einer sanitätspolizeilichen Aufsicht unterworfen werden", um „ein gewisses Minimum von Salubrität [in Betreff von Raum, Luft, Licht, u.s.w.]" zu sichern.[188]

Mit seiner Forderung verweist Varrentrapp auf einen Wissenschaftszweig, der sich innerhalb der Wohnungsdiskussion bereits frühzeitig im Sinne einer „exakten Wissenschaft" herausgebildete hatte: die Sozialhygiene.[189] Diese Disziplin stellte eine Wechselwirkung zwischen den Wohnbedingungen und der Gesundheit her. Durch den Paradigmawechsel in der Gesundheitslehre, der sich vor der Jahrhundertwende von der Diätetik zur Hygiene verlagerte[190], wurden die sozialhygienischen Mindeststandards für das gesunde Wohnen „wissenschaftlich" definiert. Diese Debatte kulminierte in der Frage: Wieviel Quadratmeter Wohnfläche und Kubikmeter Luft braucht der Mensch? Es war somit nicht nur eine Reformstrategie für eine bestimmte Gruppe oder Klasse umrissen, sondern die Formulierung eines sozialhygienischen Mindeststandards sollte aufgrund ihrer wissenschaftlichen Legitimierung verallgemeinerungsfähig sein.

Gegenüber dem Sozialhygiene-Diskurs, um fast ein halbes Jahrhundert verzögert, fand in den 20er Jahren eine wissenschaftliche – normative – Durchdringung

---

186 Prost, Grenzen und Zonen des Privaten, S. 63.
187 Niethammer, Historischer Rückblick, S. 292.
188 Varrentrapp, Aufforderung, S. 5.
189 Rodriguez-Lores, Stadthygiene, S. 19-58.
190 Rodenstein, Mehr Licht, mehr Luft, S. 79-83.

des Grundrisses statt. Diese neue „Grundriß-Wissenschaft" strebte nicht nur eine Reform der Wohnungsgrundrisse an, sondern es sollten ebenso die „objektiven", d.h. auch verallgemeinerungsfähigen Bedingungen der Wohnungen ermittelt werden.

Bereits seit den 90er Jahren des letzten Jahrhunderts war die Wohnung selbst Gegenstand der Reformbemühungen, und zwar nicht nur hinsichtlich der Arbeiterwohnungen, sondern ebenso hinsichtlich der bürgerlichen Wohnungen.[191] Im Gegensatz zu den neunziger Jahren stellte die Wohnung in den 20er Jahren nicht mehr das höchst individualisierte Interieur dar, war „nicht mehr das ‚Etui' eines bestimmten Menschen in einer bestimmten Form".[192] Gerade die Vermutung einer Verbürgerlichung der Arbeiterwohnung, vielleicht als Entsprechung der parallelen These von einer Feudalisierung der bürgerlichen Kultur vor dem Ersten Weltkrieg[193], oder der Polarität – Arbeiter- oder Bürgerwohnung – zielte in den 20er Jahren meist ins Leere. Denn die Reformwohnungen, insbesondere des Neuen Bauens, hatten, so Alexander Schwab, „ein Doppelgesicht: es [das Neue Bauen, GK] ist in der Tat beides, großbürgerlich und proletarisch, hochkapitalistisch und sozialistisch. Man kann sogar sagen autokratisch und demokratisch. Allerdings, eines ist es nicht: es ist nicht mehr individualistisch."[194]

Die Grundriß-Wissenschaft wollte, so Wolf, einer ihrer Repräsentanten, den sogenannten „Rohraum" funktional ordnen und typisieren. Der Architekt hat sich „nicht mehr Hohlräume und das Knochengerüst des Hauses vorzustellen und zu entwerfen, darf nicht mehr nur in Zimmern und Fluren denken und planen; er entwirft das Wohnen, die Lebensform selbst."[195] Nicht die Typisierung oder Reform des Grundrisses war neuartig, sondern die Totalität der Absicht. Sozialhygienische Forderungen wurden somit produktiv von den Architekten aufgenommen.

Die architektonische Entwurfsarbeit begann also nicht mehr mit der Ordnung variabler Gruppierungen von Räumen, sondern mit der „Vorstellung des Wohnbedarfs und des Wohnvorgangs".[196] Ziel dieser Grundriß-Wissenschaft war zunächst die „objektive" Ermittlung der Eigenschaften des Grundrisses. Hierfür entwickelte beispielsweise Alexander Klein graphische Verfahren, die ermöglichen sollten, die Güte und den Wert eines Grundrisses einer „allgemein gültigen, objektiven Prüfung" zu unterwerfen.

---

191 Zimmermann, Wohnungsfrage, S. 138-150.
192 Huse, Norbert: Neues Bauen 1918 bis 1933. 2. Aufl., Berlin 1985, S. 70.
193 Kocka, Jürgen (Hg.): Bürgertum im 19. Jahrhundert. Deutschland im europäischen Vergleich. ders.: Bürgertum und bürgerliche Gesellschaft im 19. Jahrhundert. Europäische Entwicklungen und deutsche Eigenarten. Bd.1, München 1988, S. 51.
194 Schwab, Buch vom Bauen, S. 67.
195 Wolf, Gustav: Die Grundriss-Staffel. Beitrag zur Grundrißwissenschaft. München 1931, S. 23.
196 Ebenda, S. 24.

Alexander Klein: Schema der rationellen Grundrißbildung

Ausgehend von der wissenschaftlichen Ermittlung der Grundriß-Eigenschaften, sollten schließlich vereinheitlichte Grundriß-Typen entwickelt werden. Diese Bestrebungen zur „wissenschaftlichen Erforschung" des Grundrisses fanden auch in der Gründung der halb-staatlichen Reichsforschungsgesellschaft für Wirtschaftlichkeit im Bau- und Wohnungswesen (RFG) ihren Niederschlag. Durch einen Erlaß des Reichsarbeitsministers vom 12.12.1927 wurde die RFG angewiesen, eine „wissenschaftliche Bearbeitung von Kleinwohnungsgrundrissen" vorzunehmen.[197] Im Frühjahr 1928 legte bereits ein Arbeitsausschuß eine Sammlung von Kleinstwohnungsgrundrissen vor. Auf der Grundlage dieser Grundriß-Sammlung und unter Hinzuziehung von Hygienikern entwickelte ein Ausschuß vier Modell-Kleinstwohnungen, die anläßlich der Internationalen Hygiene Ausstellung 1930 in Dresden vorgestellt wurden.[198]

Die Untersuchungen zur wissenschaftlichen Ermittlung der Kleinwohnungs-Grundrisse wurden ferner in internationalen Tagungen erörtert.[199] Ungeachtet der unterschiedlichen nationalen Bedingungen glaubten besonders die Architekten der Moderne, ein Programm für den Wohnungsbau des Existenzminimums aufstellen zu können, das auf der Analyse präziser Grundlagen beruhte. Diese Auffassung kam auch in einem Vortrag Mays vom 12.1.1929 zum Ausdruck, den er auf der konstituierenden Versammlung des Internationalen Verbandes für Wohnungswesen hielt: „Eine sorgfältige Erforschung der soziologischen Grundlagen des menschlichen Wohnungsbaues wird zur Folge haben, daß wir den Menschen künftighin nicht mehr eine beliebige Wohnung zur Verfügung stellen, sondern daß wir für bestimmte Menschengruppen, geschichtet nach Kopfzahl und Wirtschaftskraft, das Wohnungsminimum fixieren und darauf hinarbeiten, einem jeden seine ‚Ration' Wohnung in möglichst vollkommener Weise zu beschaffen. [...] Es dürfte nicht übertrieben sein, wenn wir feststellen, daß wir heute erst am Anfang dieser Arbeit stehen und daß wahrscheinlich noch Jahre vergehen werden, bis es internationaler Zusammenarbeit der zivilisierten Länder gelingen wird, die Lösung des Problemes der Wohnung für das Existenzminimum zu finden."[200] In den ebenfalls von May vorgestellten Leitsätzen wurde u.a. formuliert: „Anstelle der bisherigen mehr oder weniger gefühlsmäßigen Bewertungsmaßstäbe für die Volkswohnung sollten wissenschaftlich exakte Methoden treten. Aufbauend auf den biologischen-soziologischen Erfordernissen

---

197 Reichsforschungsgesellschaft für Wirtschaftlichkeit im Bau- und Wohnungswesen: Kleinstwohnungs-Grundrisse. Sonderheft 1. Berlin 1928, S. 1. Vgl. auch dies.: Forschungssiedlung Berlin-Spandau-Haselhorst. Sonderheft 3. Berlin 1929 und dies.: Die billige, gute Wohnung. Grundrisse zum zusätzlichen Wohnungsbau-Programm des Reiches. Berlin 1930.
198 Ausstellung von 4 Geschosswohnungen für die minderbemittelten Kreise unter Berücksichtigung der Mindestanforderungen der Hygiene in der Gruppe Wohnung und Siedlung der Internationalen Hygiene Ausstellung in Dresden 1930. In: RFG, Nr. 5-6/ 1930, Mitteilungen Nr. 54755, S. 14.
199 Der 11. und 12. Kongreß des „Verbandes für Wohnungswesen und Städtebau", der 1928 in Paris bzw. 1929 in Rom tagte, beschäftigte sich ebenfalls mit der „Wohnung der Ärmsten".
200 May, Ernst: Die Wohnung für das Existenzminimum. Zit. in Mohr/Müller, Funktionalität und Moderne, S. 148.

sollte der für verschiedene Größen notwendige und ausreichende Minimalwohnraum errechnet werden. Eine Lieferung von Mehrraum an den Wohnungssuchenden ist solange nicht zu verantworten, als Millionen von Menschen in den europäischen Ländern noch – oft unter elendsten Verhältnissen untergebracht – einer Wohnung harren."[201]

Auch auf der II. CIAM-Konferenz, die im Herbst des gleichen Jahres in Frankfurt am Main stattfand, bekräftigte May das Ziel, verallgemeinerungsfähige Grundsätze mittels „Durchkonstruktion der Einzelwohnzelle", „exakte wissenschaftliche Methoden" zu erreichen. „Trotz aller Verschiedenheit des Klimas und der Lebensgewohnheiten der einzelnen Länder" glaubte er an eine Angleichung auch der Wohnbedingungen. „Die Fortschritte der Technik lassen die Länder kleiner werden, und damit ergibt sich für die Menschen der verschiedenen Nationen ein neues gemeinsames Arbeitsfeld."[202] Diese ersten internationalen Konferenzen, die sich mit der Wohnung für das Existenzminimum beschäftigten, vermochten aber keineswegs eine Verallgemeinerung und internationale Standardisierung der Typen herbeizuführen, jedoch bleibt schon der Versuch bemerkenswert.[203] Zur Vorbereitung der Frankfurter CIAM-Konferenz beschloß der CIRPAC (Internationaler Ausschuß für Neues Bauen), dessen Vizepräsident und deutscher Ländervertreter May war, am 2. Februar 1928 in Basel, eine Umfrage in 18 europäischen Ländern durchzuführen. Die Fragebögen sollten die Grundlage zur Ermittlung eines abstrakten internationalen Standards für das industrielle Bauen werden. Außerdem war die Konzeption einer Wanderausstellung vorgesehen, die in mehreren europäischen Städten gezeigt werden sollte. Diese Ausstellung, die ebenfalls den Titel „Die Wohnung für das Existenzminimum" trug, konnte am letzten Tag der CIAM-Konferenz im Frankfurter Werkbundhaus eröffnet werden. Die Priorität, die man der wissenschaftlichen Grundrißbildung beimaß, kam auch in der Ausstellungskonzeption zum Tragen. Das Frankfurter Hochbauamt, das die Planung dieser Ausstellung übernommen hatte, war bemüht, in knapper und überschaubarer Form „Tatsachenmaterial" anschaulich zu vermitteln. Es sollte vorrangig über den „Stand der Grundrißgestaltungsarbeit für Kleinstwohnungen in den wichtigsten Ländern, über Einkommenshöhe der minderbemittelten Schichten für die verschiedenen Arbeiter- und kleinen Angestellten-Kategorien, über Besonnungs- und Belichtungs-[Verschattungs]-Fragen" informiert werden. Eugen Kaufmann, Mitorganisator der Ausstellung, schrieb: „Wir haben es

---

201 Ebenda.
202 May, Ernst: Die Wohnung für das Existenzminimum. In: Internationale Kongresse für Neues Bauen und Städtisches Hochbauamt in Frankfurt am Main (Hg.): Die Wohnung für das Existenzminimum. Aufgrund der Ergebnisse des II. Internationalen Kongresses für Neues Bauen sowie der vom Städtischen Hochbauamt in Frankfurt am Main veranstalteten Wander-Ausstellung. Frankfurt 1930, S. 15-16.
203 „So ist es kein Zufall, daß der ‚Internationale Kongreß für Neues Bauen' sich für seine erste große Tagung dieses Thema wählte, und es ist auch wiederum nicht verwunderlich, daß er trotz sorgfältigster Vorbereitung der Tagung noch nicht zu Resultaten belangte." May, Wohnung für das Existenzminimum. Zit. in Mohr/Müller, Funktionalität und Moderne, S. 148.

hier also zum ersten Mal mit einer Ausstellung zu tun, die das Problem ganz streng herauszuarbeiten bemüht ist, auf dessen Lösung es heute wesentlich ankommt, und die deshalb auch bewußt verzichtet hat auf alles, was von ihrem eigentlichen Zweck, Studienmaterial zu vermitteln, ablenkt. Daher keine Ansichten, keine Photos, keine Schaubilder, keine Hausmodelle oder eingerichtete Wohnungen wie bei allen früheren Ausstellungen, sondern in erster Linie Grundrisse, und zwar mit Einzeichnung der vorgesehenen Möbelstellungen, dazu lediglich die zu ihrem Verständnis unbedingt erforderlichen Schnitte und Lagepläne, alles in einheitlichen, möglichst großen Maßstäben und in völlig gleicher zeichnerischer Bearbeitung mit den für eine vergleichende Auswertung wichtigsten Zahlenangaben von Wohnfläche, umbauten Raum, Fensterfläche und Bettenzahl je Wohnung. Im übrigen nur graphische Darstellungen und Tabellen über geographische, topographische und statistische Tatsachen."[204] Insgesamt wurden „100 Grundrisse" ausgestellt, die nach Einfamilien-, Zweifamilien- und Mehrfamilienhäusern sowie innerhalb der Abteilungen nach der Größe der Wohnfläche geordnet waren.[205] Als oberste Wohnungsgröße wurden Wohnungen mit 70 qm zugelassen, ein Wert also, der einer sogenannten „Normalwohnung"[206] der Vorkriegszeit entsprach und keineswegs als „Wohnung für das Existenzminimum" in Frankfurt akzeptabel war.

An dieser Stelle ist anzumerken, daß die häufig vorgenommene und ausschließliche Gleichstellung von „Verwissenschaftlichung" der Grundrißlösung und Neuem Bauen keineswegs zutrifft. Gerade die exponierten „Grundrißwissenschaftler" Alexander Klein und Gustav Wolf waren einer „konservativen" Architekturauffassung zuzuordnen.[207] „Modernisten" wie Martin Wagner kritisierten hingegen mehrfach die „Verengungen" der „exakten" Techniker: „Es gibt nun jedoch eine Reihe sogenannter ‚moderner' Architekten, die das ‚biologische' Bauen erfunden haben und nun mit ‚wissenschaftlichem' Ernst die These vertreten, daß die Besonnung des Hauses auch seine Gestaltung im Grundriß wie im Aufriß bestimme. Zu diesen biologischen Baumeistern mit wissenschaftlicher Maske gehört auch der Petersburger

---

204 Kaufmann, Eugen: Die internationale Ausstellung „Die Wohnung für das Existenzminimum". Zit. in Mohr/Müller, Funktionalität und Moderne, S. 149.

205 In den Ausstellungskatalog „100 Grundrisse" wurden hingegen 206 Grundrisse aufgenommen, darunter auch 7 von Gemeinschaftshäusern. In nationalen Präsentationen – z.B. in Polen – wurde diese Wanderausstellung durch nationale Arbeiten ergänzt. Siehe: Internationale Ausstellung „Die Wohnung für das Existenzminimum" zum II. Internationalen Kongreß für Neues Bauen. Veranstaltet vom Städtischen Hochbauamt Frankfurt a.M., Frankfurt 1929.

206 Gut, Albert: Krise im Wohnungsbau? Das Problem der Einfachwohnung. In: Schriften der Kommunalen Vereinigung für Wohnungswesen. H. 13. München 1930. S. 87.

207 Käpplinger, Claus: Wohnungsbau zwischen konservativer Moderne und Neuem Bauen. In: Hofmann/Kuhn, Wohnungspolitik und Städtebau. S. 223-244. Beispielsweise strebte der „Traditionalist" Schmitthenner in der Gartenstadt Staaken bereits vor 1918 nach einer Grundrißtypisierung. Kiem, Karl: Die Gartenstadt Staaken als Prototyp der modernen deutschen Siedlung. In: Vittorio Magnagno Lampugnani/Romana Schneider (Hg.) Moderne Architektur in Deutschland. 1900 bis 1950. DAM. Stuttgart 1992. S. 133-149.

Alexander Klein."[208] Die Polemik Wagners resultierte in diesem Fall aus einer Kritik Kleins an Wagners eigenem Wohnhaus, in dem die „Tageslichtquotienten" keineswegs optimal seien. Die „Ausschwingungen" der Licht- und Schattenwirkungen schienen jedoch Wagner in seinem eigenen Haus angenehmer zu sein als die Berücksichtigung der optimalen Ausleuchtung.

Ebenso betrachtete Bruno Taut die Suche nach einem „Idealtyp" mit größter Skepsis. „In der Tat stellt sich bei allen Anstrengungen in der Suche nach dem Idealtyp heraus, daß gerade dadurch immer mehr Variationen entstehen und daß das erstrebte Ziel immer ferner rückt, je stärker man seine Anstrengungen darauf richtet."[209]

b. Die funktionale Differenzierung des Grundrisses in den Mietshäusern

Die Entwicklungsgeschichte des Wohnens korrespondiert unmittelbar mit der Ausdifferenzierung der Wohnungsgrundrisse. Noch Ende des 19. Jahrhunderts kann von einer Dominanz des Baukörpers über den Zuschnitt der Wohnungen gesprochen werden.[210] Bestimmend war nicht die Ordnung der Wohnräume, sondern diejenige Ordnung, die durch die traditionellen Planungsinstrumente (Fluchtlinienplan, Bauordnungen) nachwirkte („Kultus der Straße", Landmann[211]). Als Merkmal der Grundrißbildung im späten 19. Jahrhundert nennt Gert Kähler „die Addition annähernd gleich großer, rechteckiger, geschlossener Raumzellen, deren Form bisweilen ganz pragmatisch (z.B. um Zugang zu schaffen) verformt wird. Nicht also die reine Form eines Raumes ist das Ziel, sondern eine sehr funktionale Addition von Räumen, die bestimmte soziale Abläufe zum Anlaß der Anordnung macht (das unterscheidet sie vom Funktionalismus der zwanziger Jahre, der physische Abläufe zur Grundlage macht). Das ist an der (groß-)bürgerlichen Wohnung mit ihrer starken Raumdifferenzierung leichter ablesbar als an der Arbeiterwohnung, in der alle Funktionen auf einen oder zwei Räume gedrängt wurden."[212] Kähler warnt davor, die „multifunktionalen Räume" den Arbeiterwohnungen konzeptionell zuzuschreiben, da die Funktionsüberlagerungen aus „schierer Notlage, aus finanzieller Not", resultierten. Die von den Wohnungsreformern heftig kritisierte Einrichtung einer selten genutzten „Guten Stube" betraf die Wohnungen aller Klassen; in den beengten Arbeiterwohnungen war die Einrichtung eines „repräsentativen" Zimmers aufgrund der Raumenge jedoch sinnwidrig. Wohnungspfleger strebten daher auch eine alltägliche Nutzung der „kalten Pracht"[213] an. Aus der heutigen flexiblen Nutzung von alten Miet-

---

208 Wagner, Das Wachsende Haus, S. 28-30.
209 Taut, Bruno: Grundrißfrage. In: Wohnungswirtschaft 21-22/ 1928, S. 314.
210 Kähler, Gert: Kollektive Struktur, individuelle Interpretation. In: arch+. 100-101/ 1989. S. 38.
211 Landmann, Die öffentliche Hand im Wohnungswesen, S. 15.
212 Kähler, Kollektive Struktur, S. 39. Vgl. auch Faller, Peter/Wurst, Eberhard (Mitarb.): Der Wohnungsgrundriß. Stuttgart 1996, S. 14 ff.
213 Taut, Die neue Wohnung, S. 66.

wohnungen dürfe weiterhin, so Kähler, kein „flexibles Wohnangebot" abgeleitet werden. Flexibel sei, so seine Zuspitzung, nur die teilweise vorhandene Schiebetür gewesen.

Kennzeichnend für die städtische Mietshauskonzeption in Deutschland war die klassenspezifische Nutzung der Wohnungen in *einem* Mietshaus, also der „Wohnraumluxus" der bürgerlichen Mieter und die Enge durch Überbelegung der Arbeiterklasse. Im Gegensatz zu England, wo sich die sozialräumliche Segregation frühzeitig vollzog, sind in Deutschland im 19. Jahrhundert noch häufig Bestrebungen festzustellen, die eine Durchmischung der Klassen in einem Mietshauskomplex anstrebten. Vor allem die Rechtfertigung der Berliner „Mietskaserne" – als extreme Form des städtischen Mietshauses – durch James Hobrecht deutet jenes idealisierte Konzept an. Innerhalb eines Hauses sollten dort die verschiedenen Klassen „zusammenwohnen". Die „natürliche" gesellschaftliche Ordnung sollte sich jedoch gleichfalls in der häuslichen Hierarchie widerspiegeln: „In einer sogenannten Mietskaserne befindet sich im I. Stockwerk eine Wohnung zu 500 Talern, im Erdgeschoß und II. Stockwerk je zwei Wohnungen zu 200 Talern, im III. Stockwerk je zwei Wohnungen zu 150 Talern, im IV. drei Wohnungen à 100 Taler, im Keller, auf dem Bodenraum, im Hinterhause oder dergleichen, noch mehrere Wohnungen a 50 Taler." Gerade Hobrecht strebte danach, die soziale Segregation der Klassen, die er in England kennengelernt hatte, zu vermeiden. „Nicht ‚Abschließung', sondern ‚Durchdringung' scheint mir aus sittlichen und darum aus staatlichen Rücksichten das Gebotene zu sein."[214] Ob sich die erwünschte gesellschaftliche Ordnung im Mikrokosmos des Hauses herstellen ließ und ob philanthrope Gesten (ein Teller Suppe zur Stärkung bei Krankheit) die soziale Ungleichheit stabilisierten, soll jedoch hier nicht untersucht werden.[215]

Regional bildeten sich in Deutschland allerdings mehrere Besonderheiten heraus, die durch die verschiedenen Ortsstatute (Bauordnungen) beeinflußt waren. In den 60er und 70er Jahren des vorigen Jahrhunderts war der „charakteristische Typ der Frankfurter Stockwerkwohnung" durch eine damals geltende Bestimmung der Bauordnung geprägt, wonach „mindestens ein Wohnraum an der Straße liegen müsse."[216] Diese aus repräsentativen Erwägungen erlassene Bestimmung hatte zur Folge, daß der Grundriß „zerrissen" werden mußte und die Wohnung nur durch einen langen Korridor erschlossen werden konnte.

---

214 Hobrecht, Gesundheitspflege (1868). Zit. in: Geist/Kürvers, Mietshaus Bd. 1, S. 513.
215 Die Tätigkeit Hobrechts in Berlin, insbesondere der Bebauungsplan von 1862, die einst von Hegemann für das „steinerne Berlin" verantwortlich gemacht wurde, wird inzwischen differenzierter und wohlwollender bewertet. Hoffmann-Axthelm, Dieter: Die Dritte Stadt. Frankfurt 1993, S. 193-194.
216 Kaufmann, Frankfurter Wohnungsbautypen in alter und neuer Zeit. DNF H. 5/ 1926-1927. S. 115.

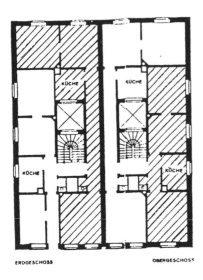

Frankfurter Grundrißtyp aus den 60er Jahren des 19. Jahrhunderts

Ebenfalls prägte eine Bestimmung der Bauordnungen das Miethaus in Frankfurt in den 80er und 90er Jahren. „Charakteristisch für diese Frankfurter Miethausgrundrisse der Vorkriegszeit ist", so der Spezialist für Typenentwicklung im Frankfurter Hochbauamt der 20er Jahre, Baurat Kaufmann, „vor allem der Bauwich, jene Gasse beiderseits der Grundstücksgrenzen, nach der in der Regel die Treppenhäuser, die Küchen und verschiedene Nebenräume gelegt wurden."[217]

Frankfurter Grundrißtyp aus den 80er und 90er Jahren des 19. Jahrhunderts

Die Grundrisse waren funktional noch nicht differenziert, alleine die Küche war als Raum festgeschrieben. Am „charakteristischen Grundrißtyp" der 80er und 90er Jahre kann noch eine weitere lokale Besonderheit erkannt werden: Außer den Innentoiletten befindet sich noch eine Badkammer zwischen zwei Zimmern. Häufig be-

---

217 Ebenda.

fand sich das sogenannte „Frankfurter Bad" in einer Nische, die nur von einem Wohnraum zugänglich war und zumeist als Schlafraum genutzt wurde.

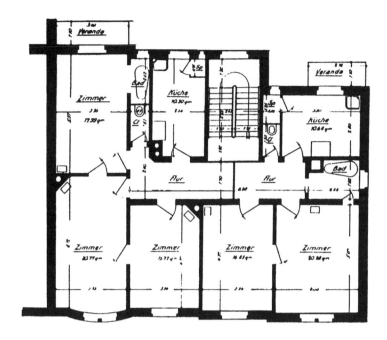

*Grundriß eines Wohnhauses,
Letzter Hasenpfad in Frankfurt am Main (um 1906)*

Zwischen dem städtischen Mietshausbau und der Herausbildung der standardisierten Mietwohnung des Sozialen Wohnungsbaus am Ende der 20er Jahre vermittelten strukturell die größeren Siedlungen (Gartenstädte, paternalistischer Arbeiterwohnungsbau etc.). Diese wiesen häufig eine homogene Sozialstruktur auf. Ebenso wurden sowohl die Wohnungsgrundrisse als auch die Planfiguren der Siedlungen (Offener Block bis Zeilenbau) stetig reformiert. Ende der 20er Jahre kamen die Entwicklungstendenzen zu einem vorläufigen Abschluß. Die Grundstruktur der Mietwohnungen im sozialen Wohnungsbau war zur allgemeinen Norm geworden, die bis heute nachwirkt und nur noch in Nuancen modifiziert wurde. In allen Neubauwohnungen war ein hygienischer Mindeststandard gewährleistet. Dieser äußerte sich zumindest im Vorhandensein einer Innentoilette und eines Wasser- und Elektrizitätsanschlusses. Außerdem setzte sich verstärkt der sogenannte „Zweispänner" durch, der eine gute Querlüftung der Wohnung und eine ausreichende Besonnung der Räume gewährleistete. Augenfällig bleiben nur die extreme Umsetzung des Zeilenbaus und die unüberschaubaren Größenordnungen der Siedlungen in den 60er und 70er Jahren dieses Jahrhunderts.

c. Leitsätze zur Typenbildung in Frankfurt am Main

In Frankfurt a.M. wurde, nach der Berufung Mays als Stadtbaurat, in der neu gegründeten Abteilung „Typisierung" im Hochbauamt unter der Leitung von Eugen Kaufmann an „der Schaffung planmäßig aufgestellter Grundrisse" gearbeitet. Ernst May vertrat jedoch die Auffassung, daß das Wohnungsbedürfnis der breiten Massen der Großstadtbevölkerung mit ein oder zwei Typen nicht zu befriedigen sein werde. „Berufliche Schichtung, Kinderzahl und andere Momente, nötigen zur Aufstellung einer Serie solcher Typen." Die entwickelten Typen wurden in dem „Frankfurter Register"[218] veröffentlicht. Die überraschend hohe Anzahl (mindestens 22 verschiedene Variationen[219]) weist noch auf eine sehr nuancierte Verwendung, die den Vorsatz der Typenkonzentration – wie dies Bruno Taut befürchtet hatte – paraphrasierte. Trotz dieser Diversifikation der Typenserie sollte den Wohnungen allerdings eine „gleichartige Grundform" zugrunde gelegt werden, die May in Leitsätzen zu der Typenserie zusammenfaßte. Kriterien der „gleichartigen Grundform" waren:

Der Anordnung der Räume wird eine Taylorisierung der Raumorganisation zugrunde gelegt. Die Ausrichtung und Anordnung der Räume soll die Durchflutung („Hereinsaugung") der Wohnung mit Licht und Sonne ermöglichen. Die Priorität für eine Zeilenbebauung wird auf eine Nord-Süd-Richtung gelegt, damit möglichst die Morgensonne in Schlafräume und die Nachmittagssonne in die Wohnräume scheinen kann. Falls eine Bebauung an einer Ost-West-Straße städtebaulich notwendig ist, sollten ausschließlich die sogenannten Nordtypen (Mefano 2.48 und Mefanoki 4.57) angewandt werden. Dort liegen die Wohn- und Schlafräume auf der Südseite. Die Hierarchie der Räume stellt sich folgendermaßen dar: Dem „Wohnraum" wird als Hauptaufenthaltsraum die größte Raumfläche zugewiesen. „Die Belastung dieses Wohnraumes mit Funktionen der Nahrungsmittelzubereitung wird abgelehnt." Die funktionale Küche ist räumlich vom Hauptraum abgetrennt, korrespondiert jedoch mit diesem. Zwischen der Küche und dem Eßtisch (im Wohnraum) soll die kürzeste Strecke gewählt werden (vgl. Abb. S. 161). Der „hauswirtschaftliche Prozeß" soll durch einen minimalen Kraftaufwand bei kürzester Wegstrecke organisiert werden. Die Schlafräume werden gleichfalls einer Hierarchie und Differenzierung unterworfen. Das Schlafzimmer der Eltern ist zumeist der größte Schlafraum. Die Schlafzimmer der Kinder sollen (zumindest ab der Pubertät) entsprechend dem Geschlecht, wie in der Wohnungsordnung festgeschrieben, getrennt werden. „Die Trennung der Geschlechter muß auch in Zeiten der größten Wohnungsnot oberster Grundsatz einer gesunden Wohnungspolitik sein." Als „Durchschnittswohnung"

---

218 Das Frankfurter Register war eine lokale Normenblattsammlung, die von großer Bedeutung für den Frankfurter Siedlungsbau war. Architekten und Handwerksbetriebe waren angewiesen, wenn sie am Frankfurter Siedlungsprogramm mitarbeiten wollten, diese einzuhalten. Es gab u.a. Normblätter für Türen, Fenster, Türgriffe, Flachdächer, Öfen oder Küchen.

219 DNF H. 2-3/1930, S. 52-55.

wird eine Dreizimmerwohnung betrachtet, die bereits „in einer Größe von 44 qm in einwandfreier Beschaffenheit" hergestellt werden soll. Hygienische Mindeststandards sind in allen Wohnungen zu garantieren. Zu diesen zählen Innentoilette und zumindest eine Dusche oder Sitzbad.[220] Alle Wohnungen verfügten über einen Flur, der aber keine repräsentative Funktion mehr hat, sondern nur noch Außen- und Innenbereich trennt und die „Verkehrsflächen" optimiert. Im Gegensatz zum typischen Wiener Arbeiterhaus, dem „Bassena-Haus", verfügten auch Arbeiterwohnungen in Frankfurt bereits vor dem Ersten Weltkrieg über einen Flur.

Diese Leitsätze beschreiben die physisch begründete Funktionalisierung der Räume. Einzelne Lebensbereiche wurden separiert und raum-zeitlich geordnet. Intendiert war eine lebensrelevante Umsetzung der „Gebrauchswerteigenschaften" (Wolf), aber auch der normativen Ziele der Wohnungsordnung von 1919. Dadurch konnte eine „Erziehung durch Raum" mittels Verhaltenskonditionierung erfolgen. Tugenden der Sittlichkeit, Ordnung und Sauberkeit wurden nun durch die Werte der Effizienz und Produktivität erweitert.

3.2.2 „Lieber eine kleine Wohnung, als keine Wohnung"

> „Immer wieder hört man Bedenken gegen die Errichtung kleinster Wohnungen äußern. […] *Wer erteilt diese Ratschläge?*
> Kommen sie aus dem Munde der Hunderttausende, die wohnungslos in Mansarden und Kellern oder als Anlieger bei Verwandten und Bekannten ein elendes Leben führen? Nein! Diese Ratschläge kommen von den Wohnungsgesättigten, die sich nicht in die Lage der Wohnungslosen zu versetzen vermögen. Deshalb legen wir ihnen kein zu großes Gewicht bei. Wir befragen im Geiste der Entrechteten, die sehnsüchtig einer menschenwürdigen Unterkunft harren. Wären sie damit einverstanden, daß die geringe Zahl von ihnen große Wohnungen bekommt, während die Masse dafür Jahre und Jahrzehnte lang ihr Elend zu tragen verurteilt wird, oder nähmen sie lieber mit einer kleinen Wohnung vorlieb, die trotz räumlicher Beschränkung den Anforderungen genügt, die wir an eine neuzeitliche Wohnung zu stellen haben, wenn dafür in kurzer Zeit das Übel der Wohnungsnot ausgerottet werden kann?
> Wir wissen, daß die Antwort auf die Frage einstimmig in dem Sinne ausfallen würde: Schafft uns Wohnungen, die, wenn auch klein, doch gesund und wohnlich sind und liefert sie vor allem zu tragbaren Mieten."

Ernst May (1930)[221]

---

220 Alle Zitate die nicht kenntlich gemacht wurden: May, Wohnungsbautätigkeit, DNF Hf. 2-3/ 1930, S. 38-39.
221 May, Ernst: Die Wohnung für das Existenzminimum. In: Die Wohnung für das Existenzminimum. Aufgrund der Ergebnisse des II. Internationalen Kongresses für Neues Bauen sowie der vom Städtischen Hochbauamt in Frankfurt am Main veranstalteten Wander-Ausstellung. Hg. Internationale Kongresse für Neues Bauen und Städtisches Hochbauamt in Frankfurt am Main. Frankfurt 1930, S. 10.

a. An der Wegscheide: Der II. CIAM- Kongreß in Frankfurt am Main

Am 24. Oktober 1929 stürzten die Aktienkurse an der New Yorker Wall Street. Die Folge war jene große Weltwirtschaftskrise, die alle Industrieländer erfaßte und das Ende des Reformwohnungsbaus einleitete. An diesem denkwürdigen Tag wurde der II. CIAM-Kongreß in Frankfurt am Main noch voller Zuversicht eröffnet.[222]

Die zentralen Fragen der modernen Architektur, die bereits in der Erklärung von La Sarraz 1928 aufgeworfen worden waren, verdichteten sich in einem Bereich: der Kleinwohnung. Die Theoriediskussion auf diesem sogenannten II. CIAM-Kongreß mit dem Thema „Die Wohnung für das Existenzminimum" sollte sich speziell mit den praktischen Realisierungsproblemen des Neuen Bauens in Frankfurt auseinandersetzen. Wenngleich der letzte Teil des Programms nicht erörtert wurde, so verdeutlichte aber bereits diese Absicht, daß dem Frankfurter Wohnungsbau eine exemplarische Bedeutung beigemessen wurde. Die meisten Vorträge kennzeichneten die Bestrebungen der Referenten, exakte wissenschaftliche Grundlagen zu gewinnen, die erlauben sollten, dem Menschen eine genau berechnete Wohnung zur Verfügung zu stellen.[223] Vorrangig behandelte man wohnungstechnische und baupolizeiliche Details des Neuen Bauens sowie die soziologischen Grundlagen für die Wohnung des Existenzminimums. Bezeichnenderweise lehnten die Kongreßteilnehmer aber die Erörterung eines wichtigen Teilbereiches ab: die wirtschaftliche Leistungsfähigkeit der Konsumenten und deren Auswirkung auf den Wohnungsbau. Nur Ernst May und Hans Schmidt bezogen sich in ihren Ausführungen zumindest ansatzweise auf diese Fragestellung.

In der den Kongreß begleitenden Ausstellung ließ May – wie bereits erwähnt – eine Tafel aufstellen, die die recht unterschiedlichen Wochenlöhne der Arbeiter in verschiedenen Städten aufzeichnete. Es wurde gefordert, daß die Monatsmiete einen Wochenlohn nicht übersteigen solle.

Die bisherige Wohnungsbautätigkeit in Frankfurt am Main faßte May auf dem Kongreß in einem Resümee zusammen: „Die Wohnungen, die in der Nachkriegszeit erbaut wurden, stehen wohnungskulturell auf höherem Niveau, aber die Mieten liegen meist über der Grenze, die der Familie mit dem Existenzminimum erreichbar ist."[224] Er sah bereits, ähnlich wie Martin Wagner, die Grenzen der Verbilligungsmöglichkeiten durch eine rationelle Bauproduktion, Typisierung und Normierung erreicht. Auch bei Anwendung aller organisatorischen und technischen Rationalisierungsmaßnahmen sei man, ohne gleichzeitige Zinsverbilligung, nicht in der Lage, die Mieten der Neubauwohnungen auf eine tragbare Höhe zu senken.

---

222 Vgl. Kap. Konstituierung der Grundriß-Wissenschaft.
223 Steinmann, Martin (Hg.): CIAM-Dokumente 1928-1939. Basel u. a. 1979, S. 40.
224 May, Ernst: Fünf Jahre Wohnungsbautätigkeit in Frankfurt am Main. In: DNF. H. 2-3/1930. S. 40.

Als die Konferenz am 26. Oktober 1929 mit der Eröffnung der Internationalen Ausstellung „Wohnung für das Existenzminimum" beendet wurde[225], warfen die wirtschaftlichen Turbulenzen im noch fernen New York bereits ihre Schatten. Mit der Konferenz und der beginnenden weltweiten ökonomischen Krise war bereits das Ende des modernen Reformwohnungsbaus eingeleitet.

Die 1924 aufgekommene Reformeuphorie der Modernisten verblaßte jedoch nicht erst mit der beginnenden Weltwirtschaftskrise. Schon nach dem Bezug der ersten Großsiedlungen hatte sich gezeigt, daß die programmatische Vorgabe – der minderbemittelten Bevölkerung bezahlbare und hygienisch einwandfreie Wohnungen zu beschaffen – nicht erreicht werden konnte. Selbstkritisch stellte May daher auch in einer Debatte in der Stadtverordneten-Versammlung im Herbst 1929 fest: „Wenn tatsächlich Klage darüber geführt worden ist, der Magistrat habe bisher insofern versagt, als es ihm noch nicht gelungen ist, Wohnungen zu erstellen, deren Mieten für die minderbemittelte Bevölkerung tragbar sei, so stimme ich dem zu." Gleichwohl relativierte May diese Aussage: „Es ist nun nicht so, wie auch behauptet worden ist, daß die Arbeiter bisher keine Wohnungen bekommen hätten. Mir ist bekannt, daß in Praunheim 30,5% gelernte Arbeiter wohnen. Es ist also in gewissem Umfange gelungen, den Wünschen nach billigen Wohnungen Rechnung zu tragen. Da aber die Minderbemittelten 85 Prozent der Bevölkerung ausmachen, ist es richtig, daß dieser Prozentsatz noch nicht genügt."[226] Als Lösungsmöglichkeit wäre einerseits eine Senkung des Zinsfußes denkbar gewesen – dies lag aber nicht im Ermessen der städtischen Behörden – andererseits eine Mietsubvention für Neubauwohnungen; diese Option überstieg jedoch die finanziellen Möglichkeiten der Stadt. Nur ausnahmsweise sollte in sozial begründeten Fällen (beispielsweise bei kinderreichen Familien) eine städtische Unterstützung erfolgen. Da, wie bereits erwähnt, die Rationalisierungsmaßnahmen der Bauproduktion keine weiteren Einsparungsmöglichkeiten eröffneten[227], blieb nur noch eine Möglichkeit offen: „Unter den Umständen bleibt dem verantwortlichen Wohnungspolitiker als letzter Weg um überhaupt an diese Ziele zu gelangen [Wohnungen für minderbemittelte Schichten zu bauen, GK], diese verzweifelte Not in absehbarer Zeit zu lindern, nichts übrig, als den Wohnraum weiter zu beschränken."[228]

---

225 An der CIAM-Konferenz konnten nur eingeladene Gäste teilnehmen. Wegen des großen Interesses organisierte die Stadt Frankfurt an den beiden ersten nichtöffentlichen Sitzungstagen begleitende Vorträge und Besichtigungsfahrten durch die Frankfurter Siedlungen (24.10. Siedlungen Höhenblick, Bornheimer Hang und Teller; 25.10. Siedlungen Bruchfeldstraße und Praunheim). Außer der eigentlichen Ausstellung im Haus des Werkbunds fanden noch begleitende Ausstellungen statt: so Musterhäuser mit eingerichteten Kleinstwohnungen auf dem Messegelände, eine Gedächnisausstellung Adolf Meyer und eine Käthe-Kollwitz-Ausstellung.
226 May, Berichte StVV Ffm. 1929, S. 1125-1126.
227 Andernacht, Dietrich/Kuhn, Gerd: „Frankfurter Fordismus". In: Höpfner/Fischer (Hg.): Ernst May und das Neue Frankfurt. Berlin 1986, S. 42-64.
228 May, Ernst: Kleinstwohnung oder keine Wohnung. Manuskript. (1929). In: NL Günther, S. 2.

Für den öffentlich geförderten Wohnungsbau entstand in der Weimarer Republik ein fast unüberbrückbares Dilemma: Einerseits erweiterte sich der Kreis der Adressaten für die neuen Wohnungen seit der Jahrhundertwende extensiv; statt für „unbemittelte" sollte nun für „minderbemittelte" Schichten der Bevölkerung gebaut werden, also statt für eine kleine, sozial begrenzte Minderheit nun für die Mehrheit der Bevölkerung. Andererseits sollten die Mieten bezahlbar sein, d.h. in der Regel nicht über ein Viertel des Monatslohns steigen, und trotzdem mußten die Baukosten durch die Mieten amortisiert werden.

b. Der Begriff der Kleinstwohnung

Entgegengesetzt zur Ausweitung der Wohnungskonsumenten fand eine Begrenzung der Wohnungs-Grundfläche statt. Die Arbeiterwohnungsfrage, die seit der Jahrhundertwende zur Kleinwohnungsfrage wurde, entwickelte sich seit 1927/28 zur Kleinstwohnungsfrage.

Mit dem Terminus Kleinwohnung konnte man vor und nach dem Ersten Weltkrieg unterschiedliche Kriterien assoziieren. War die Kleinwohnung ursprünglich eine Küche-Stube-Wohnung, der manchmal eine Kammer zugeordnet war, so bezeichnete man noch bis Mitte der 20er Jahre teilweise Wohnungen mit 3 oder 4 Zimmern als Kleinwohnungen. In manchen Regionen wurden aber abweichende Definitionen benutzt, beispielsweise konnte die Küche ebenfalls als „Wohn"-Raum gezählt werden.

In den „Beiträgen zur Wohnungsfrage" während des Krieges, bearbeitet vom Statistischen Reichsamt, wurden Kleinwohnungen folgendermaßen definiert: „Es wird als zu Kleinwohnungen gehörig die Wohnungen mit 1 bis 4 Wohnräumen, anstatt wie früher diejenigen mit 1 bis 3 Wohnräumen, gezählt. Der Begriff der Kleinwohnung ist schwer statistisch einwandfrei festzulegen. Je nachdem die Bauweise etwas freier oder dichter ist, wird der Begriff der Kleinwohnung hinsichtlich ihrer Größe schwanken. In manchen Bezirken wird nur die Wohnung bis zu 2 Räumen, in anderen wieder die bis zu 4 Räumen dazu gerechnet, vielfach wiederum wird die Kleinwohnung nach dem zur Verfügung stehenden Flächenraum."[229] In der Reichswohnungszählung von 1918 wählte man schließlich einen Mittelweg: Als Kleinwohnungen bezeichnete man jene Wohnungen mit bis zu 2 Wohnräumen und Küche oder Wohnungen mit 3 Zimmern ohne Küche. Als Mittelwohnungen hingegen bereits jene Wohnungen mit 3 Zimmern und Küche oder eine 4-Zimmer-Wohnung mit oder ohne Küche. Großwohnungen waren größer als 5 Wohnräume.[230] In der Reichswohnungszählung von 1927 wurden alle Wohnungen mit bis zu 3 Wohnräumen ein-

---

229 Beiträge zur Wohnungsfrage, Sonderheft 14 (1917), S. 15.
230 Reichswohnungszählung 1918, S. 7.

schließlich Küchen und Kammern als Kleinwohnungen bezeichnet. Mittelwohnungen hatten 4-6 Wohnräume (einschließlich Küche) und Großwohnungen mehr als 7 Wohnräume (einschließlich Küche).[231]

Einige gemeinnützige Wohnungsbaugesellschaften entwickelten bereits im Kaiserreich Kleinwohnungsgrundrisse, die den spezifischen Bedürfnissen der „Minderbemittelten" gerecht werden sollten. So verwies beispielsweise bereits der Name der 1890 in Frankfurt a.M. gegründeten philanthropischen „Aktienbaugesellschaft für kleine Wohnungen" auf ihr Programm. Im privaten Mietshausbau hingegen fand im allgemeinen nur eine unzureichende Differenzierung statt.

Die Definitionen und die Kriterien für Kleinwohnungen wandelten sich grundlegend in der Republik. Wenngleich oft noch die Zimmeranzahl zur Kennzeichnung der Kleinwohnung beibehalten wurde, so gewannen die Wohnfläche und Wohnnutzung zunehmend an Bedeutung. Im Handwörterbuch des Wohnungswesens bezeichnete Wilhelm Lübbert Wohnungen mit einer Nutzfläche bis zu 48 qm als Kleinstwohnungen, solche mit 48-60 qm als Kleinwohnungen und jene zwischen 60-90 qm als Mittelwohnungen. Vor dem Ersten Weltkrieg wurden bei öffentlichen Darlehensbestimmungen jene Wohnungen mit 70 qm als „Normalwohnungen" benannt.[232]

Als wesentliche Unterscheidung aber sind gegenüber der Vorkriegszeit die hohen sozialhygienischen und wohnkulturellen Standards der Kleinwohnungen zu nennen, die in der Republik durchgehend in städtischen Kleinwohnungen realisiert wurden. Einen vergleichbar hohen Standard hatten vor 1914 nur wenige Reformwohnungen der Genossenschaften oder sonstigen gemeinnützigen Gesellschaften. Problematisch erwies sich besonders die unzureichende Differenzierung im privaten Kleinwohnungsbau: „Der Grundriß einer Kleinwohnung wurde einfach durch die Reduzierung der Anzahl der Räume gewonnen. Die Raumgrößen waren dabei dem Belieben der Bauenden überlassen."[233]

Den Begriff der Kleinstwohnung benutzte man vor 1927 zur Bezeichnung der einfachsten und kleinsten Wohnungen (Küche-Kammer-Wohnungen). In der zweiten Hälfte der 20er Jahre jedoch assoziierte man mit dem Terminus der Kleinstwohnung, der mit dem der „Wohnung für das Existenzminimum" identisch ist, eine Wohnung mit kleinster Nutzfläche, aber (zumindest in Frankfurt) relativ hohem Wohnstandard und hoher funktionaler Differenzierung. Mit diesem Begriff sollte also vorrangig die weitere Reduzierung der Grundfläche auf ein sogenanntes „biologisches und sozialhygienisches Mindestmaß" benannt werden. Zweck schrieb in seiner Dissertation 1933: „Diese Reduzierung der Wohnfläche auf das sogenannte Existenzminimum bildet das Hauptmerkmal der Kleinstwohnung und unterscheidet sich dadurch wesentlich von der Kleinwohnung der Vorkriegszeit. Trotz dieser klei-

---

231 Reichswohnungszählung 1927, I. 48.
232 Gut, Krise im Wohnungsbau? S. 87.
233 Zweck, Joachim: Die Kleinstwohnung, eine wirtschaftliche Notwendigkeit und ihre rationelle Gestaltung. (Diss. Jena). Bottrop 1933, S. 4.

neren Raumgrößen ist die Kleinstwohnung keinesfalls als eine Behelfsform zu betrachten. Die außerordentlich große Nachfrage nach diesen Wohnungen zeigte vielmehr, daß sie in ihrer heutigen Gestaltung den Bedürfnissen breiter Volkskreise voll und ganz Rechnung trägt. Sie bedeutet deshalb nicht, wie vielfach behauptet wird, einen Rückschritt in der Wohnkultur, sondern zweifellos einen gewaltigen Fortschritt namentlich auf dem Gebiet der Sozialhygiene."[234]

Sollte man nach diesen Anmerkungen über den Wandel der Begriffe schließen, daß in der Republik vornehmlich kleine Wohnungen gebaut wurden, so wäre dies sicherlich falsch. Denn der Anteil der Kleinwohnungen war in deutschen Mittel- und Großstädten vor dem Ersten Weltkrieg tendenziell höher.[235] Etwa die Hälfte der Wohnungen im deutschen Reich waren 1927 Kleinwohnungen. Jedoch sind extreme regionale Schwankungen festzustellen, die ein deutliches Ost-West-Gefälle (Ausnahme Ruhrgebiet) aufweisen (in Hindenburg/Oberschlesien waren 83,6% der Wohnungen Kleinwohnungen, in Hannover hingegen nur 17,4%).

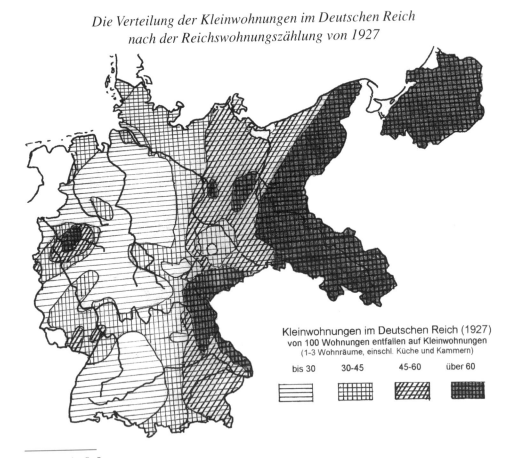

Die Verteilung der Kleinwohnungen im Deutschen Reich nach der Reichswohnungszählung von 1927

234 Ebenda, S. 5.
235 Statistik des Deutschen Reichs, Bd. 362, I (Wohnverhältnisse), S. 54.

Es ist wichtig festzustellen, daß sich einerseits die extremen regionalen Unterschiede in der Republik aufgrund der sozialstaatlichen Interventionen (Vergaberichtlinien für Hauszinssteuer-Hypothek, soziale Wohnungspflege etc.) anglichen und daß andererseits in der Hauszinssteuerära tendenziell ein Wandel vom Mittelwohnungsbau zum Klein(st)wohnungsbau stattfand.

In deutschen Mittel- und Großstädten unterschieden sich die Wohnungstypen zwischen 1927-1932 pro 100 Neubauwohnungen nach folgenden Klassen:[236]

Tab. 2: Gebaute Wohnungstypen in deutschen Mittel- und Großstädten

Wohnungen	1927	1928	1929	1930	1931	1932
Klein(st)-Wohnungen (1-3 Zimmer)	34,2	35,6	43,0	49,3	57,0	53,7
Mittel-Wohnungen (4-6 Zimmer)	62,6	60,4	53,8	48,2	41,1	42,5
Groß-Wohnungen (über 6 Zimmer)	3,2	4,0	3,2	2,4	1,9	3,8

Die Tabelle verdeutlicht, daß erst um 1930 im Reichsdurchschnitt etwa gleich viele Klein- wie Mittelwohnungen gebaut wurden. Interessant wäre ein Reichsvergleich, der die Entwicklung der Grundfläche widerspiegelt, aber hierfür liegen keine aussagekräftigen Angaben vor. In Frankfurt a.M. beispielsweise war 1926 die durchschnittliche Grundfläche einer 2-Zimmer-Wohnung größer als die einer entsprechenden 3-Zimmer-Wohnung 1930.[237]

Rückgang der Wohnungsgrößen infolge Verteuerung des Bauens, 1926-1930

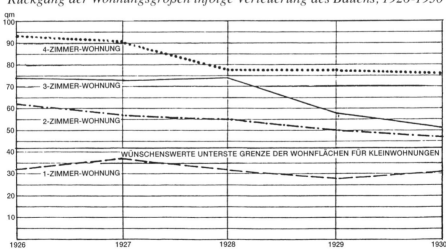

---
236 Wirtschaft und Statistik 1932, S. 66.
237 May, DNF 1930, S. 25.

Trotz des veränderten Bedarfs – große Wohnungsnot und soziale Umschichtung der Bevölkerung – war die Wohnung des öffentlich regulierten Wohnungsbaus tendenziell in der Grundfläche größer, und sie unterschied sich deutlich in der wohnkulturellen Ausprägung.

Lange Zeit aber blieb in der Debatte um eine Formulierung von Reichsrichtlinien sogar offen, ob Mindest- oder Höchstanforderungen definiert werden sollten. Erst unter dem Eindruck der Weltwirtschaftskrise wurden die Maximalbestimmungen klar definiert (aber weiterhin die Bezeichnung Klein- statt Kleinstwohnung benutzt).

Im Sommer 1930 legte Heinrich Stegerwald vom Reichsarbeitsministerium in den „Grundsätzen für die Durchführung des zusätzlichen Wohnungsprogramms des Reiches" fest, daß ausschließlich Kleinwohnungen einfachster Art für Familien mit Kindern zur Miete geschaffen werden sollten, die den schwierigen wirtschaftlichen Verhältnissen der breiten Schichten der Bevölkerung Rechnung trügen. Zu diesem Zwecke sei in der Regel die Wohnfläche der Wohnungen auf 32-45 qm zu beschränken; nur soweit die Wohnungen für Familien mit mehreren Kindern bestimmt seien, könnten größere Wohnflächen, aber höchstens solche bis zu 60 qm zugelassen werden.[238] Die Fortschritte auf dem Gebiet der Sozialhygiene, die Zweck a.a.O. hinsichtlich der Kleinstwohnungen beschrieb, waren nicht mehr verallgemeinerungsfähig. So bestimmte Stegerwald in den Richtlinien, daß keine Gemeinschaftseinrichtungen (Sammelheizungen, Gemeinschaftswaschküchen etc.), aber auch keine individuellen Bäder in den Wohnungen errichtet werden dürften. Es wurden nur noch Duscheinrichtungen zugelassen! In den Reichsgrundsätzen für den Kleinwohnungsbau vom 10. Januar 1931 legte man eine Begrenzung bei öffentlicher Finanzierung sogar auf ca. 45 qm fest, die nicht überschritten werden durften.[239]

c. Kontrast: Über den „normalen Wohnbedarf einer bürgerlichen Familie" in Frankfurt am Main im Jahre 1920

Erst Ende der Weimarer Republik verschob sich die öffentlich geförderte Wohnungsproduktion zugunsten des Kleinwohnungsbaus. Als „Normalwohnungen" wurden bereits vor dem 1. Weltkrieg – legt man die öffentlichen Darlehensbestimmungen zugrunde – jene Wohnungen definiert, die etwa 70 qm Wohnfläche aufwiesen.

Die voranstehende Tabelle über den Rückgang der Wohnungsgrößen infolge Verteuerung des Bauens verdeutlicht die stetige Reduzierung der Wohnfläche pro Wohnung in Frankfurt a. M. Im Wohnungsbauprogramm der Stadt Frankfurt wurde 1928 festgelegt, daß die Hälfte der mit öffentlichen Mitteln erstellten Wohnungen nur noch eine Grundfläche von etwa 40 qm aufweisen durften.

Innerhalb der Entwicklungslinien der Wohnungsgrundrisse sind innerhalb weniger Jahre einschneidende Umbewertungen festzustellen. Besonders die öffentliche

---

238 Zweck, Kleinstwohnung, S. 7.
239 Bauwelt, H. 4/1931, S. 99.

Wohnungsbewirtschaftung sprengte tradierte soziale Wohnvorstellungen. Zur Verdeutlichung dieses Wandels soll ein Schreiben des Frankfurter Bürgerausschusses (Bürgerrat) an den Reichswohlfahrtsminister von 1920 hinzugezogen werden. Insbesondere aus einer Broschüre[240], die dem Schreiben beigelegt wurde, kann eine Unstimmigkeit zwischen veränderten gesellschaftlichen Rahmenbedingungen und den bürgerlich normativen Vorstellungen des Bürgerausschusses abgeleitet werden.

Dem Mangel an Kleinwohnungen – dieser Frage galt vorrangig die Schrift – sollte in den unmittelbaren Nachkriegsjahren sowohl durch eine kommunale Wohnraumerstellung als auch durch finanzielle Eingriffe entgegengewirkt werden. Diese Maßnahmen würden als Teil einer „klassenversöhnenden Sozialpolitik" durchaus auch von der Frankfurter Bürgerschaft begrüßt, um die „Abgründe" zu überbrücken – so die Schrift –, in die „unser Volk gestürzt" worden sei. Aber die Rahmenbedingungen der „klassenversöhnenden Sozialpolitik" des Bürgerausschusses hatten noch ihre klaren Klassengrenzen. Eine Mietsteuer, über welche damals debattiert wurde, lehnten sie ab, statt dessen schlugen sie eine Wohnflächensteuer vor. Von dieser Steuer sollten „aber nur solche Räume betroffen werden, die über den *normalen Wohnungsbedarf einer bürgerlichen Familie* [Hervorheb. G. K.] hinausgehen. Die Wohnflächensteuer würde den sozialen Ausgleich dafür schaffen, daß Wohnungsinhaber, die von ihren geräumigen Wohnungen aus technischen, hygienischen oder kulturellen Gründen für die Allgemeinheit nichts zur Verfügung stellen können, ihre moralische Verpflichtung den Obdachlosen gegenüber dadurch erfüllen, daß sie die Mittel hergeben, die Räume, die sie selbst nicht von ihren Wohnungen abgeben können oder wollen, an anderer Stelle neu zu errichten."[241] Aufschlußreich ist nun, wie das normale Wohnungsbedürfnis einer bürgerlichen Familie definiert wurde. Hiller, Berichterstatter des Bürgervereins, nahm als normales Wohnungsbedürfnis für eine durchschnittliche bürgerliche fünfköpfige Familie folgende Werte an: drei Schlafräume, ein Speisezimmer, ein Wohnraum und ein Raum für Dienstboten; „d.h. eine Frankfurter Fünf-Zimmerwohnung mit Mansarde würde ungefähr den notwendigen Bedürfnissen entsprechen. [...] Man wird also sagen können, daß [...] die normale Wohnfläche abzüglich aller Wirtschafts- und Verkehrsflächen [!, G.K.] nicht über 140 qm betragen darf."[242] Für jede weitere Person wurden 10 qm Wohnfläche angegeben. Die bürgerliche „Normalwohnung" eines Fünf-Personen-Haushalts müßte also etwa 170 qm groß sein, inklusive Verkehrsflächen.

Diese Wohnbedarfsvorstellungen des Frankfurter Bürgervereins kontrastieren deutlich mit den Richtwerten, die wenige Monate vorher in der Frankfurter Woh-

---

240 (Frankfurter) Bürgerausschuß an Abt. für Wohnungs- und Siedlungsangelegenheiten, Reichswohlfahrtsminister; 6.3.1920; BA Potsdam, RAM, Best. 39.01. Die Beteiligung des Reiches an der während der Übergangszeit nach dem Kriege durchgeführten Wohnungsfürsorge, 1919-1921.
241 Hiller, Ernst: Vorschläge zur Behebung des Mangels an Kleinwohnungen in Frankfurt a.M. Zur Frage der Sozialisierung des Grundbesitzes. Frankfurt 1920, S. 12.
242 Ebenda, S. 13.

nungsordnung erlassen worden waren und denen der Regierungspräsident als Aufsichtsorgan nur unter Vorbehalt hatte zustimmen können (3 qm Bodenfläche im Schlafzimmer pro Person), aber auch mit den durchschnittlichen Richtlinien des gemeinnützigen Wohnungsbaus der Vorkriegszeit (etwa 70 qm).

d. 1926: Anmerkungen über die behauptete Überlegenheit der Frankfurter gegenüber der Wiener Wohnung

Nach seiner Rückkehr vom Internationalen Städtebaukongreß, der vom 14.-19. September 1926 in Wien stattfand, beschrieb Ernst May in der Frankfurter Volksstimme seine Eindrücke und unternahm einen Vergleich zwischen dem kommunal regulierten Frankfurter Wohnungsbau und dem Wiener Gemeindewohnungsbau: „Die einzelne Wohnung wurde [in Wien, GK] in bescheidenem Maße durchgebildet. 75 Prozent der Quartiere enthielten auf einer Grundfläche von 38 Quadratmetern nur Küche und Stube und nur ein verhältnismäßig bescheidener Teil des Wohnungsprogramms darüber hinaus bei einer Grundfläche von 48 Quadratmetern noch eine Kammer." Besonders heftig kritisierte er die Finanzierung des Wiener Wohnungsbauprogramms. „Die Mieten für die Wohnungen sind [...] anormal niedrig, d.h. sie betragen nur zirka 5 Mark monatlich, die Wohnung einschließlich Wohnbausteuer. Der Arbeiter, der vor dem Kriege ein Viertel bis ein Fünftel seines Einkommens für Wohnzwecke aufzuwenden hatte, hat heute im allgemeinen nur 2 Prozent seines Lohns für diesen Zweck auszugeben. [...] Zur Frage der Finanzierung können wir uns kurz fassen. Es kann nicht als gesund bezeichnet werden, die Kosten für die Beseitigung der Wohnungsnot gerade unserer schwer geprüften Generation allein aufzubürden und spätere glücklichere Geschlechter von solcher Belastung freizusprechen. Darüber hinaus muß es unbedingt als falsch bezeichnet werden, die Wohnungsmiete in der Weise herunterzudrücken, wie das in Wien geschehen ist. Sicher ist es wünschenswert und notwendig, die Mieten in ein gesundes Verhältnis zu dem Einkommen der Mieterschaft zu bringen. Es kann aber nicht Aufgabe der Allgemeinheit sein, die gut gebauten hygienisch besseren Wohnungen an wenige auf Kosten der Allgemeinheit zu verschenken. Es wäre richtiger, wenn der einzelne bis zur Grenze seines Könnens zur Wohnungsmiete beisteuert und wenn die Allgemeinheit nur zur Deckung der darüber hinausgehenden Beträge herangezogen wird."[243] Selbstbewußt stellte er in diesem Artikel in der sozialdemokratischen Zeitung die Bauleistungen des „Neuen Frankfurt" denjenigen des „Roten Wien" gegenüber. „Stellen wir aber der Wiener Wohnung die Frankfurter Normalwohnung gegenüber etwa in den Miethausgruppen am Pestalozziplatz oder in der Bruchfeldstraße, so können wir feststellen, daß auch der Wohnungsorganismus unserer Frankfurter Kleinwohnung auf Grund unseres Wohnungsbauprogramms der Wiener Wohnung

---

243 May, Wohnungspolitik in Wien und Frankfurt. Volksstimme 22.9.1926. Zit. in: Mohr/Müller, Funktionalität und Moderne (1984), S. 330-331.

erheblich überlegen ist. Unsere kleinsten Mietwohnungen umfassen, von einzelnen Einzimmerwohnungen für ledige oder alleinstehende Personen abgesehen, zirka 50 Quadratmeter Wohnfläche, die Kammer im Dachgeschoß ungerechnet."[244] In seinem Artikel erwähnte Ernst May nicht, daß beispielsweise die Miete einer 3-Zimmer-Wohnung mit 65 qm in der Bruchfeldstraße monatlich zwischen 60 und 70 RM betrug, zuzüglich der Baukostenzuschüsse!

Den Versuchen zur Rationalisierung von Bauproduktion und Bauorganisation, deren Fehlen May ebenfalls am Wiener Modell kritisierte, maß er in Frankfurt eine gewichtige Bedeutung für die Verbilligung des Bauens bei; sie führten aber nicht zu den erhofften Ergebnissen. Bereits zwei Jahre nach der Niederschrift des oben zitierten Artikels sahen sich die städtischen Planer veranlaßt, den Wohnungsgrundriß auf „Wiener Verhältnisse" zu reduzieren. Zwar fand eine Angleichung der Größe der Kleinwohnungen zwischen Wien und Frankfurt statt, aber weiterhin blieben wichtige Unterschiede bestehen: nämlich in der Organisation des Wohnungsgrundrisses, der Höhe der Miete und der wohntechnischen Ausstattung. Eine Raumeinschränkung führte, bei nie in Frage gestellten Aufrechterhaltung der wohnungstechnischen und wohnungshygienischen Mindestanforderungen, notwendigerweise zu einer Konzentration der Funktionen und rationalen Durchdringung des gesamten Wohnbereichs.

e. Das Frankfurter Wohnungsbauprogramm von 1928

Die Wohnungsbaudebatte vom 28. August 1928 stellte einen qualitativen und quantitativen Einschnitt im Wohnungsbauprogramm des „Neuen Frankfurt" dar. In einer Magistratsvorlage (Nr. 157) wurde die Stadtverordneten-Versammlung ersucht, einem vierjährigen Wohnungsbauprogramm von außerordentlich beachtlichen 4.000 Wohnungen pro Jahr zuzustimmen. Stadtrat May räumte in der Wohnungsdebatte ein, daß es nicht gelungen sei, mehr Menschen unterzubringen, als bereits jährlich infolge neu gegründeter Haushalte und Zuwanderungen als Zuwachs zu verzeichnen waren.[245] Die Anzahl der 18.000 Wohnungssuchenden konnte nicht reduziert werden. Ein weiteres Problem sei, so May, daß, gemessen am geltenden Kapitalzinsfuß und Bauindex, bisher zwar schöne und verhältnismäßig billige Wohnungen gebaut wurden, diese aber, gemessen am Einkommen der Bevölkerungsschichten, welche am meisten unter dieser bedrückenden Wohnungsnot litten, zu teuer waren.[246] Besonders die ungelernten Arbeiter konnten die Mieten in den Neubausiedlungen nicht bezahlen.[247]

---

244 Ebenda.
245 May, Berichte StVV Ffm. 1928, S. 1020.
246 May, Berichte StVV Ffm. 1928, S. 1018.
247 In der Debatte wurde die soziale Schichtung der Bewohner in der Siedlung Praunheim unterschiedlich dargestellt. Ernst May sprach von 1,8% ungelernten Arbeitern und 24,5% Facharbeitern in Praunheim, Kirchner (SPD) hingegen von 38,2% Arbeitern, 48,72% Angestellten und 11,4% Mietern aus „freien Berufen".

Angesichts der begrenzten Geldmittel wäre es nach Mays Ansicht „absolut unsozial und verwerflich" gewesen, für wenige Personen, die über die nötigen Finanzmittel verfügten, bequeme und großzügige Wohnungen zu bauen und dadurch Tausenden auf lange Zeit den Zugang zu neuen Wohnungen zu verwehren. „Wir sind als Vertreter absoluter Realitätspolitik zu der Erkenntnis und Überzeugung gekommen, daß wir in den nächsten Jahren unter allen Umständen darauf hinarbeiten müssen, Wohnungen in nennenswerter Zahl – wir schlagen vor, mindestens 2000 pro Jahr – zu einer Miete zu bauen, die eben für die minderbemittelten Schichten erschwinglich ist, und das können wir, nachdem wir die Rationalisierungsmaßnahmen mit Erfolg durchgeführt und dadurch nachweislich über eine Million Mark gespart haben. Das können wir weiter nur dann erreichen, wenn wir auch noch einen anderen Schritt tun, nämlich den Wohnraum verkleinern."[248] Von den jährlich zu erstellenden 4.000 Wohnungen waren 2.000 Wohnungen als Kleinstwohnungen geplant. Deren Grundriß beabsichtigte man auf 38 qm zu reduzieren!

Die Finanzierung dieses Vierjahresprogramms sollte, so der Berichterstatter des Hochbau- und Hauptausschusses Ege, nach folgenden Grundprinzipien erfolgen: Gegenüber der bisherigen Regelung sollte die Hauszinssteuerhypothek von 6.000 Mark pro Wohnung auf 4.000 Mark gekürzt werden, um dadurch Mittel für weitere 4.000 Wohnungen freizusetzen. Die erste Hypothek sollte ohne Hilfe der Stadt Frankfurt aufgebracht werden. Ausgeklammert waren bisher die Wohnungen, die das städtische Hochbauamt erstellen wollte. Diese sollten von der Stadt restlos, also zu 100 %, finanziert werden. „Bei den Kleinwohnungen, deren Baukosten ca. 8.000 Mark betragen sollen, wird sich die Angelegenheit so verhalten, daß die Stadt aus der Hauszinssteuer für diese Kleinwohnungen 4.000 Mark gibt, dann die erste Hypothek beschafft und die Restfinanzierung übernimmt."[249]

Dieser beabsichtigte Vergabemodus für Hauszinssteuermittel aber widersprach den von der Stadtverordneten-Versammlung mehrfach gefaßten Beschlüssen, denen zufolge die Hauszinssteuermittel nicht gekürzt, sondern aufgestockt werden sollten.[250] Der Magistrat lehnte ein solches Ansinnen ab, da „die Forderung nach Einbringung von 20 % Eigenkapital […] nicht zuletzt aus Gründen der Erhaltung gesunder Verhältnisse im Bauwesen gerechtfertigt"[251] sei und, bei erhöhter Förderung einzelner Bauvorhaben, eine allgemeine quantitative Einschränkung zur Folge

---

248 May, Berichte StVV Ffm. 1928, S. 1029.
249 Ege, Berichte StVV Ffm. 1928, S. 1021.
250 So beispielsweise ein Beschluß der StVV vom 8.5.1927, Berichte StVV, S. 752: „Beide Hypotheken zusammen können für gemeinnützige anerkannte Baugenossenschaften oder Gesellschaften nur bis zur Höhe von 90 % (früher 80 %) der von der Stadt anerkannten Aufwendungen für den Bau nebst Grundstück, höchstens jedoch – bei grösseren Wohnungen und unter besonderen Verhältnissen – bis zu 15.000 RM pro Wohnung gegeben werden." Weitere Beschlüsse in diesem Sinne am 28.8.1927 und am 3.2.1928.
251 Mitteilungen des Magistrats, MB 202; Berichte StVV Ffm. 1928, S. 1232.

haben müsse. Allerdings wurde dieser Punkt in der Generaldebatte über das Wohnungsbauprogramm von 1928 nicht erörtert, jedoch erneut 1929 und besonders 1930 aufgegriffen, als die unzureichende Verwirklichung des Wohnungsbauprogramms ersichtlich wurde. Die sozialdemokratische Fraktion nahm dann die Forderung nach einer Erhöhung und Eingrenzung der Hauszinssteuermittel wieder auf und stand hierbei im deutlichen Widerspruch zur Auffassung des sozialdemokratischen Kämmerers Bruno Asch.

Titelblatt der Zeitschrift DAS NEUE FRANKFURT

Grundsätzlich aber fand die Vorlage des Vierjahres-Wohnungsbauprogramms die weitgehende Zustimmung der Kommunalpolitiker. Mehrfach wurde die Ausweitung der geplanten Bauvorhaben begrüßt, so auch in einem Redebeitrag des Stadtverordneten Dobler, der der DNVP angehörte, die nicht zu den Trägerparteien des Neuen Frankfurt zu rechnen war. „Ich glaube nicht zu viel zu behaupten, wenn ich sage, daß die uns unterbreitete Magistratsvorlage eine der bedeutungsvollsten, wenn nicht die bedeutungsvollste überhaupt ist. Ich stelle ihre Wichtigkeit selbst über die der letzten großen Eingemeindungen, denn die große und gewaltige Aufgabe, an die mit diesem Programm herangegangen werden soll, soll für Menschen geleistet werden. Wir sind der Meinung, daß wir dieses Wohnungsbauprogramm so durchführen müssen, daß die Wohnungsnot auf schnellstem Wege beseitigt wird."[252]

Trotz der grundsätzlichen Billigung des Wohnungsbauprogramms – die Wirtschaftspartei und die NSDAP sind hierbei ausgenommen – wurde in Detailfragen Kritik geübt. Der Haupteinwand bezog sich auf die beabsichtigte Reduzierung des Wohnungsgrundrisses für die Kleinstwohnungen. Lang, Stadtverordneter der KPD, bezeichnete die geplanten 38 qm kleinen Wohnungen als „Spielzeugschachteln" oder „Mäuselöcher". Auch die Stadtverordneten der sozialdemokratischen und der Zentrums-Fraktion beanstandeten die Grundrißreduzierung, schlossen sich aber letztlich der Argumentation Mays an: „Lieber eine kleine Wohnung, als keine Wohnung".[253]

---

252 Dobler (DNVP), Berichte StVV Ffm. 1928, S. 1023.
253 Sieling (SPD), Berichte der StVV Ffm. 1928, S. 1022. Ebenso Kirchner (SPD), S. 1031 ff.

Die Frankfurter Küche von Margarethe Schütte-Lihotzky

3.3 Fallstudien zum neuen Bauen in Frankfurt am Main

3.3.1 Die „Frankfurter Küche"

a. Initiativen zur Rationalisierung der Hauswirtschaft

Am 28. Oktober 1929 fand im Reichswirtschaftsministerium eine Besprechung über die Fragen der Rationalisierung der Hauswirtschaft statt. Anlaß dieses Treffens war die Absicht, ein „möglichst vollständiges Bild über die in Angriff genommenen Arbeitsgebiete zu erhalten, etwaige Lücken, wo Arbeit not täte, zu finden, vielleicht da und dort Überschneidungen abzustellen, endlich auch wohl Arbeitsgemeinschaften anzubahnen."[254] Diese Zusammenkunft spiegelte das breite Spektrum der Initiativen zur Rationalisierung der Hauswirtschaft wider. Interessant war zudem, daß sich diese Bewegung keineswegs nur auf die städtische Hauswirtschaft bezog. Sowohl öffentliche als auch private Institutionen forschten über die Rationalisierung der städtischen und ländlichen Hauswirtschaft und Frauenarbeit.

Einer der Teilnehmer dieser Tagung war Professor Derlitzki von der „Hauswirtschaftlichen Versuchsanstalt" in Pomritz. Diese Forschungsstelle, zum Landstand Oberlausitz gehörend, wurde größtenteils vom sächsischen Staat finanziert; gelegentlich erhielt sie auch Reichszuschüsse. Der Arbeitsschwerpunkt lag in der Erforschung von Rationalisierungsmöglichkeiten der Arbeit von „landwirtschaftlichen Hausfrauen". Dieser Einrichtung stand das „Institut für Hauswirtschaftswissenschaft" nahe, das eine ähnliche Zielsetzung verfolgte, sich also mit der hauswirtschaftlichen Betriebsführung ländlicher Haushalte befaßte, aber die Priorität auf die Lehrtätigkeit legte. Angegliedert war diesem Institut auch eine Akademie für landwirtschaftliche Lehrtätigkeit. Die Finanzierung erfolgte durch das Reichskuratorium für Wirtschaftlichkeit (RKW), das Preußische Landwirtschaftsministerium sowie durch die Landwirtschaftskammern. Weiterhin existierte in Leipzig eine „Versuchsstelle für Hauswirtschaft". Diese prüfte Geräte und Haushaltsgegenstände sowohl nach praktischen als auch nach wissenschaftlichen Grundsätzen. Die Versuchsstelle kooperierte mit verschiedenen Institutionen (u.a. Universität Leipzig, Stadt Leipzig, Reichsforschungsgesellschaft für Wirtschaftlichkeit im Bau- und Wohnungswesen, Normenausschuß, Pomritz) und war um eine finanzielle Unabhängigkeit von der Industrie bemüht. Neben öffentlichen Subventionen deckten Mitgliedsbeiträge der angeschlossenen Hausfrauenverbände die Unkosten. Nach einer positiven Prüfung der Haushaltsgeräte konnte ein Prüfzeichen – der „Sonnenstempel" des Hausfrauen-

---

254 RWM, Niederschrift der Sitzung vom 28.10.1929, Rationalisierung der Hauswirtschaft. In: StA Ffm., MA T 886.

vereins – vergeben werden. Ebenso strebte der „Normenausschuß" eine Vereinheitlichung der Hauswirtschaftsgeräte unter dem „Leitgedanken einer rationalen Wirtschaftsgestaltung" nach Formen, Maßen und Größen an. Finanziert wurde dieser Normenausschuß durch die Fachverbände und Mitgliedsbeiträge. Das „Reichskuratorium für Wirtschaftlichkeit" hingegen, das als Unterabteilung eine „Gruppe Hauswirtschaft" gebildet hatte, verstand sich vorrangig als „Sammlungs- und Unterstützungsstelle". Mit der Erforschung zweckmäßiger Grundrisse und der Küchengestaltung beschäftigte sich u.a. die halbstaatliche Reichsforschungsgesellschaft für Wirtschaftlichkeit im Bau- und Wohnungswesen (RFG). Der Verein Deutscher Ingenieure (VDI) hatte eine Ausstellung „Technik im Heim" veranstaltet. Diese sollte zeigen, „welche technischen Hilfsmittel zur Verfügung ständen, um der Hausfrau zu helfen, Zeit, Kraft und Geld zu sparen. Sie erstrecke sich auf eine vergleichende Prüfung der einzelnen Geräte, die Berechnung der Kosten bei Aufstellung der Apparate, die Einrichtung der Wohnung unter dem Gesichtspunkt der Zweckmäßigkeit."[255] Als besonderes Studienobjekt wählte der VDI Ende 1929 die Waschmaschine. Marie-Elisabeth Lüders, Mitglied des Reichstages und ehemalige Wohnungspflegerin in Charlottenburg sowie Mitglied der RFG, schlug eine intensivere Koordinierung der verschiedenen Institutionen vor. Insbesondere sollte ein gemeinsames Archiv für Fragen der Rationalisierung der Hauswirtschaft aufgebaut werden.

Die unterschiedlichen Institutionen, die auf dieser Tagung vertreten waren, geben noch keineswegs die vollständige Breite dieser Bewegung zur Rationalisierung der Hauswirtschaft wider. Auf keinen Fall beschränkten sich die Bestrebungen also auf die Tätigkeit von exponierten Spezialistinnen wie beispielsweise Erna Meyer oder Irene Witte oder auf einzelne Orte wie Frankfurt am Main, Dessau oder Berlin.

b. Erna Meyer, der Wohnungsbau und die Hausführung

Zu den profiliertesten Vertreterinnen der Rationalisierungsbestrebungen im Haushalt gehörte zweifellos Erna Meyer. Ihr 1926 publiziertes Standardwerk „Der neue Haushalt"[256] erreichte bereits 1929 die 36. Auflage.[257] In zahlreichen Aufsätzen, Vorträgen oder auch in der begleitenden Ausstellung „Siedlung und Wohnung" zur Werkbundsiedlung Weißenhof bei Stuttgart 1927 konnte sie ihre Reformansätze vorstellen. Erklärbar ist ihr außergewöhnlicher Erfolg nicht nur durch die „Rationalisie-

---

255 Ebenda.
256 Meyer, Erna: Der neue Haushalt. Ein Wegweiser zur wirtschaftlichen Betriebsführung. Stuttgart 1926.
257 Giedion, Sigfried: Die Herrschaft der Mechanisierung. Ein Beitrag zur anonymen Geschichte. Frankfurt 1987, S. 571. Hagemann, Frauenalltag und Männerpolitik, S. 699.

rungseuphorie" der Weimarer Republik, sondern ebenso aufgrund des beabsichtigten Vermittlungsversuches: Zunächst sollte die häusliche Berufsarbeit der Frauen entsprechend der außerhäuslichen Erwerbsarbeit aufgewertet werden: „Erst seit kurzem ist die Frau überhaupt dazu erwacht, ihre Hausfrauentätigkeit als Berufsarbeit zu begreifen, deren Wert und Würde keiner anderen außerhäuslichen irgendwie nachsteht."[258] Außerdem sollten die Rationalisierungskonzepte in der Hauswirtschaft gleichzeitig betriebstechnische und -organisatorische Entwicklungstendenzen herbeiführen: „Der unserer Zeit eigene Zug zum Wesentlichen hat uns erst jüngst die Wiedereroberung der eigentlich recht naheliegenden Erkenntnis beschert, daß die Wohnung vor allem zum Wohnen da ist. Nun ist allerdings das, was man unter ‚Wohnen' versteht, äußerst verschieden je nach dem Kulturstande des Volkes und des Einzelnen, um den es sich gerade handelt. Das aber können wir, ohne in eine Erörterung über den Begriff der Wohnkultur einzutreten, mit Sicherheit sagen: Zum Wohnen, das über einfachstes Hausen hinausgeht, zu gutem Wohnen also, gehört erheblich mehr als Wetterschutz und saubere Beseitigung der Abfälle, zu gutem Wohnen gehört u. a. die ganze Summe von Bedingungen, die die Abwicklung der Alltäglichkeit zusammendrängen auf ein Minimum an Kraft- und Zeitaufwand. Das heißt mit anderen Worten: Die Wohnung soll ein Werkzeug unserer Lebensgestaltung werden, und, um das sein zu können, muß sie unserem Leben dienen."[259] Dieser Reformansatz war verallgemeinerungsfähig, da er klassenübergreifend sowohl den proletarischen als auch den bürgerlichen Haushalt erneuern sollte, außerdem den Haushalt der inner- als auch den der (zusätzlich) außerhäuslich tätigen Frauen einbezog. Dementsprechend konnte auch zwischen den „Fraktionen" der bürgerlichen und sozialistischen Frauenbewegung vermittelt werden.

Besonders Architekten des Neuen Bauens wie Walter Gropius, Ernst May oder Mies van der Rohe fanden in Frauen wie Erna Meyer Mitstreiterinnen zur Reform der Wohnkultur. Eine deutliche Wahlverwandtschaft ist insbesondere im literarischen Schaffen von Erna Meyer und Bruno Taut erkennbar. Diese äußert sich in der Formulierung konkreter Handlungsanleitungen, die einen praktizierbaren Übergang zur Wohnreform und Haushaltsrationalisierung aufzeichneten. Beide Personen suchten die Hausfrau als Verbündete; Aspekte der intellektuellen Bevormundung, aber auch der Respektierung der Hausfrauen überlagerten sich untrennbar. Beide wollten durch Gestaltung eine neue Ordnung schaffen; diese sollte aber nicht durch Repression erzwungen werden, sondern durch eine Aneignung, beruhend auf der Wechselwirkung zwischen Architekt und Konsumentin. Voraussetzung für das Gelingen dieser Kulturrevolution war aber die Bereitschaft der Frauen, an diesem Reformprojekt mitzuwirken: Deshalb auch der intensive Versuch der „Aufklärung" durch Publikationen.

---

258 Meyer, Erna: Die Wohnung als Arbeitsstätte der Hausfrau. In: Block, Fritz (Hg.): Probleme des Bauens. Der Wohnbau. Potsdam 1928. S. 164.
259 Ebenda.

Es wird nachfolgend ausführlicher aus den Arbeiten dieser weiblichen Spezialistin zitiert, um ihre Suche nach der „Neuen Zeit" und der „Neuen Frau" im kulturgeschichtlichen Kontext skizzieren zu können: „Unsere Zeit, unsere chaotische Gegenwart ist vor allem gekennzeichnet durch das Suchen; das Suchen nach neuen Lebensformen, denn die alten sind endlich abgenutzt, wir sind ihnen entwachsen und lassen sie hinter uns wie die Schlange ihre alte Haut. [...] So stehen wir Heutigen an einem Anfang, wir machen eine Wandlung unseres inneren Wesens durch und darum suchen wir nach neuen Lebensformen, nach neuem *Ausdruck* in Wissenschaften und Künsten, in Staats- und Gesellschaftsgestaltung und - - - im Allerpersönlichsten." [260] Anders als bei dem „kunstgewerblichen Vorgeplänkel" zur Jahrhundertwende ging es nach der Ansicht von Erna Meyer in der Republik um sehr viel: „Jetzt geht's ums Ganze; der neue Mensch sucht seine neue Haut!" [261] Das „innere Sehnen" des neuen Menschen hat nach ihrer Auffassung eine recht praktische Seite: Dies sei die Rationalisierung. Erna Meyer verweist stets in ihren Schriften auf die volkswirtschaftliche Bedeutung des „kleinsten Betriebs", der Hauswirtschaft, der aber bei einem Umsatz von „fast $2/3$ des Volksvermögens wichtig genug für das Ganze sein dürfte". Die Arbeitsstätte der Hausfrau ist untrennbar mit der Wohnung verknüpft. Infolgedessen müsse dem Prozeß der Wohnungsplanung nach ihrer Ansicht auch hinsichtlich der Küche ein Vorrang eingeräumt werden: „Wieviele Unsinnigkeiten würden wir uns bei den jetzt so zahlreichen Versuchen, zu neuen Bauformen zu kommen, ersparen, wenn mit eiserner Hartnäckigkeit daran festgehalten würde, daß die *erste Voraussetzung* für ein neues Haus die *Erfüllung des Wohnbedürfnisses,* also auch seine Gestaltung als ideale Arbeitsstätte der Hausfrau ist! [...] Denn der nach dem neuen Haus suchende Mensch unserer Zeit ist nicht nur der Mann, der außer Haus seinem Beruf nachgeht, und zufrieden ist, wenn er zu Hause knappe Stunden des Essens und Schlafens verbringen kann, sondern ebenso die Frau, die haupt- oder nebenberuflich an das Haus gebunden, von ihm in jedem Fall viel abhängiger ist als der Mann, die aber sowohl als Alleinstehende wie als Gefährtin des Mannes und Mutter der Kinder den Charakter unseres Zeitalters mindestens ebenso stark bestimmt wie der Mann selbst." Polarisierend fährt sie fort: „Ob sie als vom Alltag gedrücktes Aschenbrödel, als stets übellaunige Hysterika die aufgezwungene Bürde seufzend trägt und dadurch hinabzieht alle, die in ihrer Umgebung (meist nicht weniger seufzend) leben, oder ob sie mit sicherer Hand und frohen Augen ihre Arbeit überlegen meistert und darum, des eigenen wertvollen Tuns bewußt, stets frisch und unermüdet die Widrigkeiten des Tages überwindet, kurz, ob sie Sklavin ihrer Pflichten oder schöpferische Meisterin ist – das macht einen gewaltigen Unterschied für sie selbst, ihre Familie und damit für das Ganze unseres Volkes." [262] Die Entlastung der Frauen von den Mühen der Hausarbeit war folglich

---

260 Meyer, Erna: Wohnungsbau und Hausführung. In: Der Baumeister H. 6/ 1927, Beil. S. 89.
261 Ebenda.
262 Ebenda, Beil. S. 89-90.

für Erna Meyer ein „zentrales Teilproblem der Wohnungsfrage überhaupt". Ihre deutliche Kritik bezog sie naheliegenderweise auf die männliche Planungsarbeit. „Wie sieht die Gegenwart aus? Traurig genug, denn die meisten Architekten wissen noch gar nicht, daß es außer einem direkt entlüfteten W.C. andere ‚Selbstverständlichkeiten' gibt, die ebensolche allmenschliche Bedürfnisse erfüllen. Oder sind Essen und Schlafen und alles, was sie erst ermöglicht, nicht mindestens ebenso wichtig wie der Stoffwechsel? Wahrscheinlich hätte man längst eingesehen, wenn der Mann selbst die dazu notwendigen Arbeiten verrichten müßte. Nur weil sie bisher hauptsächlich von der Frau erledigt zu werden pflegen, der Mann jedoch nur indirekt in Mitleidenschaft gezogen wird, konnte es bei dem, heute eigentlich kaum noch faßlichen Zustand bleiben, daß für jede Hausarbeit ein Vielfaches an Kraft und Zeit aufgewendet wird von dem, was erforderlich wäre, wenn alle technischen Hilfsmittel herangezogen, wenn die Arbeitsmethoden selbst verbessert würden und wenn die Gestalt des Hauses von vornherein die günstigsten Möglichkeiten für die Durchführung dieser Verbesserung schaffen würden."[263] Als Vorbedingung für einen erforderlichen Wandel sah sie eine planvolle Zusammenarbeit zwischen Architekt und Hausfrau an. Planvoll solle bedeuten, daß die Durcharbeitung des Hauses bis auf seine Einzelheiten nach den Bedürfnissen der Frauen erfolge. Die Frauen selbst sollten als Sachverständige zur Planung hinzugezogen werden. „Die enge Verknüpfung von Wohnungsgestaltung und Wirtschaftsführung […] wird notwendig zu eingehender Mitarbeit der Frau bei allem, was mit Haus und Wohnung zusammenhängt, führen müssen. Planvolle, d.h. auf frühester Entwicklungsstufe einsetzende sachverständige Beratung des Architekten durch hierfür geeignete Frauen könnte es in kurzer Zeit dahin bringen, daß kein Wohnungsbau mehr ausgeführt wird, der nicht als Arbeitsstätte wenigstens den Mindestanforderungen entspricht."[264] Jedoch erforderte die neue Haushaltung nicht nur ein neues Gehäuse, sondern auch die neue Frau. Damit das „sinnlose Chaos" durch eine „planvolle Ordnung" ersetzt werden konnte, mußte sich die Frau jedoch zuerst selbst erziehen. Erna Meyer forderte eine „innere Umstellung der Hausführung durch Erziehungsarbeit an uns selbst"[265].
Zur Anleitung gab sie den Hausfrauen „zehn Gebote" auf ihren „Weg der Befreiung" mit:

„A. Zur Verbesserung der Wohnung als Arbeitsstätte:

1. Die Lage der Wohnräume, also Grundriß und alle sonstigen Einzelheiten des Haushalts seien derart, daß die zu nehmenden Wege und alle zu verrichtenden Instandhaltungsarbeiten auf ein möglichstes Mindestmaß beschränkt werden (vorwiegend Architektensache).

2. Die Einrichtung der Wohnung, besonders der Wirtschaftsräume, ist so zu gestal-

---
263 Ebenda, Beil. S. 89-90.
264 Meyer, Wohnung als Arbeitsstätte der Hausfrau, S. 172.
265 Meyer, Der neue Haushalt, S. 5.

ten, daß sich ein Mindestmaß an Reinhaltungsarbeit und an Wegen während des Arbeitens ergibt.

3. Alles ‚Handwerkszeug' muß leicht erreichbar an der Stelle aufbewahrt werden, an der es am häufigsten gebraucht wird (‚griffbereit'), und seine Anordnung bei der einzelnen Verrichtung muß so getroffen werden, daß ein Mindestmaß an Bewegungen (Kraftaufwand) zu seiner Handhabung notwendig ist.

4. Alles Handwerkszeug muß sich in tadellosem, gebrauchsfähigem Zustand befinden, und es müssen auch alle übrigen Gegenstände des Hausrats zweckentsprechend sein.

B. Zur Verbesserung der Arbeitsmethoden:

5. Arbeite stets mit ‚richtiger' Körperhaltung, d.h. erledige alles, wenn irgend möglich, sitzend und in einer alle Muskelanspannung vermeidenden Stellung. Beachte dabei eine zweckmäßige Arbeitshöhe und schaffe dir alle Hilfsmittel, um diese jederzeit einhalten zu können.

6. Sorge für ausreichende Beleuchtung und gute Luft, besonders auch während der Arbeit in der Küche.

7. Schalte regelmäßige 5 bis 15 Minuten während Pausen wirklichen Arbeitsruhens ein.

8. Entwickle deinen Körper durch planvolle Leibesübungen außerhalb der Arbeitszeit und wende das Gelernte in der Zehn- oder Zwanzigminutenpause während der Arbeit an. Sorge für zweckmäßige Berufskleidung! Um eine gute Arbeitsorganisation zu erreichen, muß

9. jede Verrichtung bis ins einzelne durchdacht werden, so daß man die beste, in jedem Sonderfall mögliche Erledigungsart herausfindet.

10. Ebenso muß die günstigste Reihenfolge verschiedener Arbeiten überlegt und sorgfältig aufeinander abgestimmt, d.h. also eine ‚richtige Disposition' vorgenommen werden."[266]

Diese Gebote Erna Meyers spiegeln die verschiedenen Ansätze der Haushaltsreform wider und verdeutlichen zudem die Konstellationen der „planvollen Zusammenarbeit zwischen Architekten und Hausfrauen."[267] Sind die baulichen Anforderungen erfüllt, werden von den Frauen die entsprechenden Dispositionen getroffen, so erwartet sie – zumindest nach der Auffassung von Erna Meyer – ein neues Leben: „Ein Leben, das nicht mehr zum Märtyrer der Familie, sondern frei macht von allem unnötigen Arbeitsballast, frei zu wichtigeren Dingen als dem Aufgehen im traurigen Kleinkram des Alltags!"[268]

c. Küchenreform: „Wie klein kann eine Küche sein?"

Die „Zehn Gebote der Hausfrau" von Erna Meyer verwiesen bereits auf die Forderung nach einer rationalen Konzeption der Küche, welche die Erledigung der erforder-

---

266 Ebenda, S. 32
267 Meyer, Erna: Wohnungsbau und Hausführung. In: Der Baumeister H. 6/1927, Beil. S. 90.
268 Ebenda, Beil. S. 93.

lichen Küchenarbeit mit einem minimalen Aufwand von Kraft und Zeit ermöglichen sollte. Notwendig war also eine ergometrische Erforschung des Handlungsablaufes. Diese führte tendenziell zur Reduzierung des Küchengrundrisses. Ein weiterer Aspekt aber muß bei der Rationalisierungsdebatte berücksichtigt werden. Gerade die Küche schien der am besten geeignete Raum innerhalb der Wohnung zu sein, in dem sich die Möglichkeit der Grundrißreduzierung bei planvoller Organisation ohne Schwierigkeiten vornehmen ließ. Die Baukosten der Wohnungen konnten dadurch gesenkt und gleichzeitig der Wohnstandard deutlich gehoben werden.

In Berlin beispielsweise forderte die Wohnungsfürsorgegesellschaft, die in dieser Stadt für die Vergabe der Hauszinssteuermittel zuständig war, noch 1929, daß die Grundfläche der Küchen mindestens 10 qm groß sein müsse. Wären aber nur 4,5 qm große Küchen gebaut worden, so hätten 5,5 qm Wohnfläche pro Wohnung bzw. 15 cbm umbauten Raumes gewonnen werden können. Bei einem jährlichen Bauvolumen von etwa 25.000 Wohnungen könnten 12,5 Millionen Reichsmark erspart oder 2.000 Wohnungen mehr gebaut werden.[269] Dieses Rechenbeispiel, das in der Fachzeitschrift „Der Baumeister" abgedruckt worden war, illustriert anschaulich den bauökonomischen Aspekt der Küchengrundrißreduzierung.

Die Architektenvereinigung „Der Ring" organisierte Ende der 20er Jahre in Berlin eine Ausstellung mit dem Titel „Die neue Küche". Gerade die ökonomischen Zwänge und die Debatte um die Wohnung für das Existenzminimum bewirkten, so der Organisator dieser Exposition, Hugo Häring, eine Beschränkung auf „die Darstellung des Problems der Küche der städtischen Kleinwohnung, d.h. also der heute mit Hauszinssteuermitteln errichteten Wohnungen." Gerade wegen der entscheidenden Auswirkung der Grundrißreduzierung kann als Grundgedanke dieser Ausstellung genannt werden: „Wie klein kann eine Küche sein."[270] Während die Objekte der Küche und ihre Anordnung im Raum in Deutschland einigermaßen klar umrissen waren, blieb die „wohntechnische Seite" (Häring) noch offen. Insbesondere polarisierte sich die Diskussion um die Frage, ob eine „Wohnküche", in der die Nahrung zubereitet und verzehrt wird, einer reinen „funktionalen Küche" zur ausschließlichen Nahrungszubereitung vorzuziehen sei. Die Wohnküche im traditionellen Sinne, als der zentrale multifunktionale Raum, wurde entschieden abgelehnt. Die Heftigkeit der Ablehnung kann aber keineswegs mit der Struktur des Grundrisses erklärt werden, sondern vielmehr durch die kritisierte Praxis des Wohnverhaltens, insbesondere von Unterschichten, wie noch in späteren Ausführungen darzustellen ist. Als Ergebnisse dieser Ausstellung nannte Häring: „Ohne Zweifel nimmt die Küchenanlage in einer Wohnküche den geringsten Raum in Anspruch. Gegen diese Anordnung spricht jedoch, daß Kochen und Waschen im Wohnraum gesundheitliche Schäden vor allem für die Säuglinge zur Folge hat, abgesehen davon, daß Geruchs-

---

269 Körner, Glas-Ausstellung und „Die Neue Küche" in Berlin: In: Der Baumeister H. 2/1929, Beilage, S. 36.
270 Häring, Hugo: Ausstellung „Die Neue Küche". In: Der Baumeister H. 2/1929, Beilage, S. 24.

belästigungen und Küchenwirtschaft von einem Wohnraum besser ferngehalten werden. Der Hauptnachteil der Wohnküche, die Dunstentwicklung, läßt sich nun durch Vervollkommnung des Dunstabzugs abschwächen [...]; trotzdem wird es immer wünschenswert bleiben, den Kochbetrieb in einem selbständigen vom Wohnraum getrennten Raum unterzubringen. Das Küchenproblem konzentriert sich deshalb vollständig auf die Frage nach der zweckmäßigen Anlage und Abmessung dieses Kochraumes; denn die Wohnküche selbst bietet für die Unterbringung der zum Kochbetrieb nötigen Einrichtung keine besonderen Schwierigkeiten."[271] Der Küchenraum sollte nur der Nahrungszubereitung („Kochbetrieb") dienen. Folglich war diese Küche als Arbeitsplatz nach der allgemeinen geschlechtsspezifischen Rollenzuweisung ausschließlich ein Ort der Hausfrau. Die Anwesenheit anderer Personen war in diesem „Kochlaboratorium" (Brenner)[272] nicht erwünscht. „Selbstverständlich soll er [der Küchenraum, GK] auch nicht zum Aufenthalt von kleinen Kindern dienen. Damit die Mutter diese trotzdem auch während des Kochens beaufsichtigen kann, muß für eine gute und bequeme Überwachung der Kinder gesorgt werden, was ja durch weitgehende Verglasung der Küchentüren und -wände leicht zu erreichen ist."[273] Der Vorrang wurde also auch in der Ring-Ausstellung auf die größtmögliche Grundrißreduzierung, die rationale Arbeitsorganisation und Minderung der Essensdüfte und -dünste gelegt. Sozialkommunikative Aspekte hingegen wurden nur marginal berücksichtigt.

Andere Küchenmodelle wurden in dieser Ausstellung gleichfalls erörtert, so insbesondere die Varianten der amerikanischen und schwedischen Küchen in Kleinwohnungen. Im Unterschied zu den meisten deutschen Modellen waren in diesen noch ein Tisch und einige Stühle bereitgestellt. Diese Konzeption habe vor allem den Vorteil, daß das Wohnzimmer „ganz von Speisegerüchen befreit wird", die Wegstrecken minimal und zudem „eine Überwachung des Herdes während des Essens"[274] durch die Hausfrau möglich sei. „Freilich bringt diese Anordnung die Gefahr mit sich," so Häring, „daß die ganze Familie sich dauernd in der Küche aufhält und der Wohnraum, den man entlasten wollte, zu Schlafzwecken benützt wird. Der Erfolg ist dann, daß man trotzdem wieder eine Wohnküche hat, und zwar eine besonders kleine und also auch besonders schädliche. Da man aber nicht verhindern kann, daß ein Grundriß anders benützt wird, als er gedacht ist, so wird eine solche Anlage nur da möglich sein, wo die Wohnsitten einen vernunftgemäßen Gebrauch erwarten lassen."[275] Auch Hugo Häring strebte also eine „definitive" Architektur an, die „im Zweifelsfall" den Konsumenten keine selbstbestimmte Aneignung ermög-

---

271 Häring, Hugo: Die Küche der Kleinwohnung. In: Wohnen und Bauen, H. Jan./Feb. 1930, S. 21-22.
272 Brenner, Anton: Neuzeitliche Grundrißlösungen auf kleinstem Raum. In: Block, Fritz (Hg.): Probleme des Bauens. Der Wohnbau. Potsdam 1928. S. 149.
273 Häring, Küche der Kleinwohnung, S. 23.
274 Ebenda.
275 Ebenda.

lichte, sondern eine Konditionierung zum „vernunftgemäßen Gebrauch" durch Architektur bewirkte. Die Architektur sollte unabänderliche materielle und verhaltensgebundene Fakten schaffen.

Relative Klarheit erbrachte, nach der Auffassung Härings, die Erforschung des „gesamten Schrankbedarfs". In der Ausstellung konnte auf Ergebnisse der Reichsforschungsgesellschaft für Rationalisierung im Bau- und Wohnungswesen zurückgegriffen werden, die exakt ermittelte, daß für die Küche eines einfachen Haushalts 1,1 cbm Schrankfläche benötigt wird. Dabei sind zwei Modelle erforderlich, einerseits Schränke mit einer Tiefe von 30 cm, die als Abstellmöglichkeit für Küchengeräte dienten, Pfanne, Töpfe u.a. andererseits Schränke mit einer Tiefe von 26 cm, in welchen Tassen, Gläser und Teller untergebracht sein sollten.

Umstritten war in dieser Ausstellung weiterhin die Bedeutung der funktionalen „Einbau-Küche". Die Kritikpunkte lauteten: „Eine Einbauküche in der Art der Frankfurter Siedlungsküche ist an einen festen Grundriß gebunden. Sie kann also nicht Marktware, nicht wirkliche Massenware werden. Ihre Starrheit ist von Nachteil, ihre Vorteile sind jeder anderen Anlage, die auf handelsüblichen Wirtschafts- und Schrankobjekten aufgebaut ist, zugängig. Da Einbauküchen zudem im allgemeinen teurer sein werden als die mit handelsüblichen Objekten ausgestatteten, können sie nur in solchen Fällen zweckmäßig sein, wo in den Küchen handelsübliche Schränke nicht unterzubringen sind oder wo besondere Grundrißformen eine vorteilhaftere Ausnützung durch Einbau auch in wirtschaftlicher Hinsicht ergeben. Die Einbauküchen aber grundsätzlich anzustreben, halte ich für verfehlt."[276]

Solch deutliche Kritik an der „Frankfurter Küche" war in den zwanziger Jahren, besonders von einem Mitglied der Architektenvereinigung „Ring", ungewöhnlich. Diese Küche galt vielmehr als ein gelungenes Modell für die Rationalisierungsbestrebungen in der Hauswirtschaft und als eine der hervorragenden Leistungen des Neuen Bauens in Frankfurt am Main. Teilweise ist die Kritik Härings an der „Frankfurter Küche" durchaus berechtigt. Die bis ins kleinste Detail bestimmte Form und Funktion war gebunden an eine feste Grundrißlösung. Im Bericht der RFG über die Versuchssiedlung Praunheim in Frankfurt/M. wurde zudem eine „Überorganisation" formuliert, die „über das Ziel hinausschießt"[277].

In einem wichtigen Punkt irrte sich jedoch Häring. Die „Frankfurter Küche" wurde zur Massenware, trotz der Abhängigkeit vom Wohnungsgrundriß! Infolge des kommunal regulierten Wohnungswesens in Frankfurt a.M. konnte die „Frankfurter Küche" in etwa 10.000 Exemplaren produziert werden.[278] Aufgrund der Massenproduktion sanken die Herstellungskosten deutlich. Im RFG-Bericht über Praunheim werden die Kosten für die „Frankfurter Küche" für den Typ 6 mit 761 RM und für

---

276 Ebenda, S. 28.
277 Reichsforschungsgesellschaft für Wirtschaftlichkeit im Bau- und Wohnungswesen: Bericht über die Versuchssiedlung in Frankfurt am Main-Praunheim. Sonderheft 4. Berlin 1929, S. 30.
278 So Ernst May in einem Zeugnis für Grete Schütte-Lihotzky. In: Hirdina, Versuch (1984), S. 28.

den Typ 5 mit 563 RM angegeben. „Dieser Betrag wird aus der Spitzenfinanzierung des Baues zu entnehmen, d.h. mit 10 % jährlich zu verzinsen sein. Die Mehrzinsen für die Küche machen jährlich ungefähr den Betrag einer durchschnittlichen Monatsmiete, die der einfache Mann bezahlen kann, aus. Es wird aber daher anzustreben sein, daß die Kücheneinrichtung im allgemeinen wesentlich billiger hergestellt wird, als bisher. Aus den obigen Preisen ist ersichtlich, wie teuer eingebaute Möbel, selbst bei größerer Serienfertigung werden."[279] Besonders durch die Reduzierung der Schrankflächen (Typ 6) konnte der Preis der „Frankfurter Küche" gesenkt werden. Bereits 1927 wurden deutliche Verbilligungen erzielt. Anton Brenner schrieb in der „Bauwelt": „Die großzügige Verwendung dieser Küche in allen neuerbauten Frankfurter Wohnungen ist auch auf die Preisbildung nicht ohne Einfluß geblieben. Ist heute der Preis für die gesamte Kücheneinrichtung einschließlich Herd nur mehr 420 M., so dürfte durch die bereits erfolgte Umstellung der Holzwerke auf die maschinelle Massenherstellung der Preis dieser Küche noch verbilligt werden. Ein ganz bedeutendes Verdienst um die Wohnungsbewerber erwirbt sich die Stadtverwaltung, daß sie diesen Betrag in die Baukosten einrechnet, wodurch die Miete nur eine monatliche Erhöhung von 2 bis 3 M. erfährt."[280] In der Siedlung Westhausen, der letzten realisierten Frankfurter Großsiedlung des Neuen Bauens, konnte der Preis für die „Frankfurter Küche" auf 238,50 RM gesenkt werden.[281] Die reinen Baukosten beispielsweise (inkl. „Frankfurter Küche") betrugen für eine 41 qm große Dreiraum-Wohnung in einem Zweifamilien-Haus in Westhausen (Typ Zwofa Z oder Zwofa P, Zweifamilien-Ziegelstein- bzw. Plattenhäuser) 8.136 bzw. 8.013 RM. Die anteiligen Kosten der „Frankfurter Küche" hätten danach nur noch ca. 3 % der „reinen" Baukosten betragen.[282]

In einem Brief an Lore Kramer schrieb Margarethe Schütte-Lihotzky 1986: „Nach unserer Berechnung erhöhte sich die Miete durch alle baulichen Grundlagen und Einrichtungsgegenstände der ‚Frankfurter Küche' um eine Mark monatlich, dafür brauchte der Mieter keine Küchenmöbel zu kaufen. Diese eine Mark war absolut tragbar."[283] Die Grenzen der Verbilligung waren auch durch den technischen Stand der Möbelindustrie umrissen. Die Tischlerei Georg Grumbach produzierte bereits 1926 die „Frankfurter Küche". „Ab 1927 wurden auch andere Firmen hinzugezogen, da ab einer Anzahl von 50 Küchen die Produktionskosten mit den damaligen technischen Möglichkeiten der Firmen nicht mehr gesenkt werden konnten."[284]

---

279 RFG, Praunheim, S. 29.
280 Brenner, Anton: Die Frankfurter Küche. In: Bauwelt. H. 9/1927. S. 244.
281 May, DNF, H. 2-3/1930, S. 39.
282 In den Baukostenzusammenstellungen wurden die Preise für die Frankfurter Küche nicht einzeln aufgeführt, sondern sie waren integriert in den „reinen" Baukosten. Grundstückspreise, Grünflächen, Waschhaus, etc. wurden hingegen getrennt aufgeführt. StA Ffm., MA T 439.
283 Brief Schütte-Lihotzky an Kramer. In: Kramer, Lore: Rationalisierung des Haushaltes und Frauenfragen. In: Ernst May und das Neue Frankfurt. Hg. V. Höpfner/Fischer. Berlin 1986, S. 84.
284 Allmayer-Beck, Renate: Rationalisierung der Frankfurter Küche. In: Die Frankfurter Küche von Margarethe Schütte-Lihotzky. Hg. v. Peter Noever. Berlin (o.J.), S. 22.

d. Margarethe Schütte-Lihotzky und die Konzeption der „Frankfurter Küche"

Vorarbeiten

Erna Meyer und ihre Mitstreiterinnen forderten, wie bereits erwähnt, eine Partizipation der weiblichen Spezialistinnen am Planungsprozeß. Glaubt man den Aussagen von Ernst May, so wurde dieser „demokratische Planungsansatz" in Frankfurt realisiert: „Die Planung erfolgte durch eine Frau in Verbindung mit den Frauen."[285] Dieser Ausspruch Mays verzerrt aber die Planungsrealität des Neuen Frankfurt. Die „Verbindung mit den Frauen" erfolgte erst, als die Modelle der „Frankfurter Küche" öffentlich legitimiert und verteidigt werden mußten. Ernst May und die Gestalterin der „Frankfurter Küche", Margarethe Schütte-Lihotzky[286], besuchten Veranstaltungen der Frauenvereine, organisierten Ausstellungen über die Entwicklung der Küche, aber sie bezogen keineswegs „Haus-Frauen" in den Planungsprozeß ein.[287] Im Dezernat Städtebau (Dezernat May), Abteilung Hochbauamt, bestand eine Abteilung Typisierung (Leiter Kaufmann). Dort wiederum war eine Unterabteilung Hausrat eingerichtet. Margarethe Schütte-Lihotzky wurde 1926 an das Hochbauamt, Abteilung „Typisierung", als erste Architektin in der städtischen Verwaltung berufen. Ihre Aufgaben beschränkten sich keineswegs auf die „Frankfurter Küche" (Entwurf, Arbeitspläne, Produktionsüberwachung). Als weitere beachtliche Arbeiten sind zu nennen: die Konzeption von Wohnungstypen (u.a. Siedlung Praunheim, Gärtnersiedlung Teller, Wohnprojekt für berufstätige Frauen), Kleingartenlauben, Schullehrküchen (Voltastraße, etc.) und insbesondere die Gemeinschaftseinrichtungen (u.a. Zentralwäscherei und Kindergartenentwurf in Praunheim).

Der Grund für die Berufung Margarethe Schütte-Lihotzkys nach Frankfurt waren ihre „Vorarbeiten"[288] zur Rationalisierung der Hausarbeit, die sie bereits in Wien durchgeführt hatte. Nach ihrem Studium an der Wiener Kunstgewerbeschule bei Oskar Strnad (Architektur)[289] und Heinrich Tessenow (Baukonstruktion) – sie war

---

285 May, DNF H. 2-3/1930, S. 38.
286 In der Literatur werden unterschiedliche Namensbezeichnungen für diese Architektin verwendet. So in der österreichischen Literatur oft Grete Lihotzky. Sie heiratete in Frankfurt ihren Kollegen Schütte und nahm seitdem einen Doppelnamen an. Im Text wird in der Regel der Name Margarethe Schütte-Lihotzky verwendet, allerdings abweichend, wenn in einem zeitgenössischen Zusammenhang (z.B. Artikel) ihr Name abweichend benutzt wird.
287 Diese Aussage bestätigte Frau Schütte-Lihotzky in einem Interview mit dem Verfasser in Wien im Januar 1989.
288 Schütte-Lihotzky, Margarethe: Die Frankfurter Küche. In: Die Frankfurter Küche von Margarethe Schütte-Lihotzky. Hg. v. Peter Noever. Berlin o.J. (1992), S. 7.
289 Besonders Oskar Strnad half der „bürgerlichen" Architekturstudentin, die soziale Wirklichkeit Wiens zu verstehen: „Strnad war ein sehr sozial eingestellter Mann und hat gesagt, man muß zuerst wissen, wie die Menschen leben, bevor man für sie Wohnungen projektiert [...] Bevor Sie nur einen Strich machen, gehen Sie hinaus in die Arbeiterbezirke und schauen Sie sich an, wie die Arbeiter wirklich wohnen. [...] Ich bin in Wohnungen hineingekommen. Das war furchtbar. Zur Zeit des Weltkrieges oder vor dem Weltkrieg war das ja gar keine Seltenheit, daß sieben oder neun Menschen in einem Zimmer gehaust haben, und kaum ein Kind hat ein Bett für sich gehabt. Das hat natürlich einen furchtbaren Eindruck auf mich gemacht." Zit. in: Kramer, Rationalisierung, S. 79.

die erste Architekturstudentin in Österreich gewesen – sammelte sie erste und nachhaltige praktische Erfahrungen in Holland und in der Wiener Siedlungsbewegung. Bereits 1922/23 experimentierte sie mit Kochnischen- und Spülkücheneinrichtungen, die in Betonguß hergestellt werden sollten.[290]

Frühzeitig setzte sie sich auch in theoretischen Schriften mit der häuslichen Frauenarbeit auseinander. Bereits 1921 schrieb sie in einem Artikel im „Schlesischen Heim", der Vorläufer-Zeitschrift von „Das Neue Frankfurt", die ebenfalls von Ernst May herausgegeben wurde: „Die Tätigkeit des Architekten ist eine Tätigkeit der Organisation. *Das Wohnhaus ist die realisierte Organisation unserer Lebensgewohnheiten.*"[291] Ihre Prioritäten waren bereits ersichtlich: „Was sind also unsere Lebensgewohnheiten, die Lebensgewohnheiten, die alle Menschen des 20. Jahrhunderts ungefähr gleich haben, worin besteht unser heutiges Wohnen eigentlich? Erstens besteht es in *Arbeit*, und zweitens in *Ausruhen, Gesellschaft, Genuß.*"[292] Die Arbeit der Frau erfolgte, anders als beim Mann, vorrangig im Haus. Während dem Mann spezielle Arbeitsräume zur Verfügung standen, mußte die Frau einen solchen für die Bewirtschaftung des Haushalts entbehren. Margarethe Lihotzky plädierte daher für eine funktionale Trennung der Räume, entsprechend sollte der weibliche, häusliche Arbeitsbereich vom allgemeinen Reproduktionsbereich (Ausruhen, Gesellschaft, Genuß) getrennt werden.

Mehrere Gedanken, die bereits in diesem Aufsatz artikuliert wurden, präzisierte sie – so rückblickend – nach erworbener Kenntnis der amerikanischen Rationalisierungsbestrebungen: „Es begann 1922. Damals hörte ich das erste Mal von dem sogenannten ‚Taylorsystem' in Amerika. Es bestand darin, daß man die Zeit, die bei bestimmten Arbeitsverrichtungen für verschiedene Handgriffe benötigt wurde, in der Industrie mit der Stoppuhr abmaß. Durch eine neue Gliederung der zeitlichen Abläufe konnte die für dieselbe Arbeit notwendige Zeit herabgesetzt werden. Die Gewinne waren erstaunlich. Fast zur gleichen Zeit, etwa 1922, erschien das Buch einer Amerikanerin namens Frederick, bearbeitet und ins Deutsche übersetzt von Irene Witte, mit dem Titel *Die rationelle Hauswirtschaft*. Es beschäftigte sich eingehend mit den allgemeinen Werten und Grundlagen arbeitssparender Haushaltsführung für die Frau der Zukunft, jedoch nicht im Zusammenhang mit dem Wohnungsbau. In Europa war bereits in der ersten Hälfte der 20er Jahre vorauszusehen,

---

290 Auch in Frankfurt experimentierte Margarethe Schütte-Lihotzky mit standardisierten Küchenteilen, die nicht aus Holz gefertigt waren. So entwarf sie eine Küche aus Formsteinen, die auf der Ausstellung „Die neue Wohnung und ihr Innenausbau" gezeigt wurde, die begleitend zur Frankfurter Messe im Frühjahr 1927 stattfand. Mir ist aber nicht bekannt, daß diese Küche aus Formsteinen jemals seriell hergestellt wurde. Eine Entwurfsskizze derselben in: Noever, Frankfurter Küche (o.J.), S. 38-39.
291 Lihotzky, Grete: Einiges über die Einrichtung österreichischer Häuser unter besonderer Berücksichtigung der Siedlungsbauten. Schlesisches Heim. H. 8/1921. S. 217.
292 Ebenda.

daß die Berufstätigkeit der Frau eine Allgemeinerscheinung werden würde und nicht nur die Aufgabe hat, das Einkommen des Mannes zu vermehren. Während die Arbeitsersparnis in der Industrie die Probleme des Lohndrucks und der Arbeitslosigkeit aufwirft, kommt die im Haushalt eingesparte Zeit der Familie, den Kindern, vor allem aber der Frau selbst zugute."[293]

Die Trennung des Arbeits- vom Wohnbereich, die Margarethe Lihotzky in dem oben genannten Artikel bereits 1921 forderte, war ebenfalls von Christine Frederick angestrebt worden. Interessant ist, daß auch Christine Frederick diese funktionale Trennung der Räume keineswegs nur mit arbeitstechnischen Argumentationen begründete, sondern gleichsam mit ihren sozialpsychologischen Auswirkungen: „Eine wenn auch noch so kleine Küche, in der nur die Speisen zubereitet werden, und ein besonderes Wohnzimmer, in das sich die Hausfrau nach getaner Arbeit zurückziehen kann, wird viel zur Hebung der allgemeinen Stimmung beitragen."[294]

Die Entwicklungsgeschichte der „Frankfurter Küche" kann auch als eine Geschichte einer kongenialen Zusammenarbeit zwischen Margarethe Schütte-Lithotzky und Ernst May geschrieben werden. In der unmittelbaren Nachkriegszeit arbeiteten beide an Wohnprojekten der Siedlerbewegung: May in Breslau als technischer Leiter der Schlesischen Heimstätten und Margarethe Lihotzky als Mitarbeiterin von Adolf Loos für die Wiener Siedlerbewegung. Erstmals trafen sie sich, als May in Wien die Siedlung Friedensstadt von Loos besichtigte. Bei dieser Gelegenheit soll Margarethe Lihotzky ihre Studien zur Küchengestaltung vorgestellt haben. May forderte sie auf, ihre Arbeitsergebnisse in dem bereits erwähnten Artikel im „Schlesischen Heim" zu publizieren. Auch in den folgenden Jahren veröffentlichte sie Artikel in dieser Zeitschrift. Beide orientierten sich aufgrund ihrer Aufgabenfelder anfänglich an den traditionellen „halbländlichen" Wohnküchen, die häufig durch einen „Naßzellenbereich" erweitert waren. Aber schon 1921 deuten sich bei beiden Architekten Entwicklungstendenzen zur funktionalen Küche an. Zunächst sollten die Funktionen der Nahrungszubereitung und der -aufnahme *innerhalb* des Küchenraumes deutlich getrennt werden: „Die Trennung der Wohnküche in einen Kochteil und einen Wohnteil scheidet das Arbeitsfeld der Hausfrau von dem Ruheraum, in dem sich die Familie nach des Tages Arbeit oder zu den Mahlzeiten zusammenfindet. [...] Jeder Winkel ist auf das sparsamste ausgenützt, sodaß eingedenk der Bedeutung des Taylorsystems bei aller Bescheidenheit der Ausmaße ein fachgemäßes Hantieren beim Kochen und Spülen gewährleistet wird."[295] Diese arbeitsökonomische Funktionstrennung im Raum, die May 1921 für eine flurlose Kleinwohnung vorschlug, ging bereits deutlich über jenes Küchenmodell hinaus, das Lihotzky 1922 im

---

293 Schütte-Lihotzky, Frankfurter Küche (1992), S. 7.
294 Frederick, Christine: The new housekeeping. Efficiency studies in home management. New York 1913 (dt. Übersetzung 1922 von Irene Margarethe Witte), S. 32.
295 May, Schlesisches Heim H. 7/1921, S. 189 (Die flurlose Kleinwohnung), Zit. in Henderson, Susan Rose: The work of Ernst May 1919-1930. Diss. Columbia University 1990, S. 479.

„Schlesischen Heim" vorstellte. Zwar wurde bereits klar zwischen Koch-, Eß- und Wohnplatz unterschieden, aber von tayloristischen Bewegungsabläufen kann im Entwurf von Grete Lihotzky noch keine Rede sein.

Als nächster Schritt kann eine deutlichere, wenngleich noch keine vollständige Trennung der Funktionen genannt werden. Wenige Wochen vor seinem Arbeitsplatzwechsel von Breslau nach Frankfurt a.M. schrieb May über die „Typen der Schlesischen Heimstätte": „Bei allen Typen ist der Herd bezw. die Wohnküche, in der er angeordnet ist, zum Mittelpunkt des Hauses gemacht. Für die Bewohner der Kleinwohnungen die 85% der Bevölkerung ausmachende Schicht der Minderbemittelten ist die Anordnung einer solchen Wohnküche nun einmal die Voraussetzung für die wirtschaftliche Durchführung des Hausbetriebes." So kann nach Mays Ansicht die Hausfrau leicht das Spiel der kleinen Kinder überblicken, beim Auftragen der Speisen müssen keine weiten Strecken zurückgelegt werden und keine Türen sind zu öffnen. „Nach getaner Arbeit schließen sie durch einen Vorhang den Kochabteil vom Wohnteil ab, und dann bildet der Wohnraum einen gemütlichen Raum, der frei von Wirtschaftsgeräten ist."[296]

Nachdem May 1925 nach Frankfurt gewechselt war, forderte er Margarthe Lihotzky auf, ebenfalls in dieser Stadt zu arbeiten. Die effektive Zusammenarbeit währte in Frankfurt von 1926 bis 1930; anschließend gingen beide mit einer Gruppe westeuropäischer Architekten in die Sowjetunion. Dort trennten sich ihre Wege.

Als weiterer Aspekt der Entwicklungsgeschichte der „Frankfurter Küche" ist neben der funktionalen Differenzierung die Transformation arbeitstechnischer Forschungen auf die Bedingungen des deutschen Siedlungsbaus zu nennen. Wie in den meisten anderen Bereichen des Städtebaus und der Architektur auch waren die Frankfurter Maßnahmen keineswegs originär in ihrer ideellen Konzeption, sondern einzigartig in der Klarheit und in der konsequenten Ausführung.

Vorbilder

Obwohl in Deutschland bereits in der Vorkriegszeit Bestrebungen zur Reform der Hauswirtschaft einsetzten, waren jedoch die Impulse aus Amerika dominant. Keineswegs beschränkten sich, wie auch Henderson hervorhebt, diese dort auf die theoretischen Konzepte der „wissenschaftlichen Betriebsführung" von Taylor oder Gilbreth. „The primary arena, however, for professionalization discussion occurred among the social observers, feminists and reformists concerned with the place of women and the household in modern society. Here, the German rationalization program was only a small part of a broader inquiry into the nature of ‚domestic science'. This movement for household self-sufficiency and time-saving techniques began with the work of American women who developed the new science in the middle

---

[296] May, Schlesisches Heim H. 4/1925, S. 140.

nineteenth century."²⁹⁷ Die Ursprünge der Rationalisierung des Haushalts waren in den Vereinigten Staaten Teil jener Emanzipationsbestrebungen, welche die „Frauenfrage" mit der „Dienstbotenfrage" verknüpften. „Als Antrieb für die Mechanisierung des Haushalts dienen soziale Probleme: die Stellung, die die amerikanische Frau für sich beanspruchte, und die Stellung, die man zur Dienstbotenfrage einnahm. Frauenbewegung, Sklavenbefreiung und Dienstbotenfrage haben ihre gemeinsame Wurzel in der Auffassung, daß es in der Demokratie keine bevorzugte Klasse und kein privilegiertes Geschlecht geben dürfe."²⁹⁸ Besonders die Quäker/Shaker, die bereits frühzeitig eine „rationale" Wohnkultur entwickelten ²⁹⁹, forderten die Beseitigung geschlechtsspezifischer Herrschaftsverhältnisse: „Die Geschichte der Menschheit ist eine Geschichte ununterbrochener Beleidigungen und Übergriffe des Mannes gegenüber der Frau, mit dem alleinigen Zweck, sie so rücksichtslos wie möglich zu unterjochen."³⁰⁰ Die Reform der Hausarbeit zielte letztlich auf eine Identitätsgewinnung der Hausfrauen. („I really liked housework", Frederick). Besonders durch die Professionalisierung der Hausarbeit, die eine konsequente Organisation und Ökonomisierung der Haushaltsführung zur Folge hatte, war jene Brücke zur Adaption der wissenschaftlichen Betriebsführung im Haushalt geschaffen. Auch in den USA wurden die Möglichkeiten der individuellen bzw. kollektiven Haushaltsorganisation diskutiert (Beecher/Stowe und Frederick bzw. Gilman und Campbell). Auf der Chicagoer Ausstellung von 1893, von der – nach Giedion – wichtige Impulse zur Haushaltsreform ausgingen, waren im „Women's Pavilion" beide Richtungen vertreten.³⁰¹ Die amerikanische Feministin Ellen H. Richards formulierte als das Hauptziel dieses bedeutsamen Kongresses: „Nutzung aller Mittel der modernen Wissenschaft, um das häusliche Leben zu verbessern."³⁰² Besonders dieser Aspekt, die Nutzung der Forschungsergebnisse der modernen Wissenschaft, wurde in Deutschland der 20er Jahre intensiv rezipiert.

Catherine E. Beecher verwies bereits 1869 auf die effektiv organisierten Küchen in den Schiffsdampfern. Dort konnten auf kleinstem Raum Speisen für 200 Personen zubereitet werden. In Amerika wurden zudem die einzelnen Arbeitsvorgänge von Taylor und Gilbreth wissenschaftlich untersucht. Besonders Christine Frederick

---

297 Henderson, Work, S. 456.
298 Giedion, Herrschaft der Mechanisierung, S. 558.
299 Posener, Julius: Vorlesungen, arch+ H. 69-70/1983, S. 83-84.
300 Stanton, E.C., u.a.: History of Women Suffrage (1881); Zit in: Giedion, Herrschaft der Mechanisierung, S. 558.
301 „Gilman and her colleague, Helen Campbell, established the Chicago Household Economics Society there as a part of the National Household Economics Association – NHEA – , an organization that promoted cooperative solutions to household labor. The NHEA also exhibited a model rowhouse community with cooperative housekeeping facilities at the model homes section of the Women´s Pavilion, side by side with single-family home models reflecting the Beecher and Stowe´s creed of efficiency and self-sufficiency." Ebenfalls nahm an dieser Ausstellung auch der Bund Deutscher Frauenvereine teil. Henderson, Work, S. 458-459.
302 Richards, Zit. in Giedion, Herrschaft der Mechanisierung, S. 567 Fn.

übertrug die Gedanken der „wissenschaftlichen Betriebsführung" unmittelbar auf den Haushalt. Ihr Buch, Anfang der 20er Jahre von Irene Witte ins Deutsche übersetzt, wurde zur „Bibel" (Kramer) der jungen Architektinnen. Auch die Küchen der Mississippi-Dampfer und Pulman-Wagen fanden ihre deutschen Entsprechungen: Dies war der Mitropa-Speisewagen, der auf der Ausstellung „Die neue Wohnung und der Innenausbau" anläßlich der Frankfurter Messe 1927 gezeigt wurde. Margarethe Schütte-Lihotzky: „Die Speisewagenküche mit Anrichte war beispielgebend für die Rationalisierung der Hauswirtschaft. Im Speisewagen aßen oftmals 90-100 Menschen in jeweils drei Schichten. In zwei kleinen Räumen von je 1,80 x 2,00 m (Küche und Anrichte) wurde die gesamte Arbeit von zwei Personen verrichtet und außerdem das Geschirr, die Gläser und die Getränke für die vielen Menschen aufbewahrt. Niemals hätten zwei Leute in oft auch noch sehr kurzer Zeit diese Arbeitsleistung vollbringen können, wären ihre Schritte nicht auf fast Null reduziert worden und würden sich ihre Wege in einem großen Raum kreuzen. Deshalb war die Speisewagenküche für mich Vorbild beim Bau der neuen Wohnungen in Frankfurt."[303]

Mitropa-Speisewagen-Küche [304]

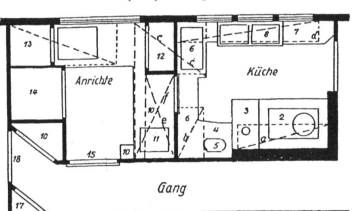

Küche
2. Herd
3. Wasserschiff
4. Kohlenkasten
5. Schornstein
6. Arbeitstisch
7. Arbeitstisch, darunter Regal
8. Spülkasten mit Wasserbehälter
– unter und über den Tischplatten (u.a. Warmwasser, Eisschrank)
Anrichte
10. Arbeitstisch
11. Gläserspüle
12. Teller- und Silberschrank
13. Wäscheschrank
14. großer Eisschrank
15. Schiebetür zum Gang

Grundriß der Speisewagenküche. Maßstab 1:50. Die Höhe aller Arbeitstische ist 86,5 cm über Fußboden. In der Küchendecke Entlüftungshauben mit Ventilatoren.

An dieser Stelle sei aber auch angeführt, daß Formen der kollektiven Küchenbewirtschaftung (Einküchenhausbewegung), die Bebel die „Zentralnahrungsbereitungsanstalten"[305] nannte und denen er große Sympathien entgegenbrachte, in den 20er Jahren in Deutschland nicht mehr aufgegriffen wurden. Einige Versuche, die in

---

303 Schütte-Lihotzky: In: Noever, Frankurter Küche (o.J.), S. 32.
304 Mitropa-Speisewagenküche. In: Bauwelt H. 9/1927, S. 244.
305 Bebel, Die Frau und der Sozialismus. (1909). 50. Aufl., Berlin/ Bonn 1980, S. 419.

der Vorkriegszeit vorgenommen wurden, scheiterten rasch. Die „Einküchenhaus-Gesellschaft der Berliner Vororte G.m.b.H." brach im Mai 1909, bereits einen Monat nach Betriebseröffnung, zusammen. Trotz der wirtschaftlichen Probleme der „boarding houses" fand diese Bewegung besonders bei bürgerlichen Intellektuellen großes Interesse. Stefan Doernberg schrieb beispielsweise in der „Bauwelt": „Die Hausfrau gewinnt viel Zeit zu nutzbringender Arbeit, beziehungsweise zur Erziehung ihrer Kinder. Weiterhin ist für viele Menschen hier eine Möglichkeit zur Emanzipation von Dienstboten, die von feineren Naturen häufig als äußerst lästige, fremde Störenfriede der häuslichen Vertrautheit empfunden werden."[306] Die funktionale Adaption des Einküchenhausgedankens, im Sinne Doernbergs, kehrte freilich die emanzipatorischen Intentionen der amerikanischen Frauenbewegung um. Da dieses Modell „einen kulturellen Hochstand der Mieter" vorauszusetzen schien, womit Doernberg „kinderarme", aber „hochgebildete" Menschen assoziierte, fand dieses Modell im Kontext des egalitären, demokratischen Wohnungsbaus der 20er Jahre in Deutschland keine Nachahmung. Jedoch brachte auch Margarethe Schütte-Lihotzky dieser Haushaltsorganisation große Sympathien entgegen. Sie schrieb 1927: „Schon vor 10 Jahren haben führende Frauen die Wichtigkeit der Entlastung der Hausfrau vom unnötigen Ballast ihrer Arbeit erkannt und sich für zentrale Bewirtschaftung von Häusern, d.h. für Errichtung von Einküchenhäusern eingesetzt. Sie sagten: warum sollen 20 Frauen einkaufen gehen, wenn eine dasselbe für alle besorgen kann? Warum sollen 20 Frauen in 20 Herden Feuer machen, wenn auf einem Herd für alle gekocht werden kann? Warum sollen 20 Frauen für 20 Familien kochen, wenn doch bei richtiger Einteilung 4-5 Personen dieselbe Arbeit für 20 Familien besorgen können? Diese jedem vernünftigen Menschen einleuchtenden Erwägungen haben bestochen. Man baute Einküchenhäuser. Bald aber zeigte sich, daß man 20 Familien nicht so ohne weiteres in einem Haushalt vereinigen kann. Abgesehen von persönlichem Gezänk und Streit, sind starke Schwankungen in der materiellen Lage der verschiedenen Bewohner unvermeidlich, weshalb der Zusammenschluß mehrerer Familien notwendig zu Konflikten führen muß. Für Arbeiter und Privatangestellte aber, die in verhältnismäßig kurzer Zeit arbeitslos werden können, scheidet das Einküchenhaus von vornherein aus, da der Arbeitslose seine Lebenshaltung nicht soweit herabdrücken kann, als für ihn notwendig wäre. Das Problem der Rationalisierung der Hausarbeit kann also nicht für sich allein gelöst werden, sondern muß mit notwendigen sozialen Erwägungen Hand in Hand gehen."[307]

Aufschlußreich ist auch die Tatsache, daß im Wien der 20er Jahre ein bürgerliches Einküchenhaus gebaut wurde.[308] Das Einküchenhaus „Heimhof" bestand aus 287 Wohnungen. Diese Wohnungen hatten ein bis zwei Zimmer, eine Kochnische

---

306 Doernberg, Das Einküchenhausproblem. In: Bauwelt Nr. 15/1910, S. 17.
307 Lihotzky, Rationalisierung im Haushalt. In: DNF 5/1926-27, S. 120.
308 Weihsmann, Helmut: Das Rote Wien. Sozialdemokratische Architektur und Kommunalpolitik 1919-1934. Wien 1985, S. 321.

mit Gasherd, einen kleinen Vorraum und ein Spülklosett. „Die ganze Anlage hat Zentralheizung. An gemeinsamen Einrichtungen hat diese Wohnanlage Speisesäle, Gesellschaftsräume, Bücherei, Kindergarten, Garten und Bäder. Die Zentralküche liefert sämtlichen Mietern die ganze Verpflegung [...] außer dem Frühstück. Die Mahlzeiten können in den Wohnräumen und auch in den gemeinsamen Speisesälen eingenommen werden."[309] Statt durch „häusliche" Bedienstete, reinigten im Heimhof „geschulte Angestellte" der Hausverwaltung die Wohnungen. Die Miete für diese kleinen Wohnungen mit hervorragenden Serviceeinrichtungen betrug umgerechnet für ein Ehepaar ohne Kinder 10 RM wöchentlich; zuzüglich 10,20 RM für Mittag- und Abendessen.[310] Allein diese Kosten, die mit den ausgesprochen niedrigen Mieten in den Gemeindewohnungen kontrastieren, verdeutlichen, daß dieses Einküchenhaus keine Alternative zum Massenwohnungsbau war. Kollektiv organisierte Einküchenhäuser wurden jedoch auch in Wien nicht gebaut.

Margarethe Schütte-Lihotzky kennzeichnete die Unterschiede zwischen dem Frankfurter und Wiener Wohnungsbau rückblickend wie folgt: „In Wien war es die Aufgabe, so rasch als möglich möglichst vielen der Minderbemittelten ein menschenwürdiges Obdach zu schaffen. In Frankfurt war es die Aufgabe, ein Beispiel für zeitgemäßes Wohnen mit den fortgeschrittensten Mitteln der zwanziger Jahre und allen dafür notwendigen Experimenten zu geben. Deshalb baute man in Wien primitiver: Wohnküchen im Flachbau, Kochnischen im Baublock, keine Badezimmer, keine Zentralheizung, Badeanstalten im Großblock, – weil das eben billiger war als hunderte einzelner Badezimmer – dafür aber Klub- und Versammlungsräume im Großblock – um ein gemeinsames gesellschaftliches Leben zu fördern – etwas, worüber man in Frankfurt kaum diskutierte."[311]

Interessant ist wiederum, daß innerhalb der in Wien dominanten sozialistischen Bewegung nicht intensiv über die Einküchenbewegung diskutiert wurde[312], trotz der kollektiven Ausprägung des Wohnungsbaus im Roten Wien. Die negativen Wohnerfahrungen in den Wiener „Bassena-Häusern", mit ihrer kollektiven Dichte, förderten die individuelle, wenn auch einfache Wohnweise in den Superblocks. Beide Modelle

---

309 Kersten, Wohnkultur und Machtverhältnisse. In: Gemeinwirtschaft 1926, S. 190.
310 Ebenda.
311 Schütte-Lihotzky, Margarethe: Wohnungsbau der zwanziger Jahre in Wien und Frankfurt/Main. In: Michael Andritzky/Gert Selle (Hg.): Lernbereich Wohnen. Bd. 2. Hamburg 1979. S. 324.
312 So die Auskunft von Frau Schütte-Lihotzky in einem Interview mit dem Verfasser 1989 in Wien. Die Einküchenhausdiskussion wurde zumeist in der bürgerlichen Frauenbewegung, nicht aber in der Wiener Siedlerbewegung oder Stadtverwaltung geführt. Das Einküchenhaus, das heute noch baulich erhalten ist, mußte in den 30er Jahren den Küchenservice einstellen. Konzeptionell knüpft das heutige „Servicehaus" an diese Bewegung an. Statt Bediensteter erledigen und erledigten Angestellte die häusliche Dienstleistung. Die soziale Zielgruppe für das Servicehaus ist jene einkommensstarke städtische Bevölkerung, die Doernburg bereits 1910 charakterisierte. Vgl. Themenheft ServiceWohnung, arch+ H. 100/1989.

der städtischen Wohnungspolitik entsprachen den jeweiligen städtischen Mentalitäten.[313] Trotz der Experimentierfreudigkeit im Frankfurt der 20er Jahre wurden keine Einküchenhäuser geplant. Die Wohnung blieb der private Ort der (Klein-) Familie, sowohl für Arbeiter als auch für Wohlhabende.

Die Struktur der „Frankfurter Küche"

Nachdem May 1925 von Breslau nach Frankfurt gewechselt war, wurde im kommunal regulierten Wohnungsbau dieser Stadt vorrangig nur noch eine Ausprägung der „Wohnküche" realisiert: „Die Kernzelle des Grundrisses haben wir in der Wohnküche zu erblicken. Baute man ursprünglich bei uns wie anderswo Wohnküchen, indem man einen Herd in irgendeine beliebige Ecke des Raumes setzte, so daß die aus dem Herde aufsteigenden Dämpfe nicht nur das Zimmer durchnäßten, sondern auch den Aufenthalt darin denkbar ungemütlich gestalteten, so ging man nach einiger Zeit insofern zu einer verbesserten Form über, als man den Wirtschaftsteil in eine Nische verlegte, aus der die Dämpfe durch einen Wrasenabzug wenigstens teilweise abgesaugt wurden. Da auch diese Lösung nur einen Kompromiß darstellt, gingen wir noch einen Schritt weiter und zogen zwischen Wohnteil und Kochnische eine Mauer und erhielten so eine kleine Arbeitsküche und einen vollständig abgeschlossenen Wohnraum."[314] Die „organische Verbindung" zwischen beiden Räumen wurde durch eine gläserne Schiebetür hergestellt. „Grundsätzlich wurde die sogenannte Wohnküche als den Forderungen einer zeitgemäßen Wohnungskultur widersprechend ausgeschaltet und durch die Doppelzelle Einbauküche-Wohnzimmer ersetzt."[315]

Der sogenannte Wohnraum als „Kernzelle" und Hauptaufenthaltsraum der Familie sollte von den „Funktionen der Nahrungszubereitung" nicht belastet werden. „Die Essenszubereitung erfolgt in einer kleinen Sonderküche, die so mit dem Wohnraum verbunden ist, daß kürzeste Wege von der Stelle der Nahrungsmittelbereitung zum Eßtische gesichert sind."[316]

Margarthe Schütte-Lihotzky übertrug die Grundgedanken der „wissenschaftlichen Betriebsführung" konsequent auf die Frankfurter Wohnungstypen. Die Wegfläche zwischen der „Frankfurter Küche" und dem Eßtisch im Wohnraum sollte beim „Normaltyp" maximal 3,2 m betragen.

---

313 Gorsen, Peter: Die Dialektik des Funktionalismus heute. Das Beispiel des kommunalen Wohnungsbaus im Wien der zwanziger Jahre. In: Jürgen Habermas (Hg.): Stichworte zur geistigen Situation der Zeit. Bd.2. Frankfurt 1982. S. 688-706.
314 May, Ernst: Frankfurter Wohnungspolitik. Vortrag gehalten auf der konstituierenden Versammlung des Internationalen Verbandes für Wohnungswesen am 12.1.1929. Publikation 2. Frankfurt 1929, S. 23-27.
315 May, Grundlagen der Frankfurter Wohnungspolitik, DNF H. 7-8/1928, S. 118. Der Begriff der Wohnküche war in den 20er Jahren nur sehr unklar umrissen. Häring beispielsweise ordnete die Frankfurter Küche – als Einbauküche – ebenfalls in die Gruppe der Wohnküchen ein. Auch May benutzte keine klaren Begriffe.
316 May, DNF H. 2-3/1930, S. 38.

Entwurfskizze der Frankfurter Küche von Schütte-Lihotzky (Ganglinien)

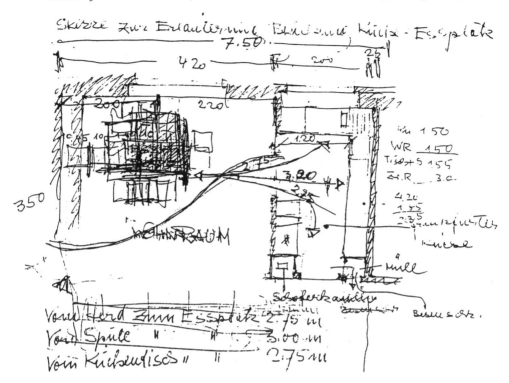

Aufgrund der Vielzahl der Wohnungstypen mußten sehr viele Varianten der „Frankfurter Küche" entwickelt werden. Brenner gibt in seinem Artikel in der „Bauwelt" von 1927 an, daß die „Frankfurter Küche" „in mehr als dreißig Abarten, durch die verschiedenen Küchenraumausmaße bedingt"[317], hergestellt wurde!

Auf der Frankfurter Messe wurde in der Ausstellung „Die neue Wohnung und ihr Innenausbau"[318], die vom Hochbauamt in Zusammenarbeit mit dem Frankfurter Hausfrauenverein organisiert wurde, drei „Frankfurter Küchen" mit eingebauten Möbeln ausgestellt, außerdem Kochnischenmodelle aus Metall und aus Formsteinen sowie eine Kleinstküche für Ledigenwohnungen. Die drei „Frankfurter Küchen" sollten die verschiedenen „Arten des Küchenbetriebs" berücksichtigen:
„1. Der Haushalt ohne Hausgehilfin (bis zu einem Jahreseinkommen von etwa 5000 Mk.)
2. Der Haushalt mit einer Hausgehilfin (mit einem Jahreseinkommen von etwa 10000 Mk.)
3. Der Haushalt mit zwei Hausgehilfinnen (mit einem Jahreseinkommen von über 10000 Mk.)"[319]

---

317 Brenner, Frankfurter Küche, Bauwelt H. 9/1927, S. 243.
318 Nosbisch, Die neue Wohnung und ihr Innenausbau, der neuzeitliche Haushalt. In: DNF H. 6/1926-27, S. 184-189.
319 Lihotzky, Rationalisierung im Haushalt, DNF H. 5/1926-27, S. 122.

Diese drei Küchen sollten jeweils Modelle für eine Klein-, Mittel- und Großwohnung darstellen. Die letzte Variante, die Küche mit zwei Hausgehilfinnen, bestand aus dem eigentlichen funktionalen Küchenraum, zusätzlich aber noch aus einem Anrichteraum, einer Besen- und Speisekammer. Der zweite und insbesondere dritte Haushaltstyp kennzeichnete wohl weniger die Zielgruppe des Frankfurter Wohnungsbaus, sondern sollte wahrscheinlich verdeutlichen, daß die funktionale Küche keineswegs nur eine „moderne Arbeiterküche" sei.

Die Entwicklungsstufen der „Frankfurter Küche" [320]

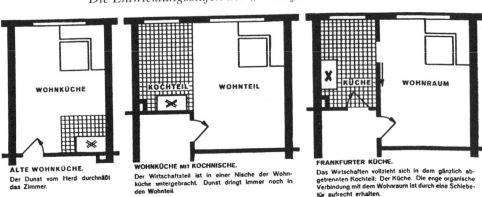

Beschreibung der „Frankfurter Küche"

Die „Frankfurter Küche" des sogenannten Normaltyps, der in der städtischen Normensammlung, dem sogenannten Frankfurter Register (Blatt Nr. IX), aufgenommen wurde, bestand aus folgenden Teilen:

1. Herd (zumeist für Gas- seltener für Stromenergie); 2. Abstellplatte; 3. Kochkiste; 4. klappbares Bügelbrett; 5. Speiseschrank; 6. Drehstuhl; 7. Tisch; 8. Abfalleinwurf; 9. Abtropfbrett; 10. Spülbecken; 11. Vorratschubladen (Schütten); 12. Topfschrank; 13. Müll- und Besenschrank; 14. Heizkörper (nicht immer vorhanden); 15. herausziehbare Abstellplatten.

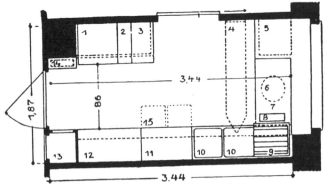

---

320 May, Grundlagen der Frankfurter Wohnungspolitik, DNF H. 7-8/1928, S. 119.

Die Kritik der Funktionen

Entsprechend der Forderung nach einer Minimierung des Kraft- und Zeitaufwandes wählte Margarethe Schütte-Lihotzky einen rechteckigen Grundriß. Dieser betrug beim Normaltypus 3,44 x 1,87 m. Im Gutachten der RFG wurde diese Grundrißbildung kritisiert: „Da die Küche für die doppelseitige Möblierung zu schmal ist [...], stehen einige Schranktüren in geöffnetem Zustand zu weit in den Raum hinein; beim Eintritt aus dem Flur in die Küche stößt man mit dem Kopf unmittelbar gegen eine Schranktür, falls diese gerade geöffnet ist. Aber auch bei der Arbeit selbst, wenn die Schränke teilweise offen stehen müssen, wird der Platz beengt. Die Küche dürfte bei dem gleichen Flächenbedarf, wenn sie breiter und dafür kürzer, also *quadratischer* angelegt würde, in vieler Hinsicht praktischer sein. *Die Grundform der Küche ist zu lang und zu schmal.*"[321] Diese Kritik der RFG berücksichtigt allerdings einen wichtigen Aspekt nicht, die Ermöglichung der sitzenden Tätigkeit. Auf einem in der Höhe verstellbaren Drehhocker sollte die Hausfrau, entsprechend der Forderung der RFG oder Erna Meyers, in ergometrischer Körperhaltung ihre Hausarbeit verrichten. Ebenfalls können mit nur einer Drehbewegung vom Herd die Schütten erreicht werden. Die Wegstrecken sind, deutlicher als in einer quadratischen Küche, minimal. In der Normalküche war zudem nur die Anwesenheit einer Person – der Hausfrau – vorgesehen. Weiterhin wurden Türen, die in den Raum stehen konnten, durch Schiebetüren, welche die RFG auch aufgrund ihrer praktischen Handhabung (z.B. Herausnahme bei Reinigung) lobend erwähnte, ersetzt. Die Arbeitsfläche lag wegen der optimalen Belichtung am Fenster. Ein kleines Detail, das aber typisch ist für die rationale Durchdringung der „Frankfurter Küche", befindet sich am Ende der Arbeitsfläche. In einen Ausschnitt konnten organische Küchenabfälle direkt in ein herausnehmbares Schubfach geschoben werden. Die Deckenlampe, die „blinde" Winkel in der Küche vermeiden sollte, war an einer Schiene verstellbar. Beim Geschirrwaschen mußten (rechtshändige) Frauen ihre Arme nicht überkreuzen. Die beiden Spülbecken sind aber zu tief und zu groß angelegt. Um das unnötige Abtrocknen von Geschirr zu ersparen, wurde ein Tellerabtropfgestell angebracht. Diese praktische Vorrichtung hatte Schütte-Lihotzky erstmals in italienischen Bauernhäusern kennengelernt.[322] Als weitere interessante Details sind zu nennen: der Müllschrank, der eine Entleerung vom Gang aus ermöglichte; das Bügelbrett, das einfach herunterzuklappen war; die Vermeidung von Ecken, da alle Bodenabschlüsse durch einen Betonsockel abgerundet waren und somit die Bodenreinigung erleichterten, sowie der Wrasenabzug, der am Kamin angeschlossen war und einen effektiven Luftabzug ermöglichte. Als Farbe der Küchenmöbel wurde ein tiefes Blau (etwa ultramarin) gewählt, da diese Farbe, so Schütte-Lihotzky, Fliegen abweist. Zu kritisieren sind auf jeden Fall die Schütten (Vorratsschubladen), die von der Firma Haarer

---

321 RFG, Praunheim, S. 27.
322 Interview Margarethe Schütte-Lihotzky mit dem Verfasser in Wien am 24.2.1989.

aus Aluminium hergestellt wurden. Je nach Küchentyp waren bis zu 18 solcher Vorratsbehälter vorhanden. Teilweise erinnern sie noch an die traditionelle Vorratswirtschaft. Die Schütten waren für folgende Lebensmittel vorgesehen: Erbsen, Linsen, Bohnen, Zucker, Grieß, Graupen, Haferflocken, Reis, Nudeln, Rosinen, Makkaroni, Sago, Gerste, Suppenteig, Kartoffelmehl, Würfelzucker, Paniermehl und Mehl. Die RFG (Arbeitsausschuß 6) kritisierte das „starre Ordnungssystem" der Aluschütten. „Stichproben ergaben, daß in den meisten Haushaltungen nach kurzer Zeit nur noch ein Teil der Aluminium-Schütten den Aufschriften entsprechend gefüllt ist; außerdem wird fast niemals das volle Gebrauchsquantum für einzelne Vorräte (wie Paniermehl usw.) untergebracht. In den Schütten wurden mehrfach Papiertüten mit Vorräten beobachtet. [...] Andererseits ist die für Mehl vorgesehene drehbare Holzschublade zu klein, abgesehen davon, daß sie auch nicht leicht zu reinigen ist."[323] Der Vorratsbehälter für Mehl war nicht aus Aluminium, sondern aus Eichenholz hergestellt, weil die Gerbsäure dieses Holzes die Würmer fernhält.[324]

Bei den Besichtigungen durch die RFG teilten die Hausfrauen weiterhin mit, daß die Vorratsbehälter zu niedrig angebracht seien, so daß die Kinder diese leicht herausziehen konnten. Die Aufbewahrung der Vorräte sei zudem problematisch, da die Schütten oben offen seien. Deshalb bewahrten viele Frauen ihre Lebensmittel in den Tüten auf. Teilweise wurde auch Schwitzwasser in den Vorratsbehältern festgestellt. Dieser Fehler konnte durch die Anbringung einer Rückwand abgestellt werden.

Unverständlich bleibt weiterhin, warum sich in dieser modernen Küche noch eine Kochkiste befand, die mit Glanzasbestplatten ausgelegt war und besondere Einsetztöpfe erforderte. Angekochte Speisen konnten zum Weitergaren in diese Kiste gelegt werden. „Der Gebrauch der Kochkiste", so die RFG, „ist nach den neueren Lehren der Nahrungsmittelphysiologie nur in beschränktem Umfange ratsam (Zerstörung der Vitamine). Praktisch wird sie in den beobachteten Wohnungen tatsächlich nur selten benutzt. Für berufstätige Hausfrauen ist die Kochkiste wertvoll, doch gehen die in diesen Einfamilienhäusern [in Praunheim, GK] wohnenden Frauen kaum einer Tätigkeit außer dem Hause nach."[325] Auffallend ist, daß in den 20er Jahren vorwiegend technische Details kritisiert wurden (Überorganisation, starre Grundrißbindung etc.), jedoch nicht die isolierte Berufstätigkeit der Hausfrauen und ihre eindeutig geschlechtsspezifische Rollenzuweisung, die im Mittelpunkt der feministischen Kritik der 70er und 80er Jahre stand.

Den neuen Bewohnern wurde eine radikale Umstellung der Lebensgewohnheiten abverlangt. Die RFG beobachtete nach den ersten Monaten der Nutzung folgende „Wohnsitten": „a. Ein Ehepaar nimmt die Mahlzeiten am Wirtschaftstisch der Küche ein und hat einen niedrigen Tisch mit niedrigen Stühlen für zwei kleine Kinder

---

323 RFG, Praunheim, S. 26/26.
324 Schütte-Lihotzky, Frankfurter Küche (o.J.), S. 12.
325 RFG, Praunheim (1929), S. 29.

beschafft. Dieser Tisch ist neben dem Gasherd aufgestellt. b. In einem anderen Hause sind die Küche und ihre gesamten Einbauten überhaupt nicht in Benutzung. Die Bewohner haben vielmehr im Erdgeschoß, d.h. in den geplanten Wohnräumen, die Betten aufgestellt und im Obergeschoß einen größeren Raum zu einer Wohnküche eingerichtet. In diesem Raum stehen Küchentisch und Küchenschrank; gekocht wird auf dem Stubenofen. – Zweifellos ist bei dieser Familie das Bedürfnis für eine Wohnküche so stark, daß sie die vom Architekten beabsichtigte Benutzungsart der einzelnen Räume vollkommen umkehrt. c. In zahlreichen Haushaltungen wurde beobachtet, daß die Bewohner die ohnehin schon kleinen Fenster zum Teil durch Überhänge stark verdunkeln."[326]

Da in der Regel alle Frankfurter Siedlungswohnungen, die zwischen 1926 und 1930 gebaut wurden, mit der „Frankfurter Küche" ausgestattet waren, verblieben den Bewohnern der Neubauwohnungen keine Partizipationsmöglichkeiten hinsichtlich der Konzeption (Wahl der Küchenform) und Aneignung.[327] Die oben beschriebenen, etwas hilflosen Versuche, bisherige Lebensgewohnheiten beizubehalten, behinderte die Architektur, der – wie Wichert ja äußerte – nicht entronnen werden konnte. Die Architekten und Architektinnen des Neuen Bauens fühlten sich als aufgeklärte und produktive Avantgardisten, die bestimmten, was ein vernunftmäßiger Gebrauch sei. Andere mögliche Funktionen und Verhaltensformen wurden schlicht ausgeklammert.

e. Die Rationalisierung der Küche als produktive Disziplinierung

Die Küche als multifunktionaler Raum erfuhr in den 20er Jahren in Frankfurt am Main, besonders in Arbeiterhaushalten, einen deutlichen Wandel. Bereits in der Wohnungsordnung von 1919 war das Schlafen in der Küche untersagt worden. Durch die „Frankfurter Küche" trat eine weitere Einschränkung der Funktionen ein: Sie sollte nur noch der Nahrungszubereitung dienen. Die Nahrungsaufnahme (Essen) wurde ins Wohnzimmer verlagert. Aufgrund der tayloristischen Organisation und strengen Funktionszuschreibung wurde die Küche, entsprechend der kapitalistischen Produktionsentwicklung, zum „Kochlaboratorium" (Brenner) bzw. zur „Fabrik der Hausfrau" (Wagner). Die klare geschlechtsspezifische und soziale Zuordnung erschien zunächst als Widerspruch zum ideologischen Leitbild der emanzipierten berufstätigen „Neuen Frau". Allerdings konnte diese Ambivalenz durch eine Neubewertung der nunmehr rationalisierten Hausarbeit und ihre Ästhetisierung aufgehoben werden. Insbesondere die Umsetzung der Grundsätze der tayloristi-

---

326 RFG, Praunheim, S. 29-32.
327 Ernst May veranlaßte nach dem Zweiten Weltkrieg im Auftrag der Neuen Heimat eine Untersuchung über die gewünschten Küchenformen in der Bundesrepublik. In Norddeutschland neigte die Mehrheit mehr zur funktionalen Einbauküche, in Süddeutschland hingegen mehr zur traditionellen Wohnküche. Diese Möglichkeit, durch Befragungen den gewünschten Küchentyp zu ermitteln, wurde jedoch in den 20er Jahren in Frankfurt noch nicht wahrgenommen.

schen Arbeitswissenschaft in den Haushalt implizierte ein verlockendes Versprechen: Statt eine bedrückte Sklavin zu sein, könne sie nun eine befreite Schöpferin werden.[328] Gleichwohl wurde die Ideologie der Berufung der Frau zur Hausarbeit nicht durch die Aufwertung des Berufs der Hausfrau in Frage gestellt, sondern neu legitimiert. Die „Domestizierung" verheirateter Frauen war weiterhin widerspruchsfrei möglich.[329] Sozialhygienische Anforderungen, die ein zentrales Anliegen der Wohnungsordnungen darstellten, konnten unmittelbar in der Küche umgesetzt werden. Die „schmutzige Küche" war ein bevorzugter Ort der neuen Hygienebewegung. Dadurch wandelte sich aber auch die Bewertung der weiblichen Hausarbeit. „Bei einer vollkommen gelungenen Unsichtbarmachung der Schmutzarbeit bleibt der Hausfrau als einzige und letzte Möglichkeit, ihre soziale Wertschätzung aus der geschaffenen Ordnung, also aus dem Ergebnis ihrer Arbeit zu beziehen. […] Die Hausfrau muß auf eine permanente Ordnung und Sauberheit bedacht sein, da ihr sonst jegliche Wertschätzung verloren geht. Dies führt", so Konstanze Arndt, „zu einer Verdrängung ihrer tatsächlich verrichteten Arbeit auch aus ihrem Bewußtsein. Die Ästhetisierung der Hausarbeit und der Hausfrau trägt erheblich zur Internalisierung der Hygieneanforderungen an die Hausfrau bei."[330] Wenngleich eine „planvolle Zusammenarbeit" zwischen Architekten und Hausfrauen vorausgesetzt wurde, wobei auch Erna Meyer dem Architekten den „Verstand" und der Hausfrau die „Seele" zusprach[331], lag der Erfolg dieses „Reformprojekts" aber bei den Frauen selbst. Nicht die Wohnungspflegerinnen sollten erziehen, sondern die Frauen sich selbst. Daher auch die großen Anstrengungen der städtischen Ämter, durch Hausfrauenabende oder Lehrküchen eine große Akzeptanz der „Frankfurter Küche" und eine hohe Wertschätzung der rationellen Hausarbeit zu erreichen. Erna Meyer drückt den Wandel in der Erziehungsarbeit in ihrer „Hausfrauen-Bibel" klar aus: „Erziehung ist nur ein Notbehelf für die Zeit, in der der Mensch zur Selbsterziehung noch nicht fähig ist; darum suche jeder wahre Erzieher möglichst bald den Zustand zu erreichen, wo er sich selbst ausschalten darf; er trachte danach, das Kind auf eigne Füße in körperlicher und geistiger Beziehung zu stellen."[332]

Das sozialreformerische Projekt der produktiven Selbstdisziplinierung war nicht mehr auf soziale Randgruppen beschränkt, sondern es wurde verallgemeinert. Tendenziell glichen sich die Unterschiede zwischen der proletarischen und bürgerlichen

---

328 „Haushaltsführung, die Wissenschaft des Haushaltens und der Kinderpflege kann, wenn sie auf zweckmäßiger Grundlage aufgebaut wird, zum herrlichsten Beruf jeder Frau werden, zu einem Beruf, der nicht verdummt oder erniedrigt, sondern der ihr und ihren besonderen Fähigkeiten den größten und vielfältigsten Spielraum läßt." Frederick, Haushaltsführung, S. 63.
329 Nach den Beobachtungen der RFG waren verheiratete Frauen in den untersuchten Frankfurter Siedlungen zumeist nicht außerhäuslich berufstätig.
330 Arndt, Konstanze: Weiss-Rein-Klar. Hygienevorstellungen des Neuen Bauens und ihre soziale Vermittlung durch die Frau. (Diplomarbeit WS 1992/93). Kassel 1993, S. 137.
331 Meyer, Der neue Haushalt, S. 92.
332 Ebenda, S. 183.

Haushaltsführung an, wie Margarethe Freudenthal 1933 feststellte, wenngleich zunächst vorrangig die Frauen der neuen Mittelschichten in den neuen Siedlungen Trägerinnen dieses Formierungsprozesses waren.

Frankfurter Küche (Musterküche), Siedlung Praunheim, Frankfurt am Main

3.3.2. „Amerika vor den Toren"[333] oder die vollelektrifizierten Siedlungen Römerstadt und Praunheim III

> „In Zukunft werde nur das Land den kulturellen und zivilisatorischen Höchststand erreichen, welches die umfassende und allgemeinste Anwendung der Elektrizität aufweise. [...]
> Die deutsche Hausfrau und der deutsche Architekt stehen auf Grund der bedeutenden Fortschritte im elektrotechnischen Apparatebau vor der Wahl, entweder sich die großen Vorteile des Elektroherdes mit seiner neuzeitlichen elektrischen Kochtechnik nutzbar zu machen oder aber an der veralteten Haushaltsführung mit Gasküche festzuhalten."
>
> Stadträte May und Schmude [334]

a. Die vollelektrifizierte Siedlung Römerstadt

In der Frankfurter Stadtverordneten-Versammlung stellte die sozialdemokratische Stadtverordnete Elsa U. Bauer im Frühjahr 1926 folgenden Antrag: „Meine Damen und Herren, meine politischen Freunde sind der Ansicht, daß auch für die Hausfrauen Erleichterungen geschaffen werden müssen. Sie hören und lesen jeden Tag über die Arbeitsersparnis durch neuzeitliche Maschinen und wie die Rationalisierung der Hausarbeit ein sehr wichtiges Problem der Gegenwart und Zukunft darstellt. Angesichts dieser Tatsache haben wir uns entschlossen, folgenden Antrag einzubringen, um dessen Annahme ich bitte: Die St.-V [Stadtverordneten-Versammlung] wolle beschließen, den Magistrat zu ersuchen, dahin zu wirken, bei Erstellung von neu zu erbauenden Wohnungskomplexen alle maschinellen Einrichtungen einzubauen, die den Hausfrauen Erleichterung auf dem Gebiete der Haushaltung ermöglichen, und gleichzeitig den Plan zu erwägen, ob es nicht für die Erhaltung der Wohnungen und der neuzeitlichen Einrichtungen dringend nötig wäre, evtl. in Verbindung mit den gemeinnützigen Wohnungsbaugesellschaften eine Wohnungspflege einzuführen."[335] Obwohl in Frankfurt keine Wohnungspflegerin speziell für die „neuzeitlichen Einrichtungen" zugewiesen wurde, erprobte man „maschinelle Einrichtungen" bzw. neuzeitliche Maschinen zur Erleichterung der Hausarbeit in der Siedlung Römerstadt erstmals in einem Großversuch. Diese Siedlung war zugleich die erste „voll-

---

[333] Generalanzeiger, Nr. 194, 18.8.1928. „Die elektrische Römerstadt" mit dem Untertitel „Amerika vor den Toren."
[334] Denkschrift Schmude/May, Der Elektrische Haushalt in der Römerstadt (o.J. [1929/30]), S. 11. In: StA Ffm., MA T 875.
[335] Bauer, Elsa: Antrag vom 29.3.1926. Akten der StVV Ffm., Wohnungswesen/Kleinwohnungen, Sig. 438.

elektrifizierte" Siedlung Deutschlands. Da 1929 in ganz Deutschland erst 30.000 „elektrische" Küchen eingerichtet waren, erhielt dieser Versuch eine überregionale Bedeutung zugewiesen.[336]

Das Experiment des „elektrischen Haushalts" wurde in der städtischen Öffentlichkeit besonders kontrovers diskutiert. Es lassen sich hierbei beispielhaft die divergierenden Interessen der Energieunternehmen (Gas- und Elektroindustrie), unterschiedliche Modernisierungsstrategien und Konfliktlagen ablesen. Besonders interessant sind Probleme der sozialen und kulturellen Aneignung von neuen Techniken im Wohnbereich.

Die Siedlung Römerstadt ist Teil eines umfassenden Gesamtkonzepts, das die Niddatal-Trabanten umfaßte.[337] Bauträger war die städtische Aktienbaugesellschaft für kleine Wohnungen (Mietheim AG/Gartenstadt AG). Es wurden in der Römerstadt 1182 Mietwohnungen gebaut, die sich teils in Einfamilienhäusern (581 Wohnungen), teils in Mehrfamilienhäusern (601 Wohnungen) befanden. Die Bauausführung (ab 1927) erfolgte in Ziegelsteinbauweise mit Flachdächern in Holzkonstruktion. Hervorragend gelang die topographische Einbindung der Siedlung in die Flußlandschaft. Die Gesamtplanung erfolgte durch May, Boehm und Bangert vom städtischen Hochbauamt.

Ihren bemerkenswerten experimentellen Charakter gewann diese Siedlung nicht durch Versuche zur Mechanisierung der Bauproduktion[338], sondern durch den hohen technischen Standard der Wohnungen. Aufsehenerregend war beispielsweise jener Radioanschluß, der den Bewohnern – bei niedrigen Kosten – mittels eines Lautsprechers den Rundfunkempfang ermöglichte. „Der Rundfunk wird [in der Römerstadt, GK] genau so eingerichtet wie in Zick-Zackhausen (Siedlung Bruchfeldstraße, GK). Ein Sammelempfänger liefert den Ohrenschmaus in sämtliche Wohnungen. Der Mieter braucht nur seinen Lautsprecher an die Steckdose einzuschalten. Die Anbringung von Antennen ist streng verboten, das Dach muß flach und frei bleiben! Wer mit großen Röhren die Welt belauschen will, muß mit der Zimmer- oder Leitungs-

---

336 Vereinigung der Elektrizitätswerke. Zit. in: Langguth, Frauke: Elektrizität in jedem Gerät. Die Elektrifizierung der privatren Haushalte am Beispiel Berlins. In: Haushaltsträume. Ein Jahrhundert Technisierung und Rationalisierung im Haushalt. Hg. Arbeitsgemeinschaft Hauswirtschaft e.V. und Stiftung Verbraucherinstitut. Königstein 1990. S. 98.
337 Lauer, Heike: Leben in Neuer Sachlichkeit. Zur Aneignung der Siedlung Römerstadt in Frankfurt am Main. Institut für Kulturanthropologie und europäische Enthnologie Uni Frankfurt am Main. Notizen Bd. 31. Frankfurt 1990, S. 110; Dies.: „Die neue Baukunst als Erzieher"? Eine empirische Untersuchung der Siedlung Römerstadt in Frankfurt am Main. In: Hofmann/ Kuhn, Wohnungspolitik und Städtebau, S. 265-284.
338 Die Siedlung Römerstadt wurde, wie vergleichbare Berliner Großsiedlungen, zwar im Stil des Neuen Bauens, aber weiterhin in traditioneller Ziegelbauweise errichtet. Hingegen bezog sich der experimentelle Charakter in der benachbarten Niddatal-Siedlung Praunheim besonders auf die Versuche zur Mechanisierung des Bauens (Frankfurter Bauplatten). Vgl. Andernacht/Kuhn: Frankfurter Fordismus, S. 54-55.

antenne arbeiten."[339] Alle Wohnungen waren mit einem Bad und der „Frankfurter Küche" ausgestattet. Am außergewöhnlichsten war jedoch die Ausstattung der Wohnungen mit Elektrogeräten. Die Haushalte waren „vollelektrifiziert".[340]

Als „vollelektrische Küche" definierte man in Frankfurt nicht nur das Vorhandensein eines elektrischen Kochherdes und der Elektrobeleuchtung, sondern weiterhin die elektrische Wassererhitzung und teilweise elektrische Heizmöglichkeiten für das Bad. Die elektrischen Einrichtungen in den Wohnungen der Römerstadt bestanden, *unabhängig* von der Wohnungsgröße oder Anzahl der Bewohner, aus einem 80 l-Niederdruck-Heißwasserspeicher, Fabrikat Prometheus, Anschlußwert 0,95 KW, einem elektrischen Herd mit „Kohlenanhang", Fabrikat Prometheus, Anschlußwert 5,4 KW; einer Installation mit Steckdosen, außerdem wurden in den Wohnungen ohne Zentralheizung zur Beheizung des Badezimmers zwei „Strahlöfen" mit je 0,5 KW Anschlußwert angebracht.

b. Soziale Schichtung und wohnkulturelle Aneignung

In der Wahrnehmung der Frankfurter Bevölkerung wurde die Siedlung Römerstadt stets als eine Siedlung des gehobenen Mittelstandes („Der gute Mittelstand", „Akademikerviertel") aufgefaßt. Kontakte waren aufgrund der „Klassenlage" zwischen den Bewohnern der benachbarten „Stadt-Dörfer" (Heddernheim, Praunheim) oder „Trabanten" (Siedlung Praunheim oder Westhausen) selten: „Das war für uns eine ganz andere Welt. Da wohnten Akademiker, Ärzte und Lehrer und so [...] In der Römerstadt kann ich mich nicht erinnern, je Freunde gehabt zu haben."[341] Für die Frage der kulturellen Aneignung einer neuen Technik ist bedeutsam, welche bisherigen wohnkulturellen Alltagserfahrungen die neuen Siedler besaßen. Von städtischen Ämtern wurden bis November 1928, also zu einem Zeitpunkt, als noch nicht alle Wohnungen bezogen waren, Befragungen durchgeführt. Da diese Befragungen nur 366 Haushalte (Verbraucher) einschlossen und die Kriterien der Auswahl nicht benannt wurden, sind die getroffenen Aussagen nur bedingt aussagekräftig. Von den 366 Befragten lebten 145 Verbraucher, das sind 40%, vorher unselbständig zur Untermiete! Weitere 62 Befragte (17%) zogen von auswärts zu. Ein Drittel der Befragten hatten in ihrer Wohnung bisher keine Badewanne, nur 8% waren vorher im Besitz eines Kohlebadeofens und 9,3% eines Gasbadeofens. Über die gleiche Zimmerzahl und über einen Gasbadeofen verfügten vorher nur 17 Befragte (= 4,6%).

---

339 Generalanzeiger, Nr. 194, 18.8.1928; Vgl. auch Herterich, Frank: Neue Menschen für das Neue Frankfurt. In: Höpfner/Fischer (Hg.): Ernst May und das Neue Frankfurt, S. 88.
340 In Deutschland gab es ebenfalls an anderen Orten erste Versuche mit „vollelektrifizierten" Haushaltungen, so in Genossenschaftswohnungen in Schweinfurt, die aber quantitativ nicht so bedeutsam waren (von 130 Familien entschieden sich nur 4 für einen „rein elektrischen Betrieb"). In der Schweiz wurden seit Mitte der 20er Jahre ebenfalls erste Erfahrungen gesammelt.
341 Interview von Jonas Geist/Joachim Krausse, Dokumentarfilm WDR 1984. Zit. in: Lauer, Leben in Neuer Sachlichkeit, S. 110.

Siedlung Römerstadt, Frankfurt am Main (Luftbild)

Siedlung Römerstadt, Frankfurt am Main („Schusterblock" mit Schule im Hintergrund)

Ein unmittelbarer Vergleich der bisherigen Wohnerfahrungen mit den „modernen, technischen" Wohnerfahrungen war daher nach der Auffassung der Stadträte May und Schmude nur sehr eingeschränkt möglich.[342]

Wegbereitend für die Durchsetzung elektrischer Geräte in den Haushalten war die Konzeption eines besonderen Kleinverbrauchertarifs, den die Stadt Frankfurt bereits seit 1925 gewährte. Dieser sogenannte Frankfurter Haushaltstarif verbilligte den „Nachtstrom" von 45 Pfennig/KWh (Lichtspitze) auf 10 Pfennig/KWh. Entsprechend der Zimmerzahl wurde zunächst ein gestaffelter Regelverbrauch ermittelt, innerhalb dessen jede KWh mit 45 Pfennig berechnet wurde und der den durchschnittlichen Lichtstromverbrauch erfassen sollte. (Das elektrische Licht hatte sich gegenüber dem Gaslicht bereits allgemein durchgesetzt.) Der Mehrverbrauch hingegen wurde nur noch mit 10 Pfennig je KWh berechnet. Aus sozialen Erwägungen wurde schließlich die Berechnungsgrundlage für Kleinwohnungen nochmals modifiziert. „Dadurch ist es möglich geworden, daß in den Kleinwohnungen auch ein Teil des Lichtverbrauches, als Mehrverbrauch über dem Regelverbrauch liegend, nur mit 10 Pf/KWh berechnet wird, während in den größeren Wohnungen der Geräteverbrauch zum Teil mit 45 Pf je KWh bezahlt werden muß. […] Indes ist daran festzustellen, daß eine Staffelung nach unten zugunsten der Kleinwohnungen auch wirtschaftlich richtig ist, da für diese der absolute Betrag an sich eine Rolle spielt und meistens auch übersehen wird, daß 93 % der Bevölkerung höchstens ein Jahreseinkommen bis zu 3500 RM haben."[343] Durch diese Tarifpolitik sind, nach Ansicht der beiden Stadträte Schmude und May, „bereits [vor 1929, GK] in starkem Maße elektrische Bügeleisen, Wintersonnen, Heizkissen und andere Wärmeapparate in den Haushalt eingedrungen und haben Gasgeräte, soweit sie überhaupt im Wettbewerb standen, bereits teilweise so gut wie restlos verdrängt (z.B. das Bügeleisen)."[344]

In Berlin, dem Zentrum der deutschen Elektroindustrie (u.a. Siemens, AEG), stand die städtische BEWAG dem elektrischen Kochen lange Zeit ablehnend gegenüber. Erst als aufgrund der Wirtschaftskrise die Kapazitäten der elektrischen Energie nicht ausgelastet waren, wurde dort 1931 ein besonderer Tarif zur „Belieferung von Elektroküchen" eingeführt. Die vergleichbaren Berliner Großsiedlungen weisen daher auch nicht diese umfassende elektrotechnische Ausstattung der Wohnungen auf.

Diese Technisierung der Wohnkultur erforderte eine weitreichende Akkulturation. Gewohnte Lebensrhythmen und Alltagserfahrungen mußten umgestellt werden. Die Konflikte bei der Durchsetzung der neuen Haushaltstechnik und die deutlichen Einschnitte in die Alltagspraxis stellten sich wie folgt dar:

---

342 Denkschrift Schmude/May, Der Elektrische Haushalt in der Römerstadt, S. 31.
343 Schmude: Die erste Verwendung der Elekrizität in größerem Umfang in einer Siedlung und ihr Erfolg. In: Elektrizitätswirtschaft H. 30/1931, S. 328. Siehe auch StA Ffm., MA T 875.
344 Denkschrift Schmude/May, Der Elektrische Haushalt in der Römerstadt, S. 13.

Der „Badetag" der Familie und die Unzulänglichkeit des Heißwasserspeichers

Absicht der städtischen Ämter bei der „Vollelektrifizierung" der Römerstadt war, betriebswirtschaftliche Anliegen der städtischen Elektrizitätswirtschaft mit der Modernisierung der Wohnkultur zu verbinden.[345]

Der betriebswirtschaftliche Aspekt der Elektrifizierung der Großsiedlung war in der ungünstigen Auslastung der Frankfurter Elektrizitätswerke begründet. Die Elektroenergie wurde in Frankfurt am Main zur Hälfte nur für Lichtzwecke verwandt. Außerordentlich unbefriedigend war die Auslastung des Nachtstroms, da die ortsansässige Industrie nur unerheblich im Nachtbetrieb produzierte. Aus diesen Gründen entschieden sich die städtischen Ämter (u.a. Hochbauamt sowie Wasser-, Gas- und Elektroamt) für die Installation von Heißwasserspeichern, die vorzugsweise durch Nachtstrom betrieben wurden. In allen Wohnungen wurden Niederdruck-Heißwasserspeicher, in der Regel im Badezimmer, mit einem Volumen von 80 Litern installiert. Es wurde also nicht unterschieden zwischen dem zu erwartenden Verbrauch der Bewohner. In einer kleinen 2-Zimmer-Wohnung (48 qm) oder einer Großwohnung (5-Zimmer-Wohnung/130 qm) war der gleiche Speicher installiert. Von den verfügbaren 80 Litern waren 50 Liter für Badezwecke und 30 Liter für den Küchenbedarf vorgesehen. 50 Liter sind allerdings nur für ein Vollbad ausreichend. Daher konnte auch nur ein Wannenbad pro Tag genommen werden, so daß entweder alle Familienmitglieder das gleiche Badewasser benutzen oder der „Badetag" entflochten werden mußte, denn die „Eigenart des Speichers" erforderte eine Aufheizung des Wassers in den acht Nachtstunden.

„Familien, die bisher gewohnt waren, einen sogenannten ‚Badetag' in der Woche einzuhalten, an dem sämtliche Familienmitglieder badeten, müssen sich nunmehr in ihren Badegewohnheiten der Eigenart des Speichers anpassen und deshalb ihre Bäder auf die verschiedenen Wochentage verteilen. Diese Änderung der Lebensgewohnheiten konnte man den Verbrauchern leider nicht ersparen; aber die an sich technisch mögliche Aufstellung größerer Speicher hätte nicht nur eine Verteuerung der Bau- bzw. Einrichtungskosten und damit der Mietpreise, sondern für Verbraucher und Lieferwerke auch eine geringe Wirtschaftlichkeit des Speichers selbst gebracht."[346] Dieses Defizit wurde dann auch von den Konkurrenten der Elektrowirtschaft, den Gaswerken, aufgegriffen: „Bis jetzt wurde von den Elektrotechnikern den Elektrogeräten immer nachgerühmt, daß sie sich so sehr der Methode der Hausfrauen anpassen und eine Erleichterung geben. Hier wird offen zugestanden, daß der elektrische Heißwasserspeicher eine *völlige Umstellung der Familiengewohnheiten*

---

345 In den 20er Jahren verpflichtete sich die Stadt Frankfurt nach der Inbetriebnahme der Untermainkraftwerke, infolge des Ausbaus des Untermains zum Rhein für die Schiffahrt, zur Abnahme bis zu „22700 KW Grundlast". in: Denkschrift Schmude/May, Der Elektrischer Haushalt, S. 12.
346 Ebenda, S. 16.

bedingt. Bis jetzt suchte man der Hausfrau die Arbeit dadurch zu erleichtern, daß der helfende Geist, das Gas oder die Elektrizität, sich den Gewohnheiten der Hausfrau anpaßte. Jetzt muß bei der Elektrizität, nur damit sie als Wärmelieferer auftreten kann, umgekehrt die Hausfrau sich den Elektrogeräten anpassen, ohne damit eine größere Bequemlichkeit in Kauf zu nehmen."[347]

Das Problem der Unsichtbarkeit der Elektrowärme und der neue Elektroplattenherd

Als Koch- und Backmöglichkeit wählte man in der Siedlung Römerstadt elektrische Plattenherde. Sogenannte Speicherherde, die den billigen Nachtstrom nutzen sollten, waren technisch nicht ausgereift und wiesen einen sehr schlechten Wirkungsgrad auf. Auch „Sparkochherde", die auch Kochhaubenherde genannt wurden, lehnten die städtischen Sozialtechniker ab, da diese sich möglicherweise in ländlichen, nicht aber in städtischen Haushaltungen einführen ließen. Unbefriedigend seien insbesondere deren umständliche Handhabung und die Einschränkungen in der Kochart, besonders beim Braten und Backen.

Eine andere scheinbar nebensächliche Erwähnung in einer Denkschrift der städtischen Ämter ist sehr beachtenswert: „Offene Platten, denen manche den Vorzug geben, da der glühende Draht der Hausfrau als sichtbares Zeichen der Hitzeentwicklung angeblich angenehmer sei als die geschlossene Platten, mußten ausscheiden, da durch den offen liegenden stromführenden Draht eine Gefahrenquelle gegeben ist und deshalb derartige Platten nicht mehr den Vorschriften des Verbandes Deutscher Elektrotechniker entsprechen."[348] Diese Aussage verdeutlicht, wie unmittelbar noch das optische Wahrnehmungsmuster der Wärme verinnerlicht war.

Mit Stolz wurde erwähnt, daß in den neuen Plattenherden zwischen drei Leistungsstufen, volle Wattzahl bei der Schaltung 3, halbe Wattzahl bei der Schaltung 2 und viertel Wattzahl bei der Schaltung 1, gewählt werden könne. Problematisch war allerdings, daß die Plattenherde – aufgrund der mangelnden Sichtbarkeit der Wärme – häufig nicht abgeschaltet wurden und sich die Stromkosten verteuerten. Es wurde daher ein Hilfsmittel eingerichtet. „Um den Herd eindeutig abzuschalten, wurde über ihm ein Sicherungs-Automat angebracht, der sich bei einer Belastung von $2/3$ der Vollaufnahme des Herdes selbsttätig ausschaltet und so die Hausfrau daran erinnert, daß sie auch bei geringerer Stromaufnahme weiterkochen kann."[349]

Um den Eindruck des Zwangs zu mindern und auch um die Verbrauchskosten zu senken, wurden die Elektroherde mit einem „Kohlenabteil" kombiniert. Dieses sollte vor allem im Winter und in der Übergangszeit, besonders in Küchen ohne sonstige Wärmequellen, zusätzlich als Heizmöglichkeit dienen. „Im Hinblick auf die

---

347 Frankfurter Gasgesellschaft, Kritik (o.J. [1929]), S. 10. In: StA Ffm., MA T 875.
348 Denkschrift Schmude/May, Der Elektrische Haushalt, S. 18.
349 Ebenda.

Psychologie des Verbrauchers, insbesondere der Hausfrau", glaubten May und Schmude eine Ausweichmöglichkeit von der Elektrizität auf einen anderen Energieträger anbieten zu müssen, „um vor allem dem Verbraucher das Gefühl des Zwangs zur Benutzung der elektrischen Einrichtung zu nehmen."[350]

Konfliktbereiche und der „Denkschriftenstreit"

Die Durchsetzung der „Vollelektrifizierung" der Römerstadt führte zu heftigen und polemischen Auseinandersetzungen zwischen der Elektro- und der Gaswirtschaft, die sich auch in einem „Denkschriften-Streit" äußerte. Als Entgegnung zur „Denkschrift" der städtischen Ämter (Wasser-, Elektrizitäts- und Gas-Amt, Hochbauamt und Maschinen-Amt) gab die Frankfurter Gasgesellschaft ihre „Kritik an der Denkschrift der Städtischen Ämter" heraus. Die Polemiken wurden fortgesetzt mit einer „Gegenäußerung zur Kritik der Frankfurter Gasgesellschaft", diese wiederum verfaßte ihrerseits eine „Richtigstellung der Frankfurter Gasgesellschaft zu der Gegenäußerung". Je nach Standpunkt wurden die Schriften der Gegenseiten der mangelnden Sachlichkeit bezichtigt: So der sozialdemokratische Kämmerer Asch: „Auch diese Schrift ist natürlich sehr einseitig gehalten und m. E. auch unnötig aggressiv".[351] Weitere Zitate aus den Polemiken: „Hemmungslos betriebene Gegenbewegung", „schmerzliche Erfahrungen", „zur Kennzeichnung der Verantwortungslosigkeit und Sachunkenntnis jener Stellen", oder „marktschreierische Propagierung der elektrischen Küche".

In dieser leidenschaftlich geführten öffentlichen Debatte über die Frage der Elektro- oder Gas-Energienutzung in der Hauswirtschaft beteiligte sich auch – in diesem Fall in der Regel recht sachlich – die lokale Presse.[352] Die Frankfurter Zeitung veröffentlichte im „Technischen Blatt" am 24.1.1929 eine vergleichende Untersuchung, die Dipl. Ing. A. Blum durchgeführt hatte. Die städtischen Ämter lehnten diesen „an sich dankenswerten Versuch" ab, da sich die geringe Zahl der untersuchten „Gas-Haushaltungen" (49 bzw. 18 Häuser) mit einem Großprojekt nicht vergleichen ließen. Von den 174 „Elektro-Kohle"-Haushaltungen, die Blum auswertete, hatten 57,5 % vorwiegend den Elektroherd-einschließlich Benutzung des Kohleherdes bis 2 x die Woche, 16,7 % den Elektro- und Kohleherd nebeneinander und 25,8 % vorwiegend den Kohleherd benutzt.

Am bemerkenswertesten ist allerdings eine Untersuchung, welche die „Interessengemeinschaft der Siedlung Römerstadt e.V." durchführte. Diese Interessenvertretung bildete sich schon 1928 und hatte im folgenden Jahr bereits 600 Mitglieder.[353] Sie verstand sich einerseits als Mietervertretung gegenüber der städtischen Woh-

---

350 Ebenda, S. 20.
351 Brief Asch an Magistrat. 8.6.1929, StA Ffm. MA T 875.
352 U.a. Generalanzeiger („Die elektrische Römerstadt") Nr. 194, 18.8.1928. Frankfurter Nachrichten („Objektivität, keine Interessenpolitik") Nr. 156, 7.6.1929.
353 StA Ffm, MA T 872/II.

nungsbaugesellschaft (ABG), andererseits als ein sozialer Verein, der beispielsweise das jährliche Gartenfest organisierte und eine Zeitschrift mit dem Titel die „Römerstadt" (Auflage 1300 Exemplare bei 1200 Haushaltungen!) herausgab.[354]

Bereits am 17.12.1928 wurde in einer Vollversammlung die Einführung des „vollelektrifizierten Haushalts" begrüßt, aber auch nachdrücklich die Verteuerung der Haushaltsführung kritisiert. Diese könne zu einer „existentiellen Bedrohung" der Mieter führen. Deshalb forderte die „Interessengemeinschaft der Siedlung Römerstadt" in der Vollversammlung vorrangig die weitere Herabsetzung der elektrischen Stromtarife. Dies lehnte aber der zuständige Stadtrat Schmude ab.[355] Am 3.6.1929 sandte die Interessengemeinschaft eine detaillierte Erhebung unter 448 Familien an den Magistrat, um nochmals differenziert ihre Anliegen geltend zu machen. „Die Erhebungen haben den Beweis erbracht, daß die Bewohner der Römerstadt die elektrischen Einrichtungen wohl anerkennen, aber auch weiterhin auf Herabsetzung des Preises für den Kochstrom bestehen müssen." [356] Aus dieser Bewohnerbefragung der Römerstädter Interessengemeinschaft können mehrere Folgerungen gezogen werden:

Das Experiment der „vollelektrifizierten Siedlung" wurde größtenteils von den Bewohnern akzeptiert und „kritisch" mitgetragen. Ungeachtet dieser grundsätzlichen Zustimmung vermochten sie ihre Interessen sowohl gegenüber den kommunalen Sozialtechnikern (May, Schmude) als auch in der Öffentlichkeit klar und differenziert zu artikulieren. Dies verweist auf den relativ hohen Bildungsgrad der Bewohner. Die Kritik der reformfreudigen Bewohner bezog sich erstrangig auf die finanziellen Folgebelastungen des vollelektrifizierten Haushalts und nicht auf die verordnete Modernisierung. Durch die Einrichtung von Elektroherd oder/und Kohleabteil (also nicht Gasherd, der vergleichbar dem Elektroherd gewesen wäre) sollte eine Möglichkeit zur Auswahl verbleiben. Tatsächlich benutzten etwas mehr als die Hälfte der Bewohner weiterhin den Kohleherd. Dieser konnte gleichzeitig für Koch- und Heizzwecke dienen. Seine Benutzung war daher kostengünstiger. Die Grenzen der Durchsetzbarkeit der technischen Innovationen scheinen jedoch nicht nur aus finanziellen Mehrbelastungen zu resultieren, sondern zugleich auch aus der Infragestellung der bisherigen Alltagsgewohnheiten. Es ist anzunehmen, daß die ersten Bewohner eine Wohnung bzw. ein Einfamilienhaus in der Römerstadt aufgrund einer Dringlichkeitsbescheinigung des Wohnungsamtes (Untermietverhältnisse, Schwangerschaft, etc.) zugeteilt bekamen. Obwohl sie zumeist keinen selbständigen Haushalt geführt hatten, verfügten sie dennoch über ein relativ hohes Einkommen.[357] Die Bewohner der späteren Ausbaustufen hingegen werden bereits überwie-

---

354 Lauer, Leben in Neuer Sachlichkeit, S. 119.
355 StA Ffm, MA T 875.
356 Brief IG Römerstadt an Mag., StA Ffm., MA T 875.
357 Stadtmedizinalrat Dr. W. Hagen berichtet 1929 in einem Artikel, daß die Neubauwohnungen „vorwiegend von jungen Ehepaaren des gehobenen Mittelstandes, die sich bisher mit einer Notwohnung behol-

gend in selbständigen Haushalten gelebt haben. Indiz hierfür sind die unterschiedlichen Ergebnisse der Bewohnerumfragen (der Stadt, wahrscheinlich bereits 1927 kurze Zeit nach dem Erstbezug, und der Interessenvertretung der Bewohner von 1929). Nach der städtischen Umfrage (Beteiligung 366 Haushaltungen) lebten 40% der Bewohner vorher nicht in einem selbständigen Haushalt, hingegen gaben bei der Bewohnerumfrage der Interessenvertretung nur 103 von 448 Haushaltungen eine grundlegende Veränderung an. (Frage 13: Ist ihr jetziger Haushalt, Kopf- und Zimmerzahl, der gleiche wie früher?) Die Benutzung des Elektroherdes erforderte eine Abstraktion bisheriger Wahrnehmungsmuster. Dies äußerte sich im Problem der fehlenden Sichtbarkeit der Wärme (anders als in Herdfeuer oder Gasflamme) und in einer rationellen und abstrakten Benutzung des Elektroherdes (vor Beendigung des Kochvorgangs Abschaltung der Platte). Einschneidend führte die Technisierung der Haushalte zu einer Umstellung der Lebensrhythmen und Eßgewohnheiten. Wegen der starren und unzureichenden Kapazität der Heißwasserspeicher sowie wegen des erforderlichen Nachtbetrieb aufgrund der Frankfurter Haushaltstarife mußte beispielsweise der ritualisierte Familienbadetag zeitlich entflochten werden, oder die ganze Familie benutzte nacheinander eine Wannenbadfüllung. Nicht das Bedürfnis nach Körperreinigung entschied „zu jeder Zeit" über die Benutzung, sondern die unzulänglichen technischen und finanziellen Möglichkeiten. Die Haustechnik strukturierte somit die Zeit der Bewohner. Auffallend ist auch, wie einschneidend der Elektroherd traditionelle Eßgewohnheiten der Bewohner veränderte. Etwa sieben von zehn Benutzern des Elektroherdes gaben in der Befragung eine Umstellung ihrer Lebensgewohnheit aufgrund der Nutzung des Elektroherdes an! Dieser Wandel äußerte sich in der Zubereitungsart der Speisen („leichte Kost") oder im Tagesrhythmus der Nahrungsaufnahme (abends „kaltes" Essen). Einige Bewohner verzichteten außerdem auf die Reinigung der kleinen Wäsche auf dem Küchenherd.

Zusammenfassend kann man sagen, daß in dieser reformfreudigen Siedlung mit einem relativ hohen sozialen Status („gehobener Mittelstand") und einer homogenen generativen Schichtung der Bewohner (junge Einfamilienhaushalte mit wenigen Kleinkindern) die Einführung des „elektrischen Haushalts" akzeptiert wurde und deutliche wohnkulturelle Veränderungen nach sich zog. Die Technisierung des Haushalts verstärkte die Funktionalisierung der Räume, die Strukturierung der Zeit (Badetag, vorzeitige Abschaltung des Herdes etc.) sowie die geschlechtsspezifische Rollenzuweisung. Somit wurden insbesondere die Hausfrauen für den Modernisierungsprozeß konditioniert.

---

fen haben", bezogen wurden. Fast die Hälfte der Familien, die aufgrund einer Dringlichkeitsbescheinigung eine Neubauwohnung bezogen hatten, waren kinderlos. Interessant ist auch die Altersgruppierung der Kinder in den Siedlungen. In den Siedlungen dominierten die 2-6jährigen Kinder mit 60% (Gesamtbevölkerung nur 39%). Für die Arbeiterschaft wären die Neubauwohnungen unerschwinglich gewesen. Hagen, W.: Gesundheitliche und soziale Folgen des Wohnungselendes. Wege zu seiner Beseitigung. In: Deutsche Medizinische Wochenzeitschrift. Sonderdruck Nr. 18/1929. S. 6.

Ferner stellt sich das sozialhygienische Erziehungsprojekt der Wohnungspflege in einem anderen Licht dar, denn die Bewohner mußten nicht zur Hygiene (z.B. regelmäßigen Körperreinigung) angeleitet werden. Nicht der mangelnde Wille zur Hygiene, sondern die mangelnden Möglichkeiten waren vermutlich bestimmend. Immerhin kritisierten 69% der Bewohner die ungenügende Menge des warmen Speicherwassers!

c. „Werbedamen" und die produktive Disziplinierung

Der erste Artikel, den May in der Zeitschrift „Das Neue Frankfurt" schrieb, endete mit folgendem Satz: „Menschlicher Wille allein wird jedoch nie eine Entwicklung heraufbeschwören. Zielbewußte Maßnahmen können ihr aber diese Wege ebnen, ihr Tempo beschleunigen."[358] Allerdings war die Sozialtechnik der repressiven Disziplinierung vollständig ungeeignet zur Durchsetzung der neuen Wohnkultur. Wie May und Schmude in der städtischen Denkschrift schrieben, sollte den Hausfrauen das „Gefühl des Zwangs" genommen werden. Es waren daher neue Sozialtechniken erforderlich, damit die technischen Vorgaben akzeptiert und in der Alltagspraxis verinnerlicht wurden. Notwendig war zunächst eine zielgerichtete Aufklärung durch direkte Überzeugungsarbeit und Werbung.

Die Modernität des „Neuen Frankfurt" äußerte sich auch in der öffentlichen Propagierung der Ideen und der Vermittlung der Inhalte. Deshalb ließen die modernen Sozialtechniker die alten Instrumente der repressiven Einwirkung bereits weit hinter sich. Die neue Wohnkultur konnte nicht mehr nur verordnet, sondern es mußte für sie eingehend geworben werden.

May erkannte bereits frühzeitig diese Notwendigkeit. Unmittelbar nach Beginn seiner Frankfurter Tätigkeit gründete er ein wichtiges Publikationsorgan, die Zeitschrift „Das Neue Frankfurt", die unabhängig von der städtischen Verwaltung herausgegeben wurde und viele Nachahmer in anderen Städten fand. Die moderne „Öffentlichkeitsarbeit" wurde ergänzt durch das neue Medium „Rundfunk".[359] Er selbst oder seine Mitarbeiter hielten zahlreiche Vorträge, man organisierte Ausstellungen oder schrieb Artikel in der lokalen und überregionalen Presse. Die moderne „Frankfurter Küche" wurde in Vortragsreihen anläßlich der Frankfurter Messe und an Frauennachmittagen, die gemeinsam mit den Frankfurter Frauenverbänden organisiert wurden, vorgestellt. In Schulen (u.a. in der Varrentrappschule oder im Berufs-

---

358 May, Ernst: Das neue Frankfurt. DNF H.1/1926. Zit. in: Hirdina, Neues Bauen. Neues Gestalten, S. 62.
359 Ernst May nutzte begeistert diesen neuen Informationsträger, um so mit seiner Stimme die Massen zu erreichen. Im Frankfurter Radio/Südwestdeutscher Rundfunk eröffnete er am 20.11.1927 die Sendereihe „Gedanken der Zeit" mit dem Beitrag „Das soziale Moment im neuen Bauen". Diese Reihe sollte „ungehemmt von mannigfaltigen Rücksichten" (Hans Flesch) eine kritische Streitkultur pflegen. In der folgenden Woche stellten übrigens Le Corbusier und Schultze-Naumburg ihre polaren Architekturauffassungen gegenüber. Vgl. Schivelbusch, Wolfgang: Intellektuellendämmerung. Zur Lage der Frankfurter Intelligenz in den zwanziger Jahren. Frankfurt 1985, S. 92.

pädagogischen Institut) konnte bereits die „systematische Arbeit"[360] der Hausfrau in grundrißgetreuen „Kojenschulküchen" nachgeahmt werden.

Nachdem die Hausfrauen aus der Römerstadt ihre Vorbehalte klar artikuliert hatten, erprobten die städtischen Sozialpolitiker eine neue Technik der produktiven Konditionierung. Es wurde nicht etwa der Vorschlag der Sozialdemokratin Elsa Bauer aufgegriffen, für die modernen Siedlungen gesondert eine „traditionelle" Wohnungspflegerin einzustellen, sondern die Verwaltung erkannte durchaus die Notwendigkeit bzw. Wirkung der Kundenwerbung und Marktbeeinflussung. Zu diesem Zweck wurden erstmals „zuverlässige und geschulte Werbedamen" eingestellt, und zur Vermarktung des Produkts „vollelektrischer Haushalt" stellte man gesonderte finanzielle Mittel für Werbezwecke zur Verfügung. Es bedurfte „ganz besonderer Anstrengung, 1200 Hausfrauen, die mit größter Voreingenommenheit an die elektrische Küche herantraten, entsprechend anzuleiten."[361] Während der ersten 16 Betriebsmonate richteten die städtischen Ämter in der Siedlung eine Lehrküche ein. Dort konnten die Hausfrauen in täglichen Kochvorführungen lernen, mit den neuzeitlichen technischen Errungenschaften umzugehen. Dieses Werbeangebot wurde noch durch Kochkurse und später sogar durch ein eigenes Kochbuch verstärkt. Die „Werbedamen" besuchten außerdem alle Neusiedler und leiteten die Hausfrauen zur systematischen Handhabung der elektrischen Herde an. Durch ein Teilzahlungssystem konnten die Bewohner Spezialgeschirr (Silitstahltöpfe) direkt über die städtischen Elektrizitätswerke beziehen.

Mit diesen Maßnahmen war die „Überzeugungsarbeit" aber noch keineswegs erschöpft: „Auch der Stromverbrauch der Haushalte wurde genaustens beobachtet. Alle Haushaltungen mit ungewöhnlichem Stromverbrauch oder zu niedrigem Verbrauch wurden besucht."[362] Diese massive Einflußnahme nivellierte den Verbrauch stetig und verringerte eine unzweckmäßige Benutzung besonders der Elektroherde. Man kann aufgrund der eindringlichen „Aufklärung" ohne weiteres von einer Verhaltenskonditionierung sprechen. Folglich wurden die Ergebnisse sowohl im Sinne der Elektizitätswerke (bessere Auslastung der Kapazität) als auch der Bewohner (geringere finanzielle Belastung) deutlich besser als in der Anfangsphase der Benutzung. Nach dreijähriger Erprobung konnte Stadtrat Schmude hervorheben, daß sich der erwartete Stromabsatz für die Elektrowerke mengenmäßig und zeitlich („Nachtstrom-Tal") günstig auswirkte. Die elektrischen Herde und Heißwasserspeicher arbeiteten technisch einwandfrei, und die Stromkosten konnten bei den bestehenden Tarifen (Frankfurter Kleinverbraucher-Tarif) durchaus in wirtschaftlich tragbaren Grenzen gehalten werden.

---

360 Schütte-Lihotzky, Grete: Schul- und Lehrküchen. DNF H. 1/1929. Zit. in: Hirdina, Neues Bauen. Neues Gestalten, S. 280.
361 Schmude, Elektrizität, S. 332.
362 Ebenda.

Nach diesen energischen Bemühungen nutzten 1931 über 70% der Haushalte die elektrischen Geräte vollständig aus, und nur 5% der Haushalte machten von ihnen überhaupt keinen Gebrauch. Der restlichen Haushalte nutzten weiterhin ergänzend den Kohleherd.

Ernst May konnte daher 1930, wenige Monate vor seinem Wechsel in die Sowjetunion, in einem Brief an Oberbürgermeister Ludwig Landmann zufrieden die „vorläufigen Ergebnisse" der Elektrifizierung der Römerstadt zusammenfassen: „Das eine steht heute schon fest, daß sich das elektrische Kochen bei den Siedlern grosser Beliebtheit erfreut und daß der anfängliche Widerstand gegen die Technik des elektrischen Kochens weggefallen ist, bemängelt wird nur noch der höhere Kostenaufwand, der allerdings gering ist."[363]

Der Frankfurter Magistrat sah sich traditionell als Wegbereiter der neuen Elektrizitätswirtschaft in Deutschland. Diese Tradition begann mit der erstmals durchgeführten elektrischen Kraftübertragung von Lauffen nach Frankfurt und der bedeutungsvollen „Internationalen Elektro-Technischen Ausstellung" von 1891.[364] Der Frankfurter Versuch der Elektrifizierung der Haushalte hat, nach Ansicht von Stadtrat Schmude, den Weg für kommende Entwicklungen bereitet. Die starken Impulse, die von diesem Großversuch ausgingen, führten zugleich zu konstruktiven Verbesserungen und merkbaren Preissenkungen der Elektrogeräte durch die Hersteller. „Wenn nach den Feststellungen der Vereinigung [der Elektrizitätswirtschaft e.V., GK] 1930 in Deutschland 16.000 Plattenherde und rund 20.000 Heißwasserspeicher angeschlossen waren, so beweisen diese an sich recht beachtlichen Zahlen schon allein dadurch, daß in *Frankfurt a.M. rund 10% all dieser Geräte* angeschlossen sind, wie groß die Entwicklungsmöglichkeiten sowohl für die Geräteindustrie als für die Elektrizitätswerke sind."[365]

d. Eine vergleichende Untersuchung (Römerstadt und Praunheim III)?

Die Zufriedenheit des Magistrats mit der Vollelektrifizierung der Haushalte in der Römerstadt stand allerdings im Gegensatz zu jenen Ansichten, die mehrere Stadtverordnete vertraten. Wiederholt befaßte sich die Stadtverordneten-Versammlung mit dem Denkschriftenstreit und mit den dargelegten divergierenden Auffassungen. Da nach der Auffassung des Magistrats nur die Praxis die bestehenden Unstimmigkeiten klären könne, wurde ein weiterer Großversuch – in der letzten Ausbaustufe der Siedlung Praunheim III – vorgeschlagen, der eine vergleichende Beurteilung ermöglichen sollte. „Der Vergleich wird absichtlich nur bei Häusern gleichen Typs durchgeführt, um eine gute Vergleichsbasis zu gewinnen. Der Magistrat glaubt, daß

---

363 Brief May an Landmann. 10.1.1930. In: StA Ffm., MA T 875.
364 Historisches Museum Frankfurt: „Eine neue Zeit...!". Elektrizität und Zivilisation 1891. Frankfurt 1991.
365 Schmude, Elektrizität, S. 333. Vgl. Vereinigung der Elektrizitätswerke. Zit. in: Langguth, Elektrizität, S. 98.

*Niddatal mit Siedlung Praunheim, Frankfurt am Main
und Gaststätte „Zum neuen Adler"*

man zu einer zutreffenden Beurteilung in der ganzen Angelegenheit erst dann gelangen wird, wenn diese Häuser erstellt und einige Zeit bewohnt sein werden. Gegebenenfalls ist auch dann zu der Frage Stellung zu nehmen, wie diese Erfahrungen in der künftigen Frankfurter Baupolitik Verwendung finden sollen."[366]

Besonders die Sozialdemokraten, politische Befürworter des Neuen Bauens und ehemals Verfechter der Rationalisierung und Technisierung der Hauswirtschaft, formulierten im Herbst 1929 deutlich ihre Kritik an den bisherigen Ergebnissen der wohnkulturellen Modernisierung. Besonders kritisierten sie das „unerprobte Experiment" in der Römerstadt, das besonders für die Arbeiterschaft „finanziell untragbar ist." Die Höhe des Frankfurter Haushalts-Tarifs sei sehr wohl eine „Existenzfrage" für „Minderbemittelte"; elektrische Küchen könnten daher nur bei „gutsituierten Familien" in Frage kommen. „Es kann nicht zugegeben werden, daß hinsichtlich der elektrotechnischen Einrichtungen keine Meinungsverschiedenheiten zwischen der Verwaltung und den Stromabnehmern mehr bestehen. In den Kreisen der Abnehmer besteht sehr wohl die Auffassung, daß die Anschaffungskosten für elektrisches Kochgerät noch viel zu hoch, die Geräte selbst zahlreichen Reparaturen ausgesetzt und die Amortisierungskosten bei einer Gebrauchsfähigkeit der Geräte von ca. 2 Jahren so erheblich sind, daß die elektrische Küche durch diesen Umstand ein

---

366 Protokoll-Auszug des Magistrats der Stadt Frankfurt-M., Nr. 1035, v. 29.7.1929.

finanzielles Risiko darstellt. Selbst wenn zwischen den Kosten für Strom bezw. Gas oder Kohlen an sich kein Unterschied wäre, würden die Kosten für die elektrotechnischen Küchen die sonstigen Vorteile der elektrischen Küchen, wie Bequemlichkeit, Sauberkeit und Hygiene, nicht aufzuwiegen vermögen."[367]

Obwohl weitere Versuche mit „vollelektrischen Haushaltungen" sowohl politisch als auch finanziell immer schwieriger durchzusetzen waren, fand doch noch eine gemischte technische Ausstattung der Siedlung Praunheim III statt. Die unterschiedliche technische Ausstattung wurde in etwa 400 Einfamilienhäusern gleicher Bauart realisiert. Gegenüber der Siedlung Römerstadt sind folgende wichtige Unterschiede zu nennen: Die neuen Siedler in Praunheim III waren Besitzer dieser Einfamilienhäuser (Heimstättenverträge).[368] Aufgrund der erneuten wirtschaftlichen Krise deutete sich bereits eine Modifizierung des technischen Standards an. In den neuen „Wohnungen für das Existenzminimum" war statt einer normalen Badewanne nur noch eine Sitzbadewanne installiert.

Die Vergleichswohnungen waren folgendermaßen ausgerüstet:

138 Wohnungen: elektrischer Herd und Kohle-Raumheizofen für die Küche; ein elektrischer Heizwasserspeicher von 25 l Inhalt für die Küche und ein Speicher von 25 l für die Sitzbadewanne;
138 Wohnungen: Gasherd für die Küche, keine besondere Raumheizung und Warmwasserversorgung für die Küche und ein Heißwasserspeicher von 25 l für die Sitzbadewanne;
110 Wohnungen: Gasherde für die Küche, keine besondere Raumheizung und Warmwasserversorgung für die Küche und Gasbadeofen für die Sitzbadewanne.

Die Beheizung der kleinen Badezimmer erfolgte in allen Vergleichswohnungen mittels eines elektrischen Strahlofens. Die Beheizung der „Gas"-Küche sollte durch den Gasbackofen erfolgen; die eingebauten Kohleöfen in der „Elektro-Küche" waren hingegen so ausgelegt, daß sie nicht zum Kochen benutzt werden konnten.

In der alltäglichen Praxis der Bewohner führte die Intention der städtischen Ämter, vergleichbare Bedingungen zu schaffen, relativ rasch zu einschneidenden Umgestaltungsmaßnahmen. Besonders die unzulängliche Heizmöglichkeit in den Gas-Küchen und die eingeschränkte Funktion der Kohleöfen wurden energisch beanstandet.

---

367 Vorlage an StVV von Rebholz und Genossen (SPD), Nr. 204 v. 16.9.1929.
368 Zur sozialen Schichtung vgl. Baldes, H.: Wohnungspolitik und Wohlfahrtspflege. In: Frankfurter Wohlfahrtsblätter. 32. Jg. 1929/1930, S. 123. Nach einer Umfrage der Siedler-Vereinigung Praunheim waren zu verzeichnen: a. Arbeiter – 156 Familien (26%); b. Technische und Bankbeamte sowie freie Berufe – 100 Familien (17%); c. Kaufmännische Angestellte – 138 Familien (24%) und d. Städtische und staatliche Beamte – 198 Familien (33%). Heinrich Beck: Neu-Mayland. November 1929. Zit in ebenda. Baldes erwähnt auch, daß für die Siedlung Praunheim im Vergleich mit anderen Großsiedlungen die bisher „günstigsten Zahlungsbedingungen" erreicht wurden.

Etwa ein Drittel der „Elektro-Küchen-Haushalte" ersetzten bald auf eigene Kosten die eingeschränkten Kohleherde (nur für Heizzwecke) durch Kombinationsherde (Heiz- und Kochmöglichkeit). Die Bewohner mit Gasherden in der Küche waren gleichfalls mit der Vorgabe (eingeschränkte Heizmöglichkeit durch die Backröhre) ausgesprochen unzufrieden. Da in der kleinen Küche kein Raum verblieb, um zusätzlich einen Kohleherd aufzustellen, mußten sich diese Bewohner „wohl oder übel" mit den Gegebenheiten arrangieren. Entweder wurden unsinnige Heizmöglichkeiten genutzt (offene Backröhre) oder die Küche wurde durch Öffnen der angrenzenden Wohnraumtür miterwärmt. Neben den unrationellen Heizmöglichkeiten fand die Sitzbadewanne allgemein wenig Zustimmung. Einige Bewohner bezeichneten diese Reinigungsgelegenheit als „zum Teil als geradezu unnutzbar"[369].

Besonders die eingeschränkten Nutzungen verhinderten einen beabsichtigten allgemeinen wirtschaftlichen Vergleich, da besonders in den Wintermonaten in den „Elektroküchen" oftmals nicht elektrisch gekocht wurde. Einschränkend nahm Stadtrat Schmude an, daß sich die „mittleren Gesamtkosten um so mehr zugunsten des vollelektrischen Haushalts verschieben, je mehr Nachtstrom für Heißwasserbereitung benötigt wird."[370] Ein eindeutiger finanzieller Vorteil der Elektro- gegenüber der Gasküche konnte keineswegs nachgewiesen werden. Weiterhin war auch kein Vergleich mit der vollelektrifizierten Römerstadt-Siedlung möglich, da sich einerseits die Ausstattungen und Grundrißgrößen deutlich unterschieden, andererseits die Nutzung deutlich variierte, denn die winzigen Sitzbadewannen in der Siedlung Praunheim III wurden beispielsweise, anders als die geräumigen Bäder in der Römerstadt, nur selten benutzt. Schon aus diesen Gründen war die finanzielle Belastung der elektrischen Haushalte in Praunheim deutlich günstiger als in der Römerstadt. Ein Vergleich der wirtschaftlichen Nutzung bleibt daher problematisch.

Interessant ist allerdings, wie unterschiedlich die Modernisierung der Haushalte akzeptiert wurde. Trotz der Unzulänglichkeiten der technischen Ausstattung bekundeten, im Gegensatz zu den Erfahrungen in der Römerstadt, zwei Drittel der Bewohner von Praunheim von Anfang an ihre volle Zufriedenheit mit den Elektroküchen.[371] Diese große Zustimmung war insbesondere auf die eingehende Beratung zurückzuführen, die – anders als in der Römerstadt – unmittelbar mit dem Einzug in die Heimstättenwohnungen einsetzte. Weiterhin wurde ein Satz Spezialgeschirr für den elektrischen Herd (Silitstahltöpfe) direkt mitgeliefert. Auch konnten Fehlplanungen der Römerstadt, wie beispielsweise die starre Kapazität des Heißwasserspeichers (80 l) unabhängig von der Größe der Wohnung und damit des Verbrauchs, korrigiert werden. Einerseits wurde eine Trennung der Warmwasseraufbereitung für

---

369 Schmude, Elektrizität, S. 331. In: StA Ffm., MA T 875.
370 Ebenda, S. 332.
371 Ebenda, S. 331.

Küchen- und Reinigungszwecke vorgenommen, andererseits waren die Wohnungen etwa gleich groß, und zur Benutzung der kleinen Sitzbadewanne benötigte man – auch abgesehen von ihrer seltenen Benutzung mangels Behaglichkeit – weniger Heißwasser. Ein anderes Manko, die „Langsamkeit der elektrischen Küche für die Zubereitung von Milch, einzelnen Pfannengerichten usw." gegenüber dem Gasherd, konnte durch Produktionsverbesserungen gemindert werden. Die Anheizzeit der Elektroplatten war beim neuen Prometheusherd deutlich verkürzt.

Die vergleichende Untersuchung verdeutlicht anschaulich das Dilemma der Frankfurter Wohnungspolitik. Obwohl mit einem eindeutigen sozialen Anspruch angetreten, ließen diese Sozialtechnokraten keine wirklichen Mitgestaltungsmöglichkeiten zu. Die Wünsche und Gewohnheiten der Bewohner wurden nur unzureichend in die Planungen einbezogen. Auch die Ausrichtung der produktiven Disziplinierung von „oben" nach „unten" wurde in den 20er Jahren in Frankfurt am Main nicht in Frage gestellt.

Ungeachtet der technischen Verbesserungen und der zunehmenden Akzeptanz erreichte die Hebung der Wohnkultur durch Elektrifizierung ihre nunmehr allgemeinen finanziellen Grenzen. Vorhandene technische, aber auch soziale Einrichtungen wurden in Zeiten der wirtschaftlichen Krise häufig nicht genutzt. Margarethe Freudenthal beobachtete in Frankfurter Haushaltungen zwischen 1931 und 1933 sogar, „daß man des Abends, um Licht zu sparen, um die Petroleumlampe herumsaß, daß die Zentralwaschküchen und die Kindergärten leer standen, daß die Arbeitslosigkeit alle Familienmitglieder erfaßt hatte und ein neues Element, die Erwerbslosenküche, in die Haushaltsführung eingezogen war."[372]

Bereits drei Jahre nach der elektrotechnischen Euphorie fand die radikale Revision der Moderne in der vorstädtischen Erwerbslosensiedlung Goldstein statt. Der Wohnstandard fiel auf das Niveau vorindustrieller und ländlicher Landarbeiterquartiere zurück. Die Pultdachhäuser, an unbefestigten Straßen gelegen, verfügten weder über einen Gas-, Wasser- oder Kanalanschluß. Ein Kleinstall und ein Nutzgarten dienten der Selbstversorgung in der Siedlung der Not.[373]

---

372 Freudenthal, Gestaltwandel, S. 170.
373 Höpfner/Kuhn, Vergangene Gegenwart, S. 63.

3.3.3 Wohnungen für das Existenzminimum

a. Variable Grundrißlösungen

Nach Fertigstellung der ersten Großsiedlungen des Neuen Bauens war absehbar, daß die Zielvorgabe des öffentlich geförderten Wohnungsbaus, hygienisch einwandfreie *und* bezahlbare Wohnungen für „Minderbemittelte" zu errichten, nicht eingelöst werden konnte. Da nach 1927 keine neuen günstigen Finanzierungsmöglichkeiten erschlossen werden konnten[374] sowie die bautechnischen Rationalisierungsmaßnahmen[375] nicht die erhofften Ersparnisse erbrachten, fand in Frankfurt am Main eine Revision des Wohnungsbauprogramms statt.

Trotz dieser ungünstigen Rahmenbedingungen waren dennoch verschiedene Handlungsansätze zur Verbilligung des Bauens möglich. Vorstellbar war ein Abbau des Wohnstandards, der eine Kostensenkung ermöglicht hätte. Diese Möglichkeit wurde im Neuen Frankfurt noch verworfen, später allerdings in den Erwerbslosensiedlungen nach 1931 gewählt.[376] Als Alternative wäre auch die Konzeption variabler Wohnungen möglich gewesen. In Zeiten der Not müßten Funktionsüberlagerungen und Verdichtungen in Kauf genommen werden, die dann in „besseren Zeiten" wieder relativ problemlos aufgehoben werden könnten.

Bereits im Reformprojekt von Weisbach und Messel von 1893 in Berlin-Friedrichshain wurden in einem zweispännigen Mietshaustyp „abgeschlossene Normalwohnungen" erstellt. Die Wohnungen bestanden zumeist aus einer Küche, Stube, Innentoilette, Korridor und Kammer. Messel und Weisbach planten allerdings auch wirklichkeitsnahe ein, daß die Kammer bei wirtschaftlicher Not vermietet werden

---

374 Seit 1927 versuchte die Stadt Frankfurt am Main zusätzlich Geldmittel auf dem freien Markt aufzunehmen. Da aber der Inlandsmarkt zu schwach war, kamen nur Auslandskredite in Frage. Es gelang zwar dem Frankfurter Kämmerer Asch, eine günstige 60-Millionen-Dollar-Anleihe auszuhandeln, jedoch verweigerte die Reichsbank (Schacht) die erforderliche Genehmigung. Die befürchteten Auswirkungen dieser Verweigerung beschrieb Landmann vor der StVV: „Allerdings werden sich gerade im Gebiete der Bauverwaltung die verhängnisvollen Folgen des Widerstandes der Reichsbank und der ihr nachfolgenden Kreise der öffentlichen Verwaltung und der privaten Wirtschaft gegen die Anleihepolitik der Städte in steigendem Maße fühlbar werden. Die Bevölkerung wird es bald spüren, was es heißt, wenn angesichts des furchtbaren Wohnungselends die nötige Anzahl von Neubauwohnungen nicht errichtet, [...] wenn das Heer der Erwerbslosen auf der Straße liegt, weil Notstandsarbeit unmöglich gemacht wird, kurz, wenn in einem sehr nahen Zeitpunkt die öffentliche Bau- und Investitionstätigkeit stillgelegt wird." Bericht StVV Ffm., v. 2.2.1928. Zit. in Andernacht/Kuhn. Frankfurter Fordismus, S. 48. Ebenda auch die Finanzierung des Frankfurter Wohnungsbaus. S. 47-50.
375 Zur bautechnischen Rationalisierung („Bauplattenfabrik" u.a.): Andernacht/Kuhn, Frankfurter Fordismus, S. 52-55.
376 Höpfner/Kuhn, Vergangene Gegenwart, S. 63-67; Harlander u.a., Siedeln in Not.

könne. Die „abgeschlossene Wohnung" würde dann wieder aufgehoben werden.[377] In der ab 1929 gebauten Berliner Großsiedlung Siemensstadt wurden ebenfalls architektonische Antworten auf die sich abzeichnende Krise gesucht. Walter Gropius strebte dort in seinem Bauteil eine strenge funktionsbezogene Ausnutzung der 3½-Zimmer-Wohnungen mit 69 qm Fläche an. Wert legte er auf die Vermeidung eines Durchgangszimmers, damit eine „oft notwendige Abvermietung einzelner Räume"[378] möglich war. Am interessantesten ist jedoch in dieser Siedlung der Wohnblock von Fred Forbat. In seinem Baublock befand sich neben einer kleinen Wohnung mit 2 Zimmern noch eine Wohnung mit einer variablen Grundrißlösung. „Durch das Weglassen der einen oder der anderen Zwischenwand und in einem Fall durch Umlegen der Küche neben das Bad sind drei weitere Abwandlungen für andersgeartete Wohnbedürfnisse geschaffen worden."[379] Es konnte durch diese variable Lösung maximal eine Wohnung mit zwei Zimmern und zwei Kammern geschaffen werden.

Dieser variable Grundriß von Fred Forbat kann durchaus als eine Modifikation des „wandlungsfähigen Normaltyps" von Fritz Block/Hamburg angesehen werden.[380] Je nach Bedarf konnte dieser „Normaltyp" unterschiedlich genutzt werden. Es war eine Unterteilung in zwei selbständige Wohnungen (Wohnung für kinderloses Ehepaar und Ledige) oder in eine selbständige Wohnung für eine Familie mit vier Kindern (in einem Schlafzimmer und einer Kammer) möglich. Dieser Entwurf wurde in einer Debatte über Kleinwohnungs-Grundrisse in der Zeitschrift „Der Baumeister" vorgestellt, an der auch Ernst May teilnahm und der dort amerikanische Typen (Siedlung Sunnyside) vorstellte.

In Frankfurt a. M. konzipierte Walter Gropius 1930 im Auftrag der Gemeinnützigen Aktiengesellschaft für Angestellten-Heimstätten (Gagfah) in der Siedlung Lindenbaum 198 Wohnungen mit flexiblen Grundrissen mittels nichttragender Zwischenwände. Die 2-3½-Zimmer-Wohnungen waren zwischen 45 bzw. 72 qm groß.[381] Diese Siedlung war in mehrfacher Hinsicht außergewöhnlich: Während in Berlin-Zehlendorf zwischen der Gagfah, die dem Deutschnationalen Handlungsgehilfen Verband nahestand, und der Gehag, die für die freien Gewerkschaften Wohnungen baute, ein sogenannter „Dächerkrieg" um Steil- bzw. Flachdach symbolisch ausgefochten wurde, ließ die Gagfah in Frankfurt am Main untypischerweise ebenfalls eine Flachdachsiedlung bauen.[382] Auch innerhalb des Frankfurter Wohnungsbauprogramms stellt diese Siedlung

---

377 Fehl, Gerhard: „Der Kleinwohnungsbau, die Grundlage des Städtebaus"? In: Rodriguez-Lores/ders, Die Kleinwohnungsfrage, S. 120-121.
378 Gropius. Zit. in Huse, Norbert (Hg.): Vier Berliner Siedlungen der Weimarer Republik, 2. Aufl., Berlin 1987, S. 164.
379 Forbat, Fred: Großsiedlung Siemensstadt, Bauwelt H. 47/1931, S. 33-35.
380 Block, Fritz. In: Der Baumeister H. 6/1927. Beilage S. B 83.
381 Mohr/Müller, Funktionalität und Moderne, S. 234.
382 Vgl. Mengin, Christine: Der Wohnungsbau für Angestellte in der Weimarer Republik. In: Hofmann/Kuhn, Wohnungspolitik und Städtebau, S. 203-222; zu den beiden Zehlendorfer Siedlungen: Huse, Vier Berliner Siedlungen, S. 137-158.

eine Ausnahme dar, da Gropius in seiner Planung von der üblichen Realisierung der Frankfurter Normküche abwich und statt einer funktionalen „Frankfurter Küche" eine minimierte Wohnküche mit einem kleinen Eßplatz integrierte.[383]

b. „Einliegerwohnungen"

Im Frankfurter Siedlungsprogramm wurden verschiedene Möglichkeiten der variablen Wohnnutzung erprobt. So berücksichtige man vereinzelt die ökonomische Notwendigkeit, Räume an familienfremde Personen zu vermieten. Das Primat der Frankfurter Wohnungspolitik, die abgeschlossene Familienwohnung, sollte allerdings nicht durch eine mögliche Zimmervermietung aufgehoben werden. In den Siedlungen Praunheim und Höhenblick waren in Einfamilienhäusern sogenannte „Einliegerwohnungen" integriert (z.B. Typ 3E und Efa-Elite 5.79/2.30). Beim „Anwachsen der Familie"[384] konnte die Wohnung erweitert, oder es konnten auch „familienfremde" Personen, sogenannte Einlieger, aufgenommen werden. Diese „Einliegerwohnungen" – sie bestanden zumeist nur aus einem Zimmer – befanden sich im Keller (neben der Vorratskammer) oder im Dachgeschoß. Das Verfügungsrecht der Hausbesitzer über die Einliegerwohnungen war jedoch in den „Heimstätten-Häusern"[385] vertraglich beschränkt: „Die Eigentümer der Häuser mit sog. ‚Einliegerwohnungen' sind verpflichtet, die Wohnräume im Dachgeschoß des Hauses an der Stadtgemeinde genehme Personen zu vermieten. Es kommen nur solche Personen in Frage, welche entweder in Frankfurt a. M. eine selbständige Wohnung innehaben, die durch den Bezug der Wohnung in der Heimstätte zur uneingeschränkten Verfügung des Wohnungsamtes gelangt, oder die seit mindestens einem Jahre im hiesigen Wohnungsamt in die Bewerberliste der Wohnungssuchenden eingetragen sind."[386] Mit den „Einliegern" mußte ein schriftlicher Mietvertrag geschlossen werden. Die Stadtverwaltung behielt sich zudem vor, die Höchstmiete (max. 30 RM für die Einliegerwohnung bei einer Gesamtmiete (Hypothekenbelastung von 67 RM für das Haus!) zu bestimmen und diese auch zu kontrollieren. Im Falle des Verstoßes mußte die gewährte Hauszinssteuerhypothek von 3.000 Mark unverzüglich zurückgezahlt werden.

---

383 Kähler, Gert: Wohnung und Stadt. Hamburg – Frankfurt – Wien. Modelle sozialen Wohnens in den zwanziger Jahren. Braunschweig 1985, S. 257; Dreysse, DW: Wohnung, Haus, usw, S. 73.
384 May, Grundlagen DNF H. 7-8/1928, S. 127.
385 Teile der Siedlung Praunheim wurden nach den Bestimmungen des Reichsheimstättengesetzes vom 10.5.1920 vergeben. Grundintention dieses Gesetzes waren die Förderung der Eigenheimbildung und die Verhinderung des spekulativen Mißbrauchs des Bodens. Vgl. Roycroft-Sommer, Maureen: Bodenreform im Kaiserreich und in der Weimarer Republik. In: Hofmann/Kuhn, Wohnungspolitik und Städtebau, S. 75.
386 Heimstätten-Vertrag. NL Günther.

c. Frankfurter Modelle: „Übergangskleinstwohnungen" und Außenganghäuser

„Übergangskleinstwohnungen" in der Siedlung Westhausen

Auf der konstituierenden Versammlung des Internationalen Verbandes für Wohnungswesen erläuterte Ernst May im Januar 1929 das Frankfurter Konzept des Kleinstwohnungsbaus: „Die Stadt Frankfurt a.M. sieht Kleinstwohnungen als Dauerwohnungen nur in einem Ausmaße vor, das dem stetigen Bedürfnisse nach solchen Wohnungen entspricht. Es wird naturgemäß in jeder Großstadt alleinstehende, berufstätige Personen, kinderlose Ehepaare, jungverheiratete und auch wieder ältere Ehepaare, deren Kinder bereits das Haus verlassen haben, als Anwärter für solche Kleinstwohnungen immer geben, darüber hinaus allerdings glauben wir, die Schaffung von Dauerkleinstwohnungen nicht verantworten zu können, da hierbei der so notwendigen Hebung des Lebensstandards der minderbemittelten Bevölkerung entgegengearbeitet würde. Wir haben daher in unsere Wohnungsbauprogramme die Forderung aufgenommen, daß dieses Kontingent an Kleinstwohnungen technisch so durchgebildet sein muß, daß bei Wiedereintritt wirtschaftlich besserer Zeiten, bei Hinwegfall der Wohnungsnot, je zwei Kleinstwohnungen zu einer Normalwohnung zusammengezogen werden können."[387]

Charakteristisch für diese „Kleinstwohnungen", die auch „Wohnungen für das Existenzminimum" genannt wurden, waren die radikale Grundrißreduzierung und ihr weiterhin relativ hoher wohntechnischer Standard. Die wichtigsten „Siedlungen für das Existenzminimum" waren Westhausen, Praunheim III (siehe Abb.), Tarnow-Gelände und Hellerhof.

Nachfolgend sollen „Wohnungen für das Existenzminimum" in der Siedlung Westhausen untersucht werden. Die Siedlung Westhausen, die das Niddatal-Projekt abschloß, wurde zwischen 1929 und 1931 in zwei Bauabschnitten errichtet. Statt 1.532 geplanter Wohnungen konnten allerdings nur 1.116 errichtet werden.[388] In mehrfacher Hinsicht war diese Siedlung außergewöhnlich:

a. Erstmals erfolgte die Vergabe an sogenannte „Generalunternehmer". Dies rief den heftigsten Widerspruch der kleingewerblichen Bauunternehmen und vieler Stadtverordneter hervor.[389]

b. In dieser Siedlung wurde der Übergang von der Block- zur Zeilenbauweise vollzogen.[390]

---

[387] May, Frankfurter Wohnungspolitik. Vortrag, S. 29.
[388] Dreysse, DW: May-Siedlungen. Architekturführer durch acht Siedlungen des neuen Frankfurts. 1926-1930. Frankfurt 1987, S. 19.
[389] Andernacht/Kuhn, Frankfurter Fordismus, S. 52-54.
[390] Uhlig, Günther: Sozialräumliche Konzeption der Frankfurter Siedlungen. In: Höpfner/Fischer, Ernst May und das Neue Frankfurt, S. 96; Panerai, Philippe/Castex, Jean/Depaule, Jean-Charles: Vom Block zur Zeile. Wandlungen der Stadtstruktur. Braunschweig 1985, S. 121-126.

*Grundrißentwurf einer Übergangskleinstwohnung (Zweifamilienhaus),
Siedlung Westhausen, Frankfurt am Main*

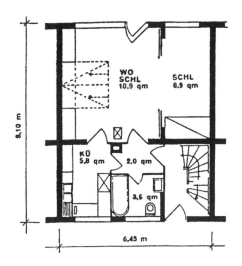
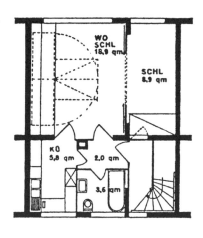

*Die Wohnung für das Existenzminimum (Wohn- und Schlafraum).
Außenganghaus Siedlung Praunheim, Frankfurt am Main*

c. Erstmalig wies die Bewohnerstruktur in einer Siedlung des Neuen Bauens eine Dominanz der Arbeiterschaft auf. May berichtete 1930 voller Genugtuung, daß in den ersten bezogenen Teilen „ca. 80 Prozent Arbeiter Wohnungen gemietet haben."[391] Die Miete konnte dort unter 1,20 Mark pro qm gesenkt werden.

d. Ein Großteil der Wohnungen, insgesamt 864 2 1/2-Zimmer-Wohnungen, wurden als „Übergangskleinstwohnungen" konzipiert; außerdem wurden 216 3-Zimmer-Wohnungen in Laubenganghäusern gebaut sowie 36 3 1/2-Zimmer-Wohnungen in Zweifamilien-Reihenhäusern.

Als „idealste, weil natürliche Wohnform"[392] sah May stets das Einfamilienhaus in Flachbauweise an. Auch in Westhausen waren zunächst Einfamilienhäuser geplant gewesen, jedoch wurde die Planung zugunsten von Zweifamilienhäusern in Form der „Übergangskleinstwohnungen" geändert, die in späteren Zeiten wieder zu Normalwohnungen umgebaut werden sollten. Der ursprüngliche Bebauungsplan wurde deshalb revidiert und statt 8 Häusern wurden nun 7 Häuser pro Zeile bei gleicher Grundstücksgröße gebaut.[393] Diese großzügigen Grünflächen sollten die Wohnraumreduzierungen kompensieren.[394] Die „Übergangskleinstwohnungen" vermittelten zwischen der Mayschen Idealplanung und den sozialen und ökonomischen Realitäten seit 1928. Im Gegensatz zu den Mehrfamilien-Außengang-Häusern, die sich mit 4 Stockwerken deutlich von der angestrebten Flachbauweise unterschieden, war der wohnkulturelle Standard in den „Übergangskleinstwohnungen" bescheidener. Statt moderner Zentraleinrichtungen (Warmwasserversorgung, Zentralwaschküche und -heizung) waren die Wohnungen nur mit einem Raumofen, dem „Kramer-Ofen", ausgestattet. Das Bad der Erdgeschoßwohnung befand sich im Keller (Waschküche); in der Obergeschoßwohnung war hingegen ein Bad in die Wohnung integriert, jedoch mußte dort aus Gründen der Platzersparnis auf ein Waschbecken verzichtet werden. Deutlich ist die Hierarchie der Räume erkennbar. Mit 18,7 qm (Obergeschoß) ist der Wohnraum auch hinsichtlich der Größe der Hauptraum. Diese Priorität konnte nur zuungunsten der sonstigen Räume erreicht werden. Das Schlafzimmer der Eltern war 9,7 qm groß, das Kinderschlafzimmer hingegen nur 4,8 qm! Die „Frankfurter Küche" wurde nochmals reduziert, nun auf 3,5 qm (Typ Zwofa-Platten)[395]! Eine individuelle Rückzugsmöglichkeit war nicht mehr gegeben. Der Wohnraum war der gemeinsame Familienraum. Das mögliche Wohnverhalten mußte sich zunehmend an bau- und installationstechnischen Vorhaben orientieren. Die erforderliche „Einbau"-Möblierung

---

391 May, Ernst: Fünf Jahre Frankfurter Wohnungsbau. In: Bericht über die Zwölfte Hauptversammlung der Kommunalen Vereinigung für Wohnungswesen in Frankfurt a.M. am 5. und 6. Juni 1930. München 1930, S. 71.
392 May, Wohnungsbautätigkeit, DNF H. 2-3/1930, S. 36.
393 Dreysee, May-Siedlungen, S. 20.
394 May: „Entscheidender Wert ist darauf gelegt worden, die sehr geringe Wohnfläche des Hauses wenigstens für drei Viertel des Jahres durch Zugabe einer ausreichenden Gartenwohnfläche zu vergrößern." In: Frankfurter Wohnungspolitik. Vortrag, S. 29.
395 Siedler, Ed. Jobst: Bauforschungen. Abschließender Bericht über die Versuchssiedlungen Frankfurt a. Main – Praunheim und Westhausen. Frankfurt 1933, S. 17.

Wohn- und Schlafraum. Außenganghaus Siedlung Praunheim, Frankfurt am Main (mit Klappbett)

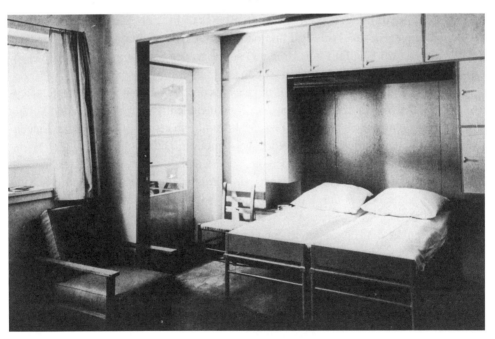

Wohn- und Schlafraum. Außenganghaus Siedlung Praunheim, Frankfurt am Main (mit Klappbett)

minimierte eine eigenständige wohnkulturelle Aneignung: „Da auch die Kleinstwohnung soviel Bequemlichkeiten als nur möglich bieten soll, kommt es darauf an, den gegebenen Raum auf das äußerste auszunutzen. Dies geschieht einmal durch Einbau allen Hausrats und dann durch Einrichtung der Haupträume für Doppelbenutzung. Das Wohnzimmer wird z. B. durch Hervordrehung oder Herunterklappen von Betten mittels einfachen Handgriffes in ein Schlafzimmer verwandelt. Tische im Schlafzimmer sind als Klapptische ausgebildet. Kinderbetten, soweit sie nicht zum Klappen eingerichtet sind, übereinander angeordnet." [396] Die extreme Grundrißreduzierung erforderte zwingend eine planmäßige Vorgabe der Funktionen und Handlungsabläufe. Realisiert wurde somit hinsichtlich der Nutzungsmöglichkeiten eine bindende Architektur.[397]

Außenganghäuser

Ende der 20er Jahre wurden in mehreren Orten Deutschlands Außenganghäuser, auch Laubenganghäuser genannt, realisiert.[398] Dieser Haustypus stellt eine Modifikation des Mehrfamilien-Etagenmiethauses dar. Mit diesem Haustyp sollte eine Reduzierung der Baukosten (insbesondere durch eine Konzentration der Versorgungsstränge, Treppenhaus, etc.) herbeigeführt werden, bei gleichzeitiger Öffnung der Wohneinheiten ins „Freie".

In Frankfurt a.M. wurden Außenganghäuser in drei Siedlungen gebaut: in Westhausen (216 Wohnungen von Kramer/Blanck), in der Siedlung Praunheim (203 Wohnungen in der Ludwig-Landmann-Straße/Hindenburgstraße von Becker; 32 Wohnungen im Ebelfeld von Brenner) sowie in der Siedlung Hellerhof (Mischtyp von Mart Stam, Obergeschoß in Außengangausführung).

Ernst May stand diesem Haustyp, ungeachtet der realisierten Experimente, skeptisch gegenüber. Wenngleich er in den 20er Jahren eindeutig dem Flachbau den Vorzug einräumte, so lehnte er nicht generell das Mehrfamilienhaus ab. „Die moderne Etagenwohnung kann heute allerdings in keiner Weise mehr mit der Wohnung in einer Mietskaserne alten Stils verwechselt werden, besonders dann nicht, wenn die Geschoßzahl auf drei oder vier Geschosse beschränkt wird. Eine städtebaulich einwandfreie Situierung, wie sie besonders durch die Einzelreihenbebauung gewährleistet wird, sichert auch im modernen Miethaus jeder Wohnung einwandfreie Belichtung und gewährt freien Blick in die die Hauszeilen trennenden Grünflächen. Es bleibt somit neben einer geringeren Abgeschlossenheit der einzelnen Familie in erster Linie nur der Nachteil

---

396 Ebenda
397 Nachteilig für eine Flexibilisierung des Wohnungsgrundrisses wirkte sich die dominante Frankfurter Bauweise in traditioneller Ziegelsteinbauweise und im Bauplattensystem aus. Die Stahlskelettbauweise, die ohne größere bautechnische Probleme eine flexible Anordnung der Räume ermöglichte, wurde nur ausnahmsweise (Siedlung Hellerhof) realisiert.
398 Beispielsweise in Dessau-Törten (H. Meyer); Hamburg (Gebr. Frank), Karlsruhe-Dammerstock (W. Gropius).

des Treppensteigens für die Bewohner in den oberen Geschossen und die mangelnde direkte Verbindung mit dem Garten. Danach wird man auch den Mehrgeschoßbau nicht einfach ablehnen können." Weiterhin schrieb May über die Laubenganghäuser: „In den letzten Jahren ist das Mehrfamilienhaus gelegentlich in Form des Außenganghauses (irreführender Weise auch ‚Laubenganghaus' genannt) gebaut worden. Diese Hausform hat den großen Vorteil gegenüber dem Miethause üblichen Charakters, daß man von jeder Wohnung aus direkt in das Freie gelangt, sich also psychologisch in der Wohnung weniger beengt fühlt. Allerdings stellt sich das Außenganghaus nach genauen Berechnungen im günstigsten Falle immer noch 8-10% teurer als das Miethaus mit den Wohnungen an der Treppe, so daß seine allgemeine Verwendung schon aus diesem Grunde nicht gegeben ist."[399] Eine Magistratsvorlage (Nr. 175, v. 21.8.1929) an die Stadtverordneten-Versammlung bestätigt die ungünstige Kostenberechnung für die Außenganghäuser. Für jeden cbm umbauten Raum betrugen die Kosten bei einem Preisindex von 1,82 (Mai 1929) für die Laubenganghäuser von Kramer/Blanck 40,20 RM, gegenüber dem Zweifamilien-Reihenhaus in Ziegelsteinbauweise von 37,12 RM. Diese Kostenberechnung wurde aber Anfang der 30er Jahre von den beteiligten Architekten relativiert: „Es erscheint erwiesen, daß für Typen mit geringer Frontbreite die anteiligen Kosten der Treppenhäuser beim ‚Zweispänner' doch belastender wirken als die Summe der Kostenanteile der Außengänge und des Treppenhauses beim Außengangtyp".[400] Zudem muß bei einem Kostenvergleich selbstverständlich auch berücksichtigt werden, daß die Zweifamilien-Reihenhäuser aus Kostengründen in Westhausen wohntechnisch bescheidener als die Laubenganghäuser ausgestattet waren.

Die realisierten Frankfurter Außenganghäuser weisen interessante Variationen ihres Grundtypus auf. So ist in den Häusern von Kramer und Blanck der „Wohnraum" eindeutig der Hauptraum der Wohnung. Beachtenswert ist zudem, daß die Grundflächen von Eltern- und Kinderschlafzimmer fast gleich groß bemessen waren, wenngleich das Elternschlafzimmer nach Süden und die Kinderschlafzimmer nach Norden (Gang) ausgerichtet waren. Im Brennerblock sind die Wohnungsgrundrisse entlang dreier Achsen organisiert. Zentral liegt der Wohn- und Eßraum. Diesem sind auf der einen Seite die Küche und das Elternschlafzimmer, auf der anderen Seite das schmale Kinderschlafzimmer sowie Flur und WC/Dusche zugeordnet und zumeist vom zentralen Wohnbereich aus zugänglich. Außergewöhnlich ist die Stockwerkeinteilung: Die Räume sind von Stock zu Stock versetzt, so daß durch die Höhendifferenz eine Erweiterung des Hauptraums (Wohnraums) bewirkt wird.

Auch in der Hellerhofsiedlung modifizierte Mart Stam den Außengangtypus. Die Kleinstwohnungen mit 36 qm im Obergeschoß waren durch einen Außengang zugänglich. Dabei wurde der zentrale Wohnbereich durch eine Loggia bestmöglich erweitert.

Alle Variationen weisen einen durchrationalisierten Grundriß auf, in dem sich die „Ordnung der Räume" widerspiegelt. Trotz der Grundrißreduzierung hatten alle Woh-

---

399 May, Wohnungsbau, DNF H. 2-3/1930, S. 37.
400 Böhm/Kaufmann. Zit. in: Steinmann, CIAM-Dokumente, S. 91.

nungen einen Eingangsflur, der, obwohl sehr klein, einen Übergang zwischen Außen- und Innenraum herstellte. Weiterhin überrascht der hohe Wohnstandard. Innentoilette und ein Sitzbad bzw. Dusche waren obligatorisch, ebenso die eingebaute modifizierte „Frankfurter Küche". Die Wohnungen waren außerdem mit Einbaumöbeln ausgestattet (z.B. Klappbetten, Einbauschränke) und an Zentralanlagen angeschlossen (Zentralheizung, Waschhaus, Warmwasserversorgung). Dieser Ausstattungsstandard und die gelungenen Grundrißlösungen bewirkten, trotz der beschränkten Grundfläche, komfortable Wohnungen für das Existenzminimum, wenngleich dieser hohe Wohnstandard die Bemühungen um eine Kostenverbilligung teilweise aufhob.

Indessen konnte ein anderes Ziel, das Ferdinand Kramer formuliert hatte, nicht eingelöst werden. „Die Grundrißgestaltung darf logischerweise also nicht starr und festgelegt sein. Im Rahmen moderner Grundrisse bleibt es dem zukünftigen Bewohner freigestellt, beliebig über die Anzahl und die einzelnen Raumgrößen zu disponieren. Der Architekt und der betreffende Bewohner vermag, ohne daß die Kostenfrage wesentlich tangiert wird, sich in weitaus höherem Maße als früher den individuellen Bedürfnissen der Nutznießer anzupassen. Der spätere Bewohner ist in der Lage, an die Ausgestaltung des von ihm gemieteten Wohnkomplexes Forderungen, die seinen Bedürfnissen entsprechen, zu stellen."[401] Die zukünftige Wohnnutzung war jedoch, auch in den Außenganghäusern von Kramer, durch die Architektur klar definiert. „Das Bewohnen dieser Häuser" war, wie der Leiter der Typisierungsabteilung Kaufmann forderte, „nur in dem Sinne ermöglicht, wie es von dem Entwerfenden gedacht ist."[402]

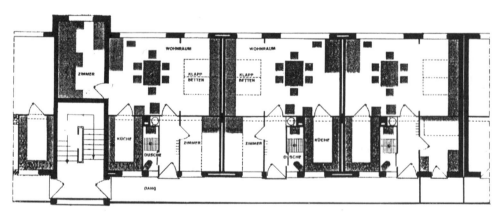

Grundriß Außenganghaus in der Siedlung Praunheim, Frankfurt am Main

---

401 Kramer, zit. in Gleininger, Andrea: Ferdinand Kramer und der Siedlungsbau des „Neuen Frankfurt". In: Lichtenstein, Claude (Hg.): Ferdinand Kramer. Der Charme des Systematischen. Gießen 1991, S. 44. In diesem informativen Aufsatz werden die Frankfurter Laubenganghäuser u.a. mit dem Dessauer Laubenganghaus von Meyer verglichen.
402 Kaufmann, Kleinwohnungstypen DNF H. 5/1927, S. 118.

4 Zwischenergebnis

Philanthrope Reformer und kommunale Fachpolitiker beeinflußten in den deutschen Großstädten seit Ende des 19. Jahrhunderts zunehmend die alltäglichen Lebenswelten. Der Prozeß der Rationalisierung gesellschaftlicher Beziehungen und Verhaltensweisen verlief allerdings ungleichzeitig. Während insbesondere Institutionen der kapitalistischen Produktion und des staatlichen Gewaltmonopols unmittelbar und relativ wirkungsmächtig die „methodische Lebensführung" einforderten und soziale Räume kontrollierten[403], blieb die private Wohnung von diesen disziplinierenden Eingriffen und Kontrollmöglichkeiten zunächst noch weitgehend unberührt. Aufgrund der Unverletzlichkeit der Wohnung schienen öffentliche Interventionen in diese privaten Räume problematisch zu sein. Die Wohnungen der städtischen Armen waren allerdings für die bürgerlichen Reformvorhaben bereits „permeabel", da dort bereits die „Sozialtechnik des Besuchs" praktiziert worden war. Sozialreformerische Interventionen in der Wohnung bedurften gleichwohl einer Rechtfertigung. Diese lieferte die neue wissenschaftliche Disziplin der Sozialhygiene.

Nach der Ansicht von Juan Rodriguez-Lores war die „Philanthropie" berufen zur „Legitimation des volkshygienischen Projekts". Dieses eröffnete eine „hervorragende Strategie der Konsensbildung: Im Schein der Uneigennützigkeit transportierte sie überzeugend und verschleiernd zugleich jenes eigennützige Konzept von Gesundheit, Sittlichkeit und Ordnung, das später die öffentliche Gesundheitspflege mit systematischem Wissen und staatlicher Gewalt durchsetzen sollte; denn anders als ihr Namen suggeriert, lag die Funktion der ‚Philanthropie' nicht so sehr darin, die besitzende Klasse für das Wohl des Volkes zu mobilisieren, sondern vielmehr darin, das Volk von der eigenen Schuld an seiner Armut, an seinen Krankheiten, an seinem Wohnelend zu überzeugen. Von diesem Volksbewußtsein der Selbstverschuldung des Elends wegen Mangel an Sittlichkeit, Wissen, Erziehung konnte der repressive Weg einer systemimmanenten Erlösung effektvoll inszeniert werden – ein Weg, der eingleisig zur Übernahme der herrschenden Werte und Verhaltensnormen, der entsprechenden Lebens- und Wohnformen als Beglückungsgeschenke führte."[404]

Das untersuchte Fallbeispiel Frankfurt am Main verdeutlicht allerdings, daß der Prozeß der Sozialdisziplinierung keineswegs gradlinig und eingleisig im Sinne einer repressiven bürgerlichen Inszenierung verlief, wie Juan Rodriguez-Lores vermutete. In die Dynamik dieses Prozesses waren nicht nur die Mieter involviert, sondern ebenso die Hausbesitzer und Sozialtechniker. Im Zuge der Rationalisierung der sozialen Arbeit fand eine Revision und Verallgemeinerung normativer Werte statt, die nicht nur die „proletarische" Wohnung und die „eigensinnigen" Lebensformen der

---

403 Saldern, Statt Kathedralen die Wohnmaschine, S. 179.
404 Rodriguez-Lores, Stadthygiene, S. 27.

Bewohner in Frage stellten, sondern in letzter Konsequenz ebenso die bürgerliche Wohnung und die ihr zugrundeliegende ethische Gesinnung. Während Aspekte der Überwachung des Aufenthalts und der Kontrolle der Sittlichkeit noch die frühen Schlafgängerordnungen prägten, wurde der repressive, polizeiliche Charakter in der sozialen Wohnungspflege bereits vor dem Ersten Weltkrieg sukzessiv zurückgedrängt. Die „harte" Disziplinierung wich zunehmend einer „sanften", verstehenden Anpassung. Statt „Überwachen und Strafen" sollte eine Hilfe zum „Wohnen-Lernen" erfolgen.

Zwei Faktoren – die Professionalisierung und die Formulierung normativer Standards – verstärkten diesen Wandel: Nach der Jahrhundertwende wurde die Sozialreform immer weniger von ehrenamtlich tätigen Bürgern getragen, sondern, entsprechend der Herausbildung der kommunalen Daseinsvorsorge, von professionellen Sozialtechnikern und Fürsorgerinnen. Besonders für Frauen eröffneten sich seit der Jahrhundertwende spezifische weibliche Berufsfelder. Die Wohnungspflege „vom Standpunkt der Frau aus" (Landmann) sollte eine „verständnisvolle Individualisierung und zugleich ein Eindringen in intime häusliche Verhältnisse" (Frauenvereine) ermöglichen und eine institutionelle Verflechtung mit den sonstigen Wohlfahrtseinrichtungen gewährleisten. Im Zuge der Rationalisierung der sozialen Arbeit erfolgte eine Objektivierung der ihr zugrundeliegenden Normen. Bereits vor 1914 wurden die subjektiven Kategorien der kommunalen Wohnungsinspektoren und Wohnungspflegerinnen durch normative Satzungen konkretisiert. Wohnungsordnungen definierten nun allgemeine soziale Standards, wobei soziale Begrenzungen tendenziell aufgehoben wurden.

Die Effizienz dieser Sozialintervention muß aber nicht nur aufgrund der schwierigen Bedingungen des Wohnungsmarkts mit Skepsis betrachtet werden. Häufig war die kritisierte Wohnpraxis sozialer Unterschichten weniger bedingt durch sozialhygienische Defizite oder durch eine vermutete unmoralische Lebensführung, sondern durch die schiere materielle Not. Hohe Mietpreise und niedrige Löhne führten zu problematischer Wohndichte und Mehrfach- und Überbelastungen der „Hausfrauen". Für mehrere zeitgenössische bürgerliche Sozialreformer – wie beispielsweise Karl Flesch 1886 auf einer Tagung des „Vereins für Socialpolitik" oder Reinhard Baumeister 1891 auf der Leipziger Versammlung des „Vereins für Öffentliche Gesundheitspflege"[405] – war die Wohnungsfrage daher weniger eine Frage des (Fehl-)Verhaltens, sondern vorrangig eine Lohnfrage. Daher hätten nach ihrer Auffassung insbesondere die Löhne erhöht und der Mangel an gesunden und billigen Kleinwohnungen behoben werden müssen. Statt die Ursachen zu beseitigen fand vor dem Ersten Weltkrieg tendenziell, in diesem Punkt ist Rodriguez-Lores zuzustimmen, eine Internalisierung des Problems der Wohnungsnot und des Wohnungselends statt.

---

405 Flesch, Wohnungsverhältnisse, S. 81; Baumeister (1891) Zit. in Zimmermann, Wohnungsfrage, S. 116.

In der Literatur wird die Praxis der Wohnungsinspektoren zumeist negativ bewertet.[406] Harald Bodenschatz beispielsweise schreibt über das Berlin-Charlottenburger Beispiel: „Die notwendige Sanierung der Mietskasernenverhältnisse schrumpft zu einer kommunalautoritären Mieterbelegungspolitik, die angesichts der nicht erschütterten Fortexistenz des herrschenden Interessensblocks auf die ‚Reproduktion der bürgerlichen Familienstruktur bei den Arbeitern' zielt und an den Ursachen der Überbelegung und Wohnungsfluktation nichts ändern kann. Die potentiell positive Seite der Wohnungspflege, die rigorose Kontrolle der Eigentümer hinsichtlich der Instandhaltung der Mietskaserne, blieb unterentwickelt."[407] Zu fragen ist aber auch, ob eine rigorose Politik der Repression – auch gegenüber den Hausbesitzern – Besserungen zugunsten der Mieter bewirkt hätte? Im sächsischen Baugesetz von 1900 waren einschneidende Interventionen auch gegenüber den Hausbesitzern vorgesehen. So konnten verwahrloste Gebäude auf Kosten der Eigentümer instandgesetzt werden und sozialhygienisch bedenkliche Wohnungen geräumt werden. Diese Maßnahmen wären aber nur dann im Sinne der Bewohner zu befürworten gewesen, wenn ausreichend freie Wohnräume zu niedrigen Mieten zur Verfügung gestanden hätten. Dies war jedoch nicht der Fall.

Auch in Frankfurt am Main waren einzelne Magistratsmitglieder einfühlsam gegenüber den Problemen der Hausbesitzer, während sie den sozialen Verhaltensweisen der Mieter mit Unverständnis, Mißtrauen und Bevormundung begegneten. Dennoch kann die Wohnungspflege nicht als eindeutiges Disziplinierungsinstrument der Interessenlobby der Hausbesitzer betrachtet werden. Erstaunlich ist vielmehr der breite Konsens, der hinsichtlich der Einführung der Wohnungsinspektion vor dem Ersten Weltkrieg herrschte. Sowohl bürgerliche Sozialreformer, kommunale Stadtverordnete, Hausbesitzer als auch Sozialdemokraten und Mietervereine unterstützten in Frankfurt am Main einvernehmlich die Etablierung eines Wohnungsamtes und die Durchführung von Wohnungsinspektionen, wenngleich aus unterschiedlichen Intentionen.[408]

Eine kritische Würdigung der Wohnungspflege vor 1914 sollte daher nicht nur die beabsichtigte Verhaltenskonditionierung berücksichtigen, deren Wirksamkeit zweifellos begrenzt war, sondern ebenso die Bemühungen zur öffentlichen Bewußtwerdung der sozialen Frage. Ohne die Tätigkeit der Wohnungspflegerinnen und -inspektoren, ohne die regen publizistischen Aktivitäten und ohne die ersten normativen Satzungen wäre die soziale Wohnungspflege in der Weimarer Republik nicht

---

406 Niethammer, Arbeiter, S. 64; Rodriguez-Lores, Stadthygiene, S. 27; „moderat" hingegen Zimmermann, Wohnungsfrage, S. 112-119.
407 Bodenschatz, Harald: Platz frei für das neue Berlin. Geschichte der Stadterneuerung in der größten Mietskasernenstadt der Welt seit 1871. Berlin 1987, S. 79.
408 In Städten, in denen die Hausbesitzer sich gegen die Errichtung eines Wohnungsamtes aussprachen, schwanden nach einer kurzen Zeit ihre Bedenken. Vgl. Bernhardt, Christoph: Bauplatz Groß-Berlin. Wohnungsmärkte, Terraingewerbe und Kommunalpolitik im Städtewachstum der Hochindustrialisierung (1871-1918). Berlin 1997, S. 257-262.

vorstellbar gewesen. Die bescheidenen Ansätze vor dem Ersten Weltkrieg erbrachten erste Verwaltungserfahrungen und förderten auch die Erwartungshaltung der Menschen. Das Recht auf eine gesunde Wohnung, das in der Weimarer Verfassung aufgenommen wurde, die Herausbildung der modernen Sozialarbeit und der Kleinwohnungsbau als öffentliche Aufgabe sind in diesem Kontext zu berücksichtigen.

Trotz der ungebrochenen personellen Kontinuitäten konnten nach 1918 unter den radikal veränderten politischen Rahmenbedingungen einschneidende Umbewertungen in der sozialen Wohnungspflege vollzogen werden. Dieser Weg wurde durch die traditionelle Wohnungsinspektion vorbereitet. Im Ersten Weltkrieg fanden einschneidende Eingriffe zugunsten der Mieter (Mieterschutz, öffentliche Mietpreisbildung) und Wohnungssuchenden (Wohnungsmangelwirtschaft) statt, die in den folgenden Kapiteln näher untersucht werden. Nach der Revolution fand eine Verlagerung der Tätigkeitsbereiche der Wohnungsämter statt. Die traditionelle Wohnungsinspektion verlor nachhaltig an Bedeutung. Erst im August 1928 schrieb der Frankfurter Oberbürgermeister Ludwig Landmann an das Wohnungsamt: „Es scheint mir an der Zeit zu sein, daß das Wohnungsamt sich jetzt wieder seiner ursprünglichen Aufgabe, der Wohnungspflege, widmet und die nötigen Maßnahmen dazu einleitet." Er forderte das Wohnungsamt auf, erneut „Grundsätze für Organisation und Durchführung einer Wohnungspflege aufzustellen und zu diesem Zwecke mit den beteiligten sozialen Ämtern und privaten Organisationen, vor allen Dingen mit dem Hausfrauenverein, in Verbindung zu treten."[409] In einem Gutachten nahm das Wohnungsamt zur beabsichtigten Neuorganisation Stellung. Nach dem „unfreiwilligen Moratorium" seit 1918 müsse an den eigentlichen Aufgaben, die auch im Preußischen Wohnungsgesetz definiert waren, abermals angeknüpft werden: der Wohnungsaufsicht und -pflege, der Kontrolle der Schlafstellen, dem Wohnungsnachweis und der Wohnungsstatistik. Teilweise sei jedoch eine Revision erforderlich. Besonders die Wohnungsaufsicht mit ihrem „polizeilichen Charakter" sei klar von der Wohnungspflege zu trennen. „Die Wohnungspflege bezieht sich im wesentlichen auf die Insassen der Wohnungen und wendet sich daher vor allem an die Hausfrauen. [...] Sie hat insbesondere auf Wohnsitten (Unsitten) ihr Augenmerk zu richten."[410] Hinsichtlich der Aufgaben der Wohnungspflege sind Modifikationen festzustellen, die sich insbesondere in der Beschränkung auf Kleinwohnungen und der Berücksichtigung der „neuzeitlichen" Wohnkultur äußerten. In diesem Gutachten wurde auch vorgeschlagen, daß – wie bereits die sozialdemokratische Stadtverordnete Elsa Bauer gefordert hatte – für die städtischen Wohnungsbaugesellschaften gesondert Wohnungspflegerinnen eingestellt werden sollten. Dieser Reorganisationsentwurf hatte jedoch keine Aussicht auf eine Umsetzung, da nach einer leichten Entspannung des Wohnungsmarktes infolge der umfangreichen Neubautätigkeit sich die Lage auf dem Woh-

---

409 OB Landmann an WA v. 22.8.1928, StA Ffm. MA T 796/VI.
410 WA (Stadtamtmann Scheffer) an OB, v. 26.9.1928, S. 3. StA Ffm., MA T 796/VI.

nungsmarkt infolge der Weltwirtschaftskrise 1929/1930 erneut verschärfte und dadurch die Wiederaufnahme der „ursprünglichen" Aufgaben der Wohnungspflege verhindert wurde.

In den Neubausiedlungen hatten sich zudem wirkungsmächtigere Instrumente zur Aneignung der rationalen Wohnkultur herausgebildet. „Die Erziehung durch Raum"[411] in den neuen Wohnungen bewirkte eine weitaus effektivere Verhaltenskonditionierung. Auf der Grundlage des „physischen Mindestmaßes" des Menschen fand eine Hierarchisierung, Differenzierung und Funktionalisierung der Räume sowie eine Strukturierung der verfügbaren Zeit statt; dies äußerte sich in getrennten „Wohn"- und Schlafbereichen, in der Ordnung der Geschlechter (Kinderschlafzimmer), in der funktionalen Trennung von „Produktion" (Küche) und „Konsumtion" (Eßplatz) sowie in der Anordnung von Tagräumen im Westen („Wohnfunktion") und Nachträumen im Osten („Reproduktion"). Der Flur oder Korridor verlor gänzlich seine repräsentative Funktion; er war nur noch eine Übergangszone, die der Optimierung der „Verkehrsflächen" diente.

Die Priorität wurde eindeutig auf die abgeschlossene Familienwohnung gelegt. Dort sollte sich eine „Gesellschaft der Individuen" entfalten.[412] Additive Reihungen der Zeilen sowie die Anordnung gleicher „Wohnzellen" spiegelten das „kollektive Moment" im Städtebau wider.[413] Die kommunitäre Sehnsucht wurde hingegen außerhalb der Wohnungen in die „Bauten der Gemeinschaft" (Müller-Wulckow) verlagert. Daher wurde die abgeschlossene Kleinwohnung zum Refugium der modernen Kleinfamilie. Das Ideal war nicht die Wohnung im Mietshaus, sondern das Häuschen in Flachbauweise. Der Frankfurter Stadtarzt Hagen schrieb ganz im May'schen Sinne über die biologischen und sozialen Voraussetzungen der Kleinstwohnung: „Bienenwabenbauten schaffen aber erfahrungsgemäß ein soziologisches Milieu, das dem Klatsch und den Zänkereien einen bereitwilligeren Boden bietet, als die Flachbausiedlung, deren Gemeinschaftsgefühl meist besser ist, weil es nicht auf so harte Proben gestellt wird."[414]

Mit der Konzeption der abgeschlossenen Kleinwohnung ging eine außerhäusliche Verlagerung bestimmter Funktionen einher. Einzelne Lebenszyklen, wie Geburt, Kindheit, Alter und Tod wurden zunehmend „enthäuslicht", ebenso „Dienstleistungen", wie beispielsweise die „Große Wäsche"[415] in die Waschhäuser der Siedlungen oder die Heizung und Warmwasserzubereitung in die Zentralheizanlagen. Da Ge-

---

411 Saldern, Statt Kathedralen die Wohnmaschine, S.180.
412 Vgl. auch Elias, Norbert: Die Gesellschaft der Individuen. Frankfurt 1987, S. 9-98.
413 „Bienenwaben gleich" (May) sollten die Wohnungen ineinandergefügt werden. „Genau wie im Staatsleben der Einzelne nur gilt als Bürger des Staates, genau so ist es auch in architektonischer Beziehung, daß das einzelne Haus nur dann seine Berechtigung hat, wenn es sich in die ganze Straßenzeile, in die ganze städtebauliche Gestaltung einfügt." May, Berichte StVV 1926, S. 888.
414 Hagen, W.: Biologische und soziale Voraussetzungen der Kleinstwohnung. DNF H. 11/1929. S. 223.
415 Vgl. Hausen, Karin: Große Wäsche. Technischer Fortschritt und sozialer Wandel in Deutschland vom 18. bis ins 20. Jahrhundert. In: GG H. 13/1987. S. 273-303.

meinschaftshäuser in den Frankfurter Siedlungen zwar meistens geplant, aber aus Kostengründen nicht gebaut wurden, verlagerten sich sozialkommunikative Begegnungen in den öffentlichen Raum oder in die Zentraleinrichtungen.[416]

Die Ordnung der Räume bewirkte eine Vereinheitlichung des Wohnverhaltens; die Architektur wurde zum stillen immanenten Erzieher. Eugen Kaufmann, als Leiter der Abteilung Typisierung im Frankfurter Hochbauamt zuständig für die Grundrißtypisierung, war sich der beabsichtigten Totalität seiner Tätigkeit durchaus bewußt: Es war die Anordnung der Größenbemessung der einzelnen Räume so zu wählen, daß diese Grundrisse aufs engste sich an die Bedürfnisse ihrer künftigen Bewohner anschmiegten und daß jeder Raum nur seiner von vorneherein zugedachten Bestimmung gemäß benutzt werden konnte.[417] Während die sanfte disziplinierende traditionelle Wohnungspflege nur bedingt nachwirkte, war die Verhaltenskonditionierung durch die verordnete Wohnpraxis wirkungsmächtiger. Die Architekten und Grundrißwissenschaftler waren die Choreographen des Wohnens. Der Determinismus dieses Planungsprozesses eröffnete strukturelle Linien, die bis in die Nachkriegsjahre bedenklich nachwirkten.

Die produktive Disziplinierung bewirkte eine Anpassung der Bewohner an die „Anforderungen der Moderne"[418] Beispielhaft hierfür ist, neben der Grundrißorganisation und den elektrotechnischen Experimenten, die Konzeption der Frankfurter Küche. Konsequent wurden dort die Grundsätze der „wissenschaftlichen Betriebsführung" übertragen und eine Gleichzeitigkeit zwischen der „subjektiven Wohnkultur und der objektiven Kultur der Technik"[419] hergestellt. Dadurch konnten die traditionellen „Tugenden" der Hausfrauen – Ordnung, Sauberkeit und Sittlichkeit – durch die kapitalistischen Werte – wie Effizienz und Zeitersparnis – ergänzen werden. Die unbezahlte Hausarbeit wurde somit „modernisiert" und neu legitimiert. Arbeit im Haushalt blieb jedoch eine Frauenarbeit, nunmehr isoliert im funktionalen Raum. Tendenziell sollten auch die Klassengegensätze im Haushalt strukturell nivilliert werden. Nicht die Arbeit in der funktionalen Küche war per se schichtspezifisch geordnet, sondern Klassendifferenzierungen äußerten sich zunehmend im Grad der technischen Ausstattung. Funktionale Küchen, in denen noch „dienstbare Geister" arbeiten sollten, wurden zwar noch entworfen und beispielsweise auf der Frankfurter Frühjahrsausstellung vorgestellt, jedoch für den öffentlich geförderten kommunalen Wohnungsbau nicht produziert.

---

416 Besonders die Waschhäuser waren die „Gemeinschaftsräume" der Frauen. Lauer, Leben in Neuer Sachlichkeit; RFG, Praunheim.
417 Vgl. Kaufmann, Kleinwohnungstypen, S. 118.
418 Saldern, Statt Kathedralen die Wohnmaschine, S. 180.
419 Müller, Michael: Die Sinnlichkeit des Gebrauchs. In: arch + H. 100-101/1989, S. 95.

Die Funktionsüberlagerung von Wohnen und Arbeiten wurde, mit Ausnahme der weiblichen Hausarbeit, in den Siedlungen konsequent aufgehoben, da explizit eine gewerbliche Tätigkeit in den Siedlerwohnungen verboten war. Wie später in der Charta von Athen formuliert, stellten die Siedlungen reine Wohnbereiche dar, die nur durch Versorgungseinrichtungen ergänzt und von der Industrie- und Gewerbezone getrennt waren.[420]

In einigen Städten, wie in Frankfurt am Main, bildeten sich in der Weimarer Republik Grundzüge einer fordistischen Regulierung heraus. Diese war u. a. gekennzeichnet durch Massenproduktion und -konsumtion, tayloristische Durchdringungen von Raum und Zeit sowie durch die wechselseitige Anerkennung der unterschiedlichen Interessenlagen und -vertretungen zwecks Konsensbildung. Das fordistische Rationalisierungsmodell war weder für eine bestimmte Klasse noch für eine bestimmte Region konzipiert.[421] Es schien verallgemeinerungsfähig zu sein. Allerdings kann dieses Modell nur als historischer Vorgriff betrachtet werden, da diesem Modell nur wenige Jahre der Praxis verblieben.

Frankfurter Versuche, entsprechend der ökonomischen Krise flexible Konzepte der Wohnnutzung (z. B. Übergangskleinstwohnungen) zu entwickeln, bleiben kritikwürdig. Die Grundbedingung, extreme Wohnrißreduzierung unter Beibehaltung eines hohen Wohnstandards, führte nicht zur erhofften Baukostensenkung. Zudem wurde diese Architektur hinsichtlich einer individuellen Aneignung immer starrer. Zu lange und zu unflexibel wurde auf eine Erhöhung des technischen Wohnstandards bestanden, zu wenig wurden andere variable Möglichkeiten einbezogen (z. B. der „alte" Küchenherd zum Heizen und Kochen; multifunktionale Wohnküche etc.). Diese Prioritäten, mitbedingt durch die ökonomische Krise, schufen ein Paradoxon: Trotz fortbestehender Wohnungsnot standen nach 1930 viele Neubauwohnungen wegen zu hoher Mieten leer. In der Wohnungsstatistik wurden nun ehemalige Bewohner der Neubausiedlungen als Wohnungssuchende registriert. Als Grund für die Aufnahme in die kommunale Wohnungsliste gaben sie eine „Untragbarkeit der Miete" an. Diese Personen stellten im 2. Halbjahr 1931 bereits 31% der Neuanmeldungen!

---

420 Le Corbusier: An die Studenten. Die „Charte d'Athènes". Hamburg 1962; u. a. Forderungen Nr. 47, S. 99-100.
421 Esser, Josef/Hirsch, Joachim: Stadtsoziologie und Gesellschaftstheorie. Von der Fordismuskrise zur „postfordistischen" Regional- und Stadtstruktur. In: Prigge, Walter (Hg.): Die Materialität des Städtischen. Basel 1987, S. 31-58; Ipsen, Detlev: Die Flexibilisierung von Raum und Zeit. Einige Bemerkungen zur Soziologie eines Konzepts. In: Keim, Karl Dieter (Hg.). Arbeit an der Stadt. Bielefeld 1989. S. 47-63.

Titelblatt der Broschüre. Publikation 2, Internationaler Verband für Wohnungswesen

IV Soziale Wohnungspolitik und gesellschaftliche Regulierung

1 Kommunale Verwaltung und gesellschaftliche Konsensbildung: Das Wohnungsamt und Mieteinigungsamt

1.1 Vorbemerkung

In den Anfangsjahren der Weimarer Republik war das Neubauvolumen trotz bestehender Wohnungsnot völlig unzureichend. Deshalb wurde der bestehende Wohnungsbestand reguliert. Die öffentlichen Interventionen kamen sowohl den Wohnungsuchenden als auch den Mietern in bestehenden Mietverhältnissen zugute.

Aufgrund des Subsidiaritätsprinzips im Wohnungswesen konnten die kommunalen Wohnungsämter einen großen Einfluß auf die Ausgestaltung der sozialen Wohnungspolitik ausüben. Neben diesen städtischen Behörden ergänzten die städtischen Mieteinigungsämter, als Institutionen der korporativen Selbstregulierung, die soziale Wohnungspolitik.

Die Organisationsstrukturen der Wohnungsämter wurden entsprechend dem reaktiven Charakter der sozialen Miet- und Wohngesetzgebung ständig verändert. Dies führte zu Diskontinuitäten in der Verwaltung, die zudem durch Kompetenzkonflikte verstärkt wurden. Es blieb eine lange Zeit unklar, ob die städtischen Wohnungsämter Organe der Auftrags- oder der Selbstverwaltung waren. Aufgrund der rasch expandierenden Aufgabenbereiche mußte die Personalstärke der Wohnungsämter in kürzester Zeit erheblich aufgestockt werden. Unzureichende Verwaltungserfahrungen der Mitarbeiter und vereinzelte persönliche Verfehlungen förderten die öffentliche Kritik. Keineswegs waren nur diese genannten Unzulänglichkeiten die Ursachen für den oftmals negativen Ruf der Wohnungsämter, sondern insbesondere die Maßnahmen der „Raumzwangswirtschaft" machten die Wohnungsämter allgemein zur „angefeindetsten Behörde".[1] Auch der ehemalige Reichswohnungskommissar Scheidt vermutete, daß die „besonders scharfe Kritik", die die Wohnungsämter in der Öffentlichkeit auf sich zogen, weniger aus personellen Schwächen resultierte, sondern vorrangig durch die „unliebsamen Begleiterscheinungen" der „Zwangswirtschaft" verursacht wurde.[2] Die Politisierung der kommunalen Selbstverwaltung erfuhr am Beispiel des Wohnungsamtes eine exemplarische Ausprägung. Sowohl die Organisationsgeschichte der Wohnungsämter als auch die Konfliktfelder ver-

---

1 Hoppe. Zit. in Meyerowitz, Arthur: Das gesamte Miet- und Wohnungsnotrecht nach dem Stand vom Mai 1929. 2. vollständig neu bearbeitete Auflage. Berlin 1929, S. 71.
2 Scheidt, Adolf: Der Wiederaufbau der Wohnungswirtschaft. In: Zehn Jahre deutsche Geschichte 1918-1928. Berlin 1929. S. 354.

deutlichen den schwierigen Weg der sozialstaatlichen Formierung und gesellschaftlichen Konsensbildung. Ergänzt wurden die Tätigkeit der öffentlichen Behörden durch Organe der korporativen Selbstregulierung.

1.2 Das Wohnungsamt – „die angefeindetste Behörde"

a. Die Konzeption des Wohnungsamtes als soziale oder technische Behörde?

Eine Rundfrage des Deutschen Städtetages über großstädtische Wohnungsämter, die 1919 veröffentlicht wurde[3], verdeutlichte, daß die Organisation dieser Ämter erst im Entstehen war, obwohl bereits im preußischen Wohnungsgesetz vom 28. März 1918 in allen Städten über 10.000 Einwohnern die Errichtung eines Wohnungsamtes obligatorisch vorgeschrieben war. Nur wenige deutsche Städte (beispielsweise Stuttgart, Charlottenburg, Chemnitz, Frankfurt a.M. oder Münster) konnten auf eigene Organisationserfahrungen aus der Vorkriegszeit zurückgreifen. Die Aufgabenbereiche dieser Wohnungsämter waren im Kaiserreich, ungeachtet unterschiedlicher Verwaltungsorganisationen, in fast in allen Städten annähernd die gleichen und umfaßten zunächst Wohnungsinspektion bzw. -pflege, Wohnungsnachweis und Wohnungsstatistik. Allerdings war die wichtige Frage der Ausrichtung des Wohnungsamtes als Organ der polizeilichen Überwachung oder sozialen Fürsorge keineswegs allgemein geklärt.

Wiederholt erörterten daher Wohnungspolitiker die Frage, ob das Wohnungsamt vorrangig ein technisches Amt sei und infolgedessen der Baupolizei bzw. dem Hochbauamt anzugliedern sei oder ob das Wohnungsamt ein soziales Amt sei und daher dem Wohlfahrtsamt zugeordnet werden solle.[4] So auch auf einer Tagung zur kommunalen Wohnungspolitik und -pflege, die an der Frankfurter Universität im Oktober 1918 stattfand. Organisatoren dieser Tagung waren das Frankfurter Wohlfahrtsamt, das städtische Wohnungsamt, die Zentrale für private Fürsorge, der Verein für Arbeiterwohnungswesen, das Soziale Museum und das Frauenseminar für soziale Berufsarbeit. Hans Maier, Assessor im Frankfurter Wohlfahrtsamt, kritisierte dort in seinem Grundsatzreferat über die „soziale Wohnungsfürsorge unter Berücksichtigung der kinderreichen Familien" die bisherige Praxis des städtischen Wohnungsamtes und forderte eine klare Abgrenzung der bisherigen Wohnungsinspektion und -pflege von einer zukünftigen sozialen Wohnungsfürsorge: „Woh-

---

[3] Mitteilungen der Zentralstelle des Deutschen Städtetages, VII Nr. 1/1919, S. 32-33.
[4] Gut, Albert (Hg.): Handbuch der praktischen Wohnungsaufsicht und Wohnungspflege, Berlin 1919; Gut, Albert: Wohnungspflege – eine Aufgabe der Wohlfahrtsämter oder Wohnungsämter? In: Zeitschrift für Wohnungswesen, H. 11/1929. S. 141-145; Gretzschel: Wohnungsaufsicht. In: Brix, Josef u.a. (Hg.): Handwörterbuch der Kommunalwissenschaften. Bd. 4. Jena 1924. S. 517-523. Anweisung des Regierungspräsidenten von Wiesbaden an Landräte und Magistrate betreffend Durchführung der Wohnungsaufsicht und Wohnungspflege vom 3.1.1930. StA Ffm., MA T 829.

nungsaufsicht und Wohnungspflege gehen aus von der Frage: Was ist in dieser Wohnung ungenügend? Die Soziale Wohnungsfürsorge dagegen fragt: Was muß in dieser Familie geschehen, um ein genügendes Wohnen zu sichern? Die Antworten der Wohnungsaufsicht und der sozialen Wohnungsfürsorge sind nicht dieselben. Bei der Wohnungsaufsicht wird die Entscheidung lediglich die technischen Seiten berücksichtigen und rein sachlich auf die Raumbehandlung eingestellt sein. Die Antwort wird lauten: Die Wohnung ist zu feucht, es ist dieser oder jene Umbau notwendig, die Wohnung ist zu klein, die Familie muß diese Wohnung räumen u.a. mehr! Bei der sozialen Wohnungsfürsorge ist mit der Feststellung, daß die Wohnung die Mindestansprüche nicht erfüllt, noch keinerlei Lösung für den einzelnen Fall gegeben. Die Ungenügendheit der Wohnung kann darauf beruhen, daß die Wohnung für die Familie im allgemeinen nicht ausreicht, sie kann aber auch dadurch verursacht sein, daß die Wohnung einer gesunden Familie zwar genügenden Raum bietet, bei den fraglichen Bewohnern aber ansteckende Krankheiten, Tuberkulose oder dergleichen herrscht und infolgedessen ein weiteres Zimmer gerade bei diesen Menschen erforderlich ist; [...] Alle diese Momente betreffen nicht den objektiven Zustand der Wohnungen, sondern die soziale Struktur der Familie. Deshalb hat die soziale Wohnungsfürsorge umfassendere Aufgaben als die Wohnungsaufsicht und Wohnungspflege."[5] Hans Maier erwähnt zu Recht, daß die Wohnungspflegerin, wenn sie Versprechungen mache, die sie nicht halten könne, dann „allmählich nur der ungern gesehene Gast [ist], der gewissermaßen den Charakter eines Polizeibeamten erhält."[6] Auch von anderen Magistratsmitgliedern wurde nach 1914 die Wirksamkeit der bisherigen Wohnungspflege relativiert. Oberbürgermeister Voigt sprach im Oktober 1919 beispielsweise in einem Bericht an den preußischen Regierungspräsidenten in Kassel von „oberflächlichen Kontrollen" der bestehenden Wohnungsverhältnisse, die bis zum Erlaß einer Polizeiverordnung am 6. Januar 1914 von drei Wohnungspflegern durchgeführt wurden, „ohne daß [...] bestimmte Instruktionen erteilt worden waren".[7] Erst kurz vor Ausbruch der Revolution wurde, entsprechend den Richtlinien des preußischen Wohnungsgesetzes, ein Wohnungsordnungs-Entwurf dem Regierungspräsidenten übermittelt, der, nach einigen geringfügigen Abänderungen, nunmehr 1919 genehmigt wurde. Ludwig Landmann, damaliger Dezernent des Wohnungsamtes, beschrieb den Zustand dieses Amtes 1918 folgendermaßen: „Die bisherige Einrichtung trug naturgemäß den Charakter des Provisoriums an sich; es konnte dies ja auch nicht anders sein, denn einmal fehlten die gesetzlichen Bestimmungen hinsichtlich der Aufgaben und die Erfahrungen, andererseits stand

---

5 Maier, Hans: Soziale Wohnungsfürsorge unter Berücksichtigung der kinderreichen Familien, Schriften des Frankfurter Wohlfahrtamtes, H. 2, Frankfurt am Main 1919, S. 6.
6 Ebenda, S. 7-8.
7 Magistrat Ffm. (OB Voigt) an Regierungspräsident v. 19.10.1919. StA Ffm., MA T 796/IV.

auch durchweg geeignetes Personal nicht zur Verfügung."[8] Trotz der Unzulänglichkeiten dieses Amtes konnte man aber an jene Erfahrungen anknüpfen, die in den wenigen Jahren der Praxis vor dem Ersten Weltkrieg gesammelt wurden. Im Frühjahr 1917 wurde auf einer Sitzung des Wohnungsamtes beschlossen, die Wohnungsinspektionen, die seit dem Kriegsausbruch nur noch vereinzelt durchgeführt werden konnten (außerordentliche Inspektionen), erneut aufzunehmen. Es war wieder die Einstellung einer Wohnungspflegerin vorgesehen. Ihre Tätigkeit sollte sich auf die „Feststellung von baulichen und Benutzungsmängeln der Wohnungen" erstrecken. „Sie wird auf die Erhöhung des Wohnniveaus durch allmähliche Umgestaltung der Wohnweise und Wohnsitte der minderbemittelten Bevölkerung hinzuarbeiten haben."[9] Gegenüber der Vorkriegszeit fanden jedoch wichtige Veränderungen statt. Äußerlich kennzeichnete diesen Wandel, daß die Wohnungspflege nun häufig mit dem Attribut sozial erweitert oder auch Wohnungsfürsorge genannt wurde. Diese Bezeichnung sollte das neue Verständnis gegenüber der Tätigkeit der Wohnungspfleger und -innen symbolisieren. Hans Maier, aber auch Bürgermeister Luppe, erläuterten auf der oben genannten Tagung an der Frankfurter Universität diese angestrebte Veränderung: „Die Wohnungsinspektoren der Wohnungsämter werden in der Hauptsache bautechnisch geschulte, mit den Grundsätzen eines gesunden Hausbaues und einer zweckmäßigen Wohnungsordnung vertraute Beamten sein. Nicht immer aber werden sie genügend soziale Schulung besitzen."[10] Der soziale Aspekt der Wohnungspflege, für deren ausreichende Berücksichtigung Wohnungspflegerinnen wie Marie Lüders immer kämpfen mußten, wurde nun als gleichbedeutend anerkannt. Nun sollten sich die Tätigkeitsbereiche der Wohnungspflege nicht mehr vorrangig auf die Belehrung der Bewohner oder auf eine „oberflächliche" Hilfe (Putzmittel etc.) beschränken: „Neben diesen Fragen der persönlichen Eignung erscheint mir", so Hans Maier, „das Vorhandensein sozialer Hilfsmöglichkeiten bedeutsam".[11] Aufgrund der Neubewertung der Wohnungspflege wurde in Frankfurt am Main die „soziale Wohnungsfürsorge" nach 1917 vorübergehend nicht mehr direkt vom Wohnungsamt, sondern von einem Wohlfahrtsausschuß ausgeübt, der städtische und öffentliche Institutionen einbezog. Diesem gehörten das Wohnungsamt und das Jugendamt an, darunter insbesondere dessen Schulpflegerinnen, da diese recht häufig diejenigen Familien betreuten, die in unzureichenden Wohnverhältnissen lebten, aber noch nicht die öffentliche Armenpflege benötigten. Zudem delegierten in diesen Wohlfahrtsausschuß das Gewerkschaftskartell, die allgemeine Ortskrankenkasse, die Zentralen für private Fürsorge mit ihren Zweigstellen Vertreter, vor allem der Ausschuß für kinderreiche Familien, außerdem noch einige Vereine (z.B. der Ver-

---

8 Landmann (WA) an Magistrat, v. 3.9.1918, StA Ffm MA T 797/ I. Vgl. MB Nr. 956 vom 12.9. 1918 und MB Nr. 2095 vom 30.1.1919.
9 Sitzung des WA am 27.4.1917. StA Ffm., MA T 796/ IV.
10 Maier, Soziale Wohnungsfürsorge, S. 7.
11 Ebenda.

band für Säuglingsfürsorge, der Hauspflegeverein, der Verein zur Bekämpfung der Schwindsuchtgefahr und der Verein zur Förderung des Arbeiterwohnungswesen) sowie verschiedene konfessionelle Wohlfahrtsvereine.[12] Diese zunächst eindeutige Bewertung des Wohnungsamtes als soziale Behörde und die organisatorische Einbindung in das Netzwerk der sozialen Vereinigungen waren jedoch auch in Frankfurt nicht unumstritten und blieben in der Weimarer Republik ein ständiger kommunaler Diskussionsgegenstand. Im preußischen Wohnungsgesetz von 1918 war nur festgelegt worden, daß „die Wohnungsaufsicht Zwangsaufgabe des Wohnungsamtes" sei. Die Zuordnung der Wohnungspflege bzw. -fürsorge war jedoch in den preußischen Städten uneinheitlich geregelt.

Im Frühjahr 1920 verfaßte der neue Leiter des Wohnungsamtes, Zielowski, eine Denkschrift zur Wohnungspflege, die jene oben genannte organisatorische und inhaltliche Debatte zum Gegenstand hatte. Er beantragte die Schaffung von vier Stellen für Wohnungspflegerinnen. Die Denkschrift sollte aber auch, so Zielowski, den erwarteten „einseitigen Darstellungen des Wohlfahrtsamtes vorbeugen". Seit der ersten Neuorganisation und Umbewertung der Wohnungspflege (1917) wurde die sogenannte erweiterte Wohnungspflege (seit 1917 auch soziale Wohnungsfürsorge genannt) von Frauen (Wohnungspflegerinnen) im Wohlfahrtsamt als „Familienpflege" wahrgenommen, hingegen die „engere" Wohnungspflege zunächst von bautechnisch geschulten Männern (Wohnungspflegern) des Wohnungsamtes. Der sozialdemokratische Leiter des Wohnungsamtes führte nun aus: „Wer praktisch in der Wohnungspflege gearbeitet hat, verkennt nicht die Schwierigkeiten, welche in einer rein begrifflichen Scheidung zwischen der engeren *Wohnungspflege,* wobei wir die Betonung auf das erste Wort zu legen bitten, und der erweiterten Wohnungspflege, die schon mehr eine Art ‚Familienpflege' darstellt, bei der Flüssigkeit jedes sozialen Arbeitsgebietes sich ganz von selbst aufdrängen. Es liegt der Gedanke nahe, in Frankfurt, woselbst der Ausbau des Wohlfahrtsamtes gerade in allerjüngster Zeit sehr bemerkenswerte Fortschritte machte, die gesamte Wohnungspflege als dessen Domäne zu betreiben und der Wohnungsaufsicht es bloß noch zu überlassen, technische Mißständen im Wohnungswesen auf den Grund zu gehen und deren Abhilfe herbeizuführen. Bei näherem Zusehen und in Ausübung der Tätigkeit der Wohnungsaufsichts-Beamten gewinnt die Sache freilich für uns ein anderes Bild."[13] Zunächst verwies Zielowski auf die Bezeichnung Wohnungspflege statt Wohnungsinspektion, die in Frankfurt, wie in einigen anderen Städten auch, bewußt gewählt wurde. Wichtig erschien ihm, daß die Wohnungspfleger und -innen nicht „als eine Art Baukontrolleure nach Analogie mit der Baupolizei" eingeordnet werden sollten. Gleichwohl mußten aufgrund des umfangreichen Altwohnungsbestandes Frankfurts – im Gegen-

---

12 Ebenda, S. 9.
13 Denkschrift des Städtischen Wohnungsamts (Zielowski) an Magistrat der Stadt Ffm. v. 27.3.1920 zur Wohnungsfrage. StA Ffm., MA T 796/IV.

satz beispielsweise zur „jungen" Stadt Charlottenburg mit ihrem überwiegend neuen Wohnungsbestand – neben der Nutzung der Wohnungen ebenso die baulichen Beschaffenheiten der Häuser und Wohnungen berücksichtigt werden. Mit Nachdruck wandte er sich gegen die Auffassung, daß die Wohnungspflege dort anfängt, „wo die Technik aufhört". „Wie soll nun die notwendige Arbeitsteilung zwischen Wohnungs- und Wohlfahrtsamt festgesetzt werden? Vorweg sei gleich bemerkt: Eine genaue Kompetenzabgrenzung zwischen beiden Ämtern ist schlechterdings nicht möglich. Auch zwischen Wohnungspflege im engeren Sinn und Familienpflege im weiteren Sinn läßt sich bloß eine künstliche Trennung schaffen. Praktisch ist es z.Zt. kaum durchführbar, jeder Stelle für sich ein ganz bestimmtes, klar umrissenes Arbeitsgebiet zuweisen zu wollen. Wir meinen, um auf die Praxis zu kommen, hält der Wohnungspfleger einen Fall für pflegerischer *einfacher Art,* in dem voraussichtlich kein längeres erzieherisches Einwirken von nöten ist (mangelnde Geschlechtertrennung, geringes Maß an Unordnung, unzweckmäßige Benutzung: gute Stube u. dergl.), so sollte diese Wohnungspflege unmittelbar durch Organe des Wohnungsamtes ausgeübt werden, d.h. durch eigentliche Wohnungspflegerinnen, die zunächst nur im Einvernehmen mit den Wohnungspflegern zu arbeiten hätten nach Instruktionen des betr. Abteil. Leiters bei der Wohnungsaufsicht. Stellt es sich indessen heraus, daß die Verstöße gegen die Wohnungsordnung sich nicht so ohne Weiteres beseitigen lassen, so würde zur gründlichen Behandlung des ‚pflegerischen Falles' die Sache definitiv an das Wohlfahrtsamt abzugeben sein. Ebenso wenn, was sehr häufig vorkommen wird, von vornherein klar ist, daß zerrüttete häusliche Familienverhältnisse, Tuberkulose, Säuglingsvernachlässigung, Trunksucht, Verwahrlosung von Jugendlichen mit dem Wohnungselend in einem gewissen ursächlichen Zusammenhang stehen. Denn selbstverständlich ist das Wohnungsamt nicht in der Lage und besitzt auch keineswegs den Ehrgeiz ‚Familienpflege' zu treiben." Eine klare Abgrenzung der Wohnungs- und Familienpflege lehnte der neue Leiter des Woh-nungsamtes allerdings ab. „Ein Schema jetzt schon aufzustellen, hieße ein fluktuierendes Gebiet sozialer Arbeit bürokratisch einzuengen."[14]

Die Debatte um den Charakter der Wohnungspflege muß aber auch in die allgemeine Restrukturierung der Verwaltung und insbesondere der städtischen Sozialarbeit einbezogen werden. Im Gegensatz zur Vorkriegszeit wurde die Diversifizierung städtischer Ämter nach einzelnen Bereichen seit 1917/18 schrittweise zurückgenommen. Gleichzeitig fand tendenziell aber eine weitere Professionalisierung und Rationalisierung statt. Exemplarisch kann dieser Prozeß an dem am 11.7.1918 gebildeten Frankfurter Wohlfahrtsamt nachvollzogen werden. Dieses Amt strebte eine Vernetzung der städtischen und privaten Fürsorgetätigkeit an, um gezielt und einheitlich die soziale Arbeit durchführen zu können. Es ging aus dem städtischen Armenamt hervor, das vor 1883 nur Frankfurter Bürger christlicher Konfession betreut hatte. Für sogenannte

---

14 Alle Zitat aus der Denkschrift v. 27.3.1920. StA Ffm., MA T 796/ IV.

"Ausländer" war die Polizei zuständig. Auf Anregung Miquels (Denkschrift vom 26.1.1881) wurde schließlich am 26.1.1883 das Armenamt als gemischte Deputation gegründet. „Das Elberfelder System, […], erwies sich mit dem Wachstum der Städte als nicht mehr durchführbar, ohne daß sich krasse Ungleichmäßigkeiten in der Unterstützungsweise der einzelnen Bezirke ergaben. Seit 1906 sind Bezirksbeamte zur Unterstützung der Armenvorsteher und des Amtes bei der Kontrolle der offenen Armenpflege tätig."[15] Noch 1914 wurde die Jugend- und Waisenfürsorge vom Armenamt getrennt, und es wurde ein eigenständiges Jugendamt gegründet. In einer Schrift der Zentralstelle für Volkswohlfahrt wurde von Albrecht die Reintegration der sozialen Ämter in Frankfurt anerkennend hervorgehoben. „Eines der vorbildlichen Wohlfahrtsämter, das von Frankfurt a.M.", gehe auf die „ordnende Zusammenfassung des Unterstützungswesens, der Wohlfahrtspflege und der freien Liebestätigkeit" insbesondere im Ersten Weltkrieg zurück. „Auch in Frankfurt a. M. gelang es bald nach Ausbruch des Krieges, die gesamte Kriegswohlfahrtspflege zusammenzufassen und dadurch dauernd jede Zersplitterung zu vermeiden. Alle Organisationen der privaten Wohltätigkeit schlossen sich hier zur privaten Kriegsfürsorge zusammen und schufen für die ergänzende Familienhilfe eine brauchbare Bezirksorganisation; alle Frauenvereine schlossen sich, wie auch anderswo, zum Nationalen Frauendienst, und die Generalleitung der Kriegsfürsorge unter dem Vorsitze des Bürgermeisters bildete für die gesamte Kriegsfürsorge das zentrale Organ."[16] Statt einer weiteren Differenzierung der städtischen Ämter erfolgte nun eine Zentralisierung bzw. Koordinierung der Wohlfahrtspflege durch die Einbindung gesellschaftlicher Wohlfahrtsträger und eine Konzentration sowie Egalisierung der Unterstützungsleistung. Das Prinzip der Dezentralisation der Ämter durch Bezirkseinteilung wurde jedoch nicht vollständig aufgehoben, da grundsätzlich nur Spezialfürsorgezweige zentralisiert wurden.

Die Wohnungspflege war von diesem Zentralisierungsprozeß betroffen, allerdings blieb trotz der Rationalisierungs- und Vernetzungstendenzen seit dem Ersten Weltkrieg der doppelte Charakter des Wohnungsamtes als soziale und technische Behörde auch weiterhin bestehen.

Die vorübergehende Einbindung der Wohnungspflege in das Wohlfahrtsamt sollte, wie die Denkschrift des Dezernenten des Wohnungsamtes Zielowski verdeutlichte, wieder aufgehoben werden. In einem Bericht an den Regierungspräsidenten stellte auch Oberbürgermeister Voigt am 10. Oktober 1919 wieder eine Rückführung der sozialen Wohnungspflege ins Wohnungsamt in Aussicht. Später solle „die eigentliche Wohnungspflege, welche zurzeit von dem Wohlfahrts – früheren Armen-Amt durch Pflegerinnen ausgeübt wird, in engster Fühlung mit dem Jugendamt, und der hier bestehenden privaten Fürsorgeeinrichtungen (Schwindsuchtverein, Säuglingsverein,

---

15 Die Entstehung und der Aufbau des Wohlfahrtsamtes der Stadt Frankfurt. (1920), S. 4.
16 Albrecht, G.: Städtische Wohlfahrtsämter. Ihre Entstehung und Zweckbestimmung, ihr Arbeitsgebiet und ihre Organisation. Flugschriften der Zentralstelle für Volkswohlfahrt. H. 13, Berlin 1920, S. 7.

Mutterschutz, etc.) dem Wohnungsamt wieder als Aufgabe überwiesen werden, wie das schon früher der Fall war und wie dies unbedingt auch erforderlich ist."[17] Der Frankfurter Oberbürgermeister mußte allerdings auch einräumen, daß eine deutliche Vernachlässigung wohnungspflegerischer Aufgaben in den unmittelbaren Nachkriegsmonaten eingetreten sei. Er berichtete, „daß bei unserem Wohnungsamt noch alles im Werden begriffen ist und sich ganz bestimmte Angaben zurzeit nicht machen lassen. Abschließend sei nur noch bemerkt, daß die Wohnungsaufsicht augenblicklich völlig von der Bearbeitung der einlaufenden Beschwerden in Anspruch genommen ist. Ferner betrachten wir es zurzeit als Hauptaufgabe, die Wohnungen der Wohnungssuchenden daraufhin prüfen zu lassen, ob bei bestehender Wohnungsnot ein Umzug im konkreten Falle überhaupt angebracht erscheint. […] Es kann vorläufig nicht daran gedacht werden, systematische Besichtigungen von Haus zu Haus vorzunehmen, wie das früher in ruhigen Zeiten selbstverständlich auch geschehen ist."[18]

Die Diskussion über die Ausrichtung des Wohnungsamtes und der Wohnungspflege nach dem Ersten Weltkrieg kennzeichnet die sozialstaatlichen Tendenzen und deren Ziele, nicht aber deren Praxis, da nicht die Fürsorge, sondern die Wohnraumbeschaffung eindeutig die Tätigkeitsbereiche des Wohnungsamtes bestimmte. Dies wird in einem Vortrag des Magistrats an die Stadtverordneten-Versammlung über die Wohnungsfrage und Tätigkeit des Wohnungsamtes vom 30.10.1919 ersichtlich. Einführend wird darin festgestellt: „Das Wohnungsamt, aus kleinen Anfängen des bereits vor dem Kriege bestehenden Wohnungsnachweises entstanden, dient z.Zt. in erster Linie der Wohnungsbeschaffung, während die Wohnungspflege notgedrungen in den Hintergrund treten muß."[19] Diese neuen Prioritäten verdrängten weitgehend die Ausrichtung der Wohnungspflege. Ausdruck für diese Veränderungen ist auch die Tatsache, daß die Veröffentlichung regelmäßiger Statistiken über die Tätigkeit der Wohnungspfleger und -innen nicht mehr aufgenommen wurde.

Als 1920 eine gemischte Deputation über die Neuorganisation der städtischen Ämter beriet, wurde noch über eine alternative Zuordnung der Wohnungspflege diskutiert. Wiederholt hatte Stadtrat Ludwig Landmann ein neues Siedlungsamt mit umfassenden Kompetenzen gefordert.[20] Im dritten Teilbericht der Kommission zur Bildung eines Siedlungsamtes in Frankfurt a.M. wurde schließlich der Vorschlag Landmanns zur Schaffung eines übergreifenden Siedlungsamtes weitestgehend abgeblockt. „Diesem vielseitigen Drängen nachzugeben, glaubt die Deputation nur in beschränktem Umfange empfehlen zu können. Ein Zusammenfassen aller mit Siedlungsfragen irgendwelcher Art befaßten Ämter in ein Amt erscheint – zur Zeit we-

---

17 Magistrat (OB Voigt) an den Regierungspräsident in Kassel v. 10.10.1929. StA Ffm., MA T 796/IV.
18 Ebenda.
19 Vortrag des Magistrats an die StVV über die Wohnungsfrage und Tätigkeit des Wohnungsamtes v. 30.10.1919. StA Ffm., MA T 796/IV.
20 Landmann, Ludwig: Das Siedelungsamt der Großstadt. In: Kommunale Wohnungs- und Siedelungsämter. Hg. v. Deutschen Verein für Wohnungsreform. Stuttgart 1919, S. 1-24.

nigstens – nicht angebracht und nicht erforderlich. Einem solchen Amte müßten eingereiht werden: Vom Tiefbau-Amt die Abteilung für Stadterweiterung und Anbau, die Fluchtlinien und die Vermessungsinspektion, dazu noch die Baupolizei und vielleicht die Straßenbauinspektion, ferner das Wohnungs-Amt mit Wohnungsnachweis und Wohnungsfürsorge, das Mieteinigungs-Amt, das Hypotheken-Amt, ein Teil der Stadtkämmerei und anderes mehr. Die Schaffung eines Amtes in diesem Umfange würde sonach nahezu eine Umgestaltung der gesamten städtischen Verwaltungsorganisation bedeuten."[21] Noch konnte sich Landmanns Gegenspieler, Stadtrat Schaumann, durchsetzen.[22] Statt der Bildung eines Siedlungsamtes mit einer technischen, wirtschafts- und sozialpolitischen und einer Rechtsabteilung sollte „auf Vorhandenem" aufgebaut werden. Als Kompromiß wurde schließlich ein „kleines" Siedlungsamt gebildet – ohne das Wohnungsamt – das dem Tiefbauamt angegliedert wurde.[23]

Ungeachtet der unklaren Zuordnung und mangelhaften Ausübung der Wohnungspflege ist trotzdem festzustellen, daß sich ein kontinuierlicher Wandel von der traditionellen Wohnungspflege zur sozialen Wohnungsfürsorge vollzog. Dieser Wandel äußerte sich insbesondere in der Anerkennung sozialpflegerischer Aspekte. Die Prioritäten der Wohnungspflege sollten sich nunmehr nicht nur auf die Beratung und Anleitung zum „vernünftigen" Wohnen beschränkten, sondern die Ursachen der Wohnungsprobleme sollten beseitigt werden. Gleichfalls gewann die Prophylaxe insbesondere in den Neubauwohnungen an Bedeutung.

b. Expansion der Aufgaben und Reorganisation des Wohnungsamtes zwischen 1918 und 1924

Aufgabenverlagerung

Seit 1917 überlagerten vermehrt neue Aufgaben die traditionellen Tätigkeitsbereiche des Wohnungsamtes. Unmittelbar nach Kriegsbeginn war die Tätigkeit des Wohnungsamtes sehr eingeschränkt worden, obgleich bereits im Dezember 1914 dem Mieteinigungsamt – dieses war mit dem Wohnungsamt assoziiert – durch eine Bundesratsverordnung schrittweise größere Aufgabenfelder übertragen wurden. Der bereits seit 1911 bestehende städtische Wohnungsnachweis, der nach Charlottenburger Muster errichtet worden war[24], konnte bis 1917 nur „geringfügige Vermittlungser-

---

21 Dritter Teilbericht der gemischten Dep. für die Neuorganisation städt. Ämter v. 5.11.1920. StVV v. 12.11.1920, S. 1364. In: StA Ffm. Akt. der StVV. Sig. 491.
22 Rebentisch, Dieter: Ludwig Landmann. Frankfurter Oberbürgermeister der Weimarer Republik. Wiesbaden 1975, S. 101.
23 Nach der Wahl Landmanns zum Oberbürgermeister 1924 konnte ein Siedlungsamt mit umfassenden Kompetenzen gebildet werden, allerdings vorrangig als technisches Amt. Der Wohnungsfürsorgeausschuß blieb, auch nach der Restrukturierung des städtischen Fürsorgeamtes 1928, noch bestehen. Vgl. Schaubild in Sachße/Tennstedt, Geschichte der Armenfürsorge. S. 197.
24 Seydel: Das Charlottenburger Wohnungsamt, S. 22-23, 29-30 (In Charlottenburg wurde eine Anzeigepflicht für freiwerdende Kleinwohnungen verfügt).

folge"²⁵ nachweisen. Um einen effektiveren Verwaltungsablauf zu gewährleisten, wurde vom Listensystem zum Kartensystem übergegangen. Besonders die am 7. Januar 1919 erlassene Polizeiverordnung betreffend An- und Abmeldung von Mieträumlichkeiten bewirkte eine sehr starke Frequentierung dieses Amtes. Wohnungen mußten nun, bevor sie in den Zeitungen annonciert werden konnten, beim städtischen Wohnungsnachweis angemeldet werden. Da aber häufig als leerstehend gemeldete Wohnungen bereits vermietet waren, kontrollierten drei Wohnungsamtsgehilfen und 12 sonstige Helfer die gemeldeten Wohnungen. Neben der kommunalen Wohnungsvermittlung war die statistische Erfassung der Wohnungsuchenden beabsichtigt.

Die Aufgabenverlagerung der Wohnungsämter nach 1918 wird in einem Beitrag des Charlottenberger Kommunalpolitikers Seydel hervorgehoben, den er für das Handbuch der Kommunalwissenschaften verfaßte: „Der Gedanke, für die Beaufsichtigung und Verbesserung des Wohnungswesens besondere amtliche Stellen in den Gemeinden zu schaffen, entwickelte sich nicht etwa, wie der Beobachter der Nachkriegszeit meinen könnte, aus der Notwendigkeit, Wohngelegenheiten zu schaffen (Wohnungsfürsorge), sondern war ein Ergebnis der sich immer mehr verzweigenden und verfeinernden Arbeit der Gemeinden auf den Gebieten öffentlicher Fürsorge. Hier erwuchs aus der täglich sich erneuernden Erfahrung, daß die Erfolge jeglicher Fürsorgetätigkeit immer wieder durch die ungesunde, unzulängliche Wohnung in Frage gestellt wurden, allmählich die Erkenntnis, daß die Wohnung selbst zum Objekt der Fürsorge werden müsse. Die Unmöglichkeit, dieser neuen, umfassenden Aufgabe im Rahmen einer der bisherigen Fürsorgeeinrichtungen vollkommen gerecht zu werden, sie einheitlich, erschöpfend und wirksam zu gestalten, führte dann zur Schaffung besonderer und selbständiger Fürsorgeeinrichtungen für das Wohnungswesen in den Wohnungsämtern. So war die Entwicklung vor dem Kriege. Wer jetzt, nach dem Kriege, in die Arbeit der Wohnungsämter hineinschaut, der vermag von jenem Ursprung ihrer Entstehung kaum mehr eine Spur wahrnehmen. Lag der Schwerpunkt ihrer Arbeit vor dem Kriege, dem Grunde ihrer Entstehung gemäß, vornehmlich in der Wohnungsaufsicht und -pflege, so liegt er jetzt [1924, GK], angesichts der durch den Krieg und seine Folgen geschaffenen furchtbaren Wohnungsnot, fast ausschließlich in der Wohnungsbeschaffung und -verteilung. Die Ausübung der Wohnungspflege ist hinter diesen Aufgaben an vielen Orten unter dem Zwang der Verhältnisse stark zurückgetreten und die Not der Zeit zwingt die Wohnungsämter geradezu, die Schäden zu dulden, ja selbst hervorzurufen, zu deren Bekämpfung sie einst berufen waren. Denen, die nur dem Augenblick leben, mag es fast als Hohn erscheinen, wenn dieser Aufsatz Aufgaben und Ziele der Wohnungsämter, wie sie sein sollen, darstellt."²⁶ Konsequenterweise verzichtete der renommierte Münchner Wohnungspolitiker Gut, der ehemals auch im Charlottenburger Wohnungsamt

---

25 Magistrat Ffm. an Regierungspräsidenten v. 10. 10. 1919, StA Ffm., MA T 796/IV.
26 Seydel: Wohnungsämter. Handbuch für Kommunalwissenschaften, Bd. 4/1924, S. 509.

tätig war, in seinem Beitrag über die Tätigkeit der Wohnungsämter im gleichen Handbuch vollständig auf die Darstellung der Wohnungspflege und beschränkte die Aufgaben der Wohnungsämter in der Weimarer Republik auf den Wohnungsnachweis und die Wohnungsbeschaffung.

Personelle Expansion und Verwaltungsstruktur des Wohnungsamtes in Frankfurt am Main

In einem Entwurf für den Haushaltsetat 1919 beantragte der Magistrat für das Wohnungsamt Ende 1918 die Genehmigung von insgesamt 23 Stellen, außerdem einen ordentlichen Etat von 28.300 Mark und eine vorläufige, nicht etatmäßige Summe, von 32.000 Mark für Hilfsbeamte. Der rasante Aufbau des Wohnungsamtes wird deutlich, wenn man den erwähnten Entwurf von Ende 1918 (für das Haushaltsjahr 1919) mit dem Personalverzeichnis des städtischen Wohnungsamtes vom September 1919 vergleicht. In wenigen Monaten wurden die Stellen dieser Behörde von 23 auf 104 aufgestockt, ohne daß „die Höchstgrenze erreicht" worden sei, wie damals der neue Dezernent des Wohnungsamtes Zielowski ausführte.[27]

Wurde aufgrund der fehlenden Wohnungsordnung in Frankfurt vor 1914 meist von einem provisorischen Charakter des Wohnungsamtes gesprochen, so blieb dieser aufgrund stetiger Umstrukturierungen und Aufgabenerweiterungen bis Mitte der 20er Jahre bestehen. Im September 1919 war das Wohnungsamt in fünf Abteilungen gegliedert. Die bisherigen Aufgabenbereiche der Wohnungsfürsorge (Wohnungsaufsicht, Wohnungspflege, Wohnungskontrolle, Schlafstellen etc.) wurden von der Zentralabteilung A (insgesamt 36 Beschäftigte plus 2 Volontäre) übernommen. Alle weiteren Abteilungen übernahmen die neuen Aufgabenbereiche: So war die Abteilung B mit 12 Beschäftigten für die Beschaffung von Wohnungen in Privatgebäuden zuständig, die Abteilung C mit 8 Beschäftigten für den Wohnungsnachweis, die Abteilung D mit 7 Beschäftigten für die Mietzinsfestlegung und die Abteilung E mit 39 Beschäftigten (!) für die Zwangseinmietungen.

Die Organisationsstruktur des Wohnungsamtes und die Personalstärke blieben ständig in Fluß. Bereits im Sommer 1922 waren insgesamt 175 Beamte und Angestellte beschäftigt. Aufgrund der deutlichen öffentlichen Kritik an der Amtsführung des Wohnungsamtes, die zudem durch Unregelmäßigkeiten einiger Beschäftigter verstärkt wurde, fand 1922 eine erneute Restrukturierung des Wohnungsamtes statt. Eine Sonderkommission hatte einerseits eine Straffung der Organisation des Wohnungsamtes durchgesetzt, andererseits die stärkere Berücksichtigung juristischer Überprüfungen. „Die Kommission kam zu der Überzeugung, daß eine stärkere juristische Durcharbeitung derjenigen Angelegenheiten, die Eingriffe in die private

---

[27] Schreiben WA (Zielowski) an Magistrats-Personal-Dezernenten v. 6.9.1919, StA Ffm., MA T 797/I. Zielowski, hauptamtlicher sozialdemokratischer Stadtrat, löste im August 1919 Stadtrat Landmann ab, der diesem Amt von 1918 bis 1919 vorstand.

Rechtssphäre der Beteiligten, insbesondere in die Unverletzlichkeit der Wohnung und des Eigentums enthalten, herbeigeführt werden müsse. Dementsprechend soll die juristische Abteilung in eine Organstellung gehoben werden."[28] Ein Jahr später konnte Magistratsrat Michel von einer deutlichen Minderung der öffentlichen Kritik aufgrund der Schaffung einer juristischen Abteilung berichten. „Eine wesentliche Beruhigung im wohnungssuchenden Publikum und in den Kreisen der Hauseigentümer ist dadurch erreicht worden, daß die Wohnungen nunmehr erst dann zur Vergebung gelangen, wenn durch die juristische Abteilung einwandfrei geprüft ist, daß die Wohnung rechtlich wie tatsächlich verfügungsreif ist. Die Erfassung der Wohnung nach der rechtlichen Seite hin – Beschlagnahme oder Anforderung nach Freimeldung – hat bewirkt, daß Beschwerden aus Gründen von Rechtsverletzungen, die früher nicht selten waren, gänzlich aufgehört haben und bei Einwendungen seitens der Hauseigentümer usw. lediglich Billigkeits-Gesichtspunkte ins Feld geführt werden konnten. Prozesse an den ordentlichen Gerichten haben infolgedessen fast ganz aufgehört. Auch die Entscheidungen des Miet-Einigungs-Amtes konnten, sofern sie gegen das Wohnungsamt lauteten, nur auf Billigkeits-Gesichtspunkten, nicht mehr auf Rechtsverletzung abgestellt werden."[29] Nachdem bis Ende 1923 die Verwaltungsorganisation und Personalstärke des Wohnungsamtes annähernd beibehalten wurde, fanden 1924 einschneidende Veränderungen statt. Zunächst wurde das Personal des Wohnungsamtes – im Rahmen des allgemeinen Verwaltungsabbaus – deutlich reduziert.[30] Alleine im Haushaltsjahr 1924 wurde die Anzahl der Beschäftigten dieses Amtes von 151 Beschäftigten um etwas mehr als halbiert. Das Wohnungsamt mußte aufgrund des radikalen Personalabbaus erneut restrukturiert werden. Um eine bessere Kontrolle des Wohnungsamtes durch die Stadtverordneten zu ermöglichen, wurde im September 1924 eine gemischte Deputation für das Wohnungswesen gebildet. Ihr wurde „die Durchführung der sich aus der Führung des Wohnungsnachweises, der Ausübung der Wohnungsaufsicht und Wohnungspflege, der Bauerhaltung und der Erhaltung des Wohnraumes sowie der Durchführung der Wohnungszwangswirtschaft ergebenen Aufgaben, ferner die Prüfung und Erörterung aller sonstigen mit dem Wohnungswesen zusammenhängenden Fragen übertragen."[31] Von Bedeutung war die Zusammensetzung der Deputation. Im Gegensatz zur bisherigen Organisation (Regulativ von 1912 bzw. Neufassung von 1919) waren jetzt Stadtverordnete und „öffentliche" Personen in der Deputation vertreten. Von insgesamt 13 Mitgliedern stellte der Magistrat nur vier Mitglieder, darunter den Vorsitzenden, der die Dienstgeschäfte des Wohnungsamtes leitete und dieses nach außen vertrat. Neun Mitglie-

---

28 Bericht der Sonderkommission über die Neuorganisation des Wohnungs-Amtes. 17.6.1922. StA Ffm., MA T 796/V.
29 Michel an Oberbürgermeister v. 10.12.1923. StA Ffm., MA T 796/V.
30 Zum Personalstand der Wohnungsämter in deutschen Großstädten vgl.: Statistik des Deutschen Städtetages. In: BA Potsdam, RAM Best. 39.01; Nr. 10841, Bl. 87-88.
31 Ordnung betr. Errichtung der Deputation für das Wohnungswesen v. 2.9.1924. StA Ffm., Akt. d. StVV. WA Sig. 1.878.

der mußten von der Stadtverordneten-Versammlung gewählt werden, darunter mindestens sechs Mitglieder, die der StVV angehörten. Durch diese Verwaltungsorganisation sollte eine wirksame Kontrolle des Wohnungsamtes durch die Stadtverordneten ermöglicht werden. Letztlich war mit dieser Neuorganisation eine Versachlichung der heftigen Debatten in der StVV über die Tätigkeit des Wohnungsamtes impliziert. Diese Notwendigkeit soll nachfolgend dargestellt werden.

c. *„Von der Parteien Haß und Gunst verwirrt"*

Das „sozialdemokratische Dezernat" und der „bürgerliche Magistrat"

In kommunalpolitischen Schriften wird häufig auf das Problem der Politisierung der kommunalen Selbstverwaltung in der Weimarer Republik hingewiesen.[32] Von konservativen Theoretikern der kommunalen Selbstverwaltung wurden die demokratische Willensbildung und die Partizipation verschiedener politischer Gruppierungen, die die plurale Gesellschaft widerspiegelten, als eine Gefahr für die politische Neutralität der Verwaltung gewertet.[33] Diese Auffassung impliziert jedoch mehr ein Ideal als die Praxis. Einige dieser Theoretiker, wie beispielsweise Forsthoff und Köttgen, blendeten in ihrer Kritik am Wandel der kommunalen Selbstverwaltung in der Weimarer Republik aus, daß bereits im 19. Jahrhundert die Parteipolitik zunehmend auf die städtische Selbstverwaltung Einfluß genommen hatte. Zudem wird von diesen Theoretikern auch die Parität zwischen dem Magistrat und der Stadtverordneten-Versammlung, also der Dualismus zwischen „neutralen" Fachpolitikern und bürgerlichen Lokalpolitikern, der der Konzeption der preußischen Städteordnung für die östlichen Provinzen zugrunde lag, verklärt. Dieser Idealisierung folgte 1920 auch Gerhard Albrecht in seiner Studie über den Aufbau städtischer Wohlfahrtsämter. Die Wohlfahrtspflege, unter welcher er auch die Wohnungspflege einbezog, sei nun in der Republik durch den Prozeß der Egalisierung geprägt, der bereits im Ersten Weltkrieg eingesetzt habe. Ohne Unterschied des Standes und Berufs, des Alters und Geschlechts, der Partei und der Religion könnten nun Leistungen in Anspruch genommen werden. Beabsichtigt war zudem die Mitarbeit weiter Kreise der Bevölkerung auf diesem öffentlichen Gebiet. Zur Vermittlung und Koordinierung mußte jedoch eine neutrale Stelle, das Wohlfahrtsamt, geschaffen werden. Diese nur dem Allgemeinwohl verpflichtete neutrale Behörde war aber durch die Politisierung der kommunalen Selbstverwaltung nach Albrechts Auffassung bedroht. „Leider fehlt es infolge der

---

32 Hofmann, Wolfgang: Preußische Stadtverordnetenversammlungen als Repräsentativ-Organe. In: Die deutsche Stadt im Industriezeitalter. Hg. Jürgen Reulecke. 2. Aufl., Wuppertal 1980. S. 54; Croon, Helmuth: Das Vordringen der politischen Parteien im Bereich der kommunalen Selbstverwaltung. In: Ders./Hofmann/von Unruh. Kommunale Selbstverwaltung im Zeitalter der Industrialisierung. Stuttgart 1971, S. 15-58; Rebentisch, Landmann, S. 9-21; Reulecke, Urbanisierung, S. 138; Krabbe, Die deutsche Stadt, S. 144.
33 Köttgen, Arnold: Das deutsche Berufsbeamtentum und die parlamentarische Demokratie. Berlin/Leipzig 1928.

Politisierung der Gemeindeverwaltung neuerdings nicht an Beispielen, in denen die Forderung nach politischer Neutralität nicht genügende Beachtung gefunden hat."[34] Große Teile der Verwaltung hätten, so Köttgen, nach 1918 noch „innerlich aus den Traditionsreserven der Monarchie" gelebt.[35] Das idealisierte Bild der Eigenständigkeit und Neutralität der Verwaltung ließ die politische und gesellschaftliche Durchdringung der Verwaltung besonders nach 1918 als deren genuine Gefährdung erscheinen.

Der Prozeß des gesellschaftlichen Wandels, dessen Ausdruck auch die Politisierung der Selbstverwaltung war[36], kann an der Geschichte des Wohnungsamtes nachvollzogen werden. Gesellschaftliche Auseinandersetzungen um die Politik des Wohnungsamtes können dadurch nicht vollständig mit den unmittelbaren Problemen der kommunalen Wohnungspolitik selbst erklärt werden, sondern allgemeine Konfliktbereiche, beispielsweise der kommunalpolitische Demokratisierungsprozeß oder die vermehrte politische Ämterpatronage, müssen bei der Betrachtung mit einbezogen werden.

Aus der Sicht der im Kaiserreich diskriminierten und ausgegrenzten Sozialdemokraten war die kommunale Selbstverwaltung vor 1914 keineswegs politisch neutral und ausschließlich dem Allgemeinwohl verpflichtet. Insbesondere der politische Vertretungsanspruch des Bürgertums in der Stadtverordneten-Versammlung wurde beanstandet. In einem „Rückblick für die Stadtverordnetenwahlen auf die städtische Verwaltung" kritisierte 1904 der damalige sozialdemokratische Stadtverordnete und spätere Leiter des Wohnungsamtes Otto Zielowski nachdrücklich die bisherige Kommunalpolitik in Frankfurt am Main: „Die bürgerlichen Parteien unseres Stadtparlamentes waren sich nur zu sehr bewußt, daß sie Vieles versäumt, Vieles gegen den Willen der Mehrheit der Bürgerschaft beschlossen hatten, das nun durch die neuen Männer in der Stadtverordneten-Versammlung [die Sozialdemokraten, GK] eine kritische Beleuchtung erfahren würde."[37] Nur durch ein undemokratisches Zensuswahlrecht konnte auch in Frankfurt die demokratische Repräsentation neuer sozialer Parteien abgeblockt werden (Tab. 11, Anhang). Erst kurz vor dem Ersten Weltkrieg wurde ein Sozialdemokrat, Benno Schmidt, in den Frankfurter Magistrat

---

34 Albrecht, G.: Städtische Wohlfahrtsämter. Ihre Entstehung und Zweckbestimmung, ihr Arbeitsgebiet und ihre Organisation. Flugschriften der Zentralstelle für Volkswohlfahrt. H. 13, Berlin 1920, S. 8.
35 Köttgen sprach in seiner Verwaltungsgeschichte von 1936 davon, daß die „Verwaltung innerlich aus den Traditionsreserven der Monarchie" gelebt habe. Aus diesen Traditionsreserven speiste er auch seine Kritik an der demokratischen Formierung der Gesellschaft. Köttgen stellt eine neutrale Staatsverwaltung, die aber auch „auf die Dauer nicht gegen die Einflüsse der Parteien immun gewesen ist", der kommunalen Selbstverwaltung gegenüber, die „in die Hände der Parteien gelangte". Die Fluchtbewegung der bedrohten, eigenständigen Verwaltung führte nach seiner Ansicht zur einer Wendung ins „Spezialistisch-Fachliche". Köttgen, Arnold: Deutsche Verwaltung. Mannheim u.a. 1936, S. 64.
36 Rolling, John D.: Das Problem der Politisierung der kommunalen Selbstverwaltung. Archiv für Frankfurts Geschichte und Kunst 57 (1980), S. 167-186; Roth, Ralf: Gewerkschaftskartell und Sozialpolitik. Arbeiterbewegung vor dem Ersten Weltkrieg zwischen Restauration und liberaler Erneuerung. Frankfurt 1991, S. 79; vgl. auch Bartelsheim, Ursula: Bürgersinn und Parteiinteresse. Kommunalpolitik in Frankfurt am Main 1848-1914. Frankfurt 1997.
37 Zielowski, Otto: Die Millionärswirtschaft auf dem Frankfurter Rathaus. Frankfurt 1904, S. 5.

gewählt, wenngleich nur als unbesoldeter Stadtrat. Eine vorsichtige Umstrukturierung des Magistrats erfolgte erst nach der Kommunalwahl im März 1919. Anfang November 1918 war allerdings zwischen der „Fortschritts-Partei" und den Sozialdemokraten vereinbart worden, daß der Magistrat um zwei besoldete und zwei unbesoldete Sitze erweitert werden sollte. Die Sozialdemokraten erhielten nun von den unbesoldeten, ehrenamtlichen Sitzen sechs, die Demokraten fünf, das Zentrum zwei und die Deutsche Volkspartei einen zugesprochen.[38] Von größerer Bedeutung war jedoch die Besetzung der beiden neuen hauptamtlichen Sitze im Magistrat. Beide wurden an Sozialdemokraten vergeben. Eine dieser besoldeten Stellen nahm Otto Zielowski ein. Im Gegensatz zur bisherigen Praxis war keine Fachqualifikation (meist juristisches Studium) für diese Besetzung ausschlaggebend gewesen, sondern seine Parteizugehörigkeit. Während der zweite besoldete sozialdemokratische Stadtrat, Karl Möller, bereits erste Verwaltungserfahrungen in Ausschüssen der Stadtverordneten-Versammlung und als Delegierter des Arbeiterrats im Arbeitsamt sammeln konnte, zeichnete sich Zielowski bisher als Redakteur der „Volksstimme" und als engagierter Parteipolitiker aus. Dieter Rebentisch charakterisierte Zielowski als einen „Techniker des Parteiapparats" und als „die geheime kommunalpolitische Führerpersönlichkeit der Mehrheitssozialdemokraten", die zwölf Jahre deren Stadtverordnetenfraktion leitete.[39] Insbesondere die enge parteipolitische Bindung Zielowskis, seine bisherige Tätigkeit und engen Kontakte zur „Volksstimme" und die verspätete Repräsentation der stärksten lokalen politischen Kraft im Magistrat förderten die Politisierung des Wohnungsamtes. Ludwig Landmann, seit 1917 Stadtrat in Frankfurt am Main, erfahrener Verwaltungsfachmann und Wohnungspolitiker, leitete in der rasanten Aufbauphase das Wohnungsamt, gab jedoch im Rahmen einer Umstrukturierung des Magistrats die Leitung dieses Amtes im August 1919 an Zielowski ab, blieb aber weiterhin dessen Stellvertreter. Der neue sozialdemokratische Stadtrat mußte nun den hohen Erwartungen, nämlich das des Wohnungsmangels rasch und sozial zu lösen, gerecht werden.

Die Erweiterung des Magistrats nach der demokratischen Kommunalwahl stellte dennoch das bestehende Machtgefüge im Magistrat nicht in Frage.[40] Dagegen veränderte sich nach der Kommunalwahl im Frühjahr 1919 die Machtkonstellation in der Stadtverordneten-Versammlung. Statt der Linksliberalen stellte nun die MSPD die stärkste Fraktion mit 36 von 96 Sitzen (Tab. 12, Anhang). Aufgrund der dualistischen Konzeption der Kommunalverfassung stand nun dem weiterhin mehrheitlich „bürgerlichen" Magistrat eine Stadtverordneten-Versammlung gegenüber, in der die

---

38 Rebentisch, Landmann, S. 87.
39 Ebenda.
40 Ebenda, S. 79-86.

liberalen Parteien nur noch die Minderheit der Sitze inne hatten. Das Wohnungsamt wurde seit dem Herbst 1919 in der Öffentlichkeit überwiegend als „sozialdemokratisches Amt" innerhalb der bürgerlichen Verwaltung dargestellt und von den sozialdemokratischen Stadtverordneten und von ihrer Presse dementsprechend parteiisch unterstützt bzw. von ihren Gegnern kritisiert. Bei den öffentlichen regen Debatten über die Tätigkeit des Wohnungsamtes überlagerten sich verschiedene Intentionen, die schwer zu trennen sind. Organisatorische Defizite und sachliche Fehlentscheidungen des Wohnungsamtes förderten diese Kritik ebenso wie die Praxis der öffentlichen Zwangswirtschaft, die zu schweren Eingriffen in die private Wohnsphäre führte. Zudem wirkte das Mißtrauen zwischen Arbeiterschaft und Bürgertum, das aus Klassenerfahrungen resultierte, virulent nach und erschwerte häufig eine Konsensbildung.

Nachfolgend wird zunächst die Doppelherrschaft zwischen dem Arbeiterrat und den Organen der Kommunalen Selbstverwaltung behandelt, und anschließend werden „Skandale" im Wohnungsamt, die durch die Desorganisation der Verwaltung begünstigt und durch Korruptionsvorwürfe ausgelöst wurden, erörtert. Diese „Skandale" erschwerten sachliche Problemlösungen im Wohnungsamt.

Die Kommunale Selbstverwaltung und der Arbeiter- und Soldatenrat

> „Berichterstatter Stadtv. Thomas: An dieser Vorlage ist vor allen Dingen interessant der Titel: Das Nichtvorhandensein einer Wohnungsnot. (Heiterkeit). Da die Eingabe aus dem Oktober 1918 stammt und inzwischen die Wogen der Geschichte über sie zusammengeschlagen sind, so wollen wir auf sie nicht eingehen, sondern betrachten die Eingabe durch die Maßnahmen des Arbeiterrates und durch die Beschlüsse der Stadtverordneten-Versammlung in der gleichen Angelegenheit als weit überholt."
> Beschluß: Die Stadtverordneten-Versammlung erachtet die obengenannte Eingabe durch die weitere Entwicklung als erledigt."[41]

Infolge der Novemberrevolution bildete sich auch auf der lokalen Ebene eine Doppelherrschaft zwischen den Organen der Selbstverwaltung und der Arbeiter- und Soldatenräte heraus. Die Einflußnahme der Revolutionsinstitutionen auf die städtischen Verwaltungen war je nach Ort recht unterschiedlich. In Frankfurt zeigten der Magistrat und Oberbürgermeister Voigt, der noch 1912 durch das undemokratische Wahlrecht der Kaiserzeit gewählt worden war, ein beachtliches Beharrungsvermögen. Voigt blieb in Frankfurt bis 1924 im Amt.[42] Auch in dieser Stadt wirkten ungeachtet der beginnenden Demokratisierung personelle Kontinuitäten in der Kommunalverwaltung fort.

Am 14.12.1918 benannte der Frankfurter Arbeiter- und Soldatenrat Delegierte zur Kontrolle des Magistrats und der städtischen Ämter. In dieser Stadt kann nicht von einer direkten Konfrontation zwischen den beiden Organen gesprochen werden,

---

41 StV Thomas, Berichterstatter des sozialpolitischen Ausschusses über eine Eingabe der Hausbesitzer und Interessenten v. 22.10.1918; Berichte der StVV Ffm. 1919, S. 662.
42 Hofmann, Wolfgang: Zwischen Rathaus und Reichskanzlei. Die Oberbürgermeister in der Kommunal- und Staatspolitik des Deutschen Reiches von 1890 bis 1933. Stuttgart u.a. 1974, S. 67.

sondern, auch nach der ersten demokratischen Wahl zur Stadtverordneten-Versammlung im Frühjahr 1919, von einer scheinbaren Tolerierung und Zusammenarbeit.[43] Dieser Zustand der Vermeidung von Reibungen und Bewahrung der „gegenseitigen Würde"[44] änderte sich indes im Verlaufe des Jahres 1919.[45]

Die Tätigkeit des Frankfurter Arbeiterrates konzentrierte sich, wie auch in anderen Städten, besonders auf die Umsetzung traditioneller sozialdemokratischer Forderungen der Vorkriegszeit, auf die Bewahrung der öffentlichen Ruhe und Ordnung, insbesondere nach den Tumulten vom 31.3.1919[46], und auf die Sicherung der unmittelbaren Versorgung der Bevölkerung. Neben der Lebensmittelversorgung erhielt die Wohnungspolitik eine beachtliche Bedeutung.

Im Sommer 1919 jedoch verschoben sich die Gewichtungen der „Doppelherrschaft" deutlich zu ungunsten des Arbeiterrats. Erhard Lucas schrieb in seiner Studie über den Frankfurter Arbeiterrat in dieser Phase: „Je mehr sich die äußeren Widerstände verstärkten, um so deutlicher wurde der Arbeitsstil des Arbeiterrats. Am besten demonstrierte er ihn in einem Konflikt, in den er im Juli und August [1919, GK] über die Wohnungsfrage mit dem Magistrat geriet und der vielleicht den Höhepunkt in der Arbeit des Arbeiterrats markiert."[47] Es waren hauptsächlich zwei Schwerpunkte, in denen der Arbeiterrat im Wohnungswesen Einfluß nahm: einerseits bei der Zwangseinmietung in übergroßen Wohnungen, in denen ein sogenannter Raumluxus herrschte, und andererseits bei der Verhinderung von Wohnungsräumungen. Als erste preußische Stadt beantragte Frankfurt die Genehmigung von Zwangseinmietungen in Wohnungen mit „Raumüberfluß". Diese Maßnahme ist u.a. auch dadurch erklärbar, daß Frankfurt in besonderem Ausmaße Flüchtlinge aus Elsaß-Lothringen und den besetzten Gebieten aufnehmen mußte. Auf Antrag Langs, der in

---

43 Dieter Rebentisch beschreibt ein kooperatives Handeln zwischen Verwaltung und Arbeiterrat. „Den städtischen Beamten wiederum waren die Beauftragten des Arbeiterrats hochwillkommen, waren sie doch vorzüglich geeignet, den unvermeidlichen Unmut, der bei der Verwaltung und Verteilung des Mangels entsteht, politisch aufzufangen und abzufedern. Insofern verstanden sich die Beauftragten des Arbeiterrats als eine Art subsidiäre Notverwaltung." Frankfurt am Main in der Weimarer Republik und im Dritten Reich. 1918-1945. In: Frankfurt am Main. Die Geschichte der Stadt in neuen Beiträgen. Hg. v. d. Frankfurter Historischen Kommission. Sigmaringen 1991, S. 427.
44 So Stadtrat Stein in einem Antrag v. 9.1.1919. Zit. in: Lukas, E.: Frankfurt unter der Herrschaft des Arbeiter- und Soldatenrats 1918/19. Frankfurt am Main 1969, S. 72.
45 Bereits am 23.12.1918 fragte der Frankfurter Magistrat beim preußischen Innenminister an, ob der Kontrollanspruch legitim sei. Hirsch erklärte erst am 12. 2.1919, daß der Kontrollanspruch des Arbeiterrates ungesetzlich sei.
46 Die Tumulte wurden durch die plötzliche Herabsetzung der Kartoffelration und Kontrolle des Schwarzmarktes ausgelöst und führten zu einem Aufruhr des „Mobs" und „Pöbels" (Lucas). Bei einer Razzia des Arbeiterrats wurde der Matrose Rödel von der aufgebrachten Menge mißhandelt und in einem mit Steinen beschwerten Sack im Main ertränkt. Schließlich wurden 200 „Schwarzhändler, Schieber und Schwerverbrecher" (Lucas) aus dem Untersuchungsgefängnis befreit. Letztlich forderte die Niederschlagung des Aufruhrs 20 Tote und 20 Schwerverletzte. Lukas, Frankfurt unter der Herrschaft, S. 95-100; Neuland, Franz: Die Matrosen von Frankfurt. Ein Kapitel Novemberrevolution 1918/19. Frankfurt 1991, S. 39-46; Rebentisch, Frankfurt am Main, S. 428.
47 Lukas, Frankfurt unter der Herrschaft, S. 112

der Weimarer Republik der exponierte Vertreter der KPD in der Stadtverordneten-Versammlung war, beschloß der Arbeiterrat am 15.4.1919 die Erfassungskommissionen des Wohnungsamtes zu kontrollieren. Im Mai 1919 wollte der Arbeiterrat auch seine „exekutive Machtvollkommenheit" (Lucas) nutzen, um „Schiebungen" mit Wohnungen zu verhindern. Es wurde deshalb eine fünfköpfige Kommission gebildet, die direkt dem Wohnungsamt angegliedert werden sollte. Im Frühsommer 1919 wurde allerdings die bisherige Duldung der Kontrollfunktion durch den Arbeiterrat nicht mehr uneingeschränkt anerkannt, wenngleich der Magistrat noch keine offene Konfrontation suchte, sondern zunächst durch Ignorierung des Arbeiterrats und zögerliche Behandlung seiner Forderungen die veränderte Beziehung verdeutlichte. Ein Schreiben, das der Arbeiterrat am 5.7.1919 an den Magistrat sandte, verdeutlicht den Wandel. „Herr Architekt Wagner sollte besonders als Beauftragter des Arbeiterrates tätig sein. Nach dem Bericht unserer Delegierten scheint aber über dessen Amtsbefugnis beim Wohnungsamt Unklarheit zu bestehen. Wir teilen deshalb dem Magistrat nochmals unseren Standpunkt mit: Die Exekutive des Arbeiterrates hat Herrn Wagner in das Wohnungsamt mit dem Auftrag delegiert, die dortige Geschäftsführung zu überwachen und wenn es notwendig ist, selbst einzugreifen. Wir ersuchen den Magistrat, Herrn Wagner als Kontrolleur und Mitarbeiter in der Leitung des Wohnungsamtes zu betrachten."[48] Auf dieses „Ersuchen" des Arbeiterrats reagierte der Magistrat hinhaltend. Er antwortete dem Arbeiterrat am 8.7.1919 (Magistratsbeschluß Nr. 1166): „Ehe der Magistrat auf den Inhalt des vorliegenden Schreibens eingehen kann, muß er erst die Entscheidung der Stadtverordneten-Versammlung auf den mit seinem Beschluß Nr. 1114 vom 30. v. Mts. vorgelegten Erlaß des Ministers des Innern vom 10. v. Mts., betr. die kommunalen Arbeiterräte, abwarten".[49] Nachdem der Arbeiterrat mehrere vom Mieteinigungsamt genehmigte Räumungen verhindert hatte, verschärfte sich das inzwischen angespannte Verhältnis zwischen Magistrat und Arbeiterrat. Die Eingriffe begründete der Arbeiterrat mit der Vorbeugung von Mieterunruhen. „Im Hause des Arbeiterrates erscheinen im Laufe einer Woche Hunderte von Leuten aller Bevölkerungsschichten, die ihre letzte Zuflucht beim Arbeiterrat suchen. Wir haben in vielen Fällen vermittelnd eingegriffen und in ca. 75 Fällen dem Gerichtsvollzieher die Räumung untersagt. Wir müssen es für die Dauer ablehnen, in dieser Weise weiterzuarbeiten, wenn andererseits dem Arbeiterrat keine Mitbestimmung eingeräumt wird, wie aus der Haltung des Wohnungsamtes und einem Schreiben des Magistrats Nr. 1166 vom 8.7.19 hervorgeht. Es erübrigt sich wohl, in Einzelheiten darauf hinzuweisen," so der Arbeiterrat in einem Schreiben an den Magistrat, „was entstanden wäre, wenn der Arbeiterrat in den angeführten Fällen nicht eingegriffen hätte."[50] Der Arbeiterrat legitimierte sich also wiederum als Ordnungskraft, wie bereits nach den schweren Auseinanderset-

---

48 Brief Arbeiterrat an Magistrat v. 5.7.1919. StA Ffm., MA T 796/IV.
49 Brief Magistrat an Arbeiterrat v. 8.7.1919. StA Ffm., MA T 796/IV.
50 Brief Arbeiterrat an Magistrat v. 10.7.1919. StA Ffm., MA T 796/IV.

zungen Ende März 1919. Räumungen dürften nur dann vorgenommen werden, wenn für die betroffenen Menschen Ersatzwohnräume zur Verfügung stünden. Bemerkenswert ist, daß auch die liberale Frankfurter Zeitung die Ordnungsfunktion des Frankfurter Arbeiterrates indirekt anerkannte: „Der schon lange erwartete, befürchtete oder ersehnte Konflikt zwischen Magistrat und Arbeiterrat ist nunmehr zum Ausbruch gekommen. Den Anlaß gab die Wohnungsnot. [...] Wie der Arbeiterrat bei der Verhütung der Vollziehung von Räumungsurteilen bewußt ungesetzliche Handlungen nicht gescheut hat in der Absicht, der Gefahr von Revolten vorzubeugen, so wird er nicht zurückschrecken vor den äußersten Mitteln zum Zwecke der notwendigen Wohnungsbeschaffung. Wenn der Magistrat ihm ein entscheidendes Mitbestimmungsrecht im Wohnungsamt verweigert, so wird der Arbeiterrat nicht verhindern können, daß die Wohnungslosen die Schuld der Stadtverwaltung feststellen und zur Selbsthilfe greifen."[51] Auch die „Volksstimme" nahm im August 1919 Stellung zu diesem Konflikt. Robert Dißmann (USPD) kritisierte dort deutlich die Weigerung des Magistrats, dem Arbeiterrat ein Mitbestimmungs- und Mitgestaltungsrecht einzuräumen. „Der Arbeiterrat hält fest an seinen ihm durch die November-Revolution übertragenen Rechten. Er fordert daher nach wie vor ein Recht auf Kontrolle und Mitbestimmung in der Gemeinde an allen ihm notwendig erscheinenden Stellen und lehnt es ab, sich zu einer Körperschaft herabwürdigen zu lassen, die nur Gutachten und Ratschläge abgeben darf."[52] Der Magistrat reagierte auch im August 1919 gegenüber dem Arbeiterrat ausgesprochen geschickt, denn einerseits wurden die Kompetenzen des Arbeiterrats zur Bedeutungslosigkeit gemindert, andererseits aber trat – wie bereits erwähnt – der linksliberale Stadtrat Ludwig Landmann im Rahmen einer Umstrukturierung des Magistrats als Dezernent des Wohnungsamtes zurück und als dessen Nachfolger wurde der neue sozialdemokratische Stadtrat Otto Zielowski, der als unzweifelhafter Sympathisant des Arbeiterrats galt, ernannt.[53] Da das Wohnungsamt nun von einem ausgewiesenen Führer der lokalen Arbeiterbewegung geführt und kontrolliert wurde, konzentrierte sich die Kritik an der Wohnungspolitik nicht mehr unmittelbar auf die Behörde, sondern bewirkte häufig eine Solidarisierung.[54]

Die Auseinandersetzungen um die Kontrollfunktion des Arbeiterrats zogen sich noch überraschend lange hin.[55] Erst am 6. Januar 1920 wurde nach einer Vorlage des

---

51 Frankfurter Zeitung v. 14.8.1919, Nr. 597.
52 Volksstimme v. 14.8.1919, Nr. 378.
53 Berichte der StVV Ffm 1918, S. 969-983.
54 Lang, der im Arbeiterrat im Mai 1919 die Kontrolle des Wohnungsamtes durch den Arbeiterrat geforderte hatte, verteidigte nun allgemein das Wohnungsamt, trotz seiner radikalen Positionen in der Wohnungspolitik, die sich deutlich von den Mehrheitssozialdemokraten unterschied. Vgl. Berichte StVV 1919, S. 517-520. In der Debatte nahm Lang auch Bezug auf seine Tätigkeit im Arbeiterrat und Wohnungsamt.
55 Die Ordnungsfunktion des Arbeiterrats bzw. der Hilfspolizei wurde seit dem Sommer 1919 zunehmend in Frage gestellt und ebenso die Legitimation des Arbeiterrates, da dieser nicht aus demokratischen Wahlen hervorgegangen sei. Vgl. Rebentisch, Frankfurt am Main, S. 430.

Hauptausschusses die Mitwirkung des Arbeiterrates im Wohnungsamt abgelehnt. Vergeblich pochte noch die USPD-Stadtverordnete Sender auf das „Recht der Revolution" und auf die Kontroll- und Ordnungsfunktion des Arbeiterrates.[56] Mit Ausnahme der USPD- und KPD-Mitglieder stimmte die StVV der Feststellung des Sprechers des Hauptausschusses zu, „daß wir als Stadtverordnete uns selbst als Kontrollorgan für die Gemeindeverwaltung betrachten."[57] Die Stadtverordneten-Versammlung stellte fest, daß der Arbeiterrat nach dem Erlaß des Ministers des Innern vom 10. Juni 1919 kein Recht mehr habe, im Wohnungsamt vertreten zu sein.

„Korruption und Desorganisation"

> „Am besten wäre es, das Wohnungsamt ganz aufzulösen"
>
> Stadtverordnete Dr. Schultz (DDP)

Vor allem in den ersten Jahren der Weimarer Republik beschäftigte sich die Frankfurter Stadtverordneten-Versammlung immer wieder mit dem Wohnungsamt. Häufig wurde die inhaltliche Debatte über die Umsetzung der kommunalen Wohnungspolitik durch Diskussionen über Organisationsmängel und Unregelmäßigkeiten der Beamten („Schiebungen") überlagert.

Im General-Anzeiger wurden die „Zustände" im Wohnungsamt vor der Restrukturierung folgendermaßen beschrieben: „Für die Wohnungssuchenden waren weder Akten noch Personalakten vorhanden. […] Doch das Schlimmste war: alle Abteilungen waren nahezu selbständig und arbeiteten statt miteinander – gegeneinander. Das Auffinden von Schriftstücken und Aktenstücken war bloße Glücksache. In diesem verwahrlosten Zustand wurde das Wohnungsamt von Direktor Gresser übernommen, der mit dem Leiter der Personalabteilung, W. Zabel, zunächst daran ging, die Organisation des Amtes neu aufzubauen und in jeder Beziehung einwandfrei zu gestalten."[58] Die gravierendsten Mängel konnten, wie bereits erwähnt, besonders durch die Errichtung einer juristischen Abteilung behoben werden. Eine klare Regelung des Geschäftsvorganges bewirkte eine größere Transparenz der Tätigkeit und minderte dadurch die öffentliche Kritik. Statt einer Kartothek führte man Liegen-

---

56 Toni Sender leitete das Kontrollrecht des Arbeiterrats außer aus dem „Recht der Revolution" auch von einer sozialen Ordnungs- und Fürsprecherfunktion ab: Im Wohnungsamt „wurde ja die Mitwirkung das Arbeiterrats nicht gewünscht. Lange hat man sich gegen seine Mitwirkung gesträubt. Aber wie war es denn? Tausende kamen zum Arbeiterrat, um ihre Not und ihr Wohnungselend mitzuteilen und insbesondere mit der Bitte, zu verhindern, daß die rücksichtslosen Exmittierungen vorgenommen wurden. Als man dem Arbeiterrat offiziell noch nicht die Vertretung zugestanden hatte, mußte man aus eigener Machtvollkommenheit dazu übergehen, die Exmittierungen aus den Proletarierwohnungen zu verhindern. Nachdem die Mitwirkung des Arbeiterrates im Wohnungsamt durchgesetzt war, haben unsere Vertreter ebenfalls ihr Bestes getan, um in gleicher Weise für das Wohl der Ärmsten, der Obdachlosen, alles einzusetzen." Berichte der StVV Ffm. 1920, S. 45.
57 StV Fammler, Berichte der StVV Ffm., 1920, S. 51.
58 General-Anzeiger. „Der Neu-Aufbau des Wohnungsamtes". Nr. 131, 7.6.1922.

schafts- und Personalakten ein. Die Personalakten sollten über die persönlichen Verhältnisse der Wohnungsuchenden Auskunft geben.

Der schlechte Ruf des Wohnungsamtes kann aber nicht nur mit den organisatorischen Mängeln, die durch die mangelnde Verwaltungserfahrung des Dezernatsleiters Zielowski und vieler „Hilfsbeamte" gefördert wurde, erklärt werden.[59] Die größte Belastung für dieses Amt waren Unregelmäßigkeiten, die mehreren Beamten des Wohnungsamtes wiederholt vorgeworfen wurden.

Bereits am 11. Mai 1920 beschloß die Stadtverordneten-Versammlung, nach mehreren vorangegangenen Debatten zu diesem Themenbereich, eine Untersuchung über die Tätigkeit des Wohnungsamtes einzuleiten. Nachdem Ende November 1920 der Bericht des Organisations-Ausschusses vorlag, forderte die StVV den Magistrat auf, Ermittlungsverfahren gegen zwei Beamte des Wohnungsamtes einzuleiten. Die öffentliche Kritik und der politische Druck hatten sich zudem verschärft, da bereits Anfang August 1920 alle Frankfurter Zeitungen ausführlich über Bestechungsskandale im Wohnungsamt berichteten.[60] In einer internen Untersuchung beschränkte der Magistrat seine Untersuchungen aufgrund der Schwere der Vorwürfe jedoch nicht auf die beiden verdächtigten Beamten. Magistrat-Syndikus Tietz umriß in seinem Untersuchungsbericht die Tragweite, die der Skandal bereits einnahm: „Für die städtischen Körperschaften handelte es sich vielmehr in erster Linie darum, durch Feststellung der tatsächlich vorhandenen Mängel das Ansehen des Wohnungsamtes im allgemeinen wieder herzurichten, das durch die von der Frankfurter Bürgerschaft fortgesetzt und nachdrücklichst geäußerten Klagen stark beeinträchtigt war. Die Vorwürfe gegen das Amt hatten sich aus den bisherigen Klagen Einzelner über die Mängel der Organisation und über Nichtberücksichtigung bei der Wohnungszuweisung mehr und mehr dahin verdichtet, daß Beamte und Angestellte des Wohnungsamtes sich hätten bestechen lassen oder doch der Bestechung zugänglich erwiesen hätten und daß ‚Schiebungen' (Hervorheb. im Orig.) mit Wohnungen dort an der Tagesordnung wären."[61] Für den Magistrat war inzwischen die „Integrität des städtischen Beam-

---

59 Als die StVV im April 1920 zum wiederholten Male über die Tätigkeit des Wohnungsamtes debattierte, ging Zielowski auf die personelle Situation des Wohnungsamtes ein. „Ich habe das Wohnungs-Amt in der Hauptsache mit dem Stab von Beamten und Hilfsbeamten übernommen, der heute tätig ist. Auch die Organisation, wie sie in der Hauptsache im Wohnungs-Amt besteht, ist von meinem Herrn Amtsvorgänger [Ludwig Landmann, GK] eingerichtet worden. Der größte Teil der Hilfsbeamten, die heute im Wohnungsamt beschäftigt sind, ist nicht von mir engagiert worden, sondern von meinem Herren Vorgängern. Infolge des Krieges und der wachsenden Aufgaben war das Wohnungs-Amt genötigt, mit Hilfskräften und Hilfsbeamten zu arbeiten." Von etwa 170 Beschäftigten im Wohnungsamt waren im April 1920 etwa 130 Hilfsbeamte. Berichte der StVV Ffm. 1920, S. 516-517. Vgl. S. 213-214.
60 Am 5.8.1920 die Volksstimme, Frankfurter Nachrichten, General-Anzeiger und am 6.8.1920 Volkszeitung, Frankfurter Zeitung, Mittagsblatt und Volksrecht.
61 Tietz. Bericht über die Untersuchung betr. das Wohnungsamt v. 25.4.1922. StA Ffm., MA T 796/V.

tenkörpers" in Frage gestellt. Dies führte zu einer umfassenden Überprüfung des Wohnungsamtes sowohl durch den Magistrat als auch durch das Amtsgericht. Insgesamt wurde in über 70 Fällen ermittelt. Das Ergebnis der Untersuchung, so der Bericht von Tietz, muß „trotz aller darauf verwandten Sorgfalt und trotz ihres großen Umfanges als spärlich bezeichnet werden." Besonders gegen die in der Stadtverordneten-Versammlung benannten zwei Beamten war die Untersuchung, „soweit ein Strafverfahren in Betracht kommt", zu diesem Zeitpunkt ergebnislos verlaufen. Allerdings wurden in „einer Reihe von Fällen" grobe Pflichtverletzungen nachgewiesen, die zu Entlassungen oder Versetzungen führten. „Immerhin erfordert das gesamte Ergebnis der Untersuchung gerechterweise die Feststellung", so Tietz, „daß die in der Öffentlichkeit verbreitete und von einzelnen Rednern der Stadtverordneten-Versammlung geteilte Auffassung, daß bei dem Wohnungsamt Schiebungen und Bestechungen an der Tagesordnung waren, bis auf die […] wenigen Fällen unbewiesen geblieben ist."[62] Auch in einem internen Gutachten, das der Leiter der juristischen Abteilung des Wohnungsamtes, Michel, ein Jahr später, 1923, anfertigte, konnten keine weiteren Verfehlungen mehr nachgewiesen werden. „Daß an die im Wohnungsamt tätigen Personen immer wieder die Versuchung herantritt, Vorteile irgend welcher Art entgegenzunehmen, ist richtig und hängt mit der Not der Zeit und der Lage der Wohnungssuchenden zusammen. Im Großen und Ganzen kann gesagt werden, daß die im Wohnungsamt tätigen Personen, soweit meine Beobachtungen gingen, diesen Versuchungen durchweg widerstanden haben. Die Fülle von Anklagen, die sich immer wieder in Denunziationen und gelegentlichen Äußerungen einzelner Personen bemerkbar machten, löste sich – von einzelnen wenigen Fällen, denen nachgegangen ist, abgesehen – in Nichts auf, sobald man der Sache nachging." Magistratsrat Michel bestätigte die Verbesserung der Verwaltungstätigkeit nach der Restrukturierung des Wohnungsamtes: „[…] es muß betont werden, daß für die leitenden Beamten es überaus schwer war, von vornherein den Mißständen zu begegnen, da wohl in keinem Amte, dessen Tätigkeit zu beobachten ich Gelegenheit hatte, eine solche Fülle von ungeeigneten Personen zur Mitarbeit zur Verfügung gestellt wurden."[63] Die Auseinandersetzungen um das Wohnungsamt ebbten aber mit Veröffentlichung des letzten öffentlichen Untersuchungsberichtes über das Wohnungsamt im April 1922 noch keineswegs ab, sondern wurden auf verschiedenen Ebenen fortgeführt.

Bemerkenswert ist, daß insbesondere die Linksliberalen kontinuierlich die Tätigkeit des Wohnungsamtes beanstandeten. Die Kritik der DDP kulminierte schließlich sogar in der Forderung: „Das beste wäre, das Wohnungsamt ganz aufzulösen."[64] Vertreten wurde diese Position hauptsächlich von der DDP-Stadtverordneten

---

62 Tietz. Untersuchung. S. 3. StA Ffm., MA T 796/V.
63 Bericht Michel. „Erfahrungen im Wohnungsamt". v. 10.12.1923. StA Ffm., MA T 796/V.
64 Frankfurter Zeitung. Nr. 399, Abendausgabe v. 30.5.1920.

Schultz[65], die sehr engagiert, aber teilweise auch sehr unsachlich, die Tätigkeit des Wohnungsamtes und seines Dezernenten Zielowski kritisierte.

Neben den Auseinandersetzungen in der Stadtverordneten-Versammlung wurden diese auch in der lokalen Presse geführt. Besonders zwischen der „Frankfurter Zeitung", die der DDP nahestand, und der sozialdemokratischen „Volksstimme" entwickelten sich polemische Debatten, die sich durch parteiische Stellungnahmen auszeichneten. Mittelbar brachen Ressentiments auf, welche durch die Klassengegensätze der Vorkriegszeiten gekennzeichnet waren und die aufgrund der Kooperation der „Weimarer Parteien" doch verwundern, zumal die Linksliberalen die entschiedensten Vertreter einer Einbindung der Sozialdemokraten in die bürgerliche Gesellschaft waren. Den wiederholten Angriffen der Frankfurter Zeitung auf das Wohnungsamt entgegnete die „Volksstimme", deren Redakteur der sozialdemokratische Dezernent Zielowski einst war, mit einem Aufsatz „Die Demokratische Partei und das Wohnungsamt". Aus der Kritik am Wohnungsamt wurde indirekt eine Kritik der sozialdemokratischen Kommunalpolitik abgeleitet. „Wie soll die Presse die Richtigkeit kontrollieren, wenn behauptet wird, das Wohnungsamt sorge in erster Linie für seine eigenen Leute und die Angehörigen der Partei, deren Anhängerschaft im Wohnungsamt und seiner Leitung am stärksten vertreten ist. [...] Da liegt der Hase im Pfeffer! Die sozialistische Leitung und die paar sozialistischen Beamten, die im Wohnungsamt sitzen, haben es dem Herrn Major a. D. und seinen Mitgeschworenen angetan. Wie Genosse Zimmermann seinerzeit ganz richtig sagte, alles ist nicht wahr, ist Verleumdung; es ist eine reine Parteisache. Er hat recht. [...] Man will damit [durch Verleumdungen, GK] die sozialdemokratische Tätigkeit diskreditieren."[66] Diese loyale Haltung der „Volksstimme" gegenüber dem sozialdemokratischen Dezernenten und seinem Amt verminderte aber auch deutlich ihre Kritikfähigkeit. Auch die Stadtverordneten-Fraktion verteidigte defensiv und uneingeschränkt die Leitung des Dezernats, was wiederum die Frankfurter Zeitung mit Freuden vermerkte. „Gegen die sozialistischen Stimmen beschloß die Stadtverordnetenversammlung gestern die Überweisung aller Anträge usw. zum Wohnungsamt an den Organisationsausschuß. Damit könnte bei Außenstehenden der Eindruck aufkommen, daß hinter den Sozialdemokraten stehende Bevölkerungskreise als einzige nichts an der Tätigkeit und Arbeitsweise des Wohnungsamtes auszusetzen hätten und nur die ‚bürgerliche' Gesellschaft an seinem Wirken Anstoß nähme. Und der von der sozialdemokratischen Fraktion vorgeschickte Redner sprach einen ähnlichen Gedankengang auch aus, indem er behauptete, der Kampf gegen das Wohnungsamt erfolge aus rein parteipolitischen Gründen, die Tendenz gehe dahin, das Amt zu Gunsten des zahlungsfähigen Publikums überhaupt zu

---

65 Anna Schultz, promovierte Juristin und StV der DDP, leitete die städtische Rechtsauskunftsstelle.
66 Volksstimme Nr. 133 v. 10.6.1922.

beseitigen."[67] Während sich die „FZ" und die „Volksstimme" durch parteiische Stellungnahmen gegenseitig beflügelten, nahmen andere lokale Zeitungen zu den in der Öffentlichkeit ausführlich diskutierten Vorgängen im Wohnungsamt eine unabhängigere und sachlichere Position ein. Ein Beispiel hierfür ist ein Artikel der in den „Frankfurter Nachrichten", einer Zeitung, die dem „alten" Mittelstand und den Hausbesitzern nahestand und ansonsten kaum zu den Befürwortern der sozialen Wohnungspolitik gezählt werden konnte. Im Aufsatz mit dem Titel „Um das Wohnungsamt" wurden die wiederholt geäußerten Polemiken der DDP-Stadtverordneten „Fräulein Dr. Schultz" gerügt, die sich indirekt auch gegen Zielowski richteten. „Von der Parteien Haß und Gunst verwirrt, das gilt auch von dem Wohnungsamt, mit dem sich die Stadtverordnetenversammlung – zum wievielten Male? – am Dienstag abend wieder beschäftigte." Die „Frankfurter Nachrichten" plädierten in diesem Fall für eine sachliche Auseinandersetzung. „Auch wir haben an der Geschäftsführung des Wohnungsamtes schon viel auszusetzen gehabt; wir haben aber immer gefunden, daß ein reges Interesse an der Beseitigung gerügter Mißstände vorhanden war. Der verallgemeinernde Vorwurf der Korruption, der immer wieder gegen das Amt erhoben wurde, schrumpfte zu Einzelfällen zusammen, die gerichtliche Aburteilung erfuhren oder durch Entlassung schuldiger Teile erledigt wurden. Bei den amtlichen Untersuchungen ist auch nicht viel herausgekommen; [...] Die Gerechtigkeit verlangt es, zu erklären, daß das gegen Stadtrat Zielowski erhobene Mißtrauensvotum jeder Begründung und Berechtigung entbehrt, dagegen muß man im städtischen Interesse und im Interesse der Steuerzahler die Forderung stellen, daß das Wohnungsamt hinsichtlich seiner weiteren Existenzberechtigung geprüft werde, man muß ihm das Recht abstreiten, Verwaltungsmaßnahmen beim Magistrat zu beantragen, die auf eine weitere Verschärfung seiner Aufgaben hinauslaufen."[68]

Die Auseinandersetzungen um das Wohnungsamt verdeutlichen den labilen Konsens zwischen gemäßigter Arbeiterschaft und dem liberalen Bürgertum. Mit dem Prozeß der politischen Demokratisierung gewann die öffentliche Meinung, repräsentiert in der pluralen Presse, eine neue Bedeutung. Der negativen Bewertung der Politisierung der Verwaltung durch bürgerliche Theoretiker der Selbstverwaltung, die vor 1945 wiederholt artikuliert wurde, kann entgegengehalten werden, daß – sollte die Idealisierung je zugetroffen haben – nun eine Vergesellschaftung der kommunalen Konfliktbereiche verstärkt stattfand. Infolgedessen stellte die politische Instrumentalisierung der Selbstverwaltung eine direkte Entsprechung der pluralen Vielfalt und gesellschaftlichen Differenzierung dar. Die lokale Presse förderte diesen Prozeß, polemisierte teilweise parteiisch und nahm dennoch auch die wichtige Funktion der öffentlichen Kontrolle wahr. Nicht der Verlust der unterstellten Unparteilichkeit war das wichtige kommunalpolitische Problem der Weimarer Republik,

---

67 FZ, Stadtblatt, „Die Aussprache über das Wohnungsamt" v. 6.7.1922.
68 Frankfurter Nachrichten. Morgenblatt. Nr. 339. v. 6.7.1922.

sondern die Frage, wie die heterogenen Interessenlagen ausgeglichen und die kommunale Politik und Verwaltung kontrolliert werden konnten.

d. Die Phase der Normalisierung und des schrittweisen Abbaus des Wohnungsamtes nach 1924

Mit der Wahl des bisherigen Stadtrats Ludwig Landmann 1924 zum Oberbürgermeister war die Phase des Übergangs vom Kaiserreich zur Republik, die der bisherige Oberbürgermeister Voigt personifizierte, abgeschlossen. Es begann die sogenannte „Neue Ära", die, anknüpfend an die kommunalpolitische Tradition Adickes, erneut städtische Visionen verfolgte. Deutlichster Ausdruck hierfür war „Das Neue Frankfurt". Unter diesem Begriff ist eine kulturelle und gesellschaftliche Modernisierung zu verstehen, wobei dem Städtebau eine exemplarische Bedeutung zugesprochen wurde. Die neu errichteten Siedlungen sollten diesen modernen Gesellschaftsentwurf symbolisieren. In der „Neuen Ära" fand ein Formierungsprozeß von der Gesellschaft der Klassen zu einer Gesellschaft der offenen und pluralen Mitte statt. Politisch wurde dieser gesellschaftliche Formierungsprozeß von den Sozialdemokraten (MSPD), Linkskatholiken (Zentrum) und den Linksliberalen (DDP) getragen. Das sogenannte Triumvirat, das diesen Wandel prägte, setzte sich aus dem liberalen Oberbürgermeister Landmann, dem sozialdemokratischen Kämmerer Asch und dem parteilosen Städtebauer May zusammen. Von den politischen Gegnern wurde dieses „Gravitationszentrum" (Rebentisch) als das „System Landmann" diskreditiert.

Der Neubeginn ist auch im Wohnungsamt festzustellen: 1924 war die umstrittene systematische Wohnungserfassung abgeschlossen, wodurch ein bedeutender Konfliktbereich aufgehoben wurde, weiterhin begann der Abbau der Zwangsbewirtschaftung, zudem wurde die Stadtverordneten-Versammlung durch die Schaffung einer gemischten Deputation stärker in die Verwaltungsstruktur des Wohnungsamtes eingebunden. Dennoch wurde dieser Neubeginn durch neue Korruptionsvorwürfe getrübt, die sich allerdings größtenteils als geringfügig herausstellten.[69] Diese Vorwürfe überschatteten auch das Ausscheiden Zielowskis aus dem Magistrat. Eine gemischte Untersuchungskommission, bestehend aus Magistratsmitgliedern und Stadtverordneten, die die Untersuchung über die Korruptionen im Wohnungsamt leitete, attestierte Zielowski ausdrücklich absolut korrektes Verhalten und würdigte

---

[69] Anfang 1925 hatte die lokale Presse erneut Korruptionsvorwürfe erhoben. Eine gemischte Untersuchungskommission legte im Juli 1926 ihren Abschlußbericht vor. Ein Beamter des Wohnungsamtes wurden wegen Amtsunterschlagung zu einer dreimonatigen Gefängnisstrafe verurteilt, zwei wurden wegen der Annahme geringer Bestechungsgelder zu einer Geldstrafe von 500 Mark verurteilt. Andere Untersuchungen wurden wegen Geringfügigkeit eingestellt („In einigen weiteren Fällen ist es vorgekommen, daß der eine oder andere Angehörige des Wohnungsamtes einmal eine Zigarre oder eine Zigarette von einem Wohnungsuchenden erhalten hat."). Untersuchungsbericht v. 26.7.1926. (MB Nr. 162) StA Ffm., Akt. d. StVV Sig. 1.878.

gleichzeitig seine Tätigkeit als Leiter des „damals in besonderem Maße schwierigen Wohnungsdezernats".[70] Trotz dieser Vorkommnisse trat nun eine Normalisierung der Tätigkeit des Wohnungsamtes ein. Ungeachtet des weiteren kontinuierlichen Personalabbaus standen nun erfahrene Beamte dem Wohnungsamt zur Verfügung. Aufgrund der deutlichen Reduzierung der Aufgabenbereiche des Wohnungsamtes infolge der Deregulierung der öffentlichen Wohnungswirtschaft erfolgte ein deutlicher Personalabbau (vgl. nachfolgendes Kap.).

Im Frühjahr 1928 sollten im Rahmen einer Verwaltungsreform wieder das Wohlfahrts- und das Jugendamt zum Städtischen Fürsorgeamt zusammengefaßt werden, und gleichzeitig neue Weichenstellungen für die Wohnungsfürsorge getroffen werden. Alle Bereiche der Wohnungspflege, soweit sie nicht der Wohnungszwangswirtschaft unterlagen – diese war durch ein Urteil des Oberlandesgerichts Ende 1923 eindeutig als Aufgabe der staatlichen Auftragsverwaltung und nicht als kommunale Selbstverwaltungsaufgabe definiert –, sollten dem Fürsorgeamt angegliedert werden, also die traditionellen Kernbereiche des Wohnungsamtes, die Wohnungspflege und -aufsicht.[71] Die Wohnungspflege und -aufsicht wurden jedoch nicht mehr in dem beabsichtigten Maße aufgenommen. Wiederholte Aufforderungen beispielsweise des Frankfurter Oberbürgermeisters, des Preußischen Ministers für Volkswohlfahrt oder des Regierungspräsidenten in Wiesbaden zur Wiederaufnahme der Wohnungspflege verweisen auf die beachtlichen Schwierigkeiten, formulierte Ideale umzusetzen.[72] In einer Anweisung des Preußischen Ministers für Volkswohlfahrt vom 24. Januar 1929 werden die Ursachen dieser Passivität angedeutet. „Ich bin mir bewußt, daß es unter den gegenwärtigen Verhältnissen nicht möglich ist, *alle* Schäden und Mißstände zu beseitigen, daß insbesondere die Räumung überfüllter und gesundheitlich nicht einwandfreier Wohnungen zurzeit vielfach nicht durchgeführt

---

70 „Die Art der Erörterung der Vorgänge in der Öffentlichkeit hat in Herrn Stadtrat Zielowski den Eindruck erweckt, als ob man seine Amtsführung in allerdings ungreifbarer Weise verdächtigen wolle. Der Untersuchungsausschuß erachtet es als seine Ehrenpflicht, ausdrücklich festzustellen, daß ein, sei es wie auch immer gearteter Vorwurf gegen Herrn Stadtrat Zielowski im ganzen Verlauf der Untersuchungen von keiner Seite auch nur andeutungsweise erhoben worden ist, und daß demgemäß nach der einmütigen Auffassung der Ausschußmitglieder auch nicht von der leisesten Spur irgendwelcher Unkorrektheiten des Herrn Stadtrat Zielowski gesprochen werden kann. Herr Stadtrat Zielowski hat bei seinem Eintritt in das Verwaltungsleben das damals in besonderem Maße schwierige Wohnungsdezernat übernommen und mußte diese Aufgabe mit einem Apparate übernehmen, der nicht in allen seinen Teilen seinen Aufgaben gewachsen war. Hierauf sind die festgestellten Fehler im Dienstbetrieb des Wohnungsamtes zurückzuführen. Daß die Angelegenheit soviel Staub aufgewirbelt hat, lag, wie nicht unerwähnt bleiben darf, nicht sowohl in der zwar bedauerlichen, aber, zumal in der Nachkriegszeit, keineswegs absonderlich auffallenden Vorkommnissen eines Kriegsamtes selbst, als vielmehr in dem sensationellen Aufputz, den einzelne Zeitungen der Behandlung der Angelegenheit geben zu müssen glaubten." Untersuchungsbericht v. 26.7.1926., S. 3. (MB Nr. 162) StA Ffm., Akt. d. StVV Sig. 1.878.
71 Bericht über die Neustrukturierung der städtischen Ämter von Eicke vom 21.11.1927 sowie der Bericht von Str. Michel vom 19.3.1928.
72 Anweisung Landmann an WA; Preuß. Minister f. Volkswohlfahrt v. 24.1.1929; Reg. Präsidenten v. 22.3.1929; Reg. Präsidenten v. 3.1. 1930. StA Ffm., MA T 829.

werden kann, weil es überhaupt an ausreichendem Wohnraum mangelt. Dieser Umstand rechtfertigt aber nicht, daß auf die Ausübung einer planmäßigen Aufsicht überhaupt verzichtet wird, denn die gröbsten Mängel werden unter den gegenwärtigen Verhältnissen beseitigt werden müssen und können. Schon die Abschwächung der Mißstände aber bedeutet eine erstrebenswerte Verbesserung. *Rechtzeitiges* Eingreifen und *vorbeugende* Maßnahmen sind auf diesem Gebiete besonders nötig und nützlich."[73] Hirtsiefer verwies auch auf die Möglichkeit, nun auch Hauszinssteuermittel zur Instandsetzung der Altbauwohnungen zu verwenden. Die Wohnungspflege wurde nun im engen Zusammenhang mit den übrigen „Zweigen der Wohlfahrtspflege" gesehen. „Die Organe der gemeindlichen und privaten Fürsorge- und Wohlfahrtseinrichtungen sind deshalb zur Mitwirkung heranzuziehen, ferner die Kreisärzte, die bautechnischen Beamten, die Krankenkassen usw. Wo die Mittel nicht ausreichen, beamtete Kräfte in genügender Zahl einzustellen, müssen ehrenamtliche Helfer herangezogen werden (Mitglieder der Wohnungskommissionen)."[74] Diese erneuten Bemühungen scheiterten jedoch an der zunehmenden ökonomischen Krise, so daß die Wohnungspflege in ihrer ursprünglichen Zielsetzung nicht mehr realisiert werden konnte. Statt einer Neuaufnahme der Wohnungspflege wurde 1929 erneut das Personal im Wohnungsamt drastisch reduziert (Anfang 1929 65 Angestellte und Beamte, am 9.12.1929 nur noch 42 Beamte und Angestellte sowie 2 Arbeiter), in der Folge war eine erneute Restrukturierung des Amtes erforderlich.[75]

---

73 Preuß. Minister f. Volkswohlfahrt, Durchführung der Wohnungsaufsicht und Wohnungspflege. 24.1.1929. StA Ffm., MA T 829.
74 Ebenda.
75 Dez. d. WA (Schlotter). Organisationsübersicht zugleich Geschäftsordnung für das Städt. Wohnungsamt. 15.5.1929. StA Ffm., MA T 796/VI.

1.3 Die korporative Selbstregulierung durch das Mieteinigungsamt

a. Die korporative Sozialstaatskonzeption in der Weimarer Republik

Als radikale Erneuerung der Sozialstaatskonzeption in der Weimarer Republik nennt Gerhard A. Ritter die Verbindung der verfassungsrechtlich fixierten Idee des Sozialstaats mit der Einbindung korporativ organisierter Interessengruppen in der pluralen Gesellschaft. „Indem kollektive Selbsthilfe in der Weimarer Verfassung nicht nur toleriert, sondern die Recht schaffende und Recht verwaltende Rolle organisierter sozialer Kräfte ausdrücklich anerkannt wurde, wollte man eine Rationalisierung, Selbstregulierung und damit auch Entschärfung sozialer Interessenskonflikte bewirken."[76] Als Geburtsstunde des gesellschaftlichen Korporatismus wird die Konstituierung der „Zentralen Arbeitsgemeinschaft" Ende 1918 genannt.[77] Gegenseitig wurden der korporative Vertretungsanspruch der Gewerkschaften bzw. der Unternehmensverbände anerkannt. Das Konzept der korporativen Selbstregulierung konnte allerdings hinsichtlich der Regulierung der Arbeitsbeziehungen nur fragmentarisch umgesetzt werden. „Der Probelauf des Korporatismus scheiterte in genau dem Moment," so Detlev Peukert, „als offenbar wurde, wie eng tatsächlich, nach dem Ende der inflationären Illusionen, die Verteilungsspielräume der deutschen Nachkriegswirtschaft waren."[78] Auch scheiterte relativ rasch die Konzeption der freiwilligen Schlichtungsausschüsse bei Tarifkonflikten. Bereits im Oktober 1923 konnten Lohnfestsetzungen durch staatliche Vermittler erfolgen und damit autoritative Elemente in den Prozeß des Interessenausgleichs eindringen. Diese Praxis setzte folglich die Kompromißbereitschaft der Konfliktparteien deutlich herab, da nun häufig nur noch Maximalforderungen erhoben wurden. Über die Praxis der Schlichtungsausschüsse bei Tarifkonflikten ist indes sehr wenig bekannt.[79]

Noch größere Forschungsdefizite sind, aufgrund der Priorität der deutschen Sozialstaatsforschung auf Aspekte der Staatsinterventionen und Arbeitskonflikte, im Bereich der korporativen Selbstregulierung im Wohnungswesen vorhanden. Nachfolgend sollen die Konzeption und Praxis des Mieteinigungsamtes in Frankfurt am Main untersucht werden.

---

76 Ritter, Der Sozialstaat, S. 121.
77 Mit dem Begriff des gesellschaftlichen oder freiheitlichen Korporatismus soll der Prozeß des Interessenausgleichs durch freiwillige Absprachen betont werden. Die Kontrolle des Staates erfolgt im gegenseitigen Einvernehmen. Hingegen wird mit dem Begriff des autoritären Korporatismus die bestimmende Prägung des Staates durch Auflagen und Zwänge betont. Abelshauser, Werner: Freiheitlicher Korporatismus im Kaiserreich und in der Weimarer Republik. In: ders.: Die Weimarer Republik als Wohlfahrtsstaat. Stuttgart 1987. S. 149.
78 Peukert, Detlev J.K.: Die Weimarer Republik. Frankfurt 1987, S. 114.
79 Hentschel, Sozialpolitik der Weimarer Republik, S. 206.

b. Die Schlichtungsstelle für Mietstreitigkeiten in Frankfurt am Main

Die Gründung einer „Schlichtungsstelle für Mietstreitigkeiten", die als Vorläuferin des Mieteinigungsamtes zu betrachten ist, ging in Frankfurt am Main auf eine private Initiative der Frankfurter Anwaltschaft zurück und erfolgte bereits im September 1911.[80] Die Schlichtungsstelle für Mietstreitigkeiten war paritätisch mit Vertretern der Hausbesitzer und der Mieter besetzt. Den Vorsitz übernahm ein Jurist. Die Stadtverwaltung, nur indirekt an der Gründung dieser Schlichtungsstelle beteiligt, delegierte einen Beamten ab, der nebenamtlich die Geschäfte eines Protokollführers versah. Die Frequentierung dieses Schlichtungsamtes war vor dem Weltkrieg noch gering, da deren Entscheidungen nur einen empfehlenden, aber keinen rechtsprechenden Charakter besaßen.[81] Diese von Frankfurter Anwälten gegründete Schlichtungsstelle verweist auf das Bemühen bürgerlicher Kreise, eine soziale Befriedung durch Konsensbildung herbeizuführen. Im lokalen Raum hatten sich bisher vorrangig Schlichtungsgremien bei Gewerbegerichten herausgebildet.[82] Interessant ist, daß in Frankfurt bereits frühzeitig die Entwicklung des Arbeitsrechts mit dem Mietrecht verglichen wurde. Dieser Vergleich wurde durch den Frankfurter Sozialpolitiker Karl Flesch in einem Gutachten für den Verein für Socialpolitik aus dem Jahre 1886 vorgenommen.[83] Flesch bezeichnete als eine der Ursachen des Wohnungselends die bestehende unbefriedigende Rechtsgrundlage hinsichtlich der Mietverträge. Das moderne Recht hat nach seiner Ansicht gegenüber dem römischen Recht „wenn auch nur indirekt und zögernd, anerkannt, daß wenigstens beim Arbeitsmiethvertrag der einzelne Arbeitsuchende thatsächlich außer Stand sei, sich gegen allzu ungünstige Arbeitsbedingungen zu wehren. […] Für den Wohnungsmiethvertrag ist aber die gleiche Auffassung merkwürdiger Weise noch nicht durchgedrungen, ja kaum angeregt. Gleichwohl aber ist, wie wir gesehen haben, die Stellung des unvermögenden Kontrahenten bei beiden Verträgen ganz die gleiche. Liegt es im öffentliche Interesse, ihn davor zu schützen, daß er nicht beim Verkauf seiner Arbeitskraft Bedingungen eingeht, die ihm und seinen Angehörigen den nöthigen Unterhalt und

---

80 Die kommunale Sozialpolitik zur Minderung der wirtschaftlichen und sozialen Konflikte in der Phase des Umbruchs zur modernen Gesellschaft wurde sowohl von der Stadtverwaltung als auch von sozialliberalen Kräften des Bürgertums unterstützt. Die Initiative der Frankfurter Anwälte kann dieser Tradition zugeordnet werden. Vgl. Roth, Gewerkschaftskartell und Sozialpolitik, S. 217.
81 So wurden 1913 insgesamt nur 60 Anträge gestellt, 47 von Mietern und 13 von Vermietern, wobei in 23 Fälle eine Einigung erzielt werden konnte. In mehr als der Hälfte (33) der Fälle war kein Einvernehmen möglich; vier Fälle wurden vorher zurückgezogen und ein Fall nicht behandelt. 1913 stiegen die Anträge auf 100 Fälle, davon 77 von Mietern und 23 von Vermietern. Eine Einigung wurde in 54 Fällen erzielt, hingegen in 11 Fällen keine, ein Fall wurde zurückgezogen, 34 Fälle standen noch aus. Statistische Jahresübersichten Ffm. (1912 und 1913).
82 Roth, Gewerkschaftskartell und Sozialpolitik, insbes. S. 130-215.
83 Flesch, Wohnungsverhältnisse in Frankfurt a.M., S. 57-91.

die nöthige Sicherheit nicht gewähren, so liegt es ebenso im öffentlichen Interesse, daß er sich nicht verpflichtet, sammt seiner Familie in Wohnungen zu vegetieren, in denen ein Aufenthalt ohne schwere Schädigung der Gesundheit unmöglich ist. Ja, die aus der ungenügenden Wohnung im engen, überfüllten Haus für die Allgemeinheit resultierende Gefahr ist noch unmittelbar näher, als die aus dem ungenügenden Arbeitslohn entspringende."[84] Wenngleich mit der Verabschiedung des Bürgerlichen Gesetzbuches einige Mietrechtskauseln aufgenommen wurden – z.B. wurde die Praxis der Mietvorauszahlung untersagt – so konnte dennoch kein gesondertes Miet- und Wohnrecht im Kaiserreich verabschiedet werden.

Die Schlichtungsstelle für Mietstreitigkeiten stellte einen ersten Versuch dar, anknüpfend an strukturelle Erfahrungen der korporativen Regulierung bei Arbeitskonflikten (Gewerbegerichte etc.), legislative Defizite (Preußisches Wohnungsgesetz) auszugleichen und gesellschaftliche Befriedungen durch Konsensbildungen herbeizuführen.

c. Die Institutionalisierung der Mieteinigungsämter im Ersten Weltkrieg

Noch im ersten Kriegsjahr wurde am 15. Dezember 1914 eine Bundesratverordnung betreffend Einigungsämter[85] sowie am 17. Januar 1915 die preußische Ausführungsverordnung zur Bekanntmachung betr. Einigungsämter erlassen.[86] Danach konnten zum „Zwecke des billigen Ausgleichs der Interessen" Einigungsstellen errichtet werden. In der preußischen Ausführung wurde empfohlen, an bestehende unparteiische Rechtsauskunftstellen anzuknüpfen und diese als Einigungsämter auszubauen. Der Vorsitzende des Mieteinigungsamtes mußte zum Richteramt oder für den höheren Verwaltungsdienst befähigt sein und vom Gemeindevorstand ernannt oder bestätigt werden.

In Frankfurt griff man auf die bestehende Initiative der Anwälte zurück. Zum Vorsitzenden des Mieteinigungsamtes wählte der Magistrat bereits am 21. Januar 1915 Bürgermeister Luppe und als dessen Stellvertreter die Rechtsanwälte Hertz und Rumpf sowie den Justizrat Auerbach. Nach der Geschäftsordnung des Einigungsamtes der Stadt Frankfurt am Main konnte ein Vortermin bei einem Anwalt des Frankfurter Anwaltvereins oder auch direkt ein Termin beim Mieteinigungsamt anberaumt werden. Die Sitzungen wurden von dem Vorsitzenden oder einem Stellvertreter geleitet. Es mußten zwei Beisitzer – ein Hausbesitzer- und ein Mietervertreter – anwesend sein. Die Beisitzer wurden von der Stadtverordneten-Versammlung nach Vorschlagslisten der Interessenvertretungen gewählt. Frauen waren ebenfalls wählbar. Es fand dadurch eine Verflechtung der städtischen und korporativen Ebene statt.

---

84 Flesch kritisierte insbesondere das Retentionsrecht des Vermieters (Pfändungsrecht bei ausstehender Mietzahlung) sowie grundsätzlich die faktische Ungleichheit beider Kontrahenten – Vermieter und Mieter – im Mietvertrag. In: Wohnungsverhältnisse in Frankfurt a.M., S. 83/84.
85 Bekanntmachung betreffend Einigungsämter. RGBl. 1914/S. 511.
86 Runderlaß vom 29.3.1915.

Organisatorisch wurde das Mieteinigungsamt vorerst dem Wohnungsamt angegliedert. Die bestehende organisatorische Verflechtung sollte auch durch unterstützende Tätigkeiten der Wohnungspfleger verstärkt werden. Wohnungspfleger sollten Vorprüfungen durchführen, die Protokolle in den Verhandlungen verfassen sowie die Bürogeschäfte regeln.[87]

Die erste einschneidende Veränderung erfolgte durch die Verordnung des Bundesrats zum Schutze der Mieter vom 26. Juli 1917.[88] Nunmehr wurden den Einigungsämtern in ihren Entscheidungen rechtsprechende Befugnisse zugesprochen. Zudem hatten die getroffenen Entscheidungen sogar eine rechtschaffende Wirkung, da jede Anfechtungsmöglichkeit ausgeschlossen war. Dadurch änderte sich auch der Charakter der Mieteinigungsämter grundlegend: Waren sie bisher freiwillige Schlichtungsinstrumente zum Ausgleich divergierender Interessen gewesen, so konnten sie nun – nach der Kompetenzerweiterung – tendenziell als „gesellschaftliche Sondergerichte" bezeichnet werden. Die Struktur des Mieteinigungsamtes blieb unverändert. Den Vorsitz mußte weiterhin eine zum Richteramt befähigte Person übernehmen. Die Beisitzer setzten sich aus den organisierten Interessenvertretern der Parteien (Hausbesitzerverbände bzw. Mieterorganisationen) zusammen. Um eine Ausgewogenheit zu bewirken, mußte der Beisitz mit mindestens zwei Vertretern immer paritätisch besetzt sein. Die Befugnisse erstreckten sich sowohl auf die Festsetzung der Miethöhe als auch auf die Fortdauer des Mietverhältnisses. Anordnungen, die das Mieteinigungsamt traf, galten als vereinbarte Bestimmungen im Sinne eines Vertrags.

Der befriedende Charakter dieser Mieteinigungsämter war auch daran zu erkennen, daß nun die Kommunalaufsichtsbehörden angewiesen wurden, überall dort auf die Errichtung dieser Einigungsbehörden einzuwirken, „wo ein öffentliches Bedürfnis dafür vorlag."[89] Ein solches öffentliches Bedürfnis lag dann vor, wenn der Wohnungsmarkt unausgewogen war und sich infolgedessen deutliche Konflikte zwischen den Vermietern und Mietern abzeichneten. Bereits 1916 verringerte sich in einigen Städten rapide der Wohnungsleerstand. Da in anderen Städten jedoch noch eine sichtbare Entspannung des Wohnungsmarktes herrschte, war zunächst keine allgemeine Etablierung von Schlichtungsausschüssen vorgesehen. Der provisorische Charakter dieser Regulierung kommt auch dadurch zum Ausdruck, daß nicht ordentliche Gerichte, sondern Einigungsämter als „Sondergerichte" Mietkonflikte regelten. Die Intrumentalisierung der Mieteinigungsämter zur inneren Befriedung verdeutlicht auch die Begründung des Erlasses des preußischen Ministers des Innern im Sommer 1917: „Der unmittelbare Anlaß zu den getroffenen Maßnahmen liegt in den

---

87 Magistrat an den Regierungspräsidenten vom 13. 2.1915, StA Ffm., MA T 819/I.
88 RGBl. 1917/S. 659.
89 Minister des Innern (Drews) an den Regierungspräsidenten und den Oberpräsidenten in Potsdam (IIe 1541), 2. 8.1917, StA Ffm., MA 819/I.

vielfach erfolgten Mietsteigerungen und Kündigungen seitens der Hausbesitzer, die lebhafte Unruhe in den Kreisen der Mieter erregt haben; in dieser Hinsicht braucht nur an die aus der Presse bekannten Vorgänge in Danzig erinnert zu werden. Gleichwohl richtet sich die Verordnung durchaus nicht einseitig gegen die Hausbesitzer; diese sind durch Verminderung ihrer Einnahmen und Erhöhung ihrer Ausgaben größtenteils in eine schwierige Lage geraten, so daß ein allgemeines Verbot der Mietsteigerung, wie es von anderer Seite gefordert worden ist, ungerechtfertigt gewesen wäre. Andererseits darf das begreifliche Bestreben der Hausbesitzer nach Besserung ihrer Verhältnisse nicht zur Abwälzung der ganzen Last auf die Mieter führen, wenn Unbilligkeiten und Härten im Einzelfalle sowie tiefgehende Erschütterungen im gesamten Wirtschaftsleben vermieden werden sollen."[90] Individualisierung der Problemfälle und korporativer gesellschaftlicher Ausgleich erschienen als Interventionsansatz geeignet zu sein, um einerseits Handlungsmöglichkeiten zu eröffnen, aber trotzdem keine allgemeinen Interventionen des Reiches im Wohnungswesen zu präjudizieren. Die Entscheidungen der Mieteinigungsämter „nach billigem Ermessen" sollten, so der Minister des Innern, weiterhin berücksichtigen, „daß eine angemessene Mietsteigerung gerechtfertigt sein kann, um dem Hausbesitzer über die Notlage hinwegzuhelfen, die für ihn infolge der Erhöhung sämtlicher Preise, der Steigerung der Hausunkosten und etwaiger Heraufsetzung der Hypothekenzinsen während des Krieges entstanden ist. Auf der anderen Seite werden die außerordentlichen Schwierigkeiten und unverhältnismäßigen Kosten eines Umzuges für den Mieter, sowie neben dem Gebrauchswert, den die Wohnung für ihn hat, die Frage von Bedeutung sein, ob überhaupt die Möglichkeit anderweiter Wohnungsbeschaffung gegeben ist. Auch die wirtschaftlichen und persönlichen Verhältnisse, besonders die Verpflichtungen beider Vertragsteile werden unter Umständen mit heranzuziehen sein, damit eine gedeihliche Regelung erzielt wird. Im übrigen ist zu hoffen, daß schon das Bestehen der mit erweiterten Befugnissen ausgestatteten Einigungsämter hemmend auf die Verfolgung einseitiger Interessenpolitik seitens der beteiligten Kreise wirken wird."[91]

d. Die Tätigkeit und Frequentierung des Frankfurter Mieteinigungsamtes in der Weimarer Republik

Infolge der relativen Entspannung des Wohnungsmarkts im ersten Kriegsjahr waren die Aktivitäten des Mieteinigungsamtes in Frankfurt noch begrenzt. Problematisch erwies sich allerdings die Tatsache, daß nach den Einberufungen der Haushaltsvorstände zum Kriegsdienst viele Familien die fälligen Mietzahlungen nicht mehr begleichen konnten. Deshalb mußten Mietbeihilfen gewährt werden. Auf der Grundlage der Bekanntmachung zum Schutze der Mieter (v. 26.7.1917) genehmigte der

---

90 Ebenda.
91 Ebenda.

zuständige preußische Regierungspräsident am 27.8.1917 für Frankfurt folgende Kompetenzen: Das Frankfurter Mieteinigungsamt konnte einerseits auf Anrufen eines Mieters über die Kündigung bzw. Fortsetzung eines gekündigten Mietverhältnisses sowie über die Erhöhung des Mietzinses befinden, andererseits aber auch auf Anrufen des Vermieters über die Aufhebung eines Mietverhältnisses. Umfassend wurde der Mieterschutz durch die Mieterschutzgesetzgebung vom 23. September 1918 ausgeweitet.[92] Nun konnte auf Anrufen eines Mieters sowohl über die Wirksamkeit einer Kündigung des Vermieters und über die Fortsetzung des gekündigten Mietverhältnisses bis auf die Dauer eines Jahres bestimmt werden, als auch ein ohne Kündigung ablaufendes Mietverhältnis bis auf die Dauer eines Jahres verlängert werden. Zudem wurden die Gemeindebehörden zu der Anordnung ermächtigt, daß die Vermieter von Wohnräumen den kommunalen Ämtern unverzüglich Anzeige zu erstatten hatten, wenn eine seit dem 1. Juni 1917 dauernd oder zeitweise vermietete Wohnung an einen neuen Mieter zu einem höheren Mietzins vermietet wurde, als ihn der letzte Mieter zu entrichten hatte. Das Mieteinigungsamt konnte dann den neuen Mietzins auf jenen Betrag herabsetzen, den der letzte Mieter entrichtet hatte. Interessant ist die Begründung des Gesetzentwurfes durch Reichskanzler Delbrück, denn er rechtfertigte, weshalb vom generellen Zwang zur Einholung einer Genehmigung Abstand genommen wurde. „Sie würde aber einen der Enteignung ähnlichen Eingriff in das Privatrecht enthalten und auf eine öffentliche Zwangsbewirtschaftung des Mietwohnungswesens hinauslaufen, deren rechtliche und wirtschaftliche Folgen nicht zu übersehen sind."[93]

Durch den weiteren Ausbau der Mieterschutz- und Wohnungsmangelgesetzgebung erweiterten sich die Aufgabenfelder in den Anfangsjahren der Weimarer Republik stetig. Insbesondere die öffentliche Regulierung bzw. Festlegung der Mietpreise infolge der Preußischen Höchstmietenverordnung vom 9.12.1919, die Übertragung der Beschwerdestelle gegen Wohnungsbeschlagnahmungen, die zeitweise von dem Schlichtungsausschuß des Wohnungsamtes wahrgenommen wurde, und durch die Schlichtung von Streitigkeiten zwischen Mieter und Vermieter erreichte der Geschäftsumfang dieses Amtes 1921 seinen Höhepunkt.[94]

Die Frequentierung des Mieteinigungsamtes in Frankfurt a.M. war in diesen Jahren ausgesprochen hoch. So berichtete Ludwig Landmann im Frühjahr 1919, daß bereits vom 1. April bis zum 31. Dezember 1918 etwa 4000 Fälle beim Mieteinigungsamt behandelt wurden. Diese Zahl stieg nochmals in den ersten Monaten 1919 rapide an. Alleine zwischen dem 1. Januar und dem 26. Februar 1919 wurden weitere 1400

---

92 Nach der Ermächtigung des Bundesrats vom 4.8.1914 (RGBl. 1914, S. 327) wurde die Bekanntmachung zum Schutze der Mieter vom 26.7.1917 (RGBl. 1917, S. 659 und 834) am 23.9.1918 erneut geändert (RGBl. 1918, S. 1140).
93 Delbrück (Reichskanzler) 3.9.1918. GStA Merseburg. Minist. f. Handel und Gewerbe; Akten betr. die Ausführung des Wohnungsgesetzes. Rep. 120 BB, Abt. VII, Fach 1, Nr. 11, adh. 8a, Bd. 5.
94 Bericht des Magistrats, Ffm. 1919/20 bis 1923/24, S. 31.

Fälle bearbeitet.[95] Im September 1921 bezifferte Oberbürgermeister Voigt in einem Schreiben an den Oberlandesgerichtspräsidenten den jährlichen Eingang im Mieteinigungsamt auf 40.000 Fälle.[96] Als weiteren Indikator dieser Expansion kann die personelle Aufstockung angesehen werden. Seit dem Frühjahr 1918 stieg die Anzahl der stellvertretenden Vorsitzenden im Mieteinigungsamt – also derjenigen Personen, die den Vorsitz in den Verhandlungen führten – von 5 Personen auf 10 im Oktober 1918 und schließlich im März 1919 auf 15 an. Die Personalstärke war zwischen 1920 und 1922 am höchsten. In einem Schreiben des Magistrats wird erwähnt, daß im Mieteinigungsamt 3 hauptamtliche (kommunale) Vorsitzende angestellt waren sowie 45 stellvertretende Vorsitzende und 160 Beisitzer, die sich zu gleichem Anteil aus Hausbesitzer- und Mietervertretern zusammensetzten. Täglich fanden 16-20 Sitzungen statt.[97]

Mehrere Mietgesetze, die seit 1922 erlassen wurden, bewirken eine deutliche Entlastung des Mieteinigungsamtes und in deren Folge eine schrittweise Verringerung des Personals. Nach dem Inkrafttreten des Reichsmietengesetzes vom 1.7.1922 trat an Stelle der obligatorischen Genehmigung von Mietsteigerungen durch das Mieteinigungsamt eine sogenannte „gesetzliche Miete", die nur durch Einspruch einer Mietpartei ermittelt werden konnte. Diese Arbeitserleichterungen für das Mieteinigungsamt wurden jedoch dadurch wieder aufgehoben, daß die Zuschläge für Instandsetzungsarbeiten von Fall zu Fall festgelegt werden mußten. Wie an anderer Stelle noch auszuführen ist, war nicht die gesetzlich fixierte Grundmiete in der Phase der Hyperinflation von Bedeutung, sondern die Mietneben- und Instandsetzungskosten. Infolge des Reichsgesetzes über Mieterschutz und Mieteinigungsämter vom 1.10.1923 kamen die Erteilung zur Kündigung und Erhebung der Räumungsklage sowie die Genehmigung zur Zwangsvollstreckung durch das Mieteinigungsamt zum Wegfall. Ansatzweise begann ein Abbau des „Sondergerichtsstatus", da Aufhebungsklagen zur Beendigung eines Mietverhältnisses nun von einem ordentlichen Gericht entschieden wurden und die Mieteinigungsämter nur die Bereitstellung von Ersatzwohnräumen regelten. Diese Gesetzesänderungen (und in einem geringeren Ausmaße auch das Wohnungsmangelgesetz vom 26.7.1923) bewirkten, daß nach der Währungskonsolidierung die Frequentierung des Mieteinigungsamtes deutlich abnahm.

Besonders über die erste Phase der Weimarer Republik liegen nur sehr lückenhafte Angaben über die konkrete Tätigkeit der Mieteinigungsämter vor. Statt etwa 40.000

---

95 Bericht Landmann (Wohnungsamt) an Mag. v. 5.3.1919. StA Ffm., MA T 819/I. Anm. Die Statistiken über die Wohnungszwangswirtschaft sind aufgrund der umfangreichen Aufgaben und personellen Besetzungen sowie aufgrund der Desorganisation des Wohnungsamtes lückenhaft und teilweise auch widersprüchlich. Erst Mitte der 20er Jahre konnte eine zuverlässige Wohnungsstatistik wieder aufgebaut werden.
96 Schreiben OB (Voigt) an Oberlandesgerichtspräsident v. 14.9.1921. StA Ffm., MA T 822.
97 Schreiben des Magistrats (Ffm.) an Preuß. Justizministerium v. 6.8.1920. StA Ffm., MA T 819/I.

Anträge 1921 (nach Schätzungen des Oberbürgermeisters) mußten im Haushaltsjahr 1924 nur noch 4644 Anträge bearbeitet werden. Die Anzahl der Sitzungen, Ortsbesichtigungen und Vortermine ist weitgehend unbekannt. Im Haushaltsjahr 1929 wurde nur noch etwa die Hälfte der Anträge (2414) an das Mieteinigungsamt gestellt. Es fanden immerhin noch 483 Sitzungen und 183 Ortstermine statt.[98] Die Mieteinigungsämter hatten in den Jahren 1919 bis 1924 eine außerordentlich umfangreiche Tätigkeit zu entfalten. Ungeachtet der Festsetzung einer „gesetzlichen Miete", welche in den folgenden Jahren noch durch Verordnungen des Preußischen Ministers für Volkswohlfahrt durch einheitliche Zuschläge modifiziert wurde, dominierten nach 1924 weiterhin Angelegenheiten der Mietfestlegung die Tätigkeit des Mieteinigungsamtes; 1924 wurden 3813, 1926 – 3296 und 1927 – 1839 solcher Fälle behandelt. Nur für die Jahre 1928 bis 1932 liegen differenzierte Angaben über die Tätigkeit des Mieteinigungsamtes vor. Auseinandersetzungen um die öffentliche Wohnungsmangel-Bewirtschaftung, die in der unmittelbaren Nachkriegszeit mit größter Leidenschaft geführt wurden, verloren in der zweiten Hälfte der Weimarer Republik – infolge des Abbaus der Wohnungszwangswirtschaft und der Beendigung der systematischen Wohnungserfassung – an Bedeutung; Fragen der Miethöhe führten jedoch weiterhin, trotz der gesetzlichen Mietzinsfestlegung, zu häufigen Konflikten zwischen Mieter und Vermieter.[99]

e. Korporative Interessenvertretungen: Hausbesitzer- und Mieter-Vereine

Kennzeichnend für die Sozialstaatskonzeption Deutschlands in der Zwischenkriegszeit war, daß in der modernen, pluralen Gesellschaft korporative Interessenvertretungen zur Selbstregulierung gesellschaftlicher Aufgaben eingebunden wurden. Dieses Konzept war allerdings von einem Manko geprägt: Es schloß nur die organisierten Interessenvertretungen ein. Deshalb kritisierte bereits auf der ersten nationalen Tagung der Mieteinigungsämter im August 1918 der Delegierte Dittrich[100] diese Konzeption, die eine organisierte Interessenvertretung voraussetzte. Nichtorganisierte Hausbesitzer und Mieter sowie Obdachlose wurden nicht berücksichtigt.

---

98 StA Ffm., MA Sig. 4.034-4036 (MEA-Beschwerden).
99 Die Anzahl der Beschwerden gegen Verfügungen des Wohnungsamtes sanken von 280 Fällen im Jahre 1928 auf 3 im Jahre 1931. Auseinandersetzungen um Festsetzung der Friedensmiete bzw. Mietsenkungen dominierten jetzt: 1928-1218 Fälle, 1929-1324; 1930-1246; 1931-1018; 1932- 1251 (hiervon 755 Fälle, die Mietsenkungen betrafen). StA Ffm., MA Sig. 4.034-4036 (MEA-Beschwerden).
100 Dittrich. Stenographischer Bericht über die Tagung der Mieteinigungs-Ämter. 5.8.1918. S. 200. StA Ffm., MA T 824.

Organisierte Hausbesitzer

Die Auswirkungen der öffentlichen Bewirtschaftung des Wohnungswesens mobilisierten in einem erheblichen Maße die Frankfurter Hausbesitzer. Heterogene Interessenlagen der Hausbesitzer, die sich in verschiedenen Hausbesitzerorganisationen vor dem Ersten Weltkrieg äußerten, wurden, durch den erheblichen öffentlichen Druck auf diese, überdeckt. Zudem verstärkte die korporative Selbstregulierung mittels der Mieteinigungsämter die gemeinsamen „Standesinteressen" – Erhalt und Sicherung des privaten Hausbesitzes – und nicht die Partikularinteressen der Hausbesitzer. Diese Situation führte zu einer Fusion der beiden bestehenden Frankfurter Hausbesitzerverbände am 18. Oktober 1920 zum „Hausbesitzerverein Frankfurt am Main. e.V." Der neue Verein setzte sich aus dem Hausbesitzerbund, der wiederum aus der Hausbesitzer-Centrale hervorgegangen war, und dem Hausbesitzerverein Frankfurt am Main, ehemals Verein der Hausbesitzer und Interessenten, zusammen.

Aufgrund der mangelhaften Quellenlage können keine exakten Angaben über den Organisationsgrad der Hausbesitzer gemacht werden. In einer Jubiläumsschrift der Vereinigung der Haus-, Grund- und Wohnungseigentümer Frankfurts wird vermerkt, daß bereits 10 Jahre nach Gründung des ersten Frankfurter Hausbesitzervereins von 1893 die Zahl der Mitglieder auf 1.440 gestiegen war. Anlaß für die Gründung eines Hausbesitzervereins war der Ausbau der städtischen Kanalisation gewesen. Vor dem Ersten Weltkrieg wurden vom Hausbesitzerverein auch Hausverwaltungsaufgaben übernommen, Standardmietverträge entworfen, aber auch zeitweise „Schwarze Listen" geführt, die vor „unsolventen" Mietern warnen sollten. Die Mitgliederzahl, bereits vor dem Ersten Weltkrieg auf 2.100 Personen gestiegen, erhöhte sich bis 1924 nochmals sprunghaft auf 5.565 Personen.[101] Dieser Anstieg der Mitgliederzahl ist einerseits auf die Fusion der Hausbesitzervereine 1920 zurückzuführen, andererseits aber ein Indikator für die empfundene Bedrohung der Hausbesitzerinteressen.

Insgesamt gab es 1925 in Frankfurt 25.239 bebaute Grundstücke. Von diesen befanden sich 4.080 im Besitz der Behörden, Stiftungen und Gesellschaften, 19.393 im Besitz einzelner Personen und 1.766 im Besitz mehrerer Personen.[102] Somit wäre nur etwa jeder vierte Hausbesitzer organisiert gewesen. Dieser Organisationsgrad ist im Vergleich zu Berlin oder Wien relativ niedrig, da, so Detlev Lehnert, in diesen

---

101 Teitge, Gustav: Erhaltung und Sicherung des privaten Eigentums. Die Geschichte der Vereinigung des Haus-, Grund- und Wohnungseigentümer Frankfurt am Main. 1883-1983. Frankfurt 1983, S. 51. Da die Archive der Hausbesitzervereine nicht mehr bestehen, kann der Organisationsgrad nicht exakt ermittelt werden.
102 Beiträge zur Statistik Ffm., Hf. 14 (1926), S. 25.

Städten in der Zwischenkriegszeit eine „Beteiligungsquote von mehr als 80%"[103] angegeben wird.

Durch die Wohnungszählung von 1910 wurde ermittelt, daß sich in Frankfurt der Wohnungsbestand zu 86,2% aus Mietwohnungen zusammensetzte und nur noch zu 12,1% aus Eigentümerwohnungen, der Rest von 1,7% waren Dienst- und Freiwohnungen.[104] Der überwiegende Teil der Hausbesitzer wohnte 1910 noch im eigenen Haus (etwa 82%; 13% der Hausbesitzer lebten in Frankfurt und 5% außerhalb Frankfurts). Nach der Wohnungszählung von 1925 sank der Anteil der Frankfurter Hausbesitzer, die in ihrem eigenen Haus wohnten, auf 76% ab; weitere 14% der Hausbesitzer, die nicht in ihrem Haus wohnten, lebten in Frankfurt; 8% außerhalb Frankfurts, aber in Deutschland, und etwa 2% im Ausland.[105]

An dieser Stelle sei angemerkt, daß von der pauschalen Aussage der „Überfremdung des deutschen Grundbesitzes" in Frankfurt am Main nicht gesprochen werden kann. Auch in der Frankfurter Hausbesitzer-Zeitung wurden 1923 immer wieder Auflistungen von Hausverkäufen an Ausländer aufgeführt, die die „Überfremdung" beweisen sollten. Gustav Teitge führt in der Festschrift des Frankfurter Hausbesitzer-Vereins hierzu aus: „Die Not zwang viele Hausbesitzer, ihren Grundbesitz zu verkaufen. Aufgrund der Währungsverhältnisse kamen als Käufer kaum noch Deutsche in Frage. Der städtische Hausbesitz wurde vorwiegend von Ausländern gekauft."[106] Es ist durchaus möglich, daß überwiegend Ausländer städtischen Grundbesitz kauften, jedoch war das Marktvolumen – zumindest in Frankfurt – aus verständlichen Gründen begrenzt. Nach der Wohnungszählung von 1925 befanden sich – also kurze Zeit nach Überwindung der Hyperinflation – 610 Grundstücke mit 440 Besitzern im Eigentum von Personen, die im Ausland lebten. Bei insgesamt 25.239 Grundstücken beträgt der Anteil also nur 2,42%! Es kann also kaum allgemein von einer sogenannten „Überfremdung" des Frankfurter Grundbesitzes gesprochen werden.[107] Es ist zusammenfassend festzustellen, daß insbesondere die öffentliche Wohnraumregulierung und die politische Mietpreisbildung 1920 zu einer einheitlichen Organisation der Besitzer von Miethäusern führten.[108] Der Organi-

---

103 Lehnert, Detlev: Organisierter Hausbesitz und kommunale Politik in Wien und Berlin 1890-1933. In: GG H. 1/1994, S. 36.
104 Beiträge zur Statistik Ffm. (1919), S. 70.
105 Beiträge zur Statistik Ffm. (1926), S. 27.
106 Teitge, Erhaltung und Sicherung des privaten Eigentums, S. 58.
107 Die Angaben über Hausbesitzer, die im Ausland wohnten, sind insofern ungenau, da sie nicht unterscheiden zwischen deutschen Staatsangehörigen, die im Ausland lebten, und Ausländern. Ebensowenig können jene Besitzverhältnisse benannt werden, in denen „durch vorgeschobene Reichsangehörige das Eigentumsrecht eines Ausländers verdeckt ist". Beiträge zur Statistik Ffm. (1926), S. 27.
108 In den Magistratsakten finden sich vereinzelt Hinweise auf Delegierte (Cohn oder Junior) eines „Industrie-Hausbesitzer-Verbandes". StA Ffm. T 826/ I. Vorrangig werden im Mieter-Verein private „Miethaus-Hausbesitzer" organisiert gewesen sein.

sationsgrad war aber, trotz der Gestaltungsmöglichkeiten mittels der Organe der korporativen Selbstregulierung, relativ niedrig.[109] Möglicherweise erschwerte die politische Orientierung des Hausbesitzer-Vereins die Organisationsbereitschaft. Bereits 1888 wurde im Verein darüber beraten, ob die Hausbesitzer für die Nachwahlen zur Stadtverordneten-Versammlung eigene Kandidaten aufstellen sollten. Bei der Verabschiedung des „Canalstatus" empfanden die Hausbesitzer ihre Interessen nicht ausreichend berücksichtigt. Von Überlegungen, eine eigene politische Interessenvertretung zu gründen, wurde vor dem Ersten Weltkrieg jedoch Abstand genommen. Vorrangig fühlten sich die organisierten Hausbesitzer, insbesondere repräsentiert durch den langjährigen Vorsitzenden Matthaei, dem „alten" Mittelstand zugehörig.[110]

In der Weimarer Republik schufen sich die Hausbesitzer neben der wirtschaftlichen Interessenvertretung (mittels der Hausbesitzervereine) auch eine politische: die Mittelstandspartei („Reichspartei des deutschen Mittelstands/Wirtschaftspartei" bzw. 1933 „Haus- und Grundbesitz Groß-Frankfurt"). Diese politische Gruppierung, die relativ stabil war und meist um 5% der Stimmen zur Stadtverordnetenwahl gewinnen konnte (Tab. 12, Anhang), war mit dem „Hausbesitzerverein Frankfurt e.V." personell eng verflochten. In wohnungspolitischen Debatten zeichneten sich die Vertreter dieser politischen Gruppierung häufig durch destruktive Beiträge aus. Beispielsweise wurde stereotyp ein Wohnungsmangel negiert und statt dessen stets von einer Umzugsnot gesprochen. Die Mittelstandspartei übte allerdings in der Stadtverordneten-Versammlung kein Vertretungsmonopol für Hausbesitzer aus. Interessant ist, daß bei den Beisitzerwahlen zum Mieteinigungsamt der Anteil der Stadtverordneten, in diesem Fall als Vertreter der Hausbesitzer, aber auch der Mieter, stets überproportional hoch war und sich aus unterschiedlichen Parteien zusammensetzte.[111] Es fand also eine personelle Vernetzung zwischen der kommunalpolitischen und auch der korporativen Interessenvertretung statt.

---

109 Die Angaben Teitges (ohne Quellenangabe) in der Festschrift „Erhaltung und Sicherung des privaten Eigentums" entsprechen Angaben, die sich in den Magistratsakten befinden. In einem Schreiben des Hausbesitzer-Vereins vom 13.1.1921 (also nach der Fusion) an den Magistrat und die Stadtverordneten-Versammlung werden „ungefähr 7000 Mitglieder" angegeben. StA Ffm., MA T 819.
110 In Frankfurt galt ein Zensuswahlrecht. Bei der StVV-Wahl 1911 waren von 71 StV 37 Hausbesitzer. Relativ niedrig war der Anteil der Hausbesitzer bei den Beamten und Lehrern (von 19 StV nur 3 Hausbesitzer), hoch hingegen bei den Rentnern (8/8) und Handwerkern (11/7), Architekten (4/3) und Kaufleuten (13/8). Stat. Jahresübersicht Ffm. (1912), S. 105.
111 Beispielsweise waren in der ersten Wahl der Beisitzer zum MEA am 16.2.1915 von 12 Hausbesitzer-Vertretern 4 Stadtverordnete und ein Stadtrat. Von 12 Mieter-Vertretern wurden 2 Stadtverordnete gewählt. Anzeigeblatt der städtischen Behörden v. 23.3.1915, Nr. 23, Sonderdruck. Als zur Festsetzung der Höchstgrenze für Mietsteigerungen ein paritätischer Ausschuß gebildet werden mußte, waren von 5 Hausbesitzer-Vertretern 3 Stadtverordnete und von den 5 Mietervertretern 2 Stadtverordnete. StA Ffm., MA T 820.

Organisierte Mieter

Die Organisationsentwicklung der Mieter unterschied sich deutlich von derjenigen der Hausbesitzer. Während die Besitzer der Mietshäuser ihre Organisiationen (Vereine) erst vereinen mußten, vertrat der „Mieter-Schutz-Verein e.V. Frankfurt am Main" Anfang der 20er Jahre alleine die Interessen der Mieter. Dieser Mieterverein, der sich später (nach dem Beitritt in den Zentralverband) „Reichsbund deutscher Mieter – Ortsgruppe Groß-Frankfurt" nannte, hatte 1924/25 20.000 zahlende Mitglieder, desweiteren etwa 10.000 Mitglieder, die keine Beiträge entrichten mußten (Arbeitslose und Witwen).[112] Politisch stand dieser Mieterverein zunächst allgemein den Arbeiterparteien (USPD, MSPD, KPD) nahe. Er wurde allerdings stark durch seinen Geschäftsführer Gustav Hammer geprägt. Hammer, der „Spartakist aus Hanau" (so verächtlich die Zeitung „Frankfurter Nachrichten"), war im Frankfurter Arbeiterrat tätig, Mitglied der USPD und später der KPD. Ebenso wie seine Gegenspieler, der Vorsitzende des Hausbesitzervereins Georg Wagner und der Vertreter der Mittelstandspartei Vogeler, vertrat Hammer leidenschaftlich Partikularinteressen. Seine parteipolitische Orientierung und teilweise sein undiplomatisches Auftreten in der Öffentlichkeit – Gustav Hammer wurde von einem Schöffengericht Ende 1922 wegen Beleidigung des stellvertretenden Vorsitzenden des Mieteinigungsamtes, Hausfriedensbruch und versuchter Nötigung zu einer Geldstrafe verurteilt[113] – erschwerten die Solidarisierungsbereitschaft aller Mieter.

Als 1924 die Wahl der Mieterbeisitzer für das folgende Jahr erfolgte, wurde die Spaltung der organisierten Interessenvertretung der Mieter erkennbar. Außer dem Reichsbund deutscher Mieter, Ortsgruppe Groß-Frankfurt, reichten nun erstmals mehrere Mietervertretungen Vorschlagslisten für die Wahl der Beisitzer des Mieteinigungsamtes ein und wurden berücksichtigt. Dies waren der Verein zum Schutze der Untermieter und Wohnungslosen, der bereits als Interessenvertretung der Untermieter bekannt war, der Schutzverband kommunaler Mieter sowie das Gewerkschaftskartell.[114] Gegen diese Wahl der Mieterbeisitzer zum Mieteinigungsamt erhob der Mieter-Schutz-Verein (Reichsbund deutscher Mieter) Einspruch. Dieser betrachtete sich als einzige in Frankfurt anerkannte Mieterorganisation. Der Untermieterverband, so die Auffassung des Mieter-Schutz-Vereins, dürfe nur dann berücksichtigt werden, wenn gesonderte Untermietkammern beim MEA eingerichtet würden, da diese Vereinigung nicht die allgemeinen Interessen der Mieter, sondern nur Teilinteressen – der Untermieter – vertreten könnten. Vehement sprach der Reichsbund

---

112 Brief Reichsbund Deutscher Mieter, Ortsverein Frankfurt, an Magistrat v. 29.12.1924. und Brief derselbe an OB Landmann v. 4.12.1925. StA Ffm., MA T 819.
113 Brief MEA an Magistrat v. 11.11.1922. StA Ffm., MA T 819.
114 1922 entsandte auch der Allgemeine Frankfurter Mieterverein Delegierte (Koltz und Weinacht). Jedoch trat dieser Mieterverein erst wieder Ende der 20er Jahre in Erscheinung. StA Ffm., MA T 826/I.

dem örtlichen Gewerkschaftskartell (ADGB) das Recht ab, die Interessen der organisierten Mieter zu vertreten. „Der Allgemeine Deutsche Gewerkschaftsbund ist eine wirtschaftliche Kampforganisation, die aber in Frankfurt a.M. nicht als Mieterorganisation in Frage kommt. Sie hat noch nicht einmal offiziell eine Unterabteilung für Mietsachen. Nach der Struktur der Gewerkschaftsorganisationen wäre das hier auch ganz undenkbar."[115] Den Mieterverband kommunaler Mieter erkannte der Reichsbund indirekt als organisierte Interessenvertetung der Mieter an, jedoch nicht die Quote ihrer Repräsentation bei der Beisitzerwahl. Von 46 neu zu wählenden Beisitzern wurde im Dezember 1924 nur ein Drittel vom Reichsbund gestellt. Während der Reichsbund aber 20.000 zahlende Mitglieder vertrat, soll der Schutzverband kommunaler Mieter nur etwa 200 Mitglieder repräsentiert haben.

Keineswegs war die Mutmaßung des Reichsbundes abwegig, daß „die Wahlkommission [der StVV, GK] nach politischem Gesichtspunkte die Beisitzer bestimmt". „Als Beweis diene", so der Reichsbund in einem Schreiben an den Magistrat, „die Streichung eines alten erfahrenen Mieterbeisitzers, der Mitglied unserer Organisation ist, und ehedem der Demokratischen Partei angehörte und auf Grund seines Austritts aus der Partei von der Vorschlagsliste gestrichen und durch ein Mitglied der Demokratischen Partei ersetzt wurde, welches einer Mieterorganisation überhaupt nicht angehört."[116] Die Auseinandersetzungen um die Wahl der Beisitzer verdeutlichen, daß die parteipolitischen Orientierungen der Mietervereine zunehmend die Interessenhomogenität der organisierten Mieter in Frage stellten. In einer Stellungnahme des Mieteinigungsamtes zur Wahlanfechtung wird diese politische Überlagerung deutlich. Hinsichtlich der Mietervertretung durch das Arbeitersekretariat (ADGB) wird ausgeführt: „Das Gewerkschaftskartell (Ortsgruppe Frankfurt) dient selbstverständlich in erster Linie der Wahrung der Interessen seiner Mitglieder auf dem Gebiete der Arbeitsverhältnisse; da es jedoch eine große Anzahl von Arbeitern und Angestellten umfaßt, die Mieter sind, hat es gleichzeitig ein lebhaftes Interesse an den Fragen, die sich auf Mietverhältnisse beziehen. Solange das Gewerkschaftskartell mit dem Mieterschutzverein vollkommen einig war, wurden eine Anzahl hauptsächlich tätiger Mitglieder des Kartells vom Mieterschutzverein in dessen Vorschlagslisten aufgenommen. Nachdem dieses Verhältnis aufgehört hat, ist eine gewisse Spannung zwischen beiden Organisationen entstanden, und das Gewerkschaftskartell hatte den Wunsch, selbständige Vorschlagslisten aufzustellen, um auf diese Weise einen Einfluß auf die Besetzung des Mieteinigungsamts zu gewinnen."[117] Diese Spannungen zwischen dem Reichsbund deutscher Mieter, Ortsgruppe Frankfurt, und dem ADGB, die vermutlich nicht aus der praktischen Arbeit resultierten, sondern aus ideologischen Diskrepanzen innerhalb der Arbeiterbewegung,

---

115 Brief Reichsbund Deutscher Mieter an Magistrat Ffm. v. 29.12.1924. StA Ffm., MA T 819.
116 Ebenda.
117 Brief MEA (Askenasy) an Rechtsstelle Ffm. v. 20.1.1925. StA Ffm., MA T 819.

führten auch, wie vom Mieteinigungsamt mit Bedauern vermerkt wurde, zu einem Rückzug bewährter Mieterbeisitzer aus der korporativen Interessenarbeit. Bemerkenswert ist außerdem, daß die Stadtverordneten-Versammlung, obwohl das MEA Vorbehalte gegenüber der Anerkennung des ADGB als organisierte Interessenvertretung der Mieter äußerte, die eingereichte Vorschlagsliste der Gewerkschaft bestätigte. Der ADGB, Ortsausschuß Frankfurt am Main, hatte bereits 1923 mit einer Satzungsänderung die Interessenvertretung ihrer Mitglieder als Mieter aufgenommen. Die Rechtsabteilung des ADGB, das Arbeitersekretariat, richtete gesondert eine Beratungsstelle für Mietangelegenheiten ein. In einer Stellungnahme des ADGB an das MEA wurde folgender Standpunkt dargelegt: „Das Arbeitersekretariat ist kein selbständiges Institut, sondern eine Abteilung des Gewerkschaftskartells. Daraus geht hervor, daß wir ebenso wie der Mieterschutzverein alle Vorbedingungen erfüllen, die nach dem Gesetz notwendig wären um die Interessen der Mieter vertreten zu können; denn das Gesetz schreibt nicht vor in welcher Form der Mieterschutz durchgeführt wird, es sagt nicht, daß es ein besonderer Verein sein *muß*. Es ist natürlich selbstverständlich, daß die Wahrnehmung der Mieterinteressen nur für die Gewerkschaftsmitglieder infrage kommt die Mieter sind und das ist der weitaus größte Teil, denn es sind nur vereinzelte die als Hausbesitzer infrage kommen und auf eine Vertretung ihrer Hausbesitzerinteressen durch uns nicht rechnen können."[118] Dieser Auffassung konnte sich weder die Rechtsstelle der Stadt Frankfurt anschließen, die gegen die Wahl von Mietervertetern des Gewerkschaftskartells durch die Stadtverordneten-Versammlung Einspruch erhob (am 26.1.1925), noch das Kammergericht, das aufgrund einer Klage des Reichsbundes deutscher Mieter die korporative Vertretung der Mieter durch das Gewerkschaftskartell ablehnte. Mit dieser Auseinandersetzung, die erst gerichtlich zugunsten des Reichsbundes geklärt werden konnte, ebbten aber die Auseinandersetzungen um den korporativen Vertretungsanspruch nicht ab. Bereits Ende 1925, als über die Bestätigung der Mieterbeiräte abgestimmt worden war, traten erneut Konflikte auf. Der Reichsbund deutscher Mieter protestierte erneut wegen seiner Unterrepräsentation bei der Beisitzerwahl, gemessen an der Mitgliederzahl der Mietervereine, wegen der unrechtmäßigen Wahl von nichtorganisierten Mietervertretern und Verfahrensfehlern. „Ferner hören wir," so der Reichsbund in einem Protestschreiben an den Oberbürgermeister, „daß in der Wahlvorschlagskommission der Hausbesitzer und Vorstandsmitglied des Hausbesitzervereins Herr Schaefer mitgewirkt haben soll bei der Auswahl der Mieterbeisitzer, anstatt bei der Auswahl der Mieterbeisitzer das Zimmer zu verlassen. Nur so können wir uns erklären, daß unsere tüchtigen Beisitzer, die Herren Röger und Hillen, die dem Hausbesitzerverein schon lange ein Dorn im Auge sind, nicht gewählt worden sind. Eine derartig verderbliche Auswahlpolitik werden Sie, Herr Oberbürgermeister, auch nicht billigen. [...] Sollte wider Erwarten die Angelegenheit sich nicht auf-

---

[118] Brief ADGB an MEA v. 14.1.1925. StA Ffm., MA T 819.

klären lassen, so bleibt für uns allerdings nichts anderes übrig, als die oben genannten Beisitzer in den einzelnen Verfahren vor dem Mieteinigungsamt am Geschäftsjahr 1926 abzulehnen und erneut wie im Vorjahr eine landgerichtliche Entscheidung herbeizuführen, die darauf hinausgeht, daß bei der Beisitzerwahl für das Jahr 1926 nicht ordnungsmäßig verfahren wurde."[119] Der Magistrat vertrat hingegen die Auffassung, daß er auf die Wahl der Beisitzer keinen Einfluß habe, diese erfolge durch die Stadtverordneten-Versammlung. Zwar solle bei der Auswahl der Beisitzer auf die Größe der einzelnen Organisationen Rücksicht genommen werden, jedoch sei daraus noch keine Verpflichtung abzuleiten. Die Auseinandersetzungen um die Wahl und Repräsentation der Beisitzer waren auch in der Folgezeit noch keineswegs beendet.[120] Das Resultat dieser Auseinandersetzungen war eine ausgeprägte Konkurrenz und Aufsplittung der organisierten Mietervertretungen und damit auch die Schwächung der Mieterinteressen.[121] Ende der 20er Jahre konkurrierten fünf Mietervereine um die korporative Repräsentation der Mieter: der Allgemeine Deutsche Mieter Verein – Frankfurt am Main, der Reichsbund deutscher Mieter – Ortsgruppe Groß-Frankfurt, der Mieter-Verein Frankfurt am Main, die Frankfurter Mieter Centrale und der Verband der Wohnungssuchenden und Untermieter.

In der Weimarer Republik wurde deutlich, daß die Mieter keine übergreifenden Klasseninteressen einten.[122] Zunehmend versuchten in Frankfurt einzelne Fraktio-

---

119 Brief Reichsbund Deutscher Mieter an OB Landmann v. 4.12.1925. StA Ffm., MA T 819.
120 So wurde die Wahl von Beisitzern des Reichsbundes deutscher Mieter 1927 abgelehnt, da der Vorstand nicht ordnungsgemäß gewählt wurde. Ebenso wurde die Nachwahl von Beisitzern der Frankfurter Mieter-Centrale für 1927 abgelehnt, da diese 1926 noch nicht existierte. StA Ffm., MA T 819.
121 Auch auf der Reichsebene war die Mieterbewegung gespalten. Zwar fusionierte auf dem deutschen Mietertag in Naumburg a. S., der vom 28.4.1920-1.5.1920 stattfand, der Allgemeine Mieterverband Deutschlands mit dem Dresdner Mieterbund zum „Bund deutscher Mietvereine", jedoch traten auf diesem Vereinigungstag erhebliche Gegensätze auf. Während die süddeutschen Mietervereine eine gemäßigte Position vertraten, standen die norddeutschen Mietervereine der Rätebewegung nahe. Insbesondere die Berliner Vertreter forderten die Aufhebung der privatwirtschaftlichen Organisation der Wohnungswirtschaft. Der Beobachter des Reichsarbeitsministeriums Ebel vermerkte zum Naumburger Mietertag: „Die Vertreter Berlins, besonders Herr Dr. Meyer, verlangten als Endziel die vollkommene Sozialisierung des Hausbesitzes und forderten zu diesem Zwecke vor allem auch die Einführung von Mieterräten. Die Vertreter der süddeutschen Vereinigungen waren weit weniger radikal. So erklärte mir der Führer der Bayrischen Mieterschaft, Herr Arnold München, daß von der Bayrischen Mieterschaft die Einsetzung von Mieterräten keineswegs als notwendig anerkannt werde." BA Potsdam. RAM, Bestand 39.01; Sig. 11022, (Wohnungsfürsorge Nr. 2/6; Bd. 11). Die Spaltung der Interessenvertretung der Mieter auf Reichsebene (u.a. Reichsbund deutscher Mieter, Allgemeiner Deutscher Mieterverein) wirkte sich auch auf die lokalen Mieterorganisationen aus. Zur Mieterorganisation auf der Reichsebene: Riese, Horst: Mieterorganisationen und Wohnungsnot – Geschichte einer sozialen Bewegung. Basel u.a. 1990.
122 Auch Karl Kautsky, sozialdemokratischer Theoretiker und Mitglied der Sozialisierungskommission für die Neuregelung des Wohnungswesens, stellte bei den Mietern und Hausbesitzern unterschiedliche Klasseninteressen fest: „Nehmen wir zum Beispiel den Gegensatz zwischen Hausbesitzer und Mieter. Er ist ein sehr schroffer und dauernder Gegensatz. Aber dennoch bilden die Mieter keine Klasse, sie haben keine Klasseninteressen. Wohl aber der Hausbesitzer. Worin liegt der Unterschied zwischen Hausbesitzern und Mieter? Die Hausbesitzer, die nichts anderes sind als solche, leben von dem Ertrag

nen ihre Partikularinteressen zu vertreten, beispielsweise die Mieter kommunaler Wohnungen. Parteipolitische Polarisierungen wirkten sich zudem unmittelbar auf die Mieterorganisationen aus. Enge parteipolitische Bindungen, insbesondere des Vorsitzenden des Reichsbundes deutscher Mieter Gustav Hammer zur USPD/KPD, erschwerten zusätzlich die Solidarisierungsbereitschaft.

Gerade der letztgenannte Aspekt, die parteipolitischen Verflechtungen der hauptamtlichen Vertreter, erklärt den, in Anbetracht der Bedeutung der korporativen Selbstregulierung, relativ bescheidenen Organisationsgrad sowohl der Mieter als auch der Hausbesitzer in Frankfurt am Main.

f. Problemfelder der korporativen Selbstregulierung

Aufgrund struktureller Bedingungen der öffentlichen Bewirtschaftung des Wohnungswesens und lokaler Konstellationen traten in der Zwischenkriegszeit mehrere Problemfelder hinsichtlich der korporativen Selbstregulierung auf:
- Die Überlagerung der schlichtenden Komponente durch die rechtsprechenden und rechtschaffenden Tätigkeiten des Mieteinigungsamtes sowie die Interessenkollisionen der Rechtsanwälte.
- Die Überforderung der korporativen Selbstregulierung.

Seit dem Ersten Weltkrieg hatte sich der Charakter der ehemaligen Schlichtungsstelle für Mietstreitigkeiten grundlegend geändert. Die freiwillige Schlichtungstätigkeit wurde zunehmend durch rechtsprechende, teilweise auch rechtschaffende Tätigkeiten überlagert. Entsprechend diesem Wandel sollte das System des Interessenausgleichs (neutraler Vorsitz, Mieter- und Vermietervertreter) nach Ansicht des Mieter-Vereins Frankfurt am Main organisatorisch klar entflochten werden. In einer Denkschrift vom 10.5.1921 wurde daher die Neuorganisation des Mieteinigungsamtes gefordert. Mittels zweier Kammern, einer Einigungs- und einer Spruchkammer, sollte auch organisatorisch dem doppelten Charakter des Mieteinigungsamtes Rechnung getragen werden. Die Einigungskammer sollte vorrangig zwischen den Kontrahenten bei Mietstreitigkeiten vermitteln, hingegen die Spruchkammer, falls keine freiwillige Einigung möglich war, Recht sprechen. Als Kompetenzbereiche der Spruchkammern wurden genannt: Erhöhung der Friedensmiete, Genehmigung zur Kündigung und Erhebung der Räumungsklage, Bewilligung von Zuschlägen zur Friedensmiete, Genehmigung von Zwangsvollstreckungen, Beschlüsse über Einsprüche gegen Wohnungsamt-Verfügungen und die endgültige Kostenfestlegung.

---

ihres Hauses, es ist ihre Lebensquelle, ihre Lebensbedingung. Der Mieter hat dagegen seine Existenzquelle nicht in der Wohnung, die er mietet. Er ist entweder Besitzer von Arbeitskraft oder von Kapital. Und das sind seine Lebensquellen. Die dauernde Gemeinschaft und Gegensätzlichkeit der Interessen, die aus den Lebensquellen fließt, sie bildet die Klassen. Darum sind wohl die Grundbesitzer eine Klasse, aber nicht die Mieter; diese zerfallen in die Klasse der Lohnarbeiter und Kapitalisten." Kautsky, Zit. in Schneider, Dieter: Selbsthilfe-Staatshilfe-Selbstverwaltung. Frankfurt 1973, S. 122.

Die organisierten Mieter forderten zudem eine einheitliche Spruchpraxis des Mieteinigungsamtes.[123] Mit dieser Konzeption wäre eine Wiederherstellung einer Schlichtungsstelle möglich gewesen, die in Frankfurt am Main bereits vor dem Ersten Weltkrieg als Einigungsstelle für Mietstreitigkeiten bestand. Diese Anregung des Mietervereins wurde allerdings vom Magistrat nicht aufgegriffen. Vielmehr strebte dieser danach, die Zuständigkeiten des Mieteinigungsamtes langfristig den ordentlichen Gerichten zu übertragen. Diese Entscheidung des Magistrats kann nicht als prinzipielles Mißtrauen gegenüber der korporativen Selbstregulierung aufgefaßt werden, sondern sie war vorrangig durch finanzielle und personelle Erwägungen der überlasteten Verwaltung begründet.[124]

Die Konsequenzen aus den Kompetenzverschiebungen des Mieteinigungsamtes, von einer korporativen Schlichtungsstelle zu einer außerordentlichen Spruchkammer, waren bereits im August 1920 Gegenstand eines Schreibens des Frankfurter Magistrats an das Preußische Justizministerium. Der Magistrat führte zunächst aus, daß sich der Charakter des Mieteinigungsamtes grundlegend geändert habe. Ursprünglich war das Mieteinigungsamt nur vermittelnd tätig, zum Zwecke des billigen Ausgleichs der Interessenten. „Durch die Mieterschutzverordnungen [...] ist den Mieteinigungsämtern die Befugnis gegeben, zu *entscheiden,* also unmittelbar in die privatrechtliche Beziehung der Parteien auch gegen deren Willen einzugreifen. Seitdem hat sich das Schwergewicht der Geschäfte der Einigungsämter in diese Entscheidungstätigkeit verschoben. Die Einigungsämter, denen dieser Name eigentlich nicht mehr zukommt, haben sich zu einer Art Sondergericht entwickelt. Die Entscheidungen dieses Sondergerichtes treffen Regelungen bürgerlicher Rechtsverhältnisse, die bei normaler Wirtschaftslage zum großen Teil von den ordentlichen Gerichten zu treffen wären. Die Verhältnisse liegen also so, daß den Mieteinigungsämtern zur Zeit die Erledigung von staatlichen Aufgaben obliegt, die an sich zur Zuständigkeit der ordentlichen Gerichte gehören." Weiterhin führte der Frankfurter Magistrat aus: „Wenn eine Übertragung dieser Aufgaben auf das Mieteinigungsamt stattgefunden hat, so sind die Gründe dafür in der Hauptsache darin zu suchen, daß der in Friedenszeiten den bürgerlichen Verkehr beherrschende, lediglich durch den Begriff der guten Sitten eingeschränkte Grundsatz der Vertragsfreiheit sich gerade auf dem Gebiete des Wohnungswesens in der Kriegswirtschaft mehr und mehr als unhaltbar erwiesen hat, so daß man sich genötigt sah, unter Erlaß zahlreicher Verordnungen an Stelle des starren Rechtes das billige Ermessen einer objektiven Spruchbehörde zu setzen."[125] Die

---

123 Denkschrift des Mieter-Vereins Ffm. „Zur Neuorganisation des Mieteinigungsamtes" v. 10.5.1921. StA Ffm. MA T 819.
124 Bereits 1917 wurde eine lose „Vereinigung Deutscher Miet- und Hypotheken Einigungsämter" mit Sitz in Frankfurt gegründet. Ludwig Landmann war deren Vorsitzender. Frankfurt wollte „Vorort" dieser Bewegung sein. Stenograph. Bericht über die Tagung der MEÄ in Ffm. am 5.8.1918. StA Ffm., MA T 824. Ebenso war der hauptamtliche Vorsitzende des Frankfurter MEA Ernst Auerbach überregional im Reichsverband Deutscher Einigungsämter engagiert.
125 Brief Mag. Ffm. an Preuß. Justizministerium v. 6.8.1920. StA Ffm., MA T 819.

Tätigkeit des Mieteinigungsamtes entlastete daher ordentliche Gerichte. Nach Auffassung des Frankfurter Magistrats war die Durchführung der Wohnungsmangelverordnung durch die Mieteinigungsämter keine Aufgabe der kommunalen Selbstverwaltung, sondern eine Aufgabe im Sinne der staatlichen Auftragsverwaltung. Die Begleichung der entstandenen Kosten für das Mieteinigungsamt müsse folglich nicht die Stadt, sondern der Staat übernehmen. Eine Klärung brachte erst ein Urteil des Oberverwaltungsgerichts, das Ende 1923 die Wohnungsmangelbewirtschaftung als eine Aufgabe der staatlichen Auftragsverwaltung festlegte.[126] Nach dieser Entscheidung forderten Kommunalpolitiker im Ausschuß für Grundstücks-, Siedlungs- und Wohnungsfragen des Deutschen Städtetages – diesem gehörten u.a. Blüher (Dresden), Landmann (Frankfurt a.M.), Gut (München), Paul May (Halle) und der Hauptgeschäftsführer des Deutschen Städtetages Mitzlaff an – die Übertragung des Mieteinigungsamtes an die Amtsgerichte. Aufschlußreich ist ein Exposé, das das städtische MEA für den Frankfurter Oberbürgermeister nach dieser richterlichen Entscheidung anfertigte. „Die Abgabe der Funktionen des M.E.A an das Amtsgericht" seien, so das Schreiben, „dringend zu befürworten. Einer der wesentlichen Gründe für die Errichtung der M.E.A. war schnelle Erledigung der anhängig gewordenen Sachen und Berücksichtigung sozialer Momente. Beide Erfordernisse waren vor allem bei der Genehmigung von Kündigungen, Räumungen und Zwangsvollstreckungen erforderlich. Dieser Teil des Tätigkeitsgebiets [...] ist bereits weggenommen. Die Restaufgaben, wie Festsetzung der Friedensmiete [...] stellen eine richterliche Tätigkeit dar."[127] Vorrangig wurde die korporative Selbstregulierung durch das MEA also als Instrument zur Berücksichtigung sozialer Anliegen aufgefaßt.

Die Rechtsstellung der Mieteinigungsämter wurde bereits im Sommer 1918 auf deren erster Tagung kontrovers diskutiert: Kann das Mieteinigungsamt im rechtschaffenen Sinne der „militärischen Anordnungen" (Intervention in die Privatrechte der Hausbesitzer) intervenieren, oder ist seine Tätigkeit als Verwaltungsakt einzuordnen? Die Debatte um den Rechtscharakter des Mieteinigungsamtes fand der kommunalpolitische Praktiker Landmann hingegen bereits 1918 müßig: „Wenn gesagt worden ist, daß die Mieteinigungsämter ja keine rechtsprechenden Behörden

---

126 Die Frage, ob die Wohnungszwangswirtschaft eine Aufgabe der Selbstverwaltung oder der Auftragsverwaltung sei, war lange Zeit sehr umstritten. Mitteilungen des Deutschen Städtetags v. 24.7.1923, IX Nr. 18, Sp. 316: In Preußen sei die Wohnungsbewirtschaftung „keine obrigkeitliche Auftragsangelegenheit, sondern Aufgabe der kommunalen Selbstverwaltung." Erst durch eine Entscheidung des OVG v. 18.12.1923 (Pr. Verwalt. Bl. Nr. 45, S. 165) konnte eine Klärung herbeigeführt werden. Durch diesen Entscheid wurde wiederum die Mitgestaltungs- und Kontrollmöglichkeit der StVV in Fragen der Wohnungszwangswirtschaft und des MEAs sehr begrenzt. Vgl. Dep. f. WW an Mag. v. 23.2.1926: „Die Prüfung der Rechtslage ergab zweifelsfrei, daß die Wohnungswirtschaft eine reine Auftragsangelegenheit ist und daß, da als Gemeindebehörde nur der Magistrat anzusprechen ist, der Magistrat das allein zuständige Organ für die Behandlung der Wohnungsangelegenheit ist." StA Ffm., MA T 796/VI.
127 MEA an OB. StA Ffm., MA T 807.

sein sollen, sondern Verwaltungsbehörden – ja, meine Herren, das sind Fragen der theoretischen Systematik, aber keine Fragen des praktischen Bedürfnisses. Die Mieteinigungsämter mögen sein, was sie wollen, der eine mag sie so, der andere anders beurteilen, sie sollen praktisch arbeitende Behörden sein."[128] Da ein Ausgleich zwischen Wohnungsangebot und -nachfrage nicht mehr bestand, war eine gesellschaftliche Intervention in den Wohnungsmarkt nach Landmanns Ansicht gerechtfertigt. Er fährt in seinem Redebeitrag fort: „Darum bin ich der Ansicht, wenn die Mieteinigungsämter Behörden sind, die zur gerechten Interessenabwägung zwischen Mieter und Vermieter da sind – das ist nach meiner Ansicht ihre wahre Funktion und ob man sie als rechtsprechende Behörden, oder Verwaltungsbehörden, oder soziale Behörden, oder privatrechtliche Behörden hinstellen will, das ist mir ganz gleichgültig – aber wenn [...] sie gerechte Interessenabwägung treiben wollen, müssen sie auch die Interessen des Hausbesitzers berücksichtigen, wie die des Mieters. [...] Was die Mieteinigungsämter tun können und sollen, das ist, daß sie diese Bewegung in vernünftigen angemessenen Grenzen halten, daß sie dem Hausbesitz, der rücksichtslos seine Macht ausnützen will, Einhalt bieten und auf der anderen Seite den Mieter veranlassen, das zu bezahlen, was der Hausbesitzer von Rechts wegen verlangen kann." Allerdings forderte auch er die Berücksichtigung sozialer Momente statt einer „rein privatrechtlichen" Beurteilung des Konflikts. Eine rein privatrechtliche Beurteilung wäre nach seiner Ansicht ein „maßloses Unglück" und würde zu langfristigen Krisen und Spannungen der Volkswirtschaft und des Gesellschaftslebens führen. „Darum bin ich [Landmann, GK] der Ansicht, daß gerade auf diesem Wege ein Zustand des sozialen Friedens herbeigeführt werden kann und daß es die Aufgabe der Gesetzgebung ist, hierfür auch die entsprechenden Organe zu schaffen, wenn man nur an die Zustände, wie sie jetzt ja in Entwicklung sind, anknüpft. Bisher kamen derartige Vereinbarungen dadurch zustande, daß sich die Hausbesitzerorganisationen und Mieterorganisationen zusammensetzten und versuchten, einig zu werden. Gießen Sie das in rechtliche Formen, wie das bei den Gewerbegerichten der Fall ist, indem Sie einen Ausschuß aus Vertretern der Mieterschaft und aus Vertretern der Hausbesitzerschaft unter dem Vorsitz des Mieteinigungsamtes tagen lassen, so schaffen Sie die Rechtsform für die Schaffung autonomen objektiven Rechts und objektiver Wirtschaftsgrundsätze. Das ist das, was ich sozialrechtlich nenne."[129] Die Mieteinigungsämter waren jedoch in mehrfacher Hinsicht überfordert, den idealen „Zustand des sozialen Friedens" (Landmann) herbeizuführen.

Seit dem Ersten Weltkrieg waren die Gremien der korporativen Selbstregulierung als Kriseninstrumente geplant. Stets an die kurzfristig konzipierte Reichsgesetzgebung (WMG, MSchG etc.) gebunden, fanden sie keine strukturelle Verankerung. Mit der Herstellung ausgeglichener Marktverhältnisse sollten die Mieteinigungs-

---

128 Landmann, Ludwig. Stenographischer Bericht über die Tagung der Mieteinigungs-Ämter. S. 26. v. 5.8.1918. S. 200. StA Ffm., MA T 824.
129 Ebenda.

ämter aufgelöst und die Aufgaben von Amtsgerichten übernommen werden. Da die Gerichte durch die anstehenden Miet- und Wohnrechtsverfahren völlig überlastet gewesen wären, mußten die Mieteinigungsämter diese sozialrechtlichen Aufgaben übernehmen. Die Folge war jedoch nunmehr eine personelle Überforderung auch der Mieteinigungsämter. Sowohl die „stellvertretenden Vorsitzenden"[130], die die Verhandlungen führten, als auch die Beisitzer der korporativen Interessenvertretungen erhielten – im Gegensatz übrigens zu den Vertretern der kommunalen Wohnungsuntersuchungs-Kommissionen – nur eine minimale Aufwandsentschädigung zugesprochen. Aufgrund der begrenzten personellen Ressourcen führten Rechtsanwälte oder sonstige Juristen in einigen Sitzungen des MEAs den neutralen Vorsitz, in anderen die parteiische Verteidigung einer Mietpartei. Diese Praxis wurde sowohl von den organisierten Mietern als auch Vermietern heftig kritisiert, konnte aber aus Gründen des Personalmangels nicht behoben werden.[131] Während sich die Mietervereine um die Besetzung der Beisitzerstelle stritten, konnte der Hausbesitzerverein zeitweise nicht mehr genügend Kandidaten benennen. Zur Beisitzerwahl 1928 schrieb der Hausbesitzer-Verein: „Zu unserem Bedauern ist es uns trotz größter Anstrengungen nicht möglich, die von Ihnen wieder angeforderten Beisitzer für das Miet-Einigungs-Amt namhaft zu machen." Als Grund führte der Hausbesitzer-Verein an, daß keineswegs „Interesselosigkeit" für diesen Kandidatenmangel ausschlaggebend sei, sondern die geringen Aufwandsentschädigungen. „Da es sich meistens um Geschäftsleute handelt, denen durch Annahme eines derartigen Amtes ein nicht unbedeutender pecuniärer Verdienstausfall entstehen würde, ist dieser Standpunkt nur zu begreiflich. Altrentner und Pensionäre, welche einen Verdienstausfall nicht nachweisen können, und deshalb auch keine Vergütung erhalten, lehnen es grundsätzlich ab, das mit Unannehmlichkeiten etc. verknüpfte Beisitzeramt anzunehmen."[132]

Grundsätzlich problematisch erwies sich auch, daß das Konzept der korporativen Selbstregulierung nicht die soziale Gruppe der Obdachlosen, die allerdings aufgrund der sozialstaatlichen Wohnungspolitik relativ klein war[133], und der Unorganisierten

---

130 Als Vorsitzende wurden zumeist jene Mitglieder der städtischen Verwaltung bezeichnet, die nicht die Verhandlungen führten, sondern die Verwaltung leiteten und die Tätigkeiten koordinierten. Die Verhandlungen führte ein neutraler „stellvertretender Vorsitzender", der zum Richteramt befähigt sein mußte. Der Begriff Mieteinigungsamt wird sowohl für das „städtische Mieteinigungsamt" als Gesamtbehörde als auch für die einzelnen „Sondergerichte" (Vorsitzender, je ein Beisitzer der korporativen Interessenparteien) benutzt.
131 In Dresden wurden mögliche Interessenkollisionen und -überlagerungen unterbunden. Entweder konnten Rechtsanwälte oder andere zum Richteramt befähigte Personen als neutrale Vorsitzende oder als Verteidiger beim städtischen MEA zugelassen werden.
132 Brief Hausbesitzer-Verein Ffm. an Magistrat Ffm. v. 25.11.1927. StA Ffm. MA T 819. Von den Hausbesitzern wurden auf der Vorschlagsliste 15 statt 23 Beisitzer und 3 statt 8 Stellvertreter benannt.
133 Der Anteil der Obdachlosen war, gemessen an der Gesamtzahl der Wohnungsuchenden, relativ niedrig. Im Herbst 1926 waren beispielsweise 20.361 Wohnungsuchende registriert, unter denen sich zur dringenden Berücksichtigung 270 obdachlose Familien befanden. Brief OB an Städtetag v. 1.10.1926. StA Ffm., MA T 819/III. Für Obdachlose wurden besondere städtische Wohnungen gebaut, beispielsweise im Wohnprojekt Mammolshainer Straße.

einbezog. Die Mieteinigungsämter waren außerdem latent ideologisch überfordert[134], da ihnen Aufgaben übertragen wurden, die einer allgemeinen gesellschaftlichen und politischen Klärung bedurften. Die Kanalisierung sozialer Konflikte durch korporative Einbindungen ersetzte nicht den politischen Diskurs. Diese Tatsache bewirkte eine zunehmende Unzufriedenheit aller beteiligten Kreise an diesem Regulierungsinstrument. Folglich stieg die Anzahl der Kritiker des Mieteinigungsamtes und nicht diejenige der Verteidiger.[135] Als beispielsweise nach Aufhebung der Zwangswirtschaft für Geschäftsräume eine weitere freiwillige Tätigkeit des Mieteinigungsamtes in diesem Bereich möglich war, lehnten die Hausbesitzer eine weitere Mitarbeit ab.[136]

Die zunehmende Unzufriedenheit der Interessenparteien und des Magistrats mit dem Mieteinigungsamt kann dennoch nicht als ein Scheitern der korporativen Selbstregulierung interpretiert werden, denn ein ausgeprägt umstrittener Konfliktbereich, den die öffentliche Wohnungspolitik darstellte, konnte größtenteils zivil (friedlich) reguliert werden. Es fanden, mit Ausnahmen der Aktionen des Arbeiter- und Soldatenrats 1919, keine militanten Aktionen beispielsweise in Form von Haus- oder Wohnungsbesetzungen statt. Durchaus erfolgreich war die Tätigkeit der Gremien der korporativen Selbstregulierung – dies sei bereits vorweggenommen und soll nachfolgend noch ausgeführt werden – in jenen Bereichen, in denen reale Mitgestaltungsmöglichkeiten gegeben waren (insbesondere in Bereichen des Wohnungsmangels und des Mieterschutzes). Eindeutig scheiterte dieses Regulierungsmodell in denjenigen Bereichen, in denen die korporativen Gremien nur gehört werden mußten, jedoch die endgültige Entscheidung Gremien der kommunalen Verwaltung oblag. Dadurch wurde keine Kompromißbildung zwischen den Interessenparteien gefördert, sondern es wurden maximale Forderungen erhoben, welche, statt die Konflikte auszugleichen, diese polarisierten.

Ende der 20er Jahre wurde nicht mehr darüber diskutiert, wie Defizite der korporativen Selbstregulierung behoben werden könnten, sondern nur noch, wann die Aufgaben der Mieteinigungsämter an die ordentlichen Gerichte übertragen werden dürften.[137] Obwohl in Frankfurt eine organisatorische Trennung zwischen dem städtischen Wohnungsamt und dem korporativ strukturierten Mieteinigungsamt vorlag, forderten die Hausbesitzer im Januar 1931 die eindeutige Trennung von der

---

134 Zeitweise wurden die Mieteinigungsämter als Instrument zur Demokratisierung der Justiz verklärt. Vgl. „Das MEA als Pionier der Volksjustiz". In: EAH 1 - 1920/21, Nr. 3, S. 17-18.

135 Seit dem Reichsmietengesetz agierten die Mietervertreter nur noch defensiv. Für die Verbesserung der Rechtsstellung der Vermieter und für die erforderlichen Mieterhöhungen wurden nicht die revidierten Reichsgesetze, sondern vorrangig das städtische Mieteinigungsamt verantwortlich gemacht. Das MEA wurde von den Mietervertretern häufig als „Mietsteigerungsamt" bezeichnet und eine parteiische Haltung des neutralen Vorsitzenden zugunsten der Vermieter unterstellt.

136 Ablehnung des Hausbesitzervereins: Br. an Mag. v. 11.12.1926. StA Ffm., MA T 819/III.

137 Diese Frage war Gegenstand der 125. Plenarsitzung des Preußischen Landtages v. 4.12.1930. Bereits zwei Jahre zuvor war auf Grund des § 37 Abs. 2 des MSchG eine Übertragung der Aufgaben der MEÄ an ordentliche Gerichte in kleinen Gemeinden möglich.

städtischen Verwaltung und die Übertragung der Befugnisse des Mieteinigungsamtes an das Amtsgericht: „Die Angliederung an das Amtsgericht Frankfurt a.M. dürfte unter dem Gesichtspunkt zu betrachten sein, daß das Vertrauen der Rechtsuchenden vor dem MEA wesentlich gestärkt werden könnte, falls die lokale Beziehung des MEA zu der Stadtverwaltung gelöst wird."[138]

Während der Mieterschutzbund eine Übernahme des MEA an das Amtsgericht ablehnte, unterstützte der Magistrat, vorrangig aus Gründen der Verwaltungs- und Kostenreduzierung, dieses Ansinnen (MB Nr. 2098 v. 26.1.1931). Der Preußische Minister für Volkswohlfahrt lehnte jedoch eine Übertragung wegen der befürchteten Überlastung der Amtsgerichte ab. Dieser Vorgang wiederholte sich Anfang 1932. Wieder forderten der Magistrat und die Hausbesitzer die Übertragung an das Amtsgericht, und erneut lehnten die Mietervertreter ab. Allerdings wurde im Oktober 1932 erstmals in einer deutschen Großstadt, in Bochum, das städtische MEA dem Amtsgericht zugeordnet.[139] Obwohl die Anzahl der Fälle, die vor dem Frankfurter MEA 1932 verhandelt wurden, aufgrund der 4. Notverordnung wieder stieg, stellte der Magistrat erneut einen Antrag auf Übertragung der Geschäfte des Mieteinigungsamtes an das Amtsgericht.[140] Diesem Antrag wurde zu Beginn der NS-Zeit schließlich entsprochen.[141] Am 1.5.1933 wurde das städtische Mieteinigungsamt aufgelöst, und die Geschäfte gingen an das Amtsgericht über.[142]

---

138 Hausbesitzer-Verein an Mag. 7.1.1931. StA Ffm., MA Sig. 4.034.
139 Kommunalpolitische Blätter H. 20/1932, S. 310. StVV Bochum an Mag. Ffm. v. 21.11.1932. StA Ffm., MA Sig. 4.034.
140 Im Rahmen der Brüningschen Notverordnung wurde der Vermieter verpflichtet, die Mieten um 10% zu senken. Außerdem konnte der Mieter kurzfristig ein bestehendes Mietverhältnis kündigen, wenn der Vermieter die Miete nicht um weitere 10% reduzierte. Zunächst ging die Anzahl der Fälle beim Frankfurter MEA zurück (1930-790 Fälle, 1931-609 Fälle). Allerdings stiegen die Fälle, die vor dem MEA behandelt wurden, 1932 wieder an (1.1.-1.5.1932-515 Fälle). „Dies beruht darauf, daß zu Beginn des Jahres 1932 die Mietsenkstreitigkeiten eine große Rolle spielten." MEA an Mag. 1.12.1932. StA Ffm., MA Sig. 4.034.
141 Städt. Amtsblatt v. 29.4.1933.
142 In Frankfurt wurde 1975 wieder eine freiwillige Mietschlichtungsstelle geschaffen. Wie das MEA der 20er Jahre setzt sie sich aus einem Vorsitzenden, der von allen Interessenvertretungen einstimmig gewählt wird, und je einem Mieter- und Vermietervertreter zusammen. „Diese Schlichtungsstelle, die einmalig in der Bundesrepublik ist, hat sich im Interesse der Vertragsparteien bewährt." Teitge, Erhaltung und Sicherung des privaten Eigentums, S. 96.

2 Die öffentliche Regulierung des Wohnungsmangels und der Miethöhe sowie die Ausgestaltung des Mieterschutzes

2.1 Drei Rahmengesetze zum Miet- und Wohnrecht

Die legislative Grundlage für das Wohn- und Mietrecht bildeten in der Weimarer Republik drei Rahmengesetze: das Wohnungsmangelgesetz (WMG), das Mieterschutzgesetz (MSchG) und das Reichsmietengesetz (RMG). Die Miet- und Wohngesetzgebung wurde jedoch nicht in der Weimarer Republik begonnen, sondern sie knüpfte nahtlos an jene Gesetzgebung an, die noch in den letzten Kriegsjahren initiiert worden war. Durch Maßnahmen der Militärverwaltung angeregt[143], erfolgten im Ersten Weltkrieg erstmals durch das Reich Interventionen im Wohnungswesen. Es bildete sich ein Subsidiaritätsprinzip im Wohnungswesen heraus, welches eine einheitliche Handhabung dieser Gesetzgebung erschwerte. „Allgemein wurde […] gefordert, daß bei der überragenden Bedeutung des Wohnungswesens für Familie, Wirtschaft, Staat und Gesellschaft das Reich die Führung übernehmen und mindestens Richtlinien geben, der Staat die einschlägigen Gesetze und Durchführungsverordnungen erlassen, die Gemeinden schließlich die tatsächliche Durchführung übernehmen sollten."[144] Die Praxis der reichseinheitlichen Gesetzgebung wurde aber, kaum daß damit begonnen wurde, wieder verlassen.[145] Nur in der öffentlichen Mietpreisfestlegung ist im Bemühen um eine reichsweite Harmonisierung der Mieten eine gegenläufige Tendenz festzustellen. Insbesondere die Übertragung der Verordnungsbefugnisse der obersten Landesbehörden an die Gemeinden führte schließlich „zu einer Buntscheckigkeit des Rechtszustandes, wie sie auf einem so wichtigen Gebiete kaum jemals früher bestanden hat."[146] Zumeist wurden zahlreiche Maßnahmen der Wohnungspolitik, so eine Studie des Vereins für Socialpolitik, „in größter Eile und Überstürzung getroffen […], während andere wieder, hauptsächlich in der Zeit des Währungsverfalls, zu spät kamen".[147] Das Miet- und Wohnrecht beruhte nicht auf wohlüberlegten konzeptionellen Strategien, sondern es wies einen ausgesprochenen reaktiven Charakter auf. Die drei Rahmengesetze wurden, unter Beibehaltung ihrer Grundstruktur, durch ständig neue Verordnungen und Ausführungsrichtlinien vielfach abgeändert, so daß selbst der ehemalige Reichswohnungskommissar

---

143 Auch der Wohnungsrechtler Meyerowitz vertrat die Ansicht, daß diese Gesetzgebung von den Militärbefehlshabern „geschaffen oder verschärft" wurde. Meyerowitz, Das gesamte Miet- und Wohnungsnotrecht, S. 75. Vgl. Kap. II. Wendepunkt.
144 Kruschwitz, Deutsche Wohnungswirtschaft und Wohnungspolitik seit 1913, S. 11.
145 „Die durch diese Reichsgesetze geschaffene Rechtseinheit ging auch bald wieder verloren durch die von den einzelnen Ländern erlassenen Verordnungen." Hertel, Franz: Wandlungen des Miet- und Wohnrechts in Deutschland. In: Zimmermann, Waldemar (Hg.): Beiträge zur städtischen Wohn- und Siedelwirtschaft. Schriften des Vereins für Socialpolitik. Bd. 177. Erster Teil. München/Leipzig 1930. S. 79.
146 Ebenda.
147 Kruschwitz, Deutsche Wohnungswirtschaft und Wohnungspolitik seit 1913, S. 22.

und damalige Staatssekretär im Preußischen Ministerium für Volkswohlfahrt, Scheidt, 1928 von einer „Flut der aus der Not der Zeit geborenen Bestimmungen" sprach.[148]

Begründet wurden die weitreichenden Eingriffe in die Wohnverhältnisse und die uneingeschränkte Vertragsfreiheit, die vorrangig zugunsten der Mieter erlassen wurden, mit der Unausgewogenheit des Wohnungsmarktes. Nicht die Sozialisierung des Wohnungswesens war also intendiert, sondern die Wiederherstellung des freien Wohnungsmarktes. Selbst die Mehrheit der Mitglieder der „Sozialisierungkommission über die Neuregelung des Wohnungswesens" vertrat die Auffassung, daß eine „gesunde Entwicklung des Wohnungswesens" nur durch eine „Wiederherstellung des freien Marktes, durch schrittweise Aufhebung der Höchstmietpreise und der Zwangswirtschaft" möglich sei. Allerdings sollte die Steigerung der „Grundrente", die infolge der freien Preisbildung zu erwarten war, der Allgemeinheit zugute kommen.[149] Solange aber eine Unausgewogenheit des Marktes bestand – so die allgemeine Auffassung – erschienen Eingriffe der öffentlichen Hand berechtigt. „Das freie Spiel der Kräfte kann jedoch nicht zugelassen werden," so Meyerowitz 1929, "solange nicht Angebot und Nachfrage sich ausgleichen, solange der Vertragskontrahent konkurrenzloser Ausbeutung preisgegeben ist, wie zurzeit noch auf dem Wohnungsmarkte."[150]

Die „Kriseninterventionen" bewirkten eine ausgesprochene Unstetigkeit, die sich sichtbar in der Flut von Anordnungen und Durchführungsbestimmungen widerspiegelte. Problematisch war zudem, daß keineswegs klar ersichtlich war, welche Mietrechtbestimmungen auch nach Wiederherstellung des ausgeglichenen Marktes fortbestehen sollten und welche als „temporäres Notrecht" aufzufassen waren. Nicht die Interventionen als solche waren jedoch umstritten, sondern nur der Zeitpunkt der „Normalisierung", d.h. des Abbaus der öffentlichen Bewirtschaftung des Wohnungswesens. Im Gegensatz zum Wohnungsmangelgesetz waren sowohl das Reichsmietengesetz als auch das Mieterschutzgesetz zeitlich befristet erlassen worden. Die kurzfristige Geltungsdauer verstärkte die politischen Auseinandersetzungen um die Ausrichtung der Wohnungspolitik. Die seit 1926 jährlich durchgeführten Debatten um Verlängerung der beiden Gesetze waren „fast andauernd Gegenstand parlamentarischer Kämpfe, und fast bei jeder Verlängerung wurden Änderungen vorgenommen, die sich fast durchweg als Lockerung der Zwangswirtschaft darstellten."[151]

---

148 Scheidt, Der Wiederaufbau der Wohnungswirtschaft, S. 354.
149 Gutachten der Sozialisierungskommission über die Regelung des Wohnungswesens. In: Verhandlungen der Sozialisierungskommission über die Neuregelung des Wohnungswesens. Bd. 1. Berlin 1921, S. VII. Eine Kommissionsminderheit (u.a. Hilferding, Kautsky, Kuczynski und Wissell) strebte langfristig die Sozialisierung, d. h. die teilweise oder gesamte Überführung der Gebäude in das Eigentum des Staates, der Gemeinden bzw. neuzuschaffender Mietergenossenschaften (Gemeinwirtschaft) an.
150 Meyerowitz, Das gesamte Miet- und Wohnungsnotrecht, S. 76/77.
151 Hertel, Wandlungen des Miet- und Wohnrechts in Deutschland, S. 79.

Die weitgehende Uneinheitlichkeit des gesamten deutschen Wohn- und Mietrechts, bedingt durch ihre reaktive Gestaltung und subsidäre Ausführung, wurde in der Folge des schrittweisen Abbaus der Wohnungszwangswirtschaft nochmals erhöht. Meyerowitz schrieb 1929: „Das deutsche Miet- und Wohnungsnotrecht ist an Unübersichtlichkeit kaum noch zu überbieten, und diese Tatsache ist vor allem auf die Art zurückzuführen, in welcher die Reichsregierung in diesen die wichtigsten Lebensnotwendigkeiten des deutschen Volkes betreffenden Fragen bisher die Zügel hat schleifen lassen und nicht nur zugesehen, sondern es auch den obersten Landesbehörden erst ermöglicht hat, aus einem im Laufe der Jahre standhaft gewordenen noch immer unentbehrlichen Notbau zunächst einzelne Steine herauszubrechen, dann aber mehr und mehr mit hastigen planlosen Keulenschlägen ein Mauerstück nach dem anderen herauszuhauen und das Gebäude dem Einsturz nahezubringen, bevor auch nur der Grundstein zu einem neuen Gebäude gelegt ist." Entmutigt schrieb der ausgewiesene Spezialist des Miet- und Wohnrechts in der 2. Auflage seines Standardwerks: „Die größte Gefahr der immer neuen Lockerungsverordnungen und Abbaumaßnahmen ist, daß in Deutschland schließlich kein Mensch mehr weiß, was auf diesem Gebiete rechtens ist."[152]

Diese „Buntscheckigkeit des Rechtszustandes", die eine sehr heterogene lokale Ausrichtung der Wohnungspolitik bedingte, verstärkt die Notwendigkeit kommunalgeschichtlicher Forschungen. Nachfolgend wird die Priorität der Untersuchung auf die lokale Praxis des Miet- und Wohnrechts gelegt. Allgemeine politische Auseinandersetzungen um die Rahmengesetze und Ausführungsverordnungen werden nur insofern berücksichtigt, soweit diese sich auf die städtische Praxis Frankfurts auswirkten.

Obwohl die drei Rahmengesetze des Wohn- und Mietrechts unmittelbar miteinander verflochten waren, wird der Bereich der öffentlichen Bewirtschaftung des Wohnungsmangels getrennt vom Mietschutz und der Mietpreispolitik behandelt. Diese Handhabung soll, ebenso wie die Einbeziehung von Fallbeispielen, eine größere Transparenz der wohnpolitischen Praxis ermöglichen.

2.2 Maßnahmen gegen den Wohnungsmangel

a. Die Wohnungsmangelgesetzgebung der Weimarer Republik

Während die gesetzlichen Bestimmungen zum Mieterschutz und zur Mietpreisfestlegung vorrangig sozialpolitische Interventionen zugunsten der Mieter (Wohnungsinhaber) darstellten, erfolgte die Wohnungsmangelgesetzgebung zugunsten der Wohnungsuchenden. Grundsätzlich sollte dieses Gesetz der Erhaltung, Erfassung

---

152 Meyerowitz, Das gesamte Miet- und Wohnungsnotrecht, S. 51. Diese Unübersichtlichkeit wird im umfangreichen Werk von Meyerowitz wiederholt erwähnt. Er erwähnt im Vorwort zur 2. Aufl. eine „geradezu unglaubliche Fülle und Schwierigkeiten des Rechtsstoffes". S. 3/4.

und gerechten Verteilung des vorhandenen Wohnraums dienen. Es bestand jedoch ein sogenanntes „Neubauprivileg", was bedeutete, daß alle Neubauwohnungen, die nach dem 1. Juli 1918 fertiggestellt wurden, nicht unter die Bestimmungen des WMG fielen.[153]

Die Wohnungsmangelgesetzgebung wurde durch die Bekanntmachung über Maßnahmen gegen den Wohnungsmangel vom 23. September 1918 eingeleitet. Den Gemeindebehörden wurden bei der Ausführung und Gestaltung weitreichende Kompetenzen zugesprochen. Bereits im ersten Paragraphen wird angeführt, daß die Gemeinden zur Durchführung des Gesetzes ermächtigt bzw. auch verpflichtet werden konnten.[154] Ein wichtiger Aspekt war zunächst die Sicherung des bestehenden Wohnraums. Ohne Genehmigung der Gemeindebehörden durften weder Gebäude oder Gebäudeteile abgebrochen werden noch mehrere selbständige Wohnungen zusammengelegt oder zweckentfremdet genutzt werden (beispielsweise durch gewerblichen Gebrauch). Grundlage für die Erfassung ungenutzter Wohnungen bzw. freiwerdender Wohnungen war die Anzeigepflicht. Den Verfügungsberechtigten wurde außerdem eine Duldung der Besichtigung solcher Räume auferlegt. Die öffentliche Inanspruchnahme von unbenutzten Räumen sah vor, daß der Verfügungsberechtigte einer betreffenden Wohnung auf Verlangen des Wohnungsamtes innerhalb einer Frist mit einem Wohnungsuchenden einen Mietvertrag abschließen mußte. Außerdem war eine Beschlagnahme von Räumen möglich, wenn diese zu Wohnzwecken hergerichtet werden konnten.

Das Wohnungsmangelgesetz war, in einem weit größeren Ausmaße als die beiden anderen Gesetze der Trias, ein Rahmengesetz. Mehrere Bestimmungen benannten nicht unmittelbar geltendes Recht, sondern stellten gewissermaßen nur ein Musterstatut dar, welches zu seiner Geltung erst der Einführung durch Ortsgesetze bedurfte.[155]

Gegenüber der Bekanntmachung über Maßnahmen gegen den Wohnungsmangel vom 23. September 1918 enthielt das Reichswohnungsmangelgesetz vom 26. Juli 1923 nur geringe Abänderungen.[156] Nach 1924 wurden allerdings mehrere Abänderungen vorgenommen, die allesamt als Abbau der Wohnungsmangelwirtschaft zu kennzeichnen sind. Durch eine Verordnung vom 12. Dezember 1924 erfolgten die ersten Lockerungen der „Wohnungszwangswirtschaft" in Preußen. Möblierte Zim-

---

153 Das Neubauprivileg bezog sich auf das WMG und RMG sowie bis 1924 in Preußen auf das MSchG. Ausnahmeregelungen wurden außerdem für Wohnungen der Wohnungsbaugenossenschaften und Werkswohnungen getroffen. Vom Neubauprivileg waren auch jene Wohnungen ausgeklammert, die mit Zuschüssen aus dem Fonds für die Wiederherstellung der während des Krieges zerstörten Gebäude errichtet wurden.
154 Bekanntmachung über Maßnahmen gegen Wohnungsmangel. RGBl. 1918, S. 1143. Mieterschutzbestimmungen von Frankfurt am Main. Zusammengestellt vom Städt. Einigungsamt für Miet- und Hypothekensachen in Frankfurt am Main. Frankfurt 1919, S.14-17.
155 Hertel, Franz: Wandlungen des Miet- und Wohnrechts in Deutschland, S. 73.
156 Meyerowitz, Das gesamte Miet- und Wohnungsnotrecht, S. 101.

mer, die keine selbständigen Wohnungen darstellten, wurden nun vom Geltungsbereich des Wohnungsmangelgesetzes, aber auch des Reichsmietengesetzes und des Mieterschutzgesetzes, ausgeklammert, und die Beschlagnahme von Teilen einer Wohnung, die im Verhältnis zur Zahl der Bewohner als übergroß betrachtet worden war, wurde ebenfalls für unzulässig erklärt. Somit waren „die von den Betroffenen gerade am unangenehmsten empfundenen Eingriffe in die Unverletzlichkeit der Wohnung"[157] aufgehoben. Der Abbau wurde fortgesetzt, indem 1926 Geschäftsräume von den Gesetzen befreit wurden, und ebenso teuere Wohnungen, die in der Regel zugleich die großen Wohnungen waren. 1930 bestand die eingeschränkte Wohnungsmangelwirtschaft nur noch in Gemeinden über 8.000 Einwohner.

b. Die kommunale Wohnungsmangelpolitik in Frankfurt am Main

Um die Unterschiede der lokalen Wohnungsmärkte angemessen zu berücksichtigen, erhielten die Gemeinden im Wohnungsmangelgesetz weitreichende Gestaltungsmöglichkeiten zugesprochen, um den bestehenden Wohnraum zu sichern und den Wohnungsmangel gesellschaftlich auszugleichen. Während Bestimmungen zur Erhaltung bestehenden Wohnraums ohne öffentliche Eingriffe umgesetzt werden konnten, führte die „sachgemäße Verwendung des vorhandenen Wohnraums zugunsten der Wohnungssuchenden" (Scheidt)[158] zu Zwangsmaßnahmen. Diese konnten jedoch nur in sogenannten „Wohnungsnotstandbezirken", die vorher von der Aufsichtsbehörde (Staatskommissar für Wohnungswesen/Regierungspräsident) als solche anerkannt werden mußten, durchgeführt werden. Vollzugsbehörden des Wohnungsmangelgesetzes waren die kommunalen Wohnungsämter.

Um die empfundene Wohnungsnot zu lindern und möglichen sozialen Spannungen entgegenzuwirken, strebte der Magistrat Frankfurts Anfang 1919 zunächst danach, einerseits kurzfristig neuen Wohnraum für Wohnungssuchende durch die öffentliche Inanspruchnahme von Wohnräumen zu gewinnen, andererseits aber den bestehenden Wohnungsmangel nicht durch weitere Zuzüge nach Frankfurt zu verschärfen. Auf Antrag des Frankfurter Magistrats erkannte der Staatskommissar für Wohnungswesen am 30. März 1919 an, daß im Bezirk Frankfurt am Main ein besonderer „Wohnungsnotstand" herrsche und somit außerordentliche Maßnahmen gegen den Wohnungsmangel getroffen werden könnten.[159] Kraft der Bekanntmachung des Bundesrates über Maßnahmen gegen den Wohnungsmangel und aufgrund der Er-

---

157 Ebenda, S. 79/80.
158 Scheidt, Der Wiederaufbau der Wohnungswirtschaft, S. 354.
159 Frankfurt wurde wahrscheinlich als erste preußische Stadt zum Wohnungsnotstandsbezirk ernannt. Diese Einordnung war allerdings bereits in mehreren süddeutschen Städten getroffen worden (z.B. München, Stuttgart, Karlsruhe und Mannheim). Vgl. Luppe an Hausbesitzerbund, 7.4.1919. In: StA Ffm. Akten der StVV Sig. 437.

mächtigung des Staatskommissars erließ der Magistrat am 17. Juli 1919 bzw. am 7. September 1919 Anordnungen betreffend Zwangseinmietungen.[160]

Die kompensatorische Maßnahme gegen den lokalen Wohnungsmangel, die befristete Zuzugssperre, wurde zunächst vom Staatskommissar für Wohnungswesen abgelehnt. Aufgrund eines erneut gestellten Antrags des Magistrats wurde schließlich doch eine befristete Zuzugssperre bis zum 15.7.1919 verhängt. Mietverträge waren mit Zuziehenden nur möglich, wenn das Mieteinigungsamt bzw. das Wohnungsamt diese vorher genehmigte.[161]

Zur Verdeutlichung der ausgesprochen komplizierten Praxis der kommunalen Wohnungsmangelpolitik werden zunächst drei Fallbeispiele dargestellt, die in der sozialdemokratischen Presse („Volksstimme") publiziert wurden. Diese sollen die Möglichkeiten, aber auch die Grenzen der kommunalen Inanspruchnahme von Wohnräumen zugunsten Wohnungssuchender verdeutlichen.

Die „Volksstimme" berichtete im Sommer 1923 von einem aufsehenerregenden Prozeß, der vor einer Strafkammer in Frankfurt a. M. verhandelt wurde. Nach Ansicht des Reporters verdeutlichte dieser Prozeß, „mit welchen Schwierigkeiten und Widerwärtigkeiten Beamte des Wohnungsamtes rechnen müssen, wenn es sich um die berechtigte Räumung beschlagnahmter Räume dreht."[162] Außergewöhnlich war nicht die Absicht des Wohnungsamtes, am 27.12.1922 ungenutzte Mansardenzimmer für Wohnungssuchende zu beschlagnahmen, und als deren Folge die Ausnutzung aller rechtlichen Möglichkeiten des Hausbesitzers, diesen einschneidenden öffentlichen Eingriff in die freie Verfügung über privaten Wohnraum zu verhindern, sondern der spektakuläre Widerstand der Betroffenen (Verfügungsberechtigten) gegen diese Zwangsmaßnahme. Bereits am 2. November 1920 hatte das Wohnungsamt vier Mansarden im Haus des Fischhändlers Scheuermann am Wiesenhüttenplatz 32 beschlagnahmt. Zwei dieser Mansarden wurden vom Hausbesitzer genutzt, die beiden anderen von der Familie M. Gegen die Beschlagnahmung der Mansarden erhob der Hausbesitzer Einspruch. Diesen Einspruch begründete er mit dem beabsichtigten Aufbau eines weiteren Stockwerkes und somit der Schaffung neuen Wohnraums. Da aber die in Aussicht gestellte Aufstockung nicht erfolgte, kam es am 17.1.1922, also über ein Jahr später, zu einer „Bestätigungserkenntnis des Mieteinigungsamtes". Die Frist zur Räumung der Mansarden wurde „kulanterweise", wie bei der späteren Gerichtsverhandlung betont wurde, nochmals bis zum 16. Juni verlängert. Schließlich verordnete das Wohnungsamt eine Zwangsräumung zum 27. Dezember 1922. Am Morgen des anberaumten Räumungstermins rief die Ehefrau des Hausbesitzers beim Wohnungsamt an und teilte mit, daß die Räumung nicht erfolgen könne, da sie und

---
160 Die Mieterschutzbestimmungen von Frankfurt am Main (o.J.; 1919), S. 32-36.
161 Bereits Ende Juli 1919 wurde durch eine Reichsverordnung das Recht des „lokalen" Demobilmachungskommissars aufgehoben, solche Verordnungen erlassen zu können, und an die Zentralbehörde delegiert.
162 Volksstimme (Frankfurt a.M.), Nr. 141, 20.6.1923.

ihr Sohn Gustav, ein Student der Staatswissenschaften, wegen einer Heiratsangelegenheit verreisen müßten. Das Wohnungsamt bestand aber ungeachtet dessen auf einer Räumung. Zwei beauftragte Vollstreckungsbeamte und fünf Arbeiter konnten das Haus aber nicht betreten, da es verschlossen war. Deshalb mußte ein Schlosser hinzugerufen werden. „Wie die Beamten einmütig bekundeten, erlebten sie bisher bei keinem Vorgehen derartiges wie hier. Mutter und Sohn ließen niemand herein [...]. ‚Wer hier hereinkommt, den schieße ich nieder', soll die Frau in ihrer durch nichts gerechtfertigten Aufregung", so der Berichterstatter der „Volksstimme", gesagt haben. „Auf ihre Aufforderung einmal zu schießen, *schoß der Sohn scharf.* Die Kugel durchschlug die Laterne, daß die Scheiben klirrten, es war reiner Zufall, daß niemand getroffen wurde. *Polizei* wurde jetzt herbeigeholt und schließlich gelang es den vereinten Kräften, in das Besitztum einzudringen. Gegen die Beamten fielen auch beleidigende Worte, wahrscheinlich aus dem Munde des nicht angeklagten 2. Sohns, der ebenfalls Student ist. Als Arbeiter sich anschickten, die Mansarden zu räumen, sagte ihm die Angeschuldigte, sie würde ihn die *Treppe hinabwerfen,* wenn er es wagen sollte, etwas runterzutragen. Erst als Herr S. erschien – er war an dem Vormittag ausgegangen – wurde die Situation für die Beamten besser." Besonders empörte sich der Reporter über die Nutzung der beschlagnahmten Mansarden. „Auf Grund der hartnäckigen Verteidigung der Mansardenräume hätte man auch annehmen sollen, daß diese voller Hausrat steckten und nicht zu entbehren waren, aber wie verblüfft mochte man sein, als man in der einen Mansarde weiter nichts wie faule *Äpfel und Birnen,* in der anderen ein altes unbenutztes Bett fand." (Hervorhebungen i. Org., GK). Der Vorsitzende des Gerichts hielt Frau S. vor: „Da laufen so und so viele Mitbürger herum und wissen nicht wo unterkommen und Sie erdreisten sich, die Behörden zu sabotieren. Aber das ist die moderne Ichsucht, die nur sich kennt."[163] Das Gericht verurteilte Frau Scheuermann zu einer Million Mark Geldstrafe – ein Indikator für den Fortgang der Geldentwertung[164] – und ihren Sohn Gustav Scheuermann zu einer zweiwöchigen Gefängnisstrafe. Zudem beantragte der Magistrat beim Rektor der Universität, alle zulässigen disziplinarischen Maßnahmen gegen den immatrikulierten Studenten Gustav Scheuermann einzuleiten, da dieser Vollstreckungssekretäre des Wohnungsamtes beschossen habe, die „mit der Durchführung der im Interesse der Wohnungssuchenden notwendigen Maßnahmen"[165] betraut waren.

---

163 Alle Zitate in diesem Abschnitt in: Volkstimme (Frankfurt a.M.), Nr. 141, 20.6.1923.
164 Im November 1922 betrug der Gegenwert eines Dollars 7000 Mark, Ende Januar 1923 50.000 M., im Juni 1923 bereits 100.000 M.und im Juli 1923 350.000 M. (Der Prozeß fand am 20.6. 1923 statt). Henning, Friedrich-Wilhelm: Das industrialisierte Deutschland 1914 bis 1978. 5. Aufl., Paderborn u.a. 1979, S. 65-66.
165 Magistrat an Rektor der Frankfurter Universität; 8.1.1923; StA Ffm., MA T 809/I. Der Student Gustav Scheuermann wurde später exmatrikuliert.

Das zweite Fallbeispiel soll die Schwierigkeiten des Wohnungsamtes verdeutlichen, Räume eines bewohnten Hauses zu beschlagnahmen. In der Guiollettstraße, im Frankfurter Westend, besaß eine Witwe, deren Mann Direktor eines größeren Industrieunternehmens gewesen war, ein Haus. Es enthielt neben Küche und Badezimmer 16 Räume, hiervon 11 Wohnräume und 5 Mansarden. Bewohnt wurde es von der Hausbesitzerin, ihren beiden Söhnen (Jurastudent und Kaufmann), einer Köchin und zwei Hausmädchen. Außerdem wurde ein Zimmer einem „53jährigen Fräulein ohne Beruf" und ein anderes einem Angestellten überlassen. Das Wohnungsamt vertrat nun die Auffassung, daß zwei Zimmer und eine Küche für einen Wohnungssuchenden freigemacht werden müßten, da die vier Zimmer im Obergeschoß nur mit Kunstgegenständen ausgestattet seien und die Hausbesitzerin keinen gewerblichen Kunsthandel betreibe. Die sozialdemokratische „Volksstimme" schrieb zu dieser Beschlagnahmeabsicht: „Aber kaum hatte das Wohnungsamt die Beschlagnahme von zwei Räumen in dem Hause verfügt, so kam auch alsbald die übliche Beschwerde gegen die Beschlagnahmeverfügung."[166] Im Auftrag der Hausbesitzerin erhob der Stadtverordnete und Justizrat Hertz Einspruch gegen diese Verfügung, da diese nach Auffassung seiner Mandantin durchaus ungerechtfertigt sei, denn die beiden beschlagnahmten Räume müßten zur Aufbewahrung der Kunstgegenstände reserviert bleiben. Zur Unterstützung seiner Argumentation legte er mehrere Gutachten autorisierter Kunstsachverständiger bei. Die Angelegenheit wurde schließlich vor dem Mieteinigungsamt verhandelt. Das MEA unter Vorsitz des Magistratsrats Eberlein entschied nach einem Bericht der „Volksstimme" folgendermaßen: „Nachdem es [das MEA, GK] eine Besichtigung der ganzen Liegenschaft vorgenommen hatte und zu der Überzeugung gekommen war, daß die Räume im Parterre, zweiten Obergeschoß und Dachgeschoß für die Hauseinwohner unentbehrlich seien, prüfte es die Frage, ob ein Teil der Räume für Familie Ullmann unentbehrlich sei, und es sagte, das hänge von der Frage ab, ob es statthaft erscheine, bei der heutigen Wohnungsnot zum Wohnen geeignete Räume zur Aufbewahrung und Aufstellung von Kunstschätzen zu benutzen. ‚Unter Berücksichtigung des Umstandes, daß die Familie Ullmann schon seit vielen Jahren die Räume des ersten Stockes zu dem erwähnten Zwecke benutzt, hat die Kammer die gestellte Frage *bejahen* zu müssen geglaubt.' Damit war die Frage entschieden und die vom Wohnungsamt veranlaßte *Beschlagnahmung* wurde *aufgehoben*."[167] Empört stellte der Reporter der „Volksstimme" fest: „Die Aufstellung von Kunstgegenständen war dem Mieteinigungsamt wichtiger wie die Schaffung von Wohnräumen für notleidende Wohnungssuchende." Es könne „die Öffentlichkeit erkennen, wie recht das Wohnungsamt hat, wenn es behauptet, daß es gerade die *reichen Leute* sind, die in der Hergabe von überflüssigen Wohnräumen die allergrößten Schwierigkeiten machen, und be-

---

166 Volksstimme (Frankfurt a.M.), Nr. 55, vom 6.3.1923.
167 Ebenda.

dauerlicherweise werden sie vom Mieteinigungsamt in diesem Verhalten, wie die Entscheidungen zeigen, unterstützt."[168] (Hervorhebungen i. Org. GK). Zum Vorgang der angestrebten Zwangseinmietung nahm der Vorsitzende des in diesem Fall tätigen Mieteinigungsamtes, Magistratsrat Eberlein, bereits drei Tage später – nachdem in der Presse davon berichtet worden war – ungewöhnlicherweise Stellung. Zwar betonte er, daß er sich auch einer vorgesetzten Stelle gegenüber nicht zu rechtfertigen habe, aber er wolle trotzdem zum Vorwurf der Bevorzugung reicher Leute bei der Zwangseinquartierung Stellung nehmen, „um nicht den Schein aufkommen zu lassen, als habe die Kammerentscheidung das Licht des Tages zu scheuen". Er wertete den Sachverhalt folgendermaßen: „Bei der Besichtigung des Hauses Guillettstraße 34 konnte ich mich des Eindruckes nicht erwehren, daß das Innere des Hauses hinsichtlich Zahl und Größe der Räume nicht das hält, was das Äußere verspricht. Der in gleichem Niveau mit dem Garten gebaute Parterrestock enthält außer der Küche drei Räume; der eine ist an einen Arbeiter abgegeben, der zweite ist der Aufenthalts- und Studierraum der beiden erwachsenen Söhne, der dritte mit auf die Wände gemalten Bildern von Thoma kann als Dauerwohnraum nicht angesehen werden, er ist mit Plättchen belegt und offenbar schon bei der Erbauung des Hauses als Durchgangsraum zum Garten gedacht. Im Parterre verbleibt sonach für Familie Ullmann nur ein Zimmer. Das zweite Obergeschoß hat drei Zimmer. Alle drei werden als Schlafräume für Frau Ullmann und die beiden Söhne genutzt. Die Zimmer sind von kleiner bis mittlerer Größe; von Raumluxus kann keine Rede sein. Von dem einen Zimmer ist durch ein Bretterverschlag ein kleinerer Vorraum abgetrennt, der nicht als selbständiges Zimmer angesprochen werden kann, schon mit Rücksicht darauf, daß der im Vorraum stehende einzige Heizkörper das ganze Zimmer beheizen muß. Familie Ullmann verfügt somit im II. Stock über 3 Zimmer. Im Dachgeschoß liegen drei Kammern von normaler mittlerer Größe für die drei Hausangestellten, ein an eine Dame vermieteter Raum, eine vollgepfropfte Abstellkammer ohne unmittelbaren Ausgang zum Treppenhaus und ein Wäschetrockenraum, der um ein Vielfaches kleiner ist als der Wäschetrockenraum in einem normalen Mietshause. Das umstrittene erste Obergeschoß enthält vier Räume, nämlich ein Speisezimmer, ein Wohn- und Musikzimmer, einen Salon und einen ursprünglich wohl als Herrenzimmer gedachten Raum. Von diesen vier Räumen müßten der Familie Ullmann bei der Beschränktheit der anderen Geschosse das Speisezimmer und das Wohnzimmer zugebilligt werden. Mit dem einen Zimmer im Erdgeschoß und den drei Schlafzimmern im zweiten Geschoß hätte die Familie sechs Wohn- und Schlafräume, was bei der Art der Haushaltsführung und der sozialen Stellung der Familie Ullmann und ihren Söhnen wohl nicht als übermäßig bezeichnet werden kann. Das Speisezimmer und das Wohnzimmer sind mit Kunstgegenständen – ‚Holzplastiken und seltensten Porzellanen' – bestellt, besonders aber ist der Salon mit zahlreichen Porzellanen in eigens hierzu angefertigten

---

[168] Ebenda. Vgl. Kap. IV (Das Sozialdemokratische Wohnungsamt und der bürgerliche Magistrat).

Schauschränken angefüllt, das Herrenzimmer ganz zum Ausstellungsraum umgewandelt. Die Erfassungskommission des Wohnungsamtes glaubte nun, daß alle Kunstgegenstände in zwei Räumen des ersten Stockes untergebracht werden könnten. Daß das nicht möglich ist, ohne die Kunstschau in ein Magazin zu verwandeln, hätte ich auch ohne die Gutachten des bei der Besichtigung und der Verhandlung anwesenden Universitätsdozenten entscheiden können." Zudem, so führte Eberlein aus, wären nur zwei Zimmer freigeworden, die nicht als Wohnung, sondern nur als unmöblierte Räume dem Wohnungsamt zur Verfügung gestanden hätten. „Der einzige Weg zur Freimachung von Räumen zu Gunsten des Wohnungsamtes wäre gewesen, Frau Ullmann zur Abgabe ihrer Sammlung an ein Museum zu bewegen. Ich habe bei der Verhandlung nicht versäumt, auf diesen Weg hinzuweisen; Frau Ullmann hat abgelehnt." Ein weiterer Punkt sei die Frage, wer bezüglich der Kunstgegenstände die Haftung übernehmen sollte. Abschließend kam der MEA-Vorsitzende zum Ergebnis, daß keineswegs eine Bevorzugung reicher Leute bei der Zwangseinmietung erfolge. „Wenn das Wohnungsamt in allen Häusern zum Alleinbewohnen, die bei gleicher Raumzahl von weniger Personen bewohnt werden als das Ullmann'sche Haus, mit Beschlagnahmungen vorgehen wollte, so könnte sicher in Frankfurt noch manches Ersprießliche geschaffen werden."[169]

Das dritte Fallbeispiel hat die Beschlagnahme von mehreren Zimmern zum Gegenstand. Nach einer Besichtigung durch eine Beschlagnahmekommission wurden in der Bockenheimer Landstraße, in einem „schönen Haus mit 19 Zimmern", sechs Zimmer und eine Küche als „beschlagnahmefähig" befunden. „Auch hier erfolgte sofort der übliche Einspruch," so die „Volksstimme", „weil Herr Mössinger den Standpunkt vertrat, daß er die leeren Räume nicht an eine Familie, sondern an einzelne Personen vermieten müsse, um auf diese Weise eine größere Einnahme zu erziehen." Auch in diesem Fall wurde eine Entscheidung durch das Mieteinigungsamt herbeigeführt. Das Mieteinigungsamt wies zwar den Einspruch ab, entschied aber, daß der Hausbesitzer die sechs Zimmer, möbliert oder unmöbliert, an Wohnungssuchende zu vermieten habe und diese aus der Dringlichkeitsliste aussuchen könne. „In der Begründung dieses von Herrn Rechtsanwalt Dr. Theodor Auerbach gefällten Urteils wird ausdrücklich erklärt, daß es der Billigkeit entspreche, dem Beschwerdeführer zu gestatten, die beschlagnahmten Räume möbliert zu vermieten, da er sie bisher mit seinen Möbeln ausgestattet untervermietet habe."[170] Kritisiert wurde diese Entscheidung durch die sozialdemokratische Presse insbesondere deshalb, weil es sehr schwer werden würde, unter den bestehenden wirtschaftlichen Bedingungen einen Mieter zu finden, „denn Herr Mössinger verlangt selbstverständlich für die möblierten Räume einen außerordentlich hohen Mietzins, der es ihm ermöglichen soll, als Privatier standesgemäß zu leben."[171]

---

169 Stellungnahme von Magistratsrat Eberlein vom 9.3.1923. StA Ffm., MA T 823/I.
170 Ebenda.
171 Ebenda.

Während bei der Beschlagnahme von unbewohnten Mansardenzimmern – das erste Fallbeispiel – keine lokalen Sondervollmachten erforderlich waren, war eine Beschlagnahme von Teilen einer bewohnten Wohnung, die im Verhältnis zur Zahl ihrer Bewohner als übergroß galten – zweites und drittes Fallbeispiel – nur in den anerkannten Wohnungsnotstandsbezirken möglich. Die Beschlagnahme der unbewohnten Mansardenzimmer stellte, ungeachtet des spektakulären Verlaufs, daher keine außergewöhnliche kommunale Maßnahme gegen den Wohnungsmangel dar.

Um überhaupt Kenntnis von der „Fehlbelegung" bzw. Fremdnutzung der Mansarden zu erhalten, mußte eine Wohnungsuntersuchungskommission des Wohnungsamtes zuerst die Mansardenzimmer besichtigen und „erfassen". Da keine freiwillige Übereinkunft zwischen dem Hausbesitzer und dem Wohnungsamt über eine Mieterzuweisung erzielt werden konnte, verfügte das Wohnungsamt die Beschlagnahme der Mansardenzimmer. Der Hausbesitzer erhob gegen diese Maßnahme Einspruch. Dieser wurde bei dem paritätisch besetzten Mieteinigungsamt, dem Hausbesitzer und Mietervertreter angehörten, behandelt. Verfügungsberechtigte einer Wohnung konnten durch die Gemeindebehörden angewiesen werden, einem Beauftragten des Wohnungsamtes Auskunft über unbenutzte Wohnungen und Räume sowie über deren Vermietung zu erteilen und ihm die Besichtigung zu gestatten. Als unbenutzt galten Wohnungen und Räume, die völlig leer standen oder nur zur Aufbewahrung von Sachen dienten. Eine öffentliche Inanspruchnahme war dann möglich, wenn dem Verfügungsberechtigten eine andere Aufbewahrung ohne Härte zugemutet werden konnte.[172] Zum Zeitpunkt der Beschlagnahme der Mansardenzimmer am Wiesenhüttenplatz 32 galt die revidierte lokale „Bekanntmachung über die Maßnahmen gegen den Wohnungsmangel" vom 10. März 1920.[173] In ihr war eine „Notfrist" von einer Woche festgelegt, in der dem Verfügungsberechtigten ein Einspruch gegen die Beschlagnahme offen stand. Dieser mußte dann vom Schlichtungsausschuß des Wohnungsamtes erörtert werden. Da der Fischhändler S. als Hausbesitzer eine Aufstockung des Hauses und damit die Gewinnung neuen Wohnraums in Aussicht stellte, konnte ein Moratorium bewirkt werden. In diesem Fall wäre auch ein sogenanntes Ablösungsverfahren möglich gewesen. Da aber die erforderlichen Baumaßnahmen vom Hausbesitzer nicht eingeleitet wurden, vermutete das Wohnungsamt, was nahelag, nur eine Verzögerung der zwangsweisen Einmietung durch die kommunale Wohnungsvergabestelle. Deshalb bewirkte das Wohnungsamt wiederum eine „Bestätigungserkenntnis beim Mieteinigungsamt". In der Verhandlung wurde von der

---

172 RGBl. 1918, S. 1143.
173 Mit dieser Bekanntmachung über die Maßnahmen gegen Wohnungsmangel traten folgende Bestimmungen außer Kraft: Bekanntmachungen vom 10.3.1919, vom 7.4.1919, vom 17.7.1919, vom 31.7.1919, vom 16.8.1919, vom 1.9.1919, vom 16.10.1919, vom 17.11.1919, vom 7.11. 1919 und 11.12.1919. Die Bekanntmachung vom 11.8.1919 blieb aufrechterhalten. In: Anzeige-Blatt der städtischen Behörden zu Frankfurt am Main. 7.3.1920, S. 55-57. Diese kurzfristig aufeinander folgenden Bekanntmachungen verdeutlichen den ausgesprochen reaktiven Charakter der Wohnungspolitik.

Schlichtungsstelle (MEA) die Frist zur Räumung der Mansarden nochmals bis zum 16. Juni verlängert. Als auch dieser Termin verstrich, ordnete das Wohnungsamt ein halbes Jahr später die oben beschriebene Zwangsräumung an.

Wesentlich komplizierter als die öffentliche Inanspruchnahme leerstehender selbständiger Räume oder Wohnungen gestaltete sich die Beschlagnahme von Teilen einer selbständigen, bewohnten Wohnung. Da die gesetzlichen Bestimmungen, die erst durch die Ermächtigung des Staatskommissars für Wohnungswesen wirksam geworden waren, bewußt sehr offen gehalten wurden – es wurden jene Wohnungen genannt, die im Verhältnis zur Zahl ihrer Bewohner übergroß waren, ohne jedoch das Verhältnis der Räume zu den Bewohnern eindeutig zu definieren –, erhielten sowohl die Wohnungsbeschlagnahme-Kommissionen (Wohnungsamt) als auch die Gremien der korporativen Interessenregulierung (Mieteinigungsamt) variable Gestaltungsmöglichkeiten zugesprochen. Diese Gremien wurden zwar durch die Selbstverwaltungsorgane (Magistrat und Stadtverordnetenversammlung) vorgeschlagen und gewählt, ihre Entscheidungsfindungen waren jedoch unabhängig. In Frankfurt wurde den Beschlüssen der Schlichtungsgremien kein starrer Maßstab zugrunde gelegt, sondern, wie in der Begründung des Vorsitzenden des Mieteinigungsamtes am Beispiel der Familie Ullmann angeführt, die „Art der Haushaltsführung und soziale Stellung der Familie" berücksichtigt. Die öffentliche Intervention in die private Sphäre wurde somit einerseits durch staatliche Genehmigungen (Staatskommissar für das Wohnungswesen/Regierungspräsident) legitimiert, andererseits gesellschaftlich reguliert. Um den Vorrang bürgerlichen Wohnens – das Leben in einer abgeschlossene Familienwohnung – zu gewährleisten, waren jedoch Beschlagnahmungen von Teilwohnungen nur dann statthaft, wenn einzelne Räume sich ohne erhebliche bauliche Veränderungen zu räumlich und wirtschaftlich selbständigen Wohnungen abtrennen ließen. Dies war nach Auffassung des Mieteinigungsamtes im Haus der Familie Ullmann trotz des vorhandenen „Raumüberflusses" nicht möglich. Die Praxis der Beschlagnahmung von Teilräumen zu selbständigen Wohnungen wurde auch dadurch gehemmt, daß deren Umbau zu Lasten der Gemeinde und nicht des Hausbesitzers erfolgte. Wie die beiden Fallbeispiele des weiteren zeigen, war trotz der offenen lokalen Handlungsmöglichkeiten der Modus der öffentlichen Inanspruchnahme klar geregelt, und er kann nur bedingt als Enteignung oder Vergesellschaftung aufgefaßt werden. Wurden ungenutzte Räume vom Wohnungsamt als für Wohnzwecke geeignet eingestuft, so konnte der Verfügungsberechtigte (Mieter oder Hausbesitzer) innerhalb einer angemessenen Frist mit einem vom Wohnungsamt bezeichneten Wohnungssuchenden einen Mietvertrag abschließen, ohne daß also eine vorherige Beschlagnahme erfolgte. In der Regel kam es aber zunächst zu einer Beschlagnahme ohne eine Zuweisung (abstrakte Beschlagnahme), wobei die Nutzung der Wohnung (also nicht die Wohnung selbst) der bürgerlich-rechtlichen Verfügung des Inhabers entzogen und die Wohnung für Zwecke der Allgemeinheit bereitgestellt wurde. Dem Verfügungsberechtigten wurden nun mehrere Wohnungssuchende (in Frankfurt zunächst zwei 2 Personen, später zeitweise sogar 8 Personen) zur Auswahl zugewiesen (spezielle Beschlagnahme). Kam es innerhalb einer Frist jedoch nicht zu einem Mietvertrag, so konnte das Wohnungsamt einen Zwangsmietvertrag anordnen. Gegen den Willen eines Wohnungssuchenden war kein Abschluß eines Zwangsmietvertrages möglich.[174] Ein Beispiel für diesen Modus ist der Fall des Hausbesitzers Mössinger, in dessen 19-Zimmer-Haus sechs Zimmer und eine Küche beschlagnahmt wurden (abstrakte Beschlagnahme), ihm also die Verfügungsberechtigung über diese Räume entzogen wurde. Gleichwohl konnte er aber Wohnungssuchende aus der Dringlichkeitsliste des Wohnungsamtes aussuchen und die beschlagnahmten Räume – sehr zum Mißfallen der „Volksstimme" – als möblierte Zimmer vermieten. Diese spezielle Beschlagnahme schränkte also die Verfügungsbefugnis nur insofern ein, als der Besitzer die Wohnräume zugunsten registrierter Wohnungssuchender zu vergeben hatte. Die Debatte um die Beschlagnahme von Teilen der Ullmannschen Wohnung ist auch in anderer Hinsicht interessant. Aufgrund der relativen Autonomie der städtischen Beschlagnahmung und der gesellschaftlichen Entscheidungsorgane stieg die Bedeutung der Kontrollfunktion öffentlicher Medien. Insbesondere die lokale Presse übte diese aus und förderte die Sensibilisierung der städtischen Öffentlichkeit für wohnungspolitische Fragen.

Nachdem die liberale „Frankfurter Zeitung", die zeitweise ein öffentliches Forum für Kritiker des Wohnungsamtes ermöglichte, im Stadtblatt einen Artikel abgedruckt hatte („Wie man zu einer Wohnung kommt"), antwortete die sozialdemokratische „Volksstimme", die die Tätigkeit des „sozialdemokratischen" Wohnungsamtes stets vorbehaltlos verteidigt hatte, mit einem Gegenartikel („Wie das Wohnungsamt an Wohnungen kommt"). Während die „Frankfurter Zeitung" die Inkompetenz des jungen Wohnungsamtes beklagte, berichtete die „Volksstimme" von den Bemühungen dieses Amtes, die aber aufgrund der gemutmaßten Bevorzugung wohlhabender Personen behindert würden. Als Beleg ihrer Kritik druckte die „Volksstimme" die genannten Fallbeispiele ab.

Die polarisierte Debatte zwischen der „Frankfurter Zeitung" und der „Volksstimme" verdeutlicht beispielhaft die noch sehr unstetige und von Mißtrauen geprägte Kooperation zwischen liberalem Bürgertum und sozialdemokratischer Arbeiterschaft. Einerseits klingt die Skepsis der bürgerlichen Presse gegenüber dem in der Kommunalverwaltung unerfahrenen sozialdemokratischen Dezernenten des Wohnungsamtes Zielowski an, andererseits die uneingeschränkte Unterstützung des „sozialdemokratischen" Wohnungsamtes durch die Parteipresse. Die in der sozialdemokratischen Presse angeführten Beispiele sollten die enormen Bemühungen des Wohnungsamtes

---

174 So lehnte beispielsweise ein Kaufmann, trotz seiner Wohnungsnot, eine Zuweisung ins Altstadtquartier Sachsenhausens entrüstet ab: „Ich bemerke noch, daß ich Wohnstätten wie Klappergasse, Vogelgesanggasse usw., die das Wohnungs-Amt meiner Frau scheinbar scherzweise aufgeben hat, nicht annehme, da ich meinem Berufe als Kaufmann zufolge, wohl mindestens eine andere Wohnstätte beanspruchen darf." Schreiben Bührmann an Kanzlei der StVV v. 24.4.1921. StA Ffm., Akten der StVV Sig. 437.

belegen, „überflüssigen" Wohnraum für Wohnungssuchende durch eine öffentliche Inanspruchnahme zu gewinnen. Der Wandel von der Klassengesellschaft zur offenen demokratischen Gesellschaft vollzog sich – der öffentliche Diskurs in der lokalen Presse verweist hierauf – nur langsam und uneinheitlich. Weiterhin verdeutlichen die Fallbeispiele, daß die Organe der korporativ strukturierten Selbstregulierung unabhängig entschieden und sich durchaus Interessenkonflikte gegenüber dem städtischen Wohnungsamt herausbildeten.

Zum Ausgleich des Grundkonflikts, einerseits im öffentlichen Interesse Wohnraum für Wohnungssuchende bereit zu stellen, andererseits die verfassungsrechtlich garantierte Unverletzlichkeit der privaten Wohnung zu schützen, wurde bei der Wohnraumbeschlagnahmung ebenfalls auf das bewährte Instrument der Schlichtungsausschüsse zurückgegriffen. In Frankfurt setzte sich der Schlichtungsausschuß (zuständig für Wohnungsbeschlagnahmungen) zunächst aus drei Vorsitzenden und 12 Beisitzern zusammen. Sämtliche Mitglieder wurden vom Magistrat ernannt und nicht, wie die Beisitzer des Mieteinigungsamtes, von der Stadtverordneten-Versammlung gewählt. Die Vorsitzenden mußten zum Richteramt befähigte Personen sein. Es wurde in der lokalen Satzung des Schlichtungsausschusses hervorgehoben, daß durch die Beisitzer sowohl die Interessen der Hauseigentümer, der Inhaber von Klein- und Großwohnungen als auch der Wohnungssuchenden vertreten sein sollten. Mitglieder des Wohnungsamtes durften, um Interessenkollisionen zu vermeiden, diesem Ausschuß nicht angehören.[175] Der Schlichtungsausschuß entschied nach „billigem Ermessen". Seine Entscheidungen waren unanfechtbar.[176] Im Dezember 1920 fand eine Reorganisation dieser Schlichtungsausschüsse statt. Um auch die organisatorische Unabhängigkeit der Schlichtungsbehörde von der Vollzugsbehörde der Wohnungsmangelwirtschaft – dem Wohnungsamt – zu betonen, wurden durch Magistratsbeschluß die Schlichtungsausschüsse des Wohnungsamtes aufgelöst, gleichzeitig aber die Vorsitzenden dieser Ausschüsse zu stellvertretenden Vorsitzenden des Mieteinigungsamtes ernannt. Zum Zeitpunkt des Einspruches des Fischhändlers Scheuermann war also das ebenfalls paritätisch besetzte städtische Mieteinigungsamt als schlichtende und rechtsprechende Instanz zuständig.

Zur Durchführung der Wohnungsmangelverordnung wurden in Frankfurt am Main zunächst sogenannte „Wohnungsuntersuchungs-Kommissionen" gebildet. Die Arbeit nahmen anfangs fünf Kommissionen auf, deren Anzahl aber kontinuierlich erhöht werden mußte (Ende 1919 bestanden 19 Kommissionen).[177] Jede Kommission setzte sich aus einem Beamten des Wohnungsamtes und sogenannten Begleitern zu-

---

175 Satzung für den Schlichtungsausschuß des Wohnungsamtes v. 23.3.1920. In: Anzeige-Blatt der städtischen Behörden zu Frankfurt am Main. S. 89. (MA T 796/IV).
176 Der Magistrat berichtete dem Regierungspräsidenten im April 1920 über die bisherige lokale Handhabung der Zwangseinmietung. In den ersten Monaten dieses Jahres wurden wöchentlich zwischen 25 und 40 Fälle bearbeitet. Brief des Mag. Ffm. an Reg. Präs. vom 28.4.1920; StA Ffm., MA T 819/I.
177 Brief des Mag. Ffm. an Reg. Präs. vom 10.10.1919. StA Ffm. MA T 796/IV.

sammen. Letztere sollten möglichst technisch vorgebildet sein und sowohl die Interessen der Hausbesitzer als auch die der Mieter vertreten. Da auch die Begleiter „ihre ganze Zeit und Arbeitskraft" dieser Tätigkeit widmeten, wurden sie angemessen bezahlt.[178] Aufgabe dieser Kommissionen war nicht nur die Wohnraumerfassung. Dazu gehörten auch gleichzeitige Verhandlungen mit den Verfügungsberechtigten über die Hergabe der Räume, die Übernahme der Kosten und den Zeitpunkt der Beziehbarkeit. Die jeweiligen Wohnungsuntersuchungs-Kommissionen wurden auf einzelne Stadtquartiere verteilt. Zunächst arbeiteten sie jedoch in jenen Stadtteilen, in denen ein „Wohnraumüberfluß" zu vermuten war, „sodann auf Grund einer Großwohnungsliste, die beim Rechneiamte aus den Steuerlisten ausgezogen wurde, endlich in den Liegenschaften, auf die sie durch Anzeigen hingewiesen" wurden.[179]

Zur Verdeutlichung der Tätigkeit der Wohnungserfassungskommission soll eine kollektive Beschwerde von etwa 30 Frankfurter Bürgern dargestellt werden. Diese beschwerten sich am 1. Dezember 1919 schriftlich beim Magistrat über die Tätigkeit der Wohnungserfassungskommission. In den nördlichen Vororten waren Nachbesichtigungen durchgeführt worden, die besonders den Unmut der Hausbesitzer erregten: „Schon wieder, zum Teil zum dritten Mal, hat die Zwangswohnungskommission ihres Amtes gewaltet, von den gequälten Besitzern der Einfamilienhäuser des Vorstadtviertels quasi wie Inquisatoren erwartet. [...] Diese willkürliche und ungerechtfertigte Behandlung der einzelnen Bürger, die besonders harte Heranziehung der mittelmäßig Begüterten, gegenüber den vermögenden und reichen Leuten, muß aufhören, besonders in einer Zeit, die Gerechtigkeit und Gleichheit auf ihr Banner schreibt. Wo bleibt diese Gerechtigkeit? Wir haben jedenfalls schon lange und ohne Widerstreben, den menschlichen Standpunkt vertretend, in der Not der Zeit mitzuhelfen, Einzelzimmer zur Verfügung gestellt und verlangen nichts anderes, als eine gerechte Behandlung der Wohnungsfrage."[180] Die Unterzeichner der Petition empörten sich insbesondere über die nach ihrer Auffassung willkürliche Abtrennung von Teilen der Wohnungen zu selbständigen Wohnungen. „Man beschlagnahmte für Familienwohnungen und zwar auch dort, wo man vorher nach wiederholter und ganz eingehender Besichtigung die in Frage kommenden Räumlichkeiten für Familienwohnungen als gänzlich ungeeignet bezeichnet hatte, Wohnungen, die bei einem einzigen Treppenaufgang nicht zu separieren und ohne Closet sind, [die keinen] geeigneten Raum zur Einrichtung einer Küche aufweisen. Man bestimmt einfach einen Wohnraum zur Küche, gleichgültig ob Tapete, Boden etc. ruiniert werden.

---

178 Die Vergütung der Kommissionsmitglieder unterschied sich deutlich von derjenigen der Beisitzer des MEA, die nur eine geringe Aufwandsentschädigung erhielten. Vgl. Brief WA an Magistrat v. 25.3.1919. StA Ffm., MA T 805.
179 Auszug aus dem Vortrag des Magistrats über die Wohnungsfrage und die Tätigkeit des Wohnungsamtes in Frankfurt a.M. (18.8.1919), S. 8, StA Ffm. MA T 819.
180 Brief an Magistrat, 23.12.1919, StA Ffm., MA T 805. Die Anzahl der Beschwerden, die sich in den Akten befinden, ist aber im Verhältnis zu den durchgeführten Zwangsmaßnahmen gering.

Auch da wurde die Wohnung als geeignet bezeichnet, wo in Anbetracht der baulichen Beschaffenheit der Anlage die Abtrennung eines geeigneten Kellerraumes unmöglich war."[181] Dieses Protestschreiben gibt die ambivalente Stimmung in der Bürgerschaft insofern eindrucksvoll wieder, da es zeigt, daß einerseits durchaus öffentliche Regulierungen (wenn vielleicht auch nur aus taktischen Erwägungen) akzeptiert, andererseits aber auch die individuellen Grenzen des Entgegenkommens benannt wurden. Außerdem verdeutlicht diese Beschwerde, daß die Interessenlage des Bürgertums durchaus fraktioniert war. Besonders empörten sich die Unterzeichner, die überwiegend dem Mittelstand zuzuordnen waren und in Einfamilienhäusern lebten, über Eingriffe in ihre Familienwohnungen, die sich, anders als in Mietshäusern oder großbürgerlichen Wohnungen, nur schwer zu selbständigen Wohnungen abtrennen ließen. Zwangseinmietungen fanden in etwa einem Drittel der Wohnungen der Beschwerdeführer statt. Mit Nachdruck wies Oberbürgermeister Voigt den Vorwurf zurück, die Kommission habe „willkürliche Maßnahmen" angeordnet. „Eine Bevorzugung der vermögenden und reichen Leute gegenüber den mittel Begüterten findet seitens des Wohnungsamtes keineswegs statt, vielmehr wird auf Grund einer objektiven unparteiischen Prüfung die Erfassung von Teilen benutzter, im Verhältnis zur Zahl ihrer Bewohner übergroßer Wohnungen als unentbehrlich bezeichneten Räume abgetrennt."[182] Als Grund für die Nachprüfungen wurde die Verabschiedung einer neuen Magistratsverordnung genannt (vom 1.9.1919), in der Richtlinien für die Erfassung von Räumen aufgestellt waren. „Es kommen für die Zwangseinmietung nur solche Objekte in Frage," so der Oberbürgermeister in seiner Stellungnahme, „bei denen nach vorausgegangener eingehender Prüfung der Sachlage die Erstellung einer selbständigen Wohnung – ohne Härten und ohne unverhältnismäßige Kosten zu verursachen – möglich ist. Räume, die als selbständige Wohnungen ungeeignet befunden werden, scheiden von vornherein aus. Auf Vorhandensein eines Abortes und Kellers, sowie auf Einrichtung einer Küche an zweckmäßiger Stelle wird besonders Gewicht gelegt."[183]

Damit eine „wünschenswerte Einheitlichkeit der Behandlung"[184] gewährleistet war, fanden allwöchentlich Konferenzen des leitenden Beamten des Wohnungsamtes mit den Führern der Kommissionen statt. Obwohl kein starres Schema erstellt werden sollte, wurden dennoch, um eine „objektive und unparteiische" Prüfung der Wohnräume zu ermöglichen, Richtlinien zur Abstimmung der Tätigkeit der verschiedenen Kommissionen erlassen.

Grundsätzlich wurde bei der Beschlagnahme zwischen drei Typen unterschieden: a. Räume, die sich für eine Vermietung an Familien eigneten; b. Räume, die für ein-

---

181 Brief an Magistrat, 23.12.1919, StA Ffm., MA T 805.
182 Brief OB Voigt an v. Klipstein v. 23.12.1919 (abgeschickt am 27.12.19). StA Ffm., MA T 805.
183 Ebenda.
184 Auszug aus dem Vortrag des Magistrats über die Wohnungsfrage und die Tätigkeit des Wohnungsamtes in Frankfurt a.M. 18.8.1919, S. 8, StA Ffm. MA T 791/I.

zelne Personen „dienstbar gemacht werden" konnten; c. Räume die erst nach Umbaumaßnahmen für Wohnzwecke genutzt werden konnten.[185] Eindeutig wurde die Priorität auf die Beschlagnahme von „Familienwohnungen" gelegt. Diese „werden dann zu gewinnen sein, wenn sie räumlich so getrennt werden können, daß gegenseitige erhebliche Störungen ausgeschlossen sind und die Möglichkeit besteht, eine Koch- und Spülgelegenheit zu beschaffen (z.B. in einer Waschküche oder einem Badezimmer)." In der Regel setzten diese neuen Familienwohnungen eine Nebentreppe voraus. „Die Frage, wieviel Zimmer der Wohnungsinhaber braucht, kann nur im Einzelfalle nach den besonderen Verhältnissen festgestellt werden. Die Prüfung muß ohne Voreingenommenheit, aber ohne übertriebene Rücksichtnahme auf zu weitgehende Sonderwünsche vorgenommen werden, weil es sich um eine vorübergehende Maßnahme handeln wird." Es wurde also von einer Definition des Raumbedarfs der Verfügungsberechtigten („rein mechanischer Maßstab") abgesehen. „Die Verhältnisse sind von Fall zu Fall zu untersuchen und unter gerechter und billiger Rücksichtnahme auf berechtigte Bedürfnisse des Wohnungsinhabers und seiner Familie zu beurteilen." Diese lokale Praxis befand sich in Übereinstimmung mit Vorstellungen des Reichsarbeitsministeriums, das in der Weimarer Republik nach Auflösung des Reichskommissariats für das Wohnungswesen zuständig war. Dieses warnte nachdrücklich davor, die Sozialgesetzgebung zu benutzen, um eine „Schematisierung des Wohnbedürfnisses und der Raumzuteilung" herbeizuführen, insbesondere sollte auf „Berufe oder sonstige Verhältnisse" Rücksicht genommen werden.[186] Trotz des Prinzips der individuellen Berücksichtigung erstellte wie gesagt, das Frankfurter Wohnungsamt, als „Anhaltspunkt" für die Beurteilung, ein Schema über die dem Wohnungsinhaber zu belassenden Räume. Als Grundstandard wurde genannt: die nötigen Schlafzimmer, wobei Kinder bis zu 12 Jahren „wohl zusammengelegt werden können"; Eßzimmer; „Arbeitszimmer des Herrn"; ein Wohnzimmer oder Kinderspielzimmer sowie ausreichende Räume zur Unterstellung der in den freiwerdenden Räumen befindlichen Möbel. Als entbehrlich wurden betrachtet: u.a. Fremdenzimmer, weitere Gesellschaftszimmer, Frühstückszimmer, Ankleidezimmer, Rauchzimmer, Nähzimmer und Billardzimmer. Außerdem wurde noch auf die Möglichkeiten hin-

---

185 Speziell für erforderliche Umbaumaßnahmen wurde die Abteilung für Wohnungserstellung (Afwer) im Wohnungsamt bzw. Hochbauamt eingerichtet. Begründet wurde diese gesonderte Bauabteilung im Wohnungsamt mit der beabsichtigten unbürokratischen und raschen Erledigung der Baumaßnahmen in Abstimmung mit anderen Abteilungen des Wohnungsamtes. „Die Organisation unserer Abteilung (Afwer) wurde in 1 1/2 jähriger Tätigkeit ausgebaut und erprobt und hat sich durchaus bewährt; sie basiert in der Hauptsache darauf, daß sie im Einvernehmen, ständiger Verbindung und ständigem direkten Verkehr mit fast allen Abteilungen des Wohnungsamtes arbeiten muß, wobei insbesondere bei Notwohnungen ein kompliziertes Vertragsverfahren zu erledigen ist und sowohl bei diesem, wie bei der Vergebung und Ausführung aller Bauausführungen, die Schnelligkeit der Erledigung die Hauptsache ist." Brief WA an Hochbauamt,15.11.1920, StA Ffm. MA T 796/IV. Anfang 1921 wurde die Afwer wieder dem Hochbauamt angegliedert, jedoch unter eigener Dienststelle (Abt. B), die auch dem Dezerneten des Wohnungsamtes zuarbeitete.
186 Glass, 30.3.1921, BA Potsdam, RAM, Wohnungsfürsorge 39.01, Act. 11024.

gewiesen, Dienstbotenräume und Fremdenzimmer im Dachgeschoß freizumachen und deren Insassen in der Stockwerkwohnung unterzubringen. „Mehrere solcher Mansarden vereinigt, können dann leicht eine Familienwohnung ergeben [vgl. Fallbeipiel über die Beschlagnahme der Mansarden des Fischhändlers Scheuermann]. Besondere Aufmerksamkeit sei in den Familienwohnungen, außer auf eine Kochstelle (Kohleherd oder Gasanschluß), auch auf das Vorhandensein eines eigenen Aborts zu legen. „Wo Familienwohnungen nicht geschaffen werden können, ist zu prüfen, ob einzelne Zimmer, namentlich möblierte, gewonnen werden können." (Fallbeispiel Mössinger). In einem gesonderten Punkt wurde nochmals auf die Berücksichtigung der individuellen Situation der Bewohner verwiesen: „Persönliche Verhältnisse, Kinderzahl, Krankheit, Alter, Beruf u.a. sind gebührend zu berücksichtigen." Die Untersuchungen sollten sich auch auf Dienstwohnungen in Staatsgebäuden oder Gebäuden anderer Körperschaften erstrecken.[187]

Anschaulich geben diese Richtlinien das Spannungsfeld der Beschlagnahme von privaten Wohnräumen wieder, das bereits in der Formulierung „ohne Voreingenommenheit, aber ohne übertriebene Rücksichtnahme" anklang: Der sozialpolitisch begründeten öffentlichen Verteilung vorhandenen Wohnraums stand das private Nutzungsrecht gegenüber, der individuellen Berücksichtigung des Wohnbedürfnisses die Tendenz der Schematisierung. Weder wurden diesen Richtlinien die normativen Mindeststandards der Wohnungsordnung zugrunde gelegt noch die Forderungen des Frankfurter Bürgervereins über den „normalen Wohnbedarf einer bürgerlichen Familie".

Die Konzeption der Beschlagnahmungskommission – Vorsitz durch einen Beamten des Wohnungsamtes, aber partitätische Besetzung der Beisitzerstellen – verweist darauf, daß die erheblichen Eingriffe in die private Wohnsphäre nicht bürokratisch, sondern gesellschaftlich reguliert werden sollten. Wie die Fallbeispiele verdeutlichen, standen zudem noch Beschwerdemöglichkeiten beim unabhängigen Mieteinigungsamt offen.

Wie diffizil die Arbeit der Wohnungserfassungskommissionen war und welches Mißtrauen ihnen entgegengebracht wurde, soll ein weiteres Fallbeispiel verdeutlichen, das einen scheinbar unbedeutenden Vorgang behandelt. Anlaß für eine Beschwerde über das Wohnungsamt war eine unangemeldete Besichtigung durch eine Wohnungserfassungskommission. Der Beschwerdeführer Heinrich Kleyer, Direktor der Adlerwerke, berichtete über folgenden Vorgang: „Heute Mittag den 16. Juni [1920, GK] erschienen bei mir in meiner Wohnung Hauffstr. 6 zwei Herren der Wohnungskommission, die sich als Mitglieder derselben durch Ausweiskarte auswiesen und fragten nach dem Haushaltungsvorstande. Da jedoch sowohl meine Frau, wie ich nicht zugegen waren, fragten sie das Dienstmädchen erst nach der Anzahl der Zimmer und Nebenräumlichkeiten und der Anzahl der Bewohner. Trotz Weigerung

---

187 Richtlinien für die Wohnungs-Untersuchung. StA Ffm., MA T 805.

des Mädchens, die sich dabei auf meine ausdrückliche Anordnung berief keine Auskunft zu geben, oder die Wohnung zu zeigen, verlangten sie neben obiger Auskunft die Besichtigung der Kammer- und Kellerräume, was dann auch geschah."[188] Kleyer, telefonisch herbeigerufen, machte der Kommission Vorhaltungen, daß die Besichtigung seiner Wohnung ohne vorherige Anmeldung erfolgt sei. Die Tatsache der Nichtanmeldung der Wohnungsbesichtigung und ein Telefongespräch Kleyers mit dem Wohnungsamt, das nach seiner Ansicht in „schroffer Form" seitens des Beamten erfolgte, waren Anlaß einer schriftlichen Beschwerde. In einer Stellungnahme des Wohnungsamtes wurde der Kommission, unter der Leitung des Architekten Bohl, korrektes Verhalten bei der Wohnungsuntersuchung bestätigt. Nachdem von den Hausangestellten die Hausbesichtigung verweigert worden war, versuchte die Kommission den Hausbesitzer telefonisch zu erreichen. Dies gelang „trotz mehrfachen Anrufens" nicht. „Hierauf wurde von der Besichtigung der Wohnräume Abstand genommen und die Besichtigung der Mansarden und Kellerräume, zwecks Anfertigung der erforderlichen Skizzen, (in Gegenwart der übrigen Verfügungsberechtigten), vorgenommen. Dies geschah im Einverständnis mit Ihrer Frau, die inzwischen zurückgekehrt war."[189] Eine Pflicht zur Anmeldung der Besichtigung, so das Antwortschreiben des Magistrats, bestand nicht. Dieser routinemäßige Vorgang spiegelt die „Atmosphäre" der Beschlagnahmung wider. Direktor Kleyer, ehemals maßgeblicher Mitbegründer der privatrechtlichen, aber an gemeinnützigen Kriterien orientierten Aktienbaugesellschaft Franken-Allee, beschwerte sich nicht über eine mögliche Beschlagnahme, sondern über die Nichtanmeldung der Besichtigung und über die Schroffheit der Auskunfterteilung durch das Wohnungsamt, die Kommission selbst argumentierte, so Kleyer, in „durchaus höflicher Weise". Daß der Hausbesitzer eine Wohnungsbesichtigung erwartete, ist aus der „ausdrücklichen Anordnung" an die Bediensteten zu entnehmen. Bemerkenswert ist jedoch auch, daß die Besichtigung nicht im Rahmen der systematischen Erfassung von Großwohnungen erfolgte, sondern „auf Grund einer Anzeige".[190] Denunziationen über den „Raumluxus", die auch in der lokalen Presse, aber zudem in der Stadtverordneten-Versammlung mehrfach erfolgten, verschärften zusätzlich das angespannte politische Klima. Das Wohnungsamt mußte, um nicht dem Vorwurf der Begünstigung Wohlhabender ausgesetzt zu werden, diesen Anzeigen nachgehen.

Trotz der individuellen Kritik und Resistenz der Betroffenen soll die Arbeit dieser Wohnraumerfassung-Kommissionen dennoch, so ein Bericht des Magistrats, beim Publikum „in der Mehrzahl der Fälle Verständnis und Entgegenkommen" gefunden haben.[191] Der Leiter des Wohnungsamtes Zielowski verwies 1922 darauf, daß es sich

---

188 Brief Kleyer an Magistrat, 16.6.1920, StA Ffm., MA T 803/I.
189 Entwurf des Schreibens Magistrat Ffm. an Kleyer, 23.7.1920. StA Ffm., MA T 803/I.
190 Ebenda.
191 Auszug aus dem Vortrag des Magistrats über die Wohnungsfrage und die Tätigkeit des Wohnungsamtes in Frankfurt a.M. 18.8.1919, S. 8. StA Ffm., MA T 819.

bei den bereits ausgeführten Besichtigungen vorwiegend um „größere Häuser mit überflüssigen Räumen bzw. übergroßen Wohnungen" handelte.[192] Kleinwohnungen wurden hingegen nicht berücksichtigt, da dort „keine großen Ergebnisse" zu erwarten waren. Erst im Frühjahr 1924 konnten die systematischen Hausbesichtigungen beendet werden. Abschließend wurden in einem Magistratsbericht für die Stadtverordneten-Versammlung folgende Zahlen über die ausgeführten systematischen Besichtigungen veröffentlicht:[193]

Tab. 3: Wohnungserfassung und kommunale Inanspruchnahme in Frankfurt am Main 1919-1924

	Wohnungen bzw. Zimmer
Gesamtzahl der Besichtigungen	27.686
darunter ohne Erfolg	23.686
Insgesamt sind hierbei beschlagnahmt worden:	
(Not-) Wohnungen	2.681
möblierte Zimmer	645
unmöblierte Zimmer	294
Mansarden	380
insgesamt	4.000

In Frankfurt am Main waren 1924 etwa 25.000 Häuser mit ca. 120.000 Wohnungen bewohnt. Das Wohnungsamt registrierte Anfang 1924 insgesamt 15.354 Wohnungssuchende; von diesen waren 8.707 als dringliche Fälle eingestuft. In Anbetracht des immensen Verwaltungsaufwands und der Schwere der Eingriffe in die private Sphäre waren die Ergebnisse dieser Zwangsmaßnahmen (2681 Familienwohnungen und 1319 Zimmer) jedoch ausgesprochen dürftig.

Das Ende der systematischen Erfassung fiel mit dem Beginn der Hauszinssteuer-Finanzierung zusammen. Maßnahmen im Rahmen der Wohnungsmangelgesetzgebung waren zwar weiterhin möglich, aber noch vor der „Lockerung der Wohnungszwangswirtschaft", die im Dezember 1924 in Preußen mit der Freigabe von möblierten Zimmern einsetzte, waren die Ressourcen für die öffentliche Inanspruchnahme bereits weitgehend erschöpft. Eine Aufhebung des „Wohnungsnotstands" konnte nicht mehr durch die öffentliche „Bewirtschaftung bestehenden Wohnraums", sondern nur durch einen großzügigen Wohnungsneubau erfolgen.

---

192 Bericht des Wohnungsamtes (Zielowski), 8.11.1922, StA Ffm., MA T 805.
193 Bericht des Magistrats an die StVV; 1919/20- 1923/24, S. 29.

Zur Durchführung der öffentlichen Wohnungsmangelwirtschaft waren erhebliche Anstrengungen erforderlich, um diejenigen Wohnungen zu erfassen, in denen sogenannter „Wohnraumluxus" herrschte. Allerdings existierte neben der öffentlichen Inanspruchnahme des „überflüssigen" Wohnraums auch ein verdeckter Handel mit Wohnungen oder deren unrechtmäßige Nutzung. Dabei waren die Grenzen zwischen Legalität und Illegalität häufig verwischt. Franz Joseph Jung schrieb 1924 in seiner wohnungspolitischen Dissertation: „Tatsache ist, daß ein Schleichhandel auf dem Wohnungsmarkt existiert." Hierfür führte er viele Möglichkeiten an: „Leerstehende oder leerwerdende Wohnungen werden dem Wohnungsamt nicht gemeldet, sondern selbständig sogenannten Schwarzmietern überlassen, bisherige Inhaber treten ihre Wohnungen gegen die Erstattung einer Abstandssumme und eventuell Überlassung einer anderen Unterkunftsmöglichkeit ohne Kenntnis des Wohnungsamts an neue Mieter ab, beschlagnahmefähiger Wohnraum wird ohne Wissen des Amts zu neuen Wohnungen verwendet, sonstige beschlagnahmefähige Räume werden ohne Kenntnisnahme des Amts in Wohnraum umgewandelt und vergeben, bisheriger Wohnraum wird ohne Mitteilung ans Wohnungsamt und dessen Genehmigung andrer Verwendung zugeführt, Wohnungstausch wird ohne Zustimmung des Wohnungsamts vorgenommen, und wie anders noch diese Fälle liegen und gegenseitig ineinander greifen."[194] Außer der illegalen Nutzung von Wohnraum müssen in diesem Kontext auch die Erhebung von sogenannten „zeitgemäßen Mieten", die vielfach im Vergleich zu den niedrigen gesetzlichen Mieten Wuchermieten waren, erwähnt werden sowie das Geltendmachen von Abstandszahlungen für Gegenstände an den Vermieter oder bisherigen Wohnungsinhaber in einer unangemessenen Höhe. Jung stellte in seiner Arbeit weiterhin fest: „Auf die Tatsache des Schleichhandels aber läßt sich nur hinweisen. Statistisches Material liegt darüber nicht vor, wie es überhaupt schlechthin unmöglich ist, dieses Gebiet zahlenmäßig zu erfassen".[195]

Um den Schleichhandel mit Wohnungen wirkungsvoll zu unterbinden, sollten in Frankfurt a.M. alle Bewegungen des Wohnungsmarkts kontrolliert werden. Erstmals beantragte eine Stadt in Preußen 1922 beim Regierungspräsidenten den Erlaß einer „Verordnung gegen den Schleichhandel mit Wohnungen". In der Begründung des Antrags argumentierte der Frankfurter Magistrat folgendermaßen: „In Anbetracht der in Frankfurt a.M. infolge des reichen Zuzugs von west- und ostdeutschen Flüchtlingen besonders krassen Wohnungsnot sehen wir uns genötigt, gegen die damit in unmittelbarem Zusammenhang stehenden, immer mehr überhandnehmenden Versuche, auf unrechtmäßige Weise in den Besitz einer Wohnung zu kommen, auf das schärfste vorzugehen, um eine Kontrolle über die Wohnverhältnisse am Platze sowie eine ordnungsmäßige Inanspruchnahme und Zuweisung von Wohnungen durchführen zu

---

194 Jung, Franz Joseph: Der Wohnungsmarkt der Stadt Frankfurt a. M. im ersten Jahrfünft nach dem Krieg. Diss. Universität Frankfurt am Main 1924, S. 72/73.
195 Ebenda, S. 73.

können."[196] Als wirksamstes Mittel gegen den Schleichhandel mit Wohnungen sah der Magistrat die Kontrolle der Umzüge an; diese sollten genehmigungspflichtig werden. Solch ein Erlaß war nach der Wohnungsmangelverordnung vom 23.9.1918 sowie nach der Fassung des Gesetzes vom 11.5.1920 für Städte mit einem „besonderen Wohnungsnotstand" möglich gewesen. Neben der Anmeldepflicht des umziehenden Mieters war, nach der Vorstellung des Magistrats, auch eine Anmeldepflicht für jene „Spediteure, Packer, Träger, Lader und alle Personen" vorgesehen, die überhaupt mit Umzügen, sei es gewerbemäßig oder nur gelegentlich, beschäftigt waren. „Ferner müssen Polizei- und Beamte des Wohnungsamtes berechtigt und verpflichtet sein, Möbelwagen bezw. Gefährte mit Umzugsgut auf das Vorhandensein der Genehmigung des Wohnungsamtes hin zu prüfen."[197] Auch im Entwurf zur lokalen „Verordnung gegen den Schleichhandel mit Wohnungen" ist ersichtlich, daß alle Beförderungsmöglichkeiten des Umzugsguts erfaßt werden sollten. Die umfassende Kontrolle sollte nicht auf Umzüge innerhalb der Stadt begrenzt werden, sondern sich auf „die Beförderung von Umzugsgut von und nach den Ladehöfen der Eisenbahn, oder den Ladestellen der Schiffe, sowie bei Fuhren über Land von und nach der Stadt" erstrecken. Spediteure, Lader, Packer etc. sollten jederzeit eine schriftliche Bestätigung des Wohnungsamtes bei sich führen. Diese mußten sie auf Verlangen eines Polizeibeamten oder eines Beamten des Wohnungsamtes vorweisen. Zuwiderhandlungen gegen diese Verordnung sollten mit einer Geldstrafe bis 10.000 Mark oder mit Haft bestraft werden.[198]

Da solch eine Verordnung bisher in Preußen noch nirgendwo erlassen worden war, verlangte der Preußische Minister für Volkswohlfahrt vom Magistrat einen Nachweis, daß unerlaubte Umzüge in einem Umfang stattfanden, der den Erlaß unbedingt erforderlich machte.[199] Der Dezernent des Wohnungsamtes Zielowski berichtete dem Magistrat, daß im 4. Quartal 1921 die bekannt gewordene Zahl der „unberechtigten Umzüge" 130 betragen hätten. Vom Wohnungsamt wurden deshalb in 68 Fällen Zwangsräumungen eingeleitet. Im ersten Quartal 1922 betrug die Zahl der bekannt gewordenen „unberechtigten Umzüge" 96, wobei in 64 Fällen ebenfalls eine Zwangsräumung erfolgte. „Aus den angegebenen Zahlen ist ersichtlich," so der Dezernent des Wohnungsamtes, „daß der Erlaß der beantragten Verordnung zur Unterbringung der unerlaubten Umzüge dringend erforderlich erscheint."[200] Der Regierungspräsident genehmigte schließlich am 12. Juli 1922 die Verordnung gegen den Schleichhandel mit Wohnungen, allerdings wurde diese erst am 30. Dezember 1922 im Städtischen Anzeigeblatt veröffentlicht.

---

196 Brief des Magistrats Ffm. an Regierungspräsidenten, 9.1.1922, StA Ffm., MA T 815.
197 Ebenda.
198 Entwurf „Verordnung gegen den Schleichhandel mit Wohnungen", StA Ffm., MA T 815.
199 Brief des Preuß. Ministers f. VWF (Reg.Pr.) an Magistrat v. 8.3.1922, StA Ffm., MA T 815.
200 Bericht des Leiters des Wohnungsamtes (Zielowski) an Mag. v. 21.4.1922, StA Ffm., MA T 815.

Ein Entwurf, der den Verwaltungsablauf einer Umzugsgenehmigung regeln sollte, verdeutlicht den immensen bürokratischen Aufwand zur Umzugskontrolle.[201] Das aufgebaute Netz der Erfassung, Kontrolle, Aufnahme und Vergabe von Wohnungen beanspruchte solch eine große Anzahl an Mitarbeitern des Wohnungsamtes, daß selbst dessen ursprüngliche Aufgabe, die Wohnungspflege, kaum noch wahrgenommen werden konnte. Je undurchsichtiger jedoch das Labyrinth der Wohnungsamt-Bürokratie wurde, um so diffiziler wurden auch die Anstrengungen der Mieter und Vermieter bei der Umgehung der „Zwangsmaßnahmen". In der Stadtverordneten-Versammlung berichtete daher 1923 resigniert der Leiter des Wohnungsamtes: „In manchen Fällen wird die Sache so gedreht, daß die Mieteinigungsämter selbst machtlos sind."[202]

In Ausnahmefällen war auch eine legale Befreiung von der Wohnungsmangelwirtschaft durch eine Ablösung mittels Geld oder ersatzweiser Errichtung von Wohnungen möglich. Diese Instrumente der kommunalen Wohnungswirtschaft waren aber sehr umstritten. „Die Erbitterung in weiten Kreisen der Bevölkerung über das Wohnungsamt richtet sich in der Hauptsache gegen das sogenannte ‚Ablösungsverfahren', dessen Zweck in den Kreisen der Wohnungssuchenden niemals Verständnis entgegengebracht worden ist und das in seiner praktischen Durchführung anscheinend zu Korruption und schließlich zu ‚Affären' geführt hat."[203] Diese Feststellung des Stadtverordneten Schäfer in der „Frankfurter Zeitung" verweist auf einen weiteren umstrittenen Bereich der Wohnungsmangelbewirtschaftung in Frankfurt am Main. Vor allen Dingen leistete die Praxis des Ablöseverfahrens dem latenten Vorwurf der Bevorzugung reicher Leute, der in den bisher genannten Fallbeispielen mehrfach erhoben wurde, Vorschub.

Um einerseits den Wünschen und Ansprüchen von Privatpersonen entgegenzukommen, andererseits aber dem öffentlich regulierten Wohnungsmarkt keine Wohnungen zu entziehen, sah auch das Wohnungsmangelgesetz prinzipiell Ablösungsmöglichkeiten vor. Eine Befreiung von der Beschlagnahme mittels dieses Verfahrens war aber nur dann möglich, wenn für den entzogenen Wohnraum ersatzweise eine andere Wohnmöglichkeit bereitgestellt wurde. Am 8. Juni 1921 erließ das Reichsarbeitsministerium eine Bestimmung, in der ausdrücklich vermerkt wurde, daß die Umwandlung bestehender Wohnungen zu Geschäfts- und Büroräumen nur dann erfolgen dürfe, wenn gewährleistet sei, daß in gleichem Umfange neuer Wohnraum geschaffen werde. Der preußische Minister für Volkswohlfahrt konkretisierte diese Bestimmung in einer Ausführungsverordnung vom 1.8.1922 dahingehend, daß ein Antrag nur dann von den Kommunalaufsichtsbehörden genehmigt werden dürfe,

---

201 Durchführung der Umzugskontrolle, Dez. 1922. StA Ffm., MA T 815.
202 Frankfurter Nachrichten v. 10.10.1923.
203 Schäfer, H.: Das Ablösungsverfahren beim Wohnungsamt. In: Frankfurter Zeitung, Stadtblatt, 22.2.1925.

wenn statt dessen gleichwertige Wohnräume oder entsprechende Geldbeträge zur Herstellung neuer Wohnräume überwiesen würden.[204]

In Frankfurt war die Ablösung der Zwangseinmietung grundsätzlich in Einfamilienhäusern und übergroßen Wohnungen zugelassen, des weiteren bei der Inanspruchnahme von Wohnungen zu Geschäftszwecken. „In allen Ablösungsfällen wird zunächst verlangt, daß eine mindestens räumlich gleichwertige, im übrigen in jeder Hinsicht einwandfreie Wohnung bezugsfertig dem Wohnungsamt zwecks Zuweisung eines Wohnungssuchenden zur Verfügung gestellt wird. Die Erstellung der Ersatzwohnung ist Sache des Ablösenden. Bedingung ist, daß die Wohnung entweder als Neubau errichtet oder durch Umbau in Räumen eingerichtet wird, die bis dahin Wohnzwecken nicht dienten, noch dafür bestimmt waren."[205] Die Möglichkeit der Genehmigung von Ablöseverfahren nutzten allerdings nur wenige Städte. Umstritten war insbesondere die Ablösung mittels Geld.[206] Dessen ungeachtet war in Frankfurt am Main auch diese Ablöseform möglich. Die Ablösesumme wurde nach Erfahrungswerten für Neubauten festgelegt. Im Herbst 1921 betrug sie pro Raum etwa 30.000 Mark bzw. 1.500 Mark pro qm nutzbarer Wohnfläche. „Die Ablösegelder sollen in erster Linie zur Erstellung von Wohnungen in städt. Liegenschaften und zwar durch *Umbau* verwendet werden. Die Errichtung von Neubauten aus diesen Mitteln erscheint nicht zweckmäßig, wenn mit den im allgemeinen bedeutend geringeren Kosten mindestens die vierfache Zahl an Wohnungen gewonnen werden kann bezw. noch bedeutend mehr, wenn, wie beabsichtigt, die Ablösegelder nur zum Ausgleich des unverzinslichen Teils der Aufwendungen herangezogen werden."[207] Das Wohnungsamt erstellte im Herbst 1921 auch für die Ablösung von Räumlichkeiten Richtlinien, um eine Transparenz der Entscheidungen herbeizuführen.

Ablösungen sollten für den Verfügungsberechtigten (Wohnungsinhaber, Nutznießer und dergleichen) bei folgenden Beschlagnahmungen möglich sein:

„a. Räume in Geschoßwohnungen, die – da nur eine unzweckmäßig gelegene Treppe vorhanden ist – mangels wirtschaftlicher und räumlicher Trennung von den übrigen im Geschoß liegenden Räumlichkeiten nicht als selbständige Wohnung, sondern nur als möbliert oder leer zu vermieten erfaßt werden können;

---

204 PGS 1922, S. 278.
205 Brief WA an Magistrat v. 12.10.1921. StA Ffm., MA T 814.
206 In Berlin äußerten beispielsweise die Mitarbeiter des Zentralamtes für Wohnungswesen erhebliche Bedenken gegen die Ablösung der Beschlagnahme durch Geldzahlungen. Diese „sind so stark, daß mit einem Einleben dieser Einrichtung hoffentlich nicht zu rechnen ist. Selten wird das Ablöseentgelt wirklich dem wertegleich sein, den die Gemeinde mit einem Verzicht auf die Beschlagnahme aufgibt." Körner, Walter/ Hoffmann, Margarethe: Wie arbeitet das Wohnungsamt? Organisation, Rechts- und Verwaltungsgrundsätze der Groß-Berliner Wohnungsbehörden. Berlin 1923, S. 54.
207 Brief WA an Magistrat v. 12.10.1921. StA Ffm., MA T 814.

b. Räume in Einfamilienhäusern, bei denen die Voraussetzungen unter a zutreffen und die infolgedessen ebenfalls nur möbliert oder leer zu vermieten sind;

c. Wohnungen in Einfamilienhäusern, die infolge der Grundrißdisposition nicht räumlich und wirtschaftlich von den übrigen Räumen getrennt, dennoch aber infolge der geringen Belegung als überflüssig erfaßt werden mußten. In diesen Fällen wurde die Vermietung der betr. Wohnung im Einvernehmen mit dem Wohnungsamt nur an von dem Besitzer namhaft gemachten vertrauenswürdigen Familien, die z.T. anderwärts Wohnung besitzen, zugestanden und endlich

d. Räumlichkeiten in Geschoßwohnungen oder Einfamilienhäusern, die seither zu Wohnzwecken dienten, zu deren anderweite Verwendung zu Büro-, Geschäfts-, Lager und dergl. Zwecken aber von dem Verfügungsberechtigten, Inhabern oder dergl. gemäß § 1b der Magistrats-Verordnung vom 4.3.20 die Zustimmung des Wohnungsamtes erbeten wird."[208]

Die Ablösegelder (30.000 M./Raum bzw. 1.500 M./qm nutzbarer Grundfläche) mußten, wie bereits gesagt, an einen Stadthauptkassen-Fonds für die Neubautätigkeit entrichtet werden. Es war eine Bezahlung in bar oder eine Ratenzahlung, längstens in 2 Jahren, möglich. Eine Ablösung konnte auch dann erfolgen, wenn „sich der Verfügungsberechtigte an der Neubautätigkeit einer hiesigen Gesellschaft zwecks Erstellung von 2 oder 3 Zimmerwohnungen innerhalb eines genau zu bestimmenden Zeitraumes beteiligt und dann die erstellten Wohnungen – deren Mieten ihm zufließen – dem Wohnungsamt zwecks Zuweisung von Wohnungssuchenden zur Verfügung stellt."[209] Im Tätigkeitsbericht des Wohnungsamtes für das 4. Quartal 1921 berichtete Dezernent Zielowski über die bisherigen Erfahrungen mit dem Ablöseverfahren. „Endlich wäre [...] die sog. *Ablösung von der Zwangseinmietung* zu erwähnen, die sich als über Erwarten fruchtbar erwiesen hat und von der hoffentlich mit der Zeit mehr Gebrauch gemacht wird. Rund 1.900.000 M sind bisher eingezahlt worden. Das ist gewiß nicht viel, aber doch ein Anfang. Durch Umbau von bestehenden Gebäuden (Wirtschaften, Läden etc.) konnte so die 8-10fach größere Anzahl von Wohnungen erstellt werden, als durch die viel teurere Neubautätigkeit. Wir erkennen unumwunden an, daß gerade in letzter Zeit größere Industrie-Unternehmungen[210] und Banken, wie die Gold- und Silberscheideanstalt und die Deutsche Bank für ihre Beamten und Angestellten Wohnungen in der Eschersheimer Landstraße bauen lassen, bzw. Projekte in Bearbeitung haben, die im Laufe des Jahres 1922 verwirklicht werden sollen. [...] Auf diese Weise wird auch von privater Seite

---

208 Richtlinien für die Ablösung von Räumlichkeiten. Abschrift v. 12.10.1921. StA Ffm., MA T 814.
209 Ebenda.
210 Zum Beispiel schloß die Stadt Frankfurt mit der Metallbank & Metallurgischen Gesellschaft Frankfurt ein umfangreiches Ablöseverfahren von Zwangseinmietungen ab. Als Gegenleistung für die Freistellung der Direktorenwohnung von der Zwangseinmietung und der Umwandlung von Wohn- zu Büroräumen errichtete diese Gesellschaft mehrere Häuser (mit 50 Räumen mit Küchen). WA an Magistrat. Antrag v. 20.12.1920. StA Ffm., MA T 809/I.

zur Entlastung des Wohnungsmarktes, wenn auch im geringen Umfange, beigetragen."[211]

Die umstrittene Praxis des Ablöseverfahrens soll wiederum an einem Fallbeipiel verdeutlicht werden: Nach eingehenden Verhandlungen genehmigte der Arbeitsausschuß des Wohnungsamtes ein Ablöseverfahren, das die wirtschaftliche Vereinigung Deutscher Gaswerke beantragt hatte. Für die Umwandlung der Wohnräume des Hauses Schaumainkai 23 in Büroräume war die Zahlung eines Ablösungsbetrages von 400.000 Mark vereinbart worden. Von der Umwandlung der Wohnräume ausgenommen sein sollte eine bereits vorhandene Notwohnung mit 3 Zimmern und Küche im Dachgeschoß. Die Frankfurter Gasgesellschaft, als Mitinteressent, bezeichnete aber den geforderten Ablösungsbetrag als zu hoch. „In der Sitzung vom 21.12.21 gelangte die Angelegenheit erneut zur Beratung, da die Frankfurter Gasgesellschaft nunmehr als Kaufreflektant auftrat und Ablösung durch Erstellung von 12 Arbeiterwohnungen von je 3 Zimmer und Küche auf dem Gelände des Gaswerkes vorschlug. Die hierdurch freiwerdenden Stadtwohnungen sollten sodann dem Wohnungsamt zur Verfügung gestellt werden." Unter diesen Voraussetzungen genehmigte das Wohnungsamt im Januar 1922 das Ablöseverfahren. Im Mai 1922 erklärte indes die Frankfurter Gasgesellschaft, daß „sie von einem Kauf des fragl. Gebäudes Abstand genommen habe, da die Baukosten des vorgeschlagenen Ablöseprojektes den von dem Wohnungsamt geforderten Ablösebetrag bedeutend überschreite." Nun wollte die wirtschaftliche Vereinigung Deutscher Gaswerke wieder den einst festgesetzten Ablösebetrag von 400.000 Mark an die Umbaukasse des Wohnungsamtes einzahlen. Das Wohnungsamt erhöhte jedoch aufgrund der „eingetretenen Baustoffverteuerung" – die erste Festlegung lag etwa ein Jahr zurück – auf 600.000 Mark. Dennoch wurde nur der ursprüngliche Betrag an die Umbaukasse überwiesen. Nach wiederholter Beratung akzeptierte der Ausschuß des Wohnungsamtes die ursprüngliche Ablösevereinbarung. Ausschlaggebend war wahrscheinlich die „Berücksichtigung, daß dieses Unternehmen im gewissen Sinne gemeinnütziger Natur" gewesen sei. „Der Wirtschaftl. Vereinigung Deutscher Gaswerke wurde hierauf am 10.7.22 [...] die Zustimmung zur Inanspruchnahme der Wohnräume des Hauses Schaumainkai 23 zu Geschäftszwecken für ihren Betrieb erteilt, jedoch mit der Maßgabe, daß die im Dachgeschoß gelegene 3 Zimmerwohnung auf die Dauer der Wohnungsnot erhalten bleiben muß."[212] Dieses Fallbeispiel zeigt die beiden grundsätzlichen Möglichkeiten des Ablöseverfahrens. Entweder mußte im Fall einer Ablösung dem Wohnungsamt ersatzweise neuer Wohnraum zur Verfügung gestellt werden, oder aber es wurde ein Geldbetrag zwecks Ablösung an einen Fonds über-

---

[211] Zielowski, Vierteljahresbericht des WA v. 28.1.1922. StA Ffm., MA T 814.
[212] Alle Zitate dieser Fallstudie: Bericht WA an Magistrat v. 11.7.1922. StA Ffm., MA T 814. Durch Magistratsbeschluß (Nr. 1258) wurde das Ablösungsverfahren am 24.7.1922 genehmigt.

wiesen. Innerhalb von 15 Monaten, also von Januar 1921 bis Mai 1922, änderte sich die Finanzierung der beabsichtigten Erstellung der Arbeiterwohnungen infolge der beginnenden Geldentwertung und Teuerung der Baukosten so grundlegend, daß von der ersatzweisen Erstellung Abstand genommen wurde. Die in die städtische Umbaukasse eingezahlten Geldbeträge verloren deutlich an Wert und machten somit das finanzielle Ablöseverfahren fragwürdig.

Mit dem Ablöseverfahren konnte auch ein Auskaufverfahren verknüpft werden, daß vom Wohnungsamt lediglich geduldet war und eine umstrittene Schattenwirtschaft ermöglichte. Über deren Charakter berichtete Jung 1924 in seiner Dissertation: „Wenn wir somit für die verflossenen Jahre nicht von einem freien Wohnungsmarkt in seinem eigentlichen Sinne sprechen können, so bleibt doch hier zu erwähnen das Entstehen und die Tätigkeit privater Institute, die auf dem Boden des freien Marktes und mit Hilfe des Ablöseverfahrens auch auf dem Boden des amtlichen Marktes sich der Wohnungsvermittlung annehmen. Diese Wohnungsvermittlungsgesellschaften übernehmen die Verfügung über vorhandene Wohnungen, indem sie die bisherigen Inhaber durch Prämien, Abfindungssumme, Vergütung der Umzugskosten und dergl. veranlassen, sie aufzugeben bzw. sie bei Wegzug ihnen zu überlassen; die Einwilligung des Bauherrn zu der neuen Besetzung wird eventuell auch mit einer Vergütung bedacht. Außerdem erstellen sie neuen Wohnraum [ohne öffentliche Mittel, GK], weniger durch Neubauten als mehr durch Umbauten leerer Geschäftsräume, Wirtschaften, Dachgeschossen u.a. Diesen so verfügbar gemachten Wohnraum benutzen sie zu ihrer Vermittlung, zum Teil direkt, indem sie ihn dem Wohnungssuchenden überlassen, zum Teil indirekt, indem sie mit Hilfe des Ablösungsverfahrens die Einweisung der Wohnungssuchenden in Wohnungen, über die das Wohnungsamt zu verfügen hat, veranlassen."[213] Zumeist wurden die Häuser, hierbei insbesondere Villen, gekauft, anschließend durch „Auskauf" der Mieter geräumt und schließlich als leerstehend und beschlagnahmefrei veräußert. Das Ziel dieser Gesellschaften war vorrangig also nicht der Erwerb und die Vermietung der Häuser, sondern der Handel mit dem Verfügungsrecht. „Für diese Vermittlungstätigkeit zahlen die Wohnungssuchenden, die sich ihrer bedienen, eine Vergütung, die ganz verschieden ist nach jeweils besonderen Verhältnissen – nach Dringlichkeitsschein des Wohnungssuchenden, nach den Wünschen in Bezug auf Lage, Stockwerk, Größe, Ausstattung der Wohnung u.a. –, die aber den vorliegenden Marktverhältnissen entsprechend meist nicht gerade gering ist, bei größeren Wohnungen unter Umständen Tausend und mehrere tausend Dollar beträgt. In diesen Fällen ergibt sich seither infolge unserer von der Zwangswirtschaft beherrschten und unter dem Zeichen der Wohnungsnot stehenden Lage des Wohnungsmarktes die eigenartige Erscheinung, daß die Woh-

---

213 Jung, Der Wohnungsmarkt, S. 70.

nungsvermittlung ziemlich hoch zu stehen kam, die Wohnungsmiete aber denn meist minimal war."[214] Anzumerken ist, daß gerade diese Entwicklung durch die Verordnung gegen den Wohnungswucher, die am 31.7.1919 in Kraft trat und in ihrer Geltungsdauer begrenzt war (bis zum 31.12.1920), verhindert werden sollte. Es war durch diese Verordnung u.a. verboten, durch öffentliche Bekanntmachungen die für einen größeren Personenkreis bestimmt waren, Belohnung für den Nachweis von Mieträumen oder den Abschluß von Mietverträgen über Mieträume auszusetzen. Die Strafandrohung betraf auch „denjenigen, welcher sich für den Nachweis oder die Vermittlung von Mieträumen von dem Mieter Vermögensvorteile versprechen oder gewähren läßt, die einen von der Gemeindebehörde für Rechtsgeschäfte dieser Art festgesetzten Satz übersteigen."[215]

Die Grauzone zwischen öffentlicher Regulierung und freier Marktwirtschaft bildete sich erst heraus, als das Wohnungsamt in Anbetracht der hohen Anzahl von Wohnungssuchenden die Tätigkeit der Makler duldete. Magistratsrat Michel, tätig in der juristischen Abteilung des Wohnungsamtes, beschrieb die Entwicklung dieser Schattenwirtschaft folgendermaßen: „Die schwierigen wirtschaftlichen Verhältnisse, die Verarmung der Rentnerfamilien, brachte es mit sich, daß in einer großen Zahl von Fällen Eltern zu ihren Kindern zogen, daß nicht selten Auswanderung erfolgte, oder durch Einkauf in ein Altersheim die Wohnung freigemacht wurde. In solchen Fällen wurden nun die Wohnungen nicht bedingungslos dem Wohnungsamt zur Verfügung gestellt, sondern zwecks Finanzierung der Übersiedlung, der Auswanderung, des Einkaufs in das Heim an einen ‚Dritten', der die vom Wohnungsinhaber geforderte geldliche Unterstützung zu zahlen in der Lage war." Falls jedoch das Wohnungsamt diese ‚Offerte' eines Maklers nicht akzeptieren wollte, drohten diese damit, daß der Wohnungsinhaber wohnen bleibe und deshalb die Wohnung überhaupt nicht frei werde. „Infolgedessen hat das Wohnungsamt im Laufe einer vielmonatigen Entwicklung zunächst zögerlich, nach wiederholt gemachten Feststellung, daß die Wohnungsinhaber bei Ablehnung des Geldgebers tatsächlich wohnen blieben oder im Wege eines Untermietvertrags die Auflagen des Wohnungsamts zu umgehen suchten, diesem die Wohnung zugesprochen, wenn er als dringend Wohnungssuchender anerkannt war und somit eine Verpflichtung des Wohnungsamts auf baldige Unterbringung ohnehin bestand."[216] Nachdem der Auskauf von Wohnungen geduldete Praxis geworden war, traten verstärkt professionelle Makler bei diesen Auskaufverfahren auf. „Man kann heute geteilter Meinung darüber sein, ob dieses Verfahren, das wohl zur Unterbringung Wohnungssuchender, nicht aber zur Vermehrung von

---

214 Jung, Der Wohnungsmarkt, S. 71/72.
215 Verordnung gegen den Wucher bei Vermittlung von Mieträumen. RGBl. 1919, S. 1364.
216 Michel: Das Ablöseverfahren beim Wohnungsamt. Frankfurter Zeitung v. 17.3.1925. Dieser Artikel war eine Erwiderung auf den Artikel von Schäfer (Das Ablösungsverfahren beim Wohnungsamt), der am 22.2.1925 in der Frankfurter Zeitung erschienen war.

Wohnraum führte, zweckmäßig war. [...] Es darf aber bei diesen Dingen nicht übersehen werden," so Michel, „daß die Wohnungszwangswirtschaft in den vergangenen Jahren mit den stets wechselnden Geldverhältnissen und Baumöglichkeiten und ständig wachsender Wohnungsnot verpflichtet war, jedes nur irgendwie geeignet erscheinende Mittel zur Linderung der Wohnungsnot zu erproben und alle Hilfsmittel in den Dienst dieser Aufgabe zu stellen."[217] Wiederholt erörterte die Deputation für das Wohnungswesen die Beibehaltung des Auskaufverfahrens. Begründet wurde die Duldung jedoch damit, daß die Stadtverwaltung „selbst mit ihren Geldmitteln und weniger beweglichen Formen (Verhandlungen mit Wohnungsinhabern, Untermieter, Hauseigentümer) gar nicht in der Lage sein [würde], so wirkungsvoll Wohnraum freizumachen, wie es durch Privatpersonen möglich ist."[218] Die Duldung dieser privaten Auskaufvermittlung durch das Wohnungsamt blieb aber stets umstritten und leistete dem auch von der Arbeiterbewegung erhobenen Vorwurf der Bevorzugung reicher Leute durch das Wohnungsamt Vorschub.[219]

Im Dezember 1923 forderte Magistratsrat Michel in einem vertraulichen Gutachten („Erfahrungen im Wohnungs-Amt") eine Reform des Ablöseverfahrens. Er sprach sich jedoch nicht grundsätzlich gegen die umstrittene Praxis der Geldablösung, sondern nur für eine vorhergehende rechtliche Prüfung aus. „Da sich aus diesem an sich durchaus berechtigten Vorgehen [der Ablösung mit Geldbeträgen bzw. Schaffung von Ersatzraum, GK] häufig Angriffe gegen das Wohnungsamt gerichtet haben und auch wiederholt Vereinbarungen getroffen wurden, die nachträglich von dem Antragsteller nicht voll eingehalten wurden, ist es unumgänglich notwendig, daß bei allen Vereinbarungen, die Ablösungen betreffen, die juristische Abteilung entscheidend mitwirkt."[220] Nach der Stabilisierung der Währung wurden 1924 nur die Bedingungen der Geldablösung modifiziert, diese aber nicht generell aufgehoben. Zum Auskaufverfahren wurde in einem Bericht der Deputation für das Wohnungswesen an den Oberbürgermeister nochmals ausgeführt: „Dieses Verfahren findet keine konkrete Begründung in gesetzlichen Bestimmungen; es ist jedoch insofern unbedingt notwendig, als die durch Abwanderung, Zusammenziehen von Verwandten und dergl. freiwerdenden Wohnungen einen sehr großen Prozentsatz der zur Vergebung kommenden Wohnungen überhaupt ausmachten. Ein großer Teil dieser Wohnungen würde mangels finanzieller Ermöglichung des Wegzuges überhaupt nicht freiwerden, während von den freiwerdenden Wohnungen der größere Prozentsatz auf dem Wege verschleierter Abgabe (Scheinuntermietvertrag und dergl.) der Verfügung

---

217 Michel: Das Ablöseverfahren. FZ v. 17.3.1925.
218 Ebenda.
219 Neue Mißstände im Wohnungsamt. Volksstimme v. 12.8.1921.
220 Michel. Erfahrungen im Wohnungs-Amt. Bericht v. 10.12.1923. StA Ffm., MA T 796/V.

des Wohnungsamtes entzogen werden würde."[221] Um die Benachteiligung „weniger kapitalkräftiger Wohnungssuchender" zu relativieren, mußten „wohnungssuchende Auskäufer", die erst relativ spät als Wohnungssuchende anerkannt wurden (laufende Nummer ab 30.000), einen erhöhten Betrag bezahlen. Die Höhe wurde auf das eineinhalbfache des Grundbetrages festgelegt, Ausländer hingegen mußten den doppelten Betrag entrichten.[222] Nachdem „das ganze System" des Ablöseverfahrens von der Deputation für das Wohnungswesen im Frühjahr 1925 „kritisch beleuchtet" worden war, erfolgte zunächst eine Einstellung der Geldablösung, kurze Zeit später jedoch des gesamten Verfahrens.[223] „Das Ablöseverfahren hat sich von gesunden auch von der Regierung gebilligten Anfängen ausgehend in stärkerem Maße erst entwickelt, als die Anrechnung von Auskaufwohnungen erfolgen mußte, weil die Erstellung von Neubauwohnungen infolge des scheinbaren Fehlens weiterer Umbauprojekte wie auch infolge des Fortschreitens der Inflation nicht mehr möglich war. In diesem Verfahren lag schließlich die Quelle aller Bedenklichkeiten. Für die Zukunft wird vorgeschlagen, Ablösung nur im gesetzlichen Rahmen, d.h. bei Umwandlung von Wohnraum in Geschäftsraum, zu verlangen und in diesem Falle stets die Erstellung von *neuem* Wohnraum zu fordern."[224] Geldablösungen sowie die Bevorzugung von Personen, die keinen Anspruch auf Unterbringung bzw. auf eine größere Wohnung hatten oder als Schwarzmieter in einer Wohnung bleiben wollten, wurden nun grundsätzlich eingestellt. Es ist anzunehmen, daß die Stadt Frankfurt dieses Verfahren, trotz der massiven öffentlichen Kritik, die das geringe Ansehen des Wohnungsamtes zusätzlich belastete, duldete, um Handlungsspielräume zur Wohnungsvermietung an jene Personen zu haben, die nicht die sozialen Kriterien der kommunalen Wohnungsvergabe erfüllten, aber dennoch dem wirtschaftlichen Interesse der Stadt dienten (Direktoren, Bankangestellte etc.).

Neben dem Ablöse- und Auskaufverfahren ergänzten noch andere Initiativen die öffentliche Raumbewirtschaftung.

Um die Mobilität der Bevölkerung etwas zu verbessern, wurde der Wohnungstausch zwischen Interessenten zugelassen. Das Wohnungsamt vermittelte nicht aktiv, sanktionierte aber die Tauschwünsche. Tauschangebote und -wünsche konnten im Wohnungsamt an einem Brett eingesehen oder aus dem „Städtischen Anzeige-Blatt" entnommen werden, das allwöchentlich Tauschwohnungen aufführte.[225] Lag eine Übereinkunft zwischen den Interessenten vor, so mußte dieser Tausch durch das Wohnungsamt genehmigt werden. Es war somit ein Wohnungswechsel unter Umgehung der öffentlichen Bewirtschaftung sowohl innerhalb der Stadt, aber auch nach

---

221 Bericht der Deputation f. d. Wohnungswesen an OB v. 11.9.1924. StA Ffm., MA T 814.
222 Ebenda.
223 MB Ffm. Nr. 2375 v. 9.2.1925.
224 WA. Neuorganisation des WA und seine Aufgaben. 9.3.1925. StA Ffm., MA T 796/V. Dieser Vorschlag des Wohnungsamts wurde durch Magistratsbeschluß (MB Nr. 2641) am 11.3.1925 genehmigt.
225 Magistrat an OB. 26.9.1928. StA Ffm., MA T 796/VI.

außerhalb möglich. Tauschangebote konnten auch aus dem „Wohnungstauschanzeiger" entnommen werden, den die Vereinigung deutscher Wohnungsämter, mit Sitz in Berlin, seit Mai 1921 herausgab. Hauptsächlich wurden zwischen den Städten Tauschwünsche angeführt, die die lokalen Wohnungsämter weiterleiteten.[226]

Welche Hindernisse die Wohnungsnot für die wirtschaftlichen Entwicklungsmöglichkeiten der Stadt Frankfurt haben konnte und wie begrenzt die Wohnungstauschmöglichkeiten waren, soll die Wohnungssuche des Barmer Bank-Vereins in Frankfurt am Main verdeutlichen. Die Firma beabsichtigte Anfang der 20er Jahre eine Zweigniederlassung in Frankfurt am Main zu errichten. Im Januar 1922 schrieb deshalb der Geschäftsführer dieser Bank einen Brief an den Frankfurter Oberbürgermeister, den er noch persönlich aus dessen Barmer Dienstzeit kannte. Er bat ihn um Unterstützung bei der Wohnungsbeschaffung, da eine Niederlassung des „größten westdeutschen Bankinstituts" doch im wechselseitigen Interesse liege, denn „die Schwierigkeit, die mit der Übersiedlung des Herrn [Bankdirektor Hirsch, G.K.] nach Frankfurt verbunden ist, besteht in der Wohnungsfrage."[227] In einer höflichen Erwiderung unterbreitete der Oberbürgermeister dem Geschäftsführer, nach Rücksprache mit dem zuständigen Dezernenten des Wohnungsamtes Zielowski, folgenden Vorschlag: „Er [Zielowski, G.K.] ist auch meiner Meinung, daß es für den Direktor des Barmer Bankvereins das Geeignetste wäre, wenn vom Bankverein für ihn ein kleines Wohnhaus gebaut würde. Dessen Kosten werden zwar verhältnismäßig erheblich sein, aber im Vergleich mit den großen Kosten, welche die Niederlassung des Bankvereins in Frankfurt macht, kaum ins Gewicht fallen. Eine Wohnung nach den Wünschen des Herrn Hirsch in einem bestehenden Hause zu beschaffen, macht außerordentlich große Schwierigkeiten, weil die Wohnungsnot in Frankfurt wie überall ungemein drückend ist und noch stetig wächst. Es erscheint aber nach den Ausführungen des Herrn Stadtrats Zielowski nicht ganz ausgeschlossen, eine solche Wohnung zu bekommen. Immerhin werden die Kosten, die dem Bankverein oder dem Inhaber der Wohnung auch bei dieser Erledigung der Sache entstehen, recht beträchtlich sein."[228] Bereits vier Tage später schrieb der Direktor des Barmer Bank-Vereins, Harney, erneut einen Brief an den Oberbürgermeister und bedankte sich dafür, daß der Oberbürgermeister sich dieser Angelegenheit mit „gewohnter Liebenswürdigkeit" angenommen habe. Harney versuchte nochmals, diese Wohnungsangelegenheit zu beeinflussen. Er führte aus, „daß Herr Hirsch nicht nur eine Wohnung auf flacher Hand sucht, sondern daß er sie auf dem Tauschweg sucht, insofern er in der Lage und bereit ist, seine von ihm jetzt hier in Barmen benutzte Wohnung dafür zur Verfügung zu stellen. Vielleicht ist dieses Moment geeignet, die Lösung der Frage zu

---

226 Körner/Hoffmann, Wie arbeitet das Wohnungsamt? S. 32.
227 Brief Barmer Bank-Verein an OB, 26.1.1922, StA Ffm., MA T 809/I.
228 Ebenda.

erleichtern."[229] Die Chancen zum Wohnungstausch zwischen Barmen und Frankfurt a. M. waren aber sehr gering. Bemerkenswert ist, daß die Wohnungssuche des Direktors der Zweigniederlassung die Ansiedlung eines Bankinstituts gefährdete, obwohl die Stadt Frankfurt große Anstrengung unternahm, den Verlust ihrer Stellung als erste Bankstadt Deutschlands gegenüber Berlin zu kompensieren.

Das System der kommunalen Wohnungsmangelwirtschaft schloß auch freiwillige Regelungen ein, die zwischen den Wohnungsinhabern und dem Wohnungsamt getroffen werden konnten. Es wurde ein Prämiensystem für die freiwillige Bereitstellung freiwerdender Wohnungen durch das städtische Wohnungsamt eingeführt, um den „Auskauf" von Wohnungen nicht nur den privaten Maklern zu überlassen.

In Frankfurt knüpfte man an Erfahrungen an, die das Wohnungsamt der Stadt Kassel gemacht hatte. Dort wurden seit 1921 jenen Personen Geldprämien gewährt, die freiwillig ihre Wohnung der kommunalen Wohnungsvergabe zur Verfügung stellten. In einer schriftlichen Erklärung mußte aber der bisherige Wohnungsinhaber für die Dauer von fünf Jahren auf seinen Anspruch, die Zuweisung einer neuen Wohnung durch die kommunale Wohnungsvergabestelle, verzichten.

Obwohl das Frankfurter Wohnungsamt dem Kasseler System anfänglich skeptisch gegenüberstand – man befürchtete ein „Zusammenlegen" der antragstellenden Familien und somit eine Erhöhung der Wohndichte –, wurde dieses System aufgrund der hohen Zahl der Wohnungssuchenden in Frankfurt Ende 1921 trotzdem übernommen. Das Wohnungsamt schätzte, daß mindestens 4-500 Wohnungen in Frage kämen, „da bei den Besichtigungen durch die Wohnungsermittlungs-Kommissionen in einer sehr großen Anzahl von Fällen festgestellt ist, daß alleinstehende Damen und Herren größere Wohnungen für sich und Personal innehaben, die evt. geräumt würden, wenn ein gewisser Anreiz durch Belohnung gegeben ist, sodaß dadurch Umzugskosten gedeckt und ein erheblicher Betrag zur freien Verfügung bleibt."[230] Das Prämiensystem war als zeitlich befristetes Ergänzungsinstrument zur öffentlichen Bewirtschaftung durchaus erfolgreich, obwohl es zunächst in der ersten Phase, von 1921 bis 1924, wegen der Geldentwertung nur unzureichend greifen konnte. In der zweiten Phase hingegen, zwischen 1925 und 1927, wurde allerdings eine beachtliche Anzahl von Wohnungen der kommunalen Vergabestelle zur Verfügung gestellt.[231] Das Instrument der Prämiengewährung wurde, aufgrund seiner freiwilligen Grundlage, nicht unmittelbar in die politischen Auseinandersetzungen über die „Wohnungszwangswirtschaft" einbezogen. Zudem erhoffte man sich von die-

---

229 Ebenda.
230 WA an Mag. v. 6.10.1921, StA Ffm., MA T 811.
231 In einem Magistratsbericht an die StVV vom Januar 1927 wurde von 718 Prämien-Wohnungen berichtet, die dem kommunal regulierten Wohnungsmarkt alleine zwischen dem 15.2.1925 und 15.12.1926 zugeführt werden konnten. (Durch die Wohnungszwangswirtschaft wurden insgesamt nur 4.000 Wohnungen dem kommunal regulierten Markt zur Verfügung gestellt.) Vgl. StA Ffm., MA T 811.

sem System eine Stimulierung der privaten Wohnungsproduktion, denn in der zweiten Phase wurde auch dann eine Prämie für die Freistellung einer Wohnung gewährt, wenn der bisherige Mieter aus seiner zumeist billigen Altbauwohnung in eine vergleichsweise teuere Neubauwohnung zog. Diese Wohnung durfte allerdings nicht mit öffentlichen Förderungsmitteln errichtet worden sein. Mit Forcierung der Wohnungsproduktion, infolge der öffentlichen Wohnungsbaufinanzierung (u.a. Hauszinssteuer), baute der Magistrat dieses Prämiensystem schrittweise ab. Zunächst wurden nur noch Prämien für freiwerdende Kleinwohnungen gewährt; im Herbst 1927 wurde schließlich das gesamte Prämiensystem eingestellt.[232]

c. Lokaler Wohnungsbedarf und kommunale Wohnungsvergabe

Die kommunale Wohnungsmangelwirtschaft war ein Verteilungssystem knapper Ressourcen. Sie setzte neben der Erfassung aller freien Wohnungen auch die Registrierung der Wohnungssuchenden voraus.

Über die Anzahl der Wohnungssuchenden sollten vom Wohnungsamt regelmäßig Statistiken geführt werden. Seit 1921 wurden diese pro Quartal vorgelegt.[233] Grundsätzlich wurden die Wohnungssuchenden nach dringlichen und allgemeinen Fällen unterschieden. Im Januar 1921 betrug die Gesamtzahl der Wohnungssuchenden 6.418 „Personen". Von diesen waren 3.376 als dringliche und 3.042 als allgemeine Fälle registriert worden. Solange Statistiken über den Wohnungsbedarf geführt wurden, stieg die Anzahl der Wohnungssuchenden kontinuierlich an und erreichte, trotz der umfangreichen Neubautätigkeit seit 1925, ihren Höhepunkt 1931 mit 32.190 Personen. Im Gegensatz zur Vorkriegszeit beeinflußten nicht mehr die Wanderungsgewinne prägend den Wohnungsmarkt, sondern die Bevölkerungsbewegungen wurde überwiegend durch den Geburtenüberschuß stimuliert (Tab. 14,

---

232 Die statistischen Angaben über die Praxis der Prämiengewährung sind besonders bis 1924 lückenhaft. Zudem liegen nach 1925 Statistiken mit unterschiedlichen Angaben vor. Während (Anm. 230) in einer Vorlage des Magistrats an die StVV für den Zeitraum vom 15.2.1925 bis 15.12.1926 insgesamt 718 Wohnungen genannt wurden, die dem kommunal regulierten Wohnungsmarkt zur Verfügung gestellt werden konnten, wurden in den Vierteljahresberichten des Wohnungsamtes für etwa den gleichen Zeitraum (Differenz einige Tage) 1467 Wohnungen erwähnt. Die Unterschiede beruhen möglicherweise auf der Tatsache, daß sich die Angaben zum einen auf die Vergabe, zum anderen auf die Bereitstellung der Wohnungen beziehen.

233 Auch die Wohnungsstatistiken sind unvollständig. Dies trifft besonders für den Zeitraum bis 1924 zu. Berichtigungen der Statistiken durch Nachprüfungen, die nur gelegentlich durchgeführt wurden, wurden nicht immer kenntlich gemacht und direkt übertragen. Es werden daher als Grundlage diejenigen Statistiken aufgeführt, die in den beiden Magistratsakten MA T 815/I und T 815/II (Bericht über den Stand des Wohnungsmarktes 1919-1928, 1928-1930) aufgeführt werden. Bei Unvollständigkeit werden diese vorrangig durch Angaben aus den Magistratsberichten ergänzt. Durch eine Verfügung des Regierungspräsidenten vom 31.8.1931 konnte die vierteljährliche Berichterstattung über die Lage des Wohnungsmarktes eingestellt werden.

Anhang).²³⁴ Bemerkenswert ist, daß die Wohnungssuchenden überwiegend eine 2-Zimmer-Wohnung begehrten (je nach Jahr leicht schwankend um 70%), auch in der Phase der Hyperinflation, in der die Mieten in Relation zu den Lebenshaltungskosten sehr niedrig waren. 1-Zimmer-Wohnungen und Großwohnungen (4-Zimmer-Wohnungen und größer) wurden weniger gesucht (Tab. 27 und 28, Anhang). Aufschlußreich ist aber die Entwicklungstendenz hinsichtlich der Größe der Wohnungen: Während allgemein die Zahl der Wohnungssuchenden kontinuierlich stieg, sank absolut der Wohnungsbedarf für 1-Zimmer-Wohnungen (1921-1.108 Registrierungen; ab 1927 keine Registrierungen mehr). Hingegen stieg der Wohnungsbedarf kontinuierlich, insbesondere für 2-Zimmer-Wohnungen (von 3.327 Registrierungen 1921 auf 25.639 Registrierungen im 1. Halbjahr 1931) und etwas verhaltener bei den 3-Zimmer-Wohnungen (von 1.456 auf 8.217 im gleichen Zeitraum) an (Tab. 27, Anhang). Frei durch Umzug in eine Neubauwohnung und somit verfügbar für den kommunal regulierten Wohnungsmarkt wurden allerdings vorrangig 2- und 1-Zimmer-Wohnungen (Tab. 29, Anhang). Diejenigen Bewohner, die ihre bisherigen Altbauwohnungen für den kommunal regulierten Wohnungsmarkt zur Verfügung stellten und in Neubauwohnungen zogen, strebten mit dem Wohnungswechsel nicht nur eine Verbesserung des Wohnstandards, sondern oftmals eine Vergrößerung der Zimmeranzahl an, wobei allerdings die Wohnfläche, trotz der höheren Zimmeranzahl, in den Neubauwohnungen kleiner sein konnte.

Beachtenswert ist zudem, daß in der Phase von 1919-1924, also in jener Phase, in der der städtische Wohnungsneubau dominierte (Tab. 24, Anhang), überwiegend entsprechend dem Wohnungsbedarf gebaut wurde.²³⁵ Hingegen wurden in der sogenannten Reformära, von 1925-1930, überwiegend 3 bis 4-Zimmer-Wohnungen gebaut²³⁶, obwohl die Mehrheit der Wohnungssuchenden überwiegend 2-Zimmer-Wohnungen wünschten. Das Wohnungsbauprogramm Frankfurts orientierte sich demnach in der Hauszinssteuer-Ära maßgeblich am Ideal der abgeschlossenen Fa-

---

234 Gerade die Wohnungsmangelpolitik schränkte die Mobilität der Bevölkerung erheblich ein. In den ersten Nachkriegsjahren waren in Frankfurt insbesondere Flüchtlinge aus dem Elsaß und Lothringen sowie aus den besetzten Gebieten von Bedeutung und nicht mehr die ehemals hochmobile Gruppe der jungen Arbeiter. Der Geburtenüberschuß und die Anzahl der Eheschließungen stiegen überproportional nach Kriegsende an. Lag die Eheschließungsrate zwischen 1911-1915 bei 9,1 Eheschließungen auf 1000 Einwohnern, so stieg sie im Zeitraum von 1921-1925 auf 10,4 an. Die höchsten Werte wurden 1919 mit 14,1 Eheschließungen/1.000 EW und 1920 mit 15,7 Eheschließungen/1.000 EW erreicht. Beiträge zur Statistik Ffm., 14. H./1926, S. 16.
235 Von 1919 bis einschließlich 1925 wurden durch Korporationen und Vereine (zumeist waren diese gemeinnützige Bauträger) 2996 Wohnungen gebaut (von insgesamt 4819 Wohnungen). Von diesen waren 2,8% als 1-Zimmer-Wohnungen ausgeführt; 46,6% als 2-Zi.-Wo.; 33,8% als 3-Zi.-Wo. und 16,7% als 4-Zi.-Wo. bzw. größer. Vor 1918 hingegen errichteten diese Bauträger vorrangig Kleinwohnungen (9,6% – 1-Zi.Wo.; 65% – 2-Zi.-Wo.; 22,6% – 3-Zi.-Wo. und 2,8% – 4-Zi.-Wo. und größer). Berechnungen nach Beiträge zur Statistik Ffm., NF., 14. H./1926, S. 85-87.
236 Mohr/Müller, Funktionalität und Moderne, S. 220-258; DW Dreysse, May-Siedlungen.

milienwohnung für den Mittelstand und weniger an den Wohnungsbedürfnissen der Wohnungssuchenden.

Als wichtigster Indikator für die Lage des Wohnungsmarkts wurde bis 1918 die Leerstandquote angesehen. Da praktisch kein Leerstand mehr existierte, verlor dieser Indikator vollständig an Bedeutung. Um Aussagen über den zukünftigen Wohnungsbedarf zu erhalten, wurde ein neuer Parameter entwickelt. Eine unmittelbare Aussage über den lokalen Wohnungsbedarf erhoffte man sich nun aus der Anzahl der Wohnungssuchenden minus derjenigen Wohnungen, die durch Umzug der Bewohner in eine Neubauwohnung frei würden, zu erhalten (Tab. 26, 27 und 29, Anhang). Allerdings wies dieser Parameter erhebliche Fehlerquellen auf. Als Wohnungssuchender konnte sich in der Weimarer Republik jeder Einwohner Frankfurts sowie Fremde, der einen Arbeitsplatz in Frankfurt nachweisen konnte, registrieren lassen, denn nur die Ausstellung einer Dringlichkeitsbescheinigung bei der Wohnungsvergabe setzte eine Überprüfung des Bedarfs durch das Wohnungsamt voraus. Da aber sehr häufig zwischen der Antragstellung und Überprüfung sowie der möglichen Wohnungsvergabe ein großer Zeitraum lag (oftmals mehr als 18 Monate), traten möglicherweise Veränderungen ein, die nicht in der Statistik berücksichtigt werden konnten. Der Wohnungsausschuß des Deutschen Städtetages kam daher zu dem Ergebnis, „daß aus den Listen der Wohnungssuchenden Schlußfolgerungen über die Verhältnisse des Wohnungsmarktes jedenfalls nur dann gezogen werden können, wenn ein Verfahren angewandt wird, durch das die Listen ständig mit den tatsächlichen Verhältnissen wenigstens in annähernder Übereinstimmung gehalten werden."[237] Dies hätte aber eine ständige Bereinigung der Listen durch Nachprüfungen an Ort und Stelle erfordert, mit erheblichen personellen und finanziellen Mehrbelastungen für die Gemeinden. Aus diesen Gründen lehnten fast alle deutschen Großstädte regelmäßige Nachprüfungen ab. In Frankfurt am Main fanden nur sporadische Nachprüfungen und Revisionen statt.[238] Daher können die Listen der Woh-

---

237 Aussprache des Wohnungsausschusses des Deutschen Städtetags v. 6.10.1924. Schreiben Mitzlaff. StA Ffm., MA T 796/V.

238 Das Statistische Amt sollte exakte Angaben über die Lage des Wohnungsmarktes erstellen. Dies war aber nicht möglich, wie aus einem Schreiben des Statistischen Amtes an den OB zu entnehmen ist: „Was zunächst die Feststellung anbelangt, so darf darauf Bezug genommen werden, daß der Listenbestand auf 1 Stichtag, den 1.10.1925, festgestellt ist, während die Aufnahme sich über einen längeren Zeitraum erstreckt hat. Hierin liegt in technischer Beziehung eine Fehlerquelle, die nicht unterschätzt werden darf. Die Einzel-Durchprüfung der Wohnungen ist das Münchner Verfahren, welches einen nicht unerheblichen Personalaufwand erfordert und einen augenblicklichen Zustand nicht völlig erkennen läßt. [...] Wahrscheinlich geht infolge der angewandten Methode auch aus dem Bericht der Deputation für das Wohnungswesen nicht hervor, wieviel Fälle bei der Wohnungsprüfung aus dem Listenbestand ausgemerzt werden konnten, um auf die Zahl 16.565 zu kommen. Nach unserer Erinnerung sind bei einem früheren Versuch nach dem von uns vorgeschlagenen Verfahren einige 1.000 Fälle [!, GK] ausgeschieden worden." Schreiben Stat. Amt an OB. 12.12.1925. StA Ffm., MA T 796/V.

nungssuchenden und die abgeleiteten Bedarfsberechnungen nicht als exakte, sondern nur als grobe Parameter des Wohnungsmarktes gelten.

Als auch in der Hauszinssteuer-Ära ersichtlich wurde, daß sich selbst mittelfristig die Anzahl der registrierten Wohnungssuchenden nicht verringerte, vielmehr kontinuierlich anstieg, wurde die Registrierung der Wohnungssuchenden zunehmend restriktiv gehandhabt. Bezeichend hierfür ist ein Bericht des städtischen Revisionsamtes vom Dezember 1929 über die Vereinfachung des Geschäftsverkehrs beim Wohnungsamt: „Vor Ablauf der ersten 1 1/2 Jahre verursachen die Neuanmeldungen ganz unnötige Arbeiten am Schalter und später durch schriftliche Beantwortung der Fragen, sodaß von seiten des Revisionsamts vorgeschlagen wird, von der Registrierung der neu sich meldenden Wohnungssuchenden ganz Abstand zu nehmen, die erstmalig Vorsprechenden durch ein geschickt abgefaßtes Merkblatt deutlich darauf hinzuweisen, daß es bei der jetzigen Wohnungslage ganz zwecklos sei, vor Ablauf von 1 1/2 Jahren nochmals bei dem Wohnungsamt vorzusprechen, es sei denn, daß die Vorbedingungen der Dringlichkeit für Ausstellung eines Dringlichkeitsscheines schon vorliegen oder evtl. eintreten. [...] Im Hinblick auf die Zunahme der allgemein gelagerten Fälle [...] und unter Berücksichtigung der sicherlich noch immer mehr steigenden Ziffer der allgemeinen Fälle erscheint dieser Schritt des Fortfalls der Registrierung der neu sich meldenden Wohnungssucher psychologisch geboten, den großen Glauben der Wohnungssucher an das Können des Wohnungsamtes zur Behebung der Wohnungsnot abzubauen und mehr den Gedanken der Selbsthilfe zu wecken."[239]

Der langjährige Diskurs der Wohnungsreformer über die Definition eines normativen Mindeststandards, die Verabschiedung der Wohnungsordnungen, welche diese Mindeststandards benannten und das Verfassungspostulat von 1919, jeder deutschen Familie eine gesunde Wohnung zu sichern, weckte in der Weimarer Republik hohe Erwartungen hinsichtlich der Befriedigung des Wohnungsbedarfs. Die zitierte Forderung des städtischen Revisionsamtes, verweist auf die Grenzen der öffentlichen Regulierung des Wohnungsmangels und auf die Gegenstrategie der Erwartungsdämpfung. Auch der Wohn- und Siedlungsausschuß des Deutschen Städtetages befaßte sich mit der hohen Erwartungshaltung der Wohnungssuchenden hinsichtlich der öffentlichen Bedarfsdeckung. In einem Gutachten zur Umstellung der Wohnungswirtschaft forderten Ende 1923 die Gutachter Brandt und Elkart, daß „die Ansprüche der Mieter und Wohnungssuchenden an den vorhandenen Wohnraum erheblich herabgesenkt werden" müßten. Dies könne „besser durch [eine] starke Anspannung der Mieten, als durch Zwangsmaßnahmen" erreicht werden. „Eine starke Heraufsetzung der Mieten wird dazu führen, daß die Inhaber von Altwohnun-

---

[239] Städt. Revisionsamt an OB. „Bericht über die Vereinfachung des Geschäftsverkehrs beim Wohnungsamt" v. 14.12.1929. StA Ffm., MA T 797/V.

gen ihre Ansprüche an den Wohnraum von selbst herabsetzen und die vielfach noch zu beobachtende Verschwendung an Wohnraum aufhört."[240]

Von zentraler Bedeutung für die Bewertung der öffentlichen Wohnungsmangelwirtschaft war, welche Kriterien erstellt wurden, um die wenigen frei verfügbaren Wohnungen zu verteilen.

Die sozialstaatliche Ausprägung der Wohnungspolitik ist in der Weimarer Republik deutlich an der kommunalen Wohnungsvergabe erkennbar. Im Gegensatz zum Kaiserreich war diese in den Anfangsjahren der Republik nicht mehr ausschließlich von der finanziellen Leistungsfähigkeit der Wohnungssuchenden abhängig, sondern auch von der Erfüllung sozialer Kriterien. Da nach 1918 faktisch kein Wohnungsleerstand mehr existierte – die wenigen leeren Wohnungen waren unbewohnbar – und sogar der dringliche Wohnungsbedarf deutlich das Wohnungsangebot überstieg, mußten objektive Kriterien für die Wohnungsvergabe benannt werden, um subjektive Bevorzugungen zu vermeiden.

Ab 1921 wurden die registrierten Wohnungssuchenden in vier Gruppen eingeteilt. Man unterschied einerseits zwischen dringlichen und vorzugsweise dringlichen Fällen und andererseits zwischen den Urteilsfällen und allgemeinen Fällen. Aussicht auf die Zuweisung einer Wohnung hatten aber nur diejenigen Personen, denen eine Dringlichkeitsbescheinigung ausgestellt wurde.

In die Dringlichkeitsliste wurden 1921 folgende Wohnungssuchende aufgenommen:
1. Familien, deren Mitglieder an schweren körperlichen Gebrechen litten, die eine andere Unterbringung erforderten
2. Familien mit großer Kinderzahl in schlechten Wohnungen
3. junge Ehepaare und Brautleute, soweit sie anderwärts unzulänglich untergebracht waren und eine Niederkunft der Mutter zu erwarten war
4. Wohnungssuchende, die bereits seit 1 1/2 Jahren auf der allgemeinen Liste vermerkt waren

Als bevorzugt dringlich wurden behandelt:
1. Flüchtlingsfamilien
2. die allerschlimmsten Fälle von kinderreichen Familien in unzulänglichen Wohnungsverhältnissen, bei denen eine Gesundheitsgefährdung zu befürchten war
3. Fälle von offener Tuberkulose, in denen die Kranken von den anderen Familienmitgliedern nicht getrennt untergebracht werden konnten
4. Schwerbeschädigte über 50% (Blinde, Beinamputierte etc.) in sehr ungünstigen Wohnverhältnissen
5. Fälle, in denen sich eine vorschriftsmäßige Geschlechtertrennung bei der Benutzung einer Wohnung durch verschiedene Parteien nicht durchführen ließ

---

240 Vorschläge zur Umstellung der Wohnungswirtschaft. Brandt/Elkart (1923), S. 5-6. StA Ffm., MA T 807.

6. Fälle von Räumungsurteilen, deren Vollstreckung vom Mieteinigungsamt genehmigt worden war.[241]

Da jedoch nicht einmal allen Wohnungssuchenden mit einer Dringlichkeitsbescheinigung eine Wohnung zugewiesen werden konnte, mußten die Kriterien der Wohnungsvergabe mehrfach verschärft werden. Seit Mitte 1923 wurden beispielsweise junge Ehepaare, die in einer unzureichenden Unterkunft lebten, womit entweder eine sogenannte Raumüberfüllung oder die Unmöglichkeit der Geschlechtertrennung umschrieben war, nicht mehr nach 1 1/2jährigem Warten in die Dringlichkeitsliste aufgenommen. Von auswärts Zuziehende wurden, mit Ausnahme der Flüchtlinge, nur dann in die allgemeine Liste aufgenommen, wenn sie eine feste Arbeitsstelle in Frankfurt nachweisen konnten. Keine Aufnahme in eine Liste fanden jene Wohnungssuchenden, die nach dem 1.10.1919 ihre Liegenschaften verkauft hatten oder durch eigene Kündigung wohnungslos wurden.

Mit der Neustrukturierung des Wohnungsamtes nach 1924 wurden auch die Registrierung der Wohnungssuchenden und die Auswahlkriterien geändert. Wohnungssuchende wurden erneut in vier Listen geführt: In der allgemeinen Liste A wurden jene Personen aufgenommen, die „ohne schwierige Voraussetzungen erfüllen zu müssen den Wunsch nach Zuweisung einer Wohnung äußern."[242] Die Aufnahme in die D-Liste (Dringlichkeit) setzte voraus, daß ein „ernstliches, bei objektiver Prüfung anerkanntes Bedürfnis vorliegt". Es wurden u.a. in diese Liste vertriebene Auslandsdeutsche, Obdachlose, Schwerkriegsbeschädigte oder versetzte Beamten mit getrennten Haushaltungen aufgenommen. Die Registrierung in der Sonderliste (S-Liste) setzte ein „unabweisliches und beschleunigt zu befriedigendes Wohnungsbedürfnis" voraus. Diese Liste entwickelte sich aus der D-Liste und war nicht für die Öffentlichkeit bestimmt, „weil sich das Wohnungsamt", so in einem Schreiben der Deputation für das Wohnungswesen, „sonst der Unzahl von Anträgen auf Aufnahme in die S-Liste nicht erwehren könnte." In diese Liste wurden auch die sogenannten Sanierungsfälle aufgenommen. Als solche wurden jene Fälle bezeichnet, die bei Bezug einer relativ teuren Neubauwohnung eine relativ billige Altwohnung dem kommunal regulierten Wohnungsmarkt zur Verfügung stellten.[243] Schließlich exi-

---

241 Jung, Der Wohnungsmarkt der Stadt Frankfurt am Main, S. 54-55.
242 Deputation f. d. Wohnungswesen an OB 23.11.1925. StA Ffm., MA T 796/V.
243 Dem sogenannten „Filtereffekt", also dem Umzug von wohlhabenderen Personen von einer Altbau- in eine Neubauwohnung, und damit einer sukzessiven Umschichtung der Bevölkerung wurde in Frankfurt keine überragende Bedeutung beigemessen, da häufig die Altbauwohnungen überbelegt waren und durch einen Umzug nicht zwangsweise eine Altbauwohnung für den kommunal regulierten Wohnungsmarkt frei wurde. Nach einer Revision der Liste der Wohnungsuchenden im Herbst 1925 waren von 16.565 Wohnungssuchenden 3500 bis 4500 als sogenannte „Sanierungsfälle" eingestuft. Von diesen wurden nur ca. 1500 bis 2000 Fälle in die Sonderliste aufgenommen. Dep. f. d. Wohnungswesen an OB 23.11.1925. StA Ffm., MA T 796/V. Auch May schränkte die Bedeutung des Filtereffekts ein: „Wir glauben nicht, daß in Wirklichkeit eine größere Anzahl von Wohnungen frei würde. Jedenfalls sind uns Anhaltspunkte für eine solche Annahme nicht bekannt." Siedlungsamt (May) an Mag. v. 23.11.1926, S. 3. StA Ffm., MA T/96/VI.

stierte noch eine Vorzugsliste (Vz-Liste) für Personen mit einer „ganz besonderen Bevorzugung", sei es aus sozialen Gründen oder sei es aus Gründen des öffentlichen Interesses.

Die kommunale Vergabe der Wohnungen nach vorrangig sozialen Kriterien bewirkte eine Egalisierung der Wohnungsnot. Konnte vor dem Ersten Weltkrieg nicht von einer Wohnungsnot wohlhabender Menschen gesprochen werden, so bewirkte nun auch die sozial motivierte kommunale Wohnungsvergabe eine Verallgemeinerung des Problems der Wohnungssuche.[244] Dies verdeutlicht auch eine Erhebung des Wohnungsamtes über die Berufsgruppen der Wohnungssuchenden im 4. Quartal 1924, aus der hervorgeht, daß tendenziell alle Berufsgruppen betroffen waren:[245]

Tab. 4: Wohnungssuchende nach Berufsgruppen

Berufsgruppe	Wohnungssuchende		Haushalte
	Haushalte	Personen	%
Selbständige (Gewerbe, Handel etc.)	93	285	9 %
Freie Berufe (Künstler, Ärzte etc.)	24	63	2 %
Beamte	189	644	18 %
Angestellte	311	822	29 %
Arbeiter (Reich/Staat/Gemeinde)	37	138	3 %
Arbeiter (Privatbetriebe)	359	1080	34 %
Sonstige (Rentner, Berufslose u.a.)	23	87	2 %
ohne Angabe des Berufs	25	74	2 %
Gesamt	1061	3193	99 %

Durch die Wohnungsnot war die Mobilität der Bevölkerung deutlich eingeschränkt. Dies wirkte sich nicht nur auf die externe Zu- bzw. Abwanderung aus, sondern auch auf die innerstädtischen Wanderungsbewegungen und auf die Seßhaftigkeit. „Vor dem Krieg mußte damit gerechnet werden, daß im Durchschnitt über die ganze Stadt gerechnet an einem bestimmten Beobachtungstag ein Haushalt rund 4 Jahre in seiner Wohnung gewohnt hat. Gegen Ende des Krieges war mit einer Wohndauer von

---

244 In einer Stadtverordneten-Debatte über die Wohnungszwangswirtschaft, die am 20.1.1925 stattfand, vertrat Stadtrat Zielowski folgenden Standpunkt: „Die Auffassung des Herrn Stadtv. Dr. Rhode, daß nur in minderbemittelten Bevölkerungsschichten eine Wohnungsnot vorhanden sei, ist eine durchaus irrtümliche. Er braucht sich nur einmal bei den Wohnungsbeauftragten der Justiz oder Universität zu erkundigen, dann wird er erfahren, daß ebenso wie für die Minderbemittelten auch für die bessergestellten Leute in Frankfurt Wohnungsnot besteht. (Stadtv. Lang: In welchem Ausmaß?) Prozentual genau wie bei den Minderbemittelten!" Protokolle StVV Ffm., v. 20.1.1925, S. 23.
245 StA Ffm., MA T 815/I

etwas über 6 Jahren zu rechnen und es muß angenommen werden, daß unter dem Druck der Verhältnisse heute die Zahl nach größer ist."[246]

Letztlich schwächte die Wohnungsnot die wirtschaftlichen Entwicklungsmöglichkeiten der Stadt Frankfurt, wie auch das Fallbeispiel der angestrebten Niederlassung der Barmer Bank zeigte. Die Bemühungen der Verwaltung und lokaler Institutionen, Frankfurt als kulturelles Zentrum gegenüber der übermächtigen Metropole Berlin zu sichern, wurden auch durch die Wohnungsnot erschwert.

Ein Beispiel hierfür ist die Verpflichtung Hermann Scherchens als Kapellmeister durch die Frankfurter Museumsgesellschaft. Scherchen, damals wohnhaft in Thyrow i.d. Mark, konnte erst dann den Vertrag erfüllen und nach Frankfurt übersiedeln, wenn für ihn und seine Familie eine Wohnung zugewiesen würde.[247] Obwohl „ein öffentliches Interesse"[248] vorlag, so der Herausgeber der „Frankfurter Zeitung" Simon in einem Brief an den Oberbürgermeister, gestaltete sich die Wohnungssuche für Scherchen ausgesprochen schwierig. Erst nach mehreren Interventionen öffentlicher Persönlichkeiten konnten die Wohnungsfrage und die Verpflichtung dieses Musikers gelöst werden.

Welche Probleme auch für wohlhabendere Bürger bestanden, eine angemessene Wohnung zu finden, soll exemplarisch am Beispiel der Wohnungssuche des ersten Leiters des Institut für Sozialforschung, Carl Grünberg, dargestellt werden.

Am 3. Februar 1923 wurde in Frankfurt das Institut für Sozialforschung gegründet. Mit dem Bau des Instituts, nach einem sachlichen Entwurf von Franz Röckle, wurde bereits einen Monat später begonnen. Nach dem Willen des jüdischen Stifters Weil war eine finanzielle und organisatorische Unabhängigkeit des Instituts vom Staat und der Stadt angestrebt. Der Leiter des Instituts sollte, so die Übereinkunft mit dem preußischen Kultusminister, zudem einen Lehrstuhl an der Frankfurter Universität erhalten.[249] Zum ersten Direktor des Instituts wurde der marxistische Gelehrte Carl Grünberg, Professor für Rechts- und Politikwissenschaften aus Wien, gewählt.

Die Übersiedlung Grünbergs nach Frankfurt war allerdings durch die Wohnungsnot erschwert. Deshalb schrieb der preußische Minister für Wissenschaft, Kunst und Bildung im April 1924 einen Brief an den Magistrat der Stadt Frankfurt, um die baldige Zuweisung einer Wohnung für Grünberg zu fordern. „Professor Grünberg konnte

---

246 Stat. Amt an OB v. 12.12.1925. StA Ffm., MA T 796/V.
247 „Als Dirigent unserer Konzerte ist Herr Hermann Scherchen […] gewählt worden. Derselbe muß seinen Wohnsitz in hiesiger Stadt nehmen, um seinen Verpflichtungen nachkommen zu können. Er bedarf einer Wohnung, womöglich in einem Vorort, von 5 Zimmern, da er mit Frau, einem zweijährigen Kinde und seiner Mutter hier ansässig wird und eines Arbeitszimmers für sich bedarf." Frankfurter Museums-Gesellschaft an WA v. 28.6.1922. StA Ffm., MA T 809/I.
248 Frankfurter Zeitung an OB; 29.9.1922. StA Ffm., MA T 809/I.
249 Jay, Martin: Dialektische Phantasie. Die Geschichte der Frankfurter Schule und des Instituts für Sozialforschung. 1923-1950. Frankfurt 1981, S. 26.

sich zur Annahme des Rufes nach Frankfurt erst entschließen, nachdem ihm seitens der Unterrichtsverwaltung zugesagt war, daß von ihr der Antrag des Professors Grünberg auf baldige Zuweisung einer Wohnung in Frankfurt auf das lebhafteste befürwortet werden würde."[250] Einen Monat später sah sich der Staatsminister a.D. und stellvertretende Regierungspräsident Haenisch ebenfalls veranlaßt, durch eine „gütige persönliche Intervention" den Oberbürgermeister auf diese Angelegenheit hinzuweisen, da sie sich schon „seit vielen Monaten hinschleppe". Denn es sei nur nach Überwindung außerordentlicher Schwierigkeiten gelungen, den vom Unterrichtsministerium nach Frankfurt berufenen Soziologen Grünberg zur Annahme des Rufes zu bewegen. „Es wurde ihm zugesichert, daß Alles geschehen werde, um ihm sobald wie möglich eine *geeignete* Wohnung zu verschaffen. Leider ist das bis heute nicht möglich gewesen. Herr Professor Grünberg, ein Herr von über 60 Jahren, muß von seiner Familie getrennt hier in einer Pension leben – eine Situation, die ihm sowohl seine Tätigkeit als Dozent wie auch seine Tätigkeit als Leiter des gerade jetzt ins Leben tretenden Instituts für Sozialforschung aufs Äußerste erschwert. Es ist in der Angelegenheit wiederholt mit Herrn Stadtrat Zielowski verhandelt worden, leider ohne den erhofften Erfolg."[251] Einige Tage später erwiderte Stadtrat Zielowski dieses Schreiben und stellte „in Bälde eine befriedigende Lösung" des Wohnungsproblems von Carl Grünberg in Aussicht. Eine Verzögerung sei nur deshalb eingetreten, weil eine für Prof. Grünberg in Aussicht genommene Wohnung diesem zu teuer gewesen sei und er nun statt dessen eine andere Wohnung vorziehe. Die Mieter der dortigen Wohnung seien zur Überlassung der Wohnung bereit, wenn sie eine Ersatzwohnung bekommen könnten. Daraufhin habe das Wohnungsamt dieser Familie eine schöne Ersatzwohnung angeboten. Diese habe jedoch die Ersatzwohnung abgelehnt, da sie zu teuer sei. Das Wohnungsamt werde, so der Leiter des Wohnungsamtes weiter, sobald eine Ersatzwohnung in dieser Wohnlage frei werde, den Tausch durchführen und dadurch das Wohnungsproblem Prof. Grünbergs lösen.[252] Dadurch war aber das Problem noch keineswegs gelöst. Am 14. Juni 1924, eine Woche bevor Grünberg die Festrede im inzwischen fertiggestellten Neubau des Instituts für Sozialforschung hielt, schrieb nun das Institut an den Oberbürgermeister. Die vom Wohnungsamt in Aussicht genommene Wohnung, von der das Institut nur durch den Regierungspräsidenten Haenisch erfahren habe, „kam für Prof. Grünberg keinen Augenblick in Frage, da sie abnorm teuer war. [...] Ich darf mir gestatten, darauf hinzuweisen, daß auch diese Wohnung weder uns noch Prof. Grünberg seitens des Wohnungsamtes angeboten wurde, daß vielmehr auch durch Zufall durch persönlich Bekannte ich auf verschiedenen Umwegen erfuhr, daß die Wohnung

---

250 Preußischer Minister Wissenschaft, Kunst und Volksbildung an OB; 12.4.1924; StA Ffm., MA T 809/I.
251 Stellvertr. Regierungspräsident an OB; 23.5.1924; StA Ffm., MA T 809/I.
252 OB an Regierungspräsident; 28.5.1924; StA Ffm., MA T 809/I.

seitens des Wohnungsamtes für Prof. Grünberg beschlagnahmt worden sei, was mir erst dann bei Nachfrage beim Wohnungsamt bestätigt wurde. Ich habe inzwischen das Wohnungsamt gebeten, die Beschlagnahme für Prof. Grünberg bestehen zu lassen, damit wir versuchen können, im Einvernehmen mit der mir bekannten Hausbesitzerin auf dem Tauschwege gegen diese Wohnung eine für Prof. Grünberg geeignete frei zu machen".[253] Für eine Wohnung in der Feldbergstraße, die Grünberg wünschte, wurde vom Institut eine Tauschwohnung (5 Zimmer) gesucht. „Inzwischen erfahre ich nun, daß das Mieteinigungsamt in völliger Verkennung der Sachlage den gegen die Beschlagnahme gerichteten Einspruch der Hausbesitzerin zwar abgewiesen, dagegen aber den Einspruch des in der Wohnung Liebigstraße 9 2 Zimmer innehabenden möblierten Mieters stattgegeben hat und ihm die weitere Nutzung der Räume genehmigt hat."[254] Der Untermieter klagte auf ein weiteres Wohnrecht, auch nach dem Tode der bisherigen Wohnungsinhaber, da er die beiden ehemals möblierten Zimmer bereits seit längerer Zeit durch eigene Möbel ergänzt habe. Die Entscheidung des Mieteinigungsamtes wurde vom Institut nicht akzeptiert. „Es ist auch schlechthin nicht einzusehen, weshalb ein Junggeselle, der in einer sehr großen Achtzimmerwohnung zwei Zimmer möbliert gemietet hat, daraus das Anrecht auf die Wohnung herleiten konnte, bezw. wie man genehmigen kann, daß er durch das Verbleiben in der Wohnung dieselbe unbeziehbar macht." Diese „Schwierigkeiten" mache der Untermieter nach Auffassung des Instituts und der Hausbesitzerin nur, „weil er hoffe, von dem künftigen Mieter oder von ihr – der Hausbesitzerin – eine möglichst hohe Abstandssumme für freiwillige Räumung seiner Zimmer herausschlagen zu können."[255] Das Wohnungsamt bot Grünberg schließlich in der Eschersheimer Landstraße eine 7-Zimmer-Wohnung an, aber der bisherige Wohnungsinhaber konnte sich bei einem vorgesehenen Besichtigungstermin noch nicht für eine Wohnungsaufgabe entscheiden. Hingegen hat Grünberg eine freie Parterrewohnung im gleichen Haus „leider als ungeeignet befinden müssen." Der Oberbürgermeister wurde gebeten, die Beschlagnahme der Wohnung in der Feldbergstraße aufrechtzuerhalten und eine geeignete Vier- bis Fünfzimmerwohnung im Westend zum Tausch für die bisherige Mieterin anzubieten.

Erst nach mehreren Monaten gelang es, trotz mannigfaltiger Interventionen, u.a. des preußischen Ministers für Wissenschaft, Kunst und Bildung, eine angemessene Wohnung für Carl Grünberg in der Gutleutstraße 83 zu finden.

Das Fallbeispiel der Wohnungssuche Carl Grünbergs verdeutlicht, daß, selbst wenn ein öffentliches Interesse vorlag, sich die Wohnungssuche als außerordentlich schwierig erwies. Obwohl Grünberg nicht zum Kreis der Minderbemittelten zählte,

---

253 Institut für Sozialforschung an den OB; 14.6.1924; StA Ffm., MA T 809/I.
254 Ebenda.
255 Ebenda.

war auch er auf das öffentliche Wohnungszuteilungssystem angewiesen. Ein sogenanntes Auskaufverfahren kam anscheinend auch für das wohlhabende Institut für Sozialforschung nicht in Frage. Gleichzeitig ist auch ersichtlich, daß die soziale Stellung des Wohnungssuchenden, trotz der tendenziellen Egalisierung durch die kommunale Wohnungsvergabe, hinreichend berücksichtigt wurde. Weiterhin zeigt der Modus der Beschlagnahme der 9-Zimmer-Wohnung in der Liebigstraße erneut, daß die Interessen des Mieteinigungs-Amtes und des Wohnungsamtes durchaus divergieren konnten und daß die Entscheidungsfindung des korporativen Gremiums der Selbstregulierung unabhängig vom städtischen Wohnungsamt und dessen Absichten erfolgte.

War 1924 der Wohnungsmarkt für Mittel- und Großwohnungen noch sehr angespannt, so besserte sich seit 1926 das Verhältnis von Wohnungsangebot und -nachfrage für Großwohnungen deutlich. Ab Mai 1926 wurde in Frankfurt die öffentliche Bewirtschaftung für diese Wohnungen gelockert. „Demgemäß wurden an einen kleinen Kreis von Wohnungssuchenden mit entsprechendem Wohnanspruch Mietberechtigungsscheine mit halbjähriger Geltungsdauer ausgegeben, die dazu berechtigten, ihre Wohnungen mit mehr als sechs Zimmern und einem Friedensmietwert von über 2400 RM. nach unmittelbarer Einigung mit dem Vermieter einen Mietvertrag abzuschließen. Voraussetzung zum Bezug der Wohnung war auch in diesem Falle die formelle Zuweisung durch das Wohnungsamt."[256] Dieser Modus der ersten kommunalen Deregulierung für Großwohnungen mußte aber bereits im November 1926 revidiert werden, da diese Großwohnungen nun durch einen Erlaß des Preußischen Ministers für Volkswohlfahrt gänzlich aus der Mangelbewirtschaftung befreit wurden. Nach der Freigabe der möblierten Zimmer (unselbständigen Wohnungen) aus der Mangelbewirtschaftung kam auch für Großwohnungen die Marktregulierung wieder zur Geltung.

Die Vergabe der Wohnungen erfolgte unter Zugrundelegung der Kriterien der Wohnungsvergabe durch das städtische Wohnungsamt. Nach den Korruptionsskandalen Anfang der 20er Jahre erfolgte die Wohnungszuweisung „durch den Direktor des Wohnungsamtes unter Zustimmung des Leiters der juristischen Abteilung nach Anhörung der Wohnungspfleger und des Vorstehers des Wohnungsnachweises."[257] Neben den allgemeinen Kriterien (soziale Priorität oder öffentliches Interesse) war der Zeitpunkt der Antragstellung von Bedeutung.

In der Reihenfolge der Vormerknummern (nach dem Zeitpunkt der Antragstellung) wurde eine Kartothek angelegt. Diejenigen Wohnungen, die innerhalb einer Woche verfügbar waren, fanden Aufnahme in einer sogenannten Wohnungsliste. Diese Liste konnte an einem festgelegten Tag (Donnerstags) im Wohnungsamt eingesehen werden, so daß sich Wohnungssuchende nun formal um eine Wohnung bewerben konnten. „Der Inspektionsleiter [des Wohnungsamtes, Abt. Wohnungszuweisung,

---

256 MB Ffm. 1926/1927, S. 19.
257 Denkschrift: Organisation des Wohnungs-Amts. StA Ffm., MA T 796/V.

GK] bereitet sodann das Protokoll für die an jedem Montag stattfindende Sitzung der Einweisungskommission vor. In diesem Entwurf werden die für die einzelnen Wohnungen entgegengenommenen Bewerbungen aufgeführt. Hierbei werden die Vormerkungsnummern, der Familienstand und die Wohnungsverhältnisse des Bewerbers kurz ersichtlich gemacht."[258] Die Wohnungszuweisung erfolgte in der Regel durch eine Amtskommission (oft auch Einweisungskommission genannt), bestehend aus dem Leiter des Wohnungsamtes und 4 Mitgliedern, nach Vorschlägen des Inspektors des Wohnungsamtes. An den Sitzungen der Einweisungskommission konnten auch Vertreter des Stadtgesundheitsamtes und des Wohlfahrtsamtes teilnehmen. „Für die Auswahl der Bewerber ist das Moment der Dringlichkeit ausschlaggebend, worüber gegebenenfalls durch Abstimmung entschieden wird."[259] Ein Unterausschuß der Deputation für das Wohnungswesen, der Mitte der 20er Jahre eingerichtet worden war, entschied nur dann – außerordentlich – über eine Wohnungszuweisung, wenn die städtische Einweisungskommission „nicht zweifelsfrei" entscheiden konnte.[260] Der Verfügungsberechtigte (Vermieter) der freien Wohnungen konnte dann unter mehreren Bewerbern einen Wohnungssuchenden auswählen.[261] Kam es nicht zu einem Mietvertragsabschluß mit einem der vorgeschlagenen Wohnungsbewerber, so wurde ein Zwangsmietverfahren eingeleitet.

Ende der 20er Jahre wurde der Modus der Wohnungsvergabe teilweise geändert. Vermehrt wurden jetzt sogenannte „Mietberechtigungsscheine" ausgestellt. Eine Kommission zur Verwaltungsvereinfachung vertrat 1929 den Standpunkt, „daß die Ausdehnung des Mietberechtigungsscheines in der Weise herbeizuführen sei, daß im reinen Vergebungsverfahren zukünftig nur die 1- und 2-Zimmer-Wohnungen zu vergeben, dagegen für alle weiteren Größentypen das Mietberechtigungsscheinverfahren einzuführen sei."[262] Durch Magistratsbeschluß wurde dieses Verfahren am 25.5.1929 für 3- und 4-Zimmer-Wohnungen eingeführt, und im gleichen Jahr wurden

---

258 Städt. Revisionsamt v. 7.6.1928. Nachprüfung des Betriebes im Wohnungsamt. StA Ffm., MA T 796/VI.
259 Ebenda.
260 OB an Ältesten-Ausschuß der StVV v. 16.3.1926. StA Ffm., MA T 796/VI.
261 Die Anzahl der Wohnungsbewerber variierte in den 20er Jahren. Konnte der Verfügungsberechtigte einer Wohnung Anfang der 20er Jahre nur unter zwei Bewerbern den zukünftigen Mieter auswählen, so wurden – obwohl nach dem Frankfurter Wohnrecht vom 24.10.1927 nur mindestens zwei Wohnungssuchende vorgeschlagen werden mußten – seit 1926 in der Regel 8 Bewerber vorgeschlagen. Eine Forderung der StVV, die Anzahl der Bewerber auf drei Wohnungssuchende zu reduzieren, wurde vom WA am 19.1.1929 abgelehnt. „Zu der von der Stadtverordneten-Versammlung gewünschten Anordnung, daß zukünftig wieder nur drei Wohnungssuchende auf die Zuweisungsliste kommen sollen, ist vorneweg zu bemerken, daß es äußerst bedenklich erscheint, eine seit nunmehr fast drei Jahren bestehende Anordnung, die eine Lockerung der Wohnungszwangswirtschaft bedeutet, grundsätzlich wieder rückgängig machen zu wollen." Br. WA (Menzel) an OB. StA Ffm., MA T 796/VI.
262 Str. Schlotter (WA) an Mag. v. 2.3.1929. StA Ffm., MA T 796/VI.

auch sogenannte „große Mietberechtigungsscheine" für Wohnungen mit mindestens 5 Zimmern mit einer Friedensmiete von mindestens 1.200 Reichsmark ausgestellt.[263]

Anzumerken ist, daß auf eine aus drei Parteien zusammengesetzte Kommission (Wohnungsamt, Hausbesitzer und Vermieter) zur Wohnungsvergabe in Frankfurt ausdrücklich verzichtet wurde. Anregungen des Ältesten-Ausschusses der Stadtverordneten-Versammlung wurden vom Magistrat, aufgrund negativer Erfahrungen anderer Städte mit solchen Gremien, abgelehnt. „Es darf ferner erwähnt [werden], daß anderweitig, zum Beispiel in der Nachbarstadt Offenbach mit der dort üblich gewesenen Vergebung der Wohnungen durch eine als Beirat fungierende Wohnungsvergebungskommission derartig schlechte Erfahrungen gemacht worden sind, daß die Wiederauflösung dieses Beirats von dem Oberbürgermeister beabsichtigt worden ist."[264] Dieser Beirat sei als „Sicherheitsventil gedacht" gewesen. Aus politischen Gründen habe man ihn nicht aufgelöst, jedoch dürfe er nur noch „begutachtend, ohne Stimmrecht", tätig sein.

Das wiederholte Bemühen der Stadtverordneten-Versammlung seit 1926[265] eine Erweiterung der Einweisungskommission durch Zuziehung von Mitgliedern der Deputation für das Wohnungswesen zu bewirken, wurde vom Magistrat stets abgelehnt. Als formaler Grund wurde angeführt, daß die Wohnungsmangelwirtschaft „keine Gemeindeangelegenheit, sondern eine obrigkeitliche Auftragsangelegenheit" sei und infolgedessen die Stadtverordneten-Versammlung kein Mitgestaltungsrecht in diesem Bereich der Wohnungspolitik besitze. Tatsächlich befürchtete man durch die Hinzuziehung der politischen Kommunalvertreter eine Erschwerung der Arbeit.[266] „Das Wohnungsamt der Stadt Frankfurt a. M. ist der Überzeugung, daß die

---

263 Vierteljahresberichte des WA, II. Quartal 1929, v. 3.8.1929. StA Ffm., MA T 796/VI. Großwohnungen mit einer Miete von mindestens 2400 RM waren bereits aus der Wohnungsmangelwirtschaft befreit. Siehe oben: Fallbeispiel Grünberg.
264 WA (Menzel) an OB. StA Ffm., MA T 796/VI.
265 Antwortschreiben des OB an Ältesten-Ausschuß der StVV v. 16.3.1926. StA Ffm., MA T 796/VI.
266 In einem Schreiben der Dep. f. d. Wohnungswesen an den Magistrat klagte Str. Franck beispielsweise am 17.8.1925 über die häufige parteiische Einflußnahme von Stadtverordneten: „Die Zuschrift des Herrn Vogler gibt uns aber Anlass dem Magistrat zu berichten, daß das Eingreifen einzelner Stadtverordneter in den Geschäftsgang des Wohnungsamtes und die das Maß des Zulässigen häufig überschreitenden Beeinflussungsversuche derart überhand nehmen, daß es dringend wünschenswert erscheint, den Herrn Stadtverordneten durch eine Mitteilung die Grenzen ihrer Befugnisse ins Gedächtnis rufen zu lassen. [...] Der derzeitige Leiter des Wohnungsamtes ist in den viereinhalb Monaten seiner gegenwärtigen Tätigkeit von mindestens einem Dutzend Stadtverordneter zum Teil wiederholt, telefonisch oder mündlich in Sachen einzelner Wohnungssuchender interpelliert worden. Bezeichnend ist, daß diejenigen dieser Interpellationen, die nach der Auffasssung des Amtsleiters eine Beeinflussung bzw. eine Einschüchterung darstellen, abgesehen von dem Stadtverordneten Lang, von dem Stadtverordneten Nelles und Fräulein Dr. Schultz ausgingen, also von Personen, die hauptsächlich Beamte im Dienste der Stadtverwaltung sind. [...] Es vergeht kaum ein Tag, an dem nicht Zuschriften an das Wohnungsamt gelangen, in denen bei Nichterfüllung der geäußerten Wünsche mit einer Beschwerde bei diesem oder jenen Stadtverordneten gedroht wird." StA Ffm., MA T 796/VI. Die Einflußnahmen, so das Schreiben, erfolgten durch Stadtverordnete der unterschiedlichsten Parteien (StV. Lang/KPD, StV. Nelles/Zentrum, StV Schultz/DDP, StV Vogler/Mittelstandspartei).

Erweiterung der Einweisungskommission durch Zuziehung von Deputationsmitgliedern keinerlei praktischen Wert haben würde, sondern nur eine unnötige, zeitraubende Erschwerung der Arbeit der Kommission bedeuten würde, abgesehen von den unvermeidlichen Differenzen bei abweichender Auffassung der Deputationsmitglieder und der Mitglieder der Einweisungskommission."[267] Weder verfügten die Deputationsmitglieder über eine „jahrelange Vertrautheit mit den Verhältnissen der Tausende von Wohnungsuchenden", noch könne eine „unparteiische und objektive Mitarbeit" vorausgesetzt werden. Zudem wäre die Tätigkeit sehr unstetig, da sich die turnusmäßig wechselnden Stadtverordneten des Wohnungsdezernats paritätisch aus Vertretern der Mieter und Vermieter zusammensetzen müßten.

Während mehrere Mitarbeiter des Wohnungsamtes in den 20er Jahren wegen Unregelmäßigkeiten bei der Wohnungsvergabe überführt wurden, konnten Mitgliedern der Einweisungskommission keine Verfehlungen nachgewiesen werden. Die Erstellung von Richtlinien für die Wohnungsvergabe, das Prinzip der Reihenfolge durch Vormerknummern und die Entscheidung im Gremium ermöglichten eine weitgehend sachliche Entscheidungsfindung durch die Kommunalverwaltung.[268] Zudem waren mehrere Kontrollmöglichkeiten gegeben: Es konnte Widerspruch gegen Entscheidungen der Einweisungskommission vor dem paritätisch besetzten Mieteinigungsamt bzw. der Aufsichtsbehörde (in Preußen der Bezirkswohnungskommissar bzw. Regierungspräsident) erhoben werden. Ebenso war mittelbar durch Stadtverordnete, die sechs Sitze in der Deputation für das Wohnungswesen innehatten, eine Beaufsichtigung des städtischen Wohnungsamtes möglich.

---

267 WA (Menzel) an OB. StA Ffm., MA T 796/VI.
268 Anzumerken ist, daß noch einige Sonderregelungen existierten. Anfang der 20er Jahre bestand eine gesonderte Kommission, die bevorzugt Wohnungen an „Verdrängte" (Ruhrflüchtlinge, rechtsrheinische besetzte Gebiete bis Höchst) vergab. Zudem bestand Ende der 20er Jahre im Hochbauamt eine Abteilung Vermietung, „die städtische Wohnungen für die vom Wohlfahrts- u. Gesundheitsamt zu betreuende Personengruppen sowie für die kinderreichen Familien pp. freizuhalten" haben. Str. Schlotter (WA) an Mag. v. 2.3.1929. StA Ffm., MA T 796/VI. Diese Neubauwohnungen unterlagen jedoch nicht der Wohnungsmangelbewirtschaftung (Neubauprivileg). Vgl. auch Kap. VI. 3.2.

2.3 Mieterschutz und öffentliche Mietpreisbildung

a. Die Entwicklung des Mieterschutzes und der öffentlichen Mietpreisgestaltung bis 1923

Während die Wohnungsmangelgesetzgebung die Lage der Wohnungssuchenden verbessern sollte, bezogen sich die Mieterschutzgesetzgebung und das Reichsmietengesetz auf bestehende Mietverhältnisse. Beide letztgenannten Gesetzeswerke waren, wie von Wohnungspolitikern häufig betont wurde, unverkennbar von „sozialen Tendenzen" beherrscht.[269] In Zeiten des sogenannten Wohnungsnotstandes sollten die Mieter vor einer „konkurrenzlosen Ausbeutung"[270] geschützt werden. Deshalb wurden nach Ausbruch des Ersten Weltkriegs den Mieteinigungsämtern schrittweise mehr Entscheidungsbefugnisse zugestanden. Bereits in der Bundesratsverordnung vom 14.12.1914 waren, wie bereits mehrfach erwähnt, paritätisch besetzte Mieteinigungsämter als Schlichtungsgremium vorgesehen. „Der Mieter konnte zwar das Einigungsamt anrufen, aber dieses konnte nur auf einen Ausgleich der Parteien hinwirken; wollte der Vermieter nicht entgegenkommen, so mußte der Mieter nach der Kündigung ausziehen, und das erwies sich immer mehr als große Härte, je schwieriger die Beschaffung einer neuen Wohnung wurde."[271] Der eigentliche Durchbruch erfolgte erst mit der Mieterschutzgesetzgebung vom 26. Juli 1917. Die Mieter konnten nun beim Einigungsamt sowohl gegen eine Kündigung als auch gegen eine Erhöhung des Mietzinses klagen. Noch in den letzten Kriegsmonaten erfolgte eine erhebliche Ausweitung des Mieterschutzes. Nun bedurfte jede Kündigung der vorherigen Genehmigung des Mieteinigungsamtes. Ein ohne Kündigung auslaufendes Mietverhältnis verlängerte sich auf ungestimmte Zeit, es sei denn, daß der Vermieter eine vorherige Zustimmung des Mieteinigungsamtes zur Auflösung des Vertragsverhältnisses bewirkt hatte. Bei jeder Mieterhöhung mußte der Vermieter der Gemeindebehörde Anzeige erstatten.

Diese Anzeigepflicht bei Mieterhöhungen wurde im Juni 1919 durch eine preußische Verordnung auf jeden neuen Mietvertragsabschluß erweitert.[272] Des weiteren sahen die neuen Schutzbestimmungen eine Mitwirkung des Mieteinigungsamtes bei der Kündigung von Läden und Werkstätten vor. Weiterhin war eine Herabsetzung des Mietzinses durch das Mieteinigungsamt auf Antrag des städtischen Wohnungsamtes oder des Mieters möglich. Folgenreich erwies sich der Paragraph 5a des Mietgesetzes, den Franz Hertel aufgrund seiner unpräzisen Formulierung

---

269 Hertel, Wandlungen des Miet- und Wohnrechts, S. 55.
270 Meyerowitz, Miet- und Wohnungsnotrecht, S. 77.
271 Kruschwitz, Deutsche Wohnungswirtschaft, S. 13.
272 Verordnung vom 22. Juni 1919. RGBl.1919/S. 591.

einen „Kautschukparagraphen"[273] nannte. Bei Auftreten eines nicht genauer definierten „außergewöhnlichen Mißstandes" des lokalen Wohnungsmarktes konnten die Landeszentralbehörden erweiterte Anordnungen erlassen. Dann bedurfte die Erhebung von Räumungsklagen und Zwangsvollstreckungen der vorherigen Zustimmung des Mieteinigungsamtes. Um einen Mieter herauszuwerfen, mußte demgemäß das Mieteinigungsamt de facto drei Mal angerufen werden: zuerst zur Genehmigung der Kündigung, dann zur Bestätigung der Räumungsklage und schließlich zur Vollstreckung derselben. Diese Bestimmungen bewirkten geradezu einen uneingeschränkten Kündigungsschutz. Alle Gesetze, die den Mieterschutz und die Mieteinigungsämter betrafen, wurden 1923 in einem neuen Reichsgesetz zusammengefaßt.

Die weitreichenden Mieterschutzbestimmungen erfuhren ihre Ergänzung in der öffentlichen Festlegung des Mietzinses. Eine öffentliche Kontrolle der Mietzinsbildung war zunächst durch die Mieteinigungsämter geregelt. Die lokale Praxis der Mieteinigungsämter, die nach billigem Ermessen entschieden, führte jedoch zu ausgesprochenen Uneinheitlichkeiten. Um einerseits die unterschiedlichen lokalen Anwendungen zu harmonisieren, andererseits die Organe der korporativen Selbstregulierung weiterhin gestaltend einzubinden, schlug der ehemalige Reichs- und Staatskommissar für Wohnungswesen und damalige Referent im Preußischen Ministerium für Volkswohlfahrt, Scheidt, 1919 folgende Lösung vor: „Es bleibt nur der Ausweg, den Einigungsämtern bestimmte Höchstsätze vorzuschreiben, die jedoch nicht von der Zentrale aus, sondern von den Gemeindevorständen im Benehmen mit den Vorsitzenden der Mieteinigungsämter und einem von den Gemeindevertretungen gewählten zur Hälfte aus Hausbesitzern, zur Hälfte aus Mietern bestehenden Sachverständigen-Ausschuß festgesetzt werden sollen. [...] Die Höchstmiete soll durch einen prozentualen Zuschlag zur Friedensmiete des Jahres 1914 festgesetzt werden."[274] Diese Anregung führte zur Preußischen Höchstmietenverordnung, die im Dezember 1919 erlassen wurde. Es trat nun, wie Meyerowitz feststellte, wieder „eine gewisse Ruhe und Gleichmäßigkeit" ein.[275] In den Wohnungsnotstandsbezirken, in denen „außergewöhnliche" Mißstände infolge eines starken Wohnungsmangels vorlagen, erfolgte eine Festlegung der Höchstgrenze bei Mietsteigerungen.

Die Mieteinigungsämter hatten seit Dezember 1919 in Preußen in Fragen der Mietzinsfestlegung also keine uneingeschränkte Gestaltungsmöglichkeit mehr,

---

273 Hertel, Wandlungen des Miet- und Wohnrechts, S. 55.
274 Preußisches Ministerium für Volkswohlfahrt (Scheidt) an Staatsministerium wegen Einführung einer Höchstmietenregelung. GSTA PKB, Abt. Merseburg. Ministerium f. Handel und Gewerbe. Rep. 120 BB, Abt. VII, Nr. 11 adh 8a, Bd. 3, Bl. 135.
275 Meyerowitz, Miet- und Wohnungsnotrecht, S. 101.

da die Richtwerte von der zuständigen Einspruchsbehörde genehmigt werden mußten.[276] Jede Abweichung von den Richtwerten bedurfte nun einer ausdrücklichen Bestätigung. In ihrer Diktion kam diese Verordnung einseitig den Mietern zugute: Wenn beispielsweise ein Mietzins erhoben wurde, der oberhalb der Richtwerte lag, konnte der Mieter eine Senkung durch das Mieteinigungamt bewirken, hingegen war eine Anhebung der Miete, die unterhalb der Richtwerte lag, nicht möglich. Überdies waren diese Richtsätze ausgesprochen niedrig bemessen. Sie orientierten sich nicht an der realen Preisentwicklung und waren daher eindeutig von sozialpolitischen Motiven geprägt.[277]

Aus Umfragen des Deutschen Städtetages, die im Frühjahr und Herbst 1921 in preußischen Städten durchgeführt wurden, geht hervor, daß auch diese lokal festgelegten Höchstmietenzuschläge – trotz der Richtwerte – ausgesprochen unterschiedlich ausfielen.[278] Starke lokale Schwankungen der Wohnungsmieten, die vor der öffentlichen Mietpreisbildung existierten, wurden also nicht oder nur unwesentlich angeglichen. Diese Entwicklungen verweisen auf unterschiedliche Zielsetzungen der jeweiligen Stadtverwaltungen und auf ihre politischen Konstellationen (parteipolitische Zusammensetzung der kommunalen Selbstverwaltungsgremien oder auch die Tätigkeit der lokalen Arbeiter- und Soldatenräte) sowie auf die Macht und den Einfluß der jeweiligen korporativen Interessenvertretungen.

Um eine reichsweite Vereinheitlichung der öffentlich regulierten Mietpreise zu bewirken, wurden seit 1920 eingehende Beratungen geführt. Erlassen wurde das Reichsmietengesetz (RMG) jedoch erst am 24.3.1922. Die entsprechende preußische Ausführungsverordnung für das Reichsmietengesetz trat am 1.7.1922 in Kraft.

Grundsätzlich stellte dieses Gesetz wieder die Vertragsfreiheit zwischen den Mietparteien her. Im Falle der Uneinigkeit konnte sowohl der Mieter als auch der Vermieter eine Überprüfung des Mietzinses verlangen. Dieses Gesetz kam nun vorrangig den Vermietern zugute, da für Mieter bereits ein umfassender Schutz gegenüber Kündigungen und Mietsteigerungen bestand. Folglich machten überwiegend Vermieter von diesem Gesetz Gebrauch.

Neben der tendenziellen Wiederherstellung der Vertragsfreiheit wurde durch das neue Reichsmietengesetz auch eine „gesetzliche Miete" eingeführt. Grundlage für die gesetzliche Mietzinsberechnung war zunächst die Feststellung der sogenannten „Grundmiete". Diese orientierte sich an der „Friedensmiete", also derjenigen Miete, die am 1. Juli 1914 vereinbart worden war. Von dieser wurden verschiedene Neben-

---

276 Zur Praxis in Bayern: Geyer, Martin H.: Wohnungsnot und Wohnungszwangswirtschaft in München 1917 bis 1924. In: Feldman, Gerald D. u.a. (Hg.). Die Anpassung an die Inflation. Berlin/New York 1986, S. 141.
277 Hertel: „Obwohl bei Erlaß der Verordnung die Mark auf etwa den zehnten Teil ihres Friedenswertes gesunken war, war vom Minister nur eine Steigerung um 20% der Friedensmiete zugelassen worden." In: Wandlungen des Miet- und Wohnrechts, S. 56/57.
278 StA Ffm., MA T 819.

kosten und Nebenleistungen abgezogen, woraus dann die „Grundmiete" resultierte. Anlaß heftiger politischer Auseinandersetzungen war gewöhnlich jedoch nicht die Bemessung der Grundmiete – diese war in der Phase der Hyperinflation auf eine zu vernachlässigende Größe gesunken –, sondern die Höhe der verschiedenen Zuschläge und Umlagen.[279]

Eine Forderung der Mietervereine erfüllend, sah das RMG ein Kontrollrecht der Mieter über die Verwendung bestimmter Mieteinnahmen vor. Insbesondere sollten Mieterbeiräte die Ausführung von größeren Instandsetzungsarbeiten oder die Abrechnung von Mietnebenkosten in Häusern mit Sammelheizungen kontrollieren können. „Tatsächlich ist die Wahl von Mietervertretungen nur verhältnismäßig selten erfolgt und hat", nach der Auffassung Franz Hertels, „weit häufiger zum Unfrieden geführt als zur Herstellung des Hausfriedens."[280]

Der preußische Minister für Volkswohlfahrt schränkte jedoch noch im Juni 1922 durch eine Verordnung die Höhe der Zuschläge für Instandsetzungsarbeiten ein. Dadurch wurde die Intention des Reichsmietengesetzes, die Deckung der tatsächlichen Kosten, aufgrund der niedrigen Sätze erneut in Frage gestellt. In Preußen wurden die Zuschläge für Instandsetzungsarbeiten und Schönheitsreparaturen in Mietwohnungen beispielsweise auf 60% der Grundmiete begrenzt. In der Phase der Hyperinflation betrug die gesetzliche Miete mit allen Umlagen, in Goldmark umgerechnet, nur noch einen Bruchteil der Friedensmiete (Tab. 22, Anhang).[281]

Als grundsätzlichen Fehler der öffentlichen Mietpreisbildung sah Hans Kruschwitz in seinem Gutachten für den „Verein für Socialpolitik" die Tatsache an, daß die Regelung der Mietpreise sowohl viel zu niedrig festgesetzt als auch der richtige Zeitpunkt der Angleichung an die allgemeine Preisentwicklung stets verpaßt wurde. „Die Angst, daß der Hausbesitzer vielleicht einmal etwas zu viel bekommen könnte, hat hier, besonders in den Zeiten des Währungsverfalles, aber auch noch in den späteren Jahren zu schweren Versäumnissen geführt. Die Folge hiervon war nicht nur, daß aus Mangel an Mitteln die Instandhaltung der Wohnungen und Häuser unterblieb, wodurch zahlreiche Häuser und Wohnungen baufällig wurden und ihre Nutzungsmöglichkeiten einbüßten, sondern mehr noch, daß die Finanzierung der Neubautätigkeit erheblich erschwert wurde."[282]

---

279 „Demgemäß sollten zu der unveränderlichen Grundmiete, welche gewissermaßen das Entgelt für die bloße Raumüberlassung darstellte, veränderliche Zuschläge für Betriebskosten, für laufende und große Instandsetzungsarbeiten, für Steigerung der Hypothekenzinsen treten, während die Aufwendungen für Nebenleistungen in ihrer jeweiligen Höhe auf die Mieter umgelegt werden durften." Hertel, Wandlungen des Miet- und Wohnrechts, S. 60.
280 Ebenda, S. 62.
281 Hertel gibt den Anteil der gesetzlichen Miete 1922/23 mit etwa 6-7% der Friedensmiete an. Wandlungen des Miet- und Wohnrechts, S. 63. Martin Geyer verweist darauf, daß in München im Dez. 1922/Jan. 1923 der Anteil des Mietpreises real auf ca. 2% des Friedenpreises von 1914 gesunken ist. In: Wohnungsnot und Wohnungszwangswirtschaft, S. 145.
282 Kruschwitz, Deutsche Wohnungswirtschaft, S. 24.

b. Von der „Zwangswirtschaft" zur „Übergangswirtschaft" – Anmerkungen zu einem Gutachten des Deutschen Städtetags

Diese deutliche Kritik von Hans Kruschwitz – er war als Direktor der Rheinischen Wohnungsfürsorge-Gesellschaft und des Rheinischen Vereins für Kleinwohnungswesen ein ausgewiesener Kenner der sozialen Wohnungspolitik – an der öffentlichen Mietpreisbildung wurde noch nachdrücklicher in einem vertraulichen Gutachten geäußert, das Städtebaudirektor Elkart (Berlin-Spandau, später Hannover) und Oberbaurat Brandt (Hamburg) für den Wohn- und Siedlungsausschuß des Deutschen Städtetages anfertigten. Als die Hyperinflation gerade ihren Höhepunkt erreichte, forderten diese, daß bei der Festsetzung der Mietpreise auf die „wirtschaftsschwachen Teile der Bevölkerung (Rentner u. dergl.) keine Rücksicht genommen werden" dürfe. „Ihre Unterstützung ist Sache der Wohlfahrtspflege." Die Grenze der Mieterhöhungen dürfe sich nur nach der „Leistungsfähigkeit der arbeitenden Bevölkerungskreise" richten.[283] Trotz ihrer marktwirtschaftlichen Grundhaltung gestanden sie dennoch ein, daß eine vollständige und unverzügliche Aufhebung des sozialen Miet- und Wohnrechts aus sozialpolitischen Gründen nicht durchsetzbar sei. Ziel aller Bestrebungen solle die rasche Aufnahme der Neubautätigkeit und die Marktregulierung sein. Eine „erhebliche Erhöhung der Miete" würde allerdings, so ihre Einschränkung, dennoch nicht direkt zu einer merklichen Belebung der Neubautätigkeit führen. Die zentralen Thesen ihrer Denkschrift wurden abschließend in Leitsätzen zur Umstellung der Wohnungswirtschaft zusammengefaßt. Als wichtigste Aussage ist der erste Paragraph zu nennen: „Die Wohnungswirtschaft in der bisherigen Form ist aufzuheben. An ihre Stelle ist eine Übergangswirtschaft zu setzen, die es ermöglicht, nach Festigung unserer allgemeinen Wirtschaftslage die freie Wohnungswirtschaft einzuführen."[284] Im folgenden Paragraphen wurde die Aufhebung der Festsetzung der Mieten durch das Reichsmietengesetz gefordert. Statt der bisherigen Praxis sollte zukünfig durch die Miete die tatsächliche Abdeckung aller Unkosten erfolgen. „Für die Übergangswirtschaft sind Höchstmieten (Friedensmiete x Lebenshaltungsindex) festzusetzen." Diese Kopplung der Miete an den Lebenshaltungsindex wurde in den Ausführungen folgendermaßen begründet: „Die Löhne und sonstigen Verdienste sind im allgemeinen eingestellt auf die Kaufkraft der Mark. Diese kommt am besten in den Kosten der Lebenshaltung zum Ausdruck. Sie bilden daher für die Übergangswirtschaft auch den besten Maßstab für die Mietberechnung. Sie wird als Produkt aus Friedensmiete und dem Index für die Kosten der Lebenshaltung zu berechnen sein."[285] Durch diese Berechnung würde die Friedens-

---

283 Vorschläge zur Umstellung der Wohnungswirtschaft. Denkschrift v. Brandt/Elkart, vorgelegt dem Wohn- und Siedlungsausschuß des Deutschen Städtetages, 6.10.1923. S. 5. StA Ffm., MA T 807.
284 Leitsätze auf Grund der Vorschläge zur Umstellung der Wohnungswirtschaft. Vorschläge zur Umstellung der Wohnungswirtschaft. Brandt/Elkart (1923), S. 20. StA Ffm., MA T 807.
285 Ebenda, S. 5.

miete weiterhin politisch fixiert bleiben, jedoch alle Nebenkosten würden der Preisentwicklung angeglichen. Desweiteren forderten die Autoren der Denkschrift einen schrittweisen Abbau des Mieterschutzes. Dieser sollte nur noch solchen Mietern gewährt werden, die „auf die Erhaltung der Wohnungen bedacht sind." Kündigungen sollten allerdings zum Zwecke der Mietsteigerungen, in der „Phase der Übergangswirtschaft", als unzulässig erklärt werden. Grundsätzlich forderten die Verfasser, daß „die Ansprüche der Mieter und Wohnungssuchenden an den vorhandenen Wohnraum erheblich herabgesenkt werden" müßten. Dies könne „besser durch [eine] starke Anspannung der Mieten, als durch Zwangsmaßnahmen" erreicht werden. „Eine starke Heraufsetzung der Mieten wird dazu führen, daß die Inhaber von Altwohnungen ihre Ansprüche an den Wohnraum von selbst herabsetzen und die vielfach noch zu beobachtende Verschwendung an Wohnraum aufhört."[286] Weiterhin forderten sie eine Verschärfung der Aufnahmekriterien für die kommunalen Wohnungslisten. Die Anzahl der registrierten Wohnungssuchenden sollte restriktiv begrenzt werden. Für eine Aufnahme in die Liste der Wohnungssuchenden kämen keine Einzelpersonen, sondern nur noch bestimmte Familien in Betracht:

„1. Haushaltungen mit mehr als zwei Familienangehörigen, Familienfremde (Untermieter, Hausangestellte) rechnen nicht mit.
2. Familien mit mindestens 2 jährigem Wohnsitz in der Gemeinde, bei denen eine dauernde Verdienstgelegenheit wahrscheinlich ist.
3. Familien, deren nachweisbar versteuertes Einkommen während der letzten 2 Jahren nicht höher war als das eines Reichsbeamten in Gruppe XIII.
4. Familien, die nicht wegen Beschädigung ihrer bisherigen Miteräume zur Räumung verurteilt sind.
Alle übrigen Wohnungssuchenden müssen sich durch Untermiete oder durch Neubau selbst helfen."[287]

Diese vertraulichen Vorschläge zur Umstellung der Wohnungswirtschaft zielten auf eine umfassende Deregulierung der bisher ausgeprägt sozialen Wohnungspolitik. Seßhafte und über ein durchschnittliches Einkommen verfügende Familien mit Kindern sollten in der Übergangswirtschaft bevorzugt gefördert werden, also keineswegs mehr die „minderbemittelten Volksklassen" oder wohlhabende Bürger. Personen, die nicht verheiratet waren oder Familien mit einem niedrigen Einkommen, die oftmals hochmobil waren, müßten nach diesen Vorschlägen – wie ehemals im Kaiserreich – wieder unselbständig als Untermieter oder Schlafgänger unterkommen bzw. Hilfen aus der Wohlfahrtspflege beantragen.

---

286 Ebenda, S. 5/6.
287 Ebenda, S. 8/9.

Wie der Hauptgeschäftsführer des Deutschen Städtetages Mitzlaff nicht zu Unrecht vermutete, bewegten sich die Absichten der Reichsregierung „in denselben Bahnen, wie die Elkart/Brandt'sche Denkschrift."[288] Tatsächlich zeichnete sich ein Übergang von der sogenannten „Zwangswirtschaft" zur „Übergangswirtschaft" ab, allerdings nicht mit solch einer ausgeprägten marktwirtschaftlichen und mittelstandsfördernden Tendenz.[289] Die Phase der Deregulierung (Übergangswirtschaft) wurde nicht mehr in der Weimarer Republik beendet. Statt dessen bildeten sich seit Dezember 1930 im Rahmen der Notverordnungsprogramme erneut staatliche Strategien zur Krisenbewältigung heraus.[290]

Zusammenfassend bedeutete die „Übergangswirtschaft" seit Ende 1923 den schrittweisen Abbau des umfassenden Mieterschutzes, die allmähliche Angleichung der politisch kontrollierten Altbaumieten an die Neubaumieten (Kostenmieten) sowie eine Aufhebung der Wohnungsmangelbewirtschaftung. Formen der Vergesellschaftung des Wohnungswesens (z.B. in Form einer Kommunalisierung) wurden, mit wenigen Ausnahmen (z.B. der KPD), nicht mehr erörtert. Der scheinbare Konsens, der in der Formel „von der Zwangs- zur Übergangswirtschaft" zum Ausdruck kam, überdeckte aber die weiterhin fortbestehenden Unklarheiten. Offen blieb, wann und wie ein ausgeglichenes Verhältnis von Wohnungsangebot und -nachfrage hergestellt werden konnte und welche Aspekte der sozialstaatlichen Wohn- und Mietgesetzgebung nach Überwindung der „Übergangswirtschaft" fortbestehen sollten.

Die Entwicklung der schrittweisen Deregulierung des Mieterschutzes und der Mietpreisbildung, die stets neue heftige politische Kontroversen auslöste, soll nachfolgend für den Zeitraum 1925-1930 zusammengefaßt werden.

c. Die Entwicklung des Mieterschutzes und der öffentlichen Mietpreisgestaltung von 1924 bis 1930

Die gesetzliche Mietpreisbildung wurde nach der Stabilisierung der Währung zunächst durch die Aufwertungsgesetzgebung geregelt. Da in der Dritten Steuernotverordnung vom 13. Februar 1924 eine Aufwertung der Hypotheken auf 15%, später auf 25% begrenzt wurde, sollte die „hypothekarische Entschuldung" der Hausbe-

---

288 In dem Vorbericht für die Vorstandsitzung des Deutschen Städtetags (19.10.1923) wurde durch Mitzlaff die Zustimmung des Städtetages zum Gutachten geäußert. In: StA Ffm., MA T 807. Ebenfalls verweisen Überlegungen des Deutschen Städtetages hinsichtlich der Aufhebung der Wohnungs- und Mieteinigungsämter (Anfrage des Städtetages vom 30.11.1923) auf den Vorrang marktwirtschaftlicher Lösungen.
289 Elkart, Mitverfasser der Denkschrift, war Anfang der 20er Jahre in Berlin/Spandau tätig. Mitte der 20er Jahre wechselte er als Stadtbaurat nach Hannover. Dort verschob sich das Gewicht des Wohnungsbaus gemeinwirtschaftlicher Bauträger deutlich zugunsten privater Bauherren. Zwischen 1926-1929 gehörte Hannover mit Plauen zu jenen Großstädten, in denen der Wohnungsbau privater Bauherren dominierte (51,25%). Tab. 5 und 6, Anhang. Kommunale Handlungsmöglichkeiten wurden dort nur defensiv genutzt.
290 Harlander, u.a., Siedeln in der Not.

sitzer indirekt auch der Allgemeinheit zugute kommen.[291] Die Finanzmittel aus der erhobenen Hauszinssteuer wurden teils zweckgebunden für den Wohnungsneubau, teils aber auch „zweckfremd" als allgemeine Etatmittel verwandt.[292]

Nach der finanzpolitischen Konsolidierung fand erneut eine Festsetzung der Mieten durch die Länder statt. Dabei wurde der Begriff der Grundmiete fallen gelassen und statt dessen die gesetzliche Miete in Hundertteilen der in Goldmark gedachten Friedensmiete ausgedrückt. In Preußen wurde die gesetzliche Miete 1924 zunächst auf 62% der Friedensmiete festgesetzt. Nochmals reichseinheitlich erfolgte eine Festlegung der gesetzlichen Miete 1926, diese mußte spätestens am 1. Juli 1926 100% der Friedensmiete betragen. Bis 1927 erfolgten noch schrittweise Angleichungen auf 120% der Friedensmiete. Die Bemühungen um eine reichsweit angeglichene Miethöhe erreichten 1927 ihren „Beharrungspunkt".[293] Bis zum Erlaß der 4. Notverordnung durch Brüning im Dezember 1931 blieben dann die Richtsätze weitgehend konstant.

Auch der Mieterschutz, der durch verschiedene Gesetze bzw. Verordnungen – zuletzt im Gesetz über Mieterschutz und Mieteinigungsämter vom 1. Juni 1923[294] – geregelt war und einen umfassenden Schutz gegen eine einseitige Auflösung des Mietverhältnisses seitens des Vermieters und gegen Hinauswurf nach Beendigung eines Mietverhältnisses gewährte, wurde in der Phase der Übergangswirtschaft schrittweise abgebaut. Statt eines komplizierten Aufhebungsverfahrens wurde durch eine Novelle vom 17. Februar 1928 formal das Kündigungsverfahren wieder eingeführt. Eine Kündigung war allerdings nur dann statthaft, wenn der „Mieter gegen die Räumungspflicht nichts einwenden kann oder will."[295] Der Mieter konnte durch Erhebung eines Widerspruchs gegen die Kündigung erneut einen Aufhebungsprozeß bewirken.

Bereits am 1.7.1926 waren „Lockerungen" des Mieterschutzes eingetreten, die in bestimmten Fällen den Kündigungsschutz begrenzten. So wurde bei „mietwidrigem Verhalten" der „Schutz für asoziale Mieter" (Brumby) gemindert, der Mieterschutz vollständig für Untermieter ohne selbständigen Haushalt aufgehoben und das Eigenbedarfsinteresse des Hausbesitzers verstärkt berücksichtigt. Der schrittweise Abbau

---

291 Holtfrerich, Carl Ludwig: Die Deutsche Inflation 1914-1923. Berlin 1980, S. 315.
292 Greven: Die Finanzierung des Wohnungsneubaus. In: Albert Gut (Hg.): Der Wohnungsbau in Deutschland nach dem Weltkriege. München 1928, S. 98-118; Mulert, (Oskar): Die Finanzierung des Wohnungsbaues. In: Der deutsche Wohnungsbau, Verhandlungen und Berichte des Unterausschusses für Gewerbe: Industrie, Handel und Handwerk (III. Unterausschuß). Berlin 1931, S. 104; Klinke: Finanzierung des Wohnungsbaus. In: Schmidt, Friedrich/Ebel, Martin (Hg.): Wohnungsbau der Nachkriegszeit in Deutschland. Berlin 1929. S. 21-31; Witt, Peter-Christian: Inflation, Wohnungswirtschaft und Hauszinssteuer. Zur Regelung von Wohnungsbau und Wohnungsmarkt in der Weimarer Republik. In: Niethammer, Wohnen im Wandel, S. 385-407; Ruck, Michael: Die öffentliche Wohnungsbaufinanzierung in der Weimarer Republik. In: Schildt/Sywottek, Massenwohnung und Eigenheim, S. 150-200.
293 Führer, Mieter, Hausbesitzer, Staat und Wohnungsmarkt, S. 207.
294 RGBl. I/1923, S. 353.
295 Hertel, Wandlungen des Miet- und Wohnrechts, S. 67.

des Mieterschutzes kann am sogenannten „mietwidrigen Verhalten", also der Verweigerung der Mietzahlung, verdeutlicht werden. Während im Mieterschutzgesetz von 1923 ein Mietrückstand von mehr als zwei Monaten den Anspruch auf Mietaufhebung rechtfertigte, war diese Frist im Gesetz von 1928 auf zwei Wochen gekürzt worden.[296]

In Preußen führten vier Verordnungen zu einer „Lockerung der Zwangswirtschaft". Bereits am 12. Dezember 1924 wurden möblierte Zimmer, die keine selbständigen Wohnungen darstellten, von der Geltung der Schutzgesetzgebung ausgeschlossen. Noch im Mai 1925 konnten aufgrund einer Verordnung einzelne Räume einer Wohnung beispielsweise zu Büroräumen oder Werkstätten umgewandelt werden. Schrittweise wurde der Abbau des Wohnrechts auf jene Wohnungen übertragen, die aus einer Teilung von mindestens fünf Zimmern hervorgegangen waren.

Der Rechtszustand des Jahres 1930 kann nach verschiedenen Lockerungsverordnungen dahingehend zusammengefaßt werden, daß die „Zwangswirtschaft" für reine Geschäftsräume völlig aufgehoben wurde und teuere Wohnungen, die in der Regel zugleich große Wohnungen waren, von der Wohnungsmangelgesetzgebung und gesetzlichen Miete befreit waren.[297]

Sowohl im Bereich des Mieterschutzes, als auch hinsichtlich der Mietkontrollen wurde die Abbautendenzen – also die Erleichterung der Kündigung bestehender Mietverhältnisse und die Durchsetzung einer sogenannten „angemessenen Miete" – durch die Präsidialkabinette verfolgt. In den Anfangsjahren des NS-Regimes wurde diese Politik des Abbaus des Mieterschutzes und der öffentlichen Mietpreiskontrolle in ihren Grundzügen beibehalten, ungeachtet der zögerlichen Maßnahmen des Reichskommissars für Preisbildung, Carl Goerdeler. Nach 1936 wurde sowohl durch die „Preisstoppverordnung", als auch durch den „totalen" Kündigungsschutz eine neue Phase der intensiven „Wohnungszwangswirtschaft" eingeleitet, die bis in die Anfangsjahre der Bundesrepublik und der DDR kontinuierlich fortwirkte.[298]

Da bei der Ausgestaltung des Mieterschutzes nur ein unerheblicher lokaler Handlungsspielraum bestand, wird nachfolgend lediglich die kommunale Praxis der Mietpreisbildung behandelt.[299] Vorrangig wird die Phase von 1919 bis 1924 untersucht, die von heftigen Kontroversen zwischen den Interessenparteien begleitet wurde.

---

296 Meyerowitz, Miet- und Wohnungsnotrecht, S. 973-977. Hertel, Wandlungen des Miet- und Wohnrechts, S. 67-69; Brumby, (Gustav): Mieterschutz und Mieteinigungsämter. Kommentar des Mieterschutzgesetzes. 2. Aufl., Berlin/Wien 1926, S. 39-48 und 62-90.
297 Hertel, Wandlungen des Miet- und Wohnrechts, S. 85.
298 Führer, Mieter, Hausbesitzer, Staat und Wohnungsmarkt, S. 95-115, 210-303.
299 Zur überregionalen Entwicklung vgl. ebenda, S. 117-209.

d. Lokale Auseinandersetzungen um die Frankfurter Mietpreispolitik

> „Niemals darf die Vorkriegszeit wiederkehren, wo der Mieter $^1/_5 - ^1/_4$ und mehr seines Arbeitseinkommens dem Hausbesitz zum Lebensunterhalt als Miete hat abliefern müssen. Der Hausbesitz muß ebenfalls an der Not des Vaterlandes mittragen, wie die übrige arbeitende Bevölkerung."[300]
>
> Mieterschutzbund Groß-Frankfurt (1924).

Zur Festsetzung der Höchstgrenze für Mietzinssteigerungen mußten Gemeinden über 2000 Einwohner in Preußen, gemäß einer Anordnung des Ministers für Volkswohlfahrt vom 9.12.1919, feste Richtsätze aufstellen.[301] Diese sollten sich an der sogenannten Friedensmiete orientieren, also jenem Mietzins, der am 1. Juli 1914 vereinbart worden war. Falls dieser nicht zu ermitteln war oder falls außerordentliche Abweichungen vorlagen, konnte er an den ortsüblichen Mietzins angeglichen werden. Zur Friedensmiete sollten außerdem prozentuale Zuschläge erhoben werden. Diese sollten berücksichtigen, „ob und inwieweit seit dem 1. Juli 1914 die von den Häusern zu entrichtenden Steuern, öffentlichen Abgaben und Beiträge, Versicherungsprämien und dergl., sowie die Kosten für Wasser, Beleuchtung, Kanalisation, Müllabfuhr, Schornsteinreinigung und andere derartige Betriebsunkosten, sowie die Unkosten für bauliche Unterhaltung der Häuser und die üblichen Zinsen der Hypotheken allgemein am Ort tatsächlich erhöht sind."[302] Der Erlaß des Preußischen Ministers für Volkswohlfahrt intendierte, wie bereits erwähnt, einerseits eine Berücksichtigung der Verschiedenartigkeit lokaler Wohnungsmärkte, andererseits aber auch eine Harmonisierung der Mietpreisbildung. Die individuelle Bewertung der Mietpreise durch einzelne Mieteinigungsämter, die nach billigem Ermessen entschieden, wurde somit in Preußen aufgehoben. Mit der Vorgabe von Höchst- statt Mindestsätzen war eine kontrollierte Anhebung bestehender Mieten beabsichtigt. Aufgrund der niedrigen Festlegung kam die Höchstverordnung allerdings eindeutig den Mietern zugute. Nur in Ausnahmefällen, in denen die Friedensmiete außergewöhnlich niedrig war, konnte diese, zugunsten der Vermieter, an die ortüblichen Sätze angeglichen werden.

Eine objektive, standardisierte Berechnung der Höchstsätze war aber kaum möglich, so daß durchaus von einer gesellschaftlichen Festsetzung der Mietsteigerung gesprochen werden kann. Das städtische Mieteinigungsamt schrieb beispielsweise in einer Stellungnahme an den Frankfurter Magistrat: „Die Frage, inwieweit Mehrausgaben für Wiederherstellungen zu berücksichtigen sind, bietet bezügl. Festsetzung eines vom Hundertsatzes erhebliche Schwierigkeiten. [...] Verschiedenartige Faktoren sind zu beachten; zunächst der Umstand, daß, wie auch im Ausführungserlaß ausgeführt, Instandsetzungen im Innern der Wohnung zur Zeit so gut wie gar nicht

---

[300] „Kurze Denkschrift" des Mieterschutzbundes Groß-Frankfurt v. 18.1.1924. StA Ffm. MA T 826/II.
[301] PGS 1919. Nr. 53. S. 187.
[302] Städt. MEA an Magistrat vom 12.1.1920. S. 1. StA Ffm. MA T 819.

ausgeführt werden, und die Vermieter der ihnen obliegenden Unterhaltungspflicht entweder überhaupt nicht oder in sehr ungenügender Weise nachkommen. Auf der anderen Seite sind die Handwerkerlöhne der verschiedenen Art um ein verschieden Vielfaches gestiegen und die Preise sind derartig schwankend, daß Durchschnittsberechnungen für Einzelreparaturen allgemein wohl nicht aufgestellt werden können."[303] Die lokalen Zuschläge konnten daher nur auf Schätzungen beruhen. Zudem war eine Berechnung der realen Kosten bereits dadurch beeinträchtigt, da das Preußische Ministerium für Volkswohlfahrt die zuständigen kommunalen Aufsichtsbehörden in einem Ausführungserlaß angewiesen hatte, in allen Fällen, in denen die Höchstsätze unter 15% oder über 20% festgesetzt werden sollten, Einspruch einzulegen. Auf einer Sitzung aller 21 Vorsitzenden der Frankfurter Mieteinigungsämter befürworteten diese am 9.1.1920 einstimmig die Festsetzung des Zuschlags auf 20% der Friedensmiete. Vor der endgültigen Festsetzung dieser Richtwerte mußte allerdings ein von der Stadtverordnetenversammlung gewählter Ausschuß gehört werden.

Die Tätigkeit des „Zehner-Ausschusses"

Der zu hörende Ausschuß, der aufgrund der Anzahl seiner Mitglieder „Zehner-Ausschuß" genannt wurde, setzte sich erneut paritätisch aus den Vertretern der organisierten Mieter und Vermieter zusammen. Erst nach einer längeren Debatte, die in der Hauptsache die Höhe der Bewertung der Wiederherstellungskosten von Wohnungen und Häusern zum Gegenstand hatte, sprachen die Mitglieder des „Zehner-Ausschusses" 1920 unterschiedliche Empfehlungen aus. Sechs Stimmen votierten für eine Festsetzung eines Zuschlages von 15%, eine Stimme für 18% und drei Stimmen für 20%. Der Zuschlag zur „Friedensmiete" wurde für Frankfurt am Main durch Magistratsbeschluß vom 22.1.1920 (MB Nr. 3297) zunächst auf 20%, im Januar 1921 auf 35% (MB Nr. 2496 v. 31.1.1921), im Februar 1921 auf 80% (MB Nr. 3026 v. 20.2.1922) und im Dezember 1921 auf 100% (MB Nr. 2291 v. 12.12.1921) festgelegt und anschließend vom zuständigen Regierungspräsidenten genehmigt.

Da der paritätisch besetzte „Zehner-Ausschuß" vom Magistrat in Fragen der Festsetzung der Höchstsätze bei Mietsteigerungen nur gehört werden mußte, also keine Entscheidungskompetenz hatte, fielen die Empfehlungen stets ausgesprochen heterogen aus. Die übliche Formulierung von Maximal- bzw. Minimalforderungen durch die parteiischen Interessenvertreter förderte keineswegs die Befriedung sozialer Konflikte in der Stadt durch Konsensbildung, sondern trug nicht unwesentlich zur Polarisierung und Politisierung der Mietpreispolitik bei. Während die Hausbesitzer beispielsweise in einem Protestschreiben an den Magistrat von einer „hohnsprechenden Ungerechtigkeit" sprachen[304], weil der Prozentsatz für Reparaturkosten „gänzlich unzureichend" angesetzt sei, da die Handwerkerpreise um das „acht bis zwölf-

---

303 Ebenda.
304 Hausbesitzerbund Ffm. an Magistrat v. 2.8.1920. StA Ffm. MA T 819.

fache" gestiegen waren, erhob der Mieterschutzbund hingegen auf einer Protestversammlung den „schärfsten Einspruch gegen die Erhöhung der Miete."[305] Die Mietervertreter gestanden zwar ein, daß „die Reparaturkosten so stark gestiegen sind, daß die 20% allein zur Deckung selten ausreichen", jedoch zögen die Hausbesitzer daraus den „wunderlichen Schluß, überhaupt nichts machen zu lassen." Die Anteile für Reparaturkosten, die im Zuschlag enthalten seien, „dienten zur Erhöhung der Rente des Hausbesitzers", da diese die Reparaturen nicht ausführen ließen. „Das Wort vom Reparaturstreik der Hausbesitzer ist leider keineswegs übertrieben", so eine Resolution des Mieterschutz-Vereins.[306] Einer Erhöhung der Sätze wollten die organisierten Mieter nur dann zu stimmen, wenn von den Vermietern die tatsächlichen Ausgaben des zurückliegenden Jahres nachgewiesen würden.

Da auch nach Ansicht des Mieteinigungsamtes „große Reparaturen zur Zeit [1921, GK] fast gar nicht und kleinere mit Rücksicht auf die Kosten höchstens in 50% der Fälle vorgenommen werden", sei ein einheitlicher Zuschlag für jeden Hausbesitzer nicht angängig.[307] Als über die zweite Angleichung der Höchstsätze beraten wurde, lehnte ein Teil der Mieter (Mieterschutz-Verein) eine Erhöhung generell ab, ein Vertreter der Mieter votierte für eine Erhöhung von 30%, zwei Hausbesitzer und ein Mietervertreter für 45%.[308] Das Mieteinigungsamt empfahl schließlich – vermittelnd – 35%. Die letzte Erhöhung Ende 1921 auf 100% für Wohnräume und auf 150% für Gewerberäume versuchte der Mieterschutz-Verein durch Einspruch bei der Kommunalaufsichtsbehörde zu verhindern.[309]

Keineswegs beschränkten die korporativen Interessenvertreter ihre Einwirkung auf die interne Gremienarbeit. Durch machtvolle öffentliche Massenkundgebungen, die allgemein die politische Kultur der Weimarer Republik mitprägten, sollte den Forderungen der Interessenparteien Nachdruck verliehen werden. Beispielsweise lud der Mieterschutz-Verein am 2. Oktober 1921 zu einer Versammlung im Hippodrom ein, auf der über die Wohnungsnot und die Tätigkeit des Wohnungs- und Mieteinigungsamtes beraten werden sollte. Es nahmen an dieser Versammlung etwa 3-4000 Mieter teil. Schwere Vorwürfe wurden gegenüber dem Magistrat und dem

---

305 Mieterschutz-Verein an die StVV v. 20.12.1920. StA Ffm. MA T 819.
306 Resolution des Mieterschutz-Vereins: „Gegen eine Erhöhung des 20%igen Zuschlages zur Friedensmiete." StA Ffm. MA T 819.
307 Lutsch MEA an Magistrat v.14.1.1921. StA Ffm. MA T 819.
308 Zeitweise entsandte der Allgemeine Frankfurter Mieterverein Vertreter in die Gremien. In den Magistratsakten kann deren Mitwirkung nur im Zehnerausschuß in zwei Sitzungen nachgewiesen werden. Für die Entsendung dieser beiden Delegierten, Klotz und Weinacht, setzten sich auch die Hausbesitzer in einem Schreiben ein! Erst nach 1926 ist dieser Mieterverein wieder in den Magistratsakten vermerkt. StA Ffm. MA T 819.
309 Auch die SPD protestierte am 16.12.1921 gegen die beabsichtigte Erhöhung. Schließlich wurden die Sätze durch Magistratsbeschluß Nr. 2428 v. 28.12.1921 für Mietwohnräume auf 70% und für sonstige Miträume auf 100% festgelegt. Am 7.1.1922 genehmigte der Regierungspräsident diese Richtsätze unter der Bedingung, daß „sämtliche Abgaben und alle laufenden Instandsetzungen mit dieser Höchstgrenze abgegolten sind." StA Ffm. MA T 819.

Mieteinigungsamt erhoben. „Der Magistrat als Hausbesitzer sei der beste Bundesgenosse der Hausbesitzer in der Auswucherung der Mieter. Die Reform des Mieteinigungsamtes müsse erzwungen werden, selbst durch Streik. Die Hausbesitzer führten ja auch schon seit zwei Jahren einen Reparaturstreik. Das Mieteinigungsamt dürfe fürderhin kein Mietsteigerungsamt sein."[310] Am gleichen Tag organisierten die Hausbesitzer eine Gegenveranstaltung, auf der sie gegen ihre steuerlichen Belastungen demonstrierten.

Die in Preußen praktizierte Festlegung der Höchstgrenze von Mietzinssteigerungen wurde durch die Einführung der „gesetzlichen Miete" im Rahmen des neuen Reichsmietengesetzes aufgehoben. Allerdings verging zwischen der Veröffentlichung des Reichsmietengesetzes am 24. März 1922 und dem Erlaß einer Magistratsverordnung zur Ausführung des Reichsmietengesetzes am 2. September 1922 fast ein halbes Jahr.[311] Die Verzögerung der Verabschiedung dieser Magistratsverordnung wurde mit „sehr eingehenden Verhandlungen" erklärt, die zwischen den beiden Interessengruppen und den städtischen Behörden stattfanden. Nur in wenigen Punkten konnte eine Übereinkunft erzielt werden. „In verschiedenen sehr wesentlichen Punkten war der Standpunkt der Vermieter und der der Mietervertreter vollkommen entgegengesetzt bzw. ihre Vorschläge für die Hundertsätze wichen so sehr voneinander ab, daß eine Einigung", so der Magistrat in einem Schreiben, „etwa auf eine mittlere Zahl unmöglich war."[312] Das neue Reichsmietengesetz regelte die Rahmenbedingungen zur Bemessung einer gesetzlichen Miete, die Länder konnten durch Ausführungsverordnungen bestimmte Zuschläge festlegen, und schließlich wurden noch den Gemeinden Handlungsspielräume bei der Festlegung von Details gewährt.

Der Begriff der „gesetzlichen Miete"

Die Festlegung des Mietzinses auf der Grundlage einer gesetzlichen Miete erfolgte nach Verabschiedung des Reichsmietengesetzes dann, wenn mindestens eine Mietpartei dies forderte. „Es kann also jede Mietpartei ihre Gegenpartei (der Vermieter den Mieter, der Mieter den Vermieter) zwingen, in ihrem Mietverhältnis die gesetzliche Miete gelten zu lassen. Gibt keine der Parteien eine Erklärung ab, so gilt der bisherige Mietvertrag weiter, wenn die Parteien nichts neues vereinbaren."[313] Somit war ansatzweise wieder die Vertragsfreiheit zwischen Mieter und Vermieter – im Falle einer Einigung oder Akzeptanz des bestehenden Mietverhältnisses – herge-

---

310 Frankfurter Nachrichten. Nr. 502. 3.10.1921. Nach dem Bericht dieser Zeitung nahmen „3000 Männer" an der Versammlung teil. Der Mieterschutz-Verein sprach von 4000 Teilnehmern. Brief an Magistrat v. 8.10.1921. StA Ffm. MA T 796/V. Vgl. Bericht der sozialdemokratischen Volksstimme v. 8.10.1921, Nr. 232. „Gegen Wohnungselend und weitere Belastungen der Mieter.".
311 Die Preußische Ausführungsverordnung zum Reichsmietengesetz wurde am 12. Juni 1922 erlassen.
312 Schreiben des Magistrats (Entwurf) v. 15. Juli 1922. StA Ffm. MA T 826/I.
313 Erläuterung zur Magistratsverordnung zur Regelung der gesetzlichen Normalmiete. Städtisches Amtsblatt Ffm. v. 2. September 1922. Sonderdruck Nr. 9.

stellt. Durch eine einfache schriftliche Erklärung an den Mietkontrahenten, also nicht mehr an das Mieteinigungsamt, wurde die Bemessung des Mietzinses auf der Grundlage der „gesetzlichen Normalmiete" veranlaßt.

Die „gesetzliche Miete" orientierte sich zunächst, wie vorher auch die Preußische Höchstmietenverordnung, an der „Friedensmiete". Von dieser mußten allerdings verschiedene Abzüge gemacht werden, wodurch sich die sogenannte „Grundmiete" ergab. Diese Abzüge wurden im Reichsmietengesetz definiert und umfaßten hauptsächlich Betriebskosten und laufende Instandsetzungskosten. In Preußen waren diese durch das Ausführungsgesetz auf einen Satz von 20% schematisch festgelegt. Außerdem wurden noch verschiedene Zuschläge bestimmt, beispielsweise für Häuser mit Sammelheizungen und Warmwasserversorgung. In Preußen konnten die Gemeinden Teile dieser Zuschläge ergänzen. Erforderlich waren aber wiederum eine vorherige Anhörung der korporativen Interessenparteien (Hausbesitzer- und Mieterverbände) und eine anschließende Genehmigung durch die Aufsichtsbehörde. Dies betraf u.a. die Vergütung für die Bereitstellung von Energie (Wasserkraft, Elektrizität, Dampf, Preßluft und dergleichen – je 3%), Spiegelglasversicherung (1-3%), Treppenhausbeleuchtung (1%), Fahrstuhlbenutzung (3%), Wassergeld und Kanalgebühren (je nach Bezirk zwischen 3-8%).

Die „gesetzliche Miete" setzte sich also aus der „Grundmiete" und den prozentualen Zuschlägen zusammen. Diese prozentualen Zuschläge wurden in Frankfurt am Main „schematisch gleichmäßig in der ganzen Stadt erhoben […], einerlei, wie hoch die Kosten für den betreffenden Posten unter den speziellen Mietparteien tatsächlich sind."[314] Im Gegensatz zu den schematisch festgelegten Zuschlägen konnten noch Umlagen geltend gemacht werden, die aber vom Vermieter individuell nachgewiesen werden mußten. Von überragender Bedeutung waren die sogenannten großen Instandsetzungsarbeiten. Diese speziellen Zuschläge (Umlagen) waren in einer Magistratsordnung eindeutig benannt (§5, z.B. Umdecken des Daches oder Abputz und Anstrich des Hauses) und bedurften der Genehmigung des Mieteinigungsamtes. Für diese großen Instandsetzungsarbeiten waren allerdings zeitweise auch Höchstsätze (130% zur Grundmiete) festgelegt worden. Ausgeschlossen von der möglichen Festlegung einer gesetzlichen Miete waren alle Neubauten oder Ein- und Umbauten, die nach dem 1. Juli 1918 bezugsfertig geworden waren.

„Der Kampf um das Gesetz hat begonnen."[315]

Die Hoffnungen, daß durch die Festlegung der gesetzlichen Normalmiete ein gerechter Interessenausgleich und eine Beruhigung der Debatte eintreten würden, erfüllten sich nicht. Obwohl durch das Reichsmietengesetz eine Erstattung der tatsächlich entstehenden „Nebenkosten" zugunsten des Vermieters beabsichtigt war

---

314 Ebenda.
315 Hausbesitzer und Mietzuschläge. FN Nr. 369, 22.7.1922.

– die „Grundmiete" sollte weiterhin niedrig gehalten werden –, lehnten auch die Vermieter dieses Gesetz mit Nachdruck ab. Dieses neue Reichsmietengesetz sei, so die Ansicht, die in der Deutschen Hausbesitzer-Zeitung vertreten wurde, „nur ein Glied in der fortlaufenden Kette der Zwangswirtschaft." Das Gesetz „hat auch dem gutgläubigsten und duldsamsten Hauseigentümer vor Augen geführt, daß, soweit das Mietwohnungswesen in Frage kommt, der Sozialisierungsgedanke, der auf allen anderen Gebieten bereits abgewirtschaftet hat, auf dem wichtigen Gebiet des Wohnungswesens noch immer der Verwirklichung näher gebracht werden soll." Für die Hausbesitzer stand außer Frage, „daß nicht wirtschaftliche Notwendigkeiten, sondern lediglich politische Machtfragen auch auf wirtschaftlichem Gebiete noch immer ausschlaggebend sind."[316]

Nach dem bekannten Muster organisierten beide Interessengruppen wieder ihre Massenkundgebungen mit „nach Tausenden zählenden Versammlungsteilnehmern"[317]. Der Syndikus des Hausbesitzer-Vereins Raabe erklärte 1922 auf einer außerordentlichen Generalversammlung im Zoologischen Garten: „Der Kampf um das Gesetz hat begonnen. An den Litfaßsäulen steht, daß ein Mietzuschlag von 2.300 Prozent zu erwarten sei. Diese Mitteilung stammt von den Führern der kommunistischen Mieter, die zwischen Mieter und Vermieter Zwiespalt säen wollten, weil sie ahnten, daß ihre Felle fortschwimmen."[318] Gestärkt durch die Vereinigung der beiden Hausbesitzervereine („endlich ist es gelungen, gegenüber der organisierten Mieterschaft einen organisierten Hausbesitzerstand zu schaffen"), traten die Hausbesitzer nun in die Offensive.

Generell kritisierten beide Interessengruppen die Miet- und Wohnpolitik. Während die Hausbesitzer die erneuten öffentlichen Eingriffe und die Verhinderungen der „Kostenmietenbildung" kritisierten, bewerteten die Mieter das neue Reichsmietengesetz als Beginn des Abbaus der sozialen Mietgesetzgebung.

Die Auseinandersetzungen um einzelne Bestimmungen der Magistratsverordnung zum Reichsmietengesetz wurden daher auch stellvertretend für das Gesamtwerk geführt. So kündigten die Hausbesitzer Widerspruch beim Regierungspräsidenten an, „weil durch die Verordnung zwar höhere Zuschläge vorgetäuscht würden, aber diese Zuschläge nicht ausreichten, um die Häuser vor dem Verfall zu schützen."[319] Die unterschiedlichen Interessenlagen führten nicht nur zu einer politischen Polarisierung, sondern auch zu einer wechselseitigen persönlichen Diffamierung. „Gleichzeitig nehmen die Frankfurter Hausbesitzer Veranlassung, ihren Abscheu dagegen auszusprechen darüber, daß die Führer der Frankfurter Mieterschaft, die eng mit dem kommunistisch-sozialistisch-politischen Lager verbunden sind, selbst

---

316 Der deutsche Hausbesitz und das Reichs-Mietengesetz. Deutsche Hausbesitzer-Zeitung. 28.Jg., Nr.12. 24.2.1921.
317 Mieterprotest. Gegen den Magistrat – für das Wohnungsamt. Volksstimme Nr. 167. 22.7.1922.
318 Hausbesitzer und Mietzuschläge. FN Nr. 369, 22.7.1922.
319 Ebenda.

vor der größten Lüge nicht zurückschrecken, um in dem Augenblick, wo der Mehrheit zum Siege verholfen werden soll, den Zwiespalt zwischen den Volksschichten zu erweitern. Es ist Pflicht des deutschen Mannes, der Lüge die Maske von dem Gesicht zu reißen und von den berufenen Führern des deutschen Volkes zu verlangen, daß sie der Wahrheit zum Wohle der deutschen Volkswirtschaft zum Siege verhelfen."[320] Auch der Geschäftsführer des Mieterschutz-Vereins Gustav Hammer generalisierte seine Kritik an einzelnen Punkten der Magistratsverordnung: „Der Verfall der Häuser und Wohnungen wird durch die unsinnige Verordnung nicht aufgehalten, sondern gefördert. Das Ziel ist klar: Es soll bewiesen werden, daß die Zwangsbewirtschaftung im Wohnungswesen aufgehoben werden muß, weil auch das Reichsmietengesetz, wie alle Gesetze zum Schutze der Verbraucher, nicht in der Lage war, Wohnungen und Häuser vor dem Verfall zu bewahren. Nicht das Gesetz ist schuld, sondern die beauftragten Instanzen, die entweder durch keine oder unzureichende Ausführungsverordnungen die Durchführung des Gesetzes unmöglich machen. Die Organisation der Mieter wird alle gesetzlichen Mittel ergreifen, um dieser reaktionären Handhabung des Gesetzes entgegenzuwirken."[321]

Unter dem Eindruck der unversöhnlichen Polarisierung lehnte der Magistrat die Etablierung von Mieterbeiräten ab, die zur Kontrolle von Hauskonten gebildet werden konnten. Politische und persönliche Angriffe der Interessengegner, die in öffentlichen Versammlungen oder in der lokalen Presse (in diesem Falle insbesondere „Volksstimme" contra „Frankfurter Nachrichten") ausgetragen wurden, fanden ihre Fortsetzung in den Anhörungsverfahren zum Reichsmietengesetz. Von einer konstruktiven Zusammenarbeit konnte immer weniger gesprochen werden. In einem Schreiben an den Magistrat lehnte es der Hausbesitzerverein schließlich kategorisch ab, mit dem Geschäftsführer des Mietervereins an einem Tisch zu sitzen. „Herr Hammer hat in Versammlungen die Ehre der Hausbesitzervertreter auf das niedrigste herabgesetzt, er hat diese Vertreter der Lüge geziehen, er hat davon gesprochen, daß die Vertreter niederzuknüppeln wären, er hat unter bewußter Verdrehung der Tatsachen den Vermietervertretern Äußerungen in den Mund gelegt, die dazu angetan sein sollten, diese Vertreter an der Öffentlichkeit verächtlich zu machen, er hat in einer Versammlung unter freiem Himmel zu einer gewaltsamen Auflehnung gegen die Hausbesitzer gehetzt. Mit einem derartigen Verhändler ersprießliche Arbeit leisten zu können, fühlt sich der unterzeichnete Verein durchaus außer Stande."[322] Zwar saßen die Hausbesitzer weiterhin mit dem Mietervertreter Hammer an einem Tisch, aber die Arbeit beider Vertreter war, hierbei kann man dem Hausbesitzervertreter und Stadtverordneten der Mittelstandspartei Georg Wagner zustimmen, keineswegs ersprießlich. Auch der Kommunalbeamte Askenasy vom städtischen Mieteinigungs-

---

320 Ebenda.
321 Hammer, Gustav, Die Sabotage des Reichsmietengesetzes. Volksstimme Nr. 163. 15.7.1922.
322 Frankfurter Hausbesitzerverein an Magistrat. 28. 7.1922. StA Ffm. MA T 826/I.

amt vertrat die Auffassung, daß „hauptsächlich durch den Mieterschutzverein andauernd alles mögliche Unrichtige in der Presse und in Versammlungen verbreitet" werde.[323] Das Städtische Mieteinigungsamt, das die kommunalen Richtlinien ausarbeitete, hörte zwar, wie im Gesetz vorgeschrieben, beide Interessengruppen an, orientierte sich aber immer weniger an den divergierenden Auffassungen der korporativen Interessenvertreter, sondern an Richtlinien, die der Reichsverband Deutscher Einigungsämter entworfen hatte.

Das Reichsmietengesetz scheiterte – sowohl am Dissens der Interessengruppen – als auch, wahrscheinlich in noch größerem Ausmaße, an der fortschreitenden Geldentwertung. In immer kürzerer Folge mußten die Sätze für die Zuschläge und Umlagen der Hyperinflation angeglichen werden. Die Prozedur der Festlegung der Richtsätze erforderte allerdings solche eine lange Zeit (u.a. Anhörungen, Beratungen, Vorschläge an den Magistrat, Genehmigung, Verkündigung im Amtsblatt), daß die schließlich erfolgten Anhebungen auf keinen Fall die Geldentwertung ausgleichen konnten. Besonders die Grundmiete war aufgrund der Hyperinflation auf einen zu vernachlässigenden Wert gesunken. „Die Hauptstreitfrage", schrieb das Mieteinigungsamt an den Magistrat im Februar 1923, „ist die Festsetzung des Zuschlages für die laufenden Instandsetzungsarbeiten. Der Magistrat wird sich schlüssig zu machen haben, darüber, welches System in Zukunft bei diesem Zuschlag befolgt werden soll."[324] Die städtische Verdingungsstelle erstellte Teuerungsziffern für Baumaterialien und Löhne, welche die außerordentliche Geldentwertung und die Probleme der Festlegung von Zuschlägen für Instandsetzungsarbeiten veranschaulichten.[325]

Die Bemessungsgrundlagen für Mietsteigerungen wurden immer vager und die Preise immer höher. Bereits am 2. Juli 1923 wurde beispielsweise die Verteuerung auf dem Baumarkt auf etwa „das 15-20.000 fache"[326] geschätzt.

Durch einen Erlaß des preußischen Ministers für Volkswohlfahrt vom 9. Juli 1923 wurde nochmals der Versuch unternommen, die Höhe der Zuschläge an die reale Preisentwicklung zu koppeln. Die Verwaltungskosten, die laufenden Instandsetzungszuschläge, die Höchstgrenze für die Umlagen bei großen Instandsetzungsarbeiten sollten nun „von Monat zu Monat" in demjenigen Verhältnis steigen, wie sich der Tarifstundenlohn eines Maurers (Vollarbeiter, über 19 Jahren) erhöhte. Der Maurerstundenlohn betrug Mitte August 1923 in Frankfurt am Main bereits 435.000 Mark.

Die Besprechungen des Ausschusses zur Heraufsetzung der Zuschläge der gesetzlichen Miete mußten nun fast wöchentlich stattfinden, da die Löhne und der Baustoffindex immer schneller und schließlich in eine astronomische Höhe stiegen.

---

323 MEA (Askenasy) an OB. 3.8.1922. StA Ffm. MA T 826/I.
324 MEA an Magistrat v. 16.2.1923. StA Ffm., MA T 826/I.
325 Zwischen dem 1. November 1922 und dem 15. Februar 1923 stiegen die Preise der Baumaterialien vom 1316fachen auf das 7097fache und die Löhne vom 242fachen auf das 2000fache gegenüber 1914. MEA an Magistrat v. 16.2.1923. StA Ffm., MA T 826/I.
326 Schreiben Landeshauptmann (Wiesbaden) v. 2.7.1923. StA Ffm., MA T 826/I.

Die Beratungen der parteiischen Interessenvertreter mit dem Mieteinigungsamt wurden zunehmend ritualisiert und schließlich vollständig zur Farce.[327]

Im Sommer 1923 wurden folgende Steigerungsraten für die Stundenlöhne von Maurern und die Baukosten gegenüber 1914 ermittelt:

Tab. 5: *Steigerungsraten für die Stundenlöhne eines Maurergesellen sowie des Bauindexes in Frankfurt am Main, 1923*

Zeitpunkt	Steigerungsraten	
	Stundenlohn eines Maurergesellen	Bauindexziffer
1. Juli 1923	8.500 fach	22.990 fach
7. September 1923	3.000.000 fach	2.500.232 fach
15. September 1923	11.250.000 fach	20.000.000 fach

In der Höchstphase der Hyperinflation entsprach die Monatsmiete für eine mittelgroße Wohnung der „Aktienbaugesellschaft für kleine Wohnungen" dem Wert zweier Straßenbahnkarten, so daß diese Gesellschaft zeitweise auf die Erhebung der Miete ganz verzichtete, da die Verwaltungskosten die Mieteinnahmen überstiegen. Der Mietanteil an den gesamten Lebenshaltungskosten war zu dieser Zeit minimal (Tab. 21 und 22, Anhang).

Eine Beruhigung der Mietpreisbildung trat erst nach der Währungsstabilisierung ein. Zunächst durch preußische, später durch reichsweit geltende Richtlinien wurden die Altbaumieten vorsichtig an die „Marktmieten" (Neubaumieten) angenähert. In diesem Bereich wurde die subsidiäre Mitgestaltung des Mietrechts aufgrund der Ineffektivität nochmals zugunsten einer reichseinheitlichen Regelung geändert. Mit der Aufhebung der lokalen Mitgestaltung der Mietpreisbildung verlagerten sich die politischen Kontroversen von der lokalen auf die überregionale Ebene, insbesondere in den Reichstag.

---

327 Siehe das Protokoll der „Besprechung mit den Organisationen zwecks evtl. Heraufsetzung der Zuschläge etc. nach dem RMG am 22. August 23 nachm. 5 Uhr.": „Am Ende der Sitzung erklären H. namens des Gesamtvorstandes des Hausbesitzervereins: Wenn der Magistrat die Zuschläge nicht dem § 3 R.M.G. anpasse, so würden vom 1.9. ab die Hausbesitzer streiken; sie würden Mieten, Steuern und Wohnungsbauabgabe nicht mehr einziehen. Besonders wird verwiesen auf die Höhe der im voraus erhobenen Schornsteinfegergebühren. Der Mieterschutzverein steht hinsichtlich dieser Gebühren auf demselben Standpunkt wie der Hausbesitzerverein und erklärt, daß die Mieter streiken würden, wenn nicht eine Sicherung hinsichtlich der laufenden Instandsetzungsarbeiten einträte." StA Ffm., MA T 826/I.

3 Zwischenergebnis

Die Miet- und Wohngesetzgebung in der Weimarer Republik förderte die Ausrichtung der Wohnungspolitik als Sozialpolitik. Besonders in den Anfangsjahren waren die sozialpolitischen Intentionen sehr ausgeprägt. Mit der Unausgewogenheit des Wohnungsmarktes begründet, erfolgten der Ausbau eines umfassenden Kündigungsschutzes und eine öffentliche Festlegung der Mietpreise. Diese sozialpolitischen Maßnahmen zugunsten der Mieter wurden zudem durch eine Regulierung des vorhandenen Wohnraums zugunsten der Wohnungssuchenden ergänzt.

Die eindeutige Bevorzugung der Mieter und Wohnungssuchenden wurde nach 1922 schrittweise revidiert. An die Stelle der „Zwangswirtschaft" trat nach Überwindung der Hyperinflation die sogenannte „Übergangswirtschaft". Intendiert war die Wiederherstellung eines ausgewogenen Wohnungsmarktes, wobei allerdings stets unklar blieb, welche sozialstaatlichen Komponenten langfristig beibehalten werden sollten.

Den Kommunen wurden in der Weimarer Republik subsidiär weitreichende Gestaltungsmöglichkeiten zugesprochen. Insbesondere durch die öffentliche Regulierung des Wohnungsmangels fanden einschneidende Begrenzungen des privaten Verfügungsrechtes über die Nutzung der Wohnungen statt. Das Fallbeispiel Frankfurt zeigt, daß trotz der Schwere der Eingriffe ein Interessenausgleich herbeigeführt werden konnte. Dieser Erfolg ist weniger in der Tätigkeit des Wohnungsamtes begründet, sondern in der umfassenden Einbindung unterschiedlicher, paritätisch besetzter Gremien der korporativen Selbstregulierung.

Während der Probelauf des Korporatismus zur Regulierung von Arbeitsbeziehungen bereits frühzeitig scheiterte, entfaltete sich die korporative Selbstregulierung im Wohnungswesen besonders in der kritischen Phase des Übergangs bis Mitte der 20er Jahre als Instrument zur Krisenbewältigung. Die Effektivität dieser gesellschaftlichen Gremien war, wie die untersuchten Teilbereiche zeigen, an ihre faktischen Mitgestaltungsmöglichkeiten gebunden. Während ein Interessenausgleich bei der öffentlichen Regulierung des Wohnungsmangels durchaus möglich war, ist in der Frage der lokalen Mitgestaltung der öffentlichen Mietpreisbildung eine entgegengesetzte Entwicklung festzustellen. Da die Gremien in Fragen der Mietpreisbildung nur gehört werden mußten, also nur begrenzte Mitgestaltungsmöglichkeiten besaßen, wurde kein Konsens gesucht, sondern es wurden vorrangig parteiische Maximalforderungen formuliert, die wiederum die Polarisierung der konträren Standpunkte verfestigte.

Durch die politische Fixierung der Mieten wurde das ökonomische Gefüge der Wohnungswirtschaft nachhaltig zerstört, wie auch Karl Christian Führer in seiner Untersuchung zu Recht feststellte[328], und es wurden zwei Märkte geschaffen. Aus

---

328 Führer, Mieter, Hausbesitzer, Staat und Wohnungsmarkt, S. 394.

Gründen der Gleichbehandlung von Mietern in Neu- und Altbauwohnungen war eine extrem einseitige Bevorzugung von Mietern in Altbauwohnungen nicht vertretbar. Während die Altmieter nur niedrige, politisch festgelegte Mieten zahlen mußten, wurden von den Mietern der Neubauwohnungen hohe wirtschaftliche Kostenmieten verlangt. Es stellte sich daher für die Wohnungspolitiker nach 1923 nicht mehr die Frage der weiteren gesetzlichen Fixierung der Mieten, sondern nur noch die Frage der angemessenen Angleichung.

Eine Würdigung der „klassenversöhnlichen Sozialpolitik" (Frankfurter Bürgerausschuß) kann sich allerdings nicht nur auf den wichtigen – politischen – Teilaspekt der gesellschaftlichen Befriedung beschränken, sondern muß auch die faktische Effizienz dieser Politik berücksichtigen. Gewichtet man die Schwere der Eingriffe, die unproduktive bürokratische Expansion sowie die notwendige Mobilisierung gesellschaftlicher Ressourcen mit den Ergebnissen der Wohnungswirtschaft, so waren diese recht bescheiden. Zudem war es nicht möglich, trotz der Formulierung rationaler Kriterien eine sozialgerechte Wohnraumverteilung durchzuführen.

Eine Behebung des Wohnungsmangels konnte nicht durch eine öffentliche Regulierung des bestehenden Wohnraums, sondern nur durch eine intensive Wohnungsneubautätigkeit erreicht werden.

V Gemeinnützige Wohnungsbauträger und die gesellschaftliche Fragmentierung

1 Das plurale Modell gemeinnütziger Bauträger in Deutschland

a. Einleitung

Die zwölfte Hauptversammlung der Kommunalen Vereinigung für Wohnungswesen fand im Juni 1930 in Frankfurt am Main statt. Anläßlich dieser Tagung hielt der Frankfurter Stadtbaurat Ernst May ein Referat über die Wohnungspolitik dieser Stadt. Zunächst stellte er offene Handlungsmöglichkeiten im Wohnungswesen für die Städte in der Weimarer Republik fest. Nun sei es möglich, so May, „die große Masse des deutschen Wohnungsbaues [einer] planmäßigen Organisation im umfassensten Sinne zu unterstellen".[1] Diese Gestaltungsmöglichkeiten hätten allerdings die Kommunen sehr unterschiedlich genutzt: „Die einen haben sich fast ausschließlich auf eine finanzielle Mitwirkung bei der Betreuung der Bauvorhaben beschränkt, andere haben mit der Verwaltung der Hauszinssteuer wohnkulturelle Bestrebungen verknüpft, wieder andere haben sich bemüht, mit den sozialen und wohnkulturellen Aufgaben auch solche städtebaulicher Natur zu lösen."[2] Da offene Handlungsmöglichkeiten bestanden, ist zu fragen, welche Prioritäten die Gemeinden ihrer Wohnungsbaupolitik zugrunde gelegt hatten. Wurden beispielsweise zweckfrei öffentliche Finanzmittel an gemeinnützige Wohnungsbauträger verteilt, oder wurden städtische Gesellschaften bevorzugt? Wurde durch diese Gestaltungsmöglichkeiten das plurale Trägermodell Deutschlands nivelliert? Fand eine Instrumentalisierung gemeinnütziger Bauträger durch die Stadtverwaltungen statt? Daher gewinnt der häufig vernachlässigte Aspekt der Trägerschaft des gemeinnützigen Wohnungsbaus an Bedeutung.[3]

Bereits in der ersten umfassenden statistischen Erhebung über die Herstellung und Förderung des Kleinwohnungsbaus durch die Großstädte im Deutschen Reich, die 1910 durchgeführt wurde, konnten vielfältige, aber auch sehr unterschiedliche kommunale Initiativen festgestellt werden. Die meisten Gemeinden bauten zwar (wenige) Kleinwohnungen für ihre Beschäftigten (paternalistischer Wohnungsbau), aber nur sehr wenige Städte bauten solche für die „minderbemittelte Bevölkerung".

---

[1] May, Fünf Jahre Frankfurter Wohnungsbau, S. 62.
[2] Ebenda.
[3] Novy, Klaus: Wohnreform in Berlin – Eine Entwicklungsskizze. In: Ders./Neumann-Cosel, Barbara von (Hg.): Wohnreform in Berlin. Ein Arbeitsprogramm wird vorgestellt. Berlin 1991, S. 5-6.

Hingegen waren die direkten und indirekten Unterstützungen für gemeinnützige Bauträger vielfältig. So konnte beispielsweise der Kleinwohnungsbau durch die Gewährung von Darlehen gefördert werden, ebenso durch die Übernahme von Bürgschaften, die Bereitstellung von Baugelände, die Ermäßigung oder Stundung der Straßenherstellungskosten oder der Steuerbeträge sowie durch die Bereitstellung von Gelände in Erbpacht bzw. mit einer Wiederkaufklausel nach dem Ulmer Modell (Tab. 1, Anhang).

Ungeachtet der differenzierten kommunalen Initiativen der Gemeindeverwaltungen blieb jedoch der quantitative Anteil des gemeinnützigen Wohnungsbaus am Gesamtwohnungsbestand im Kaiserreich noch relativ niedrig. In Berlin, der von Klaus Novy charakterisierten Hochburg der Wohnreform, lag dieser Anteil 1910 beispielsweise unter 1%.[4] Obwohl im Vergleich zu anderen Städten die städtische Wohnungspolitik Frankfurts vorbildlich war, wie an anderer Stelle noch zu belegen ist, blieben auch in dieser Stadt die quantitativen Leistungen des gemeinnützigen Wohnungsbaus begrenzt.[5] Das Bild der marginalen Bedeutung gemeinnütziger Träger relativiert sich jedoch deutlich, wenn anstatt des Anteils am Gesamtwohnungsbestand der Anteil des gemeinnützigen Wohnungsbaus an der Jahresproduktion zugrunde gelegt wird. Teilweise wurde in einigen Städten bereits in den Vorkriegsjahren jede vierte Wohnung in nichtspekulativer Absicht errichtet.[6] Gemeinnützige Wohnungsbauunternehmen erstellten vor dem Ersten Weltkrieg im Deutschen Reich immerhin ca. 161.000 Wohnungen in 48.300 Häusern. Dies entspricht einem Anteil von 1,27% des Gesamtwohnungsbestands.[7] Die Annahme eines beginnenden Wandels, vom bisher dominanten privaten Kleinwohnungsbau zu einem pluralen Trägermodell, war bereits vor dem Ersten Weltkrieg nicht unberechtigt. Insbesondere Genossenschaften oder Gartenstadtprojekte auf nichtspekulativer Grundlage wiesen beachtliche Wachstumsraten auf. Nach dem revidierten Genossenschaftsgesetz, das die uneingeschränkte (persönliche) Haftung der Genossen aufhob, nahm diese Bewegung einen beispiellosen Aufschwung. Bis 1914 existierten im Deutschen Reich bereits etwa 1.400 genossenschaftliche Bauunternehmungen.[8] Hans Kampffmeyer konnte bereits 1913 in seinem Buch über die Gartenstadtbewegung von einem sichtbaren Interesse der Stadtverwaltungen und der staatlichen Behörden an der gemeinnützigen Bautätigkeit der Gartenstädte berichten. „Die Zeit ist nicht mehr fern, da es in

---

4 Brede, Helmuth/Kujath, Hans Joachim: Finanzierung und Wirtschaftlichkeit des Kleinwohnungsbaus. Zu den Marktwiderständen und der Reformökonomie bis 1914. In: Rodriguez-Lores/Fehl, Die Kleinwohnungsfrage, S. 151.
5 Beiträge zur Statistik Ffm. (1919), S. 198; Steitz, Kommunale Wohnungspolitik, S. 436; Bullock, Nicholas/Read, James: The movement for housing reform in Germany and France 1840-1914. Cambridge 1985, S. 234-246; Kramer, Die Anfänge des sozialen Wohnungsbau, S. 123-190.
6 Zimmermann, Von der Wohnungsfrage zur Wohnungspolitik, S. 161.
7 Ebenda, S. 160.
8 Novy, Klaus: Genossenschafts-Bewegung. Zur Geschichte und Zukunft der Wohnreform. Berlin 1983, S. 107; Zimmermann, Von der Wohnungsfrage zur Wohnungspolitik, S. 161.

jeder größeren Stadt ein gemeinnütziges Bauunternehmen geben wird, das in unserem Sinne arbeitet. [...] Die Gartenstadtbewegung marschiert allen Widerständen und Schwierigkeit zum Trotz."[9] Ende 1915 existierten bereits 31 Gartenstadtgesellschaften, die Wohnungen auf nichtspekulativer Grundlage errichtet hatten, mit 9355 Mitgliedern.[10] Eine Tendenz zur gemeinnützigen Erstellung der Kleinwohnungen zeichnete sich dennoch nicht zwangsläufig ab. Dies zeigt sich in einem Gutachten Franz Adickes für den preußischen Minister für Handel und Gewerbe. Adickes, der dieses Schreiben in seinen letzten Amtstagen 1912 als Frankfurter Oberbürgermeister verfaßte, nahm zum Entwurf für das preußische Wohnungsgesetz Stellung, das nach über 10jähriger Beratung immer noch nicht verabschiedet worden war.[11] Er schrieb: „Ich habe mit Sorge und Schrecken bemerkt, wie unter philanthropischen Wohnungsreformern die Neigung wächst, die Verantwortung für die Beschaffung der Wohnungen den Einzelnen abzunehmen und den Gemeinden oder dem Staate aufzuerlegen. Ich halte gesetzliche Eingriffe, die den ganzen Staat oder große Teile desselben umfassen, für äußerst gefährlich, weil die Wirkungen je nach Lage der Verhältnisse sehr unterschieden sein werden und deshalb die Konsequenzen nicht genügend vorhergesehen werden können."[12] Adickes galt keineswegs als ein parteiischer Repräsentant der Hausbesitzer, der wohnungspolitische Initiativen abblockte, sondern als liberaler „Munizipalsozialist" und engagierter kommunaler Sozialpolitiker. Auch dieser Wohnungsreformer stellte den privaten Wohnungsbau nicht prinzipiell in Frage. Adickes strebte vielmehr den Ausbau differenzierter Regulierungsinstrumente an, wobei er der kommunalen Bodenbewirtschaftung eine große Bedeutung einräumte.[13] Trotz des erforderlichen kommunalen Engagements im Kleinwohnungsbau sollte dennoch – wie aus dem Adickes Zitat klar ersichtlich ist – ein uneingeschränkter kommunaler Handlungsspielraum für die Städte erhalten bleiben. Denn besonders die umfangreichen kommunalen Aufgaben der kommunalen Leistungsverwaltung und die sich hieraus ergebenden finanziellen Belastungen begrenzten deutlich den finanziellen Spielraum der Gemeinden in der Hochphase der Urbanisierung.[14]

---

9 Kampffmeyer, Hans. Die Gartenstadtbewegung. 2. Aufl., Leipzig/Berlin 1913, S. 41.
10 Tabelle zum Stand der Gartenstadtbewegung Ende 1915 zit. in: Bollerey, Franziska/Fehl, Gerhard/Hartmann, Kristiana (Hg.): Im Grünen wohnen – im Blauen planen. Ein Lesebuch zur Gartenstadt mit Beiträgen und Zeitdokumenten. Hamburg 1990, S. 178-179.
11 Niethammer, Marsch durch die Institutionen, S. 363.
12 Brief Frankfurter Oberbürgermeister (Adickes) an den preußischen Minister für Handel und Gewerbe. 13.9.1912. StA Ffm., MA T 796/III.
13 Besonders die Vergabe von Bauland mittels des Erbbaurechts kennzeichnete „die einzigartige Stellung Frankfurts unter den Städten des Kaiserreichs". Steitz, Kommunale Wohnungspolitik, S. 437. Eine lokale Initiative Adickes fand schließlich in der „lex Adickes" bedingte landesweite Berücksichtigung.
14 Steitz, Kommunale Wohnungspolitik, insbes. S. 433-434.

b. Der Begriff der Gemeinnützigkeit

Der Terminus „gemeinnütziger Wohnungsbau" wird heute zumeist durch den Begriff „sozialer Wohnungsbau" ersetzt. Noch 1949 plädierte Friedrich Lütge in seiner systematischen Darstellung über die deutsche Wohnungswirtschaft für eine klare begriffliche Trennung: „Von grundsätzlicher Bedeutung dürfte es sein, klar zwischen gemeinnützigem und sozialem Wohnungsbau zu unterscheiden, und dies in dem Sinne, daß man ‚gemeinnützig' nicht schlechthin mit ‚sozial' identifiziert! Es gibt durchaus echten sozialen Wohnungsbau, der im rechtlichen Sinne nicht gemeinnützig ist, also etwa der Bau von Kleinwohnungen durch Private, Unternehmer usw. Entscheidend für den Begriff ‚sozialer Wohnungsbau' ist lediglich die Art der Zweckerfüllung, die Tatsache, daß gute und billige Wohnungen, die den sozialen Anforderungen entsprechen, errichtet werden; die Rechtsform und der Charakter des Bauherrn ist demgegenüber von untergeordneter Bedeutung."[15] In der Weimarer Republik war die Benutzung des Begriffs „sozialer Wohnungsbau" nicht gebräuchlich. Erst durch den sogenannten „Führererlaß" zur „Vorbereitung des Deutschen Wohnungsbaus nach dem Kriege" vom 15. November 1940, den Tilman Harlander und Gerhard Fehl das „Grundgesetz des sozialen Wohnungsbaues" nannten[16], wurden die Begriffe gemeinnütziger und sozialer Wohnungsbau zunehmend inhaltlich gleichgestellt.

Wenn in der Weimarer Republik von dem gemeinnützigen Wohnungsbau gesprochen wurde, so war mit diesem Terminus eine rechtliche Konnotation verbunden, allerdings wurde gleichfalls eine sozialpolitische Intention impliziert. Wie an anderer Stelle gezeigt wird – beispielsweise bei den Frankfurter privatwirtschaftlichen Wohnungsbaugesellschaften mit transitorischem Kapitalcharakter – erschweren diese Unklarheiten eine begriffliche Benennung und klare Typisierung der Bauträger.

Aufgrund der Ungenauigkeit der Begriffe gemeinnütziger bzw. sozialer Wohnungsbau ist eine Skizzierung ihrer historischen Entwicklung erforderlich, zumal der Begriff „gemeinnütziger Wohnungsbau" in der Weimarer Republik zwar ständig benutzt wurde, aber keineswegs eindeutig definiert war. Erst im Dezember 1930 konnten die verschiedenen rechtlichen Bestimmungen in einer Gemeinnützigkeitsverordnung zusammengefaßt werden. Das erste Gemeinnützigkeitsgesetz hingegen wurde erst am 29. Februar 1940 erlassen.

Trotz der Unklarheiten konnte aber auf eine lange Tradition des „gemeinnützigen" Wohnungsbaus in Deutschland zurückgegriffen werden. Bereits seit 1861 wurden in Deutschland für die „minderbemittelten Bevölkerungskreise" steuerliche Vergünstigungen beim Wohnungsbau gewährt. Zu nennen ist u.a. das Gebäudesteuerge-

---

15 Lütge, Friedrich: Wohnungswirtschaft. Eine systematische Darstellung unter besonderer Berücksichtigung der deutschen Wohnungswirtschaft. 2. erw.Aufl., Stuttgart 1949, S. 228.
16 Harlander/Fehl, Hitlers Sozialer Wohnungsbau, S. 131; vgl. auch Harlander, Tilman: Zwischen Heimstätte und Wohnmaschine. Wohnungsbau und Wohungspolitik in der Zeit des Nationalsozialismus. Basel u.a. 1995.

setz, das eine Ermäßigung der Steuersätze für den Wohnungsbau für „kleine Handwerker, Fabrikarbeiter und dergleichen" vorsah. Außerdem konnten Baugenossenschaften seit 1891 von der Einkommenssteuerpflicht befreit werden, wenn sie nur für ihre Mitglieder bauten und die Gewinnausschüttung auf 3½% des eingezahlten Geschäftskapitals beschränkten. Die Befreiung von der Stempelsteuer war nach 1895 an folgende Bedingungen geknüpft: Die Bauträger (AG, eGmbH) mußten in ihren Statuten eindeutig festlegen, daß sie nur für „unbemittelte" Familien gesunde und zweckmäßige Häuser bauten oder kauften und daß die Dividende höchstens 4% des eingezahlten Anteils betragen durfte. Sollten Arbeiter der preußischen Staatsbetriebe oder untere bzw. mittlere Staatsbeamte einer Baugenossenschaft „in größerer Zahl" angehören, so konnten staatliche Baudarlehen gewährt werden. Zweck dieser Genossenschaft müsse sein, „minder bemittelten Familien gesunde und zweckmäßig eingerichtete Wohnungen in eigens erbauten oder angekauften Häusern zu billigen Preisen zu verschaffen, und deren Statut die an die Mitglieder zu verteilende Dividende auf höchstens 4 v. H. ihrer Anteile beschränkt, auch den Mitgliedern für den Fall der Auflösung der Genossenschaft nicht mehr als den Nennwert ihrer Anteile zusichert, den etwaigen Rest des Genossenschaftsvermögens aber für gemeinnützige Zwecke bestimmt."[17] Diese Kriterien für die Anerkennung der „Gemeinnützigkeit" von Bauvereinigungen wurden auch im „Dreier-Erlaß" der Preußischen Minister – der „Magna Charta der Wohnungspolitik" (Perlage) – aufgenommen.

Interessant für die Fragestellung der Entwicklung der Gemeinnützigkeit ist auch ein Entwurf für das preußische Wohnungsgesetz von 1918, der kurze Zeit vor dessen Verabschiedung eingebracht wurde. Dort wurde noch im Frühjahr 1918 formuliert: „Die gemeinnützige Kleinwohnungsfürsorge wird überhaupt auch in Zukunft nicht dazu berufen sein, das Wohnungsbedürfnis der minderbemittelten Bevölkerungsschichten alleine zu befriedigen; sie wird vielmehr nur insoweit ergänzend einzutreten haben, als die private Bautätigkeit diesem Bedürfnis nicht in angemessener Weise gerecht wird." Weiterhin wird festgelegt, daß Voraussetzung für eine Staatsbeteiligung „die Gemeinnützigkeit der Bauvereinigungen" sei. In ihrer Satzung müsse festgelegt sein:
„1. Der Zweck der Bauvereinigung soll wesentlich der Förderung der minderbemittelten Volksklassen dienen,
2. die Höhe des an die Mitglieder zur Verteilung gelangenden Geschäftsgewinns darf 5% nicht übersteigen,
3. bei Auflösung der Bauvereinigung dürfen deren Mitglieder nicht mehr als den Nennwert ihrer Anteile, soweit sie eingezahlt sind, erhalten. Der etwaige Rest des Vermögens ist für gemeinnützige Zwecke zu verwenden."[18]

---

17 Übersicht über die im Königreich Preußen zur Regelung des Wohnungswesens [...] getroffenen Maßnahmen (1904), Anhang S. 2
18 GSTA PKB, Abt. Merseburg, Minister für Handel und Gewerbe; Akten zur Einführung des Wohnungsgesetzes; Rep. 120 BB, Abt. VII, Fach 1, Nr. 11, adh. 8a, Bd.1, Blatt 67.

Gegenüber den bisherigen preußischen Definitionen ist eine Erweiterung der Klienten festzustellen. Staatliche Unterstützungen sollten nicht mehr ausschließlich Bewohnern des öffentlichen, paternalistischen Wohnungsbaus zugute kommen, sondern nun allgemein den „minderbemittelten Volksklassen". Aber auch in der Weimarer Republik waren die gesetzlichen Voraussetzungen zur Erlangung der Gemeinnützigkeit zunächst weiterhin in zahlreichen Reichs- und Ländergesetzen – teilweise uneinheitlich – geregelt.[19]

Schrittweise vervollständigten sich dennoch jene Kriterien, die 1930 die Gemeinnützigkeitsverordnung kennzeichneten.[20] Während sich einerseits eine Übereinstimmung besonders in Fragen der Gewinnbegrenzung und Verwendung der Rücklagen herausbildete, war andererseits weiterhin unklar, für welche sozialen Gruppen gebaut werden sollte. Zumeist wurde der nur unpräzise politische Begriff der „un- oder minderbemittelten" Familien oder Personen benutzt. In der Gemeinnützigkeitsverordnung vom 1. Dezember 1930 wurden jedoch diese Begriffe fallengelassen.[21] Statt dessen wurde eine Beschränkung auf bestimmte Personen tendenziell untersagt und eine Öffnung (Verallgemeinerung) gefordert.[22] Sollte dennoch eine begrenzte Gruppe privilegiert werden, so war eine Bauverpflichtung impliziert.[23] Wesentliche Bestimmungen dieser Gemeinnützigkeitsverordnung waren:

- *Rechtsform (§2):* Das Wohnungsunternehmen mußte eine juristische Person sein.
- *Gegenstand (§6):* Die Wohnungsbauunternehmen durften sich „satzungsgemäß und tatsächlich nur mit dem Bau und der Betreuung von Kleinwohnungen im eigenen Namen befassen (gemeinnütziger Zweck)".
- *Vermögensrechtliche Behandlung der Mitglieder (§9) und des Vermögens (§11):* Die Kapitaleinlage durfte maximal mit 5% verzinst werden. Bei einer Auflösung

---

19 Schwan, Bruno: Die Bautätigkeit durch gemeinnützige Vereinigungen. Die sozialpolitische Bedeutung der Wohnungswirtschaft in Gegenwart und Zukunft. Internationaler Wohnungskongreß in Berlin 1931. Frankfurt 1931, S. 254.

20 Beispielsweise wurden 1925 die Bedingungen für die Vergabe von Finanzmitteln aus dem staatlichen Wohnungsfürsorgefond definiert. Diese staatlichen Mittel dienten der Förderung von Miet- und Eigenhäusern von Beamten, Angestellten und Arbeitern des Reiches (also wiederum eingeschränkt dem paternalistischen Wohnungsbau des Staates). Explizit wurde auf die wichtigsten Bauträger – die Genossenschaften – eingegangen. BA Potsdam, RAM, Bestand 39.01; Sig. 11016, Wohnungsfürsorge Nr. 2/4a; Bd. 11.

21 Reichsverband Deutscher Baugenossenschaften (Hg.): Gemeinnützigkeit von Wohnungsunternehmen nebst Ausführungs-Verordnung des Reichsarbeitsministers sowie Ausführungs-Verordnung des Preußischen Ministers für Volkswohlfahrt. (Textausgabe), Berlin 1931.

22 Dieser Punkt wurde im §5 (Betreuter Personenkreis) geregelt. „1. Das Wohnungsunternehmen darf die Überlassung der Wohnungen, insbesondere ihre Veräußerung und Vermietung, nicht auf bestimmte Personen oder eine bestimmte Zahl von Personen beschränken; insbesondere sind Beschränkungen auf eine Familie, einen Familienverband oder eine Vereinigung mit geschlossener Mitgliederzahl unzulässig. 2. Das schließt nicht aus, daß die Überlassung sich auf einen örtlichen, beruflich, nach Stand, nach Religionsbekenntnis oder nach mehreren dieser Merkmale abgegrenzten Personenkreis beschränkt, es sei denn, daß der so begrenzte Kreis dauernd nur sehr klein sein kann." Verordnung des Reichspräsidenten zur Sicherung von Wirtschaft und Finanzen vom 1.12.1930. Siebter Teil (Wohnungswirtschaft). RGBl. 1930 I, S. 593. In: ebenda, S. 6.

23 Novy, Genossenschafts-Bewegung, S. 115-116, 165.

mußte das Vermögen, soweit es nicht an die Mitglieder auf ihre Einzahlungen zurückzuzahlen war, für gemeinnützige Zwecke verwendet werden (§ 9.1 und 11).
- *Das Wohnungsbauunternehmen muß einem Bedürfnis entsprechen (§ 15):* Ein „Bedürfnis" wurde dann anerkannt, wenn ein Mangel an gesunden und preiswerten Wohnungen bestand. „Zu berücksichtigen ist auch, daß die gemeinnützigen Wohnungsunternehmen nicht nur zur Befriedigung des Kleinwohnungsbedarfs schlechthin, sondern auch zur Verbesserung der Wohnungsverhältnisse berufen sind." Als Kleinwohnungen wurden jene Wohnungen definiert (Art. 9 zu § 6), deren nutzbare Wohnfläche höchstens 90qm hatte, wobei als nutzbare Wohnfläche nur die Wohn- und Schlafräume sowie die Küche galten und die Nebenräume in ortsüblichen Grenzen blieben!
- *Überlassung der Wohnung (§ 7):* Wohnungen durften nur zu einem „angemessenen Preis" abgegeben werden. Die Höhe der Amortisierungskosten wurde in Ausführungsordnungen geregelt.

Weiterhin erfolgte – wie auch im Gemeinnützigkeitsgesetz von 1940 verlangt –, unter anderem ein „Ausschluß der Erwerbsgeschäfte" (§ 4), der zur Folge hatte, daß in gemeinnützigen Wohnungsbaugesellschaften Angehörige des Baugewerbes die Sozialstruktur der Gesellschaft nicht dominieren durften.[24]

Erst zum Ende der Weimarer Republik wurden also die Vergabebedingungen für finanzielle Unterstützungen des gemeinnützigen Wohnungsbaus, insbesondere die informelle Praxis der Genossenschaften[25], rechtlich durch die Gemeinnützigkeitsverordnung geregelt. Bemerkenswert ist, daß diese gesetzlichen Gemeinnützigkeitsbestimmungen nicht auf andere Bereiche der Gemeinwirtschaft übertragen wurden. Ferner fand erstmals in der deutschen Wirtschaftsgeschichte „ein nichtkapitalistisches Preisbildungsprinzip seinen gesetzlichen Niederschlag."[26]

---

24 Im Bericht „Der deutsche Wohnungsbau" wurde von Einwendungen verschiedener Seiten berichtet, welche „in unangemessener Weise die Vorteile nutzten, die mit der Anerkenntnis der Gemeinnützigkeit verbunden ist. [...] Namentlich habe ihre Stellung, die mit Vorzügen bei dem Empfang öffentlicher Gelder verbunden ist, Bauunternehmen veranlaßt, eine enge Verbindung mit gemeinnützigen Bauherrenorganisationen herzustellen, um hierbei einen erhöhten Umsatz zu hohen Preisen unter weitgehendem Ausschluß der Kontrollmöglichkeiten zu erreichen." In: Der deutsche Wohnungsbau. Ausschuß zur Untersuchung der Erzeugungs- und Absatzbedingungen der deutschen Wirtschaft, S. 18. Deutlich zielen diese Einwendungen gegen die Bildung eines geschlossenen gemeinwirtschaftlichen Trusts durch die Gewerkschaften (Bauhütten, Dewog, etc.).
25 „Die Unternehmen verhielten sich gemeinnützig, ohne daß entsprechende, allgemein gültige staatliche Verhaltensbindungen existierten." Wahlen, Wohnungsgemeinnützigkeit und genossenschaftliches Selbstverständnis (1989), S. 257.
26 Klabunde. Zit. in Wahlen, Heinrich: Wohnungsgemeinnützigkeit und genossenschaftliches Selbstverständnis. Historische Marginalien zu einer aktuellen Diskussion. In: Harlander/Wahlen: Gerüste brauchen wir nicht. Genossenschaftlicher Wohnungsbau im Aachen der Nachkriegsjahre. Aachen 1969, S. 257.

c. Die Typisierung der Bauträger

Der Umbruch im Wohnungswesen nach 1918 äußerte sich nicht nur in der sozialpolitischen Regulierung und finanziellen Unterstützung des Wohnungsbaus, sondern auch in veränderten Organisationsformen des gemeinnützigen Wohnungsbaus.

Grundsätzlich kann zwischen gemeinnützigen und privaten Bauträgern unterschieden werden. Die gemeinnützigen Bauträger schließen öffentliche und sonstige Wohnungsbaugesellschaften ein. Zum öffentlichen Wohnungsbau zählen städtische Gesellschaften, insbesondere in Form der städtischen Regiebetriebe oder Wohnungsbaugesellschaften mit städtischer Mehrheitsbeteiligung und sonstige staatliche Träger, paternalistischer Wohnungsbau der Reichsbahn und Post oder beispielsweise auch die preußischen Provinzialgesellschaften („Heimstätten-Gesellschaften"[27]). Als sonstige gemeinnützige Baugesellschaften sind diejenigen zu nennen, die in irgendeiner Form als gemeinnützig anerkannt wurden (z.B. durch Befreiung der Stempelsteuer). Der generelle Gewinnverzicht war jedoch kein Kriterium für die Gemeinnützigkeit, wie dies beispielsweise Lütge formulierte[28], sondern lediglich die Gewinnbegrenzung.

Legt man rechtliche Kriterien (verschiedene Gesetze, die eine Begünstigung der „gemeinnützigen" Bauträger regelten) für eine Typisierung zugrunde, so sind wiederum öffentliche Bauträger (kommunaler Wohnungsbau, paternalistischer Wohnungsbau der Länder oder des Reichs, provinziale Baugesellschaften – z.B. die preußischen Wohnungsfürsorgegesellschaften etc.) schwer von sonstigen gemeinnützigen Genossenschaften oder Bauvereinigungen zu trennen. Die rechtlichen Kriterien der Gemeinnützigkeit umfassen sowohl den öffentlichen Wohnungsbau als auch den Wohnungsbau durch sonstige gemeinnützige Genossenschaften oder Bauvereinigungen.

Bei gemeinnützigen Wohnungsbaugesellschaften überwog deutlich die Rechtsform der eingetragenen Genossenschaft mit beschränkter Haftung (eGmBH). 1929 stellten diese mit etwa 90% die überwiegende Organisationsform dar. Dies verdeutlicht auch eine Erhebung über diejenigen gemeinnützigen Gesellschaften, die einem Prüfungsverband angeschlossen waren.[29] Während zwischen 1928 und 1933 die Anzahl der eingetragenen Genossenschaften in etwa gleich blieb, stieg der Anteil der Gesellschaften mit beschränkter Haftung und der Aktienbaugesellschaften überproportional an (Verdopplung), wenngleich auch 1933 nur etwa jede 7. Wohnung dieser

---

[27] Vgl. Seraphim, H. J. (Hg.): Heimstättenarbeit in Westfalen im Lichte 50jähriger staatlicher Wohnungspolitik. Münster 1952; Schneider, Selbsthilfe – Staatshilfe – Selbstverwaltung.
[28] Lütge, Wohnungswirtschaft, S. 249. Lütge nannte den „Gewinnverzicht" als eins von vier „Wesensmerkmalen" des gemeinnützigen Wohnungsbaus.
[29] Jahrbuch des deutschen gemeinnützigen Wohnungswesens, Bd. II/1940, S. 235. Zit. in: Lütge, Wohnungswirtschaft, S. 267.

privatrechtlichen Organisationsform zuzurechnen war. Sonstige gemeinnützige Bauvereinigungen, wie beispielsweise Stiftungen und Vereine, konnten sich schwach behaupten (Tab. 19, Anhang).

Die zahlreichen methodischen Probleme, die eine Typisierung der Wohnungsbauträger aufweist, spiegeln sich auch in den Wohnungsstatistiken wider. Erst seit 1927 wurde überhaupt in den Reichsstatistiken zwischen den verschiedenartigen Bauträgern unterschieden.[30] Eine Unterteilung erfolgte zwischen den privaten Bauherren, den gemeinnützigen Wohnungsunternehmen und den öffentlichen Körperschaften und Behörden. Der Anteil des Wohnungsbaus durch private Bauherren, der in den Anfangsjahren der Weimarer Republik gegenüber der Vorkriegszeit stark gesunken war, wenngleich er mit etwa 60% im Jahre 1927 noch deutlich dominierte, verringerte sich nochmals in den folgenden Jahren, um schließlich nach 1931 erneut deutlich anzusteigen (1933-75%). Entgegengesetzt verhielt sich der Wohnungsbau durch gemeinnützige Unternehmen. Bis 1931 erreichte diese Trägergruppe ihren Höhepunkt mit ca. 40%, fiel danach aber deutlich ab. Der Wohnungsbau durch öffentliche Körperschaften und Behörden nahm stetig ab, stieg jedoch wieder leicht nach 1931 an (Tab. 8, Anhang).

Für Preußen liegen für das Jahr 1929 Angaben vor, welche den Anteil der Wohnungsbauträger am Wohnungsbau entsprechend der Größe der Gemeinden differenzieren.[31] Je nach Größe der Gemeinden sind extreme Schwankungen bei der Wahl der Bauträger festzustellen. Nur in den Landgemeinden konnte der private Wohnungsbau – wie in der Vorkriegszeit – eindeutig dominieren. Am stärksten war der öffentliche Wohnungsbau in kleineren Städten (5-50.000 Einwohner). Je größer die Stadt war, um so bedeutender wurde der gemeinnützige Wohnungsbau (Tab. 9, Anhang). Die gleiche Relation ist auch hinsichtlich der Inanspruchnahme der Hauszinssteuermittel festzustellen (Tab. 10, Anhang). Wenngleich dieser Aspekt noch an anderer Stelle aufgegriffen wird, soll bereits erwähnt werden, daß auch private Bauherren öffentliche Mittel in Anspruch nehmen konnten.

Diese Statistiken sind jedoch für die Fragestellung dieses Kapitels, die Instrumentalisierung kommunaler und gemeinnütziger Wohnungsbauträger in den Großstädten, unzureichend, zumal keineswegs von einer Interessengleichheit der Bauträger im städtischen und staatlichen Wohnungsbau ausgegangen werden kann.

Nachfolgend wird statt dessen nach folgenden Trägertypen unterschieden:

1. Der *städtische Wohnungsbau* (als Regieunternehmen oder mittels Wohnungsbaugesellschaften mit dominierend städtischer Kapitalmehrheit).

---

30 Statistisches Jahrbuch des Deutschen Reichs 1929, S. 136.
31 Der deutsche Wohnungsbau, S. 17.

2. Der gemeinnützige Wohnungsbau sonstiger *gemeinnütziger Gesellschaften*. Hierzu werden die gemeinnützigen Genossenschaften und Baugesellschaften gezählt, aber auch sonstige öffentliche (staatliche) Bauvereinigungen (zukünftig nur gemeinnützige Träger genannt). Zentrales Kriterium ist die Sozialbindung (u.a. durch Gewinnlimitierung, nichtspekulative Absicht, sozialen Bauauftrag).
3. Der Wohnungsbau *privater Bauherren*.

Dem privaten Wohnungsbau lagen im Prinzip keine sozialen Bindungen (z.B. Gewinnbegrenzung) zugrunde. Auch hier sind die Grenzen jedoch fließend, da private Bauträger insbesondere in den Großstädten ebenfalls an Mitteln der Hauszinssteuer partizipierten und die öffentliche Mittelvergabe häufig an soziale Klauseln gebunden war (z.B. kommunales Belegungsrecht). Somit unterschied sich der private Wohnungsbau in der Weimarer Republik deutlich von demjenigen des Kaiserreichs, der vollständig von sozialpolitischen Einschränkungen frei war. Das private „Unternehmertum" betrachtete in der Vorkriegszeit die Wohnungsproduktion, so der Wohnungspolitiker Gut, „nur vom Standpunkt des Gewinns aus".[32]

Die Unterteilung in drei Hauptgruppen – entweder, wie in der Reichsstatistik, in private, gemeinnützige und öffentliche Träger oder in städtische, gemeinnützige und private Träger – wird überdies durch Mischformen der Bauträgerschaft erschwert.

Hellmuth Wolff schrieb zum Beispiel in einer Studie des „Vereins für Socialpolitik" von 1930: Wenngleich die Wohnungsbautätigkeit „in hohem Maße eine Angelegenheit der öffentlichen Körperschaften geworden" ist, so trat sie dennoch „anteilig nicht stark in Erscheinung, hauptsächlich weil sie Baugenossenschaften und, wie es scheint, auch die ganz privaten Bauherren erheblich unterstützte."[33] Offene und verdeckte Beteiligungen und Unterstützungen des Wohnungsbaus sind häufig nicht klar zu trennen. Über die Finanzierung des Wohnungsbaus schrieb Greven aus Köln im Sammelband „Der Wohnungsbau in Deutschland nach dem Kriege", der insbesondere den kommunalen Wohnungsbau und die kommunale Wohnungspolitik berücksichtigte: „Viele Gemeinden und manche Landkreise haben dem Wohnungsbau auch dadurch weitere Mittel zugeführt, daß sie sich an gemeinnützigen Bauvereinigungen beteiligten und auch gemeinnützige Baugesellschaften unter erheblicher finanzieller Beteiligung als gemischtwirtschaftliches Unternehmen gründeten."[34] Auch Stadtrat Fuchs aus Breslau, der die Beschaffung von Baugelände im selben Sammelband behandelte, vermutete: „Die Zahlen des städtischen Grundbesitzes und Grunderwerbs geben insoweit kein vollständiges Bild der gemeindlichen Betätigungen auf diesem Gebiet, als vielfach die Gemeinden sich gemischtwirtschaftlicher gemeinnütziger

---
32 Gut, Wohnungsbau, S. 20.
33 Wolff, Wohnungsbedarf und Wohnungsangebot, S. 150
34 Greven, Finanzierung des Wohnungsbaus, S. 107.

Unternehmungen bedient haben, die nicht nur als Großunternehmer beim Wohnungsbau selbst, sondern auch bei der Beschaffung des erforderlichen Siedlungslandes und seiner Aufschließung in bedeutsamem Umfange mitgewirkt haben."[35]

Besonders schwierig erscheint also die Zuordnung der sogenannten gemischtwirtschaftlichen Wohnungsbauunternehmen (städtische und gemeinwirtschaftliche Beteiligung) zu sein. Es gibt Modelle, z. B. der Verein für Kleinwohnungswesen in Magdeburg, in denen die Kommune die Kapitalmehrheit inne hatte, jedoch die Verwaltung und Initiative vollständig den Genossenschaften überließ. Demgegenüber konnte eine Stadt in einer Baugesellschaft nur einen sehr geringen Kapitalanteil halten, dennoch aber durch die personelle Besetzung des Vorstands dieser Baugesellschaft und durch die Konditionen der Finanzmittelvergabe maßgeblich die Bautätigkeit im Sinne der kommunalen Interessen lenken. Zudem konnten kapitalistische Wohnungsbaugesellschaften in den Statistiken als städtische Gesellschaften angeführt werden, die nicht den gemeinnützigen Kriterien entsprachen, jedoch durch eine langfristige Übertragung der Kapitalanteile in städtischen Besitz schließlich zu einer städtischen Wohnungsbaugesellschaft wurden. Ein Beispiel hierfür ist die ehemals kapitalistische Hellerhof AG in Frankfurt am Main, die bereits 1929 vom Statistischen Amt der Stadt Frankfurt am Main als städtische Wohnungsbaugesellschaft eingeordnet wurde (Tab. 14, Anhang).

Nach einer Erhebung des Deutschen Gemeindetages waren am 1. Oktober 1935 von 53 deutschen Großstädten insgesamt 36 Großstädte an 58 Wohnungsbau-Gesellschaften beteiligt; von insgesamt 169 Mittelstädten hingegen 78 an 102 Gesellschaften.[36] Da sich die Rahmenbedingungen und Organisationsformen der Wohnungswirtschaft im Untersuchungszeitraum stetig änderten, zudem die Mischformen häufig nicht erkennbar sind, kann also eine Typisierung der Baugesellschaften nur allgemeine Tendenzen zum Ausdruck bringen, die zudem einer ausgesprochenen Dynamik unterworfen waren.

d. Organisationsformen des Wohnungsbaus in deutschen Großstädten zwischen 1918 und 1929

Trotz der genannten mannigfaltigen Schwierigkeiten und lokalen Unterschiede sollen die Entwicklungstendenzen der Wohnungsbauträger skizziert werden. Aufgrund fehlender bzw. unzureichender Reichsstatistiken werden zwei Erhebungen berücksichtigt, einerseits diejenige von Paul May[37] aus Halle für den Zeitraum 1919-1926,

---

35 Fuchs, (Carl Johannes): Die Beschaffung von Baugelände. In: Gut, Wohnungsbau in Deutschland nach dem Weltkrieg, S. 19-50. Fuchs fährt fort: „In 41 von den genannten 173 Städten haben solche gemischtwirtschaftliche Unternehmungen mit meist hervorragender Beteiligung der Städte insgesamt 1492, 78 ha, und zwar fast durchweg im Wege freiwilligen Erwerbs, als Bauland beschafft."
36 Der Gemeindetag, 30. Jg./1936, Nr. 6, Beilage.
37 May, (Paul), Die besonderen Verhältnisse der Großstädte, S. 167-175.

die im Sammelband „Der Wohnungsbau in Deutschland nach dem Weltkrieg. Seine Entwicklung unter der unmittelbaren und mittelbaren Förderung durch die deutschen Gemeindeverwaltungen" erschien, und andererseits diejenige, die der „Unterausschuß für Gewerbe: Industrie, Handel und Handwerk (III. Unterausschuß)"[38] des Reichstags veröffentlichte. Beide Untersuchungen beruhten auf Fragebögen, die von den Stadtverwaltungen angefordert wurden. Die Rücksendung der Unterlagen erfolgte jedoch nicht vollständig. Dies schränkt eine allgemeine Aussage ein. Zudem ist das Material zu unterschiedlich. Paul May untersuchte nur den Bau von ein- und zweiräumigen Dauerwohnungen (Kleinstwohnungen)[39], in die Erhebung des „Unterausschuß für Gewerbe" hingegen wurde der öffentlich geförderte Wohnungsbau allgemein einbezogen. Aufgrund der erheblichen Abweichung des statischen Materials werden die beiden Erhebungen getrennt interpretiert. Die Tendenzen der Organisationsentwicklung können folglich nur skizziert werden.

„Die besonderen Verhältnisse der Großstädte" zwischen 1919 und 1926

Die Ergebnisse der Rundfrage Paul Mays über den Zeitraum 1919 bis 1926 ergeben ein ausgesprochen uneinheitliches Bild (Tab. 3, Anhang). Zunächst ist sehr auffällig, daß diejenigen Kommunen, die 1910 noch keinen städtischen Wohnungsbau für „Minderbemittelte" durchführten (Tab. 1, Anhang), zehn Jahre später den Kleinstwohnungsbau fast vollständig übernahmen, so beispielsweise München, Altona, Kassel, Erfurt, Frankfurt am Main oder Magdeburg. In anderen Städten wie in Leipzig, Halle oder Münster dominierte weiterhin der privatwirtschaftlich orientierte Kleinstwohnungsbau. In Köln oder Hannover überwog in den unmittelbaren Jahren nach dem Ersten Weltkrieg der Kleinstwohnungsbau durch genossenschaftliche Träger. Gegenüber der Vorkriegszeit deutete sich bereits in dieser Phase ein entscheidender Wandel an: Die Dominanz der privaten Bauherren im Kleinstwohnungsbau war in den Großstädten zumeist gebrochen, mit Ausnahme einiger Städte, wie Leipzig, Halle und Münster.

Bei der Beurteilung der Wohnungsbautätigkeit in den Anfangsjahren der Weimarer Republik muß aber berücksichtigt werden, daß gerade in der Phase von 1918-1924 die Wohnungsproduktion ausgesprochen gehemmt war. Ungeachtet der

---

38 Der deutsche Wohnungsbau. Verhandlungen, S. 129-205.
39 Paul May untersuchte deshalb Dauerwohnungen, da die unverminderte Wohnungsnot nach 1918 immer mehr Großstädte zum Bau von ein- und zweiräumigen Kleinstwohnungen gedrängt hatte. In: Die besonderen Verhältnisse der Großstädte, S. 170. Eine Klassifizierung nach der Wohnungsgröße (in qm), die oft sinnvoller als die Angabe der Zimmeranzahl einer Wohnung ist, erfolgte bis 1930 nicht in den Reichsstatistiken: „Es wäre weiter wichtig festzustellen, welche Wohnungsgrößen und welche Wohnungsmieten die einzelnen Bauherrengruppen bevorzugen. Die bisherige Beobachtung durch die Reichsstatistik gestattet leider nicht, diese für die örtliche Deckung des Wohnungsbedarfs wichtigsten Fragen allgemein zu beantworten. [...] Dagegen wird von Januar 1930 an der Bautätigkeits-Erhebungsbogen der Reichsstatistik auf Veranlassung des Reichsarbeitsministeriums dahin erweitert, daß die Wohnungen nach Größe und Bauherren darstellbar werden." Wolff, Wohnungsbedarf und Wohnungsangebot, S. 151.

drückenden Wohnungsnot konnten im Deutschen Reich 1919 nur 35.596 Wohnungen gebaut werden. Erst 1929 wurde mit 315.703 Neubauwohnungen das Vorkriegsbauvolumen annähernd erreicht. Besonders 1919 war der Anteil der Umbauwohnungen am gesamten Zugang erheblich (41,5%). Nur zwischen 1926 und 1931 konnte der Neubau über 90% des Gesamtvolumens erreichen. Nach 1932 stiegen die Umbaumaßnahmen erneut deutlich an (Tab. 4, Anhang).

Bauträger in deutschen Großstädten in der Hauszinssteuer-Ära zwischen 1924-1930
Vergleicht man hingegen die Gewichtung der Bauträger in deutschen Großstädten in der zweiten Hälfte der 20er Jahre, der sogenannten Reformära, so sind signifikante Änderungen gegenüber der unmittelbaren Nachkriegszeit festzustellen.[40] Beispielsweise kann eine deutliche Verlagerung vom städtischen zum genossenschaftlichen Wohnungsbau in Altona[41] oder Magdeburg vermutet werden. In Leipzig hingegen ist eine entgegengesetzte Entwicklung anzunehmen. Dort überwog nach den Berechnungen Paul Mays zunächst vollständig der private Wohnungsbau, hingegen stellte sich die Gewichtung der Träger nach den Angaben der Enquete (Unterausschuß für Gewerbe) ausgeglichen bzw. mit einer verstärkten Tendenz zum städtischen Trägermodell dar (Tab. 5, Anhang). Innerhalb des Zeitraums von 1926 bis 1929 fanden allerdings unterschiedliche Entwicklungen statt. Dies verdeutlicht eine Auflistung, bei denen die Bauträger in den einzelnen Jahren getrennt aufführt werden (Tab. 6, Anhang). Die Entwicklungstendenzen waren ausgesprochen uneinheitlich. So verringerte sich der relative Anteil des öffentlich unterstützten Wohnungsbaus durch städtische Bauträger in einigen Kommunen zugunsten gemeinnütziger/genossenschaftlicher Bauträger (z.B. in Frankfurt am Main und Halle), in einigen (Nürnberg oder Chemnitz) ist die entgegengesetzte Entwicklung festzustellen. Sank in einigen Städten der relative Anteil privater Bauträger (Düsseldorf und Weimar), so stieg er in anderen Städten in diesem Zeitraum (Hannover und Stuttgart).

Diese Beispiele verdeutlichen, daß der soziale Wohnungsbau in der Weimarer Republik hinsichtlich der Bauträger ausgesprochen vielfältig und die Entwicklungstendenzen uneinheitlich waren. Weisen die Reichswohnungsstatistiken stets ausgesprochen große regionale Schwankungen auf, beispielsweise hinsichtlich der Belegungsdichte, der Wohnungstypen oder des Wohnungsmangels, so treffen diese ausgeprägten regionalen und lokalen Unterschiede ebenfalls hinsichtlich der Bevorzugung bestimmter Bauträger zu.

---

40 Der deutsche Wohnungsbau, S. 129-205.
41 Kösters, Hildegard: „Ein menschenwürdiges Dasein zu gewährleisten". Kommunale Wohnungspolitik in der Weimarer Republik (1919-1928). Das Beispiel der preußischen Stadt Altona. In: Hofmann/Kuhn, Wohnungspolitik und Städtebau, S. 139-171.

Auch die Vermutung, daß die Bevorzugung eines bestimmten Trägertyps mit der Dominanz einer bestimmten politischen Partei in Zusammenhang steht, ist nicht zu verallgemeinern. In Aachen beispielsweise wurde der städtische Wohnungsbau bevorzugt, in Köln jedoch, einer Stadt, in der ebenfalls der politische Katholizismus (Zentrum) einen bedeutenden Einfluß ausübte, der genossenschaftliche Wohnungsbau. In Aachen forderte sogar die SPD untypischerweise die kommunale Förderung des privaten Einfamilienhausbaus.[42] Bevorzugten einige Städte, in denen die Sozialdemokraten die stärkste Fraktion in der Stadtverordneten-Versammlung stellten und sozialdemokratisch-linksliberale Magistrate die Geschicke der Stadt lenkten, eine deutliche Gewichtung städtischer Bauträger (z.B. in Frankfurt am Main und Nürnberg), so wählten andere Städte gleichen Typs genossenschaftliche Bauträger (Magdeburg und Halle).

f. Städtischer oder kooperativer Wohnungsbau?

Die Lösung der Wohnungsfrage war für den Präsidenten des Deutschen und Preußischen Städtetages, Mulert, in der Weimarer Republik von zentraler Bedeutung. Nach seiner Ansicht war „das Mißverhältnis zwischen der immer dringlicher werdenden Nachfrage nach Wohnungen und dem immer geringer werdenden Angebot an leeren Wohnungen geradezu grotesk geworden. Ein allgemeiner Notstand schwerster Art lag vor. Nicht mehr um eine private Frage der Befriedigung eines einzelnen Bedürfnisses handelte es sich. Das Wohnungsproblem war zusammen mit dem erst später auftauchenden Arbeitsproblem das große Massenproblem und damit zugleich ein besonders wichtiger Teil der sozialen Frage überhaupt geworden." Nach Mulerts Auffassung konnte nicht mehr alleine auf die kapitalistischen Regulierungsmechanismen zurückgegriffen werden: „Es war selbstverständlich, daß eine solche Aufgabe nicht dem freien Spiel der Kräfte überlassen werden konnte. Das Mißverhältnis von Angebot und Nachfrage hätte zu einer schweren Benachteiligung aller wirtschaftlich schwächeren Schichten der Bevölkerung führen müssen. Eine Pflicht also der öffentlichen Gewalten war es, hier planmäßig helfend und fördernd einzugreifen."[43]

---

42 Novy, Genossenschaftsbewegung, S. 62.
43 Mulert, (Oskar): Zum Geleit. In: Gut, Wohnungsbau in Deutschland, S. 9-10. Auch im Abschlußbericht der umfangreichen Enquete über den deutschen Wohnungsbau durch den III. Unterausschuß für Gewerbe vertrat Mulert mit Nachdruck die Interessen der Städte und forderte im Abschlußbericht eine „positive Würdigung der öffentlichen Hand" in der Wohnungswirtschaft. „Bei der Feststellung und Deckung des Wohnungsbedarfs sind ebenso sozialpolitische wie wirtschaftliche Gesichtspunkte zu beachten. Auch für wirtschaftlich schlechte Zeiten ist grundsätzlich die Forderung zu stellen, daß die sozialpolitischen und sozialhygienischen Belange nicht außer acht gelassen werden." Mulert, Deutscher Wohnungsbau, S. 33.

Aufgrund des Subsidiaritätsprinzips in der Wohnungswirtschaft entstand insbesondere für die Stadtverwaltungen der Sozialauftrag, entweder selbst Wohnraum für Menschen mit einem niedrigen Einkommen (Minderbemittelte) zu schaffen oder diese Aufgabe an andere Träger zu übertragen. Hierfür boten sich Träger des gemeinnützigen Sektors an, da diese bereits in der Vorkriegszeit im Kleinwohnungswesen beachtliche quantitative und qualitative Verbesserungen bewirkt hatten.

Nach dem Ersten Weltkrieg hemmten u. a. die außerordentlich hohen Baustoffpreise, die sozialpolitischen Eingriffe im Wohnungswesen, die Klauseln bei der Gewährung von Baukostenzuschüssen[44] und der ausgeprägte Kapitalmangel den erforderlichen Wohnungsbau. Deshalb fanden zwischen 1918 und 1931 ausgeprägte finanzielle Fördermaßnahmen für den Wohnungsbau statt. Hervorzuheben ist, daß in Deutschland sowohl öffentliche und gemeinwirtschaftliche als auch private Bauträger an diesen Zuwendungen partizipierten.

Die Vergabemodalitäten der Finanzmittel ergänzten die traditionellen Regulierungsinstrumente der Städte und ermöglichten – unabhängig von dem Trägermodell – eine ausgeprägte Einflußmöglichkeit auf die Bauproduktion und Wohnraumnutzung. Neben unterschiedlichen Zuwendungen in den Anfangsjahren (1918-1923) in Form von „verlorenen" Baukostenzuschüssen oder der Mittelvergabe aufgrund der Erhebung einer Mietsteuer gewann ab 1924 die Hauszinssteuer (HZS) eine zentrale Bedeutung für die Finanzierung des Wohnungsbaus. Sie betrug alleine 29,1% der Gesamtinvestitionen im Wohnungs- und Siedlungsbau zwischen 1924 und 1932.[45] Wie bereits erwähnt, war die Förderung der Wohnungsproduktion in den Großstädten mit Hauszinssteuermitteln von herausragender Bedeutung, da 90% der Neubauten mit Hilfe dieser Mittel errichtet wurden.[46]

Geregelt wurde die Vergabe der Hauszinssteuermittel in Preußen durch staatliche Richtlinien. Da zumeist mehr Anträge auf Gewährung vorlagen, als Finanzmittel zur Verfügung standen, konnten durch städtische Bestimmungen diese öffentlichen Richtlinien konkretisiert bzw. modifiziert werden. Die städtische Praxis dieser Finanzmittelvergabe war jedoch sehr unterschiedlich.

---

44 Vorschläge des Reichskommissars für Wohnungswesen. Bedingungen für die Gewährung von Baukostenzuschüssen. In: GSTA PKB, Abt. Merseburg, Rep 120 BB VII, Nr.11 adh 8a, Bd. 2. Der Bauherr mußte für zehn Jahre folgende Verpflichtungen eingehen: die Mieten mußten von der Gemeinde bestätigt werden, die Gebäude durften nur zu Wohnzwecken verwendet werden, die Gemeinde konnte jederzeit die Grundstücke zurückkaufen, außerdem waren bei der Vermietung bevorzugt kinderreiche Familien und Kriegsbeschädigte aufzunehmen.
45 Die öffentlichen Investitionen erreichten insgesamt einen Anteil von 47,9% der Gesamtinvestitionen; fast ebenso hoch, mit 47,3%, war der Anteil des „Organisierten Kredits" (Private Hypobanken 15,2%, Öffentliche Kreditinstitute und Sparkassen 25,1% etc.); die sonstigen Mittel betrugen 4,8%. In: Ruck, Die öffentliche Finanzierung (1988), S. 169. Da diese Angaben teilweise auf Schätzungen beruhen (meist werden Ergebnisse des Instituts für Konjunkturforschung verwendet, Sonderheft 42), sind leichte Differenzen zwischen verschiedenen Autoren festzustellen. Vgl. Mulert: Die Finanzierung des Wohnungsbaues, S. 104.
46 Der deutsche Wohnungsbau, S. 17.

In *Hannover* wählte man beispielsweise bei der Verteilung der Mittel nach einem Bericht des Stadtbaurats Elkart folgendes Verfahren: „Die Stadt baut grundsätzlich keine eigenen Wohnungen, sie unterstützt nur sowohl den privaten als auch den gemeinnützigen Wohnungsbau. Die Verteilung erfolgt nicht nach einem bestimmten, vorher festgelegten Schlüssel, sondern nach den vorliegenden Anträgen. [...] Soweit die Stadt den Bau von stadteigenen Wohnungen nicht umgehen kann, bedient sie sich einer gemeinnützigen Baugesellschaft, der Gemeinnützigen Baugesellschaft m.b.H. Hannover, deren Anteile ganz im Besitz der Stadt sind und deren Aufsichtsratsvorsitzender ich bin."[47] Insbesondere wurden von dieser Gesellschaft Wohnungen für kinderreiche Familien und Wohnungen für „asoziale" Mieter gebaut. Mögliche kommunale Handlungsspielräume wurden also in Hannover nur passiv genutzt.

Dem gegenüber waren in *Berlin* die Vergabebedingungen der Hauszinssteuermittel sehr differenziert. Die kommunale Wohnungsfürsorgegesellschaft erstellte zudem unterschiedliche Kriterien für private und gemeinnützige Bauträger. Dies kam besonders deutlich bei der Berücksichtigung des Kleinwohnungsbaus zum Ausdruck. Zunächst wurden die Wohnungen in vier Typen klassifiziert. Diese Typen bestimmten einerseits die Anzahl der Wohnräume, andererseits die Mindest- und Höchstgröße der Wohnungen. Wohnungstyp A charakterisierte Wohnungen bis zu drei Zimmern einschließlich Küche, die mindestens 48 qm, jedoch nicht größer als 53,99 qm sein durften; Typ B 3- bzw. 4-Zimmer-Wohnungen einschließlich Küche mit min. 54 qm und max. 61,99 qm Wohnfläche; Typ C 4-Zimmer-Wohnungen einschließlich Küche mit min. 62 qm und max. 77,99 qm Wohnfläche und schließlich Typ D 4-Zimmer-Wohnungen und mehr mit min. 78 qm und max. 130 qm. Private Bauherren mußten von ihrem gesamten Bauvolumen mindestens zu 50% Wohnungen der Typen A und B, dies waren die sogenannten Kleinwohnungen, erstellen, die gemeinnützigen und städtischen Gesellschaften hingegen mindestens 70% Kleinwohnungen. „Diese Beschränkung der Wohnungsgrößen hat ihren Grund darin," so Rohloff von der Berliner Wohnungsfürsorgegesellschaft, „daß die gemeinnützigen Gesellschaften überwiegend für minderbemittelte Wohnungssuchende bauen sollen."[48] Für die kommunale Wohnungsfürsorgegesellschaft war die „Möglichkeit der größten Auswahl" gegeben, da die „Zahl der eingehenden Beleihungsanträge [...] um ein Vielfaches – zuweilen bis zum Zehnfachen – größer als die Anzahl der Wohnungen, für welche die vorhandenen Hauszinssteuer ausreichen", war.[49] Deshalb wurden bei der Verteilung der Hauszinssteuermittel noch zusätzliche kommunale Kriterien entwickelt.[50] Einerseits sollte die Realisierung sozialer und hygienischer

---

47 Elkart (Hannover), Bericht. In: Deutscher Wohnungsbau, S. 137.
48 Rohloff (Berlin), Bericht. In: Der deutsche Wohnungsbau, S. 115.
49 Ebenda, S. 116.
50 In Preußen war, wie bereits an anderer Stelle ausgeführt, die Vergabe der Hauszinssteuer durch staatliche Rahmenbedingungen definiert, die durch kommunale Kriterien konkretisiert werden konnten.

Mindestforderungen berücksichtigt werden, wie Innentoilette und Bad, Querlüftung, Verbot von Keller- und Dachwohnungen, andererseits ebenso wirtschaftliche Aspekte wie preiswerte Mieten, die Bonität des Bauherrn oder die „Rücksichtnahme auf allgemeine städtische Interessen".

Ausgesprochen interessant ist das genossenschaftlich geprägte Modell in *Magdeburg*. Die Stadt Magdeburg trat nur ausnahmsweise in den letzten Kriegsjahren und 1919 als Bauherr auf. Erneut übernahmen überwiegend jene Genossenschaften die Wohnungsbautätigkeit, die sich als Interessengemeinschaft im „Verein für Kleinwohnungswesen" zusammengeschlossen hatten. Dieser Verein war ein gemischtwirtschaftliches Unternehmen, in dem die Stadt Magdeburg zwar die Aktienmehrheit hielt, jedoch die Leitung ausschließlich in den Händen der Baugenossenschaften verblieb. Der Magdeburger Stadtbaurat Johannes Göderitz faßte die Vorzüge des Magdeburger „dritten Weges" folgendermaßen zusammeßt: „Das von ihr [der Stadt Magdeburg, GK] angewandte Verfahren besteht in der Heranziehung der gemeinnützigen Bauvereinigungen zur Herstellung der benötigten Neubauten. Es vereinigt alle Vorzüge auf sich. Die Stadt schützt sich zunächst durch dieses Verfahren vor den politischen Angriffen, denen eine eigene städtische Bautätigkeit ausgesetzt ist. Sie sparte ferner ganz ordentlich an Verwaltungskosten und, nach menschlicher Voraussicht wenigstens, an Verlusten infolge wirtschaftlichen Ungeschicks der Bauherren; denn es gelang so, fast die gesamte Bautätigkeit mit nicht mehr als 16 Bauherren durchzuführen, deren Geschäftslage der Stadt genau bekannt ist und die größtenteils eine langjährige Erfahrung in der Ausführung größerer Bauvorhaben besitzen."[51] Vorrangig half der Verein bei der Beschaffung von billigen Baustoffen, Bauland und günstigen Hypotheken. Ab 1925 trat der Verein zudem auch als Bauherr auf.[52] Diese Kooperation der Genossenschaften ist auch deshalb ausgesprochen interessant, da einerseits die Genossenschaften primär nicht dem „städtischen Allgemeinwohl" verpflichtet waren, sondern das Wohnbedürfnis ihrer Mitglieder befriedigen sollten, und andererseits die Genossenschaftsbewegung u.a. in politische und berufsständische Gruppierungen fraktioniert war. Die Verflechtung zwischen Stadt und Genossenschaften beschrieb auch Gerhard Weißer, der in der Weimarer Republik im Reichsverband Deutscher Baugenossenschaften aktiv, aber auch in der städtischen Wohnungsfürsorge tätig war: „War es für die Stadt schon von großem Wert, daß sie es infolge des Zusammenwirkens mit den Genossenschaften bei der Verwertung ihrer Mittel mit einer kleinen, sich stets gleichbleibenden Gruppe von Bauherren zu tun hat, so ist dieser Vorteil dadurch noch wesentlich vergrößert worden, daß sich eine Reihe dieser Genossenschaften durch den Verein für Kleinwohnungswesen in wirtschaftlicher und technischer Hinsicht weitgehend zusammenfassen ließ.

---

51 Göderitz, Johannes: Magdeburg baut. Magdeburger Amtsblatt. 10.9.1926, S. 504.
52 Hüter, Karl-Heinz: Neues Bauen in Magdeburg. Zweck und Form, H. 2/1983, S. 25-40.

Der Verein für Kleinwohnungswesen übernahm ferner die Wohnungsfürsorge für denjenigen Teil der Wohnungssuchenden, der sich nicht zur genossenschaftlichen Organisierung eignet oder dazu nicht gewillt ist, besonders auch für unbemittelte Wohnungssuchende, denen die Stadt aus Gründen der öffentlichen Gesundheitspflege eine Neubauwohnung zuzuweisen wünschte. Umgekehrt hat diese Dachgesellschaft der örtlichen Genossenschaften zwischen den angeschlossenen Bauvereinigungen und der Stadt vermittelt."[53] In Magdeburg verzichtete die Stadt jedoch keineswegs darauf, so der Architekt Rühl, „einen weitestgehenden Einfluß auf die Lage und Herstellung der Kleinwohnungsviertel auszuüben." Auch wenn der Kleinwohnungsbau als kommunale Angelegenheit aufgefaßt werde, „so soll damit nicht gesagt sein, daß die Gemeinde ausschließlich Bau und Verwaltung selbst ausübt. Wesentlich ist nur die Beeinflussung der Produktion. Den örtlichen Verhältnissen und der historischen Entwicklung angepaßt wird in jedem Fall zu entscheiden sein, wieweit sie sich auf die Förderung derjenigen Organisationen oder Unternehmungen beschränkt, die Gewähr einer Gestaltung des Wohnungswesens im Sinne einer gesunden städtebaulichen Entwicklung bieten."[54]

Diese Einflußnahme der Stadt äußerte sich auch in Vergabebedingungen für Hauszinssteuerhypotheken. Exemplarisch sei ein „Hauszinssteuerhypothekenvertrag" genannt, der zwischen der Stadt Magdeburg und dem VfKWW abgeschlossen wurde. Gegenstand des Vertrags war die beabsichtigte Erstellung von 54 Wohnungen in der Walbekker Straße 32-48 durch den VfKWW.[55] Die Stadt überließ dem Verein das erforderliche Gelände in Erbpacht. Neben den üblichen vertrags- und baurechtlichen Klauseln (orientiert an den Richtlinien des preußischen Staatsministeriums für die Verwendung des für die Neubautätigkeit bestimmten Anteils am Hauszinssteueraufkommen und Bauordnungsbestimmungen) wurden mehrere Besonderheiten aufgeführt. Hauptsächlich im Artikel „sonstige Verpflichtungen" wurden aufschlußreiche Sondervereinbarungen festgeschrieben. So durften die zu errichtenden Wohnungen nur zu Wohnzwecken verwendet werden (§ 3.1). Im Falle einer Vergrößerung oder eines Umbaus durfte „die Eigenschaft der Wohnungen als Klein- und Mittelwohnungen nicht beeinträchtigt" werden (§ 3.2). Interessant ist auch, daß sowohl die Vergabe der Wohnungen als auch eine Mietkontrolle vertragsrechtlich festgeschrieben wurden. „Die Vergebung der Wohnungen erfolgt nach Maßgabe der Bedingungen der Stadt für die Gewährung von Hauszinssteuerhypotheken für die Dauer der Zwangswirtschaft im Einvernehmen mit der Stadt. [...] Die Höhe der erhobenen Mieten unterliegt der dauernden Kontrolle durch die Stadt.

---

53 Weißer, Gerhard: Gemeinden und Baugenossenschaften. In: Magdeburger Amtsblatt. Amtliches Organ des Magistrats, des Polizeipräsidiums und des Finanzamts, Nr. 36. v. 7.9.1929. S. 643. Weißer wurde am 7.11.1924 auch zum Geschäftsführer des VfKWW gewählt.
54 Rühl, Conrad: Aufgaben der Gemeinde im Wohnungswesen. In: Magdeburger Amtsblatt. Organ des Wissenschaftlichen Verbandes zu Magdeburg. 2. Jg. 1925. S. 120.
55 StA Magedeburg, Rep 35, Hm 6.

Erhebt der Bauherr eine ungerechtfertigt hohe Miete, so steht der Stadt das Recht zu, den Mietpreis nach ihrem Ermessen festzusetzen." (§ 3.4 und 3.5)[56] Ferner behielt sich die Stadt ein Ankaufsrecht vor.

Das sozialstaatliche Ziel, jedem Bürger eine billige und gesunde Wohnung zu beschaffen, konnte jedoch weder durch den direkten städtischen Wohnungsbau noch durch die sozialpolitische Delegierung und Begünstigung gemeinnütziger Bauträger durch die Gemeinden eingelöst werden. Den planmäßig helfenden und fördernden Maßnahmen der Gemeinden zur Behebung der schweren Benachteiligungen der wirtschaftlich schwachen Schichten der Bevölkerung, die Mulert forderte, waren auch in der Weimarer Republik deutliche finanzielle Grenzen gesetzt. Die meisten Städte erstellten daher nur städtische Wohnungen für ihre Beschäftigten oder für begrenzte soziale Gruppen (kinderreiche Familien, Herausgeworfene etc.) und nicht allgemein für die „minderbemittelten Volksklassen".

Grundsätzlich erschwerte der Grundsatz der Kostenmiete (Amortisierungsmiete), der auch dem Reformwohnungsbau zugrunde gelegt wurde, den Zugang für alle Schichten. Im bereits mehrfach zitierten Abschlußbericht des Unterausschusses für Gewerbe, III. Unterausschuß, wurde 1930 festgestellt: „Die Untersuchungen haben jedoch gezeigt, daß diese Verbilligung [des Wohnungsbaus u.a. durch öffentliche Subventionen, GK] weit mehr dem sogenannten Mittelstand als der minderbemittelten Bevölkerung im eigentlichen Sinne zugute gekommen ist."[57] Dies betraf sowohl den kommunalen als auch in besonderem Maße den genossenschaftlichen Wohnungsbau. Der Magdeburger Genossenschaftsfunktionär und zeitweilige Leiter der Wohnungsfürsorgeabteilung Weißer merkte daher auch selbstkritisch an: „Die Gemeinden [müssen] bei der heute allgemeinen Wohnungsnot ihre Fürsorge allen Schichten der Bevölkerung zugute kommen lassen, also auch – und zwar im besonderen Maße – den gänzlich unbemittelten Wohnungssuchenden. Die Baugenossenschaften erfassen aber, ähnlich wie die übrigen Zweige der Genossenschaftsbewegung, im allgemeinen nur die obere Schicht der minderbemittelten Bevölkerung."[58] Eine Delegierung an Genossenschaften warf daher die Frage nach einer Privilegierung begrenzter sozialer Gruppen auf. „Soll Umverteilungspolitik nicht wieder Sondervorteile schaffen," so Klaus Novy, „muß sie sorgfältig instrumentalisiert werden. Zudem ist ihr Legitimationsbedarf hoch. Umverteilungspolitik in sozialreformerischer Verantwortung muß sich erstens an die wirklich Bedürftigen richten, von unten her den Kreis der Unterstützungsempfänger erschließen. Zweitens ist die Privatisierung der Nutzen, also das Entstehen von nicht verallgemeinerungsfähigen Sondervorteilen so weit wie möglich einzuschränken."[59] Eine Umverteilung und Verallgemeinerung von Sondervorteilen konnte durch die Gewährung von Be-

---

56 Ebenda.
57 Bericht zur Gutachtensammlung. In: Der deutsche Wohnungsbau, S. 27.
58 Weißer, Gemeinden und Baugenossenschaften, S. 642.
59 Novy, Genossenschafts-Bewegung, S. 29.

legungsrechten durch städtische Wohlfahrtsämter oder durch eine Bauverpflichtung herbeigeführt werden. Diese Möglichkeiten überforderten jedoch wiederum häufig die Genossenschaften. Eingriffe der Kommunalverwaltung zerstörten vielfach deren geschlossenes soziales Milieu. Zudem erschwerten diese Eingriffe auch die Solidarisierungsbereitschaft der Genossen, die als wichtige Komponente der Selbstverwaltung anzusehen ist. „Als Gegenleistung für die öffentlichen Mittel wird von den Genossenschaften erwartet," so Weißer, „daß sie einen großen Teil der entstehenden Wohnungen nach den Wünschen der Wohnungsämter besetzen. So unerläßlich diese Forderung von Standpunkt des öffentlichen Interesses ist, so vollzieht sich doch unter ihrem Einfluß eine bedenkliche Wandlung in der Zusammensetzung der Genossenschaftsmitglieder. Während früher das neue Mitglied von Mund zu Mund geworben war und ganz aus eigenem Antrieb seinen Beitritt erklärte, werden heute zahllose Wohnungssuchende mehr oder weniger zwangsweise Mitglieder der Genossenschaften. [...] Es versteht sich von selbst, daß die Festigkeit des organisatorischen Gefüges unter diesem massenhaften Zustrom innerlich fremder Mitglieder auf die Dauer leiden muß, und daß auch bei der Ergänzung des Funktionärapparates die organische Entwicklung unterbrochen wird."[60]

Der Weg, den viele Kommunalverwaltungen wählten, nämlich die Unterstützung der Bautätigkeit von gemeinnützigen Bauträgern, aber auch die Delegierung sozialstaatlicher Aufgaben, war also keineswegs widerspruchsfrei. Die Praxis der kommunalen Belegung zerstörte die politische und kulturelle Identität mancher Genossenschaft; eine häufig erzwungene Bauverpflichtung, welche die Sondervorteile relativieren sollte, überforderte aber wiederum häufig die Genossenschaften, da sich zwangsläufig Größenordnungen herausbildeten, die eine Selbstverwaltung und Kontrolle einschränkten. Eine Depersonalisierung und Desolidarisierung, aber auch die Bürokratisierung und erforderliche Professionalisierung waren deren Folge.

Da eine außergewöhnlich starke Differenzierung und Dynamisierung der Bauträger im öffentlich geförderten Wohnungsbau der Weimarer Republik stattfand, erscheint es sinnvoll zu sein, die lokalen Traditionen hinsichtlich der Bauträger zu untersuchen und die Intentionen der lokalen Selbstverwaltungsorgane einzubeziehen, um dadurch Aussagen für einen sozialstaatlichen Formierungsprozeß im Wohnungswesen treffen zu können. Zu fragen ist beispielsweise auch, ob defensive Gründe bei der Bevorzugung des kommunalen Wohnungsbaus angenommen werden können[61] oder ob mit dem kommunal dominierten Wohnungsbau wirkungsvoller sozialpolitische und städtebauliche Ziele umgesetzt werden konnten.

---

60 Weißer, Gemeinden und Baugenossenschaften, S. 642.
61 Gerhard Weißer. „Eine ganze Reihe von Städten verzweifeln von vornherein an der Möglichkeit, [...] leistungsfähige und wirtschaftlich geschulte Bauherren in ausreichender Zahl zu finden, und baute daher in großem Umfang die benötigten Wohnungen selbst. Andere Städte überließen es mehr oder weniger dem Zufall, wer die Wohnungen errichten solle." In: Die Förderung des Wohnungsbaus durch die Stadt. In: Magdeburger Amtsblatt. Amtliches Organ des Magistrats, des Polizeipräsidiums und des Finanzamts, 1926. S. 504.

2 Pluralität und Instrumentalisierung – Gemeinnützige Bauträger in Frankfurt am Main

„Die absolute Passivität" in der Wohnungspolitik vor 1870 sei – so die Auffassung von Ludwig Landmann – „durch die Tätigkeit der reformerischen Wissenschaft und der reformerischen Praxis"[62] schrittweise überwunden worden. Während Ernst May auf der zwölften Hauptversammlung der Kommunalen Vereinigung für Wohnungswesen, die im Juni 1930 in Frankfurt am Main stattfand, über die offenen Handlungsmöglichkeiten der Kommunen in der Weimarer Republik referierte, würdigte der Frankfurter Oberbürgermeister in einer Überblicksdarstellung allgemein die Leistungen der Städte in der Wohnungspolitik. Bereits vor dem Ersten Weltkrieg konnte nach seiner Ansicht der „Kultus der Straße", der in der ersten Epoche in Deutschland die Mietskaserne hervorbrachte, abgelöst werden durch die Anwendung verschiedener öffentlicher Planungsinstrumente (Fluchtliniengesetz, Staffelbauordnungen etc.). Insbesondere hob Landmann als leidenschaftlicher Kommunalpolitiker die Reforminitiativen der Städte hervor, in denen sich das „soziale Gewissen am ersten und vielleicht am lebhaftesten in der Frage des Wohnungswesens" regte, trotz des beträchtlichen Einflusses der städtischen Haus- und Grundbesitzer.

Das Reformpotential war in den deutschen Städten recht unterschiedlich ausgeprägt. Frankfurt zählte zu jenen Städten, die frühzeitig verschiedene Reformstrategien erprobten. Herausragend waren jene kommunalen Reformen, die sich auf die bodenreformerischen Vorgaben bezogen. Zu nennen sind insbesondere die Instrumente der kommunalen Bodenvorratspolitik, Erbpachtvergabe, Bauzonung oder das Frankfurter Umlegungsgesetz (lex Adickes).[63] Diese kommunale Politik ist insbesondere mit dem Namen Adickes verknüpft, der, obwohl sich vehement gegen den allgemeinen kommunalen Wohnungsbau aussprechend, dennoch die öffentliche Diskussion über die notwendige kommunale Wohnreform maßgeblich prägt und die Rahmenbedingungen für den kommunalen Wohnungsbau der 20er Jahre vorbereitete. Als Adickes auf dem ersten deutschen Städtetag in Dresden 1903 über die sozialen Aufgaben der deutschen Städte referierte, lehnte er klar den allgemeinen städtischen Wohnungsbau ab: „Eine allgemeine Verpflichtung der Stadtverwaltung zur Beschaffung von Wohngelegenheiten muß als undurchführbar abgelehnt werden."[64]

---

62 Landmann, Die öffentliche Hand im Wohnungswesen, S. 18.
63 Schulz-Kleeßen, Die Frankfurter Zonenbauordnung, S. 315-342; Weiland, Die Frankfurter Zonenbauordnung, S. 343-388; Saldern, Adelheid von: Kommunale Boden- und Wohnungspolitik in Preußen 1890-1914. In: Rodriguez-Lores/Fehl, Die Kleinwohnungsfrage, S. 74-94; Zimmermann, Von der Wohnungsfrage zur Wohnungspolitik, S. 161; Seitz, Kommunale Wohnungspolitik, S. 393.
64 Adickes, Die sozialen Aufgaben der deutschen Städte, S. 34.

Diesen Standpunkt, den Adickes auch in einer Denkschrift zum preußischen Wohnungsgesetz vertrat, die an anderer Stelle bereits zitiert wurde, behielt er in seiner gesamten Frankfurter Amtszeit bei. Selbst als die bestehende Wohnungsnot durch umfangreiche Straßendurchbrüche verschärft wurde – dies war in Frankfurt insbesondere in den 90er Jahren der Fall –, ließ Adickes die Frage der sozialen Verpflichtung zum öffentlichen Wohnungsbau noch offen. Nur der eingegrenzte paternalistische Wohnungsbau wurde von ihm ohne Vorbehalte befürwortet.[65] Ungeachtet dieser defensiven Haltung zum kommunalen Wohnungsbau konnte sich Landmann in der Republik dennoch direkt auf den „Munizipalsozialisten" Adickes berufen: „Der Zug der Siedlungspolitik von Adickes spricht sich darin aus, daß sie an die Stelle eines Mosaiks zusammengewürfelter Einzelmaßnahmen ein mit dem Weitblick des großen Verwaltungsmannes erfaßtes, in sich zusammenhängendes Programm darstellt, das an der Schwelle und in Voraussicht aller kommenden Großstadtentwicklung ihr eine gesunde Entfaltungsmöglichkeit bereitete."[66]

Während beispielsweise der Magdeburger Oberbürgermeister Hermann Beims in der Weimarer Republik stets den republikanischen Neubeginn in seiner Stadt betonte und somit einen qualitativen und strukturellen Bruch gegenüber der kommunalen Wohnungspolitik des Kaiserreichs herbeiführen wollte, konnte sich sein Kollege Ludwig Landmann auf deutliche Kontinuitäten in der städtischen Wohnungs- und Kommunalpolitik Frankfurts berufen.

Wesentlich war, daß bestehende Klassengegensätze in Frankfurt am Main bereits im Kaiserreich durch die kommunale Sozialpolitik abgeschwächt werden konnten. Einflußreiche Fraktionen des liberalen Bürgertums – Sozialreformer, philanthrope Unternehmer oder Magistratsmitglieder, die sich auch in Reforminstitutionen zusammenfanden (Institut für Gemeinwohl, Soziales Museum etc.) – strebten in vielfachen Initiativen eine Verringerung der Klassenspannungen an. Allerdings war im Kaiserreich noch keine moderne, offene Gesellschaft intendiert, sondern Arbeiter sollten durch Anpassung in die lokale Bürgergesellschaft integriert werden. Es kam auch in Frankfurt vor 1918 trotz mehrerer Ansätze noch nicht zu einer klassenübergreifenden „bürgerlich-proletarischen" Kommunalpolitik.[67]

Bürgerliche Reformstrategien, die die politische Kultur Frankfurts prägten, können beispielhaft hinsichtlich der positiven Beeinflussung des Wohnungswesens durch die Gründung von lokalen Wohnungsbaugesellschaften aufgezeichnet werden.

---

65 Ebenda, S. 35: „Daß der Bau städtischer Wohnungen für die eigenen Beamten und Arbeiter sich aus sehr vielen Gründen empfiehlt, wird mehr und mehr zur allgemeinen Überzeugung."
66 Landmann, Ludwig: Das Siedlungswesen. In: Jahrbuch der Frankfurter Bürgerschaft. Hg. Trumpler/Zieher. Frankfurt 1925. S. 25.
67 Die Integrationsbemühungen des Bürgertums und die Emanzipationsbestrebungen der Arbeiterschaft in Frankfurt a.M. im Kaiserreich werden differenziert von Ralf Roth dargestellt in „Gewerkschaftskartell und Sozialpolitik".

2.1 Philanthrophie und Kleinwohnungsbau in Frankfurt am Main vor 1918

In Frankfurt am Main wurde der gemeinnützige Wohnungsbau von unterschiedlichen Gesellschaften getragen. Anders als beispielsweise in Magdeburg dominierte vor 1918 in Frankfurt am Main kein einzelner Bauträgertyp.

Eine Übersicht derjenigen Korporationen und Vereine, die vornehmlich Kleinwohnungen für „Minderbemittelte" in Frankfurt erstellten, verdeutlicht dieses plurale Trägermodell. Bis 1917 erstellten, außer die Stadtgemeinde selbst, 14 weitere Bauträger Klein- und Mittelwohnungen (Tab. 20, Anhang). Privatrechtlich organisierte (kapitalistische) Wohnungsbaugesellschaften (AG Frankenallee, AG Hellerhof und Mietheim AG) ergänzten in Frankfurt den gemeinnützigen Kleinwohnungsbau der öffentlichen Hand, der Genossenschaften und Vereine. Der gemeinnützige Status einiger Baugesellschaften war jedoch noch nicht auf Dauer gesichert. Deutlich trat dieses Problem hervor, als 1910 alle Häuser des „Vereins Arbeiterheim Niederrad" an Private veräußert wurden. Der Wohnungsmangel bezog sich in Frankfurt vor dem Ersten Weltkrieg, wie in den meisten deutschen Großstädten, weniger auf Mittel- und Großwohnungen (ab 4 Zimmer), sondern konzentrierte sich auf Kleinwohnungen. Hervorzuheben ist, daß die oben genannten Bauvereinigungen, entsprechend ihrem Sozialauftrag, bis 1917 überwiegend kleine Wohnungen errichteten. Von insgesamt 6.872 durch Korporationen und gemeinnützige Vereinigungen gebauten Wohnungen waren immerhin 4.471 Zwei-Zimmer-Wohnungen. Das entspricht einem Anteil von etwa 65% (Tab. 20, Anhang)![68]

Die Konkurrenz der gemeinnützigen Wohnungsbaugesellschaften bewirkte bis 1914 in Frankfurt am Main nicht, wie einige Hausbesitzer in den Stadtparlamenten befürchteten, einen allgemeinen Rückzug der privaten Bauherren aus dem Miethausbau. Der Anteil der „gemeinnützigen" Korporationen am Wohnungsbestand bei Mittel- und Großwohnungen blieb bis 1918 minimal (unter 1%). Von insgesamt 6.872 Wohnungen wurden gerade 205 als Mittel- und Großwohnungen errichtet. Allerdings verlagerte sich etwa seit der Jahrhundertwende der Wohnungsneubau zum Kleinwohnungsbau. Der Anteil des Kleinwohnungsbaus erhöhte sich in Frankfurt auf über 70% des Gesamtwohnungsbaus.[69] Obgleich in einigen Jahren eine beachtliche Jahresproduktion an gemeinnützigen Wohnungen erzielt werden konnte, erreichte der relative Anteil der auf gemeinnütziger Basis erstellten Wohnungen vor 1900 keine 2% des Gesamtwohnungsbestandes. Er stieg erst 1900 auf 2,3% an und pendelte sich zwischen 1905 und 1914 auf einem Wert zwischen 5 bis 6% ein.[70] Interessant ist jedoch eine Differenzierung nach Wohnungsklassen. Während der

---

68 Beiträge zur Statistik Ffm. (1919), S. 193-196.
69 Ebenda, S. 182.
70 Ebenda, S. 198.

Anteil des gemeinnützigen Wohnungsbaus am Gesamtwohnungsbestand bei den Mittel- und Großwohnungen (ab 4 Zimmer) unbedeutend blieb, stieg er bei den 2-Zimmer-Wohnungen, den typischen Arbeiterwohnungen, beachtlich an. Etwa jede achte 2-Zimmer-Wohnung wurde in Frankfurt am Main vor dem Ersten Weltkrieg auf gemeinnütziger Basis errichtet (Tab. 13, Anhang)! Das Ziel, durch den Kleinwohnungsbau der gemeinnützigen Gesellschaften einen regulierenden Einfluß auf die lokale Wohnungsproduktion zu erreichen und damit die wohnkulturelle Ausstattung der Wohnungen zu verbessern und die Preisbildung zu beeinflussen, war erreicht worden.[71]

a. Gemeinnützige Wohnungsbaugesellschaften

Zunächst überrascht der frühzeitige Beginn der Bautätigkeit eines gemeinnützigen Wohnungsbauunternehmens in Frankfurt am Main im Jahre 1860, obwohl die Industrialisierung in dieser Stadt erst verzögert einsetzte. Aufschlußreich ist der Aufruf zur Gründung der ersten Frankfurter gemeinnützigen Baugesellschaft, den Georg Varrentrapp 1860 verfaßte: „Nach unserer Ansicht ist, will man die wahre Aufgabe sich klar vorführen und festhalten, vor allem anzuerkennen, daß es sich zunächst nicht um eine den bereits Verarmten zu bringende Hilfe handelt. Für diese haben unsere Wohltätigkeitsanstalten zu sorgen und sie thun es auch, eben so wie viele Privatpersonen, nach Kräften und mit freudiger Hingebung. Bei der Wohnungsnoth ist viel mehr, als die eigentlich Armen, die große Zahl derjenigen Familien (und theilweise auch einzelner Personen) ins Auge zu fassen, welche durch ihrer Hände Arbeit ganz auf eigenen Füßen stehen, selbständig die Schöpfer und Erhalter ihrer bürgerlichen Existenz sind, deren Erwerb und Mittel jedoch so bescheiden sind, daß sie auch bei größter wirthschaftlicher Sorgsamkeit nicht selbst sich gesunde freundliche Wohnungen schaffen und errichten können."[72] Dieser Aufruf Varrentrapps sollte nicht als eine Bitte um „ein Almosen, um ein Geschenk, nicht um eine Unterstützung im gewöhnlichen Sinne des Wortes" verstanden werden: „Die Theilnehmer einer solchen Gesellschaft schenken nicht im entferntesten ihr Geld, [...], sie geben es vielmehr zu einer Capitalanlage auf Grund und Boden und auf stets leicht vermiethbare Gebäulichkeiten her und sorgen mit Fleiß und Eifer dafür, eine regelmäßige gewisse Verzinsung sich zu sichern." Allerdings sollte die „Speculation" begrenzt bleiben, also eine Gewinnbegrenzung auf etwa 4% der Anteile. Es war mit dieser Gründung einerseits die Bewahrung der Eigenständigkeit gefährdeter Grup-

---

[71] Teilweise schwankten aber die Mietpreise beachtlich. Beispielsweise wurde für eine 2-Zimmer-Wohnung mit Küche von den unterschiedlichen gemeinnützigen Gesellschaften Mietpreise zwischen 216 und 420 Mark (Jahresmieten) bei gleicher Wohnungsgröße verlangt. Beiträge zur Statistik der Stadt Frankfurt am Main. (1919), S. 199. Die ABG, die sehr niedrige Mietpreise erhob, verzichtete hingegen auf einen hohen Wohnstandard.
[72] Varrentrapp, Aufforderung zur Gründung einer gemeinnützigen Baugesellschaft, S. 3-4.

pen (z.B. Handwerker) und die Möglichkeit zur Selbsthilfe beabsichtigt, andererseits eine ausgleichende „Concurrenz" gegenüber dem privaten spekulativen Wohnungsbau.

Nach der Reichsgründung wurden in Frankfurt 1872 zwei weitere gemeinnützige Bauvereinigungen gegründet: der „Bau- und Sparverein" und die „Gesellschaft zur Beschaffung billiger Wohnungen". Beide Gesellschaften gerieten allerdings Ende des vorigen Jahrhunderts in Zahlungsschwierigkeiten. Die „Gesellschaft zur Beschaffung billiger Wohnungen" ging 1901 in den Besitz der Aktienbaugesellschaft für kleine Wohnungen über, während der „Bau- und Sparverein" schließlich in der Hyperinflation 1923 ganz aufgelöst wurde. Besonders die überhöhten Dividendenausschüttungen des Bau- und Sparvereins bewirkten bereits in den 90er Jahren deren finanzielle Probleme. Auch wegen der Duldung von Untermietverhältnissen erfüllte diese Gesellschaft nicht jene Erwartungen, die Wohnungsreformer in diese gemeinnützige Gesellschaft gesetzt hatten.[73]

Nachdem auch die Stadtgemeinde und der Staat (Eisenbahn-Verwaltung) in den 80er Jahren vereinzelt begonnen hatten, für ihre eigenen Beschäftigten Wohnungen zu errichten, setzte in den 90er Jahren eine Gründungswelle gemeinnütziger Wohnungsbaugesellschaften ein. Durch die Revision des Genossenschaftsgesetzes von 1889 wurde besonders die Gründung von Wohnungsbaugenossenschaften erleichtert, da nun die persönliche Haftung der Genossen aufgehoben war. Die Ausrichtungen der Genossenschaften waren, wie allgemein üblich, auch in Frankfurt nach politischen Weltanschauungen, Religionszugehörigkeiten oder Berufsständen fragmentiert. Beispielsweise regte der liberale Politiker Friedrich Naumann, der 1890 als Pfarrer des Evangelischen Vereins für die Innere Mission nach Frankfurt berufen wurde, die Gründung der Frankfurter Wohnungsgenossenschaft an. 1914 wohnten in den seit 1896 überwiegend errichteten Zwei- und Drei-Zimmer-Wohnungen zumeist (evangelische) Arbeiter (51%).[74] Demgegenüber wohnten in den Genossenschaftshäusern des Beamten-Wohnungs-Verein eGmbH, der 1895 gegründet wurde, wie aus dem Namen bereits zu ersehen ist, mehrheitlich städtische Beamte und Angestellte (1914 – 56%) sowie Staatsbeamte und Staatsangestellte (30%). In der größten Frankfurter Baugenossenschaft, dem Volks-, Bau- und Sparverein, übte die Arbeiterschaft einen beachtlichen Einfluß aus. Diese der organisierten Arbeiterbewegung nahestehende Genossenschaft fand jedoch auch die tatkräftige Unterstützung bürgerlicher Philanthropen. Auffällig ist besonders der Mitgliederzuwachs während des Ersten Weltkriegs. Zwischen 1914 und 1918 stieg deren Anteil von 1337 auf

---

73 Die praktizierte Belegung kritisierte insbesondere Flesch in seinem Gutachten für den Verein für Socialpolitik. „Die Gefahr liegt sogar nahe, daß gerade die neu eingerichteten kleinen Wohnungen die Fundstätten der ärgsten ungesundesten Überfüllung werden. Letzteres ist z.B. in kaum glaublichen Grad hier in Frankfurt in den Häusern des Bau- und Sparvereins der Fall." Flesch, Die Wohnungsverhältnisse in Frankfurt am Main, S. 76.
74 Kramer, Anfänge des sozialen Wohnungsbaus, S. 157.

1818 Mitglieder an. Im Tätigkeitsbericht von 1919 wurde hierzu vermerkt: „Neben verhältnismäßig wenigen Anmeldungen aus der minderbemittelten Bevölkerung, der ausschließlich unsere Tätigkeit zu Gute kommt, haben wir eine große Anzahl Mitbürger der bessersituierten Kreise der guten Sache wegen in dankenswerter Weise die Mitgliedschaft mit teilweise recht namlichen Einzahlungen erworben."[75] Alle Genossenschaften benötigten direkte oder indirekte (verdeckte) Unterstützungen durch den Staat, durch die Reichsversicherungsgesellschaften (Sozialkapital) oder durch die Gemeinde. Besonders die „Volks-Genossenschaft" wurde tatkräftig vom Magistrat der Stadt Frankfurt unterstützt. Henriette Kramer schrieb: „Es ist auffallend, daß diese Genossenschaft zunächst alle ihre Häuser auf Erbbaugelände errichten konnte, worauf das schnelle Wachstum der Gesellschaft zurückzuführen ist."[76] Die Hilfestellung der Stadt wurde zudem durch eine großzügige Kreditgewährung ergänzt. Ebenfalls engagierte sich die Landesversicherungsanstalt Hessen-Nassau in dieser Baugesellschaft. Die Geschichte des Volks-, Bau- und Sparvereins verdeutlicht sowohl die Empanzipationsbemühungen der organisierten Arbeiterschaft als auch die Integrationsbestrebungen des liberalen Bürgertums[77] und des Magistrats.

Diese subsidiäre Förderung des gemeinnützigen Kleinwohnungsbaus durch die öffentliche Hand fand bereits vor dem Ersten Weltkrieg allgemein in den deutschen Großstädten statt, wenngleich das städtische Engagement Frankfurts besonders durch die großzügige Vergabe von Bauland mittels Erbpachtverträge herausragte (Tab. 1, Anhang). Hervorzuheben sind jedoch noch weitere lokale Besonderheiten, die direkt die Frage der Bauträger berührten. Auffällig ist zunächst, daß trotz der zahlreichen und vielfältigen Baugesellschaften kein nennenswerter Werkswohnungsbau in Frankfurt existierte. Nur in Höchst, das erst 1927 eingemeindet wurde, fand ein Werkswohnungsbau in größerem Umfang durch die Farbwerke statt.[78] Daraus kann jedoch nicht geschlossen werden, daß sich die örtlichen Unternehmer der sozialen Frage der Wohnungsnot verschlossen. Nicht die problematische Verknüpfung von Arbeits- und Wohnverhältnissen wurde angestrebt, sondern insbesondere die sozialreformerische Einwirkung mittels privatrechtlich organisierter Bauträger.

Bereits auf der Tagung des „Vereins für Socialpolitik" über die „Wohnungsnoth der ärmeren Klassen" berichtete 1886 der damalige Oberbürgermeister Johannes

---

75 XVIII. Geschäftsbericht des Volks-, Bau- und Sparvereins Frankfurt am Main 1918; Vorgetragen auf der Generalversammlung im Gewerkschaftshaus am 28.3.1919. BA Potsdam, RAM, Bestand 39.01; Sig. 11235.
76 Kramer, Anfänge des sozialen Wohnungsbaus in Frankfurt, S. 161.
77 Auch die Frankfurter Arbeiter-Baugenossenschaft, der Volks-, Bau- und Spar-Verein, wurde beispielsweise durch den Unternehmer Roessler (Degussa) unterstützt, der die Errichtung eines Lesesaals förderte. Kramer, Anfänge des sozialen Wohnungsbaus in Frankfurt, S. 162.
78 Funke, Gustav. Die Anfänge der Siedlung Zeilsheim. Ein Beitrag zum sozialen Wohnungsbau der Farbwerke Hoechst AG. Frankfurt 1968; Pehmeyer, Susan: Die Werkswohnungen der Farbwerke Hoechst in der Gründerzeit. Magisterarbeit Universität Frankfurt am Main 1985.

Miquel vom sozialen Problem des Kleinwohnungsmangel: „Der Mangel an einer genügenden Anzahl kleiner und mittlerer Wohnungen führte in solchen Zeiten zu einer unverhältnismäßigen Steigerung der Preise derselben und in Folge dessen zu einer Verschlechterung der Wohnungen, namentlich zu einer gefährlichen Überfüllung der einzelnen Wohnräume, sowie zur Heranziehung von zu menschlichen Wohnungen gar nicht geeigneten Localitäten."[79] Obwohl Miquel – der sich vor allem durch die Konsolidierung der städtischen Finanzen Verdienste erwarb und weniger, wie sein Nachfolger Adickes, durch den Aufbau einer kommunalen Leistungsverwaltung – „unerschwingliche Lasten" für die Gemeinden befürchtete, lehnte er ein direktes städtisches Engagement im Kleinwohnungsbau nicht grundsätzlich ab. In einer Übergangsphase müßten die Städte entweder für „die Unterstützung gemeinnütziger Gesellschaften und der Privatspeculation" oder für den „eigenen Bau von kleinen Wohnungen" eintreten.

Wenige Jahre später gehörte Miquel zu den Initiatoren der „Aktienbaugesellschaft für kleine Wohnungen" (ABG), die 1890 gegründet wurde und deren Aufsichtsratsvorsitzender er zeitweise war. Dieses Unternehmen war ein philanthropisches Projekt Frankfurter Bürger. Dem ersten Vorstand gehörten beispielsweise der kommunale Sozialpolitiker Karl Flesch, der Architekt Simon Ravenstein sowie Samuel Uhlfelder an. Zu den Gründern der ABG zählten u.a. die Bankiers Carl Grudelius und Georg Speyer. Interessant ist, daß das Grundkapital von 605.000 Mark durch 1.000 Mark-Anteilsscheine Frankfurter Bürger aufgebracht wurde. Die Höhe der Dividende wurde auf 3,5% beschränkt. Im Falle einer Auflösung durften nur die entsprechenden Anteile ausgezahlt werden, das sonstige Kapital mußte der Stadt Frankfurt übergeben werden, zur Weiterverwendung für den gemeinnützigen Wohnungsbau. Der großzügige jüdische Mäzen Georg Speyer stellte in der Gründungsphase zusätzlich 100.000 Mark zur Verfügung. Die Dividenden mußten ferner im Wohnungsneubau reinvestiert werden. Bis 1914 wurde das Aktienkapital schrittweise auf 1.680.000 Mark aufgestockt. Einmalig beteiligte sich auch die Stadt Frankfurt vor dem Ersten Weltkrieg (1899) mit 200.000 Mark an einer Kapitalerhöhung. Trotz einer ausgesprochen soliden Eigenkapitaldecke mußten für die zahlreichen Bauprojekte zusätzliche Hypotheken aufgenommen werden. Die Gewährung dieser Hypotheken verweist wiederum auf den ausgeprägt philanthropischen Charakter dieser Aktienbaugesellschaft und auf die bereits erwähnte Notwendigkeit der Inanspruchnahme des Sozialkapitals. Lokale bürgerliche Förderer und gesellschaftliche Institutionen gewährten Kredite zu einem niedrigen Zinsfuß.[80] Besonders hilfreich für die gemeinnützige Bautätigkeit dieser Gesellschaft war ferner die Überlassung von

---

79 Miquel, Einleitung, S. IX.
80 Alleine die Georg und Franziska Speyer'sche Studienstiftung stellte 500.000 M. bei einem Zinssatz von 4% und der Georg und Franziska Speyer Fonds 480.000 M. (3,75%) zur Verfügung. In: Klar, Emil: Denkschrift. Vierzigjähriges Bestehen der Aktienbaugesellschaft für kleine Wohnungen in Frankfurt am Main. 1890-1930. Frankfurt 1930, S. 24.

Baugelände in Erbpacht. Mit dem St. Katharinen- und Weißfrauenstift konnte die ABG 1901 durch städtische Vermittlung den ersten langfristigen Erbpachtvertrag (80 Jahre) in Deutschland abschließen.

Zweifelsfrei gehört die ABG zu den bedeutendsten gemeinnützigen Baugesellschaften Deutschlands. Nicht nur die umfangreiche Bautätigkeit (von 1890 bis 1917 immerhin 1684 Wohnungen), sondern auch die Wohlfahrtseinrichtungen waren beachtenswert. Zu nennen sind die aufgelockerte Blockbauweise (z.B. im „Nordend"-Block oder „Eckenheim"-Block), bei der bewußt auf eine intensive Ausnutzung verzichtet wurde, sowie die vorbildlichen Gemeinschaftseinrichtungen (Volksbibliotheken und Lesesäle, Kinderkrippen, Kindergärten, Versammlungsräume und Volksküche etc.), die sinnvollerweise als „Wohnungsergänzungen" bezeichnet wurden. Gleichwohl wurde die Praxis der hohen Anzahl von Kleinwohnung pro Haus öffentlich kritisiert, so daß zumeist nur noch acht Kleinwohnungen pro Haus hergestellt wurden. Die Kleinwohnungsgrundrisse wurden hingegen nur zögerlich reformiert. Eine Anzahl von Wohnungen der ABG war noch nicht mit Innentoilette ausgestattet. Diese Defizite wurden jedoch durch externe Einrichtungen innerhalb der Blocks kompensiert. „Die Einrichtung einer Keller-Abteilung zur gemeinschaftlichen Bad- und Waschküche war relativ leicht; jeder Mieter hatte jetzt mindestens an einem Tag Bad und Waschküche zur Verfügung, eine große Sache, wenn man erwägt, wie badeentwöhnt unsere Arbeiter sind, wie furchtbar unbehaglich das Besorgen der Wäsche im Zimmer die allzu knappe Wohnung machen mußte! Ein Gas-Automat ist in jeder Wohnung, der im Sommer das Anzünden des Herdes und damit das Kohlentragen usw. fast unnötig macht; ferner an der Haustür Briefkasten und Brödchenkasten für jeden Mieter scheinen uns Kleinigkeiten; man mag erwägen, wie sehr dadurch die Hauptmängel der kleinen Wohnungen – die Küchenlosigkeit und die allzu enge Anhäufung der Mieter samt den hierfür erwachsenden Mißverständnissen, Verwechslungen, Streitigkeiten vermindert werden."[81] Das philanthrope Projekt ABG war zudem integriert ins Netzwerk städtischer Wohlfahrtseinrichtungen: Beispielsweise unterhielt der Verein „Frauenhilfe" im Baublock Hufnagelstraße eine „Kinderbewahr-Anstalt", mit Mitteln des Wohlfahrtsfonds der ABG konnte der Verein „Volksbibliothek" Lesesäle und Bibliotheken in den Baugruppen unterhalten, oder der Verein „Jugendfürsorge" richtete „Spielschulen" für Mädchen und Jungen ein. Bemerkenswert ist auch die gegründete „Hauspflegekasse". Der Hauspflegeverein übernahm im Falle der Bedürftigkeit die Betreuung der Familie, wenn monatlich ein Beitrag von 30 Pfennig eingezahlt wurde. „Hauspflege ist als Übernahme aller der Mutter und Hausfrau zukommenden Haushaltsarbeiten durch eine familienfremde bezahlte Hilfskraft, in Zeiten, in denen der weibliche Haushaltungsvorstand durch Wochenbett oder Krankheit an der Wahrnehmung seiner hauswirtschaftlichen

---

81 Flesch, Von Wohlfahrtseinrichtungen und Wohnungsergänzungen. Zit. in: Ehrlich, Wilfried: Bauen für ein neues Leben. Hundert Jahre Aktienbaugesellschaft. Frankfurt o.J. (1990), S. 52.

Pflichten gehindert ist."[82] Da jedoch nur etwa jeder fünfte Mieter der ABG dieser Hauspflegekasse beitrat, andererseits diese Mitglieder die Einrichtungen in einem hohen Maße in Anspruch nahmen, mußte die ABG wiederholt die finanziellen Defizite ausgleichen. Im Nordend-Block wurde zudem 1906 ein Witwerheim errichtet, in dem alleinerziehende Väter mit ihren Kindern wohnten. Während der beruflichen Abwesenheit der Väter betreute der Hauspflegeverein die Kinder. Trotz eines städtischen Zuschusses von 5.000 Mark pro Jahr mußte auch diese Einrichtung von der ABG zusätzlich unterstützt werden.

Eindrucksvoll waren jedoch nicht nur diese vielfältigen sozialen Einrichtungen, die ebenfalls von bürgerlichen Förderern rege unterstützt wurden (Speyer, Wertheim u.a.), sondern auch die Hilfe zur Selbsthilfe. Zu nennen sind kollektive Einkaufsinitiativen[83], die in der Tradition der Konsumgenossenschaften standen, als auch Mitbestimmungsmöglichkeiten durch Obleute bzw. Mieterausschüsse. Das erprobte Modell der Mitverwaltung in einer privatrechtlichen Aktienbaugesellschaft prägte den emanzipatorischen Charakter dieser Gesellschaft. „Die Aktienbaugesellschaft verwaltet nicht für die Mieter, sondern mit ihnen; sie beteiligt die Mieter an der Verwaltung. Die Mieter jedes der größeren Häuser wählen einen Obmann und die Obmänner in jedem Baublock bilden, zusammen mit dem Verwalter, die Mieter-Ausschüsse. Beschwerden und Streitigkeiten werden von den Mieter-Ausschüssen geprüft, und die Kündigung ergeht an den, der nach dem Ausspruch des Mieter-Ausschusses Unrecht hat. Der einzelne Mieter weiß also, daß er nicht etwa im Haus gewissermaßen auf Wohlverhalten geduldet, sondern daß er, so lange er Mieter ist, Einfluß auf die Verwaltung hat, fast als ob er selbstbeteiligtes Mitglied einer Baugenossenschaft sei. Karl Flesch nennt auch die Gründe für die Einrichtung dieser Mitbestimmungsgremien: „Durch diese Einrichtungen ist den Mietern eine gewisse Autonomie gesichert und ihrem berechtigten Selbstgefühl in charakterbildender Weise Rechnung getragen."[84]

Wenn bereits mehrere vorbildliche Leistungen der ABG genannt wurden, so darf eine weitere – die wichtigste – nicht ungenannt bleiben: die Wohnraumversorgung für „Minderbemittelte". Problematisch erwies sich allgemein im gemeinnützigen Wohnungsbau die Bevorzugung der „Mittelschichten" mit stabilen Einkommen. Besonders Genossenschaften selektierten bereits durch die Höhe des zu erwerbenden Genossenschaftsanteils die zukünftigen Bewohner. Zumeist betrug der abverlangte Genossenschaftsanteil vor 1914 in Frankfurt etwa 100 Mark. Dieser Anteil war allerdings in einigen Frankfurter Genossenschaften deutlich höher. So betrug er im

---

82 Ebenda, S. 55.
83 Insbesondere wurden Kohle und Kartoffeln in großen Mengen erworben und an die Mieter zu monatlichen Raten als „Engros-Preisen" abgegeben. U.a. ermöglichte Johannes Miquel, inzwischen Finanzminister, durch eine einmalige Schenkung die Errichtung eines Einkaufsfonds.
84 Flesch, Von Wohlfahrtseinrichtungen und Wohnungsergänzungen, S. 56.

„Volks-, Bau- und Sparverein" 200 Mark und im „Beamten Wohnungs-Verein" sogar 500 Mark. Bedenkt man, daß nach den Berechnungen des Sozialpolitikers Flesch ein Frankfurter Arbeiter vor dem Ersten Weltkrieg für die Miete höchstens 3-5 Mark pro Woche ausgeben konnte, bei einem ortsüblichen Durchschnittslohn von 15 bis 18 Mark pro Woche, so werden die finanziellen Barrieren durch die Erhebung von Genossenschaftsanteilen für soziale Unterschichten deutlich. Anläßlich ihres 25jährigen Bestehens veröffentlichte die ABG die berufliche Gliederung der Bewohner (Ende 1914): 530 Haushaltsvorstände waren gelernte Arbeiter (35% der Bewohner) und 823 waren Ungelernte oder den ungelernten Arbeitern und Arbeiterinnen gleichzusetzende (54%)! Von der Gruppe der Ungelernten zählten 177 einen weiblichen und 646 einen männlichen Haushaltsvorstand.[85] Diese außergewöhnliche soziale Schichtung verweist bereits auf die niedrigen Mieten, die teilweise nur durch eine Reduzierung des Wohnstandards (Außentoilette, ohne Küche) und durch uneigennützige Förderung Frankfurter Bürger erzielt werden konnte. Der Wohnungsbau für „Minderbemittelte" war für die ABG folglich kein ideologischer Begriff, sondern soziale Praxis.

An anderem Ort wurde bereits auf die quantitative Bedeutung der ABG hingewiesen. Jede vierte 2-Zimmer-Wohnung (1150 von 4471), die von Korporationen oder Vereinen bis 1917 errichtet wurde, baute die ABG. Unterscheidet man zudem nach der Anzahl der Bewohner, so wird nochmals die Bedeutung der ABG innerhalb der gemeinnützigen Bauträger ersichtlich. Aus der Enquete über die Wohnungsnot in Frankfurt von 1912, bearbeitet von Cahn, ist zu entnehmen, daß von 12.244 Menschen, die in einer gemeinnützig erstellten Wohnung lebten, alleine 6.200 Menschen in den Wohnungen der ABG wohnten[86] (Tab. 19, Anhang).

Außer den gemeinnützigen Wohnungsbaugesellschaften wurden von Cahn noch drei privatkapitalistische Gesellschaften angeführt, die mit städtischer Unterstützung Wohnungen zu begrenzten Mietpreisen herstellten.[87] Diese privatkapitalistischen Gesellschaften stellen eine interessante Variante im Kleinwohnungsbau dar, die das vielfältige Trägermodell Frankfurts kennzeichnen. Gleichzeitig verdeutlichen sie nochmals die Schwierigkeiten bei der Typisierung der Bauträger, da privatkapitalistische und städtische Interessen langfristig verflochten waren.

---

85 Fürth, Henriette: Zum 25jährigen Bestehen der Aktienbaugesellschaft für kleine Wohnungen. (Selbstverlag) 1915, S. 53.
86 Cahn, Ernst: Die Wohnungsnot in Frankfurt am Main. Ihre Ursachen und ihre Abhilfe. Frankfurt 1912, S. 29. Herausgeber dieser Enquete waren das Institut für Gemeinwohl, das soziale Museum, der Verein für die Förderung des Arbeiterwohnungswesens und der Deutsche Verein für Wohnungsreform. Auch diese Herausgeber verweisen auf die bürgerlichen Reform- und Integrationsbestrebungen.
87 Teilweise weichen die Angaben Cahns von sonstigen Untersuchungen ab. Die Differenz bezieht sich insbesonders auf die Hausangabe. So errichtete die AG Hellerhof von 1902-1904 insgesamt 148 Häuser mit 762 Wohnungen (statt bei Cahn 74 Doppelhäuser mit 761 Wohnungen). Kramer, Anfänge des sozialen Wohnungsbaus in Frankfurt. S. 172. Aufschlußreich sind die Angaben Cahns insbesondere wegen der ungewöhnlichen Auflistung der Anzahl der „Inwohner".

b. Drei privatwirtschaftliche Gesellschaften: AG Hellerhof, AG Frankenallee und Mietheim AG

Neben zwei wichtigen gemeinnützigen Genossenschaften (Volks-, Bau- und Sparverein und Rödelheimer Bau- und Sparverein) wurden 1901 auch die privatwirtschaftlichen Wohnungsbaugesellschaften „Frankenallee AG" und „Hellerhof AG" gegründet. Diese und die 1910 gegründete „Mietheim AG" beabsichtigten vorrangig, billige Kleinwohnungen zu errichten. Von den im Kaiserreich üblichen kapitalistischen, spekulativen Terrain- und Baugesellschaften und vom Wohnungsbau der Unternehmer unterschieden sich diese drei Gesellschaften wesentlich.

Hellerhof AG

Im August 1901 schloß die Internationale Baugesellschaft, ein Tochterunternehmen der Philipp Holzmann & Cie. GmbH, einen Vertrag mit dem Magistrat der Stadt Frankfurt ab. In diesem wurde festgelegt, daß die Internationale Baugesellschaft ihr Gelände an der Mainzer Landstraße erschließen und auf diesem durch die neu gegründete Hellerhof AG 762 Kleinwohnungen errichten solle. Außergewöhnlich war die Kapitalbildung dieser neugegründeten Gesellschaft. Das Grundkapital betrug 900.000 Mark. Auf dieses Aktienkapital leisteten die Internationale Baugesellschaft Einlagen in einer Höhe von 800.000 Mark und die Stadt Frankfurt von 100.000 Mark.[88] Weiterhin wurden für 3.400.000 Mark Obligationen zu einem jährlichen Zinssatz von 4% ausgegeben, für welche die Stadt garantierte. Gewinnüberschüsse mußten an die Stadt abgeführt werden, die davon wiederum Aktienanteile erwarb. Dadurch sollte im Laufe der Zeit die Aktienmehrheit in den Besitz der Stadt Frankfurt übergehen. Zur Absicherung bedurfte jede weitere Aktienausgabe der Zustimmung der Stadt. Weiterhin konnten weder die Gebäude noch die Grundstücke hypothekarisch belastet werden. Bedeutsam war zudem, daß die Höhe der Wohnungsmiete nur mit Zustimmung des Frankfurter Magistrats festgelegt werden konnte.[89]

Frankenallee AG

Die zweite privatwirtschaftliche Baugesellschaft, die ebenfalls Kleinwohnungen mit städtisch kontrollierten Mietpreisen baute, die Frankenallee AG, war konzeptionell durchaus mit der Hellerhof AG vergleichbar. Auch hier fand ein Interessenausgleich zwischen privatkapitalistischen und städtischen Interessen statt. An der Gründung der Frankenallee AG war ebenfalls ein einflußreicher Unternehmer, der Fabrikant

---

88 Fünfzig Jahre Aktiengesellschaft Hellerhof. Frankfurt 1951, S. 5.
89 Eine städtische Einflußmöglichkeit und Interessenverflechtung war auch durch die Besetzung des Aufsichtsrats gegeben. Nachdem Philipp Holzmann gestorben war, übernahm sein bisheriger Stellvertreter, der ehemalige Stadtbaurat Riese, den Vorsitz des Aufsichtsrats.

Heinrich Kleyer (Adlerwerke), maßgeblich beteiligt, außerdem der Bankier Caesar Straus. Trotzdem kann auch diese Gesellschaft nicht als paternalistisches Unternehmen betrachtet werden, da auch hier keine problematische Kopplung der Wohn- und Arbeitsverhältnisse stattfand.

Da diese Gesellschaft nicht über Baugelände verfügte, schloß die Waisenhaus-Stiftung je einen Erbpachtvertrag mit der Gesellschaft und der Stadt für einen Zeitraum von 60 Jahren zu einem Zinssatz von 2,5% ab. Das Aktienkapital betrug 520.000 Mark. Zudem wurden 2125 Obligationen zu je 1000 Mark ausgegeben, die mit 2% halbjährlich verzinst wurden. Die Stadt übernahm die Garantie für das Kapital und die Zinsen. Ihr wurde eingeräumt, daß sie jährlich Aktien im Werte von 9.300 Mark erhalten sollte, zuzüglich der in den Vorjahren gekauften Aktien zum Wert von 5% des Nominalbetrags.[90] Somit war ebenfalls eine langsame Übernahme in städtischen Besitz gesichert. Im Gegensatz zu gemeinnützigen Unternehmen wurde die Dividende jedoch nicht begrenzt. Die Frankenallee AG ging ebenfalls eine Bauverpflichtung ein und sicherte zudem die Überlassung von ein Drittel der Wohnungen an städtische Bedienstete zu.

Mietheim AG

Die dritte Baugesellschaft dieses Typs, die Mietheim Aktiengesellschaft, wurde erst 1910 gegründet. Maßgeblicher Initiator dieser Gesellschaft war erneut ein lokaler Industrieller: der jüdische Mäzen Wilhelm Merton von der Metallgesellschaft. Konzeptionell lehnte sich diese Gesellschaft an die beiden bereits bestehenden kapitalistischen, wenngleich städtisch kontrollierten Gesellschaften an. Die Stadt vergab das Baugelände in Erbpacht. Im Gegensatz zu den oben genannten Baugesellschaften wurde die mögliche Dividendenausschüttung allerdings auf 5% begrenzt. Nach Zahlungsschwierigkeiten ging bereits 1923 die Mietheim AG vollständig in den Besitz der Stadt über. Ende der 20er Jahre sollte diese Gesellschaft, nach ihrer Umbenennung in die Gartenstadt-Gesellschaft, ein bedeutender Bauträger des Neuen Frankfurt werden.

Zusammenfassend kann festgestellt werden, daß sich in Frankfurt am Main ein ausgesprochen plurales Trägermodell herausgebildet hatte. Außergewöhnlich waren insbesondere die gemeinnützige und philanthrope Aktienbaugesellschaft für kleine Wohnungen und die drei kapitalistischen Baugesellschaften (mit ihrem transitorischen Kapitalcharakter und der kommunalen Mietpreiskontrolle), die jedoch nicht dem gemeinnützigen Sektor zugeordnet werden können. Gleichfalls waren in Frankfurt die kommunalen Strategien der Einflußnahme und Kooperation mit den lokalen Wohnungsbaugesellschaften ausgesprochen differenziert. Die Frankfurter „fortschrittliche" Wohnungspolitik beschränkte sich also keineswegs auf bodenpolitische

---

90 Kramer, Anfänge des sozialen Wohnungsbaus in Frankfurt, S. 169.

Steuerungen (kommunale Bodenvorratspolitik, Umlegegesetz, Erbpacht etc.). Wenngleich der kommunale Wohnungsbau nur in sehr bescheidenem Maße stattfand, und zwar nur als paternalistischer Wohnungsbau für städtische Beschäftigte, forcierte die städtische Verwaltung entschlossen den Kleinwohnungsbau gesellschaftlicher Bauträger und übte differenzierte städtische Einflußnahmen aus.

Von großem städtischen Interesse war die Erschließung des Privatkapitals für den Kleinwohnungsbau, da die finanziellen Möglichkeiten der Stadt infolge des verstärkten Ausbaus der Leistungsverwaltung unter Adickes sehr begrenzt waren.[91] Hingegen sicherten sich bedeutende Frankfurter Unternehmer (Holzmann, Kleyer und Merton) einen wesentlichen Einfluß auf die Kleinwohnungsproduktion in den Arbeiterquartieren (Gallusviertel und Bockenheim), ohne jedoch jene problematische Verknüpfung von Wohn- und Arbeitsverhältnissen herzustellen, die den paternalistischen Wohnungsbau kennzeichnen. Langfristig gingen diese privatwirtschaftlichen Gesellschaften zudem in städtischen Besitz über.

Bereits unter Adickes zeichneten sich also zum einen langfristige und differenzierte kommunale Strategien zur kommunalen Regulierung des Wohnungswesens ab, zum anderen verweisen diese bürgerlichen Bemühungen auf die angestrebte Integration der „Minderbemittelten" in die städtische Gesellschaft mittels Sozialreform.

2.2 Grenzen der kommunalen Instrumentalisierung
Der gemeinnützige Wohnungsbau in Frankfurt am Main zwischen 1918 und 1933

a. Die Dominanz städtischer Bauträger

In der Weimarer Republik fand in Frankfurt am Main ein einschneidender Wandel in der kommunalen Wohnungspolitik und der Entwicklung der Bauträger statt.

Zunächst ist festzustellen, daß der relative Zugang an Wohnungen in der Phase von 1918-1924 in erheblichem Umfang auf Umbaumaßnahmen und nicht auf Neubaumaßnahmen beruhte. Erst in der Hauszinssteuer-Ära überwog der Wohnungsneubau gegenüber dem Umbau eindeutig. Der Anteil der Umbaumaßnahmen stieg im Haushaltsjahr 1919/1920 sogar auf 72% des relativen Zugangs an Wohnungen. Dieser hohe prozentuale Anteil an relativen Neuzugängen durch Umbauten in der ersten Phase der Weimarer Republik ist ein anschaulicher Indikator für die Krise in

---

91 Steitz, Kommunale Wirtschaftspolitik, S. 167-201, 421-446; Hofmann, Wolfgang: Kommunale Daseinsvorsorge. Mittelstand und Städtebau 1871-1918 am Beispiel Charlottenburg. In: Kunstpolitik und Kunstförderung im Kaiserreich. Berlin 1982. S. 171.

der Wohnungsproduktion, die u. a. durch hohe Baustoffpreise, Kapitalmangel bzw. Kapitalverlagerungen und in ihrer Folge durch die öffentliche Bewirtschaftung des Wohnungswesens hervorgerufen wurde. Erst in der Hauszinssteuer-Ära war der Umfang der Umbauten gering (1926-27 bis 1930-31 min. 1,2%, max. 3,3%), stieg allerdings nach der Weltwirtschaftskrise Anfang der 30er Jahren erneut rapide an (Tab. 23, Anhang).

Bei der Betrachtung der einzelnen Bauträger ist ebenfalls ein einschneidender Wandel gegenüber der Vorkriegszeit zu erkennen: Der Anteil der privaten Bauherren (insbesondere Bauunternehmer und Bauhandwerker) an der gesamten Wohnungsproduktion reduzierte sich einschneidend. Diese übernahm nun die Stadtgemeinde in einem erheblichen Ausmaße, da sie ihre bisherige Zurückhaltung in der direkten Kleinwohnungsproduktion ablegte. Sonstige Korporationen und Vereine zogen sich zwar nach 1918 nicht vollständig aus der Wohnungsproduktion zurück, konnten aber zunächst ihren ehemals wichtigen Einfluß in diesem Sektor nicht mehr behaupten (Tab. 24, Anhang). In den Jahren 1920, 1922 und 1923 wurde der öffentlich geförderte Wohnungsbau fast vollständig in städtischer Regie durchgeführt, wenngleich bei einem sehr niedrigen Bauvolumen. Der gemeinnützige Wohnungsbau (Ausnahme 1921) und der Wohnungsbau durch private Bauherren verlor stark an Bedeutung (Ausnahme 1921: 13%; 1924: 29%).

In der Hauszinssteuer-Ära (1924-1931) fanden jedoch nochmals einschneidende Veränderungen statt. So überwog weiterhin der mit öffentlichen Mitteln geförderte städtische Wohnungsbau – hierbei sind insbesondere die Hauszinssteuer-Mittel zu nennen –, wenngleich eine Verlagerung eintrat: Statt im städtischen Regiebetrieb wurden nun verstärkt Wohnungen durch privatrechtlich organisierte städtische Wohnungsbaugesellschaften hergestellt. In den beiden Jahren mit der höchsten Wohnungsproduktion, 1929 und 1930, nahm jedoch die gesamte städtische Wohnungsproduktion zugunsten des sonstigen gemeinnützigen Wohnungsbaus ab. Die private, öffentlich geförderte Wohnungsproduktion konnte nicht mehr ihre Bedeutung wiedergewinnen und stagnierte auf einem niedrigen Level (Tab. 25, Anhang).

Die städtischen Baugesellschaften (ABG; Mietheim AG – später umbenannt in Gartenstadt AG) erlangten in der Hauszinssteuer-Ära eine auffallend große Bedeutung und wurden in den Jahren 1925, 1926 und 1927 zu den wichtigsten öffentlichen Bauträgern in Frankfurt am Main. Deren Bauvolumen überstieg sowohl den städtischen Wohnungsbau (Regiebetrieb) als auch denjenigen sonstiger gemeinnütziger Gesellschaften. In städtischer Regie wurde 1928 noch die Großsiedlung Praunheim fertiggestellt. Dies zeigt sich im nachfolgenden Diagramm am Anstieg des Wohnungsbaus durch die Stadt in diesem Jahr. Diese Siedlung ist durch ihren experimentellen Charakter (u. a. Bauplattenhäuser, Elektrifizierung) gekennzeichnet und wurde daher auch von der Reichsforschungsgesellschaft für Wirtschaftlichkeit im Bau- und Wohnungswesen unterstützt. Alle anderen Großsiedlungen wurden nach 1927 von städtischen oder gemeinnützigen Gesellschaften gebaut.

*Diagramm öffentlich geförderter Wohnungsbau in Frankfurt am Main
1919-1931*

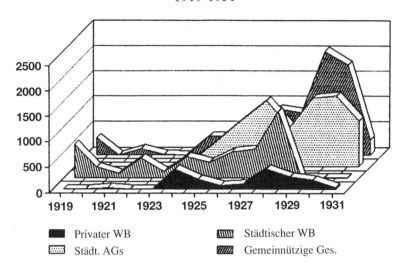

■ Privater WB ▦ Städtischer WB
▨ Städt. AGs ▨ Gemeinnützige Ges.

b. Die kommunale Instrumentalisierung des gemeinnützigen Wohnungsbaus

Die kommunale Bautätigkeit wurde vom Frankfurter Magistrat wegen der damit verbundenen finanziellen Belastungen auch in der Weimarer Republik keineswegs positiv bewertet. Da der größte Teil der Bevölkerung jedoch nicht in der Lage war, so Oberbürgermeister Landmann, wesentlich mehr Geld als bisher für die Wohnungsmiete auszugeben, entstand für die Gemeinde eine Verpflichtung zur weitgehenden Unterstützung der Kleinwohnungsproduktion. Obwohl dieser Zustand „höchst unerwünscht" war, so mußte doch der Magistrat aus diesen gegebenen Tatsachen „die Konsequenzen ziehen" und einen größtmöglichen Einfluß auf die Ausprägung des gemeinnützigen Wohnungsbaus und die Stadtentwicklung gewinnen.[92]

In der Frankfurter Stadtverordneten-Versammlung bestand nach dem Ersten Weltkrieg zwar ein Konsens über die Notwendigkeit eines kurzfristigen städtischen Engagements, jedoch waren die Positionen der einzelnen Parteien hinsichtlich einer langfristigen Wohnungspolitik ausgesprochen heterogen. Noch in der großen Wohnungsdebatte im Frühjahr 1924 prallten die divergierenden wohnungspolitischen Positionen unvermittelt aufeinander. Der Sozialdemokrat Heißwolf forderte eine massive Subventionspolitik nach dem Wiener Vorbild, wohingegen der Demokrat Heilbrunn es als „unmoralisch" empfand, alle „Lasten auf den Hausbesitz abzuwälzen". Nach Ansicht der Stadtverordneten Landgrebe (DVP) und Nagel (DNVP) konnte „nur die freie Wirtschaft" die Bautätigkeit wieder beleben. Dagegen forderte

---
92 Landmann, Das Siedlungswesen, S. 29.

der Stadtverordnete Lang (KPD) weitgehende Eingriffe „in die Privatrechte der heutigen Kapitalisten". Die kleine Wirtschaftspartei (Mittelstand) wiederum sah überhaupt keine Wohnungsnot, sondern höchstens eine „Umzugsnot".

Trotz dieser Konfusionen konnten sich die Trägerparteien (oder auch Etatparteien genannt) aus SPD, Zentrum und DDP auf ein allgemeines Einverständnis in der Wohnungspolitik berufen. Diesen Grundkonsens hat der Stadtverordnete Nelles (Zentrum) in einem Redebeitrag vor der StVV zusammengefaßt: „Vornehmstes und erstes Ziel muß es sein, sobald wie möglich wieder zu dem alten Zustand der Regulierung von Wohnungsangebot und Nachfrage durch die private Bauwirtschaft zu kommen. [...]. Für jetzt und auch für die nächsten Jahre rechtfertigt sich, daß dem Notstand des Wohnungsmangels durch die öffentlichen Körperschaften begegnet wird."[93]

Während das unentschlossene Lavieren verschiedener Stadtverordneter durchaus auch bei einigen Mitgliedern des Magistrats zu beobachten war, kann dies von Ludwig Landmann keineswegs gesagt werden.

Nach seinem Wechsel als Stadtrat von Mannheim nach Frankfurt verfaßte er bereits 1917 eine Denkschrift über die wirtschaftlichen Entwicklungsmöglichkeiten dieser Stadt. Diese kann als programmatische Analyse aufgefaßt werden, die Landmanns gesamtes Schaffen in Frankfurt bis 1933 prägte. Nach einem „eindringlichen Nachdenken über die wirtschaftlichen Ausnutzungs- & Entwicklungsmöglichkeiten" entwickelte er kommunale Handlungsstrategien. Dabei räumte er der Industrieförderung die Priorität ein. „Erwägt man, daß die Industrie zu ihrer Entfaltung verschiedener Wachstumsfaktoren bedarf, insbesondere einer günstigen Verkehrslage, einer leistungsfähigen Arbeiterschaft, geeigneten Niederlassungsmöglichkeiten, billigen & ausreichenden Kredits, so ist ohne weiteres zu erkennen, wie sehr die Stadtverwaltung bei ihren Maßnahmen auf den übrigen Gebieten der Gemeindetätigkeit die Förderung der Industrie in den Vordergrund stellen und im Auge behalten muß."[94] Die neu zu schaffenden Industriezweige benötigten nach seiner Ansicht eine „technisch & geistig hochstehende Arbeiterschaft", die durch die Stadt in den Bereichen der Bildungs- und Siedlungspolitik gefördert werden sollte. „Es ist unter diesem Gesichtspunkt die auf die Hebung der Arbeiterschaft sich erstreckende Sozialpolitik der Stadtverwaltung ein vornehmlicher Teil ihrer Wirtschaftspolitik."[95] Als sozial engagierter liberaler Kommunalpolitiker reflektierte er die bedrückende Lage städtischer Unterschichten und befürwortete sozialstaatliche Interventionen zur Verbesserung ihrer sozialen Lage. Landmann strebte stets nach einem Ausgleich zwischen dem liberalen Bürgertum und der gemäßigten Arbeiterschaft. Diese Politik der Klassenversöhnung erforderte eine Entschärfung sozialer Konfliktbereiche.

---

93 Nelles (Zentrum), Protokolle der StVV 1925, S. 227.
94 Landmann, Denkschrift (1917), S. 19. StA Ffm. MA T 70.
95 Landmann, Denkschrift (1917), S. 20. Erste Fassung. StA Ffm. MA T 70.

Dadurch erhielt die Wohnungspolitik eine symbolhafte Bedeutung. Da sich „die privatwirtschaftlichen Grundlagen für den Wohnungsbau [dadurch] völlig verschoben hatten, daß der gewerbsmäßige Wohnungsbau durch Private zum Erliegen kam und die gemeinnützige Bautätigkeit nahezu völlig versagte", wurde nach Ansicht Landmanns die kommunale Regulierung des Wohnungsbaus erforderlich. „Die ganze Last der Beseitigung der Wohnungsnot blieb in der Hauptsache der Stadt überlassen."[96]

Durchaus in der Tradition Adickes stehend, aber diese weiterentwickelnd, bereitete Landmann in Frankfurt die grundlegende Gestaltung der Wohnungs- und Siedlungspolitik in dieser Stadt vor.

Im Frühjahr 1917, kurze Zeit nach seinem Dienstantritt als besoldeter Stadtrat in Frankfurt am Main, ordnete er eine Untersuchung über die Lage auf dem Wohnungsmarkt an. Die vorherrschende Auffassung, daß der Wohnungsmarkt in Frankfurt entspannt sei, wurde hierbei widerlegt. Um „alle Fragen des Städtebaus nach der wirtschaftlichen, rechtlichen, kulturellen oder künstlerischen Seite einheitlich nach einem großen Programm" lösen zu können, forderte er die Errichtung eines Siedlungsamtes. Die hierfür nötige Umstrukturierung der städtischen Verwaltung wurde jedoch selbst innerhalb des Magistrats nicht als erforderlich betrachtet (Kap. IV,1). Während seiner Amtszeit als Stadtrat konnte nur ein Siedlungsamt mit unzureichenden Kompetenzen durchgesetzt werden. Erst nachdem Landmann 1924 zum Oberbürgermeister gewählt worden war, fand eine umfassende Umstrukturierung der Verwaltung statt. Landmanns Gegenspieler im Magistrat, Stadtrat Schaumann, hatte eingesehen, „daß er nun nicht länger eine programmgemäße Ausstattung des Siedlungsamtes verhindern konnte und war halb freiwillig, halb gedrängt, in den vorzeitigen Ruhestand getreten."[97] Als kenntnisreicher und erfahrener Wohnungspolitiker[98] prägte Landmann maßgeblich die Ausrichtung der Frankfurter Wohnungspolitik.

Während sein Vorgänger, Oberbürgermeister Voigt, bis 1924 überwiegend ein passiver Verwalter der Kommune war, gestaltete Landmann die „Stadt als Betrieb" aktiv und, wie in der Denkschrift von 1917 beschrieben, gestützt „auf wissenschaftliche & praktische Kenntnisse der Volkswirtschaft". Zur Gestaltung der kommunalen Wohnungspolitik instrumentalisierte Landmann eine bedeutende Frankfurter Wohnungsbaugesellschaft, die Aktienbaugesellschaft für kleine Wohnungen.

---

96 Landmann, Siedlungswesen, S. 28. Welche Belastung die Wohnungsnot für die Kommune darstellte, verdeutlicht auch ein Redebeitrag Landmanns in der StVV: „Von allen Kriegsnöten und Nachkriegsfolgen drückt auf die Gemeinden am schmerzlichsten die Wohnungsnot; sie ist der Mühlstein, der den großen Kommunen am Halse hängt." Protokolle StVV 23.2.1926. S. 143.
97 Rebentisch, Landmann, S. 132.
98 Landmann leitete u.a. zeitweise das Wohnungsamt, das Siedlungsamt und war Mitglied des Aufsichtsrats der ABG sowie u.a. Mitglied des Vereins für Socialpolitik, im Vorstand des Vereins für Wohnungswesen, in der Kommunalen Vereinigung für Wohnungswesen und im Siedlungspolitischen Ausschuß des Deutschen Städtetags. Er agierte u.a. im Spannungsfeld von kommunaler Politik und Verbänden.

c. Transformation: Die Aktienbaugesellschaft für kleine Wohnungen in der Weimarer Republik

Da mehrere gemeinnützige Baugesellschaften zwischen 1920 und 1923 in finanzielle Schwierigkeiten gerieten, strebten sie eine städtische Beteiligung an. Der Frankfurter Magistrat konzentrierte sein Engagement aber insbesondere auf die Aktienbaugesellschaft für kleine Wohnungen (ABG).[99]

Zur Kompensation der negativen Geschäftsbilanz beabsichtigte die ABG Mieterhöhungen, die aber teilweise durch massive Mieterproteste verhindert wurden. Auch der Verkauf von Vorratsgelände und Liegenschaften verbesserte die finanzielle Lage dieser Gesellschaft nicht wesentlich. In dieser Situation unterbreitete Stadtrat Ludwig Landmann, der als städtischer Vertreter dem Vorstand der ABG angehörte, einen Sanierungsvorschlag. Dieser sah eine starke Beteiligung der Stadt an der ABG vor. Die Gesellschaft sollte als Aktiengesellschaft weitergeführt werden, um dadurch eine wirtschaftliche Betriebsführung zu ermöglichen. Außerdem sollte die Gesellschaft eigenständig von der städtischen Bürokratie agieren. Durch die privatrechtliche Gesellschaftsform war einerseits eine unmittelbare Einflußnahme der Stadtverordneten-Versammlung abgeblockt, andererseits aber durch die Vertretung der Stadtverordneten im Aufsichtsrat deren Kontrollrecht gesichert. Das Interesse der Stadt an einer Beteiligung lag in der Übernahme eines Teils ihrer eigenen sozialpolitischen Aufgaben durch die ABG. Diese sollte weiterhin, nun jedoch im städtischen Auftrag, insbesondere Kleinwohnungen errichten.

Die Umwandlung der Gesellschaft vollzog sich schließlich 1922 durch die Übernahme von ca. 90% des Aktienkapitals in städtische Hände.[100] Gleichzeitig wurde der Aufsichtsrat erweitert und neu besetzt. Ihm gehörten nun drei Magistratsmitglieder, drei Stadtverordnete sowie fünf Fachleute an.

Nach der wirtschaftlichen Konsolidierung der Gesellschaft und der Sanierung der Liegenschaften wurden der ABG nach 1924 vermehrt städtische Bauaufgaben übertragen, wobei sich die Stadt selbst schrittweise aus der unmittelbaren Wohnungserstellung zurückzog. Gleichzeitig instrumentalisierte der Magistrat diese Gesellschaft für seine Planungen. Es fand sowohl eine Einflußnahme hinsichtlich der architekonischen Gestaltung[101] als auch des städteplanerischen Gesamtkonzeptes statt.

---

99 Der Hausbestand der ältesten gemeinnützigen Gesellschaft, der Frankfurter gemeinnützigen Baugesellschaft, ging in den Besitz der Stadtgemeinde über. Die Mietheim AG wurde von der inzwischen städtischen ABG übernommen und als Tochtergesellschaft nach einigen Jahren reaktiviert. Die Aktienbaugesellschaft (ABG) wurde besonders Ende der 20er Jahre oftmals nur als Aktiengesellschaft bezeichnet. In diesem Kapitel wird allgemein die Bezeichnung ABG genutzt.
100 Leuchs, Rudolf: 60 Jahre Aktienbaugesellschaft für kleine Wohnungen. 1890-1950. (Festschrift). Frankfurt o.J. (1950), S. 44.
101 Ernst May an Ludwig Landmann v. 5.11.1925.: StA Ffm, MA T 2056/III. Dort wurde bestätigt, daß bei einer Vergabe durch Privatarchitekten diese ihre Entwürfe der künstlerischen Oberleitung (Rudloff) und der praktischen Bauausführung (Grünig) vorlegen mußten.

„Die Siedlungsprojekte der Stadt sowie die von der Stadt finanziell zu unterstützenden Siedlungsprojekte von Gesellschaften, an denen die Stadt mit mindestens 50% beteiligt ist, sind dem Magistrat so rechtzeitig vorzulegen," so Stadtrat May, „daß er in der Lage ist, auf die Gestaltung der Projekte entscheidenden Einfluß auszuüben."[102]

Die kommunale Instrumentalisierung wurde noch durch eine enge personelle Verflechtung des „Gravitationszentrums" (Rebentisch) Landmann-Asch-May verstärkt.[103] Als Oberbürgermeister Landmann 1927 den Aufsichtsratsvorsitz der ABG niederlegte, wurde Stadtbaurat May sein Nachfolger, und der Kämmerer Asch, der neu in den Aufsichtsrat gewählt wurde, übernahm den stellvertretenden Vorsitz. In der Schwestergesellschaft der ABG, der Gartenstadt AG, zeigte sich eine ähnliche personelle Verflechtung; dort war Asch der Aufsichtsratsvorsitzende und May sein Stellvertreter. Im Gegensatz zum städtischen Regiewohnungsbau sollte die ABG frei von sozialfürsorglichen Erwägungen, rein nach wirtschaftlichen Gesichtspunkten, Wohnungen erstellen. Der Grundsatz der Kostenmiete wurde spätestens seit 1928 in der Stadtverordneten-Versammlung zunehmend kritisiert, da trotz Hauszinssteuerhypotheken, Rationalisierung der Planung und Bauausführung sowie der Typisierung und Standardisierung der Bauteile die Neubauwohnungen für die Bevölkerung mit niedrigem Einkommen zu teuer blieben.[104]

Statt weiterer Bauaufgaben wurde der ABG ab 1928 vermehrt die Verwaltung des städtischen Hausbesitzes übertragen.[105] Dieser Modifizierung der Aufgaben ging aber eine Umstrukturierung der Gesellschaft voraus. Die Mietheim AG, später umbenannt in Gartenstadt AG, welche Anfang der 20er Jahre in städtischen Besitz überging und mit der ABG fusionierte, wurde reaktiviert und übernahm nun, nach einer beachtlichen finanziellen Aufstockung, die weitere Durchführung der Großsiedlungsprojekte. Die ABG verlagerte fortan ihre Tätigkeit auf die Verwaltung der beträchtlichen Liegenschaften.

Die Aktienbaugesellschaft für kleine Wohnungen unterschied sich im Kaiserreich von anderen gemeinnützigen Genossenschaften dadurch, daß sie tatsächlich für soziale Unterschichten Kleinwohnungen baute und vermietete und daß sie frühzeitig eine Demokratisierung der Wohnungsverwaltung (Obleute, Mieterräte) erprobte.

Diese beiden Aspekte, die Nutzung der Wohnungen durch Menschen mit einem niedrigen Einkommen und die Demokratisierung der Wohnungsverwaltung sowie

---

102 StA Ffm. MB Nr. 931; In: MA T 2056/III.
103 Kuhn, Gerd: Landmann, Asch, May. In: Höpfner/Fischer, Ernst May und das Neue Frankfurt, S. 20-24.
104 Bereits Ende 1926 war der Kreis der Wohnungssuchenden, die in der Lage waren, die Baukostenzuschüsse aufzubringen, sehr begrenzt. Vgl. Protokoll der 178. Sitzung des Aufsichtsrates der ABG am 22.12.1926. StA Ffm., MA T 2056/III.
105 Bericht des Vorstandes der ABG, 1928, S. 11. StA Ffm., MA T 2056/III. „Seit Jahren schweben im Schoße der Stadtverwaltung Erwägungen, den gesamten städtischen Hausbesitz, wenigstens soweit er aus geschlossenen Wohngruppen besteht, an die Gesellschaft zu übertragen."

der von May geprägte Begriff der „sozialen Wirtschaftlichkeit" sollen nun nach der kommunalen Übernahme der Gesellschaft untersucht werden.

d. Der Wohnungsbau für „Minderbemittelte" und die Erhebung von Baukostenzuschüssen

In der Weimarer Republik konnten grundsätzlich alle Bauherren, also auch Private, gleichermaßen an den öffentlichen Fördermitteln partizipieren, wenn sie die allgemeinen Vergabebedingungen akzeptierten. Es war also für die ABG keine explizite finanzielle Bevorzugung mehr gegeben. Wie bei anderen Bauherren auch, wurden die Mieten der Siedlungswohnungen nach dem Grundsatz der Kostenmiete berechnet, da sogenannte politische Mieten, wie beispielsweise im Roten Wien, abgelehnt wurden.

Das angestrebte Frankfurter Finanzierungsmodell für den Wohnungsbau splitterte sich in der Hauszinssteuer-Ära folgendermaßen auf. Etwa 40% des Finanzvolumens wurden durch Hauszinssteuermittel gedeckt, weitere 40% durch sonstige Darlehen (Landesversicherungsanstalten, Wohnungsfonds, städtische Sparkasse etc.), und 20 % sollten – um die Bonität der Wohnungsprojekte und Bauherren zu sichern – durch eigene Mittel aufgebracht werden. Die Eigenkapitaldecke der Baugesellschaften war jedoch nach der Hyperinflation ausgesprochen schwach. In einigen Fällen konnte ihre Höhe auf 10% reduziert werden, so auch bei mehreren Bauvorhaben der ABG.[106] Das Problem der Kapitalschwäche blieb aber latent bestehen.

Zur Erschließung zusätzlicher Finanzierungsquellen erhoben in vielen deutschen Städten gemeinnützige Baugesellschaften, so auch die ABG, sogenannte Baukostenzuschüsse von den zukünftigen Mietern.[107]

Die Höhe der Baukostenzuschüsse richtete sich bei der ABG nach der Größe der Wohnung und nicht nach der Leistungsfähigkeit der Mieter. Beispielsweise wurde 1926 für eine kleine 3-Zimmer-Wohnung ein Baukostenzuschuß von 700-800 Mark erhoben. Der Tariflohn eines Maurers betrug 1926 in Frankfurt durchschnittlich 1,15 Mark und der eines Fabrikarbeiters in der chemischen Industrie 0,68 Mark.[108] Bereits diese Angaben oder auch die Feststellung Mays, daß zu dieser Zeit nur ca. ¼ des Monatseinkommens für die Miete zur Verfügung standen, verdeutlichen, daß durch die Erhebung dieses Zuschusses die Wohnungen für die „minderbemittelten Schichten der Bevölkerung" nicht tragbar waren. Vergleichbar den Genossenschaftsantei-

---

106 StA Ffm., MA T 2056/III.
107 Teilweise wurden diese Baukostenzuschüsse jedoch durch Arbeitgeberdarlehen kompensiert, so beispielsweise bei der Erstellung von Wohnungen für Angehörige des IG Farben Konzerns im Wohnkomplex an der Miquelallee. Auch die Stadt Frankfurt gewährte ihren Beamten, Angestellten und Arbeitern Darlehen.
108 Statistische Jahresübersichten der Stadt Ffm. (1929), S. 156-157.

Siedlung Bruchfeldstraße („Zick-Zack-Hausen"), Frankfurt am Main-Niederrad (Luftbild)

Gartenhof der Siedlung Bruchfeldstraße („Zick-Zack-Hausen"), Frankfurt am Main-Niederrad

len, wirkten die Baukostenzuschüsse wie soziale Barrieren. Folglich konnte der hohe Anteil an „mindestbemittelten" Mietern (z.B. ungelernte Arbeiter), der zu den hervorhebenswerten Leistungen der ABG im Kaiserreich gehört hatte, in der Weimarer Republik nicht mehr erreicht werden.[109]

Im Februar 1927 wurde von der Stadtverordneten-Versammlung eine Kapitalerhöhung der AG für kleine Wohnungen von 336.000 Mark auf 1 Million Mark und der Mietheim AG von 15.000 Mark ebenfalls auf 1 Million Mark beschlossen. Bereits Ende 1926 waren die erforderliche Kapitalerhöhung und die Erhebung von Baukostenzuschüssen Gegenstand einer Aufsichtsratssitzung gewesen. Im Protokoll wurde hierzu vermerkt: „Der Geschäftsumfang der Gesellschaft hat solche Ausdehnung erfahren, daß das gegenwärtige Aktienkapital von M. 336.000.- nicht mehr angemessen erscheint. Hinzu kommt, daß auch die Aktienbaugesellschaft, wie andere Bauherren, mindestens 10% des Baukapitals für die Neubauten aus eigenen Mitteln aufbringen muß. Diese Mittel sind seither in der Hauptsache durch Mieterzuschüsse aufgebracht worden. Es ist zu beobachten, daß die Zahl der Wohnungsbewerber, die in der Lage sind, einen Baukostenzuschuß aufzubringen, immer geringer wird."[110] Trotz der Kapitalerhöhung und der Schwierigkeiten, Mieter zu finden, die in der Lage waren, diese Baukostenzuschüsse aufzubringen, wurde nicht von einer Erhebung Abstand genommen. Noch ein Jahr später, im Dezember 1927, erklärte May in der StVV, „daß kein Grund vorliegt, von diesem System abzugehen."[111] In der Versammlung formierte sich jedoch politischer Widerstand gegen diese Praxis. Der Stadtverordnete Hipper (Zentrum) kritisierte bereits 1926 nachdrücklich die Erhebung der Baukostenzuschüsse durch die ABG.[112] Da diese Zuschüsse die soziale Zielsetzung des Neuen Bauens in Frankfurt, Wohnungen für die „minderbemittelte Bevölkerung" zu bauen, nachhaltig in Frage stellten, wurde die Rücknahme dieser Erhebung auch von anderen Stadtverordneten der Trägerparteien, insbesondere von Stadtverordneten des Zentrums und der SPD, immer wieder gefordert. Der Stadtverordnete Sieling (SPD) vertrat 1927 folgenden Standpunkt: „Soviel ich unterrichtet bin, besteht sogar die Absicht [in der Siedlung Römerstadt, GK] Baukostenzuschüsse bis zu 1000 Mark zu fordern. Wenn das Tatsache ist, so bin ich der Auffassung, daß die Mietheim-Aktiengesellschaft als gemeinnützige Baugenossenschaft nicht mehr angesprochen werden kann. Ich vertrete überhaupt die Ansicht, daß es allerhöchste Zeit ist, mit dieser unsozialen Einrichtung endlich Schluß zu machen, (lebhaftes sehr richtig), es ist nicht mehr zeitgemäß, daß der Mieter noch einen Baukostenzuschuß zahlen soll. Bei solchen Gepflogenheiten werden wie seither nur

---

109 May, Protokolle StVV Ffm. 1928, S. 1018. Vgl Kap. III, 3.3.
110 Protokoll der 178. Sitzung des Aufsichtsrates der AG für kleine Wohnungen vom 22.12.1926. StA Ffm., MA 2056/III.
111 May, Protokolle StVV Ffm. 1927, S. 1180.
112 Hipper, Protokolle StVV Ffm. 1926, S. 570.

diejenigen in der Lage sein, eine Wohnung zu beziehen, die das nötige Kapital aufzubringen vermögen, die Minderbemittelten müßten weiterhin ihr Dasein in armseligen Wohnungen fristen. Das ist ein unhaltbarer Zustand, der unbedingt und zwar in aller Kürze beseitigt werden muß."[113] Über den Kompromißvorschlag der StVV, bei der Hälfte der zu vermietenden Neubauwohnungen auf die Erhebung von Baukostenzuschüssen zu verzichten, setzte sich aber der Magistrat hinweg. Diejenigen Wohnungssuchenden, welche die nötigen Mittel nicht aufbringen konnten, verwies May auf jene Wohnungen, die das Hochbauamt selbst erstellte und bei denen keine Zuschüsse erhoben wurden. Der städtische Wohnungsbau war also insofern fraktioniert, da die städtischen Gesellschaften nach Marktgrundsätzen (Kostenmiete) Wohnungen errichteten, wohingegen der Wohnungsbau in städtischer Regie verstärkt soziale Gesichtspunkte berücksichtigte. Aufgrund des zunehmenden politischen Drucks der Stadtverordneten sah sich der Magistrat 1927 veranlaßt, Vorschläge zur Neuregelung der Baukostenzuschüsse zu unterbreiten. Zwar sollten weiterhin Baukostenzuschüsse von der AG für kleine Wohnungen erhoben werden, jedoch zu reduzierten Richtsätzen.[114]

Die Stadtverordneten betrachteten jedoch die in Aussicht gestellte Senkung der Mieterzuschüsse als vollkommen unzureichend und forderten statt dessen erneut, daß zukünftig mindestens die Hälfte der Wohnungen ohne Baukostenzuschüsse zu vermieten seien. Über ein Jahr später kritisierte der Sozialdemokrat Sieling abermals die städtischen Gesellschaften, die ungeachtet der Beschlußfassung der StVV weiterhin diese Zuschüsse erhoben. Nun erst sicherte der Magistrat den Stadtverordneten zu, daß im 3. und 4. Bauabschnitt der Siedlung Praunheim, bei 50 Prozent der Wohnungen, kein Baukostenzuschuß erhoben werde.

Da sich die Stadt seit 1929 fast vollständig vom direkten Wohnungsbau zurückgezogen hatte und statt dessen andere gemeinnützige Gesellschaften (Hellerhof AG, Genossenschaften) wieder vermehrt bauten, war auch die Argumentation Mays hinfällig, Wohnungssuchende könnten sich um Stadtwohnungen bewerben, da für diese keine Baukostenzuschüsse gefordert wurden.

Es war wiederum der Sozialdemokrat Sieling, der im Juli 1930 auf modifizierte Formen von Baukostenzuschüssen hinwies, die entgegen den Beschlüssen der StVV erhoben wurden. Er berichtete, daß im 2. Bauabschnitt der Siedlung Westhausen nun von den zukünftigen Bewohnern Mietvorauszahlungen in der Höhe von 6 Monatsmieten verlangt wurden. Im September 1930 beschloß die Stadtverordneten-Versammlung dann definitiv, daß vollständig auf die Erhebung von Baukostenzuschüssen oder von sonstigen Mietvorauszahlungen verzichtet werden müsse. In der

---

113 Sieling, Protokolle StVV Ffm. 1927, S. 1177-1178.
114 Der Vorschlag zur Neuregelung der Baukostenzuschüsse sah folgende Reduzierungen vor: Für eine 2-Zimmer-Wohnung mit Küche und Bad statt 500 M. im Mai 1927 zukünftig 400-500 M.; für eine 2-Zimmer-Wohnung mit Küche, Bad und Kammer statt 700 M. zukünftig 500-600 M. und für eine große 3-Zimmer-Wohnung statt 1200-1500 M. zukünftig 900-1000 M.

Debatte wurde auch darauf hingewiesen, daß trotz der weiterhin vorhandenen Wohnungsnot, beispielsweise in der Siedlung Bornheimer Hang, Wohnungen nicht vermietet waren, da die dortigen Mieten und Mietvorauszahlungen nicht mehr von den Wohnungssuchenden aufgebracht werden konnten.

Die zunehmende soziale Not infolge der Weltwirtschaftskrise verschärfte auch die politischen Auseinandersetzungen in der Stadtverordneten-Versammlung. Insbesondere die Sozialdemokraten, bisher sehr zuverlässige Träger der Frankfurter Wohnungspolitik, übten nun heftige Kritik an den privatrechtlich organisierten städtischen Wohnungsbaugesellschaften.

Bereits 1928 formulierte die Stadtverordnetenfraktion ihre Vorbehalte gegenüber diesen Gesellschaften in einem Tätigkeitsbericht: „Die sozialdemokratische Fraktion steht den städtischen Aktiengesellschaften und GmbHs sehr skeptisch gegenüber. Obwohl die Aufsichtsräte dieser Gesellschaften aus den Reihen der Stadtverordneten und des Magistrats besetzt wurden, zeigt sich jedoch, daß die vielgerühmte geschäftliche Überlegenheit dieser Gesellschaften gegenüber dem reinen Regiebetrieb nur darin besteht, daß ihre Direktoren und Vorstände ohne große Kontrolle der Öffentlichkeit mit erheblichen Beträgen wirtschaften können, sie sind Dunkelkammern der kommunalen Wirtschaft."[115] Diese allgemeine Kritik bezog sich auch auf die städtischen Wohnungsbaugesellschaften. Im Februar 1929 forderte der sozialdemokratische Stadtverordnete Kirchner beispielsweise ein direktes Mitspracherecht der StVV bei der Festlegung von Mietobergrenzen.

Diese Konflikte zwischen Magistrat und Stadtverordneten-Versammlung spiegelten sich auch innerhalb der Sozialdemokraten wider, die in beiden Gremien vertreten waren. Sozialdemokraten im Magistrat (insbesondere der sozialdemokratische Kämmerer Bruno Asch) konnten durchaus gegenüber der sozialdemokratischen Stadtverordnetenfraktion entgegengesetzte Auffassungen vertreten. Diese Interessenkonflikte verdeutlichen auch die komplexen Zusammenhänge hinsichtlich der Politisierung der Kommunalpolitik Ende der 20er Jahre. Während der Dezernent des Wohnungsamtes Zielowski noch Anfang der 20er Jahre sein kommunalpolitisches Handeln stets mit der Partei koordinierte, agierte der sozialdemokratische Kämmerer vorrangig nach sachlichen Erwägungen und nicht nach Parteizwängen.

Trotz deutlicher Dissonanzen zwischen dem Magistrat und der Stadtverordneten-Versammlung bestand jedoch die Zusammenarbeit der Etatparteien in der Kommune bis 1933 fort. Deutliche Mandatsverluste dieser Parteien (vorwiegend der DDP, aber auch der SPD) bei den Stadtverordnetenwahlen von 1929 und die Gewinne der extremen politischen Parteien (Tab. 12, Anhang) förderten einerseits die parteipolitischen Profilierungsbemühungen, andererseits zwang diese Konstellation wiederum zur Konsensbildung der republikanischen Parteien.

---

115 Frankfurter Kommunalpolitik im Spiegel sozialistischer Kritik. Tätigkeitsbericht der sozialdemokratischen Stadtverordneten für die Jahre 1924-1928. Frankfurt 1928, S. 129.

Planschbecken in der Siedlung Bruchfeldstraße („Zick-Zack-Hausen"), Frankfurt am Main-Niederrad

e. Ernst May und das Konzept der sozialen Wirtschaftlichkeit

Wenige Monate vor seinem Wechsel in die Sowjetunion charakterisierte Ernst May am 3.3.1930 in einem Brief an den Oberbürgermeister Landmann nochmals den Auftrag der städtschen ABG: „Die Aufgaben der Aktiengesellschaft für kleine Wohnungen ist die wirtschaftliche Erstellung von Wohnungen. Sie würde direkt gegen die Pflicht verstossen, wenn sie aus sozial noch so berechtigten Gründen Mehraufwendungen machte, die notgedrungenermaßen die Mieten verteuerten."[116] Oftmals erscheint die Argumentationsweise allerdings Mays widersprüchlich. Bereits Alexander Schwab (Pseudonym Albert Sigrist) sprach 1930 in seinem brillanten Buch vom Bauen von einem Doppelgesicht des Neuen Bauens: Dieser Wohnungsbau „ist in der Tat beides, großbürgerlich und proletarisch, hochkapitalistisch und sozialistisch. Man kann sogar sagen: autokratisch und demokratisch."[117] Diese Gegenüberstellungen könnten noch fortgeführt werden, beispielsweise: marktwirtschaftlich und gemeinwirtschaftlich.

Zur Klärung dieses latenten Widerspruchs und zum Verständnis der sozialen Aufgaben der städtischen Wohnungsbaugesellschaften scheint die Erläuterung des von Ernst May geprägten Begriffs der „sozialen Wirtschaftlichkeit" hilfreich zu sein. In der Zeitschrift „Das Neue Frankfurt" veröffentlichte Ernst May 1928 einen wichtigen Aufsatz mit dem Titel „Das soziale Moment in der Baukunst", in dem er sich programmatisch mit dem Begriff der Wirtschaftlichkeit auseinandersetzte. Er schrieb, daß „eben dieses Wort ‚Wirtschaftlichkeit' einen großen Teil all dieses Elends", das in den „Steinmeeren der Groß- und Riesenstädte" sichtbar sei, verschuldet habe. „Aus wirtschaftlichen Gründen wurden die Bodenpreise in den Großstädten auf schwindelhafte Höhe getrieben, aus Wirtschaftlichkeit wurden immer höhere Mietskasernen auf diesen Boden getürmt. Aus wirtschaftlichen Gründen schaltete man Sonne und Licht aus den Steinwüsten der Großstädte aus. Wir Architekten des neuen Bauens bekämpfen solche Wirtschaftlichkeit rücksichtslos."[118] In Ablehnung dieser Auffassung entwickelte May den Begriff „neue" oder „soziale Wirtschaftlichkeit": „Wir verstehen unter neuer Wirtschaftlichkeit jene höhere Rechenkunst, die den Menschen lieber für eine geringe Mehrinvestierung eine gesunde und ihren natürlichen Bedürfnissen Rechnung tragende Wohnung im Flachbau erstellt, anstatt sie hocheinander und eng nebeneinander zusammenzudrängen und dann die scheinbaren Ersparnisse später für die Aufpäppelung Kranker, die Heilung Leidender und die Unterbringung von Verbrechern ausgeben zu müssen."[119] Der

---

116 Brief vom 3.3.1930. In: StA Ffm., MA T 2056/III. May differenzierte in diesem Schreiben nicht zwischen der ABG und ihrer Tochtergesellschaft, der Gartenstadt AG. Formal verwaltete die ABG die städtischen Liegenschaften, und die Gartenstadt AG sollte die neuen Großsiedlungen (insbesondere Goldstein) erstellen.
117 Schwab, Das Buch vom Bauen, S. 67.
118 May, Ernst: Das soziale Moment in der neuen Baukunst. In: DNF 1928, S. 80.
119 Ebenda, S. 81-82.

Begriff „soziale Wirtschaftlichkeit" ist hierbei im städtebaulichen und sozialhygienischen Kontext verhaftet.

Die „soziale Wirtschaftlichkeit" mußte jedoch als Maßstab ständig neu formuliert werden. Das Einfamilienhaus in Flachbauweise wurde zwar als Wohnideal betrachtet, blieb aber für weite Teile der Bevölkerung zu teuer. Deshalb wurden zur Unterbringung der „minderbemittelten Schichten" auch Mehrfamilienhäuser errichtet. „Allerdings gibt es erfreulicherweise Übergangsformen, die auch unter Beibehaltung des Flachdaches in Form des Zwei- oder Vierfamilienhauses die Erstellung von Wohnungen in wirtschaftlicher Weise ermöglichen. Ein großer Teil der Siedlung Westhausen wird zur Zeit mit Zweifamilienhäusern ausgebaut."[120] In Westhausen wurden allerdings auch vierstöckige Mehrfamilienhäuser (Typ Ganghaus) errichtet, deren „verhängnisvolle Massierung von Menschen in hochgeschossigen Mietsbauten"[121] May ehemals am Wiener Gemeindebau heftig kritisiert hatte.

Der Begriff „soziale Wirtschaftlichkeit" kann im Sinne Mays einerseits negativ als eine städtebauliche Ablehnung der alten, sozialräumlich verdichteten Stadt und andererseits als bauliche Umsetzung sozialhygienischer Mindestnormen, die in den Wohnungsordnungen formuliert waren, bezeichnet werden. Außerdem schließt dieser Begriff Elemente der sogenannten „wissenschaftlichen Betriebsführung" (Taylor/Gilbreth) ein. In der „Offiziellen Erklärung" von La Sarraz (der 1. CIAM-Konferenz), an der May als deutscher Delegierter teilnahm, wurde im 1. Kapitel („allgemeine Wirtschaftlichkeit") formuliert: „Wirtschaftlichkeit ist im technisch-produktiven Sinne zu verstehen und bedeutet den möglichst rationellen Aufwand, nicht den möglichst großen Ertrag im geschäftlich-spekulativen Sinne."[122]

Der Begriff „soziale Wirtschaftlichkeit" umfaßte also sozialhygienische und betriebswirtschaftliche Aspekte, jedoch nicht die soziale Konsumtion der Neubauwohnungen. Trotz der Relativierung bestimmter ursprünglicher Zielsetzungen (z.B. Einfamilienhaus) war May auch während der Wirtschaftskrise nicht bereit, wichtige sozialhygienische Standards wirtschaftlichen Zwängen zu opfern. So wurde beispielsweise auch unter den ungünstigen finanziellen Bedingungen ein eigenständiger sanitärer Bereich (Abort und Bad bzw. Sitzbad) in den Wohnungen belassen.

Dieser Aspekt zeigt deutlich den Unterschied zwischen dem Wohnungsbau der ABG in der Vorkriegszeit, oder auch dem Gemeindewohnungsbau im „Roten Wien", und dem Neuen Bauen in den 20er Jahren. Die Aktienbaugesellschaft hatte vor dem Ersten Weltkrieg durchaus Wohnungen zu Mietpreisen erstellt, die auch von Fabrikarbeitern bezahlt werden konnten. Dies war damals nur möglich gewesen, wenn entweder der Wohnstandard reduziert wurde oder philanthrope Förderer diese Projekte finanziell unterstützten.

---

120 May, Ernst: Wohnungsbau, Entwurf. In: NL Günther, S. 25.
121 May, Ernst: Kleinstwohnung oder keine Wohnung. Manuskript. In: NL Günther, S. 4.
122 Der Architekten-Kongress von La Sarraz (25. bis 29. Juni 1928). Offizielle Erklärung. In: Hirdina, Das Neue Frankfurt, S. 84-87.

In der Weimarer Republik wurden sozialhygienische Mindestnormen durchgesetzt, ohne jedoch die Zahlungsfähigkeit der zukünftigen Mieter ausreichend zu berücksichtigen. Die Folge war, daß trotz der hohen Anzahl von Wohnungssuchenden Ende der 20er Jahre Neubauwohnungen leer standen. Durch diese Diskrepanz entstanden auch für die ABG als Verwalterin der städtischen Liegenschaften Konflikte, die sie im Rahmen ihrer festgeschriebenen Aufgaben nur unzureichend lösen konnte.

f. Mieterhöhungen und Mitverwaltung

Ungeachtet ihres privatrechtlichen Charakters hatte die ABG im Kaiserreich Gremien zur Mitverwaltung institutionalisiert, die dem Selbstverwaltungscharakter der Genossenschaften verwandt waren.

Das überwiegend einträchtige Verhältnis zwischen der Verwaltung der ABG und den Mietern wurde aber nach 1918 erheblichen Belastungen unterworfen. Wie bereits angemerkt, versuchte die ABG ihre zerrütteten Finanzen durch Mieterhöhungen auszugleichen. Im Frühjahr 1919 wurden erstmals die Mieten angehoben. Gleichwohl wies der Jahresabschlußbericht einen Fehlbetrag von 190.000 Mark auf. Im folgenden Jahr verdoppelte sich dieser Fehlbetrag. Aufgrund massiver Mieterproteste konnten jedoch keine Mieterhöhungen mehr durchgesetzt werden. In dieser kritischen Situation versagte auch das interne Instrument der Mitverwaltung durch Obleute und Mieterräte. Noch 1930 läßt sich in der Festschrift zum 40jährigen Bestehen der ABG jene Verbitterung herauslesen, welche Emil Klar damals empfand: „Mehr noch als die von den großen Zahlen verwirrten Mietervertreter suchten die Funktionäre des Mieterschutz-Vereins die Schwierigkeiten zu häufen, um die Gesellschaft zu Fall zu bringen. Eine Anrufung des Mieteinigungsamtes und des ordentlichen Gerichts führte zu keinem praktischen Erfolge."[123] Trotz des Verkaufs von Vorratsgelände in Ginnheim und des Vereinshauses im Gallusviertel konnte der finanzielle Niedergang nicht aufgehalten werden, der schließlich zum Verlust der Eigenständigkeit und zur Umwandlung in eine städtische Gesellschaft führte.

Obwohl durch das Reichsmietengesetz vom 1. Juli 1922 die Möglichkeit zur Festlegung einer sogenannten „angemessenen Miete" gegeben war, blieb auch diese Option wirkungslos, da die Hyperinflation jede Erhöhung entwertete. Klar berichtete, daß in dieser Phase die Monatsmiete für eine Vier-Zimmer-Wohnung dem Preis von zwei Straßenbahnfahrten entsprach. Schließlich verzichtete die ABG vollständig auf die Erhebung der Miete, da selbst die Verwaltungskosten höher als die Mieterträge waren. Als die Verwaltung der ABG am 1. Oktober 1923 alle Mietverhältnisse kündigte, war auch der Höhepunkt der Konflikte zwischen Mieter und

---

123 Klar, Denkschrift. Vierzigjähriges Bestehen, S. 26.

Verwaltung erreicht. Nach intensiven Verhandlungen der Verwaltung der ABG mit den Mietervertretern wurde schließlich die Umstellung der Miete auf „Goldbasis" erreicht, zunächst zu einem Satz von 25% der sogenannten Friedensmiete.

Auch die Mitwirkung der Mieter bei der Verwaltung der Liegenschaften wurde neu geregelt: „Jeder von den Blöcken ernennt einen Ausschuß aus 3 Mietern, der dem Vorstande der Gesellschaft in Fragen allgemeiner größerer Instandsetzungsarbeiten zur Seite steht."[124] Diese Renovierungsarbeiten waren von großer Bedeutung, da Reparaturen bis 1924 sehr vernachlässigt wurden und der Hauptvorzug der ABG, die billigen Wohnungen, in der Phase der Hyperinflation an Bedeutung verlor. In einigen Baublöcken war der Wohnstandard für Frankfurter Verhältnisse zudem niedrig (ohne Küche, Bad im Keller), besonders im Vergleich zu den größeren und komfortableren Wohnungen des spekulativen Wohnungsbaus, die aber nach dem Verfall der Mietpreise nur unerheblich teurer waren. Sogenannte Mietneben- und Renovierungskosten überstiegen zeitweise deutlich den entwerteten Mietgrundbetrag.

Eine Konsensbildung war daher besonders in Fragen der Instandsetzung von großer Wichtigkeit, da sich Konflikte allgemein zwischen den Hausbesitzern und Mietervereinen an diesen Fragen polarisierten.

Innerhalb der ABG wurde im Herbst 1923 ein „engerer Ausschuß" gebildet, der vorwiegend Diskrepanzen bei den Mietfestsetzungen ausgleichen sollte. Zusätzlich wurde eine allgemeine Schiedsinstanz für sonstige Konfliktbereiche geschaffen, obwohl diese auch vor den korporativ gesetzten Mieteinigungsämtern behandelt werden konnten. Emil Klar würdigte rückblickend diesen Neubeginn: „In den regelmäßigen Besprechungen mit den Mietervertretungen ist stets wertvolle, fruchtbringende Arbeit für die Gesellschaft und die Mieter geleistet worden."[125] Wenngleich die Mitverwaltung reinstitutionalisiert werden konnte, so wandelte sich das Verhältnis zwischen Mieter und Verwaltung in der Weimarer Republik. In gesellschaftlichen Konflikten war die ABG nun, wie jede andere Wohnungsgesellschaft auch, gleichermaßen einbezogen. Eine interne Mietervertretung schloß eine externe korporative Interessenvertretung, beispielsweise durch Mietervereine, nicht aus. Auch nutzten nun die Mieter vermehrt ihre Rechte und mobilisierten direkt die Öffentlichkeit (StVV, Protestversammlungen und Presse), wenn sie ihre Rechte durch die Verwaltung nicht ausreichend anerkannt sahen. Keineswegs konnten die Konflikte – wie überwiegend zwischen 1890 und 1914 – einträchtig intern geregelt werden.

Dieser Wandel im Verhältnis von Mietern und Verwaltung wurde noch durch die Umwandlung in eine städtische Gesellschaft verstärkt. Die ABG war zwar weiterhin eine gemeinnützige Baugesellschaft, jedoch mußte der Grundsatz der Wirtschaftlichkeit konsequent umgesetzt werden. Die Mieter forderten wiederum von einer städtischen Gesellschaft eine größere Berücksichtigung ihrer sozialen Lage. Seit

---

124 Ebenda, S. 28.
125 Ebenda.

1928 zog sich die ABG – sie verfügte auch damals über den größten gemeinnützigen Wohnungsbestand – aus der Wohnungsproduktion zurück und fungierte zunehmend als städtische Wohnungsverwaltungsgesellschaft. In den Berichten des Vorstandes der ABG wurde 1928 auf die neuen Aufgaben hingewiesen. „Seit Jahren schweben im Schoße der Stadtverwaltung Erwägungen, den gesamten städtischen Hausbesitz, wenigstens soweit er aus geschlossenen Wohngruppen besteht, an die Gesellschaft zu übertragen."[126] Als erstes größeres Objekt wurde die Riederwald-Kolonie von der ABG übernommen. Bereits nach einer kurzen Zeit traten beachtliche Konflikte auf, die durch Baumängel in den Neubauwohnungen ausgelöst wurden. Da jedoch die berechtigten Beschwerden des Riederwälder Mieterausschusses von der Verwaltung der ABG nicht hinreichend beachtet wurden, wandten sich diese nicht an den für diese Fälle vorgesehenen Vermittlungsausschuß, sondern mit einer Resolution direkt an die Öffentlichkeit. Bezeichnend für den sich abzeichnenden Konflikt war einerseits die mangelnde Sensibilität der Verwaltung, andererseits jedoch auch die Politisierung der Frankfurter Wohnungspolitik. Mietervereine nutzten jetzt bewußt die Macht der Öffentlichkeit. Teile der lokalen Presse und Kommunalpolitiker griffen indessen auch mit Freuden die verständlichen Klagen der Bewohner über die Baumängel auf, um dadurch generell das Neue Bauen in Frankfurt zu diskreditieren. Die Reaktion des Vorstandes der ABG auf die Veröffentlichung der Mieterresolution war keineswegs konsensbildend und angemessen: „Die Übertreibung der Mängel habe Mißtrauen bei den Hypothekengläubigern erweckt. Die Zahlungsunwilligkeit sei gestiegen. […] Die Schädigung der Gesellschaft und die schweren Verunglimpfungen rechtfertigten die Entfernung der Hauptagitatoren. Der Vorstand beantragt Zustimmung, daß drei Mietern gekündigt werde."[127] Diesem Ansinnen des Vorstandes wollte jedoch der Aufsichtsratsvorsitzende Ernst May nicht entsprechen: „Kündigungen aus Anlaß der Protestresolution sind zu vermeiden; der Antrag des Vorstandes gilt als abgelehnt."[128] Daß die Beschwerden der Bewohner durchaus berechtigt waren, erkannte die Stadtverordneten-Versammlung an und bewilligte 200.000 Mark zur unverzüglichen Sanierung der Neubauten in der Riederwaldsiedlung.

Die sozialen Auseinandersetzungen ebbten in der Folgezeit nicht ab. In der Mieter-Zeitung wurden schließlich die Rückführung aller Neubaugruppen der ABG in die direkte städtische Verwaltung und die Rücknahme von Mieterhöhungen gefordert. „Insbesondere spricht die Delegiertenversammlung ihre Entrüstung darüber aus, daß eine Stadtgesellschaft – nämlich die Aktienbaugesellschaft für kleine Wohnungen – in immer rücksichtsloserer Weise zufolge der herrschenden Raumnot die

---

126 Bericht des Vorstandes der AG für kleine Wohnungen, 1928. StA Ffm., MA T 2056/III.
127 Protokoll der 196. Sitzung des Aufsichtsrates der AG für kleine Wohnungen vom 29.5.1929. StA Ffm., MA T 2056/IV.
128 May. StA Ffm., MA T 2056/IV.

Notlage der Wohnungssuchenden durch Mieterhöhungen und vertragliche Bindungen – die jeder Beschreibung spotten – auszunutzen versteht."[129]

Das sehr angespannte Verhältnis der organisierten Mieter gegenüber dem Vorstand der ABG kam auch unverkennbar in einem Brief des Mieterschutzbundes an Bürgermeister Gräf im Sommer 1930 zum Ausdruck: „Das Benehmen des Vorstandes der AG ist weit schlimmer als das eines Einzelhausbesitzers gegen die Mieter."[130]

g. Konfliktsituationen zwischen einer städtischen Wohnungsbaugesellschaft und städtischen sozialen Ämtern

Wegen des Grundsatzes der Wirtschaftlichkeit, den der Vorstand zu verfolgen hatte, traten nicht nur Spannungen mit Mietern, sondern auch innerhalb der städtischen Ämter auf. Mieterhöhungen in der Riederwaldsiedlung, die Gegenstand eines Delegiertentreffens des Mietervereins waren, wurden auch vom Wohlfahrtsamt kritisiert. Die angetragene Verwaltung der Neubauwohnungen Ende der 20er Jahre war jedoch für die ABG besonders problematisch, da einerseits viele Mieter nur unter größten Schwierigkeiten ihre Miete aufbringen konnten und andererseits die Gesellschaft auch diese Siedlung nach rein wirtschaftlichen Kriterien zu verwalten hatte. Bereits 1928 wurde in einem Bericht des Vorstands diese Schwierigkeit in der Riederwaldsiedlung benannt: „Es erklärt sich aus der wirtschaftlichen Notlage, in der große Schichten unserer Bevölkerung leben, daß die Mieteingänge aus der Riederwald-Siedlung zu wünschen übrig lassen. [...] Ein Teil der Wohnungen in den neuen Baublöcken ist mit Mietern besetzt, welche die hohen Mieten (RM 80 und darüber) nicht zu tragen vermögen."[131] In einigen Fällen konnten säumigen Mietern ersatzweise billigere Altbauwohnungen angeboten werden, in anderen Fällen wurden jedoch Zwangsräumungen vorgenommen. Das Wohlfahrtsamt forderte bereits 1927 bei solchen Mietstreitigkeiten ein flexibleres Vorgehen: „Durch die ablehnende Haltung der Aktienbaugesellschaft werden die Leute in derartigen Fällen [Mietsäumigkeit, GK] in die Wohlfahrtspflege getrieben, was nach unserer Ansicht auf jeden Fall vermieden werden muß, solange Selbsthilfe auch zum Ziel führen kann."[132] Diesen Einwänden des Wohlfahrtsamtes entgegnete die ABG: „Was für die städtischen Wohnungen gilt [die Wirtschaftlichkeit, GK] muß auch in stärkerem Maße für unsere Wohnungen gelten."[133] In diesem Konflikt zwischen der städtischen ABG und

---

129 Mieter-Zeitung für Frankfurt am Main und die Provinz Hessen-Nassau. Organ des Reichsbundes Deutscher Mieter e.V. Nr. 4, Frankfurt April 1930.
130 Brief des Mieterschutzbundes an Bürgermeister Gräf v. 20.6.1930. StA Ffm., MA T 2056/III.
131 Bericht des Vorstandes der AG für kleine Wohnungen, 1928, S. 13. StA Ffm., MA T 2056/III.
132 Wohlfahrtsamt an Magistrat v. 7.10.1927. StA Ffm., MA T 2056/III.
133 ABG an Magistrat. StA Ffm., MA T 2056/III.

dem städtischen Wohlfahrtsamt entschied sich der Magistrat, noch vor der Übertragung der Verwaltung von Stadtwohnungen an die ABG, für eine klare Aufgabenteilung. Er stellte fest, „daß für die Verwertung des bebauten städtischen Grundbesitzes sowie für die *Einziehung der Mieten* zunächst wirtschaftliche Gesichtspunkte maßgebend sein müssen." Bei einer Hilfsbedürftigkeit sei das Wohlfahrtsamt und nicht die Grundstücksverwaltung zuständig. „Um die Verwertung des bebauten städtischen Grundbesitzes wirtschaftlicher zu gestalten, erscheint es angezeigt, die Vermietung der städtischen Miträume, die Erhebung der Mieten und die Unterhaltung der fraglichen Gebäude der Aktiengesellschaft für kleine Wohnungen und der Mietheim-Aktiengesellschaft zu übertragen."[134]

Mit der städtischen Übernahme änderte sich auch der philanthrope Charakter der ABG. War diese Gesellschaft im Kaiserreich ein gemeinnütziges Wohnungsbauunternehmen mit vorbildlichen Wohlfahrtseinrichtungen, so trat in der Republik eine klare Funktionstrennung ein. Für sozialfürsorgerische Aufgaben wurden nicht die Wohnungsbaugesellschaften herangezogen, sondern, im Rahmen der Rationalisierung der städtischen Sozialarbeit, das Wohlfahrtsamt und die privaten Wohlfahrtsorganisationen. Nur begrenzte, materiell schwache Gruppen, z.B. kinderreiche Familien oder Obdachlose, sollten durch städtische Behörden unterstützt werden. Für diese Gruppen wurden in Frankfurt ebenso wie in anderen Städten städtische Wohnungen errichtet und der Grundsatz der Wirtschaftlichkeit einschränkt.

Die ABG verlor indes ihre Ausnahmestellung als privilegiertes sozialreformerisches Projekt. Als instrumentalisierte, städtische Wohnungsbaugesellschaft mußte sie sich der Organisation der lokalen Wohnungswirtschaft unterordnen und infolge der Rationalisierung und Spezialisierung der Kommunalpolitik isolierte Aufgabenbereiche übernehmen. Eigene Gestaltungsmöglichkeiten verblieben nicht mehr. Als die Grenzen der sozialtechnischen Gestaltungsmöglichkeiten des Neuen Bauens in Frankfurt erreicht waren und der Widerspruch zwischen dem tatsächlichen und dem bezahlbaren Wohnbedarf unüberbrückbar erschien, wurde die ABG gleichermaßen in die politischen Auseinandersetzungen einbezogen.

---

134 Magistratsbericht 76/1 vom 10.10.1927. StA Ffm., MA T 2056/III.

2.3 Exkurs: Kommunale Vermittler

a. Städtische Klassengesellschaft und gesellschaftlicher Wandel

Anfang des 20. Jahrhunderts prägte die Städte ein paradoxer Zustand: Sie waren sowohl massive Bollwerke der Klassengesellschaft als auch die bevorzugten Orte des Formierungsprozesses zu einer pluralen, offenen Gesellschaft. Diese Ambivalenz spiegelte sich gleichsam in der radikalen Fragmentierung des städtischen Bürgertums wider. Sowohl politisch als auch kulturell schien nach der Jahrhundertwende eine Lösung des „bürgerlichen Dilemmas" nicht mehr möglich.

Wäre dem genuin bürgerlich-liberalen Postulat der politisch gleichen Partizipation nachgegeben worden, so hätte das Bürgertum seine letzten politischen Bastionen in den Städten verloren. Hingegen stärkte die zumeist praktizierte defensive Haltung die neue soziale Bewegung der Ausgeschlossenen, die Sozialdemokratie, und potenzierte bestehende Klassengegensätze.

Innerhalb der Arbeiterbewegung verstärkten sich – ungeachtet der außerordentlichen Organisations- und Wahlerfolge – gleichfalls die Spannungen um die Formulierung einer angemessenen politischen Strategie in der Klassengesellschaft. Obwohl die Zerreißprobe der Sozialdemokratie noch durch die Kompromißlösungen des marxistischen Zentrums überdeckt und der politischen Grundsatzentscheidung – Revolution oder Reform – noch ausgewichen werden konnte, war die Bedeutung der kommunalpolitischen Praxis innerhalb der Sozialdemokratie noch sehr umstritten. Nur in den süddeutschen Landtagen und in einigen Stadtparlamenten setzte sich der Weg der praktischen Sozialreform bereits vor dem Ersten Weltkrieg durch.

In Frankfurt am Main bahnte sich eine Hinwendung zur Reformpolitik an, die entsprechend auch als Hinwendung zur Kommune zu verstehen ist, als große Hoffnungen auf eine staatliche Reformpolitik – hierbei ist insbesondere die Wahlrechts- und Gewerbepolitik zu nennen – gescheitert waren.

Für eine klassenübergreifende Reformpolitik schien die kommunale Wohnungspolitik nun das ideale Experimentierfeld zu sein. Es konnten politische Handlungsfelder entwickelt und städtische Problemlagen sichtbar verbessert werden, ohne aber einer strukturpolitischen Grundsatzentscheidung vorzugreifen. Während der politischen Interessenvertretung der Arbeiterklasse weiterhin mit einem deutlichen Mißtrauen begegnet wurde und sie durch das Zensuswahlrecht in Frankfurt weiterhin diskriminiert wurde, schuf man begrenzte Bereiche, beispielsweise als Mieterbeiräte in der philanthropischen Aktienbaugesellschaft für kleine Wohnungen oder als gleichberechtigtes Mitglied in den Wohnungsbaugenossenschaften, um eine demokratische Partizipation zu erproben. Die Vertreter der organisierten Arbeiterbewegung, die als Grundlage der politischen Zusammenarbeit mit dem Bürgertum stets die allgemeinen und gleichen Rechte einforderten, konnten sich dem vorsichtigen Reformangebot der bürgerlichen Wohnungsreformer, Kommunalpolitiker und Philanthrophen nur schwer verschließen, da durch diese „gemäßigte" Sozialpolitik eine sichtbare Besserung alltäglicher Lebensverhältnisse möglich war.

Es fanden deshalb nach der Jahrhundertwende in den Städten – in ihrer Intensität stark variierend – vorsichtige Ansätze einer klassenübergreifenden Reformpolitik statt, die allerdings professionelle Vermittler erforderte. Entsprechend der Fraktionierung der Gesellschaft in unterschiedliche Gruppen mußten die Vermittlungsansätze differenziert werden. Wie der Prozeß der politischen Willensbildung und Mehrheitsfindung einem kontinuierlichen Wandel unterworfen war, änderten sich ebenso die Prioritäten und Ausprägungen der professionellen Vermittlung. Die sozialstaatliche Formierung der kommunalen Wohnungspolitik wurde durch verschiedene Vermittler geprägt. Exemplarisch sollen nachfolgend nochmals unterschiedliche Typen der Vermittlung und deren Verflechtungen im kommunalen Netzwerk skizziert werden.

b. Die kommunale Selbstverwaltung und ihre Fachpolitiker

In den letzten Jahrzehnten des 19. Jahrhunderts fand eine tiefgreifende Veränderung der Selbstverwaltung der Städte statt. Die Auftragsverwaltung wandelte sich zunehmend zur Leistungsverwaltung, die Honoratioren- zur Fachverwaltung. Dieser Wandel steht in Beziehung zur rasanten Zunahme von kommunalen Aufgaben in der Hochphase der Urbanisierung. Erweiterte kommunale Dienstleistungen erforderten eine immer größere Anzahl von Spezialisten, um die zunehmend technischen und sozialen Aufgaben bewältigen zu können. Durch die sich herausbildende Massenverwaltung entstand zwangsläufig eine Tendenz zur Bürokratisierung. „Man hat nur die Wahl zwischen ‚Bürokratisierung' und ‚Dilettantisierung' der Verwaltung, und das große Mittel der Überlegenheit der bureaukratischen Verwaltung ist: Fachwissen, dessen völlige Unentbehrlichkeit durch die moderne Technik und Ökonomik der Güterbeschaffung bedingt wird, höchst einerlei ob diese kapitalistisch oder – was, wenn die gleiche technische Leistung erzielt werden sollte, nur eine ungeheuere Steigerung der Bedeutung der Fachbureaukratie bedeuten würde – sozialistisch organisiert ist."[135] Die fachliche Spezialisierung des „Fachbeamtentums" führte nach Max Weber zur „Unentrinnbarkeit"[136] der Bürokratisierung. Den spezifischen Charakter der Kommunalbürokratie untersuchte Weber allerdings nicht. Wie bereits am Problembereich der Politisierung des Wohnungsamtes angedeutet, war die kom-

---

135 Weber, Wirtschaft und Gesellschaft, S. 123.
136 „Das ist unentrinnbar, und diese Tatsache ist die erste, mit der auch der Sozialismus zu rechnen hat: die Notwendigkeit langjähriger Schulung, immer weitergehender fachlicher Spezialisierung und einer Leitung durch ein derart gebildetes Fachbeamtentum. Anders ist die moderne Wirtschaft nicht zu leiten." Weber, Max: Gesammelte Aufsätze zur Soziologie und Sozialpolitik, 2. Aufl. Tübingen 1988, S. 497-498.

munale Selbstverwaltung – und hierbei insbesondere die Magistratsmitglieder – in einem komplexen Spannungsfeld eingebunden. Sie personifizierten geradezu widersprüchliche Anforderungen und Verhältnisse. Obwohl ihnen konzeptionell relativ autonome Handlungsräume als Wahlbeamte zugestanden wurden, bedurften sie dennoch der politischen Absicherung durch die Stadtverordneten-Versammlung. Sie standen im Fokus von zentraler Leitung (Auftragsverwaltung) und kommunaler Autonomie (Selbstverwaltung), von Gemein- und Partikularinteressen, von Konkurrenz- und Korporationspolitik sowie von strategischer Planung und demokratischer Partizipation. Aufgrund der kollegialen Konzeption des Magistrats – der Oberbürgermeister war nach der Konzeption der Gemeindeverfassung für die preußischen Ostprovinzen[137] nur der „primus inter parens" – waren ein stetiger Prozeß der Konsensbildung innerhalb des Magistrats und eine Vermittlung nach außen erforderlich.

Es bildete sich ein Typus der leitenden Kommunalbeamten heraus, den Wolfgang Hofmann als „Fachpolitiker" bezeichnete. Einerseits lehnte sich diese Typologie an das Webersche Konzept des „Fachbeamten" an, andererseits berücksichtigt sie den spezifischen Charakter der kommunalen Bürokratie und seiner Spitzenvertreter. Den Typus des Fachpolitikers kennzeichnete, so Hofmann, die „Mischung von fachlichbeamtenmäßiger Ausbildung und politischer Praxis. [...] In seiner doppelten Prägung durch fachliche und politische Elemente liegt ein Spannungsverhältnis, das sich bei den einzelnen Personen in besonderen Schwerpunkten auf dem einen oder anderen Gebiet und einer entsprechenden Begrenzung äußert."[138] Die politische Praxis der Fachpolitiker konnte also unterschiedliche Gewichtungen bewirken.

Ludwig Landmann, der sich schon als Stadtrat durch langfristige konzeptionelle Planungen auszeichnete, war beispielsweise Mitglied einer politischen Partei – der DPP – und gehörte zeitweise sogar dem Parteivorstand der Linksliberalen an. Dennoch dominierte keineswegs der parteipolitische Aspekt seiner Tätigkeit. In der lokalen Parteipolitik engagierte er sich nur verhalten. Demgegenüber präsentierte und verteidigte er, zumeist als brillanter Rhetoriker, die „sachliche" Politik des Magistrats in der Stadtverordneten-Versammlung. Als Spezialist des Lokalen war er in mehreren einflußreichen nationalen Vereinen und kommunalen Spitzenverbänden vertreten; u.a. gehörte er dem Vorstand des Vereins für Wohnungswesen oder dem Wohn- und Siedlungsausschuß des Deutschen Städtetages an.

---

137 Preuß. Städteordnung 1853. § 57. Engeli, Christian/Haus, Wolfgang: Quellen zum modernen Gemeindeverfassungsrecht. Stuttgart u.a. 1975, S. 389. Die Frankfurter Gemeindeverfassung orientierte sich nach der preußischen Okkupation (1866) an dieser Städteordnung.
138 Hofmann, Wolfgang: Städtetag und Verfassungsordnung. Position und Politik der Hauptgeschäftsführer kommunalen Spitzenverbandes. Stuttgart u.a. 1966, S. 177. Der Begriff des Fachpolitikers wurde noch in anderen Schriften aufgegriffen und konkretisiert. Hofmann, Zwischen Rathaus und Reichskanzlei, S. 24, 51-53.
In den angelsächsischen Ländern wird häufig der Begriff des „urban manager" benutzt. Insbesondere Pahl beschrieb die widersprüchlichen Anforderungen und Vermittlungsfunktionen des städtischen Managers als Ressourcenallokateur. Pahl, R.: Managers, technical experts and the state. In: Harloe, M.: Captive Cities. London 1977, S. 77; Saunders, Peter: Soziologie der Stadt, Frankfurt 1987, S. 120-133.

Während bei Ludwig Landmann die fachliche Komponente des Fachpolitikers überwog (Spezialist des Städtischen), dominierte beim Leiter des Wohnungsamtes, Stadtrat Otto Zielowski, zunächst eindeutig die politische Ausprägung. Dies ist – wie bereits ausgeführt – auf dessen langjährige parteipolitische Tätigkeit (Redakteur der Volksstimme, StVV) und fehlende Verwaltungserfahrung zurückzuführen. Trotz dieser ausgeprägten Bindung an den Parteiapparat versuchte er jedoch als Magistratsmitglied unparteiisch zwischen Verwaltung, Stadtverordneten-Versammlung, Partei und Bürgerschaft zu vermitteln. Als ausgewiesener Spezialist des Sozialen verdeutlichte er das Vermögen der kommunalen Verwaltung in der Weimarer Republik, Lokalpolitiker mit einer für die bisherige Verwaltung untypischen Qualifikation (in der Regel wurde immer noch ein juristisches Studium vorausgesetzt) zu integrieren. Seine Tätigkeit ist außerdem ein Beispiel dafür, wie begrenzte parteipolitische Ziele zugunsten einer allgemeinen Politik zur Förderung des städtischen Gemeinwohls zurückgestellt werden konnten.

Beide Kommunalpolitiker verdeutlichen die große Breite des Typs des Fachpolitikers. Während Landmann mehr derjenige Typus des selbstbewußten kommunalen Fachpolitikers darstellte, der sich bereits in den Großstädten im Kaiserreich herausgebildet hatte und außer in den Gremien der kommunalen Selbstverwaltung ebenso in deren Spitzenverbänden agierte, symbolisierte Zielowski die Transformationsmöglichkeit dieses Typus, vom Partei- zum Fachpolitiker, in der Weimarer Republik. Für den städtischen Formierungsprozeß zur gesellschaftlichen Mitte in Frankfurt am Main waren beide Fachpolitiker unentbehrlich. Sie personifizierten ebenso die Öffnung des städtischen Bürgertums gegenüber der organisierten Arbeiterschaft (Landmann) wie die Kooperation und beginnende Integration der Mehrheitssozialdemokraten in die städtische Kommunalpolitik (Zielowski).

Ausdruck für die Integration der Sozialdemokraten und für den gesellschaftlichen Wandel Frankfurts in der Weimarer Republik ist die Aufnahme von Zielowski in die exklusive „Frankfurter Gesellschaft für Handel, Industrie und Wissenschaft", die 1919 gegründet wurde und aus der Casino-Gesellschaft von 1802 hervorging. Diese Gesellschaft sollte, wie dies der Frankfurter Mäzen und Großindustrielle Wilhelm Merton formulierte – er gründete auch die kapitalistische, wenngleich an gemeinnützigen Kriterien orientierte Mietheim AG –, „ein besseres Verständnis und erhöhtes Interesse, insbesondere der besitzenden und machthabenden Klassen für die wirtschaftlichen und sozialen Vorgänge" entwickeln. Führende Repräsentanten der Sozialdemokratie – wie eben Zielowski – fanden dort mit der Elite des gehobenen Bürgertums zusammen. Dieser Gesellschaft gehörte auch das Magistrats-Triumvirat Landmann, Asch und May an.[139]

---

139 Roth, Ralf: Die Geschichte der Frankfurter Gesellschaft für Handel, Industrie und Wissenschaft 1920 bis 1995. In: Lothar Gall (Hg.): Frankfurter Gesellschaft für Handel, Industrie und Wissenschaft – Casino-Gesellschaft von 1802. Frankfurt 1995. S. 37-82.

c. Die Konzeptionalisten der freien Mitte: Ernst May und das Frankfurter intellektuelle Milieu

Zur Analyse der gesellschaftlichen Arbeit der Städtebauer und Architekten – die in den 20er Jahren keineswegs nur Pläne und Gebäude entwerfen wollten, sondern umfassend die materiellen Bedingungen des Lebens selbst – erscheint die Benennung eines weiteren Typus des städtischen Vermittlers erforderlich zu sein. Zunächst ist daher eine Charakterisierung ihrer gesellschaftlichen und politischen Positionsbestimmung hilfreich, denn gerade die häufig fehlerhafte parteipolitische Zuordnung, beispielsweise des Frankfurter Stadtbaurats Ernst May, verdeutlicht diese Notwendigkeit.[140]

Ernst May trat der SPD erst 1957 bei. Auslösend für diesen Schritt war ein Vortrag Carlo Schmids. In einem Schreiben begründete er seinen „verspäteten" Beitritt zu dieser Partei: „Gemäß meinem telefonischen Anruf vom Freitag, dem 8. November [1957], habe ich mich entschlossen, eine Formalität zu vollziehen, vor der ich bisher zurückscheute, nämlich der SPD beizutreten. Wenn ich von einer Formalität spreche, so tue ich das mit vollem Bewußtsein, da ich – wie Ihnen bekannt sein wird – von den ersten Tagen meiner öffentlichen Tätigkeit in Frankfurt/M. an und schon vorher als Technischer Leiter der Stelle für Schlesische Flüchtlingsfürsorge [...] eine klare sozialistische Politik verfolgt habe. Ich habe bisher den letzten Schritt eines Beitritts zur SPD immer wieder aufgeschoben, weil ich zurückscheute vor einer von mir gefürchteten Knebelung der freien Meinung durch die leitenden Organe der Partei."[141] Die Haltung dieses städtischen Intellektuellen zur Parteipolitik kam noch deutlicher in einem Vortrag vor Mitgliedern der SPD zu Ausdruck, den er ein Jahr vor seinem Tode in Hamburg-Flottbek hielt. In seinem Referat „Mein Beruf und die Sozialdemokratie" berichtete er: „Als ich meine Stadtbautätigkeit in Frankfurt begann, war ich parteilos, d.h. ich hatte zuvor keinen aktiven Anteil an den politischen Ereignissen genommen und fühlte mich darin eins mit dem damaligen Rektor der Frankfurter Universität, Professor Drevermann[142], einem aufgeklärten Gelehrten, der die These verfocht, daß die geistigen Führer gewissermaßen über den Gewässern schweben sollten, unberührt von den Streitigkeiten des Alltags."[143] Bald

---

140 Stereotyp wird in der Literatur zumeist vom sozialdemokratischen Wohnungsbau in Frankfurt gesprochen. Deshalb wird auch Ernst May oftmals als Sozialdemokrat eingeordnet. So auch in der ansonsten sehr guten Arbeit über das Neue Frankfurt: Mohr/Müller, Funktionalität, S. 9, oder in der Dissertation von Henderson, Work of Ernst May, S. 300.
141 May, Ernst; Brief vom 11.11.1957; NL May, Mappe wichtige Schreiben, 44.
142 Drevermann war 1930 Mitglied im neu gegründeten Beirat des Vereins „Bund das neue Frankfurt e.V.". Dieser Bund, dem May bis November 1930 (als Vorsitzender) angehörte – er wurde dann durch Burmann und Gantner abgelöst, weiterhin waren Stadtrat Michel, Wichert und Schuster Mitglieder dieses Bundes – verstand sich als „Interessengemeinschaft von Menschen aller Schichten zur Bejahung der zahlreichen positiven Momente in unserem heutigen Geistesleben". Diehl, Die Tätigkeit Ernst Mays, S. 108.
143 May, Ernst; Mein Beruf und die Sozialdemokratie, Vortrag 2.12.1969, S. 3/4; NL May, Ord. 23/184.

mußte May aber erkennen, daß die Tätigkeit als Stadtbaurat keineswegs unpolitisch war und daß er sich „politischer Stützen zu bedienen hatte".[144] Trägerpartei des Neuen Bauens war in Frankfurt am Main – neben DDP, Zentrum und DVP – die SPD.

Ernst May sah sich als ein städtischer Manager.[145] Zwar war er politisiert – dies verdeutlichen u.a. seine Tätigkeit und seine öffentlichen Stellungnahmen –, aber nicht parteipolitisch gebunden. Einerseits blieb er noch im traditionellen Rollenverständnis der kommunalen Fachverwaltung des Kaiserreichs verhaftet (Legitimierung durch „sachliche Vernunft", neutrale Intervention, unabhängig vom parteipolitischen Streit), andererseits förderte er aber die Vergesellschaftung der kommunalen Politik. Dieser letztgenannte Aspekt verdeutlicht seine Modernität, denn die Handlungsfelder der kommunalen Verwaltung mußten in der Weimarer Republik verallgemeinert und öffentlich legitimiert werden. Seine Vermittlungsfunktion erforderte eine öffentliche Darstellung der kommunalen Politik, beispielsweise durch die Herausgabe der Zeitschrift „Das Neue Frankfurt", die unabhängig von der städtischen Verwaltung publiziert wurde. Von zentraler Bedeutung erscheint daher auch die Frage seiner Autonomie und Handlungsräume zu sein. Über den Gewässern des kommunalpolitischen Alltags schwebend („unberührt von den Streitigkeiten des Alltags") und frei von parteipolitischen Knebelungen und tradierten Vergesellschaftungsformen (Aufhebung der Klassengegensätze durch „engste Zusammenarbeit aller am Gemeinwohle"[146]) sollte eine objektive, durch Fachwissen legitimierte Instanz geschaffen werden. Die Neutralisierung durch eine Konzeption der Mitte und die Funktionalisierung der kommunalen Politik („politischer Stützen" bedienen) sollten ihm freie Handlungsräume verschaffen, die noch durch die machtvolle Konzeption des Städtebau-Dezernats gestützt wurden.[147] Dieses Streben nach Autonomie kann sowohl sein idealisiertes Rollenverständnis als auch sein autokratisches Handeln in den 20er Jahren erklären.[148]

---

144 Ebenda.
145 Prigge, Verflechtung, S. 14-19; Rodriguez-Lores, Juan/Uhlig, Günther: Einleitende Bemerkungen zur Problematik der Zeitschrift „Das Neue Frankfurt". In: Das Neue Frankfurt/die neue stadt (1926-1934). Reprint. Aachen 1977. S. XXXV.
146 Niederschrift May. „Städtebau, eine Angelegenheit des Volkes". Geschrieben wahrscheinlich im Exil in Ostafrika. NL May. Wichtige Schreiben.
147 Adelheid von Saldern stellt auch einen Nexus zwischen den Handlungsräumen der Stadtbauräte und der Ausprägung der kommunalen Wohnungspolitik her: „Wie sehr solche Handlungsfelder in der Praxis von den Kommunalverwaltungen genutzt wurden, hing vor allem an der Aktivität des Stadtbaurats. [...] Daß sich in einigen Städten das Neue Bauen durchgesetzt hat, in anderen nicht, daß es teilweise zu stadtspezifischen architektonischen Mischformen gekommen ist, war gleichfalls das Resultat kommunaler Handlungsautonomie." Kommunaler Handlungsspielraum in der Wohnungspolitik während der Zeit der Weimarer Republik. In: Kopetzki u.a. (Hg.): Stadterneuerung in der Weimarer Republik und im Nationalsozialismus. Beiträge zur stadtbaugeschichtlichen Forschung. Kassel 1987, S. 242. Vgl. auch dies.: Arbeiterwohnen, S. 21.
148 Die Tätigkeit Mays in Frankfurt wurde häufig als „Baudiktatur" bezeichnet. In einem Vortrag über „Das neue Bauen in Frankfurt am Main von 1925-1930", den er am 8.11.1963 an der TH Darmstadt hielt,

Es wäre nun aber sehr einfach, diese Sehnsucht nach intellektueller Ungebundenheit nur als apolitische bürgerliche Fluchtbewegung kommunaler Spezialisten zu diskreditieren. Vielmehr verdeutlicht diese Haltung einen doppelten Vermittlungsversuch: einerseits zwischen Bürgertum und Arbeiterschaft, andererseits zwischen lokaler Öffentlichkeit und städtischem Management. Indem sich Ernst May politisch „zur bewußten Ablehnung jeglicher Klassenpolitik"[149] bekannte und trotzdem eindeutig durch seine Arbeit Stellung bezog, deutete er durch diese Einstellung einen zum Ende der 20er Jahre noch visionären Gesellschaftsentwurf einer zukünftigen klassenlosen Mitte an.

Ernst May war mit seiner Denkweise im Frankfurter intellektuellen Milieu durchaus nicht isoliert.[150] Besonders im Institut für Sozialforschung fand diese Haltung eine kollektive Ausprägung: „Es ist wohl auch ein wenig naiv, interne Organisationstätigkeit in einer sozialistischen Partei der Weimarer Republik als einziges Kriterium für die Zugehörigkeit zur Arbeiterbewegung zu nehmen. Was sich im Verlauf der zwanziger Jahre herausbildete, war so eine Art freischwebender Intelligenz, nicht im Mannheimschen Sinne, sondern in dem einer verallgemeinernden revolutionären Haltung. Mitmachen wollte ich nie," so Leo Löwenthal, „ich habe mich immer als jemand erfahren, der dagegen war. Wir haben uns immer im Gegensatz zum Bestehenden empfunden, wir waren radikale Nonkonformisten. Wir hatten uns eine Unabhängigkeit gegenüber allen Seiten bewahrt, aber unsere Sympathien waren ganz klar. Diese politische und intellektuelle Unabhängigkeit war dadurch erleichtert, daß Geld da war. Das Institut konnte eigentlich machen, was es wollte. Die ersten Jahre im Institut waren auch eine Art vorweggenommener Utopie, wir waren anders und wir wußten es besser. Wir arbeiteten an einem Stil des Denkens und Lebens, der quer lag zur ganzen Gesellschaft."[151] In dieser Beschreibung des geistigen Milieus des Instituts für Sozialforschung verwies Löwenthal auf eine andere, wenngleich verwandte Konzeption: der freischwebenden Intelligenz. Ein Jahr bevor Karl Mannheim 1930 den Soziologielehrstuhl an der Frankfurter Universität annahm, veröffentlichte er sein bedeutendes Werk „Ideologie und Utopie". Dort beschrieb er gleichfalls einen Vermittlungsversuch. Die soziale Gruppe der Intelligenz könne, so seine Ansicht, obwohl sich aus verschiedenen Klassenzugehörigkeiten und beruflichen Differenzierungen zusammensetzend und daher außerhalb des sozialen

---

nahm er nochmals zu diesen Vorwürfen Stellung. „Von Anbeginn meiner Tätigkeit überschritt ich meine offiziellen Kompetenzen insofern, als ich mir eine von der gesamtkulturellen Entwicklung losgelöste Baukultur schlechterdings nicht vorstellen konnte." (S. 5). Dem Vorwurf allerdings, er „habe eine Baudiktatur ausgeübt", entgegnete May, daß er zwar seine „Ziele jederzeit mit Nachdruck vertreten habe", aber alle Maßnahmen seien durch „Mehrheitsabstimmung in den Körperschaften" gebilligt worden. (S. 10). May, Ernst; Das neue Bauen in Frankfurt am Main. NL May, Ord. 19, Vortrag 122.

149 May, Ernst; Das neue Bauen in Frankfurt am Main. NL May, Ord. 19, Vortrag 122.
150 Vgl. Hierzu auch das Kapitel „Durchdringung. Frankfurt um 1930" von Walter Prigge in: Urbanität und Intellektualität im 20. Jahrhundert. Frankfurt 1996, S. 47-138.
151 Löwenthal. Zit. in Prigge, Walter: Geistesgeschichte und Stadtgeschichte. In: Ders. (Hg.): Städtische Intellektuelle. Urbane Milieus im 20. Jahrhundert. Frankfurt 1992, S. 30-31.

Klassenantagonismus stehend, quasi freischwebend vermitteln. „Nicht als ob sie gleichfalls im luftleeren Raum über diesen Klassen schweben würde, ganz im Gegenteil vereinigt sie in sich alle jene Impulse, die den sozialen Raum durchdringen. Aus je mehr Klassen und Schichten sich die einzelnen Gruppen der Intelligenzschicht rekrutieren, um so vielgestaltiger und polarer wird in ihren Tendenzen die Bildungsebene, die sie verbindet. Der einzelne nimmt dann mehr oder minder an der Gesamtheit der sich bekämpfenden Tendenzen teil. Während der am Produktionsprozeß direkt Beteiligte, der an Klassen oder an eine besondere Lebensweise gebunden ist, unmittelbar und allein von der spezifischen sozialen Seinslage aus determiniert wird, wird der Intellektuelle stets außer seiner spezifischen Klassenaffinität auch durch dieses alle Polaritäten in sich enthaltende geistige Medium bestimmt sein."[152] Gerade im Frankfurt der 20er Jahre kann von einem Formierungsprozeß zu einer befriedeten, da intendiert klassenübergreifenden, pluralen und zivilen Gesellschaft gesprochen werden. Dieser Prozeß war im intellektuellen Milieu dieser Stadt verankert und *ebenso* in der kommunalpolitischen Praxis. Auch in der Umsetzung der modernen rationalen Wohnkultur wird dieser moderne Formierungsprozeß (Zivilisationsprozeß) ersichtlich. Tragisch war, daß diesem Versuch nur wenige Jahre verblieben.

All jene Frankfurter Intellektuellen der kritischen, „undogmatischen" Mitte wurden in den 30er Jahren ins Exil getrieben. Die Soziologen emigrierten nach 1933 aus Frankfurt; Ernst May hingegen verließ bereits 1930 freiwillig diese Stadt.

Im politisch und ideologisch zunehmend polarisierten Klima Ende der Weimarer Republik glaubten viele bürgerliche Intellektuelle der „klassenlosen Mitte" nun allerdings unmittelbar Position beziehen zu müssen. Der „Rußlandfahrer"[153] May erklärte jedoch vor Antritt seiner Reise, daß er „nicht aus politischen Gründen nach Rußland ginge, sondern lediglich, weil es sich damals um die größte städtebauliche Aufgabe handelte, die zu bewältigen war."[154] Er glaubte also noch, in der Sowjetunion „reinen rationalen Städtebau" betreiben und „über den Gewässern des Alltags" schweben zu können. In der stalinistischen Sowjetunion aber scheiterte er mit dieser intellektuellen Haltung vollständig. Es gibt ein schönes Gleichnis, das Sieburg 1932 im Buch „Die rote Arktis" beschrieb: „Deborin und Muchanow führen einen Boxkampf vor. Sie gleiten auf dem vom Nebel schlüpfrigen Dreck fortwährend aus und hören bald wieder auf. Statt dessen wollen sie meine Meinung über den Architekten May und dessen Mitwirkung am Bau der Stadt Magnitogorsk hören. Ohne meine Meinung abzuwarten, geben sie die ihre, die recht interessant ist. Demnach scheint es nicht ganz leicht, in der Sowjet-Union ein ausländischer Spezialist zu sein. Denn es genügt nicht, daß die zuständige Behörde einen Plan zur Ausführung bestimmt hat, der Plan muß auch die Billigung aller möglichen anderen

---

152 Mannheim, Karl: Ideologie und Utopie. (1929). Frankfurt 1987, S. 137.
153 DNF 1/1931, Deutsche Bauen in der UdSSR.
154 May, Ernst; Aus meinem Leben, S. 3; NL May, Ord. 19.

Sowjet-Stellen, Brigaden und Kommissionen haben, deren Motive oft nicht ganz leicht zu übersehen sind. Die Lieblingswaffe gegen ein Projekt ist, seine Unterstützer als Schädlinge zu verdächtigen. Es scheint, daß May sehr bewundert und ausgezeichnet behandelt wird. Aber in Niederungen, die sich dem Blick jeden Ausländers entziehen, spielen sich seltsam persönlich gefärbte Ressortkämpfe ab, in denen nicht nur untere Behörden, sondern auch politische Gruppen oder gar einfach Personen gegeneinanderstehen. Im allgemeinen scheint es selten zu sein, daß die teuer bezahlten und höchlichst gelobten Pläne von ausländischen Spezialisten auch wirklich ausgeführt werden."[155]

Goebbels soll im Rundfunk verkündet haben, daß sich May dort befinde, wo er hingehöre.[156] Aber in der UdSSR fielen der städtebauliche Wirkungsraum und die politische Realsituation für May zunehmend auseinander. Ohne die Basis der zivilen Gesellschaft (Befriedung durch Partizipation und Konsensbildung) mußte diese unparteiische, wenngleich politische Haltung des städtischen Managers scheitern. Desillusioniert verließen Ernst May und seine Familie 1934 dieses Land.

Martin Wagner, der sich – man kann dies durchaus als Ausnahme hervorheben – zumindest zeitweise parteipolitisch in der SPD betätigte, wurde gleichfalls ins Exil getrieben.[157] Ende der 30er Jahre befanden sich diese beiden ehemaligen Stadtbauräte an einer Wegscheide. Ernst May kam 1934 bar jeglicher Illusionen aus Moskau und baute eine Kaffeeplantage im Norden Tansanias auf. Sein früherer Berliner Kollege, der Weltstadt-Planer Martin Wagner, schrieb ihm 1938 einen Brief aus seinem Exil in Istanbul, worin er über seine innere Zerrissenheit klagte: „Nach 3jährigem Exil stand ich vor der Frage, entweder Türke zu werden und auf alle meine Pläne als moderner Städtebauer zu verzichten, oder den Wanderstab in die Hand zu nehmen." Er beschloß, „den Orient zu verlassen, in den wir Westeuropäer nicht hingehören, wenn wir nicht ausschließlich Money machen wollen, oder unser ganzes Wesen aufzugeben gedenken."[158] In Harvard erhielt er durch Vermittlung von Walter Gropius eine Professur für „Housing and Regional Planning". Vom okzidentalen Rationalismus geprägt, fühlte sich Martin Wagner dort wieder kulturell verortet. Beide wollten nach dem Krieg wieder an die Orte ihres Schaffens, Berlin bzw. Frankfurt, zurückkehren; dies gelang aber beiden nicht. Wagner verstarb noch vor seiner Rückkehr im amerikanischen Exil; May kehrte in den 50er Jahren nach Europa zurück und ließ sich in Hamburg nieder. Dort wurde er, wie gesagt, 1957 Parteimitglied der SPD.

---

155 Sieburg, Friedrich: Die rote Arktis. Malygins empfindsame Reise. Frankfurt 1932, S. 129; Manuskript in NL Günther.
156 May, Ernst; Aus meinem Leben, S. 3; NL May, Ord. 19.
157 Martin Wagner, der als Städtebauer in Berlin vergleichbar wie May in Frankfurt agierte („Stadt als Betrieb"), war bis 1931 Mitglied der SPD. Ludovica Scarpa stellte trotzdem ein „im Grunde unpolitisches und seit Mitte der 30er Jahre sogar technokratisches Denken" bei Wagner fest. In: Homann ua., Martin Wagner und die Rationalisierung des Glücks, S. 13.
158 Wagner, Martin. Brief an Ernst May vom 16. Juni 1938 aus Istanbul-Moda. In: NL May, Mappe wichtige Schreiben.

d. Parteipolitischer Vermittler im sozialdemokratischen Milieu: Albrecht Ege

Die Leistungen des sozialen Wohnungsbaus in Frankfurt werden vorrangig mit dem Stadtbaurat Ernst May assoziativ verknüpft. Eine gesellschaftliche Leistung wie der städtisch regulierte Wohnungsbau in der Weimarer Republik aber kann nur unvollkommen auf eine Person – z. B. Ernst May – focusiert werden. Strukturelle Grundlage der lokalen Akteure war ein differenziertes lokales Netzwerk. Von großer Bedeutung für die Kommunalpolitik der Zwischenkriegszeit war hierbei die parteipolitische Vermittlungsfunktion lokaler Arbeiterfunktionäre zwischen der zumeist größten politischen Fraktion in der Stadtverordneten-Versammlung, der SPD, den Organen der Selbstverwaltung (Ausschüsse, Magistrat) und gesellschaftlichen Institutionen (Wohnungsbaugesellschaften). Deren Beitrag an diesem gesellschaftlichen Formierungsprozeß ist jedoch weitestgehend aus dem öffentlichen und wissenschaftlichen Bewußtsein verdrängt.

In Frankfurt am Main war der 1878 in Frankfurt am Main geborene Albrecht Ege ein bedeutender parteipolitische Vermittler. Nach einer Lehre als Zimmerer trat er der Berufsorganisation bei, gehörte zunächst dem Zahlstellenvorstand an und wurde 1905 Lokalangestellter in Frankfurt. Ege wird als der „größte Organisator der Bauarbeiterbewegung in Hessen"[159] bezeichnet, da er vor dem Ersten Weltkrieg auch Bezirksleiter des Zentralverbandes der Zimmerer war. Als die Revolution 1918 ausbrach, befand er sich in Berlin. Dort wirkte er in „den großen Zentralausschüssen des Arbeiter- und Soldatenrats" mit. In Frankfurt war er erneut für die Berufsorganisation der Bauarbeiter tätig. Auf Veranlassung von August Ellinger und Fritz Paeplow wurde er zum Leiter der Bauhüttenbewegung in Hessen bestimmt. Vom 1.4.1921 bis zum 31.12.1925 war Ege Geschäftsführer des Bauhütten-Betriebsverbandes für Hessen und Hessen-Nassau, danach Bezirksleiter des Verbandes Sozialer Baubetriebe.[160] Nach der Gründung der Gemeinnützigen Wohnungsbau AG (Gewobag) wurde er ebenfalls als Vorstandsvorsitzender für Hessen-Nassau berufen. Der sozialdemokratischen Fraktion im Römer gehörte Ege vom 20.5.1924 bis zum 9.7.1933 an. Als lokaler Arbeiterfunktionär vermittelte er ebenfalls wirkungsvoll zwischen der sozialdemokratischen Fraktion und dem Magistrat. Im „verspäteten Nekrolog" bezeichnete die Gewobag Ege „als eine der stärksten Stützen von Stadt-

---

159 Albrecht Ege zum Gedenken. Ein verspäteter Nekrolog. Hg. Gewobag. 7.8.1954. In: StA Ffm., Pers. Samml. 2/2498

160 Der Magistrat konnte gegenüber der StVV nur eine begrenzte Kapitalbeteiligung der Stadt Frankfurt an der Bauhütte durchsetzen (1.1.1924 Stammkapital auf 20.000 Goldmark aufgewertet, hiervon hielt die Stadt Frankfurt 4.000 Mark, also 20%). Auch innerhalb des Magistrats gab es erhebliche Bedenken (Str. Schaumann) gegenüber einer städtischen Beteiligung, da durch die Bauhütte die Handwerksbetriebe bedroht würden. StA Ffm. MA T 2088. Nur eine Stadt gründete in den 20er Jahren ein Bauunternehmen (Leipzig), viele sozialdemokratisch dominierte Städte strebten hingegen eine Beteiligung an den gemeinwirtschaftlichen Bauhütten an. Eine erforderliche Kapitalerhöhung konnte der Magistrat in der StVV 1927 nicht mehr durchsetzen, deshalb sank der städtische Anteil auf knapp 5%. Die Bauhütte

rat May und auch Professor Elsässer, dessen Ideen er als Kommmunalpolitiker förderte."[161] Als die Hellerhof AG Ende der 20er Jahre wieder die Bautätigkeit aufnahm, gehörte Ege auch deren Vorstand an.[162]

Die Verwurzelung dieser lokalen Parteipolitiker im sozialdemokratischen Milieu und ihr Engagement in gesellschaftlichen Bauträgern förderten maßgeblich die Durchsetzung der wohnungspolitischen Leitbilder ihrer Städte. Gerade unter dem vielfach kritisierten Eindruck der Politisierung der Kommunalen Selbstverwaltung war eine Vermittlung im politischen Milieu, also zwischen der Parteipolitik und der Kommunalpolitik, ausgesprochen wichtig. Da in der Zwischenkriegszeit nicht von einer Koalition der Parteien gesprochen werden kann, sondern nur von einer losen Kooperation, mußte auch zwischen der sozialdemokratischen Fraktion und sozialdemokratischen Magistratsmitgliedern vermittelt werden. Während beispielsweise einige lokale parteipolitische Führer oftmals noch von Kategorien der Klassenauseinandersetzungen geprägt waren und nach diesen in den Stadtverordneten-Versammlungen agierten (z.B. der Sozialdemokrat Karl Kirchner in Frankfurt am Main), waren andere sozialdemokratische Stadträte durchaus in ihrer Entscheidungsfindung von Fachkriterien geleitet und weniger von parteipolitischen Strategien (exemplarisch hierfür der Frankfurter sozialdemokratische Kämmerer Bruno Asch).

Die parteipolitischen Vermittler sind selbstverständlich auch in anderen Parteien anzutreffen, jedoch erhielt Ege, durch die Bedeutung seiner Partei – die SPD stellte die größte Fraktion – und durch die verspätete Integration der Arbeiterschaft in die städtische Gesellschaft, eine große Bedeutung. Obwohl er weniger in der städtischen Öffentlichkeit wirkte, sondern mehr in den Wohnungsbaugesellschaften, in der Fraktion und im lokalen Milieu, gestaltete er die Umbruchphase von der Klassengesellschaft zur offenen Gesellschaft entscheidend mit.

Albrecht Ege wurde, wie sein „wahlverwandter" sozialdemokratische Kollege in Magdeburg, Willy Plumbohm[163], im Nationalsozialismus verfolgt.

Bereits 1932 war Ege in der Siedlung Westhausen, „der Arbeitersiedlung" des Neuen Bauens in Frankfurt, an der Gründung eines Einheitskomitees der Arbeiter-

---

erhielt allerdings mehrere große Bauaufträge von der Stadt (z.B. Teile der Siedlung Praunheim) oder den prestigeträchtigen Bau von Mays eigenem Wohnhaus.

161 Albrecht Ege zum Gedenken. In: StA Ffm., Pers. Samml. 2/2498
162 Fünfzig Jahre Aktiengesellschaft Hellerhof. Frankfurt 1952, S. 31
163 Willy Plumbohm beschritt den „typischen Weg des Arbeiterfunktionärs" (Volksstimme Magdeburg, Nr. 52, 2.3.1950). Er war u.a. Gründungsmitglied der Gartenstadt Reform; Mitglied der StVV in Magdeburg (1919-1933) und Geschäftsführer des VfKWW. In seinen verschiedenen Funktionen übte er einen herausragenden Einfluß auf die Herausbildung des „dritten" Magdeburger Weges aus. (Vgl. StA Magd. Rep. 18.4, Bü. 316). In der NS-Zeit wurden zwei Prozesse gegen Plumbohm geführt. Ab 1944 war er im KZ Sachsenhausen inhaftiert. Nach seiner Befreiung durch sowjetische Truppen wurde er wieder als Geschäftsführer des VfKWW eingesetzt. Nach 1945 war er außerdem in Magdeburg als Stadtrat tätig und stand dem Wohnungsamt vor. Im Januar 1947 „schied" der Sozialdemokrat Plumbohm jedoch wieder aus dem Magistrat aus. Formal blieb er bis zum 24.10.1951 Geschäftsführer des Vereins für Kleinwohnungswesen. Vgl. Handelsregister Amtsgericht Magdeburg, Abt.B, Bd. XXI, Nr. 1764.

parteien (SPD, KPD, SAP und Parteilose) beteiligt.[164] Zeitweise wurde er nach dem Verbot der SPD in der „SA-Kaserne" (Westendheim) in Bockenheim in sogenannte „Schutzhaft" genommen. An illegalen Treffen in den Cafes Rothschild und Metz, die eine Reorganisation einer Arbeiterpartei vorbereiteten, war er 1934 beteiligt. 1936 wurde Ege mit 12 anderen Genossen verhaftet, darunter der Sozialdemokrat Karl Kirchner, der ebenfalls zu den „kritischen" Förderern des Neuen Bauens zählte, und wegen „Vorbereitung eines hochverräterischen Unternehmens" in Kassel vor Gericht angeklagt. Allerdings konnte Ege nur die Verbreitung der Zeitung „Sozialistische Aktion" nachgewiesen werden. Deshalb wurde er schließlich 1936 zu einer zweiwöchigen Gefängnisstrafe verurteilt. Verhängnisvoll wurde für ihn im Zweiten Weltkrieg ein Treffen in der Apfelwein-Wirtschaft Schuch in Praunheim. Dort berichtete ein Spitzel der Gestapo, daß Ege Nachrichten des Senders Moskau weitergeben hätte. Ein Sondergericht verurteilte Albrecht Ege deswegen zum Tode. Am 23. Januar 1942 wurde er im Gefängnis Frankfurt-Preungesheim hingerichtet.

e. Fragmentierung und Vermittlung

Der gesellschaftliche Umbruch, dessen deutlichste Zäsur die demokratische Revolution von 1918/19 war, ermöglichte die Demokratisierung der Kommunalpolitik. Die breite gesellschaftliche Partizipation und die ständigen sozialen und ökonomischen Krisen in der Weimarer Republik erforderten differenzierte Vermittlungskonzepte. Maßgeblich für die politische und soziale Stabilisierung der pluralen, städtischen Gesellschaft waren die unmittelbare und breite Einbindung gesellschaftlicher Kräfte, die Transparenz kommunalpolitischer Entscheidungen und der „zivile" Ausgleich von Partikularinteressen. Dementsprechend stieg die Bedeutung der gesellschaftlichen Vermittler hinsichtlich der erforderlichen Konsensbildung.

Kommunalpolitik kann in der Weimarer Republik keineswegs auf die Tätigkeit der zentralen Organe der kommunalen Selbstverwaltung – Stadtverordneten-Versammlung und Magistrat – beschränkt werden. Charakteristisch war vielmehr, daß entsprechend der Fraktionierung der städtischen Gesellschaft unterschiedliche Interessengruppen in den Prozeß der Entscheidungsfindung eingebunden wurden mußten. Deutlicher Ausdruck hierfür ist die Einbeziehung korporativer Gremien zur Selbstregulierung gesellschaftlicher Konflikte.

Unter Adickes fand in Frankfurt bereits eine Delegierung kommunaler Aufgaben an nichtstädtische Institutionen statt. Wie das Beispiel der drei kapitalistischen Wohnungsbaugesellschaften mit transitorischem Kapitalcharakter allerdings zeigt, wurden städtische Interessen trotz dieser Delegierung hinreichend gesichert. Noch deutlicher ist dieses gesellschaftliche Verflechtungsmodell in der Weimarer Republik an

---

[164] „die tat", 21.1.1983. In: StA Ffm., Pers. Samml. 2/2498.

der Konzeption der städtischen Gesellschaften erkennbar. Um eine wirtschaftliche und flexible Betriebsführung zu erreichen – Landmann faßte die Stadt als Betrieb auf –, wurden sukzessiv städtische Unternehmungen (Eigenbetriebe) in privatrechtlich organisierte Gesellschaften umgewandelt und von der unmittelbaren städtischen Verwaltung gelöst. Die Kontrollfunktion über diese Gesellschaften wurde im Aufsichtsrat durch Mitglieder des Magistrats und durch gewählte Stadtverordnete gesichert sowie durch weitere gesellschaftliche Personen ergänzt. Durch ihre relative Unabhängigkeit waren diese Gesellschaften von unmittelbaren Einflußnahmen der Stadtverordneten-Versammlung frei, so daß sachbezogene Entscheidungen und Prioritäten des Magistrats unbürokratischer umgesetzt werden konnten. Damit diese städtischen Gesellschaften keine „Dunkelkammern der Kommunalwirtschaft" wurden, waren eine Transparenz der Entscheidungen und eine Vermittlung besonders zwischen diesen Gesellschaften und den Gremien der Parteien bzw. der Stadtverordneten-Versammlung unerläßlich. Gerade die städtischen Gesellschaften waren Orte der lokalen Vernetzung. Daß diese Konzeption dennoch konfliktreich sein konnte, verdeutlichen die Auseinandersetzungen zwischen der städtischen Aktienbaugesellschaft für kleine Wohnungen, dem Magistrat und der Stadtverordneten-Versammlung beispielsweise über die Baukostenzuschüsse. Diese Konfliktfelder sind allerdings genuin nicht mit der privatrechtlichen Organisation der städtischen Gesellschaften zu erklären, sondern sie verweisen auf einen Grundkonflikt der Kommunalpolitik: Inwieweit kann eine Balance zwischen den sozialpolitischen Verpflichtungen und der finanziellen Belastbarkeit der Städte herbeigeführt werden?

In einer demokratischen Gesellschaft ist der öffentliche Legitimationsbedarf der kommunalen Politik groß. Oft informierte und mobilisierte die lokale Presse – in Frankfurt war die Presselandschaft ausgesprochen vielfältig – die Öffentlichkeit und übte somit eine wichtige Kontrollfunktion aus bzw. nahm parteiischen Einfluß auf politische Prozesse. Kommunalpolitisches Handeln mußte daher nicht nur innerhalb der politischen Gremien, der Parteien oder der gesellschaftlichen Institutionen vermittelt werden, sondern auch nach außen. Besonders Ernst May erkannte die Bedeutung der öffentlichen Vermittlung und benutzte daher intensiv moderne Medien, wie die Zeitschrift „Das Neue Frankfurt" oder das Siedlerradio. Es zeigte sich beispielsweise am Problem der Aneignung der verordneten, modernen Wohnkultur, daß individuelle und öffentliche Beratung durch die Mitarbeiter der städtischen Verwaltung erforderlich war.

Es fand also eine differenzierte und breite Vermittlungstätigkeit in Frankfurt am Main in den 20er Jahren statt, damit die kommunalen Leitbilder akzeptiert und umgesetzt werden konnten. Die sozialen, kulturellen und gesellschaftlichen Leistungen des „Neuen Frankfurt" können, gerade aufgrund der Bedeutung unterschiedlicher Vermittler, nicht auf einzelne Personen focusiert werden. Zwar war May ein äußerst fähiger Organisator, Landmann ein in langfristigen sozialpolitischen und wirtschaftlichen Kategorien denkender kommunaler Spezialist, Asch ein flexibler und ideenreicher kommunaler Finanzpolitiker, aber erst durch die kommunale Vernetzung der Vermittlung konnte eine Vergesellschaftung der Wohnungspolitik erfolgen und das „Neue Frankfurt" zu dem kommunalen Modell der gesellschaftlichen und soziokulturellen Moderne werden.

3 Zwischenergebnis

In der Weimarer Republik bildete sich ein plurales Bauträgermodell heraus, wobei die ehemalige Dominanz privater Bauherren im Mietshausbau in den Städten deutlich abgeschwächt wurde. Vordergründig ist nicht ersichtlich, warum dem ein oder anderen Bauträgermodell in den Großstädten der Vorrang eingeräumt wurde. Da besonders der Mietshausbau von öffentlichen Finanzierungshilfen – insbesondere den Hauszinssteuerhypotheken – abhängig war, konnten die Gemeinden durch die Finanzmittelvergabe einen steuernden Einfluß auf die Wohnungsproduktion ausüben.

In Frankfurt am Main existierte vor dem Ersten Weltkrieg keine Dominanz der Genossenschaften im gemeinnützigen Wohnungsbau. Das Frankfurter Trägermodell war ausgesprochen plural. Die Stadt entwickelte vor 1914, obwohl sie sich nur begrenzt im paternalistischen Wohnungsbau engagierte, ausgesprochen differenzierte Initiativen, um den gemeinnützigen Wohnungsbau zu fördern. Zu nennen sind die bekannten Bemühungen der kommunalen Bodenbewirtschaftung und Baulandvergabe in Erbpacht und die „fortschrittlichen" Planungsinstrumente. Diese Instrumente wurden allerdings noch durch „verdeckte" Interventionen und durch die Einbindung gesellschaftlicher Vereinigungen beachtlich erweitert. Bezeichnend für Frankfurt am Main waren einerseits das außergewöhnliche Engagement Frankfurter Bürger für den Kleinwohnungsbau und andererseits die ungewöhnliche städtische Kooperation mit kapitalistischen Baugesellschaften mit transitorischem Kapitalcharakter. In der Weimarer Republik wurde gleichermaßen an diese lokale Tradition angeknüpft, jedoch die wichtigste gemeinnützige Wohnungsbaugesellschaft, die ABG, für städtische Interessen instrumentalisiert. Dadurch konnte die unmittelbare Wohnungsproduktion durch die Stadt auf städtische, privatrechtlich organisierte Wohnungsbaugesellschaften (AG) verlagert werden. Unter städtischer Regie wurden nur noch einige Großsiedlungen mit experimentellem Charakter (Bauplattenproduktion oder wohntechnische Versuche) gebaut. Nachdem sich die Leitbilder des Frankfurter Wohnungsbaus durchgesetzt hatten, teilweise wiederum mit dem Druckmittel der Finanzmittelvergabe, übernahmen verstärkt andere gemeinnützige Gesellschaften (Provinzialgesellschaften, Genossenschaften etc.) den Siedlungsbau. Der mit öffentlichen Mitteln geförderte Mietshausbau durch private Bauherren war in Frankfurt in der Weimarer Republik marginal.

Die Zielvorgabe allerdings, Wohnungen für „Minderbemittelte" zu bauen, konnte nur unzureichend eingelöst werden. Insbesondere die Baukostenzuschüsse stellten soziale Barrieren dar. Da zudem keine subventionierten politischen Mieten, sondern Kostenmieten erhoben werden mußten, entstand Ende der 20er Jahre erneut ein Paradoxon: Trotz weiterhin bestehender Wohnungsnot konnten teilweise Neubauwohnungen nicht mehr vermietet werden. Zu lange war das Konzept der „sozialen Wirtschaftlichkeit" fixiert auf die Umsetzung städtebaulicher und sozialhygienischer Standards, und zu wenig wurden die Leistungsfähigkeit und die Wohnbedürfnisse der Wohnungssuchenden berücksichtigt.

Dachterrasse, Siedlung Bruchfeldstraße („Zick-Zack-Hausen")
Frankfurt am Main-Niederrad

VI Städtische Visionen und die Konstruktion der gesellschaftlichen Mitte

In Anbetracht des Scheiterns des modernen Gesellschaftsentwurfs in Frankfurt am Main Ende der Weimarer Republik und aufgrund seiner persönlichen Erfahrungen in der stalinistischen Sowjetunion reflektierte Ernst May seine bisherige Tätigkeit im ostafrikanischen Exil.[1] Bedeutsam erscheint in diesem Kontext der Aufsatz „Städtebau – eine Angelegenheit des Volkes", der sich in seinem Nachlaß befindet. Im Zentrum seiner Betrachtung steht die Überlegung, „in wieweit die heutige Stadtplanung die alle zivilisierten Völker der Erde erfassende allmähliche Umschichtung unserer gesellschaftlichen Ordnung aus einer überwiegend wirtschaftlichen in eine überwiegend soziale berücksichtigt"[2] hat. Wie bereits in anderen wichtigen Artikeln Mays, die er in den 20er Jahren veröffentlichte, setzte er sich mit dem Verhältnis zwischen Individuum und Gesellschaft auseinander. Stets plädiert May für einen evolutionären Prozeß der kontinuierlichen „Umschichtung", damit der eigennützige „Wirtschaftsmensch" ein „sozialer Mensch" werde.[3] „Heute werden die Beziehungen der Menschen zueinander noch in erheblichem Maße durch die kalten unpersönlichen Kräfte des Profits und des wirtschaftlichen Wettbewerbes gelenkt. In der in Formung begriffenen Ordnung werden die lebendigen Beziehungen von Mensch zu Mensch, von Gruppe zu Gruppe entscheidend sein. Freiheit wird nicht mehr im wesentlichen oder ausschliesslichen in der Ausuebung von Rechten bestehen, sondern in immer erheblicherem Maße in Erfuellung von Pflichten fuer die Allgemeinheit."[4] Erneut forderte May, daß dem Individuum als „Zelle unserer Gesellschaft" in intensivster Weise zur Entfaltung „verholfen" werden solle, da von seiner Vervollkommnung sowohl das Wohl des Einzelnen als auch des Staates abhänge. Statt eines „gedrillten Massenmenschen" wünschte er „den durch Ausbildung und Aufklärung bereicherten und ueberzeugten Mitarbeiter am Gemeinwohle." Nachdrücklich lehnte May die totalitäre Depersonalisierung der Menschen und die Ausgrenzungen in der Klassengesellschaft ab. „Unsere neue soziale Gesellschaftsordnung muss danach streben, die Gegensätze zwischen den Klassen zu ersetzen durch engste

---

1 Beispielsweise im Aufsatz „Architektur, Staatsform und Lebensgefühl". Dieser Aufsatz wurde im RIAS Berlin am 25.8.1952 um 23-23.30 gesendet. Dr. Ing. h.c. Stadtrat a.D. Ernst May, Nairobi. In: NL May, Ordn. 12/0 Vorträge.
2 May, Städtebau – eine Angelegenheit des Volkes (o.J.). S. 10. Zit. wird aus der „B-Fassung". Gegenüber der „A-Fassung" betreffen die Abweichungen die Streichung der sozialen Legitimierung durch die christliche Sozialethik („Ideologie der christlichen Nächstenliebe", S. 24). NL May, Wichtige Schreiben.
3 Vgl. in Kap. III den Abschnitt „Ernst May und das Konzept der sozialen Wirtschaftlichkeit".
4 May, Städtebau – eine Angelegenheit des Volkes (o.J.). S. 11. NL May. Wichtige Schreiben. May benutzt wahrscheinlich eine Schreibmaschine mit englischer Tastatur. Um Verwirrungen zu vermeiden wurde ausnahmsweise Masse durch Maße ersetzt.

Zusammenarbeit aller am Gemeinwohle." Allerdings fährt er fort: „Ich glaube nicht, dass es je möglich sein wird, die klassenlose Gesellschaft zu begruenden. [...] Aber es ist ein anderes, die Verschiedenheit einzelner Menschen und Menschengruppppen anzuerkennen oder sie als Klassen gegeneinander abzugrenzen. Wie können wir je den Gedanken wahrer Demokratie verwirklichen, wenn wir nicht mit allen uns zu Gebote stehenden Mitteln versuchen wollten, uns gegenseitig zu verstehen, zu ergänzen."[5] „Staatszweck" ist das „Wohl der Allgemeinheit", das nur im sozialen Volksstaat verwirklicht werden könne. Der „Städtebauer" muß, wolle er dieser „hohen Aufgabe gerecht werden, [...] mehr sein als ein guter und vielseitiger Techniker: er muss visionär sein, er muss die kommenden Dinge vorausschauen, ihnen den Weg bereiten."[6]

Visionen entwickeln und diesen durch „Realpolitik" den Weg bereiten, kennzeichnete die kurze, aber zukunftsweisende Kommunalpolitik des Neuen Frankfurts zwischen 1925 und 1930.

Erste Tendenzen zu einer umfassenden Gesellschaftsreform waren in Frankfurt am Main bereits im Kaiserreich erkennbar. Obwohl verschiedene kommunale Initiativen bereits auf Bemühungen zur Überwindung der Klassengegensätze hinwiesen, so war dennoch die politische und kulturelle Hegemonie des Bürgertums damals nicht in Frage gestellt. Gleichwohl stand das linksliberale Bürgertum, das bis 1918 die lokale Politik dominierte, vor einem Dilemma: Bereits Ende des 19. Jahrhunderts war ersichtlich, daß die Utopie von einer Gesellschaft gleicher Bürger gescheitert war. Die städtische Gesellschaft war destabilisiert und einem radikalen Wandel unterworfen. Es bildeten sich Problemlagen heraus, die durch den Prozeß der Verstädterung noch verstärkt wurden. Die sogenannte Arbeiter- und die Wohnungsfrage ist deren Ausdruck. Während es dem Stadtbürgertum vor der Industrialisierung noch gelang, bedeutende Minderheiten – beispielsweise die Reformierten, die Katholiken, die Juden oder die Handwerker – zu integrieren, scheiterte hingegen die Integration der Arbeiterschaft in die städtische Gesellschaft, da durch deren Einbindung und durch deren demokratische Partizipation die Hegemonie des Bürgertums in Frage gestellt worden wäre. Die Konzeption der bürgerlichen Sozialreform erschien nun als ein geeigneter Versuch, dieses Dilemma zu überwinden. Durch Sozialreform konnten zwar die Lebensbedingungen der Arbeiterschaft gebessert, nicht aber die Strukturprobleme der Bürgergesellschaft gelöst werden. Weder der bürgerlichen Kommunalverwaltung noch gesellschaftlichen Reforminstitutionen (z.B. Soziales Museum) gelang es, die Arbeiterschaft hinreichend in die bürgerliche Klassengesell-

---

5 May, Städtebau – eine Angelegenheit des Volkes (o.J.). S. 24. NL May. Wichtige Schreiben.
6 Ebenda.

schaft zu integrieren.[7] Trotz des Scheiterns dieser Reform wurden aber die Grundlagen für eine spätere demokratische und plurale Formierung der Gesellschaft vorbereitet. Der gesellschaftliche Wandel vollzog sich in den 20er Jahren in dieser Stadt also weder unerwartet noch unvermittelt.

Der kommunalen Wohnungspolitik wurde in Frankfurt am Main seit Ende des 19. Jahrhunderts eine große sozialpolitische Bedeutung zugesprochen. Die sozialpolitischen Strategien waren seit Adickes aber bereits untrennbar mit kulturpolitischen verflochten. Dadurch erhielt die kommunale Wohnungspolitik in Frankfurt am Main eine exemplarische Bedeutung für den städtischen Formierungsprozeß.

Obwohl die Konzeption „den Arbeiter zum Bürger machen" aufgegeben werden mußte, war das Bürgertum nach wie vor von der Verallgemeinerungsfähigkeit seiner soziokulturellen Werte überzeugt. Die Bemühungen um Durchsetzung moralischer Kategorien und Verhaltensdisziplin durch die Praxis der Sozialdisziplinierung verdeutlicht die Absicht. Die Formulierung von sozialen Standards durch normative Satzungen, die im Zuge der Rationalisierung kommunaler Arbeit eintrat, verstärkte allerdings den Prozeß der Egalisierung. Die Folge war, daß statt individueller Hilfen nun ein klarer Sozialstaatsanspruch formuliert werden konnte.

Nicht die bürgerlichen Sozialreformen, sondern die politische Revolution im November 1918 änderte die politische Konstellation grundlegend. Nun war das Bürgertum auf eine Kooperation mit der gemäßigten Arbeiterschaft angewiesen, wollte es seine Mitgestaltungsmöglichkeiten – vor allem in den Kommunen – sichern. Da sich die Republik nicht durch die demokratische Revolution von 1918 legitimierte, sondern vorrangig durch ihren Sozialstaatsanspruch, erhielt die Wohnungspolitik ein hohe sozialpolitische Gewichtung.

Der Prozeß der modernen Formierung der Gesellschaft begann in der Weimarer Republik auch in Frankfurt keineswegs widerspruchsfrei, wie die Auseinandersetzungen um das Frankfurter Wohnungsamt verdeutlichen. Allerdings war der Übergang bereits durch die lokale bürgerliche Sozialreform und die fortschrittliche Frankfurter Kommunalpolitik vorbereitet. Unterschiedliche Interessenlagen innerhalb der städtischen Gesellschaft wurden anerkannt und zivile Konfliktlösungsstrategien entwickelt. Der bürgerliche Magistrat und die von Sozialdemokraten dominierte Stadtverordneten-Versammlung waren durchaus bereit, im Interesse des städtischen Gemeinwohls auch radikale Initiativen zu ergreifen, wie die kommunale Wohnungsmangelwirtschaft bis 1924 zeigt. Ungeachtet der bescheidenen Erfolge

---

7 Das Dilemma der bürgerlichen Gesellschaft äußerte sich deutlich in der Wahlrechtsdebatte. Eine demokratische Partizipation der Arbeiterschaft hätte die wichtigste bürgerliche Bastion, die Kommune, gefährdet. In Frankfurt kam es dennoch, als sich die Hoffnungen der Sozialdemokraten auf eine umfassende staatliche Sozialreform (z.B. Reichsversicherungsordnung) nicht erfüllten, nach 1910/11 zu einer Hinwendung zur Kommunalpolitik. Dieser Wandel ist besonders im „Aufbruch in die bürgerlichen Lebenswelten" (Roth) erkennbar. Langsam öffneten sich die geschlossenen proletarischen Milieus. Vgl. Roth, Gewerkschaftskartell und Sozialpolitik, S. 182-220.

der öffentlichen Wohnungsmangelbewirtschaftung zeigt diese Sozialpolitik dennoch, daß lokale Krisensituationen auf der Grundlage einer breiten Konsensbildung bewältigt werden konnten. Traditionelle Politikfelder wurden dabei durch die Einbeziehung gesellschaftlicher Gremien, insbesondere durch die Gremien der korporativen Selbstregulierung, erweitert.

Der mittlere Untersuchungszeitraum, etwa 1912 bis 1924, der mit der Amtszeit von Oberbürgermeister Voigt zusammenfiel, kann als transformatorische Phase charakterisiert werden, da sich die städtische Gesellschaft der Klassen sukzessiv auflöste und nach neuen, klassenübergreifenden Ansätze gesucht wurde.

Nach der Wahl von Ludwig Landmann zum Oberbürgermeister erhielten die kommunale Wohnungspolitik und der Städtebau wieder eine „zentrale Bedeutung" als „entwicklungsbestimmende Faktoren" für das Gemeindeleben zugesprochen.[8] Trotz schwieriger ökonomischer Bedingungen gelang es nach der Phase der gehemmten Wohnungsproduktion von 1919-1924, immerhin 18.836 Wohnungen zwischen 1925 und 1930 zu bauen. Oberbürgermeister Landmann und Stadtbaurat May stellten stolz fest, daß innerhalb von nur fünf Jahren etwa jeder elfte Frankfurter Einwohner eine neue Wohnung beziehen konnte.[9] Dies ist eine außerordentliche Sozialstaatsleistung, die auch andere Städte für sich in Anspruch nehmen konnten.

Während die Klassenpolarität oftmals die Kommunalpolitik in den deutschen Großstädten prägte, in der Weimerer Republik allerdings unter gewechselten Vorzeichen, begann in Frankfurt am Main ein Prozeß zur Überwindung der städtischen Klassengesellschaft. Dieser Prozeß ist unmittelbar in den Siedlungskonzeptionen erkennbar. In Magdeburg sollten die modernen Siedlungen, die im Baustil („Neues Bauen") vergleichbar dem Frankfurter waren, vorrangig die sozialdemokratische Sozialpolitik und lokale Hegemonie räumlich symbolisieren, während die Frankfurter Siedlungen bereits Vororte einer zukünftigen modernen Gesellschaft der Mitte darstellten. Folglich orientierte sich das kommunale Wohnungsbauprogramm Frankfurts wohnkulturell weder am Mindestwohnstandard der Arbeiterklasse der Vorkriegszeit, wie beispielsweise der sozial akzentuierte kommunale Wohnungsbau der Gemeinde Wien, noch bemühte es sich um eine Adaption bürgerlichen Wohnstandards. Vielmehr wurde experimentell die Konzeption einer neuen Wohnkultur für die Menschen der modernen Gesellschaft vorbereitet.

Durch die Instrumentalisierung gemeinnütziger Baugesellschaften und durch Bedingungen, die bei der Finanzmittelvergabe gestellt wurden, konnte das Städtebaudezernat unter Ernst May eine beispiellose wohnkulturelle Modernisierung durchsetzen. Architekten und Grundrißwissenschaftler gaben als Choreographen des

---

8 Landmann, Protokolle StVV Ffm. vom 23.2.1926, S. 143.
9 In der Reichswohnungszählung wurden 1925 insgesamt 117.343 Wohnungen in Frankfurt am Main gezählt. Vgl. Beiträge zur Statistik Ffm., Wohnungsverhältnisse (1926), S. 28. Zwischen 1925/25 und 1930/31 wurden zusammen 18.836 Wohnungen neu gebaut (Tab. 41, Anhang). Die Einwohnerzahl Frankfurts betrug 1925 (mittlere Jahresbevölkerung) 473.000 Menschen.

Wohnalltags die Bewegungslinien vor und setzten moderne technische Standards in der Wohnung durch, die alltägliche Wohnweisen revolutionierten. Wie besonders das Beispiel der Frankfurter Küche verdeutlicht, strukturierten nun auch funktionale Raum- und Zeitmuster die weibliche Berufstätigkeit im Haushalt und stellten eine Gleichzeitigkeit mit der modernen Gesellschaftsentwicklung her. Durch die Übertragung der Kategorie der Effizienz auf die Hausarbeit konnte auch die Frauenarbeit im Haus neu legitimiert und erneut geschlechtspezifisch festgeschrieben werden. Der Versuch der Konstruktion der Gleichzeitigkeit ist ebenfalls an der Durchsetzung des Experiments des elektrischen Haushalts erkennbar. Die Ordnung der Räume, die moderne Haushaltstechnik und die Verinnerlichung der planvollen, methodischen Lebensführung durch die produktive Disziplinierung sollte ein „befreites Wohnen" (Giedion) bewirken.

Der Prozeß der Rationalisierung der Wohnkultur und der sozialpolitischen Modernisierung verlief letztlich ambivalent: Denn obwohl freie Räume und Aneignungsmöglichkeiten für ein selbstbestimmtes Wohnen in den neuen Siedlungen kaum vorhanden waren, fand dennoch eine einschneidende kulturelle Transformation statt, die das private Leben der Einzelnen maßgeblich prägten und „private", klassenungebundene Lebensstile ermöglichten. Das Erziehungsgebot war gleichzeitig mit einem Emanzipationsangebot verflochten. Folglich war das „Neue Frankfurt", wie allgemein das Projekt der Moderne, janusköpfig: es war demokratisch und repressiv zugleich. Die Aspekte der sozialen Nivillierung und begrenzten Aneignung warfen allerdings, ebenso wie die späten starren Planungen für die neuen Großsiedlungen des Neuen Frankfurts („Goldstein-Projekt"), einen langen Schatten auf das emanzipatorische Projekt der Moderne.

Die Visionen vom Zukünftigen äußerten sich auch in der regen Etikettierung des Neuen: „Das Neue Frankfurt", das „Neue Bauen" oder die „Neue Frau". Während sich die Prozesse des gesellschaftlichen und politischen Wandels vorsichtig, widerspruchsvoll, aber auch stetig vollzogen, konnten hingegen mit dem wohnkulturellen und städtebaulichen Projekt des „Neuen Frankfurts" Symbole des Neubeginns geschaffen werden. Die neuen Siedlungen am offenen Stadtrand verdeutlichten die Abkehr von der alten Stadt der Klassen. Die Abkehr von der alten Stadt fand auch ihre Entsprechung hinsichtlich der Bewohner und ihrer Altbauwohnungen. Waren die sozialreformerischen und sozialdisziplinierenden Bemühungen im Kaiserreich noch auf die Problemquartiere der Altstadt, Sachsenhausens, Alt-Bockenheims oder Alt-Bornheims und auf die hochmobilen „bürgerlichen Randexistenzen" gerichtet, so konzentrierten sie sich nun auf die Neubauwohnungen und deren Bewohner.

Nicht die alten Wohnungen sollten langsam reformiert und halboffene Familienstrukturen aufgehoben werden, sondern es wurde nun ein deutlicher Bruch vollzogen: Die neuen, abgeschlossenen Wohnungen und ihre Bewohner – auf die sich nun das kommunale Engagement richtete – sollten beispielhaft die neue Gesellschaft der Individuen repräsentieren. Die neuen Wohnungen wurden zu Orten der Privatheit für die moderne Kleinfamilie. Obwohl das „Neue Frankfurt" eine wohnkulturelle und soziale Egalisierung intendierte, wohnten in den Siedlungen des Neuen Bauens vorrangig die nivellierten Schichten der „neuen Mitte", also die Angestellten, Beamten und Facharbeiter.

Die Vermittler des soziokulturellen Projekts „Das Neue Frankfurt" beabsichtigten also weder eine Reform der „Bürgergesellschaft" noch eine Umgestaltung der Klassengesellschaft, sondern die Formierung einer neuen sozialen und gesellschaftlichen Mitte. Bestehende Klassenspannungen mußten daher sukzessiv abgebaut werden. Voraussetzung hierfür war sowohl die Anerkennung der pluralen Gesellschaft als auch der erforderliche Ausgleich von Partikularinteressen. Eingebunden in dieses Reformprojekt waren jene politischen Parteien, die sowohl die plurale demokratische städtische Gesellschaft repräsentierten, als auch die Grundlagen des zivilen Wandels akzeptierten. Die Partei der Klasse (KPD), die ständische Interessenfraktion (Mittelstandspartei) und die rassistischen Gruppen (NS-Freiheitspartei/ NSDAP) wurden hingegen ausgegrenzt.

Obwohl einige Zielsetzungen des „Neuen Frankfurts" nicht bzw. nur unzureichend erreicht wurden, beeindrucken dennoch die vielfältigen Reformstrategien. Eine angemessene Würdigung erfordert zudem die Berücksichtigung der kurzen Zeit, die dem Neuen Frankfurt für dieses Reformprojekt verblieb, und die Beachtung der äußerst schwierigen ökonomischen Rahmenbedingungen.

Gerade die politische Entwicklung Deutschlands zeigte auch, daß Frankfurt am Main aufgrund seiner „visionären" Kommunalpolitik ein Vorort der modernen, zivilen Gesellschaft wurde, denn es konnte dort in einer krisenhaften Phase des Übergangs ein klassenübergreifendes Gesellschaftsmodell begründet werden. Dieses Vermögen, das die städtische Gesellschaft Frankfurts und ihre kommunale Politik auszeichnete, war in anderen Städten nicht in dieser Deutlichkeit entwickelt.

Die Weimarer Republik scheiterte letztlich an der Unfähigkeit ihrer Bürger, in einer pluralen Gesellschaft divergierende Interessen anzuerkennen und diese durch eine demokratische Konsenspolitik auszugleichen. Eine politische Kultur der Toleranz und des zivilen Ausgleichs war aber in Deutschland erst fragmentarisch entwickelt.

VII Anhang

1 Verzeichnis der Tabellen

Verzeichnis der Tabellen im Text

Seite
Tab. 1	Anteil der übervölkerten Wohnungen in Frankfurt am Main, 1871/ 1925	89
Tab. 2	Gebaute Wohnungstypen in deutschen Mittel- und Großstädten, 1927-1932	133
Tab. 3	Wohnungserfassung und kommunale Inanspruchnahme in Frankfurt am Main, 1919-1924	271
Tab. 4	Wohnungssuchende nach Berufsgruppen in Frankfurt am Main, IV. Quartal 1924	290
Tab. 5	Steigerungsraten für die Stundenlöhne eines Maurergesellen sowie des Bauindexes in Frankfurt am Main, 1923	315

Verzeichnis der Tabellen im Anhang

Tab. 1	Die Förderung des Kleinwohnungsbaus durch deutsche Großstädte über 100 000 Einwohner, 1910	395
Tab. 2	Jahresmietpreise in deutschen Großstädten – 1-6-Zimmer-Wohnungen, Mai 1918	396
Tab. 3	Bauträger von Kleinstwohnungen in deutschen Großstädten, 1919-1926	397
Tab. 4	Zugang an Wohnungen im Deutschen Reich durch Neubauten, 1919-1933	398
Tab. 5	Mit öffentlichen Mitteln geförderte Neubauwohnungen – unterschieden nach Bauträgern, 1926-1929	399
Tab. 6	Mit öffentlichen Mitteln geförderte Neubauwohnungen – unterschieden nach Bauträger und Jahren, 1926-1929	400
Tab. 7	Rechtsformen gemeinnütziger Wohnungsbaugesellschaften, 1928-1933	401
Tab. 8	Anzahl der fertiggestellten Neubauten in Deutschland, nach Bauherren, 1927-1933	401
Tab. 9	Anzahl der Bauträger in Preußen nach der Größe der Gemeinden, 1929	402
Tab. 10	Anteil des Wohnungsbaus in Preußen mit Hilfe der Hauszinssteuermitteln nach der Größe der Gemeinden, 1929	402
Tab. 11	Stadtverordneten-Versammlung Frankfurt am Main, Sitzverteilung, 1898-1912	403
Tab. 12	Stadtverordneten-Versammlung Frankfurt am Main, Sitzverteilung, 1919-1933	403
Tab. 13	Anteil des gemeinnützigen Wohnungsbaus am Gesamtwohnungsbestand in Frankfurt am Main, 1871-1910	404
Tab. 14	Bevölkerungsbewegungen in Frankfurt am Main. Fünfjahresräume, 1906-1925	404
Tab. 15	Tätigkeit der Wohnungsaufsicht in Frankfurt am Main. Ordentliche Besichtigungen. Mängel am Haus, 1912-1913	405
Tab. 16	Tätigkeit der Wohnungsaufsicht in Frankfurt am Main. Außerordentliche Besichtigungen. Mängel am Haus, 1912-1913	405
Tab. 17	Tätigkeit der Wohnungsaufsicht in Frankfurt am Main. Ordentliche Besichtigungen. Mängel bei der Benutzung der Wohnungen, 1912-1913	406
Tab. 18	Tätigkeit der Wohnungsaufsicht in Frankfurt am Main. Außerordentliche Besichtigungen. Mängel bei der Benutzung der Wohnungen, 1912-1913	407
Tab. 19	„Gemeinnützige" Wohnungsbaugesellschaften in Frankfurt am Main. Häuser, Wohnungen, Anzahl der Bewohner, 1912	408
Tab. 20	Kleinwohnungsbau durch Korporationen und Vereine in Frankfurt am Main, bis 1917	409
Tab. 21	Indexziffern über die Lebenshaltungskosten inkl. Wohnungen in Frankfurt am Main, 1914-1923	410
Tab. 22	Teuerungszahlen inkl. Miete in Frankfurt am Main, 1914-1923	411
Tab. 23	Wohnungszugang durch Neu- und Umbauten in Frankfurt am Main, 1918-1932	412
Tab. 24	Mit öffentlichen Mitteln geförderter Wohnungsbau in Frankfurt am Main, 1919-1924	413
Tab. 25	Mit öffentlichen Mitteln geförderter Wohnungsbau in Frankfurt am Main, 1925-1931	414
Tab. 26	Wohnungssuchende in Frankfurt am Main, nach dem Dringlichkeitsbedarf, 1921-1931	415
Tab. 27	Wohnungsbedarf in Frankfurt am Main, Wohnungssuchende nach Zimmerzahl, 1921-1931	417
Tab. 28	Wohnungssuchende nach Zimmerzahl in Frankfurt am Main, 1928/1929	418
Tab. 29	Stand des Wohnungsbedarfs in Frankfurt am Main. Zuweisung freigewordener Wohnungen nach Zimmerzahl, 1924-1931	419

Tab. 1   Die Förderung des Kleinwohnungsbaus durch deutsche Großstädte über 100 000 Einwohner (1910)

Bevölkerung	in 1000	1 paternal. WB	2 Klein-WB	3 Darlehn	4 Bürgschaften	5 Baugelände	6 Straßenkosten	7 Erbpacht
Berlin	2071	ja	–	ja	–	–	–	–
Hamburg	931	–	–	ja	–	–	ja	–
Leipzig	679	–	–	–	–	–	–	ja
München	596	ja	–	ja	ja	–	–	–
Dresden	548	ja	–	–	–	ja	–	–
Köln	517	ja	ja	–	ja	ja	ja	–
Breslau	512	ja	–	–	–	–	ja	*
Frankfurt/M.	415	ja	–	ja	–	–	ja	ja
Düsseldorf	359	ja	ja	ja	ja	ja	ja	*
Nürnberg	333	ja	–	–	–	–	ja	–
Charlottenburg	306	–	–	–	–	–	–	ja
Hannover	302	ja	–	–	–	ja	ja	–
Essen	295	ja	ja	–	ja	–	–	ja
Chemnitz	288	–	ja	–	–	–	–	–
Stuttgart	286	ja	–	ja	–	–	ja	–
Magdeburg	280	ja	–	ja	–	–	–	–
Bremen	247	–	–	–	–	–	–	–
Königsberg	246	ja	–	–	–	–	–	–
Rixdorf	237	–	–	–	–	–	–	**
Stettin	236	–	–	–	–	–	–	–
Duisburg	229	ja	–	ja	ja	ja	ja	ja
Dortmund	214	ja	–	ja	–	–	–	–
Kiel	212	ja	–	ja	–	ja	ja	–
Mannheim	194	–	ja	ja	ja	–	ja	ja
Halle	181	–	–	–	–	–	–	ja
Straßburg	179	–	ja	ja	ja	ja	ja	x
Schöneberg	173	–	–	–	–	–	–	–
Altona	173	ja	–	–	–	–	–	–
Danzig	170	ja	–	–	–	–	–	–
Elberfeld	170	–	–	–	ja	–	–	–
Gelsenkirchen	170	–	–	–	–	–	–	–
Barmen	169	–	ja	–	ja	–	–	–
Posen	157	–	–	ja	ja	–	ja	*
Aachen	156	ja	–	–	–	–	ja	ja
Kassel	153	–	ja	–	–	–	–	–
Braunschweig	144	ja	–	ja	–	–	–	–
Bochum	137	–	–	–	–	–	–	–
Karlsruhe	134	ja	–	–	–	–	–	–
Krefeld	129	–	–	ja	ja	–	–	–
Plauen	121	ja	–	ja	ja	ja	–	–
Mühlheim/R.	113	–	–	–	–	–	ja	–
Erfurt	111	–	–	ja	–	ja	ja	–
Mainz	111	–	–	–	–	–	–	–
Wilmersdorf	110	ja	–	–	–	–	–	–
Wiesbaden	109	ja	–	–	–	–	–	–
Saarbrücken	105	ja	–	–	–	–	–	–
Augsburg	102	ja	–	ja	–	ja	–	–

(Stand 1910/1911)   * – für ein Geschäftshaus;   ** – ein Kirchenbauplatz;   x – nicht für Arbeiter
1 – Herstellung von Kleinwohnungen für eigene Arbeiter. 2 – Herstellung von Kleinwohnungen für die mindestbemittelte Bevölkerung. 3 – Gewährung von Darlehen. 4 – Leistung von Bürgschaften. 5 – Hergabe von Baugelände. 6 – Ermäßigung oder Stundung der Straßenherstellungskosten oder der Steuerbeträge. 7 – Hergabe von Gelände zu Erbaurecht oder Wiederkaufsrecht (Ulm).
Q.: Eigene Berechnungen nach Wohnungsfürsorge, Arb.stat. 11, Berlin 1910.

Tab. 2   Jahresmietpreise in deutschen Großstädten über 100.000 Einwohner (Mai 1918) – 1-6 Zimmer-Wohnungen

Städte	Mietpreise pro Wohnung jährlich									
	nur Küche	1-ZW oh.Kü.	1-ZW + Kü.	2-ZW oh.Kü.	2-ZW + Kü.	3-ZW oh.Kü.	3-ZW + Kü.	4-ZW + Kü.	5-ZW + Kü.	6-ZW + Kü.
Berlin	140	170	287	310	419	544	618	822	1115	1527
Hamburg	100	162	222	294	327	450	418	587	823	1231
Köln	129	121	219	228	324	341	492	679	1112	1448
München	130	156	257	266	384	357	523	693	986	1342
Leipzig	138	128	214	191	263	276	356	490	712	980
Dresden	144	139	226	197	288	278	409	570	775	1068
Breslau	130	135	214	217	312	289	499	679	961	1266
Essen	61	171	221	236	272	286	387	551	711	978
Frankfurt/M.	312	160	257	280	369	439	530	746	1069	1366
Düsseldorf	156	127	261	267	379	382	530	636	891	1154
Nürnberg	228	136	196	189	248	296	345	469	641	918
Charlottenbg.	179	212	315	400	476	656	686	890	1245	1712
Chemnitz	127	112	242	167	279	186	327	393	556	740
Stuttgart	–	155	223	252	328	453	444	576	687	1015
Hannover	96	118	180	199	251	289	313	456	654	917
Magdeburg	215	101	146	160	209	209	326	506	692	944
Dortmund	95	112	218	217	313	287	414	591	749	940
Neukölln	142	163	278	292	412	421	560	725	940	1225
Bremen	–	147	189	238	248	329	329	448	670	977
Königsberg	126	155	230	278	317	356	561	779	1085	1381
Duisburg	74	114	197	195	269	263	332	401	559	718
Stettin	132	106	187	204	271	366	458	598	759	1021
Mannheim	–	126	226	229	348	353	499	691	967	1238
Kiel	84	130	196	224	283	373	409	545	709	932
Danzig	–	143	160	285	270	440	435	570	749	1079
Halle	96	85	141	135	202	255	298	451	614	870
Gelsenkirchen	79	87	180	187	238	257	319	399	541	599
Schöneberg	167	232	327	459	502	665	704	909	1265	1675
Kassel	101	106	165	185	237	316	331	450	586	780
Posen	114	134	208	272	348	446	522	765	846	1269
Altona	110	131	186	206	295	335	387	515	717	1012
Barmen	–	91	188	198	277	309	380	492	641	777
Augsburg	100	85	159	129	189	179	283	344	519	697
Elberfeld	60	87	182	190	276	278	365	478	596	697
Lichtenberg	146	165	278	335	406	388	566	721	895	1287
Straßburg	80	118	164	189	205	327	335	524	692	936
Bochum	88	102	193	198	270	270	378	470	664	817
Aachen	–	103	192	195	283	353	382	510	661	818
Wilmersdorf	224	233	334	419	517	684	660	892	1275	1721
Braunschweig	–	92	157	147	203	201	266	380	563	717
Erfurt	161	119	177	167	250	245	352	491	653	891
Karlsruhe	–	105	167	215	272	343	410	549	740	949
Mühlheim/R.	78	112	177	185	238	237	300	377	459	585
Krefeld	–	110	180	190	270	240	318	322	440	600
Mainz	–	113	175	197	266	310	411	623	883	1245

ZW- Zimmerwohnung. oh. Kü = ohne Küche; + Kü = mit Küche. Q.: Reichswohnungszählung im Mai 1918, Stat. d. Dt. Reichs. Bd. 287, I + II (1919/1920).

Tab. 3 Bauträger für Kleinstwohnungen in deutschen Großstädten 1919-1926 in Prozent %

Städte	städtische Bauträger	gemeinnützige Bauträger	private Bauträger
Hamburg	14	12	74
Köln	0	100	0
München	100	0	0
Leipzig	0	0	100
Dresden	58	34	7
Breslau	22	61	17
Essen	0	59	41
Düsseldorf	61	19	20
Hannover	0	100	0
Chemnitz	20	12	68
Magdeburg	67	33	0
Königsberg	100	0	0
Stettin	92	8	0
Halle	0	2	98
Barmen	95	0	5
Altona	100	0	0
Kassel	100	0	0
Elberfeld	38	23	39
Augsburg	7	33	60
Aachen	100	0	0
Bochum	5	20	75
Karlsruhe	18	57	25
Erfurt	100	0	0
Krefeld	50	0	50
Hamborn am Rhein	0	40	60
Münster	0	0	100
Oberhausen	0	50	50

Als Kleinstwohnungen wurden jene Wohnungen mit bis zu 2 Zimmern definiert. Die Tabelle ist nach der Größe der Städte geordnet. An einer Umfrage Paul Mays, auf deren Ergebnisse diese Tabelle beruht, beteiligten sich nicht alle deutschen Großstädte (z. B. Berlin).

Q.: May, Die besonderen Verhältnisse der Großstädte (1928), S. 172.

Tab. 4 Zugang an Wohnungen im Deutschen Reich durch Neubauten zwischen 1919 und 1933

Jahr	Zugang insgesamt	Umbau in %	Neubau in %	Neubau absolut	Relation 1929 = 100 %	Reinzugang
1919	60.861	41,5 %	58,5 %	35.596	11,27 %	56.714
1920	108.307	29,9 %	70,1 %	75.928	24,05 %	103.092
1921	141.498	23,3 %	76,7 %	108.596	34,40 %	134.223
1922	154.970	19,8 %	80,2 %	124.273	39,36 %	146.615
1923	125.940	20,3 %	79,7 %	100.401	31,80 %	118.333
1924	115.376	17,8 %	82,2 %	94.807	30,03 %	106.502
1925	191.812	14,3 %	85,7 %	164.437	52,09 %	178.930
1926	220.529	9,7 %	90,3 %	199.084	63,06 %	205.793
1927	306.834	7,3 %	92,7 %	284.444	90,38 %	288.635
1928	330.442	7,1 %	92,9 %	306.825	97,19 %	309.762
1929	338.802	6,8 %	93,2 %	315.703	100,00 %	317.682
1930	330.260	6,8 %	93,2 %	307.933	97,54 %	310.682
1931	251.701	8,1 %	91,9 %	231.342	73,28 %	233.648
1932	159.121	17,6 %	82,4 %	131.160	41,55 %	141.265
1933	202.113	34,3 %	65,7 %	132.870	42,09 %	178.038

Q.: Eigene Berechnungen und Lütge, Wohnungswirtschaft (1949), S. 235.

Tab. 5 Mit öffentlichen Mitteln geförderte Neubauwohnungen (unterschieden nach Bauträgern) 1926-1929

	städtische Wohnungsbau %	gemeinwirtsch. Wohnungsbau %	privater Wohnungsbau %
Altona	22,00	52,00	26,00
Berlin[1]	(0,00)	(61,79)	38,21
Breslau	3,00	62,00	35,00
Chemnitz	24,90	59,30	15,80
Düsseldorf	22,30	31,90	45,80
Essen	0,20	58,50	41,30
Frankfurt am Main[2]	52,60	40,00	7,40
Halle	8,75	75,50	15,75
Hannover	2,25	46,25	51,25
Hindenburg	8,33	26,33	58,66
Köln[3]	1,00	65,75	34,00
Leipzig[3]	43,00	31,80	25,20
Lübeck	0,00	71,00	29,00
Magdeburg[3]	0,70	93,60	5,70
Mannheim	20,10	29,20	50,70
Nürnberg	59,80	36,40	3,80
Oppeln	10,00	41,00	49,00
Plauen	12,00	14,00	74,00
Weimar	30,90	26,20	42,90

1 – In Berlin umfaßte der gemeinnützig Wohnungsbau auch die städtischen Gesellschaften! Unter Private wurden in dieser Tabelle private Bauherren und Einzelsiedler zusammengefaßt. (Vgl. auch WFG 1931, S. 16).
2 – Nur in den von der Stadtverwaltung Frankfurt bereitgestellten Angaben wurde zwischen dem Wohnungsbau der Stadt (Regie) und den städtischen Baugesellschaften differenziert. In der Tabelle wurde beide Werte addiert.
3 – In diesen Städten wurden private und gewerbliche Bauherren zusammengefaßt.

Diese Tabelle basiert auf dem Zahlenmaterial, das dem Enquete-Ausschuß zur Untersuchung der Erzeugungs- und Absatzbedingungen der deutschen Wirtschaft, Unterausschuß für Gewerbe, bereitgestellt wurde. Allerdings legten nicht allen Großstädte das erforderliche statistische Material vor. Die beabsichtigte „groß angelegte Untersuchung", die sich über mehrere Jahre erstreckte sollte, konnte zudem aus finanziellen Gründen nicht vollständig abgeschlossen werden. Insbesondere der städtebauliche Teil fehlt.

Q.: Der deutsche Wohnungsbau (1931), S. 129-205.

Tab. 6   Mit öffentlichen Mitteln geförderte Neubauwohnungen unterschieden nach Bauträgern und Jahren 1926-1929

St = städtische Bauträger
G = gemeinnützige Bauträger (gemeinnützige Bauvereinigungen/Genossenschaften)
P = privater Wohnungsbau (öffentlich gefördert)

	1926 %			1927 %			1928 %			1929 %		
	St	G	P	St	G	P	St	G	P	St	G	P
Berlin[1]							9	55	36			
Chemnitz	9	71	20	11	73	16	30	54	16	41	46	13
Düsseldorf	0	36	64	16	34	51	31	28	42	39	30	31
Essen	0	60	40	0	47	53	0	68	32	0	61	39
Frankfurt[2]	**65**	**31**	**4**	**65**	**31**	**4**	**62**	**25**	**13**	**37**	**56**	**7**
Halle	26	46	28	1	85	14	3	85	12	5	86	9
Hannover	2	61	37	2	53	46	2	38	59	3	33	63
Hindenburg				6	35	59	11	22	67	8	42	50
Köln[3]	1	69	31	2	62	37	1	61	38	0	71	30
Leipzig[3]	49	29	22	18	39	43	54	28	18	48	31	21
Magdeburg[3]	1	93	6	0	93	7	0	96	5	2	93	5
Nürnberg[3]	29	64	7	71	26	3	51	46	3	64	32	3
Plauen	19	10	71	10	7	83	10	14	76	9	25	66
Stuttgart[3]	71	22	7	33	44	22	34	40	25	50	27	22
Weimar	31	35	34	12	28	60	34	25	41	46	17	37

Anm: Die Angaben wurden bei 0,51< aufgerundet, bei 0,50> abgerundet.

1 – In Berlin umfaßten die gemeinnützigen Baugesellschaften auch die städtischen Gesellschaften! Unter Private wurden in dieser Tabelle private Bauherren, private Erwerbsgesellschaften und Einzelsiedler zusammengefaßt. Eine Aufsplittung nach den einzelnen Trägern erfolgte nur für das Jahr 1928.

2 – Nur in den von der Stadtverwaltung Frankfurt bereitgestellten Angaben wurde zwischen dem Wohnungsbau der Stadt und den städtischen Baugesellschaften differenziert. In der Tabelle wer-den beide Werte addiert.

3 – In diesen Städten wurden private und gewerbliche Bauherren zusammengefaßt.

Die Statistiken, die für diese Tabelle zusammengefaßt wurden, sind im Enquetebericht (Der deutsche Wohnungsbau) abgedruckt und beruhen auf Angaben, die die Stadtverwaltungen bzw. städtischen Statistischen Ämter der Kommission zur Verfügung stellten. An dieser Umfrage beteiligten sich jedoch nicht alle Großstädte. Teilweise wurden nur komprimierte Angaben übermittelt, so daß nur für einige Städte eine Differenzierung nach Jahren möglich ist.

Q.: Der deutsche Wohnungsbau (1931), S. 129-205.

Tab. 7 Rechtsformen gemeinnütziger Wohnungsbaugesellschaften (die einem Prüfungsverband angeschlossen waren) 1928-1933

Rechtsform	1928	1929	1930	1931	1932	1933
e.G.m.b.H.	2511	2638	2596	2667	2654	2572
G.m.b.H.	179	201	222	237	305	359
A.G.	46	51	56	67	75	86
Sonstige	50	42	43	41	41	45

Q.: Jahrbuch des deutschen gemeinnützigen Wohnungsbaus, Bd. II/1940, S. 235.

Tab. 8 Anzahl der fertiggestellten Neubauten in Deutschland (nach Bauherren) 1927-1933

Jahr	Private Bauherren		Gemeinnützige Wohnungsunternehmen		Öffentliche Körperschaften und Behörden	
	Anzahl der Wohnungen	%	Anzahl der Wohnungen	%	Anzahl der Wohnungen	%
1927	169.395	60,3	78.426	27,9	33.269	11,8
1928	180.900	59,6	90.889	30,0	31.538	10,4
1929	173.139	55,5	109.121	34,9	30.010	9,6
1930	156.754	51,3	121.394	39,8	27.148	8,9
1931	118.749	51,7	92.587	40,3	18.492	8,0
1932	91.672	70,4	27.282	20,9	11.337	8,7
1933	99.660	75,4	19.546	14,8	12.986	9,8

Q.: Statistisches Jahrbuch des Deutschen Reichs (1929), S. 136.

Tab. 9   Anteil der Bauträger in Preußen 1929 nach der Größe der Gemeinden in %

Von der Gesamtzahl der errichteten Wohnungen wurden gebaut:

Einwohner	unter 20000	2.000 bis 5.000	5.000 bis 10.000	10.000 bis 20.000	20.000 bis 50.000	50.000 bis 100.000	**über 100.000**	ins- gesamt
	%	%	%	%	%	%	%	%
Öffentlicher Wohnungsbau	6,6	9,9	14,8	15,7	14,8	12,9	**7,4**	9,6
Gemeinnütziger Wohnungsbau	9,4	15,1	23,3	35,3	46,9	44,0	**52,3**	45,0
Privater Wohnungsbau	84,0	75,0	60,9	49,0	38,3	43,1	**40,3**	55,4

Q.: Der deutsche Wohnungsbau (1931), S. 17.

Tab. 10   Anteil des Wohnungsbaus in Preußen 1929 mit Hilfe von Hauszinssteuermitteln

Nach der Größe der Gemeinden in %

Einwohner	unter 20000	2.000 bis 5.000	5.000 bis 10.000	10.000 bis 20.000	20.000 bis 50.000	50.000 bis 100.000	**über 100.000**	ins- gesamt
	%	%	%	%	%	%	%	%
Mit Hauszins- steuerhypotheken	57,7	68,8	76,5	82,2	88,8	88,8	**90,9**	79,5
Ohne Hauszins- steuerhypotheken	42,3	31,2	23,5	17,8	11,2	11,2	**9,1**	20,5

Q.: Der deutsche Wohnungsbau (1931), S. 17.

Tab. 11   Stadtverordneten-Versammlung Frankfurt am Main 1898-1912

„Parteien"	1898	1900	1902	1904	1906	1908	7.1910	11.1910	1912
Demokraten	25	23	23	23	24	17	34	34	32
Fortschritt	13	11	12	11	13	12	,,	,,	,,
Nationalliberale	23	20	20	12	13	10	11	12	12
Sozialdemokraten	0	1	1	3	6	15	20	22	23
Mittelstand	0	7	6	15	8	7	4	3	3
Kath.(Zentrum)	0	2	2	0	0	1	1	0	1
Unabhängige	3	0	0	0	0	2	1	0	0
Gesamt	64	64	64	64	64	64	71	71	71

Q.: Rolling, Liberals, Socialists, and City Government (1979), S.180.

Tab. 12   Stadtverordneten-Versammlung Frankfurt am Main
Sitzverteilung 1919-1933

Partei	1919	1924	1928	1929	1933
(M)SPD	36	19	29	25	16
DDP	23	7	7	4	e 2
Zentrum	13	8	9	11	10
DVP	9	6	9	11	2
DNVP	5	10	7	4	f 3
USPD	8	1			
KPD		8	11	11	8
Mittelstand a	2	4	4	6	1
NSDAP		c 4	4	9	42
ANG		b 4	3	2	
Andere Gruppen			2	d 2	d 1
Gesamtzahl der Sitze	96	76	85	85	85

a – Reichspartei des deutschen Mittelstands/Wirtschaftspartei –1933 Haus- und Grundgesitz Groß-Frankfurt
b – Arbeitnehmer-Gruppe (1924 – 2 Sitze) gemeinsam mit Soziale Arbeitsgemeinschaft eine Fraktion
c – Völkischer Block (NS-Freiheitspartei)
d – Evang. Volksgemeinschaft (Christl. Volksdienst)
e – umbenannt in Deutsche Staatspartei
f – Kampffront Schwarz-weiß-rot

Q.: Stat. Jahresübersichten Frankfurt am Main 1929-34.

Tab. 13 Anteil des gemeinnützigen Wohnungsbaus am Gesamtwohnungsbestand in Frankfurt am Main 1871-1910

Jahr	Anteil am Gesamt- bestand in %	Anteil am Bestand der bewohnten Wohnungen nach der Zimmerzahl			
		1 Zimmer	2 Zimmer	3 Zimmer	4 Zimmer
1871	0,2	–	0,8	0,3	–
1880	1,8	0,8	4,8	2,3	1,2
1885	1,7	0,8	4,0	2,1	1,0
1890	1,6	0,9	4,1	1,5	0,8
1895	1,7	1,1	4,1	1,2	0,6
1900	2,3	1,5	5,5	1,6	0,6
1905	5,7	4,2	12,1	4,6	1,1
1910	5,5	4,3	11,2	4,4	1,1

Q.: Beiträge zur Statistik Frankfurt am Main (1919), S.198.

Tab. 14 Bevölkerungsbewegungen in Frankfurt am Main (Fünfjahresräume 1906-1925)

Zeitraum	Geburtenüberschuß		Wanderungsgewinn		Bevölkerungszunahme bzw. -abnahme in %	
	im ganzen	auf 1 Jahr	im ganzen	auf 1 Jahr	Geburten- überschuß	Wanderungs- gewinn
1906/10	+21.866	+4.373	+23.937	+4.787	+47,7%	+52,3%
1911/15	+16.699	+3.340	+883	+177	+95,0%	+5,0%
1916/20	+948	+189	+32.847	+6.569	+2,8%	+97,2%
1921/25	+8.351	+1.670	-1.658	-332	+124,8%	-24,8%

Q.: Beiträge zur Statistik der Stadt Frankfurt am Main, 14. H., NF, Frankfurt 1926, S.15.

Tab. 15 Tätigkeit der Wohnungsaufsicht in Frankfurt am Main 1912 und 1913

Ordentliche Besichtigungen

Mängel am Haus	Festgestellte 1912	Beseitigte 1912	Festgestellte 1913	Beseitigte 1913
Mangelhafte oder der Zahl nach unzureichende Aborte	144	57	303	120
Feuchte Räume	36	22	84	25
Ausgetretene Treppen	28	13	34	8
Unzulängliche Geländer	25	20	24	8
Ungeeignete Kellerräume	3	2	1	0
Schmutz in Räumen, bei gemeinsamer Benutzung	48	33	27	21
Mangelhafte Instandsetzung des Hauses im Äußeren	68	39	130	40
Mangelhafte Instandsetzung des Hauses im Innern	341	145	407	102
Feuergefahr			108	89
Verschiedenes	46	11	49	10

Q.: Magistratsberichte Frankfurt am Main 1912/1913.

Tab. 16 Tätigkeit der Wohnungsaufsicht in Frankfurt am Main 1912 und 1913

Außerordentliche Besichtigungen

Mängel am Haus	Festgestellte 1912	Beseitigte 1912	Festgestellte 1913	Beseitigte 1913
Mangelhafte oder der Zahl nach unzureichende Abortanlage	207	145	477	366
Feuchte Räume	70	51	268	213
Ausgetretene Treppen	8	3	17	11
Unzulängliche Geländer	8	1	13	6
Ungeeignete Kellerräume	10	3	1	1
Schmutz in Räumen, bei gemeinsamer Benutzung	*10	*7	65	45
Mangelhafte Instandsetzung des Hauses im Äußeren	66	54	196	140
Mangelhafte Instandsetzung des Hauses im Innern	294	149	687	479
Feuergefahr	35	32	191	129
Hausschwamm	6	6		
Einsturzgefahr	5	4		
Verschiedenes			122	*66

* u.a. schlechte Öfen und Herde, Rauchbelästigung.
Q.: Magistratsberichte Frankfurt am Main 1912/1913.

Tab. 17 Tätigkeit der Wohnungsaufsicht in Frankfurt am Main 1912 und 1913

Ordentliche Besichtigungen

Mängel bei der Benutzung der Wohnungen	Festgestellte 1912	Beseitigte 1912	Festgestellte 1913	Beseitigte 1913
Überfüllung	125	39	51	23
Mangelnde Geschlechtertrennung	70	29	47	11
Fehlende Betten	104	25	50	12
Unzweckmäßige Benutzung der „guten Stube"	38	17	*50	*10
Feuchtigkeit, hervorgerufen durch Mieter	66	27	92	22
Unsauberkeit, Unordnung	142	49	83	25
Ungenügende Lüftung	72	27	55	17
Bewohnen zum dauernden Aufenthalt ungeeigneter Räume	20	12	35	28
Verstöße gegen die Schlafstellenordnung (keine Genehmigung)	80	49	123	94
Massenhaftes Ungeziefer	52	15	62	16
Verschiedenes			228	45

* sowie dunkle Räume

Q.: Magistratsberichte Frankfurt am Main 1912/1913.

Tab. 18 Tätigkeit der Wohnungsaufsicht in Frankfurt am Main
1912 und 1913

Außerordentliche Besichtigungen

Mängel bei der Benutzung der Wohnungen	Festgestellte 1912	Beseitigte 1912	Festgestellte 1913	Beseitigte 1913
Überfüllung	37	19	81	40
Mangelnde Geschlechtertrennung	13	6	55	30
Fehlende Betten	40	10	40	17
Unzweckmäßige Benutzung der „guten Stube"	12	4	*66	*32
Feuchtigkeit, hervorgerufen durch Mieter	140	106	267	203
Unsauberkeit, Unordnung	31	18	131	74
Ungenügende Lüftung	15	5	82	39
Bewohnen zum dauernden Aufenthalt ungeeigneter Räume	3	3	183	140
Verstöße gegen die Schlafstellenordnung (keine Genehmigung)	8	8	499	489
Massenhaftes Ungeziefer	138	53	169	113
Verschiedenes			552	440

* sowie dunkle Räume

Q.: Magistratsberichte Frankfurt am Main 1912/1913.

Tab. 19 „Gemeinnützige" Wohnungsbaugesellschaften in Frankfurt am Main nach der Enquete von 1912

Häuser – Wohnungen – Anzahl der Bewohner

Gemeinnützige Gesellschaften	Häuser	Wohnungen	Bewohner
Frankfurter Gemeinnützige Baugesellschaft	87	526	1.922
Bau- und Sparverein	32	182	720
ABG	220	1.333	6.200
Beamten-Wohnungsverein	32	152	630
Spar- und Bauverein f. Eisenbahnbedienst.	18	144	622
Frankfurter Wohnungsbaugenossenschaft	22	187	750
Volks-Bau- und Sparverein	84	376	1.400
gesamt	495	2.900	12.244

Gemeinnützige Gesellschaften	Häuser	Wohnungen	Bewohner
Aktiengesellschaft Hellerhof	74	761	ca. 3000
Aktiengesellschaft Frankenallee	76	542	ca. 2400
Mietheim-Aktiengesellschaft	20	160	ca. 650
gesamt	170	1463	ca. 6050

Q.: Cahn: Die Wohnungsnot in Frankfurt am Main (1912), S. 29.

Die Angaben Cahns über die Wohnungsnot weichen teilweise deutlich von den sonstigen Quellen ab. So errichtete die AG Hellerhof von 1902-1904 insgesamt 148 Häuser mit 762 Wohnungen (statt 74 mit 761 Wohnungen). Kramer, Anfänge des sozialen Wohnungsbaus in Frankfurt, S. 172.

Tab. 20 Kleinwohnungsbau durch Kooperationen und Vereine in Frankfurt am Main bis einschließlich 1917

Name der Korporation (Jahr der Gründung)	Häuser	Wohnungen				
		1 Zimmer	2 Zimmer	3 Zimmer	4 Zimmer und mehr	gesamt
Frankfurter gemeinnützige Baugesellschaft AG (1860)	100	76	382	131	33	622
Bau- Spar-Verein A.G. (1872)	45	1	128	53	20	202
Aktienbaugesellschaft für kleine Wohnungen* (1890)	269	128	1150	393	3	1684
Verein Arbeiterheim Niederrad (1893)	38	–	34	12	–	46
Stadtgemeinde (ab 1887)	93	10	389	122	18	539
Staat – Eisenbahnfiskus (1873)	89	50	375	263	–	688
AG Frankenallee (1901)	76	12	372	105	47	536
AG Hellerhof (1901)	148	106	498	158	–	762
Mietheim AG (1910)	20	–	160	–	–	160
Frankfurter Spar- und Bauverein f. Eisenbahnbedienstete (1893)	19	–	51	90	2	143
Frankfurter Wohnungsgenossenschaft (1896)	25	8	177	27	1	213
Beamten-Wohnungs-Verein (1895)	69	–	43	145	80	268
Volks- Bau- und Spar-Verein (1901)	278	238	637	54	1	930
Rödelheimer Bau- und Spar-Verein (1901)	6	–	16	29	–	45
Straßenbahner Bau- und Spar-Verein. (1910)	13	–	90	9	–	99
Insgesamt	1248	626	4471	1570	205	6872

* = Aktienbaugesellschaft für kleine Wohnungen, inkl. der Häuser und Wohnungen der Gesellschaft zur Beschaffung billiger Wohnungen; seit 1901 mit der ABG fusioniert.

Q.: Beiträge zur Statistik der Stadt Frankfurt am Main. (1919), S. 193-196.

Tab. 21 Indexziffern über die Lebenshaltungskosten einer vierköpfigen Familie in Frankfurt am Main und die darin enthaltenen Kosten für die Wohnung

Datum	Indexziffer	Anteil der Wohnung	Prozentuale Steigerung seit 1.4.1919		Geldwert der Mark	
			Index-Ziffer	Wohnungs-anteil	äußerer Geldwert	innerer Geldwert
					gemessen am Dollar	gem. an den Lebenshaltungskosten
1.01.1914	26,5	5,3	–	–	100	100
1.04.1919	100	8,0	–	–	–	–
1.09.1919	116	8,8	16	10	–	–
1.11.1919	125	8,8	25	10	–	–
1.01.1920	170	8,8	70	10	8,43	15,59
1.03.1920	198	9,2	98	15	4,20	13,38
1.05.1920	289	9,2	189	15	7,37	9,17
1.07.1920	277	9,6	177	20	11,1	9,57
1.09.1920	281	9,6	181	20	8,45	9,43
1.11.1920	316	9,6	216	20	5,42	8,39
1.01.1921	311	9,6	211	20	5,64	8,52
1.03.1921	297	10,0	197	25	6,89	8,92
1.05.1921	280	10,0	180	25	6,45	9,46
1.07.1921	293	10,8	193	35	5,60	9,04
1.09.1921	529	10,8	219	35	4,91	8,31
1.11.1921	382	10,8	219	35	2,31	6,94
1.01.1922	439	10,8	339	35	2,25	6,04
1.03.1922	619	14,4	519	80	1,83	4,28
1.05.1922	830	14,4	730	80	1,48	3,19
1.07.1922	1.115	14,4	1.015	80	1,04	2,38
1.09.1922	2.705	14,4	2.605	80	0,32	0,98
1.11.1922	7.175	24,0	7.075	200	0,29	0,369
1.01.1923	18.105	48.	18.005	500	0,058	0,146
1.03.1923	83.278	48.	83.178	500	0,018	0,032
1.05.1923	84.159	400.	84.059	4.900	0,014	0,031
1.07.1923	386.156	1.600.	386.056	19.900	0,0026	0,007

Q.: Elsas, M.: Indexziffern über der Kosten der Lebenshaltung (1919-1923). In: Jung, Wohnungsmarkt (1924), S. 89-90

Tab. 22 Teuerungszahlen und die darin enthaltenen Angaben für Miete in Frankfurt am Main

Datum	Teuerungszahl	Ausgaben für die Miete		
		2 Zimmer + Küche	3 Zimmer + Küche	4 Zimmer + Küche
1914	103,49	ca. 35,00	–	–
Februar 1920	784	35,00	–	–
März	875	60,50	–	–
April	1.049	60,50	–	–
Mai	1.082	60,50	–	–
Juni	1.040	60,50	–	–
Juli	1.051	60,50	–	–
August	979	60,50	–	–
September	821	60,50	–	–
Oktober	826	60,50	–	–
November	885	60,50	–	–
Dezember	948	60,50	–	–
Januar 1921	1.007	60,50	71,20	112,80
Februar	993	60,50	71,20	112,80
März	950	60,50	71,20	112,80
April	1.008	60,50	71,20	112,80
Mai	941	60,50	71,20	112,80
Juni	971	60,50	71,20	112,80
Juli	993	60,50	71,20	112,80
August	1.101	60,50	71,20	112,80
September	1.122	60,50	71,20	112,80
Oktober	1.184	60,50	71,20	112,80
November	1.446	60,50	71,20	112,80
Dezember	1.579	60,50	71,20	112,80
Januar 1922	1.620	60,50	71,20	112,80
Februar	2.258	60,50	71,20	112,80
März	2.724	60,50	71,20	112,80
April	3.173	82,90	97,10	153,60
Mai	3.368	82,90	97,10	153,60
Juni	3.750	82,90	97,10	153,60
Juli	4.855	82,90	112,75	164,50
August	6.876	82,90	112,75	164,50
September	11.572	82,90	112,75	164,50
Oktober	20.033	199,20	272,30	432,50
November	37.378	199,20	272,30	432,50
Dezember	57.906	576.00	854,00	1381.00
Januar 1923	102.209	576.00	854,00	1381.00
Februar	234.854	576.00	854,00	1381.00
März	262.744	1.098,00	1.650,00	2.617,00
April	276.430	3.263,00	4.843,00	7670,00
Mai	335.464	3.263,00	4.843,00	7.670,00
Juni	702.069	17.309,00	25.751,00	40.782,00
Juli	2.853.976	23.934,00	41.251,00	64.041,00
August	52.631.964	126.626,00	192.214,00	304.669,00
September	1.409.148.000	1.826.072,00	2.789.614,00	4.309.204,00
Oktober	357.953.000.000	421.100.000,00	614.400.000,00	2.089.100.100,00

Q.: Jung, Wohnungsmarkt Ffm. (1924), Tab. 12, S. 98-99 („Nach Angaben des Statist. Amts.")

Tab. 23 Wohnungszugang durch Neu- und Umbauten in Frankfurt am Main 1918-1932

Jahr	Neubau		Umbau		Zugang Wohnungen	Prozentualer Anteil	
	Wohnungen	Sonstige Gebäude	Wohnungen	Sonstige Gebäude	Gesamt	Neubau	Umbau
ab 1.7.1918	1	5	10	–	16	37,5	62,5
1919/20	158	9	416	12	595	28,1	71,9
1920/21	905	5	270	11	1191	76,4	23,6
1921/22	262	12	232	49	555	49,4	50,6
1922/23	536	5	165	28	734	73,7	26,3
1923/24	460	40	200	68	768	65,1	34,9
1924/25	506	22	105	31	664	79,5	20,5
1925/26	1362	19	174	13	1568	88,1	11,9
1926/27	2433	47	25	35	2540	97,6	2,4
1927/28	2436	26	23	7	2492	98,8	1,2
1928/29	3502	20	47	45	3614	97,5	2,5
1929/30	3515	39	58	62	3669	96,7	3,3
1930/31	5588	10	56	76	5730	97,7	2,3
*1931/32	885	1	35	34	955	92,8	7,2
**1931/32	1056	6	109	21	1192	89,1	10,9
***1932/33	290	5	312	81	688	42,9	57,1
zusammen	23895	271	2143	573	26882	89,9	10,1

Jahresangaben = Haushaltsjahr (April-März)

* – bis 31.10.1931
** – ab 1.11.1931 bis 31.3.1932
*** – bis 31.10.1932

Q.: Statistik der Stadt Frankfurt am Main, Bevölkerungs- und Wirtschaftszahlen. (Dez.) 1932. Eigene Berechnungen.

Tab. 24 Mit öffentlichen Mitteln geförderter Wohnungsbau in Frankfurt am Main 1919-1924

Anzahl der Wohnungen pro Jahr

Bauträger	1919	1920	1921	1922	1923	1924
Stadt	662	215	90	390	126	413
AGB	–	–	–	–	–	204
Städtischer WB gesamt	662	215	90	390	126	617
Gemeinnütziger WB	330	–	131	10	–	368
Private	2	–	34	8	–	404
Gesamt	994	215	255	408	126	1389

Prozentualer Anteil

Bauträger	1919	1920	1921	1922	1923	1924
Stadt	67	100	35	96	100	30
AGB	0	0	0	0	0	15
Städtischer WB gesamt	67	100	35	96	100	45
Gemeinnütziger WB	33	0	52	2	0	26
Private	0	0	13	2	0	29
Gesamt	100	100	100	100	100	100

AGB = Aktienbauesellschaft für kleine Wohnungen; WB = Wohnungsbau
Q.: Statistische Jahresübersichten Frankfurt am Main; Ergänzungshefte 1-6 (1929-1934); Statistisches Handbuch Frankfurt am Main (1928).

Differenzen gegenüber der vorangehenden Tabelle erklären sich dadurch, daß diesen unterschiedliche Zeitangaben zugrunde gelegt wurden (Haushaltungsjahr 1.1.-31.3. bzw. 1.1.-31.12.) und daß nicht zwischen dem gesamten bzw. öffentlich geförderten Wohnungsbau unterschieden wurde.

Tab. 25 Mit öffentlichen Mitteln geförderter Wohnungsbau in Frankfurt am Main 1925-1931

Anzahl der Wohnungen pro Jahr

Bauträger	1925	1926	1927	1928	1929	1930	1931
Stadt	315	·514	566	1303	21	13	13
AGB/städt. gesamt	564	929	1290	770	1333	1385	894
Städtischer WB gesamt	879	1443	1856	2073	1354	1398	907
Gemeinnütziger WB	354	690	904	833	2043	1767	303
Private	199	79	106	413	243	193	36
Gesamt	1432	2212	2866	3319	3640	3358	1246

AGB = Aktienbauesellschaft für kleine Wohnungen; WB = Wohnungsbau
1929 wurden in den städtischen Statistiken der Wohnungsbau der städtischen Gesellschaften ABG (491 Wohnungen) und Gartenstadt AG (426 Wohnungen) sowie die AG Hellerhof (416 Wohnungen) summiert. Ebenso 1930 – ABG (292 Wohnungen), Gartenstadt AG (710 Wohnungen) sowie AG Hellerhof (383 Wohnungen).

Prozentualer Anteil

Bauträger	1925	1926	1927	1928	1929	1930	1931
Stadt	22	23	20	39	1	0	1
AGB/städt. gesamt	39	42	45	23	36	41	72
Städtischer WB gesamt	61	65	65	62	37	41	73
Gemeinnütziger WB	25	31	31	25	56	53	24
Private	14	4	4	13	7	6	3
Gesamt	100	100	100	100	100	100	100

Q.: Statistische Jahresübersichten Frankfurt am Main; Ergänzungshefte 1-6 (1929-1934); Statistisches Handbuch Frankfurt am Main (1928).

Tab. 26   Wohnungssuchende in Frankfurt am Main nach dem Dringlichkeitsgrad

Zeit	dringliche Fälle	allgemeine Fälle	Summe	neu zu erstellende Wohnungen*
*1921	3 376		6 418	
*1922	4 992		8 330	
*1923	6 999		12 028	
*1924	8 707		15 354	
*1925	9 721		17 279	
*1926	13 635		18 643	
Mai 1921[1]	4 400		9 666	
1.3.1922[1]	5 009		8 571	
1.4.1922[1]	5 186		8 857	
1.1924			16 074[2]	12 899
4.1924	7 174	6 905	14 079	13 441
7.1924	7 292	7 022	14 314	13 649
10.1924	9 542	7 332	16 874	13 992
1.1925	9 721	7 558	17 279	14 353
4.1925	10 442	7 834	18 276	15 125
7.1925	10 329	7 653	17 982	14 628
10.1925	13 705	4 620	18 325	14 750
1.1926	13 635	5 008	18 643	14 853
4.1926	13 981	5 435	19 416	15 486
7.1926	14 054	5 882	19 936	15 860
10.1926	14 197	6 351	20 548	16 320
1.1927	14 317	6 791	21 108	16 665
10.1927	14 058	7 903	21 961	16 713
1.1928	13 887	8 481	22 358	16 947
4.1928	13 783	10.118	23 901	18 397
7.1928	13 575	11 119	24 694	19 112
10.1928	13 132	12 391	25 523	19 835
1.1929	13 393	13 793	27 186	21 258
4.1929	13 421	14 879	28 300	22 199
7.1929	13 787	16 092	29 879	23 584
10.1929	14 393	16 345	30 738	24 232

1 – In: StA Frankfurt am Main, Akt. d. Mag. Frankfurt am Main, 796/V, Brief Mag. an Pr. Minister f. Wissenschaft 1.5.1922
2 – Vierteljahresbericht des Wohnungsamts, 5.5.1924, StA Ffm. Akten der StVV, Sig. 1878

(Forts. auf S. 416)

Wohnungssuchende in Frankfurt am Main nach dem Dringlichkeitsgrad
(Fortsetzung)

Zeit	dringliche Fälle	allgemeine Fälle	Summe	neu zu erstellende Wohnungen*
1. 1930	14 675	16 834	31 509	23 574
1. Halbjahr 1930	16 070	16 120	32 190	23 708
2. Halbjahr 1930	7.422	26 142	33 564	24 223
1. Halbjahr 1931	9 791	24 803	34 594	23 287

Q.: MA T 796/VI

* = Wohnungsnachfrage zu Jahresbeginn. In: Stat. Handbuch der Stadt Frankfurt am Main 1906/07 bis 1926/27, Frankfurt am Main 1928 S. 306.

Die Berechnungen über den Stand der neu zu erstellenden Wohnungen resultieren aus der Summe der Wohnungssuchenden minus der Summe der Wohnungen, die nach Zuweisung frei wurden.

Tab. 27 Stand des Wohnungsbedarfs in Frankfurt am Main
Wohnungssuchende nach Zimmerzahl

Zeit	Zimmer						
1. Tag im Quartal	1	2	3	4	5	6	Summe
I. 1921	1.108	3.327	1.456	385	101	41	6.418
II. 1921	1.600	5.019	1.681	426	96	33	8.855
III. 1921	1.585	6.046	1.871	454	110	25	10.091
IV. 1921	1.572	6.859	2.045	487	122	26	11.111
I. 1922	1.060	5.130	1.565	442	114	19	8.330
II. 1922	1.002	5.567	1.681	471	118	18	8.857
III. 1922	936	6.343	1.842	520	127	16	9.784
IV. 1922	873	7.334	2.106	592	150	18	11.073
I. 1923	799	8.102	2.324	633	152	18	12.028
II. 1923	784	8.730	2.558	718	164	22	12.973
III. 1923	772	9.464	2.796	788	182	29	14.031
IV. 1923	761	9.964	2.951	813	194	19	14.702
I. 1924							
II. 1924		9.424	2.959				
III. 1924		9.514	3.044				
IV. 1924	756	11.424	3.449	1.018	215	12	16.874
I. 1925	746	11.739	3.548	1.022	210	14	17.279
II. 1925	747	12.367	3.857	1.070	219	16	18.276
III. 1925	736	12.206	3.806	1.044	184	6	17.982
IV. 1925	37	12.924	4.027	1.082	190	65	18.325
I. 1926	27	13.120	4.168	1.096	184	48	18.643
II. 1926	32	13.689	4.343	1.129	179	46	19.416
II. 1926	24	14.062	4.509	1.144	164	33	19.936
IV.1926	24	14.495	4.699	1.169	134	27	20.548
I. 1927	7	14.908	4.880	1.164	132	17	21.108
IV. 1927	–	15.382	5.235	1.177	148	19	21.961
I. 1928	–	15.764	5.333	1.125	128	8	22.358
II. 1928	–	17.131	5.544	1.094	126	6	23.901
III. 1928	–	17.866	5.615	1.074	134	5	24.694
IV. 1928	–	18.623	5.699	1.057	139	5	25.523
I. 1929	–	19.855	6.130	1.060	136	5	27.186
II. 1929	–	20.731	6.374	1.057	132	6	28.300
III. 1929	–	21.917	6.737	1.076	143	6	29.879
IV.1929	–	22.511	7.070	1.018	133	6	30.738
1. Hj. 1930	–	23.236	7.958	876	117	3	32.190
2. Hj. 1930	–	24.437	8.145	850	129	3	33.564
1. Hj. 1931	–	25.639	8.217	738	–	–	34.594

Q.: StA Frankfurt am Main, MA T 815 I und T 815/II; Jung, Wohnungsmarkt (1924), S. 94-96

Tab. 28 Wohnungssuchende nach Zimmerzahl in Frankfurt am Main:
(IV. Quartal 1928 und 1929)

„Fälle"	Zimmer						
	1	2	3	4	5	6	Summe
1.10.1928							
a. dringende		.595	.918	398	42	4	1.957
b. Sanierung		1.493	1.152	166	4	1	2.816
c. sonstige		6.283	1.894	182	–	–	8.359
d. allgemein		10.252	1.735	311	93	–	12.391
1.10.1929							
a. dringende		.617	1.314	458	41	4	2.434
b. Sanierung		1.642	1.882	177	3	2	3.706
c. sonstige		6.262	1.945	46	–	–	8.253
d. allgemein		13.990	1.929	337	89	–	16.345

a. = Vorzugsweise dringende Fälle
b. = Sanierungsfälle
c. = sonstige dringende Fälle
d. = allgemeine Fälle

Q.: StA Frankfurt am Main, MA T 796/VI

Tab. 29 Stand des Wohnungsbedarfs in Frankfurt am Main
Nach Zuweisung freigewordene Wohnungen (nach Zimmerzahl)

Zeit	Zimmer						
	1	2	3	4	5	6	Summe
10.1924	861	1603	329	50	32	7	2882
1. 1925	852	1636	349	50	32	7	2926
4. 1925	910	1772	378	53	33	7	3153
7. 1925	959	1907	398	52	31	7	3353
10.1925	1110	1980	424	46	14	1	3575
1. 1926	1166	2111	450	47	15	1	3790
4. 1926	1206	2190	467	49	17	1	3930
7. 1926	1237	2288	480	52	18	1	4076
10.1926	1274	2374	506	54	19	1	4228
1. 1927	1324	2519	523	55	19	3	4443
10.1927	1537	2967	640	69	26	9	5248
1. 1928	1591	3052	662	69	27	10	5411
4. 1928	1620	3109	668	70	27	10	5411
7. 1928	1639	3133	692	79	29	10	5582
10.1928	1663	3190	714	82	29	10	5688
1. 1929	1723	3341	740	84	30	10	5928
4. 1929	1755	3465	765	85	31	–	5928
7. 1929	1813	3566	796	89	31	–	6295
10.1929	1879	3669	833	94	31	–	6505
1. Jhf. 1930	2330	4744	1153	189	66	–	8482
2. Jhf. 1930	2467	5144	1423	307	–	–	9341
1. Jhf. 1931	2699	6094	2142	372	–	–	11307

Q.: StA Frankfurt am Main, MA T 815/I und T 815/II.

2 Quellen- und Literaturverzeichnis

2a. Quellen (Archive)

Institut für Stadtgeschichte Frankfurt am Main – Stadtarchiv (StA Ffm.)
Akten des Magistrats der Stadt Frankfurt am Main (MA Ffm.)

T 796/ I	Wohnungsamt. Beschaffenheit und Benutzung der Wohnungen. Gesetz zur Verbesserung der Wohnverhältnisse, Wohnungsinspektion, 1892-1902
T 796/ II	Wohnungsamt. Beschaffenheit und Benutzung der Wohnungen. Gesetz zur Verbesserung der Wohnverhältnisse, Wohnungsinspektion, 1903-1910
T 796/ III	Wohnungsamt. Beschaffenheit und Benutzung der Wohnungen. Gesetz zur Verbesserung der Wohnverhältnisse, Wohnungsinspektion, 1911-1915. 1930
T 796/ IV	Wohnungsamt. Beschaffenheit und Benutzung der Wohnungen. Gesetz zur Verbesserung der Wohnverhältnisse, Wohnungsinspektion, Wohnungs-Amt, 1916-1920.
T 796/ V	Wohnungsamt, 1921-25.
T 796/ VI	Wohnungsamt. Deputation für das Wohnungswesen und Wohnungsamt, 1926-1930, (Organisation und Mitglieder).
T 797/ I	Wohnungsamt, Beamte und Bedienstete, 1913-1921.
T 800	Wohnungsamt, Rechnungswesen
T 802	An- und Abmeldung von Kleinwohnungen, 1918-1921.
T 803	Beschwerden und Gesuche (Tom I-VIII) 1919-1930.
T 804	Bezirkswohnungskommissare, 1919- .
T 805	Wohnungs-Ordnung, Wohnungsuntersuchungs-Kommission, Wohnungszwangswirtschaft, etc.
T 806	Bekämpfung des Wohnungsmangels 1919-.
T 809/ I	Zuweisung von Wohnungen in besonderen Fällen, 1920-25
T 809/ II	Zuweisung von Wohnungen in besonderen Fällen, 1925-30
T 810	Maßnahmen gegen Umwandelung von Hotel- und Wohnräume
T 811	Gewährung von Prämien für freigemachte Wohnungen
T 812	Gewährung von Prämien für freigemachte Wohnungen. Spezialakten 1922-
T 813	Verordnung gegen den Schleichhandel mit Wohnungen, 1921-
T 814	Ablösung der Zwangseinmietungen, 1921-1925
T 815/ I	Bericht über den Stand des Wohnungsmarktes. 1919-1928
T 815/ II	Bericht über den Stand des Wohnungsmarktes. 1929-1930
T 816	Vereinigung deutscher Wohnungsämter. 1922-
T 817	Wohnungsmangelverordnung, Reichswohnungszählung, etc.
T 819	Reichsrichtlinien für das Wohnungswesen. 1924-
T 819/ I	Einigungsamt für Mietstreitigkeiten. Organisation. etc. 1911-20
T 819/ II	Einigungsamt für Mietstreitigkeiten. Organisation. etc. 1921-25
T 819/ III	Einigungsamt für Mietstreitigkeiten. Organisation. etc. 1926-30
T 820	Ausschuß zur Festsetzung der Höchstgrenze für Mietsteigerung. 1919-
T 821	MEA Beamte und Bedienste, 1911-30
T 823/ I	Beschwerden, Anfragen und Mitteilungen. 1918-März 1924
T 823/ II	Beschwerden, Anfragen und Mitteilungen. April 1924-
T 824	Tagungen der Mieteinigungsämter. 1918-
T 826/ I	Reichsmietengesetz. 1921-23
T 826/ II	Reichsmietengesetz. 1924-28
T 826/ III	Reichsmietengesetz. 1929-
T 827	Ausgleichfond gemäß § 7 des Reichsmietengesetzes, 1922-
T 828/ I	Wohnungsgesetz (Akten des OB), 1913-1915
T 828/ II	Wohnungsgesetz (Akten des OB), 1916-
T 829	Wohnungsordnung für den Stadtkreis Ffm 1918-30
T 862	Wohnungsnot, Beschaffung billiger Wohnungen, etc.
T 875	Elektrischer Haushalt in der Römerstadt. 1928-1930
T 886	Rationalisierung der Hauswirtschaft

Magistratsakten ab 1930
Sig.
3056   Bauplattenfabrikation, 1930
3100   Hochbauamt, Dep.-Organisation, 1930
3104   Beschwerden, Anfragen, 1930
3310   Baupolizeiordnung der Stadt Frankfurt am Main, 1933
3320   Bauordnung der Stadt Frankfurt (Ortsbausatzung), 1930
3500   Wohnungsamt, Org. 1930
3500a   Monatsbericht des Wohnungsamtes, 1930
3501   Personal, 1930
3510   Wohnungsordnung, -aufsicht, etc.,1930
3520   Wohnungsmangel-Verord., Wohnungswirtschaft, Raumerfassung etc., 1930
3521   Zuweisung von Wohnungen in besonderen Fällen, 1930-50
3532   Kommunale Vereinigung für Wohnungswesen. 1931
3670   Wohnungsnot, Beschaffung billiger Wohnungen, HZS, Hauptakte, 1930
3670/1   Wohnungsnot, etc., Einzelakte
3670/2   Siedlung Praunheim, 1930
3670/3   Siedlung Römerstadt
3670/7   Siedlung Westhausen, 1931
3671   Reichs-Heimstätten, Hauptakte,1930
3673   Reichsforschungsgesellschaft für Wirtschaftlichkeit im Bau- und Wohnungs-W. 1930
3675   Selbsthilfesiedlungen für Erwerbslosen, 1931
3680   Bau- und Siedlungsgenossenschaften., Inc. Aufsichtsratsmitglieder
3680/1   Schäden an Wohnungen
3681/1   ABG für kleine Wohnungen, 1930
3681/3   Gartenstadt A.G., 1930
3681/5   Hellerhof
3681/6   Verband sozialer Baubetriebe, Bauhütten, 1930
3681/21.   Frauenwohnungsverein, 1930.
3681/22-53 Weitere Frankfurter Baugesellschaften

Akten der Stadtverordneten-Versammlung zu Frankfurt am Main (Akt. StVV Ffm.)

Sig. 491   Siedlungsamt, Jan. 1920-Mai 1933
Sig. 1878   Wohnungsamt, Mai 1921-Feb.1927
Sig. 437   Wohnungswesen, Kleinwohnungsbau, Generalia. Juli 1915-1922
Sig. 438   Wohnungswesen, Kleinwohnungsbau, Generalia. Juli 1921-Dez 1927
Sig. 439   Wohnungswesen, Kleinwohnungsbau, Generalia. Jan. 1928-Dez. 1929
Sig. 1.736 Mieteinigungsamt
Sig. 1.685 Mieteinigungsamt

Gedruckte Quellen

Bericht StVV Ffm. = Bericht über die Verhandlungen der Stadtverordneten-Versammlung der Stadt Frankfurt am Main nach der stenographischen Aufnahme. Hg. v. Büro der StVV. Bd. 43-63. Frankfurt am Main 1910-1930.

(Die Berichte sind fortlaufend mit einer Seitennummerierung pro Jahrgang versehen. In dieser Arbeit wird eine verkürzte Zitierweise (weder die Paragraphen des Tagesordnungspunktes noch das Datum der Debatte angeführt) angewandt:, z.B.: May Bericht StVV Ffm. 1927, S. 100; oder falls die Parteizugehörigkeit für das inhaltliche Verständnis hilfreich ist, z.B.: Kirchner (SPD). Bericht StVV Ffm. 1925, S. 35.
MV = Magistratsvorlage/ MB = Magistratsbericht.
Diese wurden numeriert und befinden sich auch in den Berichten und Akten der StVV.

Bundesarchiv Potsdam (BA Potsdam) – ehemaliges Geheimes Staatsarchiv Potsdam.
Reichsarbeits-Ministerium (RAM)

RAM, Bestand 39.01; Sig. 10797. Veröffentlichungen über Wohnverhältnisse (in Preußen) 1926-29. (Der Stand des Wohnungswesens in Preußen im Jahre 1921. Dargestellt nach den Berichten der Wohnungsaufsichtsbeamten. Hg. Preußisches Ministerium für Volkswohlfahrt, Druckschrift Nr. 6, Berlin 1923).
RAM, Bestand 39.01; Sig. 10798. Veröffentlichungen über Wohnverhältnisse (in Preußen).
RAM, Bestand 39.01; Sig. 10799. Veröffentlichungen über Wohnverhältnisse (in Hessen-Nassau).
RAM, Bestand 39.01; Sig.11017. (Wohnungsfürsorge Nr. 2/4a; Bd. 11). Akten betr.: Die Beteiligung des Reiches an der während der Übergangszeit nach dem Kriege durchzuführenden Wohnungsfürsorge. 1918 Juli-Nov.
RAM, Bestand 39.01; Sig. 11022, (Wohnungsfürsorge Nr. 2/6; Bd. 11). Akten betr.: Die Beteiligung des Reiches an der während der Übergangszeit nach dem Kriege durchzuführenden Wohnungsfürsorge. Nov. 1919-2. 1921.
RAM, Bestand 39.01; Sig. 11026, (Wohnungsfürsorge). Akten Reichs- und Staatskommissar für Wohnungswesen.
RAM, Bestand 39.01; Sig. 11234. Akten betr.: Anträge auf Gewährung von Vorhaben aus dem Wohnungsfürsorgefond des Reichswirtschaftamtes 1918.
RAM, Bestand 39.01; Sig. 11235. Akten betr.: Anträge auf Gewährung von Vorhaben aus dem Wohnungsfürsorgefond des Reichswirtschaftamtes. 1918, Dez.
RAM, Bestand 39.01; Sig. 11246. Stat. Übersichten über die Wohnungen, welche von den auf Reichsmitteln stützenden Baugenossenschaften von nur gering besoldeten Reichsbeamten etc. vermietet sind. Okt. 1913-1920.
RAM, Bestand 39.01; Sig. 11247. Stat. der Bautätigkeit 2.10.12-11.10.22.
RAM, Bestand 39.01; Sig. 11248. Allgem. Wohnungszählung 2.10.17-11.10.22.

Geheimes Staatsarchiv Preußischer Kulturbesitz (GSTA PKB) – Abteilung Merseburg

Ministerium des Innern (MdI)
Rep. 77; Tit. 733; Bd. ., Nr.1. (18.5.18-25.4.19). Akt. Betr.: die Übertragung der auf dem Gebiet des Wohnungswesens zu bearbeitenden Angelegenheiten auf den Staatskommissar für das Wohnungswesen.
Rep. 77, Tit. 733, Fasz. II zu Wohnungswesen Nr. 3. Akt. betr. Kommission zur Schlichtung von Streitigkeiten in Wohnungsangelegenheiten zwischen Gemeinden und Behörden.
Rep. 77, Tit. 662, Nr. 159 Vereine (u.a. Dt. Wohnungsbauausschuß).

Preußisches Ministerium für Handel und Gewerbe (MfHG)
A II, Nr. 179 Wohnungswirtschaft.
Bd. 1. Aufhebung der Wohnungswirtschaft. Gesetzl. Reg. MEA. Wohnungsstatistik. Angabe Mietaufhebungs- und Räumungsklagen. 1927-28.
Bd. 2. Wohnungswirtschaft. 1928-30.
Bd. 3. Wohnungswirtschaft (Gemeinnützigkeit) 1930.
A II, Nr. 5, Organisation der obersten Staatsbehörde.
Bd. 4. Geschäftsbereich des preußischen Staatskommissars für Wohnungswesen. 1911-19.
Rep. 77, Titel 733, Bd.2, Nr. 3 spez. (1.5.21-31.3.24). Akten betr. Maßnahmen zur Bekämpfung der Wohnungsnot pp. nach dem Kriege; Spezialien.
Rep. 120, BB, Abt. VII, Fach 1, Nr. 11, adh. 8a, Bd. 1-13. Akten betr. die Einführung des Wohnungsgesetzes
Rep. 120 C, Fach V, Nr. 87, Bd. 4., 16.12.1926-30.4.27. Akten betr. die Hauszinssteuer

Preußische Landtag Rep.169 D.
Xp 1. Wohnungswesen allgem. 1919-29.
Xp 6. Die öffentliche Wohnungsfürsorge. Allgemein. Wohnungsgesetz Bd. 1 (1919) bis Bd. 15 (1933).

Landesarchiv Berlin (LA-B)

Rep. 142. Deutscher und Preußischer Städtetag.
Rep. 142. Nr. 2485-90. HZS.
Rep. 142. Nr. 4157. Zuschlagsrecht (100%) zur HZS.

Rep. 142. Nr. 161. Deutscher Städtetag. Ausschuß für Siedlungs-, Grundstücks- und Wohnungsfragen, ab Mai 1920.
Rep. 142. Nr. 2837-39. Rundfrage Deutscher Städtetag. HZS.

Germanisches Nationalmuseum (ABK) Nürnberg

Nachlaß May (NL May)
Mappe – „Wichtige Schreiben".
„An die SPD" v. 11.11.1957.
„Städtebau, eine Angelegenheit des Volkes". o.J. (in Ostafrika geschrieben, etwa 1947). Zwei Fassungen und Durchschlag.
Vorträge in Ordnern nach laufenden Nummern.
Ord. 12/A   „Berlin als Wohnstadt" v. 4.3.1929
Ord. 12/B   „Natur und Großstadt". Vortrag Senckenberg Gesellschaft Ffm. Schumanntheater 9.2.1930.
Ord. 12/0   „Architektur, Staatsform und Lebensgefühl". (geschr. in Nairobi). Gesendet RIAS-Berlin am 25.8.1952.
Ord. 19/122   „Das Neue Bauen in Frankfurt am Main von 1925-1930". Vortrag v. 8.11.1963 an der TH Darmstadt.
Ord. 21/157   „Auswirkungen von Architektur und Städteplanung in der Weimarer Zeit auf die Gegenwart" Vortrag Uni Mainz 2.12.1965.
Ord. 21/158   „Epochen meiner Arbeit". Vortrag v. 10.12.1957 an der TH Karlsruhe.
Ord. 23/184   „Mein Beruf und die Sozialdemokratie". Vortrag vor der SPD HH-Flottbeck am 2.12.1969.
Ord. Da 66   „Aus meinem Leben"

Nachlaß Günther (NLGünther)

Wohnungsbau (Fragment), o.J.
Die Frankfurter Wohnungsbaupolitik. Manuskript. o.J. (für Handbuch des Industrie- und Verkehrsverlages Dresden).
Kleinstwohnung oder keine Wohnung. Manuskript. o.J.
Die wirtschaftlichen Voraussetzungen der Heimstättenbildung. Manuskript v. 26.4.1930.

Befragungen und Interviews
Frau Luise Günther (Mosbach). Sekretärin von Ernst May zwischen 1922-1930. Interviews am 25.7.1986/ 26.10.1986
Frau Boos (Frankfurt), Sekretärin v. Ernst May 1925. Gespräch am 23.4.1986
Herr Klaus May (Herdwangen/ Schönach), Sohn von Ernst May. Gespräch (tel.) 23.4.1986/ Schriftwechsel 28.4.1986
Frau Margarethe Schütte-Lihotzky (Wien). Interview in Wien am 24.2.1989

2b. Zeitungen und Zeitschriften

DAS NEUE FRANKFURT (DNF). Monatszeitschrift für Fragen der Großstadtgestaltung. Gegründet 1926 von Ernst May.
Die Zeitschrift wurde mit wechselnden Untertiteln und Herausgebern publiziert. Bis Ende 1927 zeichnete May als Herausgeber und Schriftleiter. Ab Heft 1/ 1928 wurde die Zeitschrift von Joseph Gantner geleitet; May und Wichert waren Herausgeber. Seit 1932 wurde die Zeitschrift in „die neue stadt. internationale monatszeitschrift für architektonische planung und städtische kultur" umbenannt.
Die Zeitschrift war pro Jahrgang fortlaufend durchnummeriert. Es wird auch auf den Reprint-Band von Hirdina „Neues Bauen – Neues Gestalten" oder auf das Buch „Funktionalität und Moderne" von Mohr und Müller verweisen, da in diesen Büchern die wichtigsten Artikel der Zeitschrift reproduziert wurden und leichter zugängig sind.

Tageszeitungen (Zitierte Aufsätze aus Zeitungen werden in den Fußnoten ausgewiesen.)

FN   Frankfurter Nachrichten
FP   Frankfurter Post
FZ   Frankfurter Zeitung. (Zumeist wird die lokale „Stadtausgabe" zitiert).
GA   Generalanzeiger
MZ   Mieter-Zeitung für Frankfurt am Main und die Provinz Hessen-Nassau. Organ des Reichsbundes Deutscher Mieter e.V.
SaA   Sachsenhäuser Anzeiger
VS   (Frankfurter) Volksstimme
VZ   Vossische Zeitung

(Im NL May befindet sich eine Pressemappe mit einer Sammlung von wichtigen Artikeln, die das Neue Bauen und die Person Mays in Frankfurt zwischen 1925-1930 betreffen).

Zeitschriften

BG   Baugilde
BM   Der Baumeister
BW   Bauwelt
DGT   Der Gemeindetag
DMW   Deutsche Medizinische Wochenzeitschrift
Form   Form
FWB   Frankfurter Wohlfahrtsblätter
GG   Geschichte und Gesellschaft
GK   Gartenkunst
HR   Hausrat
SH   Schlesisches Heim
SP   Soziale Praxis
StB   Städtebau
VWF   Volkswohlfahrt
WMfB   Wasmuths Monatshefte für Baukunst
WW   Wohnungswirtschaft
WuB   Wohnen und Bauen
ZdBV   Zeitschrift der Bauverwaltung
ZfBW   Zeitschrift für Bauwesen
ZfWW   Zeitschrift für Wohnungswesen

2c. Gesetzsammlungen zum Miet- und Wohnrecht

Altenrath, J.: Das preußische Wohnungsgesetz vom 28. März 1918. Mit Ausführungsbestimmungen. ergänzenden Gesetzen und Verordnungen und dem Baufluchtliniengesetz vom 2. Juli 1875 mit den Änderungen vom 28. März 1918. (Heymanns Taschen-Gesetz-Sammlung 91). Berlin 1919.
Bandmann, Georg: Verfahren vor den Mieteinigungsämtern und Beschwerdestellen unter Berücksichtigung der preußischen Ausführungsbestimmungen. Berlin 1925.
Brumby, Gustav: Das Mieterschutzrecht. Darstellung und Wortlaut aller geltenden Gesetze und Verordnungen. Berlin 1948.
Brumby, (Gustav): Mieterschutz und Mieteinigungsämter. Kommentar des Mieterschutzgesetzes. 2. Aufl., Berlin/Wien 1926.
Brumby, Gustav: Das Mieterschutzrecht. Darstellung und Wortlaut aller geltenden Gesetze und Verordnungen. Berlin 1948.
Brumby, Gustav: Das Mietrecht für 1932 auf Grund der Not- und Lockerungsverordnung. Eine ausführliche Darstellung des geltenden Rechts für den Gebrauch der Mieter und für die Rechtspraxis. Berlin 1932.

Brumby, Gustav: Das Recht der Miet- und Wohnungs- Zwangswirtschaft. Gesamtdarstellung des heutigen Miet- und Wohnungsrechts (Mietzins. Hauszinssteuer. Kündigung. Rationalisierung) nach dem Stande vom Dezember 1924. Berlin 1924.

Brumby, Gustav: Mieterschutz und Höchstmieten. Unter Berücksichtigung der Novelle vom 11.5.1920 mit Nebenverordnungen einschließlich Heizungs- und Verfahrensrecht. 7. Aufl., Berlin 1921.

Brumby, Gustav: Mieterschutz und Mieteinigungsämter. Berlin/Wien 1926.

Brumby, Gustav: Wohnungsmangel. Seine Bekämpfung in Theorie und Praxis mit Kommentar zum Reichs-Wohnungsmangel- Recht und Nebenverordnungen (2. Aufl. 1921). Berlin 1920.

Brumby, Gustav: Wohnungsmangel. Arten und Grenzen der Eingriffe des Wohnungsamtes. Kommentar zum Reichswohnungsmangelgesetz vom 26.Juli 1923 nebst Ausführungsbestimmungen von Preußen, Bayern und Hamburg sowie das Verfahrensrecht, die Wohnungsordnung und Wucher-Verordnung. 3. Aufl., Berlin 1924.

Die Gemeinnützigkeit im Wohnungswesen. Verordnung vom 1. Dezember 1930 nebst Ausführungsbestimmungen. Erläutert von Werner Meier/ Waldemar Draeger; Mitarb. v. Albert Kennerknecht. Berlin 1931.

Ebel, Martin/Lilienthal, Adolf: Mieterschutz und Mieteinigungsämter. Mieterschutzgesetz nebst Verfahrensordnung und den Preußischen Lockerungsverordnungen. 4. vollst. neubearb. Aufl., Berlin 1930.

Hertel, Franz: Mieterschutz und Wohnungszwangswirtschaft. Oppeln 1926.

Meyerowitz, Arthur: Das gesamte Miet- und Wohnungsnotrecht nach dem Stand vom Mai 1929. 2. vollständig neu bearbeitete Auflage. Berlin 1929.

Mieterschutzbestimmungen von Frankfurt am Main. Zusammengestellt vom Städtischen Einigungsamt für Miet- und Hypothekensachen in Frankfurt am Main. Frankfurt 1919.

Reichsmieten und Wohnungsabgabe. Kommentierendes Handbuch des deutschen Reichs-. Länder- und Gemeinde- Mietrechts auf der Grundlage des Reichsmietengesetzes. 2. völlig neu bearb. Aufl., Berlin 1923.

Reichsverband Deutscher Baugenossenschaften (Hg.): Gemeinnützigkeit von Wohnungsunternehmen nebst Ausführungs-Verordnung des Reichsarbeitsministers sowie Ausführungs-Verordnung des Preußischen Ministers für Volkswohlfahrt. (Textausgabe), Berlin 1931.

2d. Handbücher, Jahrbücher, Statistiken etc.

Baujahrbuch. Jahrbuch für Wohnungs-, Siedelungs- und Bauwesen. Jg. 1926/27. Hg. Glass/Klinke/Siedler. Berlin 1927.

Beiträge zur Statistik der Stadt Frankfurt a.M. Die Wohnungsverhältnisse in Frankfurt a. M. Neue Folge. Hf. 14., Bearb. v. August Busch. Frankfurt 1926.

Beiträge zur Statistik der Stadt Frankfurt am Main. Die Besiedlung des Frankfurter Stadtgebiets und die Befriedigung des Wohnungsbedürfnisses der Bevölkerung. 11. Hf. Bearb. v. August Busch. Frankfurt 1919.

Beiträge zur Statistik der Stadt Frankfurt am Main. Tabellarische Übersicht betreffend den Civilstand der Stadt Frankfurt am Main in den Jahren 1892 bis 1900. Hg. v. Statistischen Amt der Stadt Frankfurt am Main. Frankfurt 1901.

Beiträge zur Statistik der Stadt Frankfurt am Main. Aus den Ergebnissen der Erhebung über die Wohnungsverhältnisse gelegentlich der Volkszählung vom 2. Dezember 1895. Erg. Bd.5. Hg. Statistisches Amt der Stadt Frankfurt. Frankfurt 1898.

Beiträge zur Wohnungsfrage während des Krieges. 14. Sonderheft zum Reichsarbeitsblatt. Bearb. v. Kaiserlichen Statistischen Amte (Rusch). Berlin 1917.

Bevölkerungs- und Wirtschaftszahlen. Wohnungsbestand und Bautätigkeit. Hg. Statistisches Amt der Stadt Frankfurt a.M. Bearb. v. Busch. August. Frankfurt 1932.

Die Wohnverhätnisse im Deutschen Reich nach der Reichswohnungszählung 1927. Statistik des Deutschen Reichs. Bd. 362, I. Bearb. im Statistischen Reichsamt. Berlin 1930.

Graphisch-statistischer Atlas von Frankfurt am Main. Statistisches Amt der Stadt Frankfurt. Teil 1 und 2. Frankfurt 1903/1911.

Handbuch des praktischen Wohnungsaufsicht und Wohnungspflege. Hg. v. Gut, Albert. Berlin 1919.

Handbuch des städtischen Wohlfahrtsamtes und des städtischen Jugendamtes und des Stadtgesundheitsamtes zu Frankfurt am Main 1926, Frankfurt (o. J.).

Handwörterbuch der sozialen Wohlfahrtspflege in Deutschland. Hg. v. Albrecht, Hans . Berlin 1902.

Handwörterbuch der Staatswissenschaften. 4. Aufl., Ergänzungsband. Jena 1929.

Handwörterbuch des Wohnungswesens und der Wohnungsfrage. Hg. v. Eberstadt, Rudolf. 4. Aufl., Jena 1920.
Handwörterbuch des Wohnungswesens. Hg. im Auftrage des Deutschen Vereins für Wohnungsreform e. V. von Albrecht, Gerhard, u. a. Berlin. Jena 1930.
Handwörterbuch für Kommunalwissenschaften. Hg. v. Lindemann/Most/Preuss. 4 Bde., Jena 1924.
Handwörterbuch für Wohnungswesen. Hg. v. Albrecht Gut. Jena 1930.
Jahrbuch des deutschen gemeinnützigen Wohnungswesens. Ein Leistungsbericht für das Jahr 1938. Berlin 1939.
Jahrbuch für Wohnungs-, Siedlungs- und Bauwesen. Bd. 1-4. Berlin 1922-1930.
Reichswohnungszählung im Mai 1918. Statistik des Deutschen Reichs. Bd. 287, I und II. Bearb. im Statistischen Reichsamt. Berlin 1919.
Statistische Beschreibung der Stadt Frankfurt am Main und ihre Bevölkerung. Hg. i. A. d. Magistrats durch das Statistische Amt der Stadt. Bearbeitet von Heinrich Bleicher. 2 Bde., Frankfurt 1892/1895.
Statistische Jahresübersicht der Stadt Frankfurt am Main. Hg. v. Statistischen Amt. Ausgabe für das Jahr 1910/11.
Statistische Jahresübersichten der Stadt Frankfurt am Main; Ergänzungshefte 1-6, Frankfurt am Main 1929-1934.
Statistisches Handbuch der Bauwirtschaft. Institut für Wirtschaftsförderung. München 1949.
Statistisches Handbuch der Stadt Frankfurt am Main. 2. Ausgabe. 1906/07 bis 1926/27. Hg. v. Statistischen Amt im Auftrag des Magistrats. Frankfurt 1928.
Statistisches Jahrbuch des Deutschen Reichs. Berlin 1929.
Statistisches Jahrbuch für Volkswirtschaft und Statistik. Berlin 1874.
Wohnungsfürsorge in deutschen Städten. Bearb. im Kaiserlichen Statistischen Amte. (Beiträge zur Arbeiterstatistik Nr. 11). Berlin 1910.
Wörterbuch der Wohnungs- und Siedlungswirtschaft. Stuttgart/Berlin 1938.

2e. Literatur vor 1945

Adickes, Erich (Hg.): Franz Adickes. Sein Leben und sein Werk. Frankfurt 1929.
Adickes, Franz u. a.: Die Förderung des Arbeiterwohnungswesens und die Bekämpfung der Schwindsuchtgefahren. Frankfurt 1900.
Adickes, Franz/Baumeister, Reinhard: Die unterschiedliche Behandlung für das Innere, die Aussenbezirke und die Umgebung von Städten. (XVIII. Versammlung des Deutschen Vereins für öffentliche Gesundheitspflege, Würzburg 25.5.1893). Braunschweig 1893.
Adickes, Franz: Die sozialen Aufgaben der deutschen Städte. Vortrag auf dem ersten deutschen Städtetag zu Dresden am 2. September 1903. Leipzig 1903.
Adler, Franz: Soziale Gliederung der Bevölkerung, Verfassung und Verwaltung der Stadt Frankfurt am Main. In: Verfassung und Verwaltungsorgansiation der Städte. 2. Bd. Im Auftrag des Vereins für Socialpolitik. Leipzig 1906, S. 85-150.
Adler, Franz: Soziale Gliederung der Bevölkerung. Verfassung und Verwaltung der Stadt Frankfurt. Sonderdruck aus den Schriften des Vereins für Socialpolitik. Bd.118. Leipzig 1908.
Adler, Franz: Wohnungsverhältnisse und Wohnungspolitik der Stadt Frankfurt zu Beginn des 20. Jahrhunderts. Frankfurt 1904.
Albrecht, G.: Städtische Wohlfahrtsämter. Ihre Entstehung und Zweckbestimmung, ihr Arbeitsgebiet und ihre Organisation. Flugschriften der Zentralstelle für Volkswohlfahrt. Hf. 13, Berlin 1920.
Albrecht, Gerhard, u.a.: Wohnungsfrage und Übergangswirtschaft. Deutscher Wohnungsausschuß Hf. 3. Berlin 1917.
Asch, Bruno: Die Finanzierung des Wohnungsbaus in Frankfurt a. M. In: Nosbisch, W. (Hg. i. A. des Magistrats): Das Wohnungswesen der Stadt Frankfurt am Main. Frankfurt 1930, S. 114-117.
Aufgaben und Organisation der städtischen Wohlfahrtsämter. Schriften des Frankfurter Wohlfahrtamtes. Bd. 7. Frankfurt 1921.
Ausstellung von 4 Geschosswohnungen für die minderbemittelten Kreise unter Berücksichtigung der Mindestanforderungen der Hygiene in der Gruppe Wohnung und Siedlung der Internationalen Hygiene Ausstellung in Dresden 1930. In: RFG. Nr. 5-6/1930. Mitteilungen Nr. 54755.
Baldes, H.: Wohnungspolitik und Wohlfahrtspflege. In: Frankfurter Wohlfahrtsblätter. 32. Jg. 1929/1930, S. 122-124.
Bangert, Wolfgang: Baupolitik und Stadtgestaltung in Frankfurt am Main. Ein Beitrag zur Geschichte des deutschen Städtebaus in den letzten hundert Jahren. Würzburg 1937.
Baumann, Adolph: Der Vierte Armendistrikt in Frankfurt am Main. Versuch einer sozial-statistischen Schilderung Frankfurt 1887.
Baumeister, Reinhard: Stadterweiterungen in technischer, baupolizeilicher und wirthschaftlicher Beziehung. Berlin 1876.
Baumgarten, Willi: Die Regelung des gemeinnützigen Wohnungswesens. Eberwalde u. a. 1934.
Bebel, August: Die Frau und der Sozialismus. (1909). 50. Aufl. Berlin/Bonn 1980.
Behne, Adolf: Dammerstock. In: Form Hf.6/1930, S. 163-166.
Behne, Adolf: Neues Wohnen – neues Bauen. Leipzig 1927. (2. durchges. Aufl., Leipzig 1930).
Beims, Hermann: Die Sozialdemokratie in der Stadtverwaltung Magdeburg. In: Die rote Stadt im roten Land. Hg. Parteitagskomitee der SPD. Magdeburg 1929, S. 13-37.
Bericht über den I. Allgemeinen Deutschen Wohnungskongreß in Frankfurt a. M. Auf Grund der stenographischen Protokolle. Göttingen 1905.
Beuster, Fritz: Städtische Siedlungspolitik nach dem Kriege. Berlin 1916.
Bloch, Ernst: Die Leere. In: Erbschaft dieser Zeit. (1935). Frankfurt 1985, S. 228-229.
Bloch, Ernst: Sachlichkeit, unmittelbar. In: Erbschaft dieser Zeit. (1935). Frankfurt 1985, S. 216-218.
Block, Fritz (Hg.): Probleme des Bauens. Der Wohnbau. Potsdam 1928.
Block, Fritz: Wohnform und Wandlungsfähigkeit. In: Form Hf. 2/1927, S. 40-46.
Boehm, Herbert: Die Grünflächen im großstädtischen Bebauungsplan. In: Gartenkunst. Hf. 5/1929, S. 67-70.
Boehm, Herbert: Vom neuen Bauen in Frankfurt a. M. In: Der Baumeister, Hf. 1/1927, 233-238.
Brahl: Wohnbautätigkeit der Gemeinden. In: Internationaler Verband für Wohnungswesen (Hg.): Die sozialpolitische Bedeutung der Wohnungswirtschaft in Gegenwart und Zukunft. Frankfurt 1931, S. 182-195.
Bräutigam, Richard: Bedarf an Wohnungen. In: Albrecht Gerhard (Hg.): Handwörterbuch des Wohnungswesens. Jena 1930, S. 112-114.

Brenner, Anton: Die Frankfurter Küche. In: Bauwelt. Hf. 9/1927, S. 243-245.
Brenner, Anton: Neuzeitliche Grundrißlösungen auf kleinstem Raum. In: Block, Fritz (Hg.): Probleme des Bauens. Der Wohnbau. Potsdam 1928, S. 146-163.
Cahn, Ernst: Die gemeinnützige Bautätigkeit in Frankfurt am Main. Allgemeiner Deutscher Wohnungskongress 1904. Frankfurt 1904.
Cahn, Ernst: Die Wohnungsnot in Frankfurt am Main. ihre Ursachen und ihre Abhilfe. Hg. v. Institut für Gemeinwohl. dem sozialen Museum. dem Verein für Förderung der Arbeiterwohnungswesens und verwandte Bestrebungen und dem Deutschen Verein für Wohnungsreform. Frankfurt 1912.
Cynrim, Eduard: Bau- und Sparverein. In: Frankfurt am Main in seinen hygienischen Verhältnissen und Einrichtungen. Festschrift zur Feier des fünfzigjährigen Doctor-Jubiläums des Herrn Geh. Sanitätsrath Dr. Georg Varrentrapp. Frankfurt 1881, S. 66-67.
Das Wohnungselend und seine Abhilfe in Frankfurt a.M. Flugschriften des Frankfurter Mietervereins; Nr. 2. Dargestellt nach einer Untersuchung des Frankfurter Mietervereins vom Herbst 1897. Hg. v. Vorstand. Frankfurt 1898.
Denkschrift des Mieter-Vereins Frankfurt a. M.: Zur Neuorganisation des Mieteinigungsamtes vom 10.5.1921.
Denkschrift über Maßnahmen auf dem Gebiete des Wohn- und Siedlungswesen seit 1914. Maßnahmen auf dem Gebiet des Wohnungs- und Siedlungswesens von 1914 bis 1921 (Abgeschlossen im Dezember 1921). Brauns Anlage zum Bericht des 13. Ausschusses über den Entwurf eines Gesetzes zur Abänderung des Gestzes über die Erhebung einer Abgabe zur Förderung des Wohnungsbaues vom 26. Juni 1921. Reichstag I/1920/22. Drucksache zu Nr. 3472.
Der deutsche Wohnungsbau. Ausschuß zur Untersuchung der Erzeugungs- und Absatzbedingungen der deutschen Wirtschaft. Verhandlungen und Berichte des Unterausschusses für Gewerbe- Industrie- Handel und Handwerk (III. Unterausschuß). Berlin 1931.
Deutsche Sozialpolitik 1918-1928. Erinnerungsschrift des Reichsarbeitsministeriums. Berlin 1929.
Die Entstehung und der Aufbau des Wohlfahrtsamtes der Stadt Frankfurt. 2. Aufl., Schriften des Frankfurter Wohlfahrtsamtes VI. Frankfurt 1920.
Die Sozialdemokratie im Frankfurter Rathaus. Tätigkeitsbericht der sozialdemokratischen Stadtverordneten-Fraktion 1919-1924. Frankfurt 1924.
Die Wohnungsnot in Frankfurt a. Main. Ursachen und ihre Abhilfe. Hg. v. Institut für Gemeinwohl, dem Sozialen Museum, dem Verein für Förderung des Arbeiterwohnungswesens und verwandte Bestrebungen und dem Deutschen Verein für Wohnungsreform. (Selbstverlag des Sozialen Museums). Frankfurt 1912.
Doernberg, Stefan: Das Einküchenhausproblem. In: Bauwelt Hf. 15/1910, S. 17.
Ebel, Martin: Wohnungsnot und Wohnungsbau. In: Schmidt Friedrich/Ebel Martin. Wohnungsbau der Nachkriegszeit in Deutschland. Berlin 1929, S. 9-18.
Fey, Walter: Leistungen und Aufgaben im Deutschen Wohnungs- und Siedlungsbau. Sonderheft des Instituts für Konjunktur-Forschung. Hf. 42. Berlin 1936.
Fischer-Dieskau, Joachim: Einführung in die Wohnungs- und Siedlungspolitik. Grundlagen und Hauptprobleme. Berlin/Leipzig 1938.
Flesch: Die Wohnungsverhältnisse in Frankfurt a. M. Gutachten. In: Die Wohnungsnoth der ärmeren Klassen in deutschen Großstädten und Vorschläge zu deren Abhülfe. Bd. 1. Schriften des Vereins für Socialpolitik Bd. 30. Leipzig 1886 (Reprint Vaduz 1988). S. 57-91.
Fontane, Theodor: Der Stechlin. Berlin 1983.
Forbat, Fred: Wohnform und Gemeinschaftsidee. In: Wohnungswirtschaft. Hf. 6/1929, S. 141-143.
Frankfurt am Main in seinen hygienischen Verhältnissen und Einrichtungen. Festschrift zur Feier des fünfzigjährigen Doctor-Jubiläums des Herrn Geh. Sanitätsrath Dr. Georg Varrentrapp. Frankfurt 1881.
Frankfurter Kommunalpolitik im Spiegel sozialistischer Kritik. Tätigkeitsbericht der sozialdemokratischen Stadtverordneten für die Jahre 1924-1928. Frankfurt 1928.
Frederick, Christine: Die rationelle Haushaltsführung. Betriebswissenschaftliche Studien. Übersetzt von Irene Witte. (The new housekeeping. Efficiency studies in home management. 1913). Berlin 1922.
Freudenthal, Margarete: Gestaltwandel der städtischen bürgerlichen und proletarischen Hauswirtschaft unter besonderer Berücksichtigung des Typenwandels von Frau und Familie. Vornehmlich in Süddeutschland zwischen 1760 und 1933. I. Teil von 1760 bis 1910. (Diss. Frankfurt 1933). Würzburg 1934.
Fuchs (Carl Johannes): Die Beschaffung von Baugelände. In: Gut, Albert: Der Wohnungsbau in Deutschland nach dem Weltkrieg. Seine Entwicklung unter der unmittelbaren und mittelbaren Förderung durch die deutsche Gemeindeverwaltung. München 1928, S. 19-50.

Fuchs (Carl Johannes): Städtische Grundstücks- und Wohnungspolitik. In: Luther, Hans, u.a. (Hg.). Die Zukunftsaufgaben der deutschen Städte. Berlin 1922, S. 448-443.

Fuchs (Carl Johannes): Wohnungsneubau. Kommunale Wohnungswirtschaft vor und nach dem Kriege. In: Bericht über die 9. Hauptversammlung der Kommunalen Vereinigung für Wohnungswesen. Hf. 8. Berlin 1927, S. 12-31.

Fuchs, Carl Johannes: Wohnungsfrage und Wohnungswesen. In: Handwörterbuch der Staatswissenschaften. 4. Aufl., Erg. Bd., Jena 1929, S. 1098-1160.

Fürth, Henriette: Zum 25jährigen Bestehen der Aktienbaugesellschaft für kleine Wohnungen. (Selbstverlag) 1915.

Geschäftsberichte der Aktienbaugesellschaft für kleine Wohnungen. Frankfurt am Main. Frankfurt 1891-1914.

Giedion, Sigfried: Befreites Wohnen. Licht. Luft. Oeffnung. (Schaubücher 14). Zürich/Leipzig 1929.

Gley, Werner: Grundriß und Wachstum der Stadt Frankfurt am Main. Frankfurt a.M. 1936.

Göderitz, Johannes: Bleibt Magdeburg eine Stadt des neuen Bauwillens. In: Magdeburger Amtsblatt. Amtliches Organ des Magistrats, des Polizeipräsidiums und des Finanzamt. Nr. 23/1929, S. 9-12.

Göderitz, Johannes: Magdeburg baut. In: Magdeburger Amtsblatt. Amtliches Organ des Magistrats, des Polizeipräsidiums und des Finanzamt. 3. Jg./1926, S. 504-505.

Göhre, Paul: Drei Monate Fabrikarbeiter und Handwerksbursche. Leipzig 1891.

Gorgass, Paul: Anregungen und Vorschläge zum Kleinwohnungsbau. Magdeburg 1917.

Gretzschel: Wohnungsaufsicht. In: Handwörterbuch der Kommunalwissenschaften. Hg. Josef Brix/Hugo Lindemann/Otto Most/Hugo Preuss/Albrecht Südekum. Bd. 4. Jena 1924, S. 517-523.

Greven: Die Finanzierung des Wohnungsneubaus. In: Albert Gut. Der Wohnungsbau in Deutschland nach dem Weltkriege. München 1928, S. 98-118.

Grobler, Johannes: Die Rationierung der Wohnungsgröße. In: Das neue Berlin. Hf. 3/1929, S. 63-64.

Gropius, Walter: Die soziologischen Grundlagen der Minimalwohnung für die städtische Bevölkerung. In: Die Wohnung für das Existenzminimum. Hg.: Internationle Kongresse für Neues Bauen. Frankfurt am Main. 1930, S. 17-19.

Gropius, Walter: Flach-, Mittel- oder Hochbau? In: Rationelle Bebauungsweisen. Hg. Internationale Kongresse für Neues Bauen. Frankfurt 1931, S. 26-47.

Grunbaum-Sachs, Hildegard: Zur Kritik in der Hauswirtschaft. Veröffentlichung des Instituts für Hauswirtschaftswissenschaft an der Akademie für soziale und pädagogische Frauenarbeit. Berlin/Leipzig 1929.

Gut, Albert: Das Charlarlottenburger Wohnungsamt. Charlottenburg 1911.

Gut, Albert:Der Wohnungsbau in Deutschland nach dem Weltkrieg. Seine Entwicklung unter der unmittelbaren und mittelbaren Förderung durch die deutsche Gemeindeverwaltung. München 1928.

Gut, Albert: Krise im Wohnungsbau? Das Problem der Einfachwohnung. In: Schriften der Kommunalen Vereinigung für Wohnungswesen. Hf. 13. München 1930, S. 73-123.

Gut, Albert: Wohnungsaufsicht und Wohnungspflege. In: Luther, Hans, u.a. (Hg.). Die Zukunftsaufgaben der deutschen Städte. Berlin 1922, S. 444-457.

Gut, Albert: Wohnungsordnung. In: Albrecht, Gerhard (Hg.): Handwörterbuch des Wohnungswesens. Jena 1930, S. 832-835.

Gut, Albert: Wohnungspflege – eine Aufgabe der Wohlfahrtsämter oder Wohnungsämter? In: Zeitschrift für Wohnungswesen, Hf. 11/1929, S. 141-145.

Gutachten der Sozialisierungskommission über die Regelung des Wohnungswesens. In: Verhandlungen der Sozialisierungskommission über die Neuregelung des Wohnungswesens. Bd. 1. Berlin 1921.

Hagen, W.: Biologische und soziale Voraussetzungen der Kleinstwohnung. DNF Hf. 11/1929, S. 222-224.

Hagen, W.: Gesundheitliche und soziale Folgen des Wohnungselendes. Wege zu seiner Beseitigung. In: Deutsche Medizinische Wochenzeitschrift, Sonderdruck Nr. 18/1929, S. 1-11.

Hahn: Die Organisation des Siedlungswesens in den deutschen Mittelstädten. In: Kommunale Wohnungs- und Siedlungsämter. Hg. v. Deutschen Verein für Wohnungsreform. Stuttgart 1919.

Häring, Hugo: Ausstellung „Die neue Küche". In: Der Baumeister Hf. 2/1929. Beilage. S. 23-24.

Häring, Hugo: Die Küche der Kleinwohnung. In: Wohnen und Bauen. Hf. Jan./Feb. 1930, S. 21-34.

Harnier, Adolf von: Frankfurter Gemeinnützige Baugesellschaft. In: Frankfurt in seinen hygienischen Verhältnissen und Einrichtungen. Festschrift für Georg Varrentrapp. Frankfurt 1881, S. 62-65.

Harting, Margarete: Erziehung zur Wohnkultur. In: Wohnungswirtschaft. Hf. 20/ 1930. S. 383-384.

Hartrodt, Georg/Preller, Ludwig: Die Organe der Sozialpolitik im Deutschen Reich. Berlin 1928.

Haseneier, Willi/Emrich, Willi: Organisation und Aufgaben der Stadtverwaltung Frankfurt am Main. Frankfurt 1929.

Heinicke, Erich: Die Flachbauwohnung für das Existenzminimum. Berlin 1931.

Hertel, Franz: Wandlungen des Miet- und Wohnrechts in Deutschland. In: Beiträge zur städtischen Wohn- und Siedelwirtschaft. Hg. v. Waldemar Zimmermann. Schriften des Vereins für Socialpolitik. Bd. 177. Erster Teil. München/Leipzig 1930, S. 51-86.

Heun, Werner: Das Mieteinigungsamt. Zuständigkeit, Verfahren und Rechtsmittel. Berlin 1930.

Heun, Werner: Das Wohnungsamt. Zuständigkeit, Befugnisse und Rechtsmittel. Berlin 1930.

Hilberseimer, Ludwig: Großstädtische Kleinwohnungen. In: Zentralblatt der Bauverwaltung. Hf. 32/1929, S. 509-514.

Hilberseimer, Ludwig: Kleinstwohnungen. Größe, Grundriß und städtebauliche Anordnung. In: Bauhaus Nr. 2/1929, S. 1-4.

Hiller, Ernst: Vorschläge zur Behebung des Mangels an Kleinwohnungen in Frankfurt a.M. Zur Frage der Sozialisierung des Grundbesitzes. Hg. v. Bürgerausschuß (Bürgerrat), Frankfurt 1920.

Hirtsiefer, Heinrich: Die Wohnungswirtschaft in Preußen. Eberswalde 1929.

Hunck, Joseph: Freie Wirtschaft und Zwangswirtschaft im Wohnungswesen. (Hamburger wirtschafts- und sozialwissenschaftliche Schriften. Hf. 10). Rostock 1929.

Internationale Ausstellung „Die Wohnung für das Existenzminimum" zum II. Internationalen Kongress für Neues Bauen. Veranstaltet vom Städtischen Hochbauamt Frankfurt a. M. Frankfurt 1929.

Jörissen, Franz: Die Wohnungs-Zwangswirtschaft. Notwendigkeit und Möglichkeit ihrer sofortigen Aufhebung mit Übergangsbestimmungen. Köln 1930.

Jung, Franz Joseph: Der Wohnungsmarkt der Stadt Frankfurt a. M. im ersten Jahrfünft nach dem Krieg. Diss. Universität Frankfurt am Main 1924.

Kämper, Otto: Wohnungswirtschaft und Grundkredit. Berlin 1938.

Kampffmeyer, Hans. Die Gartenstadtbewegung. 2. Aufl., Leipzig/Berlin 1913.

Kampffmeyer, Hans: Wohnungs- und Siedlungspolitik. München, Berlin 1920.

Kampffmeyer, Hans: Wohnungsnot und Heimstättengesetz. Schriften zur Wohnungsfrage. Hf. 6. Karlsruhe 1919.

Kaufmann, Eugen: Das flache Dach in seiner konstruktiven und wirtschaftlichen Wertung. In: Bauwelt. Hf. 33/ 1927, S. 806-810.

Kaufmann, Eugen: Die Bedingungen für die Grundrißgestaltung der Kleinstwohnung. In: Wohnungswirtschaft. Nr. 23-24/1929, S. 380-383.

Kaufmann, Eugen: Die internationale Ausstellung „Die Wohnung für das Existenzminimum". Zit. in Mohr, Christoph/Müller, Michael: Funktionalität und Moderne. Das neue Frankfurt und seine Bauten. 1925-1933. Köln 1984, S. 149-152.

Kaufmann, Eugen: Frankfurter Kleinwohnungstypen in alter und neuer Zeit. DNF Hf. 5/1927, S. 113-118.

Klar, Emil: Denkschrift. Vierzigjähriges Bestehen der Aktienbaugesellschaft für kleine Wohnungen in Frankfurt am Main. 1890-1930. Frankfurt 1930.

Klar, Emil: Die Entwicklung des Wohnungswesens von 1870 bis 1914. In: Nosbisch, W. (Hg. i. A. des Magistrats): Das Wohnungswesen der Stadt Frankfurt am Main. Frankfurt 1930, S. 55-91.

Klar, Emil: Die erste Baulanderschließung nach dem Frankfurter Umlegungsgesetz (lex Adickes). Frankfurt 1911.

Klein, Alexander: Beiträge zur Wohnfrage. In: Block, Fritz (Hg.): Probleme des Bauens. Der Wohnbau. Potsdam 1928, S. 116-145.

Klein, Alexander: Beiträge zur Wohnungsfrage als praktischer Wissenschaft. In: Zeitschrift für Bauwesen. 1930. Hf. 10/1930, S. 239-252.

Klein, Alexander: Brauchen wir Eingangsflure in Kleinwohnungen?. In: Bauwelt 1927, Hf. 21, S. 524-525.

Klein, Alexander: Neues Verfahren zur Untersuchung von Kleinwohnungs-Grundrissen. In: Städtebau. 23. 1928. H. 1, S. 16-21.

Klein, Alexander: Untersuchungen zur rationellen Gestaltung von Kleinwohnungsgrundrissen. In: Baugilde. 9.1927. Nr. 22, S. 1349-1361 und 1365.

Klein, Alexander: Versuch eines graphischen Verfahrens zur Bewertung von Kleinstwohnungsgrundrissen. In: Wasmuths Monatshefte für Baukunst. Hf. 11/1927; S. 296-298.

Klein, Alexander: Wirtschaftliche Grundrißbildung und Raumgestaltung. In: Wasmuths Monatshefte für Baukunst 15. 1931. H. 11/12; S. 538-541.

Klinke: Finanzierung des Wohnungsbaus. In: Wohnungsbau der Nachkriegszeit in Deutschland. Hg. Friedrich Schmidt/Martin Ebel. Berlin 1929, S. 21-31.

Klumker, Christian Jasper/Schmittmann, Benedikt (Hg.): Wohlfahrtsämter. Stuttgart 1920.

Koch, Erich: Die Einrichtung des Wohnungsamtes durch Dr. Luppe. In: FWB Nr.12/1920, S. 7-8.

Körner, Walter/Hoffmann, Margarethe: Wie arbeitet das Wohnungsamt? Organisation, Rechts- und Verwaltungsgrundsätze der Groß-Berliner Wohnungsbehörden. Berlin 1923.

Körner: Glas-Ausstellung und „Die Neue Küche" in Berlin: In: Der Baumeister Hf. 2/1929, Beilage, S. 36.

Köttgen, Arnold: Deutsche Verwaltung. Mannheim u. a. 1936.

Köttgen, Arnold: Das deutsche Berufsbeamtentum und die parlamentarische Demokratie Berlin/Leipzig 1928.

Kracauer, Siegfried: Georg (geschr. 1934). Schriften Bd. 7. Frankfurt 1973.

Kracauer, Siegfried: Möbel auf Reisen. Frankfurter Zeitung Nr. 735-736 vom 3.10.1931.

Kruschwitz, Hans: Deutsche Wohnungswirtschaft und Wohnungspolitik seit 1913. In: Beiträge zur städtischen Wohn- und Siedelwirtschaft. Hg. v. Waldemar Zimmermann. Schriften des Vereins für Socialpolitik. Bd. 177. Erster Teil. München/Leipzig 1930, S. 1-50.

Kuczynski, René: Das Wohnungswesen und die Gemeinden in Preußen. Städtische Wohnungsfürsorge. Schriften des Verbandes deutscher Städtestatistiker; Heft 4. Breslau 1916.

Kuczynski, René: Wohnungsnot bei Friedensschluß? Deutscher Wohnungsausschuß; Schriften Hf. 2. Berlin 1917.

Küster, Egon: Entstehungsgründe, Kapitalquellen und Unternehmensformen des gemeinnützigen Wohnungsbaues (Diss.). Göttingen 1941.

Landmann, Ludwig: Das Siedelungsamt der Großstadt. In: Kommunale Wohnungs- und Siedelungsämter. Hg. v. Deutschen Verein für Wohnungsreform. Stuttgart 1919, S. 1-24.

Landmann, Ludwig: Das Siedlungswesen. In: Jahrbuch der Frankfurter Bürgerschaft. Hg. Trumpler/Zieher. Frankfurt 1925.

Landmann, Ludwig: Die öffentliche Hand im Wohnungswesen. In: Schriften der Kommunalen Vereinigung für Wohnungswesen. Hf. 12/1930. Berichte der 12. Hauptversammlung in Frankfurt am 5. und 6. Juni 1930. München 1930, S. 17-31.

Lehmann, Otto: Hauszinssteuerhypothek. In: Albrecht Gerhard (Hg.): Handwörterbuch des Wohnungswesens. Jena 1930, S. 347-353.

Lihotzky, Grete: Einiges über die Einrichtung österreichischer Häuser unter besonderer Berücksichtigung der Siedlungsbauten. Schlesisches Heim. Hf. 8/1921, S. 217-222.

Lihotzky, Grete: Rationalisierung im Haushalt. DNF Hf. 5/1927, S. 120-123. (Nachdruck in Hirdina, Heinz: Neues Bauen. Neues Gestalten. DAS NEUE FRANKFURT/die neue stadt. Eine Zeitschrift zwischen 1926 und 1933. Dresden 1984, S. 179-183).

Lübbert, Wilhelm: Rationeller Wohnungsbau. Typ/Norm. Berlin 1926.

Lüders, Marie-Elisabeth: Fürchte Dich nicht. Persönliches und Politisches aus mehr als 80 Jahren. 1878-1962. Köln/Opladen 1963.

Luedecke, Bernhard: Die Wohnungsverhältnisse kinderreicher Familien in Frankfurt am Main. Eine statistische Studie als Beitrag zur Methodik der Wohnungsstatistik und als sozialpolitische Forderung der Berücksichtigung kinderreicher Familien in der zukünftigen Wohnungspolitik (Diss.). Frankfurt 1921.

Lütge, Friedrich: Wohnungswirtschaft. Jena 1940.

Luther, Hans, u. a. (Hg.): Die Zukunftsaufgaben der deutschen Städte. Berlin 1922.

Maier, Hans: Soziale Wohnungsfürsorge unter Berücksichtigung der kinderreichen Familien. Schriften des Frankfurter Wohlfahrtamtes, Hf. 2. Frankfurt am Main 1919.

Mannheim, Karl: Ideologie und Utopie. (1929). Frankfurt 1987.

Margis, Hildegard: Die erfolgreiche Hausfrau. Berlin o. J. (ca. 1929).

May, (Paul): Die besonderen Verhältnisse der Großstädte. In: Albert Gut (Hg.): Der Wohnungsbau in Deutschland nach dem Weltkriege. Seine Entwicklung unter der unmittelbaren und mittelbaren Förderung durch die deutschen Gemeindeverwaltungen. München 1928, S. 167-177.

May, Ernst: Das neue Frankfurt. In: DNF Hf.1/1926. (Nachdruck in Hirdina, Heinz: Neues Bauen. Neues Gestalten. DAS NEUE FRANKFURT/die neue stadt. Eine Zeitschrift zwischen 1926 und 1933. Dresden 1984, S. 62-70).

May, Ernst: Das soziale Moment in der neuen Baukunst. In: DNF. Hf. 5/1928, S. 77-84.

May, Ernst: Der Frankfurter Wohnungsbau. Rückblick und Ausblick. In: Frankfurter Wohlfahrtsblätter Nr. 5-6/1928, S. 78-80.

May, Ernst: Die Wohnung für das Existenzminimum. In: Das Neue Frankfurt. Hf. 11/1929, S. 209-212. (Reprint in Hirdina, Heinz: Neues Bauen. Neues Gestalten. DAS NEUE FRANKFURT/die neue stadt. Eine Zeitschrift zwischen 1926 und 1933. Dresden 1984, S. 225-228 und in Mohr, Christoph/Müller, Michael: Funktionalität und Moderne. Das neue Frankfurt und seine Bauten. 1925-1933. Köln 1984, S. 148-149.)

May, Ernst: Frankfurter Wohnungspolitik. Vortrag gehalten auf der konstituierenden Versammlung des Internationalen Verbandes für Wohnungswesen am 12.1.1929. Publikation 2. Frankfurt 1929, S. 1-38.

May, Ernst: Der Frankfurter Wohnungsbau, Rückblick und Ausblick. In: Frankfurter Wohlfahrtsblätter. 31. Jg. Aug./Sept. 1928, S. 78-80.

May, Ernst: Die Wohnung für das Existenzminimum. In: Die Wohnung für das Existenzminimum. Aufgrund der Ergebnisse des II. Internationalen Kongresses für Neues Bauen sowie der vom Städtischen Hochbauamt in Frankfurt am Main veranstalteten Wander-Ausstellung. Hg. Internationale Kongresse für Neues Bauen und Städtisches Hochbauamt in Frankfurt am Main. Frankfurt 1930, S. 10-16.

May, Ernst: Fünf Jahre Frankfurter Wohnungsbau. In: Bericht über die Zwölfte Hauptversammlung der Kommunalen Vereinigung für Wohnungswesen in Frankfurt a.M. am 5. und 6. Juni 1930. München 1930, S. 62-123.

May, Ernst: Fünf Jahre Wohnungsbautätigkeit in Frankfurt am Main. In: DNF. Hf. 2-3/1930, S. 21-50.

May, Ernst: Gedanken über die künftige Grünpolitik. In: Gartenkunst 43. Jg. Hf. 10/1930, S. 159-162.

May, Ernst: Grundlagen der Frankfurter Wohnungsbaupolitik. DNF. Hf. 7-8/1928, S. 113-124.

May, Ernst: Neuer Wohnungsbau. In: Hausrat 5. Jg., Hf. 3/1929, S. 33-34.

May, Ernst: Organisation der Bautätigkeit der Stadt Frankfurt am Main. In: Der Baumeister Hf. 4/1929, S. 98-140.

May, Ernst: Kleinstwohnung oder keine Wohnung. Manuskript. (1929). In: NL Günther, S. 2.

May, Ernst: Volkswohnungsbau in Frankfurt am Main. In: Block, Fritz (Hg.): Probleme des Bauens. Der Wohnbau. Potsdam 1928, S. 189-195.

May, Ernst: Vom neuen Bauen in Frankfurt am Main. In: Der Baumeister Hf. 4/1929, S. 117-124.

May, Ernst: Wohnungspolitik in Wien (1926). Zit. in Mohr, Christoph/Müller, Michael: Funktionalität und Moderne. Das neue Frankfurt und seine Bauten. 1925-1933. Köln 1984, S. 330-331.

Meerwarth, R./Günther, A./Zimmermann, W.: Die Einwirkungen des Krieges auf Bevölkerungsbewegung, Einkommen und Lebenshaltung in Deutschland. Stuttgart 1932.

Meyer, Erna: Der neue Haushalt. Ein Wegweiser zur wirtschaftlichen Betriebsführung. Stuttgart 1926.

Meyer, Erna: Die Wohnung als Arbeitsstätte der Hausfrau. In: Block, Fritz (Hg.): Probleme des Bauens. Der Wohnbau. Potsdam 1928, S. 164-175.

Meyer, Erna: Wohnungsbau und Hausführung. In: Der Baumeister Hf. 6/1929. Beilage, S. 89-95.

Meyer, Erna: Zweckmäßige Küchenmöbel. In: Bauwelt Hf. 9/1927, S. 30-32.

Miquel, J.(ohannes): Einleitung. In: Die Wohnungsnoth der ärmeren Klassen in deutschen Großstädten. Bd 1. (Reprint Vaduz 1988). Leipzig 1886, S. IX-XXI.

Mulert, (Oskar): Die Finanzierung des Wohnungsbaues. In: Der deutsche Wohnungsbau, Verhandlungen und Berichte des Unterausschusses für Gewerbe: Industrie, Handel und Handwerk (III. Unterausschuß). Berlin 1931, S. 99-112.

Mulert, (Oskar): Zum Geleit. In: Albert Gut (Hg.): Der Wohnungsbau in Deutschland nach dem Weltkriege. Seine Entwicklung unter der unmittelbaren und mittelbaren Förderung durch die deutschen Gemeindeverwaltungen. München 1928, S. 9-12.

Müller-Wulckow, Walter: Die Deutsche Wohnung der Gegenwart. (4. Aufl.). Königstein 1932.

Müller-Wulckow, Walter: Wohnbauten und Siedlungen. Königstein 1927.

Nosbisch, W. (Hg. i.A. des Magistrats): Das Wohnungswesen der Stadt Frankfurt am Main. Frankfurt 1930.

Nosbisch, Werner. Die neue Wohnung und ihr Innenausbau. Der neuzeitliche Haushalt. In: DNF Hf. 6/1926-27, S. 184-189.

Pfeiffer, Eduard: Die Technik des Haushalts. Stuttgart 1928.

Parteitagskomitee SPD (Hg.): Die rote Stadt im roten Land. Ein Buch über das Werden und Wirken der Sozialdemokratie in der Stadt Magdeburg und dem Bezirk Magdeburg-Anhalt. Sozialdemokratischer Parteitag Magdeburg 1929). Magdeburg 1929.

Pettenkofer, M. v.: Über die Beziehungen der Luft zu Kleidung, Wohnung und Boden. Drei populäre Vorlesungen, gehalten in Dresden. 2. Aufl. Braunschweig 1872.

Plumbohm, Willy: Die gemeinnützige Bautätigkeit in Magdeburg. In: Magdeburger Amtsblatt. Organ des Wissenschaftlichen Verbandes zu Magdeburg. 2. Jg. 1925, S. 509-511.

Pribram, Karl: Die volkswirtschaftlichen Probleme der deutschen Wohnungswirtschaft. In: Beiträge zur städtischen Wohn- und Siedelwirtschaft. Hg. v. Waldemar Zimmermann. (Schriften des Vereins für Socialpolitik. Bd. 177. Erster Teil). München/Leipzig 1930, S. 159-272.

Reichs- und Preußischer Staatskommissar für das Wohnungswesen. Baupolizeirechtliche Vorschriften. Druckschrift Nr. 3 Berlin 1919.

Reichs- und Preußischer Staatskommissar für das Wohnungswesen. Bericht über die am 15. Februar 1919 im Landeshause zu Berlin abgehaltene Beratung über dringende Maßnahmen auf dem Gebiet der Wohnungsfürsorge. Druckschrift Nr. 1. Berlin 1919.

Reichsforschungsgesellschaft für Wirtschaftlichkeit im Bau- und Wohnungswesen: Bericht über die Versuchssiedlung in Frankfurt am Main – Praunheim. Sonderheft 4. Berlin 1929.

Reichsforschungsgesellschaft für Wirtschaftlichkeit im Bau- und Wohnungswesen: Kleinstwohnungs-Grundrisse. Sonderheft 1. Berlin 1928.

Reichsforschungsgesellschaft für Wirtschaftlichkeit im Bau- und Wohnungswesen: Forschungssiedlung Berlin-Spandau-Haselhorst. Sonderheft 3. Berlin 1929.

Reichsforschungsgesellschaft für Wirtschaftlichkeit im Bau- und Wohnungswesen: Die billige, gute Wohnung. Grundrisse zum zusätzlichen Wohnungsbau-Programm des Reiches. Berlin 1930.

Riehl, W. H.: Die Naturgeschichte des Volkes als Grundlage einer deutschen Social-Politik. Bd. 3. Die Familie. Stuttgart/Augsburg 1855.

Rühl, Conrad/Weisser, Gerhard: Das Wohnungswesen der Stadt Magdeburg. Magdeburg 1927.

Rühl, Conrad: Aufgaben der Gemeinde im Wohnungswesen. In: Magdeburger Amtsblatt. Organ des Wissenschaftlichen Verbandes zu Magdeburg. 2. Jg. 1925, S. 119-120.

Rumpf, Hermann: Die Unterstützung der Kriegsteilnehmer-Familien in Frankfurt am Main. Bericht über die Tätigkeit der Unterstützungs-Kommission des Lieferungsverbandes und der Organisation der privaten Kriegsfürsorge, Abteilung Familienhilfe im ersten Kriegsjahr. Frankfurt am Main 1915.

Scheidt, Adolf: Der Wiederaufbau der Wohnungswirtschaft. In: Zehn Jahre deutsche Geschichte 1918-1928. Mit einer Einleitung von Hermann Müller und Gustav Stresemann. Berlin 1929. S. 349-356.

Schirmel, Otto: Der gegenwärtige Stand der öffentlichen großstädtischen Wohlfahrtspflege. (Diss). Berlin 1927.

Schlemann, Josef: Die rechtliche Stellung der Mieteinigungsämter. Eine historisch-dogmatische Untersuchung. Diss Göttingen 1923.

Schmidt, Friedrich/Ebel, Martin (Hg.): Wohnungsbau der Nachkriegszeit in Deutschland. Berlin 1929.

Schmude: Die erste Verwendung der Elekrizität in größerem Umfang in einer Siedlung und ihr Erfolg. In: Elektrizitätswirtschaft Hf. 30/1931, S. 323-325.

Schuster, Franz: Der Bau von Kleinwohnungen zu tragbaren Mieten. Frankfurt o. J. (ca. 1929).

Schuster, Franz: Die eingerichtete Kleinstwohnung. Frankfurt o. J. (1927).

Schuster, Franz: Ein eingerichtetes Siedlungshaus. Frankfurt o. J. (1929).

Schuster, Franz: Von der Kleinheit der Räume und Möbel. In: Hausrat 5. Jg., Hf. 3/1929, S. 34-36.

Schütte-Lihotzky, Grete: Schul- und Lehrküchen. In: DNF Hf. 1/1929. (Nachdruck in Hirdina, Heinz: Neues Bauen. Neues Gestalten. DAS NEUE FRANKFURT/die neue stadt. Eine Zeitschrift zwischen 1926 und 1933. Dresden 1984, S. 279-282).

Schütte-Lihotzky, Grete: Was geschieht für Frau und Kind in der neuen Siedlung. In: Nosbisch, W. (Hg. i. A. des Magistrats): Das Wohnungswesen der Stadt Frankfurt am Main. Frankfurt 1930, S. 158-168.

Schütte-Lihotzky, Margarethe: Wohnungsbau der zwanziger Jahre in Wien und Frankfurt/Main. In: Michael Andritzky/Gert Selle. Lernbereich Wohnen. Bd. 2. Hamburg 1979, S. 314-324.

Schütte-Lihotzky, Margarethe: Die Frankfurter Küche. In: Noever, Peter (Hg.): Die Frankfurter Küche von Margarethe Schütte-Lihotzky. Berlin o. J. (1992), S. 7-19.

Schwab, Alexander (anonym Albert Sigrist): Das Buch vom Bauen. 1930 – Wohnungsnot, Neue Technik, Neue Baukunst, Städtebau aus sozialistischer Sicht. (1930). Nachdruck. Braunschweig 1973.

Schwabe, Hermann: Das Nomadenthum in der Berliner Bevölkerung. In: Statistisches Jahrbuch für Volkswirtschaft und Statistik. 1. Jg. 1874, S. 29-37.

Schwan, Bruno: Die Bautätigkeit durch gemeinnützige Vereinigungen. Die sozialpolitische Bedeutung der Wohnungswirtschaft in Gegenwart und Zukunft. Internationaler Wohnungskongreß in Berlin 1931. Frankfurt 1931.

Schwan, Bruno: Die Wohnungsnot und das Wohnungselend in Deutschland. Berlin 1929.

Seydel (Magistrat der Stadt Charlottenburg): Das Charlottenburger Wohnungsamt, Neuauflage. Berlin 1913.

Sieburg, Friedrich: Die rote Arktis. Malygins empfindsame Reise. Frankfurt 1932.
Siedler, Ed. Jobst: Bauforschungen. Abschließender Bericht über die Versuchssiedlungen Frankfurt a. Main-Praunheim und Westhausen. Frankfurt 1933.
Sozialdemokratische Gemeindepolitik. Die Arbeit der sozialdemokratischen Stadtverordneten-Fraktion zu Frankfurt am Main in der Zeit vom 5. Mai 1924 bis 30. April 1925. Frankfurt 1925.
Spiethoff, Arthur: Boden und Wohnung (Bonner Staatswissenschaftliche Untersuchungen). Hf. 2. Jena 1934.
Stegemann, Rudolf (Hg.): Vom wirtschaftlichen Bauen. Dresden 1926.
Stillich, Oskar: Die Lage der weiblichen Dienstboten in Berlin. Berlin/Bern 1902.
Taut, Bruno: Bauen. Der neue Wohnbau. Hg. Architektenvereinigung Der Ring. Leipzig 1927.
Taut, Bruno: Die Neue Wohnung. Die Frau als Schöpferin Leipzig 1924.
Taut, Bruno: Ein Wohnhaus. Stuttgart 1929.
Tiefbauamt der Stadt Frankfurt am Main (Hg.): Umlegung von Grundstücken in Frankfurt am Main. Frankfurt 1903.
Übersicht über die im Königreich Preußen zur Regelung des Wohnungswesens und zur Förderung der Herstellung von Wohnungen für die minderbemittelten Bevölkerungskreise getroffenen Maßnahmen. Berlin 1904.
Varrentrapp, Georg: Aufforderung zur Gründung einer gemeinnützigen Baugesellschaft in Frankfurt am Main. Frankfurt 1860.
Verhandlungen der Sozialisierungs-Kommission über die Neuregelung des Wohnungswesens. 2 Bde., Berlin 1921.
Wagner, Martin (Hg.): Das wachsende Haus. Ein Beitrag zur Lösung der städtischen Wohnungsfrage. Berlin/Leipzig 1932.
Wagner, Martin: Behörden als Städtebauer. In: Das Neue Berlin 1929, S. 230-232.
Wagner, Martin: Die Küche – Die Fabrik der Hausfrau. In: Wohnungswirtschaft Hf. 3/1925. S. 19-20.
Weber, Adolf: Die Wohnungsproduktion. Grundrisse der Sozialökonomie. 2. Aufl. Tübingen 1923.
Weber, Max: Gesammelte Aufsätze zur Soziologie und Sozialpolitik, 2. Aufl. Tübingen 1988.
Weber, Max: Wirtschaft und Gesellschaft. Grundriß der verstehenden Soziologie. 5. Aufl. Tübingen 1985.
Weber, Max: Die protestantische Ethik I., Textkritische Ausgabe. 3. Auflage. Hamburg 1973.
Weiss, Wisso: Die Sozialisierung des Wohnungswesens unter der besonderen Berücksichtigung der Verhältnisse in Deutschland und Österreich. (Selbstverlag). Heidelberg 1930.
Weißer, Gerhard: Die Förderung des Wohnungsbaus durch die Stadt. In: Magdeburger Amtsblatt. Amtliches Organ des Magistrats, des Polizeipräsidiums und des Finanzamts, 1926, S. 502-505.
Weißer, Gerhard: Gemeinden und Baugenossenschaften. In: Magdeburger Amtsblatt. Amtliches Organ des Magistrats, des Polizeipräsidiums und des Finanzamts, Nr. 36. v. 7.9.1929, S. 641-643.
Wichert, Fritz: Baukunst als Erzieher. DNF Hf. 11-12/1928. (Nachdruck in Hirdina, Heinz: Neues Bauen. Neues Gestalten. DAS NEUE FRANKFURT/die neue stadt. Eine Zeitschrift zwischen 1926 und 1933. Dresden 1984, S. 277-278).
Witte, Irene Margarethe: Heim und Technik in Amerika. Berlin 1928.
Witte, Irene Margarethe: Taylor-Gilbreth-Ford. München/Berlin 1924.
Wohnungsbau in Reich und Ländern 1933-1937: Eine Untersuchung über die Ergebnisse der deutschen Wohnungsstatistik und Vorschläge zu ihrer Ausgestaltung. Hg. Deutscher Verein für Wohnungsreform. Berlin 1939.
Wohnungsneubau: Kommunale Wohnungswirtschaft vor und nach dem Kriege. Stadterweiterung und Wohnungsbau. Hg. Kommunale Vereinigung für Wohnungswesen. Hf. 8. Berlin 1927.
Wolf, Gustav: Die Grundriss-Staffel. Beitrag zur Grundrißwissenschaft. München 1931.
Wolff: Wohnungsbedarf und Wohnungsangebot. In: Beiträge zur städtischen Wohn- und Siedelwirtschaft. Hg. v. Waldemar Zimmermann. (Schriften des Vereins für Socialpolitik. Bd. 177. Erster Teil). München/Leipzig 1930, S. 89-158.
Zielowski, Otto: Die Millionärswirtschaft auf dem Frankfurter Rathaus. (Sonderdruck der Volksstimme). Die Wohnungspolitik der Stadt Frankfurt a. M. Stadtverordneten- Kurzsichtigkeit und ihre Folgen. Zum Wohnungskongreß in Frankfurt a.M. Frankfurt 1904.
Zimmermann, Waldemar (Hg.): Beiträge zur städtischen Wohn- und Siedelwirtschaft. (Schriften des Vereins für Socialpolitik. Bd. 177.). München/Leipzig 1930.
Zweck, Joachim: Die Kleinstwohnung, eine wirtschaftliche Notwendigkeit und ihre rationale Gestaltung. (Diss. Jena). Bottrop 1933.

2f. Literatur nach 1945

Abelshauser, Werner: Die Weimarer Republik als Wohlfahrtsstaat. Zum Verhältnis von Wirtschafts- und Sozialpolitik in der Industriegesellschaft. Stuttgart 1987.

Abelshauser, Werner: Freiheitlicher Korporatismus im Kaiserreich und in der Weimarer Republik. In: Ders.: Die Weimarer Republik als Wohlfahrtsstaat. Zum Verhältnis von Wirtschafts- und Sozialpolitik in der Industriegesellschaft. Stuttgart 1987, S. 147-170.

Adorno, Theodor: Eingriffe. Frankfurt 1974.

Adorno, Theodor: Glosse über Persönlichkeit. In: Kulturkritik und Gesellschaft II. Gesammelte Schriften Bd. 10.2, Frankfurt 1977, S. 639-644.

Allmayer-Beck, Renate: Margarethe Schütte-Lihotzkys Tätigkeit am Frankfurter Hochbauamt. In: Peter Noever (Hg.):Margarethe Schütte-Lihotzky. Soziale Architektur. Zeitzeugin eines Jahrhunderts. Wien 1993. S. 71-82.

Allmayer-Beck, Renate: Rationalisierung der Frankfurter Küche. In: Peter Noever (Hg.): Die Frankfurter Küche von Margarethe Schütte-Lihotzky. Berlin o. J., S. 20-40.

Andernacht, Dietrich/Kuhn, Gerd: „Frankfurter Fordismus". In: Höpfner, Rosemarie/Fischer, Volker (Hg.): Ernst May und das Neue Frankfurt. 1925-1930. (Ausstellungskatalog DAM). Berlin 1986, S. 42-64.

Andritzky, Michael (Hg.): Oikos. Von der Feuerstelle zum Mikrowellenherd. Haushalten und Wohnen im Wandel. Gießen 1992.

Andritzky, Michael/Selle, Gert (Hg.): Lernbereich Wohnen. Bd. 2. Hamburg 1979.

Arndt, Konstanze: Weiss-Rein-Klar. Hygienevorstellungen des Neuen Bauens und ihre soziale Vermittlung durch die Frau. (Diplomarbeit WS 1992/93). Kassel 1993.

Bartelsheim, Ursula: Bürgersinn und Parteiinteresse. Kommunalpolitik in Frankfurt am Main 1848-1914. Frankfurt 1997.

Benjamin, Walter: Einbahnstraße. Frankfurt 1988.

Below, Irene/Scurrell, Babette: es gab nicht nur das bauhaus. wohnen und haushalten in dessauer siedlungen. Katalog zur Ausstellung. Stiftung Bauhaus Dessau. Dessau 1994.

Berger-Thimme, Dorothea: Wohnungsfrage und Sozialstaat. Untersuchungen zu den Anfängen staatlicher Wohnungspolitik in Deutschland (1873-1918). Frankfurt 1976.

Bergler, Andrea: Die Entwicklung der Gesundheits- und Sozialen Fürsorge in Charlottenburg 1900-1914. (Mag.-Arbeit TU-Berlin 1989).

Bernauer, Markus: Die Ästhetik der Masse. Basel 1990.

Bernhardt, Christoph: Die Anfänge der kommunalen Wohnungspolitik und die Wohnungsmarktschwankungen in Groß-Berlin vor 1914. In: Hofmann, Wolfgang/Kuhn, Gerd (Hg.): Wohnungspolitik und Städtebau 1900-1930. Arbeitshefte des Instituts für Stadt- und Regionalplanung. Bd. 48. Berlin 1993, S. 17-48.

Bernhardt, Christoph: Bauplatz Groß-Berlin. Wohnungsmärkte, Terraingewerbe und Kommunalpolitik im Städtewachstum der Hochindustrialisierung (1871-1918). Berlin 1997.

Bodenschatz, Harald. Platz frei für das neue Berlin. Geschichte der Stadterneuerung in der größten Mietskasernenstadt der Welt seit 1871. Berlin 1987.

Bodenschatz, Harald: Die Berliner Mietskaserne in der wohnungspolitischen Diskussion seit 1918. In: Schildt/Sywottek (Hg.), Massenwohnung und Eigenheim, Frankfurt a.M. 1988, S. 127-149.

Bollerey, Franziska/Fehl, Gerhard/Hartmann, Kristiana (Hg.): Im Grünen wohnen – im Blauen planen. Ein Lesebuch zur Gartenstadt mit Beiträgen und Zeitdokumenten. Hamburg 1990.

Borscheid, Peter: Alltagsgeschichte – Modetorheit oder neues Tor zur Vergangenheit? In: Schieder, Wolfgang/Sellin, Volker (Hg.). Sozialgeschichte in Deutschland. Bd. III. Göttingen 1987, S. 78-100.

Brander, Sylvia: Wohnungspolitik als Sozialpolitik. Theoretische Konzepte und praktische Ansätze in Deutschland bis zum ersten Weltkrieg. Berlin 1984.

Brede, Helmuth/ Kujath, Hans Joachim: Finanzierung und Wirtschaftlichkeit des Kleinwohnungsbaus. Zu den Marktwiderständen und der Reformökonomie bis 1914. In: Juan Rodriguez-Lores/Gerhard Fehl (Hg.): Die Kleinwohnungsfrage. Hamburg 1988, S. 135-156.

Breuer, Stefan: Sozialdisziplinierung. Probleme und Problemverlagerungen eines Konzepts bei Max Weber, Gerhard Oestreich und Michel Foucault. In: Sachße, Christoph/ Tennstedt, Florian (Hg.): Soziale Sicherheit und soziale Disziplinierung. Frankfurt am Main 1986, S. 45-69.

Brüggemeier, Franz-Josef/Kocka, Jürgen (Hg.). „Geschichte von unten – Geschichte von innen". Kontroversen über Alltagsgeschichte. Fern-Universität Hagen 1986.

Brunner, Otto: Neue Wege der Sozialgeschichte. Vorträge und Aufsätze. Göttingen 1956.
Bullock, Nicholas/Read, James: The movement for housing reform in Germany and France 1840-1914. Cambridge 1985.
Bullock, Nicholas: Die neue Wohnkultur und der Wohnungsbau in Frankfurt a. M. 1925-1931. In: Archiv für Frankfurts Geschichte und Künste. Hf. 57, S 187-207.
Croon, Helmuth: Das Vordringen der politischen Parteien im Bereich der kommunalen Selbstverwaltung. In: Ders./Wolfgang Hofmann/Georg Christoph von Unruh. Kommunale Selbstverwaltung im Zeitalter der Industrialisierung. Stuttgart 1971, S. 15-58.
Diehl, Ruth: Die Tätigkeit Ernst Mays in Frankfurt am Main in den Jahren 1925-30 unter besonderer Berücksichtigung des Siedlungsbaus (Diss.). Frankfurt am Main 1976.
Dinges, Martin: Frühzeitliche Armenfürsorge als Sozialdisziplinierung? Probleme mit einem Konzept, GG Hf. 1/1991, S. 5-29.
Dreysse, DW: May-Siedlungen. Architekturführer durch acht Siedlungen des neuen Frankfurts. 1926-1930. Frankfurt 1987.
Dreysse, DW: Wohnung, Haus, usw. In: Höpfner, Rosemarie/ Fischer, Volker (Hg.): Ernst May und das Neue Frankfurt 1925-1930 (Ausstellungskatalog DAM Frankfurt). Berlin 1986. S. 72-76.
Dülmen, Richard van: Kultur und Alltag in der frühen Neuzeit. Bd. 1. Das Haus und seine Menschen. München 1990.
Ehrlich, Wilfried: Bauen für ein neues Leben. Hundert Jahre Aktienbaugesellschaft. Frankfurt o.J. (1990).
Elias, Norbert: Über den Prozeß der Zivilisation. Soziogenetische und psychogenetische Untersuchungen. 2 Bde. Frankfurt 1980.
Elias, Norbert: Die Gesellschaft der Individuen. Frankfurt 1987.
Engeli, Christian/Haus, Wolfgang: Quellen zum modernen Gemeindeverfassungsrecht. Stuttgart u. a. 1975.
Esser, Josef/Hirsch, Joachim: Stadtsoziologie und Gesellschaftstheorie. Von der Fordismuskrise zur „postfordistischen" Regional- und Stadtstruktur. In: Prigge, Walter (Hg.). Die Materialität des Städtischen. Basel 1987, S. 31-58.
Evans, Richard J.: Death in Hamburg. Society and Politics in the Cholera Years 1830-1910. Oxford 1987.
Evers, Adalbert/Lange, Hans-Georg/Wollmann, Hellmut (Hg.): Kommunale Wohnungspolitik. Basel u. a. 1983.
Faller, Peter/Wurst, Eberhard (Mitarb.): Der Wohngrundriss. Entwicklungslinien 1920-1990, Schlüsselprojekte, Funktionsstudien. Hg. i. A. der Wüstenrot Stiftung. Stuttgart 1996.
Fehl, Gerhard: „Der Kleinwohnungsbau, die Grundlage des Städtebaus"? In: Rodriguez-Lores, Juan/ders. (Hg.): Die Kleinwohnungsfrage. Zu den Ursprüngen des sozialen Wohnungsbaus in Europa. Hamburg 1988, S. 95-134.
Fehl, Gerhard/ Rodriguez-Lores, Juan (Hg.): Städtebau um die Jahrhundertwende. Materialen zur Entstehung der Disziplin Städtebau. Köln u. a. 1980.
Flender, August: Die Wohnungsgemeinnützigkeit im Wandel der Zeiten. Hamburg 1969.
Foucault, Michel: Überwachen und Strafen. Die Geburt des Gefängnisses. Frankfurt 1976.
Foucault, Michel: Archäologie des Wissens. Frankfurt 1973.
Führer, Karl Christian: Mieter, Hausbesitzer, Staat und Wohnungsmarkt. Wohnungsmangel und Wohnungszwangswirtschaft in Deutschland 1914-1960. VSWG Beihefte Bd. 119. Stuttgart 1995.
Fünfzig Jahre Aktiengesellschaft Hellerhof. Frankfurt 1951.
Funke, Gustav. Die Anfänge der Siedlung Zeilsheim. Ein Beitrag zum sozialen Wohnungsbau der Farbwerke Hoechst AG. Frankfurt 1968.
Geist, Johann Friedrich/Kürvers, Klaus: Das Berliner Mietshaus. Bd. 1. 1740-1862. München 1980.
Geist, Johann Friedrich/Kürvers, Klaus: Das Berliner Mietshaus. Bd. 2. 1862-1945. München 1984.
Geyer, Martin H.: Wohnungsnot und Wohnungszwangswirtschaft in München 1917 bis 1924. In: Feldman, Gerald D. u.a. (Hg.). Die Anpassung an die Inflation. Berlin/New York 1986, S. 127-162.
Giedion, Sigfried: Die Herrschaft der Mechanisierung. Ein Beitrag zur anonymen Geschichte. (Org. 1948). Frankfurt 1987.
Gleichmann, Peter Reinhart: Wandel der Wohnverhältnisse, Verhäuslichung der Vitalfunktionen, Verstädterung und siedlungsräumliche Gestaltungsmacht. In: Zeitschrift für Soziologie. Hf. 4/1976, S. 319-329.
Gleichmann, Peter Reinhart/Gondsblom, Johann/Korte, Hermann (Hg.): Macht und Zivilisation. Materialien zu Norbert Elias' Zivilisationstheorie. 2 Bde. Frankfurt 1984.
Gleininger, Andrea: Ferdinand Kramer und der Siedlungsbau des „Neuen Frankfurt". In: Ferdinand Kramer. Der Charme des Systematischen. (Ausstellungskatalog). Hg. V. Claude Lichtenstein. Gießen 1991, S. 36-47.

Gorsen, Peter: Die Dialektik des Funktionalismus heute. Das Beispiel des kommunalen Wohnungsbaus im Wien der zwanziger Jahre. In: Jürgen Habermas. Stichworte zur geistigen Situation der Zeit. Bd. 2. Frankfurt 1982, S. 688-706.

Gramsci, Antonio: Amerikanismus und Fordismus. Philosophie der Praxis, Frankfurt 1967.

Gropius, Walter: Architektur. Wege zu einer optischen Kultur. Frankfurt 1956.

Grüttner, Michael: Soziale Hygiene und soziale Kontrolle. Die Sanierung der Hamberger Gängeviertel 1892-1936. In: Herzig, Walter Arno/Langewiesche, Dieter/Sywottek, Arnold: Arbeiter in Hamburg. Hamburg 1983, S. 359-371.

Hagemann, Karen: Frauenalltag und Männerpolitik. Alltagsleben und gesellschaftliches Handeln von Arbeiterfrauen in der Weimarer Republik. Bonn 1990.

Harlander, Tilman/Fehl, Gerhard: Hitlers Sozialer Wohnungsbau. Wohnungsbau, Baugestaltung und Siedlungsplanung. (Stadt-Planung-Geschichte Bd. 6). Hamburg 1986.

Harlander, Tilman/Hater, Katrin/Meiers, Franz: Siedeln in der Not. Umbruch von der Wohnungspolitik und Siedlungsbau am Ende der Weimarer Republik (Stadt-Planung-Geschichte. Bd. 10). Hamburg 1988.

Harlander, Tilman: Zwischen Heimstätte und Wohnmaschine. Wohnungsbau und Wohnungspolitik in der Zeit des Nationalsozialismus (Stadt-Planung-Geschichte. Bd. 18). Basel u. a. 1995.

Hausen, Karin: Große Wäsche. Technischer Fortschritt und sozialer Wandel in Deutschland vom 18. bis ins 20. Jahrhundert. In: GG Hf. 13/1987, S. 273-303.

Henderson, Susan Rose: The work of Ernst May 1919-1930. Diss. Columbia University 1990.

Henning, Friedrich-Wilhelm: Das industrialisierte Deutschland 1914 bis 1978. 5. Aufl., Paderborn u. a. 1979.

Hentschel, Volker: Geschichte der deutschen Sozialpolitik. 1880-1980. Frankfurt 1983.

Hentschel, Volker: Die Sozialpolitik der Weimarer Republik. In: Bracher/Funke/Jakobsen (Hg.). Die Weimarer Republik 1918-1933. Politik. Wirtschaft. Gesellschaft. 2. Aufl., Düsseldorf 1988, S. 197-217.

Herlyn, Ulfert/Saldern, Adelheid von/Tessin, Wulf (Hg.): Neubausiedlungen der 20er und 60er Jahre. Ein historisch-soziologischer Vergleich. Frankfurt 1987.

Hermand, J./Trommler, F.: Die Kultur der Weimarer Republik. München 1978.

Herterich, Frank: Neue Menschen für das Neue Frankfurt. In: Höpfner, Rosemarie/Fischer, Volker (Hg.): Ernst May und das Neue Frankfurt. 1925-1930. (Ausstellungskatalog DAM), Berlin 1986, S. 85- 90.

Hirdina, Heinz: Versuch über das neue Frankfurt. In: derselbe (Hg.). Neues Bauen. Neues Gestalten. DAS NEUE FRANKFURT/die neue stadt. Eine Zeitschrift zwischen 1926 und 1933. Dresden 1984, S. 11-60.

Historisches Museum Frankfurt: „Eine neue Zeit...!". Elektrizität und Zivilisation 1891. Frankfurt 1991.

Hoffmann-Axthelm, Dieter: Die Dritte Stadt. Bausteine eines neuen Gründungsvertrages. Frankfurt 1993.

Hofmann, Wolfgang/Kuhn, Gerd (Hg.): Wohnungspolitik und Städtebau 1900-1930. Arbeitshefte des Instituts für Stadt- und Regionalplanung. Bd. 48. Berlin 1993.

Hofmann, Wolfgang: Aufgaben und Struktur der kommunalen Selbstverwaltung in der Zeit der Hochindustrialisierung. In: Deutsche Verwaltungsgeschichte. Bd. 3. Stuttgart 1984, S. 578-644.

Hofmann, Wolfgang: Kommunale Daseinsversorge. Mittelstand und Städtebau 1871-1918 am Beispiel Charlottenburg. In: Kunstpolitik und Kunstförderung im Kaiserreich. Berlin 1982, S. 167-196.

Hofmann, Wolfgang: Preußische Stadtverordnetenversammlungen als Repräsentativ-Organe. In: Die deutsche Stadt im Industriezeitalter. Hg. Jürgen Reulecke. 2. Aufl., Wuppertal 1980, S. 31-56.

Hofmann, Wolfgang: Städtetag und Verfassungsordnung. Position und Politik der Hauptgeschäftsführer kommunalen Spitzenverbandes. (Schriftenreihe des Vereins für Kommunalwissenschaften Bd. 13). Stuttgart u. a. 1966.

Hofmann, Wolfgang: Zwischen Rathaus und Reichskanzlei. Die Oberbürgermeister in der Kommunal- und Staatspolitik des Deutschen Reiches von 1890 bis 1933. Schriften des Deutschen Instituts für Urbanistik. Bd. 46. Stuttgart u. a. 1974.

Holtfrerich, Carl Ludwig: Die Deutsche Inflation 1914-1923. Ursachen und Folgen in internationaler Perspektive. Berlin/New York 1980.

Homann, Klaus/Kieren, Martin/Scarpa, Ludovica (Hg.): Martin Wagner 1885-1957. Wohnungsbau und Weltstadtplanung. Die Rationalisierung des Glücks. (Ausstellungskatalog AdK Berlin). Berlin 1986.

Höpfner, Rosemarie/Fischer, Volker (Hg.): Ernst May und das Neue Frankfurt. 1925-1930. (Ausstellungskatalog DAM Frankfurt). Berlin 1986.

Höpfner, Rosemarie/Kuhn, Gerd: Vergangene Gegenwart. Sequenzen städtischer Geschichten – 1928-1955. In: Prigge, Walter/Schwarz, Hans Peter (Hg.): Das Neue Frankfurt. Städtebau und Architektur im Modernisierungsprozeß. 1925-1988. Frankfurt 1988, S. 61-93.

Höpfner, Rosemarie: „das publikum wird gebeten, auf den stühlen platz zu nehmen". In: Dies./Fischer, Volker (Hg:): Ernst May und das Neue Frankfurt. 1925-1930. (Ausstellungskatalog DAM), Berlin 1986, S. 25-34.

Hüter, Karl-Heinz: Neues Bauen in Magdeburg. Zweck und Form, Hf. 2/1983, S. 25-40.

Huke-Schubert, Beate: „Verachtet mir das wünschen nicht!" – „Neue" Wohnungsnot und kommunale Wohnungspolitik. In: Dirk Schubert (Hg.). Sozial Wohnen – Kommunale Wohnungspolitik zwischen Eigentümer- und Mieterinteressen. Darmstadt 1992, S. 8-19.

Huse, Norbert (Hg.): Vier Berliner Siedlungen der Weimarer Republik, 2. Aufl. Berlin 1987.

Huse, Norbert: Neues Bauen 1918 bis 1933. Moderne Architektur in der Weimarer Republik. 2. überarb. und erw. Aufl. Berlin 1985.

Ipsen, Detlev: Die Flexibilisierung von Raum und Zeit. Einige Bemerkungen zur Soziologie eines Konzepts. In: Keim, Karl-Dieter (Hg.): Arbeit an der Stadt. Bielefeld 1989, S. 47-63.

Isaacs, Reginald R.: Walter Gropius. Der Mensch und sein Werk. 2 Bde. Berlin 1983.

Jay, Martin: Dialektische Phantasie. Die Geschichte der Frankfurter Schule und des Instituts für Sozialforschung. 1923-1950. Frankfurt 1981.

Jenkis, Helmut Walter: Ursprung und Entwicklung der gemeinnützigen Wohnungswirtschaft. (Schriftenreihe des Institus für Städtebau, Wohnungswirtschaft und Bausparwesen 24). Bonn/Hamburg 1973.

Jütte, Robert: ‚Disziplin zu predigen ist eine Sache, sich ihr zu unterwerfen eine ander' (Cervantes) – Prolegomena zu einer Sozialgeschichte der Armenfürsorge dieseits und jenseits des Fortschritts. GG Hf. 1/1991, S. 92-101.

Kähler, Gert: Kollektive Struktur, individuelle Interpretation. arch+. 100-101/1989, S. 38-45.

Kähler, Gert: Wohnung und Stadt. Hamburg – Frankfurt – Wien. Modelle sozialen Wohnens in den zwanziger Jahren. Braunschweig 1984.

Kähler, Gert (Hg.): Geschichte des Wohnens. Bd. 4., 1918 bis 1945. Reform – Reaktion – Zerstörung. Stuttgart 1996.

Kaltwasser, Inge: Häusliches Gesinde in der Stadt Frankfurt am Main. Rechtstellung, soziale Lage und Aspekte des sozialen Wandels 1815-1866. (Studien zur Frankfurter Geschichte; Bd.26) Frankfurt am Main 1989.

Käpplinger, Claus: Wohnungsbau zwischen konservativer Moderne und Neuem Bauen. In: Hofmann, Wolfgang/Kuhn, Gerd (Hg.): Wohnungspolitik und Städtebau 1900-1930. Arbeitshefte des Instituts für Stadt- und Regionalplanung. Bd. 48. Berlin 1993, S. 223-244.

Kiem, Karl: Die Gartenstadt Staaken als Prototyp der modernen deutschen Siedlung. In: Vittorio Magnagno Lampugnani/Romana Schneider (Hg.): Moderne Architektur in Deutschland. 1900 bis 1950. DAM. Stuttgart 1992, S. 133-149.

Klans-Stöhner, Ulrich: Untersuchungen über den Beitrag Alexander Kleins zur Entwicklung und Bewertung von Grundrissen im Geschoßwohnungsbau. (Diss.). Berlin 1977.

Kocka, Jürgen: Weder Stand noch Klasse. Unterschichten um 1800. Bonn 1990.

Kocka, Jürgen (Hg.): Arbeiter und Bürger im 19. Jahrhundert. Varianten ihres Verhältnisses im europäischen Vergleich. München 1986.

Kocka, Jürgen (Hg.): Bürgertum im 19. Jahrhundert. Deutschland im europäischen Vergleich. In: Ders.: Bürgertum und bürgerliche Gesellschaft im 19. Jahrhundert. Europäische Entwicklungen und deutsche Eigenarten. Bd.1. München 1988, S. 11-78.

Kocka, Jürgen: Klassengesellschaft im Krieg. Deutsche Sozialgeschichte 1914-1918. 2. Aufl. Göttingen 1978.

Kocka, Jürgen: Perspektiven einer Sozialgeschichte der neunziger Jahre. In: Schulze, Winfried (Hg.): Sozialgeschichte, Alltagsgeschichte, Mikro-Historie. Göttingen 1994, S. 33-39.

Köhler, Jörg R.: Städtebau und Stadtpolitik im Wilheminischen Frankfurt. Eine Sozialgeschichte. Frankfurt 1995.

Koellmann, Wolfgang: Bevölkerung in der industriellen Revolution. Studien zur Bevölkerungsgeschichte Deutschlands. Göttingen 1974.

Kopetzki, u.a. (Hg.): Stadterneuerung in der Weimarer Republik und im Nationalsozialismus. Beiträge zur stadtbaugeschichtlichen Forschung. Kassel 1987.

Kösters, Hildegard: „Ein menschenwürdiges Dasein zu gewährleisten". Kommunale Wohnungspolitik in der Weimarer Republik (1919-1928). Das Beispiel der preußischen Stadt Altona. In: Hofmann, Wolfgang/Kuhn, Gerd (Hg.). Wohnungspolitik und Städtebau 1900-1930. Berlin 1993, S. 139-171.

Krabbe, Wolfgang R.: Die Anfänge des sozialen Wohnungsbaus vor dem Ersten Weltkrieg. Kommunalpolitische Bemühungen um die Lösung des Wohnungsproblems. In: VfSW Hf. 71/1984, S. 30-58.
Krabbe, Wolfgang R.: Die deutsche Stadt im 19. und 20. Jahrhundert. Göttingen 1986.
Krabbe, Wolfgang R.: Die Entfaltung der modernen Leistungsverwaltung in den deutschen Städten des späten 19. Jahrhunderts. In: Teuteberg, H. J. (Hg.): Urbanisierung im 19. und 20. Jahrhundert. Köln/Wien 1983, S. 373-391.
Kramer, Henriette: Die Anfänge des sozialen Wohnungsbaus in Frankfurt am Main 1860-1914. In: Archiv für Frankfurts Geschichte und Kunst. Hf. 56/1978, S. 123-190.
Kramer, Lore: Rationalisierung der Haushaltes und Frauenfragen. In: Höpfner, Rosemarie/Fischer Volker (Hg.): Ernst May und das Neue Frankfurt. 1925-1930.(Ausstellungskatalog DAM). Berlin 1986, S. 77-84.
Krausse, Joachim: Die Frankfurter Küche. In: Oikos. Von der Feuerstelle zur Mikrowelle. Haushalt und Wohnen im Wandel. Hg. v. Michael Andritzky i. Auftr. des Deutschen Werkbunds Baden Württemberg. Gießen 1992, S. 96-112.
Krausse, Joachim: Drei Zimmer im Neuen Frankfurt. In: form + zweck, Hf. 6/1987, S. 22-27.
Kreinz, Susanne: Wohnungsversorgung als kommunale Aufgabe. Zur gesamtgesellschaftlichen Einbindung der Wohungspolitik Frankfurts in den 20er Jahren. Frankfurt 1991.
Kuhlemann, Frank-Michael: Modernisierung und Disziplinierung. Sozialgeschichte des preußischen Volksschulwesens 1794-1872. Göttingen 1992.
Kuhn, Gerd: Die kommunale Regulierung des Wohnungsmangels. Aspekte der sozialstaatlichen Wohnungspolitik in Frankfurt am Main. In: Hofmann, Wolfgang/Ders. (Hg.): Wohnungspolitik und Städtebau 1900-1930. Arbeitshefte des Instituts für Stadt- und Regionalplanung. Bd. 48. Berlin 1993. S. 109-138.
Kuhn, Gerd: Landmann, Asch, May. In: In: Höpfner, Rosemarie/Fischer Volker (Hg.): Ernst May und das Neue Frankfurt. 1925-1930. (Ausstellungskatalog DAM). Berlin 1986, S.20-24.
Kuhn, Gerd: Siedlungskonzeption oder Krisenreaktion in der modernen Gesellschaft. In: es gab nicht nur das bauhaus. Hg. Stiftung Bauhaus Dessau. Dessau 1994. S. 46-48.
Kurz, Daniel: „Den Arbeiter zum Bürger machen" – Gemeinnütziger Wohnungsbau in der Schweiz 1918-1949. In: Schulz, Günther (Hg.): Wohnungspolitik im Sozialstaat. Deutsche und europäische Lösungen 1918-1960. (Forschungen und Quellen zur Zeitgeschichte Bd. 22). Düsseldorf 1993. S. 285-304.
Ladd, Brian U.: City planning and sozial reform in Cologne, Frankfurt und Düsseldorf 1866-1914. Yale 1986.
Langguth, Frauke: Elektrizität in jedem Gerät. Die Elektrifizierung der privatren Haushalte am Beispiel Berlins. In: Haushaltsträume. Ein Jahrhundert Technisierung und Rationalisierung im Haushalt. Hg. v. d. Arbeitsgemeinschaft Hauswirtschaft e.V. und Stiftung Verbraucherinstitut. Königstein 1990. S. 93-101.
Lauer, Heike: Leben in Neuer Sachlichkeit. Zur Aneignung der Siedlung Römerstadt in Frankfurt am Main. Institut für Kulturanthropologie und europäische Enthnologie Uni Frankfurt am Main. Notizen Bd. 31. Frankfurt 1990.
Lauer, Heike: „Die neue Baukunst als Erzieher"? Eine empirische Untersuchung der Siedlung Römerstadt in Frankfurt am Main. In: Hofmann, Wolfgang/Kuhn, Gerd (Hg.): Wohnungspolitik und Städtebau 1900-1930. Arbeitshefte des Instituts für Stadt- und Regionalplanung. Bd. 48. Berlin 1993, S. 265-284.
Le Corbusier: An die Studenten. Die „Charte d'Athènes". Hamburg 1962.
Lehnert, Detlev: Kommunale Politik, Parteiensystem und Interessenkonflikte in Berlin und Wien 1919-1932. Wohnungs-, Verkehrs- und Finanzpolitik im Spannungsfeld von städtischer Selbstverwaltung und Verbandseinflüssen. Berlin 1992.
Lehnert, Detlev: Organisierter Hausbesitz und kommunale Politik in Wien und Berlin 1890-1933. In: GG Hf. 1/1994, S. 29-56.
Lethen, H.: Neue Sachlichkeit 1924-1932. Stuttgart 1975.
Leuchs, Rudolf: 60 Jahre Aktienbaugesellschaft für kleine Wohnungen. 1890-1950. (Festschrift). Frankfurt o. J. (1950).
Lorenz, Peter: Das Neue Bauen im Wohnungs- und Siedlungsbau. Dargestellt am Beispiel des Neuen Frankfurt 1925-1933. Stuttgart 1986.
Lüdtke, Alf (Hg.): Alltagsgeschichte. Zur Rekonstruktion historischer Erfahrungen und Lebensweisen. Hamburg 1989.
Lüdtke, Alf: Eigen-Sinn. Fabrikalltag, Arbeitererfahrungen und Politik vom Kaiserreich bis in den Faschismus. Hamburg 1993.
Lukas, E.: Frankfurt unter der Herrschaft des Arbeiter- und Soldatenrats 1918/19. Frankfurt am Main 1969.
Lütge, Friedrich: Wohnungswirtschaft.Eine systematische Darstellung unter besonderer Berücksichtigung der deutschen Wohnungswirtschaft. 2.Erw. Aufl. Stuttgart 1949.

Matzerath, Horst: Urbanisierung in Preußen (Schriften des Deutschen Instituts für Urbanistik. Bd. 72). Stuttgart u. a. 1985.
May, Ernst: Wie werden wir wohnen? In: Wie leben wir Morgen?. Eine Vortragsreihe. Das Heidelberger Studio. Eine Sendereihe des Süddeutschen Rundfunks. Leitung J. Schlemmer. Stuttgart 1957. S. 105-122.
Mengin, Christine: Der Wohnungsbau für Angestellte in der Weimarer Republik. In: Hofmann, Wolfgang/Kuhn, Gerd (Hg.): Wohnungspolitik und Städtebau 1900-1930. Arbeitshefte des Instituts für Stadt- und Regionalplanung. Bd. 48. Berlin 1993. S. 203-222.
Mohr, Christoph/Müller, Michael: Funktionalität und Moderne. Das neue Frankfurt und seine Bauten. 1925-1933. Köln 1984.
Mohr, Christoph: Stadtentwicklung und Wohnungspolitik in Frankfurt am Main im 19. Jahrhundert. Bonn 1992.
Mooser, Josef: Arbeiterleben in Deutschland 1900-1970. Klassenlage, Kultur und Politik. Frankfurt 1984.
Müller, Heidi: Dienstbare Geister. Leben und Arbeitswelt städtischer Dienstboten. Berlin 1981.
Müller, Michael: Die Sinnlichkeit des Gebrauchs. In: arch + Hf. 100-101/1989, S. 94-98.
Müller, Michael: Die Verdrängung des Ornaments. Zum Verhältnis von Architektur und Lebenspraxis. Frankfurt 1977.
Neuland, Franz: Die Matrosen von Frankfurt. Ein Kapitel Novemberrevolution 1918/19. Frankfurt 1991.
Niethammer, Lutz/Brüggemeier, Franz: Wie wohnten Arbeiter im Kaiserreich? In: AfS, Bd. XVI (1976), S. 122-134.
Niethammer, Lutz: (Hg.): Wohnen im Wandel. Wuppertal 1979.
Niethammer, Lutz: Ein langer Marsch durch die Institutionen. Zur Vorgeschichte des preußischen Wohnungsgesetzes von 1918. In: Ders. (Hg.): Wohnen im Wandel. Wuppertal 1979, S. 363-384.
Niethammer, Lutz: Kein Reichswohnungsgesetz. Zum Ansatz deutscher Wohnungspolitik 1890-1898. In: Rodriguez-Lores, Juan/Fehl, Gerhard (Hg.): Die Kleinwohnungsfrage. Zu den Ursprüngen des sozialen Wohnungsbaus in Europa. Hamburg 1988, S. 52-73.
Niethammer, Lutz: Rückblick auf den sozialen Wohnungsbau. In: Prigge, Walter/Kaib, Wilfried (Hg.): Sozialer Wohnungsbau im internationalen Vergleich. Frankfurt 1988, S. 288-308.
Noever, Peter (Hg.): Die Frankfurter Küche von Margarethe Schütte-Lihotzky. Berlin o.J. (1992).
Noever, Peter (Hg.): Margarethe Schütte-Lihotzky. Soziale Architektur. Zeitzeugin eines Jahrhunderts. Wien 1993.
Novy, Klaus: Genossenschafts-Bewegung. Zur Geschichte und Zukunft der Wohnreform. Berlin 1983.
Novy, Klaus: Wohnreform in Berlin – Eine Entwicklungsskizze. In: Ders./Barbara von Neumann-Cosel (Hg.): Wohnreform in Berlin. Ein Arbeitsprogramm wird vorgestellt. Berlin 1991, S. 5-35.
Oestreich, Gerhard: Strukturprobleme des europäischen Absolutismus. In: VfSW 55/1968, S. 329-347.
Opitz, Claudia: Neue Wege der Sozialgeschichte? In: GG, Hf.1 (1994), S. 88-98.
Orland, Barbara: Effizienz im Heim. In: Kultur und Technik. Hf. 4/1983, S. 222-228.
Ottmüller, Uta: Die Dienstbotenfrage. Zur Sozialgeschichte der doppelten Ausnutzung von Dienstmädchen im deutschen Kaiserreich. Münster 1978.
Pahl, R.: Managers, technical experts and the state. In: Harloe, M. (Hg.): Captive Cities. London 1977.
Panerai, Philippe/ Castex, Jean/Depaule, Jean-Charles: Vom Block zur Zeile. Wandlungen der Stadtstruktur. Braunschweig 1985.
Pehmeyer, Susan: Die Werkswohnungen der Farbwerke Hoechst in der Gründerzeit. Magisterarbeit Universität Frankfurt am Main 1985.
Peters, Dietlinde: Mütterlichkeit im Kaiserreich. Die bürgerliche Frauenbewegung und der soziale Beruf der Frau. Bielefeld 1984.
Peukert, Detlev J. K.: Die Weimarer Republik. Frankfurt 1987.
Peukert, Detlev J. K.: Grenzen der Sozialdisziplinierung. Aufstieg und Krise der deutschen Jugendfürsorge von 1878 bis 1932. Köln 1986.
Peukert, Detlev J. K.: Max Webers Diagnose der Moderne. Göttingen 1989.
Posener, Julius: Vorwort. Das Neue Berlin. Großstadtprobleme. (Reprint). Basel 1988. S. ohne Angabe.
Preller, Ludwig: Sozialpolitik der Weimarer Republik. Stuttgart 1949.
Prigge, Walter (Hg.): Die Materialität des Städtischen. Stadtentwicklung und Urbanität im gesellschaftlichen Umbruch. (Stadtforschung aktuell, Bd. 17). Basel 1987.
Prigge, Walter: Urbanität und Intellektualität im 20. Jahrhundert. Frankfurt 1996.
Prigge, Walter/Kaib, Wilfried (Hg.): Sozialer Wohnungsbau im internationalen Vergleich. Frankfurt 1988.
Prigge, Walter/Schwarz, Hans Peter (Hg.): das Neue Frankfurt. Städtebau und Architektur im Modernisierungsprozess 1925-1988. Frankfurt 1988.

Prigge, Walter: Durchdringung. In: Höpfner, Rosemarie/Fischer, Volker (Hg.): Ernst May und das Neue Frankfurt. 1925-1930. (Ausstellungskatalog DAM). Berlin 1986. S. 65-41.

Prigge, Walter: Geistesgeschichte und Stadtgeschichte: Wien, Frankfurt, Paris. Eine Skizze. In: Ders. (Hg.). Städtische Intellektuelle. Urbane Milieus im 20. Jahrhundert. Frankfurt 1992. S. 12-46.

Prigge, Walter: Verflechtung. In: Höpfner, Rosemarie/Fischer, Volker (Hg.): Ernst May und das Neue Frankfurt. 1925-1930. (Ausstellungskatalog DAM), Berlin 1986. S. 14-19.

Prigge, Walter: Zeit, Raum und Architektur. Zur Geschichte der Räume. (Schriftenreihe Politik und Planung. Bd. 18). Köln, u. a. 1986.

Prost, Antoine: Grenzen und Zonen des Privaten. In: Ders. (Hg.): Geschichte des privaten Lebens. Bd. 5. Vom Ersten Weltkrieg zur Gegenwart. Hg. v. Philppe Ariès und Georges Duby. Frankfurt 1993, S. 15-152.

Rebentisch, Dieter: Frankfurt am Main in der Weimarer Republik und im Dritten Reich. 1918-1945. In: Frankfurt am Main. Die Geschichte der Stadt in neuen Beiträgen. Hg. v. d. Frankfurter Historischen Kommission. Sigmaringen 1991, S. 423-519.

Rebentisch, Dieter: Industrialisierung. Bevölkerungswachstum und Eingemeindungen. Das Beispiel Frankfurt am Main 1870-1914. In: Reulecke, Dieter: Die deutsche Stadt im Industriezeitalter. 2. Aufl., Wuppertal 1980, S. 114-129.

Rebentisch, Dieter: Ludwig Landmann. Frankfurter Oberbürgermeister der Weimarer Republik. Wiesbaden 1975.

Rebentisch, Dieter: Sozialdemokratische Kommunalpolitik 1919-1933. In: Die alte Stadt. Hf. 1/1985, S. 33-56.

Reif, Heinz: Die verspätete Stadt. Industrialisierung, städtischer Raum und Politik in Oberhausen 1846-1929. Köln 1993.

Reulecke, Jürgen (Hg.): Die deutsche Stadt im Industriezeitalter. Beiträge zur modernen deutschen Stadtgeschichte. 2. Aufl., Wuppertal 1978.

Reulecke, Jürgen: Geschichte der Urbanisierung in Deutschland. Frankfurt 1985.

Reulecke, Jürgen (Hg.): Geschichte des Wohnens. 1800-1918. Das bürgerliche Zeitalter. Bd. 3. Stuttgart 1997.

Riemann, Ilka: Soziale Arbeit als Hausarbeit. Von der Suppenküche zur Sozialpädagogik. Frankfurt 1985.

Riese, Horst: Mieterorganisationen und Wohnungsnot - Geschichte einer sozialen Bewegung. Basel, u. a. 1990.

Risse, Heike: Frühe Moderne in Frankfurt am Main 1920-1933. Architektur der zwanziger Jahre in Frankfurt am Main. Frankfurt 1984.

Ritter, Gerhard A.: Der Sozialstaat und seine Grenzen. In: Nitschke, August u.a. (Hg.): Jahrhundertwende. Der Aufbruch in die Moderne 1880-1930. Bd. 2. Hamburg 1990, S. 249-275.

Ritter, Gerhard A.: Der Sozialstaat. Entstehung und Entwicklung im internationalen Vergleich. Beihefte der HZ. NF Bd. 11. München 1989.

Ritter, Gerhard A.: Neuere Sozialgeschichte in der Bundesrepublik Deutschland. In: Kocka, Jürgen (Hg.). Sozialgeschichte im internationalen Überblick. Ergebnisse und Tendenzen der Forschung. Darmstadt 1989, S. 1-88.

Rodenstein, Marianne: Mehr Licht, mehr Luft. Gesundheitskonzepte im Städtebau seit 1750. Frankfurt 1988.

Rodriguez-Lores, Juan: Stadthygiene und Städtebau. Zur Dialektik von Ordnung und Unordnung in den Auseinandersetzungen des Deutschen vereins für Öffentliche Gesundheitspflege 1868-1901. In: Ders./Fehl, Gerhard (Hg.): Städtebaureform 1865-1900. Von Licht, Luft und Ordnung in der Stadt der Gründerzeit. 2 Bd. 1. Hamburg 1985, S. 19-58.

Rodriguez-Lores, Juan/Fehl, Gerhard (Hg.): Städtebaureform 1865-1900. Von Licht, Luft und Ordnung in der Stadt der Gründerzeit. 2 Bde., Hamburg 1985.

Rodriguez-Lores, Juan/Fehl, Gerhard (Hg.): Die Kleinwohnungsfrage. Zu den Ursprüngen des sozialen Wohnungsbaus in Europa. Hamburg 1988.

Rodriguez-Lores, Juan/Uhlig, Günther: Einleitende Bemerkungen zur Problematik der Zeitschrift „Das Neue Frankfurt". In: Das Neue Frankfurt/ die neue stadt (1926-1934). Reprint. Aachen 1977. S. XI-XXXXIV.

Rolling, John D.: Liberals, Socialists, and City Government in Imperial Germany. The Case of Frankfurt am Main. 1900-1918. Michigan 1979.

Rolling, John D.: Das Problem der Politisierung der kommunalen Selbstverwaltung in Frankfurt am Main 1900 bis 1918. In: Archiv für Frankfurts Geschichte und Kunst Hf. 57, 1980, S. 167-186.

Roth, Ralf: Stadt und Bürgertum in Frankfurt am Main von 1760 bis 1914. Ein besonderer Weg von der ständischen zur modernen Bürgergesellschaft. München 1996.

Roth, Ralf: Die Geschichte der Frankfurter Gesellschaft für Handel, Industrie und Wissenschaft 1920 bis 1995. In: Gall, Lothar (Hg.). Frankfurter Gesellschaft für Handel, Industrie und Wissenschaft – Casino-Gesellschaft von 1802. Frankfurt 1995, S. 37-82.

Roth, Ralf: Gewerkschaftskartell und Sozialpolitik. Arbeiterbewegung vor dem Ersten Weltkrieg zwischen Restauration und liberaler Erneuerung. Frankfurt 1991.

Roycroft Sommer, Maureen: Bodenreform im Kaiserreich und in der Weimarer Republik. In: Hofmann, Wolfgang/Kuhn, Gerd (Hg.): Wohnungspolitik und Städtebau 1900-1930. Arbeitshefte des Instituts für Stadt- und Regionalplanung. Bd. 48. Berlin 1993, S. 67-88.

Ruck, Michael: Die öffentliche Wohnungs-baufinanzierung in der Weimarer Republik. In: Schildt, Axel/ Sywottek, Arnold (Hg.). Massenwohnung und Eigenheim. Frankfurt 1988, S. 150-200.

Rutschky, Katharina: Ein Stück deutscher Geschichte und Wissenschaft. Vorwort zur Neuauflage. In: Margarete Freudenthal. Gestaltwandel der städtischen. bürgerlichen und proletarischen Hauswirtschaft zwischen 1760 und 1910. Frankfurt/Berlin 1986.

Sachse, Carola: Anfänge der Rationalisierung der Hausarbeit. In: Haushaltsträume. Ein Jahrhundert Technisierung und Rationalisierung im Haushalt. Hg. v. d. Arbeitsgemeinschaft Hauswirtschaft e.V. und Stiftung Verbraucherinstitut. Königstein 1990, S. 49-62.

Sachße, Christoph/Tennstedt, Florian: Geschichte der Armenfürsorge in Deutschland. Fürsorge und Wohlfahrt 1871 bis 1929. Bd. 2. Stuttgart. u.a. 1988.

Sachße, Christoph/Tennstedt, Florian (Hg.): Soziale Sicherheit und soziale Disziplinierung. Dieselben: Sicherheit und Disziplin. Eine Skizze zur Einführung. Frankfurt am Main 1986.

Sachße, Christoph: Mütterlichkeit als Beruf. Sozialarbeit, Sozialreform und Frauenbewegung 1871-1929. Frankfurt 1986.

Saldern, Adelheid von: Neues Wohnen. Wohnungspolitik und Wohnkultur im Hannover der Zwanziger Jahre. Hannover 1993.

Saldern, Adelheid von: „Statt Kathedralen die Wohnmaschine". Paradoxien der Rationalisierung im Kontext der Moderne. In: Frank Bajohr u.a. (Hg.): Zivilisation und Barbarei. Die widersprüchlichen Potentiale der Moderne. Hamburg 1991, S. 168-192.

Saldern, Adelheid von: Wohnungspolitik – Wohnungsbau – Wohnformen. Aufriß eines Forschungsfeldes: Das 20. Jahrhundert. In: Informationen zur modernen Stadtgeschichte (IMS), Hf. 2/1993, S. 3-10.

Saldern, Adelheid von: Häuserleben. Zur Geschichte städtischen Arbeiterwohnens vom Kaiserreich bis heute. (Reihe Politik- und Gesellschaftsgeschichte, Bd. 38), Bonn 1995.

Saldern, Adelheid von: Die Neubausiedlungen der Zwanziger Jahre. In: Ulfert, Herlyn/Adelheid, von Saldern/Wulf, Tessin, (Hg.). Neubausiedlungen der 20er und 60er Jahre. Ein historisch-soziologischer Vergleich. Frankfurt a.M. 1987, S. 29-74.

Saldern, Adelheid von: Kommunale Boden- und Wohnungspolitik in Preußen 1890-1914. In: Rodriguez-Lores/Fehl (Hg.). Die Kleinwohnungsfrage. Hamburg 1988, S. 74-94.

Saldern, Adelheid von: Neues Wohnen. Wohnverhältnisse und Wohnverhalten in Großanlagen der 20er Jahre. In: Schildt, Axel/Sywottek, Arnold (Hg.): Massenwohnung und Eigenheim. Wohnungsbau und Wohnen in der Großstadt seit dem Ersten Weltkrieg, Frankfurt a.M. 1988. S. 201-221.

Saldern, Adelheid von: Kommunaler Handlungsspielraum in der Wohnungspolitik während der Zeit der Weimarer Republik. In: Kopetzki, u.a. (Hg.): Stadterneuerung in der Weimarer Republik und im Nationalsozialismus. Beiträge zur stadtbaugeschichtlichen Forschung. Kassel 1987, S. 239-256.

Sallis-Freudenthal, Margarete – 85 Jahre. MB. Wochenzeitung der Irgun Olej Merkas Europa. Tel Aviv. Nr.33. vom 31.8.1979. S. 7.

Sallis-Freudenthal, Margarete: Ich habe mein Land gefunden. Autobiographischer Rückblick. Frankfurt 1977.

Saunders, Peter: Soziologie der Stadt. Frankfurt 1987.

Scarpa, Ludovica: Martin Wagner und Berlin. Architektur und Städtebau in der Weimarer Republik. Braunschweig/Wiesbaden 1986.

Schildt, Axel/Sywottek, Arnold (Hg.): Massenwohnung und Eigenheim. Wohnungsbau und Wohnen in der Großstadt seit dem Ersten Weltkrieg, Frankfurt 1988.

Schivelbusch, Wolfgang: Intellektuellendämmerung. Zur Lage der Frankfurter Intelligenz in den zwanziger Jahren. Frankfurt 1985.

Schneider, Dieter: Selbsthilfe-Staatshilfe-Selbstverwaltung. Ein Streifzug durch Theorie und Praxis der Wohnungspolitik. Hg. zum fünfzigjährigen Bestehen der Nassauischen Heimstätte. Frankfurt 1973.

Schneider, Dieter/Neuland, Franz: Zwischen Römer und Revolution 1869-1969. Hundert Jahre Sozialdemokratie in Frankfurt am Main. Frankfurt 1969.

Schubert, Dirk: Sozial Wohnen. Kommunale Wohnungspolitik zwischen Eigentümer- und Mieterinteressen. Darmstadt 1991.

Schuck, Gerhard: Polizeigesetzgebung und Sozialdisziplinierung in der Frühen Neuzeit. Manuskript Max Planck Institut für Rechtsgeschichte Frankfurt am Main 1993.

Schütte-Lihotzky, Margarethe: Die Frankfurter Küche. In: Noever, Peter (Hg.): Die Frankfurter Küche von Margarethe Schütte-Lihotzky. Berlin (o.J.), S. 7-15.

Schütte-Lihotzky, Margarethe: Wohnungsbau der zwanziger Jahre in Wien und Frankfurt/Main. In: Michael Andritzky/Gert Selle. Lernbereich Wohnen. Bd. 2. Hamburg 1979, S. 314-324.

Schulz, Günther: Kontinuitäten und Brüche in der Wohnungspolitik von der Weimarer Zeit bis zur Bundesrepublik. In: Teuteberg, Hans-Jürgen (Hg.). Stadtwachstum-Industrialisierung-Sozialer Wandel. Beiträge zur Erforschung der Urbanisierung im 19. und 20. Jahrhundert. Schriften des Vereins für Socialpolitik, NF Bd. 156. Berlin 1986, S. 135-174.

Schulz, Günther: Wohnungspolitik im Sozialstaat. Deutsche und europäische Lösungen 1918-1960. (Forschungen und Quellen zur Zeitgeschichte Bd. 22). Düsseldorf 1993.

Schulz-Kleeßen. Wolf-E.: Die Frankfurter Zonenbauordnung von 1891 als Steuerungsinstrument. Soziale und politische Hintergründe. In: Rodriguez-Lores, Juan/Fehl, Gerhard (Hg.): Städtebaureform 1865-1900. Bd. 5 II., Hamburg 1985, S. 315- 342.

Schulze, W.: G. Oestreichs Begriff ‚Sozialdisziplinierung in der Frühen Neuzeit'. In ZfHF, 14/1987, S. 265-302.

Seraphim, H. J. (Hg.): Heimstättenarbeit in Westfalen im Lichte 50jähriger staatlicher Wohnungspolitik. Münster 1952.

Spörhase, Rolf: Wohnungs-Unternehmen im Wandel der Zeit. Hamburg 1946.

Steinmann, Martin (Hg.): CIAM-Dokumente 1928-1939. (Geschichte und Theorie der Architektur, Bd. 11). Basel u.a. 1979.

Steitz, Walter u. Mitwirk. v. Wolfgang Krabbe: Kommunale Wohnungspolitik deutscher Großstädte 1871-1914. In: Teuteberg, H. J. (Hg.): Homo habitans. Zur Sozialgeschichte des ländlichen und städtischen Wohnens in der Neuzeit. Münster 1985. S. 393-428.

Steitz, Walter: Kommunale Wirtschaftspolitik im zweiten deutschen Kaiserreich. Das Beispiel Frankfurt am Main. In: Blaich, Fritz (Hg.): Die Rolle des Staates für die wirtschaftliche Entwicklung. Berlin 1982, S. 167-201.

Teitge, Gustav: Erhaltung und Sicherung des privaten Eigentums. Die Geschichte der Vereinigung des Haus-, Grund- und Wohnungseigentümer Frankfurt am Main. 1883-1983. Frankfurt 1983.

Teuteberg, Hans Jürgen/Wischermann, Clemens: Wohnalltag 1850-1914. Bilder-Daten-Dokumente. Münster 1985.

Teuteberg, Hans Jürgen (Hg.): Homo habitans. Zur Sozialgeschichte des ländlichen und städtischen Wohnens in der Neuzeit, Münster 1985.

Treiber, Hubert/Steinert, Heinz: Die Fabrikation des zuverlässigen Menschen. Über die Wahlverwandschaft von Kloster- und Fabrikdisziplin. München 1980.

Trott, Jan von: „Für eine menschliche Stadt in einer vernünftigeren Welt!" Sozialdemokratische Stadtverordnetenfraktion Frankfurt am Main – 80 Jahre – 1904 bis 1984. Frankfurt 1986.

Uhlig, Günther: Sozialräumliche Konzeption der Frankfurter Siedlungen. In: Höpfner, Rosemarie/Fischer, Volker (Hg.): Ernst May und das Neue Frankfurt. 1925-1930. (DAM). Berlin 1986, S. 93-101.

Unterstell, R.: Mittelstand in der Weimarer Republik. Die soziale Entwicklung und politische Orientierung von Handwerk, Kleinhandel und Hausbesitz 1919-1933. Frankfurt am Main 1990.

Wahlen, Heinrich: Wohnungsgemeinnützigkeit und genossenschaftliches Selbstverständnis. Historische Marginalien zu einer aktuellen Diskussion. In: Harlander, Tilman/Ders.: Gerüste brauchen wir nicht. Genossenschaftlicher Wohnungsbau im Aachen der Nachkriegsjahre. Aachen 1989, S. 219-288.

Walser, Karin: Frauenarbeit und Weiblichkeitsbilder. Phantasien über Dienstmädchen um 1900. In: Ruth-Ellen B. Joeres/Anette Kuhn (Hg.) Frauen in der Geschichte. Bd. VI. Düsseldorf 1985, S. 237-266.

Wehler, Hans-Ulrich: Gesellschaftsgeschichte. Bd. 1. München 1987.

Weihsmann, Helmut. Das Rote Wien. Sozialdemokratische Architektur und Kommunalpolitik 1919-1934. Wien 1985.

Weiland, Andreas: Die Frankfurter Zonenbauordnung von 1891 – ein fortschrittliche Bauordnung? Versuch einer Entmystifizierung. In: Rodriguez-Lores, Juan/Fehl Gerhard (Hg.): Städtebaureform 1865-1900. Von Licht. Luft und Ordnung in der Stadt der Gründerzeit. Hamburg 1985. S. 343-388.

Weis, Ursula: Zentralisation und Dezentralisation. Von der englischen Gartenstadt zur Frankfurter „Groß-Siedlung". In: Bollerey, F./Fehl, G./Hartmann, K. (Hg.): Im Grünen wohnen – im Blauen planen. Ein Lesebuch zur Gartenstadt. Hamburg 1990, S. 228- 246.

Werkswohungsbau Höchst. Von den Anfängen bis zum Ersten Weltkrieg, Hg. v. d. Farbwerke Höchst Aktiengesellschaft. Vormals Meister Lucius und Brüning. Wiesbaden-Biebrich 1974.

Wierling, Dorothee: „Ich hab meine Arbeit gemacht – was wollen sie mehr?". Dienstmädchen im städtischen Haushalt der Jahrhundertwende. In: Hausen, Karin (Hg.): Frauen suchen ihre Geschichte. München 1983, S. 144-171.

Willet, J.: Explosion der Mitte. Kunst und Politik 1917-1933. München 1981.

Wischermann, Clemens: Wohnen in Hamburg vor dem Ersten Weltkrieg, Münster 1983.

Witt, Peter-Christian: Inflation, Wohnungswirtschaft und Hauszinssteuer. Zur Regelung von Wohnungsbau und Wohnungsmarkt in der Weimarer Republik. In: Niethammer, Lutz (Hg.): Wohnen im Wandel. Wuppertal 1979, S. 385-407.

Zimmermann, Clemens: Von der Wohnungsfrage zur Wohnungspolitik. Die Reformbewegung in Deutschland 1845-1914. Göttingen 1991.

Zull, Gertraud: Das Bild der Dienstmädchen um die Jahrhundertwende. Eine Untersuchung der stereotypen Vorstellungen über den Charakter und die soziale Lage des städtischen weiblichen Hauspersonals. München 1984.

3 Abkürzungen

ABG	Aktienbaugesellschaft für kleine Wohnungen (Ffm.)
ADGB	**Allgemeiner Deutscher Gewerksschaftsbund**
AFMV	**Allgemeiner Frankfurter Mieterverein**
AG	Aktiengesellschaft
AMVD	**Allgemeiner Mieterverein Deutschlands**
Anm.	Anmerkung
Arch.	**Architekt/in**
BA	Bundesarchiv
BDMV	**Bund deutscher Mietervereine**
Bln.	**Berlin**
Br.	Brief
BWK	**Bezirkswohnungskommissar**
ders.	derselbe
dies.	Dieselbe
Dez.	Dezernat/Dezernent
DDP	**Deutsche Demokratische Partei**
DNF	Das Neue frankfurt (Zeitschrift)
DNVP	**Deutschnationale Volkspartei**
DVP	**Deutsche Volkspartei**
eGmbH	eingetragene Genossenschaft mit beschränkter Haftung
Ffm.	Frankfurt am Main
FN	Frankfurter Nachrichten
FZ	Frankfurter Zeitung
FWBl.	Frankfurter Wohlfahrtsblätter
GG	Geschichte und Gesellschaft
GmbH	Gesellschaft mit beschränkter Haftung
GSTA PKB	Geheime Staatsarchiv Preußischer Kulturbesitz
H	**Hannover**
HH	**Hamburg**
Hf.	Heft
Jg.	Jahrgang
Kap.	Kapitel
KPD	**Kommunistische Partei Deutschlands**
LHA	Landeshauptarchiv
MA	Magistratsakte
Mag.	Magistrat
MB	Magistratbericht
MEA	Mieteinigungsamt
MdI	Ministerium des Innern
MSchG	Mieterschutzgesetz
MV	Magistratsvorlage
NF	Neue Folge
OB	Oberbürgermeister
o. J.	ohne Jahr

o. O.	ohne Ort
Preuß.	Preußische
PGS	Preußische Gesetzsammlung
RAM	Reichsarbeitsministerium
RGBl.	Reichsgesetzblatt
RFG	Reichsforschungsgesellschaft für Rationalisierung im Bau- und Wohnungswesen
RKfWW	Reichskommissar für Wohnungswesen
RMG	Reichsmietengesetz
RP	**Regierungspräsident**
S.	Seite
STA	Staatsarchiv
StA	Stadtarchiv
Str.	Stadtrat
StV	Stadtverordnete/r
StVV	Stadtverordneten-Versammlung
Tab.	Tabelle
USPD	**Unabhängige Sozialdemokratische Partei Deutschlands**
VfKWW	Verein für Kleinwohnungswesen (Magdeburg)
VfSP	Verein für Socialpolitik
VWF	**Volkswohlfahrt**
WA	Wohnungsamt
WFG	**Wohnungsfürsorge Gesellschaft**
WMG	Wohnungsmangelgestz
WW	Wohnungswirtschaft
ZfWW	Zeitschrift für Wohnungswesen

4 Personenregister

Abelshauser, Werner 230
Adickes, Franz 17, 18, 56, 57, 227, 277, 321, 339, 340, 351, 355, 382, 389
Adler, Franz 80, 82
Adorno, Theodor 59
Albrecht, Gerhard 37, 67, 215
Althoff (Münster) 37
Arndt, Konstanze 166
Arnold (BDMV/München) 244
Asch, Bruno 175, 227, 357, 362, 374, 381, 383
Askenasy (MEA Ffm.) 313
Auerbach, Ernst 232, 246, 261
Auerbach, Theodor 261
Baldes, H. 181
Bangert, Wolfgang 169
Bauer, Elsa U. 168, 179, 198
Baumeister, Reinhard 109, 196
Bebel, August 157
Becker (Arch. Ffm.) 192
Beecher, Catherine E. 156
Behne, Adolf 101, 114, 115, 200
Beims, Hermann 340
Benjamin, Walter 59
Bernauer, Markus 115
Bernhardt, Christoph 197
Blanck (Arch. Ffm.) 192-193
Bloch, Ernst 112
Block, Fritz 186
Blüher, Bernhard 247
Blum, A. (Ffm.) 175
Bodenschatz, Harald 55, 197
Boehm, Herbert 169
Bohl (Arch./WA Ffm.) 270
Brandt (HH) 287-288, 302
Breitenbach, von 41-42, 46, 49
Brenner, Anton 148, 149, 151, 161, 165, 192
Brüggemeier, Franz 12, 66
Brüning, Heinrich 305
Brumby, Gustav 305
Burmann (Ffm.) 375
Busch, August 92
Cahn, Ernst 348
Campbell, Helen 156
Coels von der Brügghen, Fh. v. 46-47, 48
Delbrück, Hans 36, 235
Derlitzki (Pomrits) 142
Dietz (Darmstadt) 37
Dißmann, Robert 221
Dittrich (MEA) 235, 237
Dobler (StV/DNVP) 140
Doernberg, Stefan 158
Dominicus, Alexander 37

Drevermann (Ffm.) 375
Drews (MdI) 43
Ebel, Martin 242, 244
Eberlein (MEA/Ffm.) 259, 260, 261
Eberstadt, Rudolf 103
Ege, Albrecht 138, 380-382
Elias, Norbert 101, 105, 199
Elkart (Spandau/H) 287, 304, 334
Ellinger, August 380
Elsässer, Martin 381
Engel, Ernst 88
Feder, Gottfried 49
Fehl, Gerhard 13, 322
Flesch, Hans 178
Flesch, Karl 17, 60, 71, 196, 231, 232, 343, 345, 347
Fontane, Theodor 89
Forbat, Fred 186
Forsthoff, Ernst 215
Franck (StR Ffm.) 296
Frank, Geb. 192
Frederick, Christine 153, 156
Freudenthal, Berthold 105
Freudenthal, Margarethe (Sallis-) 104-109, 167, 183
Fuchs (Tübingen) 37
Fuchs, Carl Johannes 325, 326
Führer, Karl Christian 316
Gantner, Joseph 375
Geyer, Martin H. 301
Giedion, Sigfried 156, 391
Gilbreth, Frank 155-156, 365
Gilman 156
Göderitz, Johannes 335
Goebbels, Josef 379
Goerdeler, Carl 306
Göhre, Paul 99
Gräf (BM Ffm.) 369
Gramsci, Antonio 54
Gresser (WA Ffm.) 222
Gretzschel (Ref. RKfWW) 48, 57
Greven (Köln) 292
Gropius, Walter 25, 144, 186, 187, 192, 379
Grudelius, Carl 345
Grumbach, Georg 151
Grünberg, Carl 291-293
Grünig (Arch.) 356
Gut, Albert 67, 212, 247, 328
Gutfleisch (Gießen) 80
Gutkind, Erwin 48
Haenisch (stellvertr. RP) 292
Hagemann, Karen 93

447

Hagen, W. (Ffm.)   176, 199
Hammer, Gustav   241, 245, 313
Hänisch (General)   40
Hanisch (RAM)   48
Häring, Hugo   148-150
Harlander, Tilman   322
Harney (Barmer Bank)   282
Hasse (Statistiker)   31
Heilbrunn (StV/DDP)   353
Heißwolf (StV/SPD)   353
Hegemann, Werner   123
Hentschel, Volker   14
Hergt (RFM)   45
Hertel, Franz   252, 298-301
Hertz (StV Ffm.)   232, 259
Hesse (Ref. RKfWW)   48
Hilferding, Rudolf   253
Hillen (MEA Ffm.)   243
Hiller, Ernst   135
Hinze (MdR)   36
Hipper (StV/Zentrum)   360
Hirsch (Barmer Bank)   282
Hirsch, Paul   219
Hirtsiefer (Pr. M. f. VWF)   229
Hobrecht, James   123
Hoffmann, Margarethe   275
Hofmann, Wolfgang   373
Holzmann, Philipp   349, 350
Ibsen, Henrik   59
Jung, Franz Joseph   272, 278
Kähler, Gert   122
Kampffmeyer, Hans   320
Kaufmann, Eugen   120, 124, 152, 192, 200
Kautzky, Karl   244, 253
Kaysser, Lina   76
Kirchner, Karl (StV/SPD)   137, 362, 381, 382
Klar, Emil   366, 367
Klein, Alexander   117, 120-121
Kleyer, Heinrich   269-270, 350, 351
Kocka, Jürgen   25
Kollwitz, Käthe   129
Kolz (AFMV)   241
Körner, Walter   275
Köttgen, Arnold   215, 216
Kracauer, Siegfried   10, 110-111
Kramer, Ferdinand   191-194
Kramer, Henriette   344
Kramer, Lore   151, 157
Kröhne, Marie   74
Kruschwitz, Hans   29, 302
Kuczynski, René   253
Landgrebe (StV/DVP)   353
Landmann, Ludwig   18, 23, 37, 74, 75, 77, 99, 122, 180, 185, 196, 198, 205, 209, 211, 217, 221, 223, 227, 235, 246, 247-248, 339, 340,
354, 355, 357, 360, 361, 364, 373, 374, 383, 390
Lang (StV/KPD)   140, 221, 290, 296, 296, 354
Le Corbusier   178
Lehnert, Detlev   238
Ley, Robert   49
Lindemann (Stuttgart)   37
Löwenthal, Leo   377
Lübbert, Wilhelm   131
Lucas, Erhard   219, 220
Ludendorff, Erich   40
Lüders, Marie-Elisabeth   73, 143, 206
Luppe, Hermann   39, 62, 68-71, 206, 232
Lütge, Friedrich   322, 326
Luther, Hans   37
Mangoldt, Karl von   37
Mannheim, Karl   105, 377
Massenbach, von (RP Potsdam)   44
Matthaei (Hausbesitzer)   240
May, Ernst   17, 103, 104, 109, 115, 119, 120, 126-129, 136-137, 138, 140, 144, 152-155, 160, 165, 168,169-184, 186, 188, 190, 193, 227, 289, 319, 357, 358, 364-365, 368, 374-379, 380, 381, 383, 387-388
May, Paul   247, 329-330
Meier, Hans   205, 206
Meissener (RAM)   48
Merton, Wilhelm   350, 351, 374
Messel, Alfred   185
Meyer (BDMV/Berlin)   244
Meyer, Adolf   129
Meyer, Erna   104, 143-147, 163, 166
Meyer, Hans   192, 194
Meyerowitz, Arthur   252-254, 299
Michel, Max   214, 224, 375
Mies van der Rohe, Ludwig   144
Miquel, Johannes   17, 209, 280, 344-345, 347
Mitzlaff, Paul   247, 304
Möller, Karl   217
Mooser, Josef   95
Mössinger (Hausbesitzer)   261
Mulert, Oskar   332, 337
Müller-Wulckow, Walter   59, 107, 199
Nagel (StV/DNVP)   353
Naumann, Friedrich   37, 343
Nelles (StV/Zentrum)   296, 354
Niethammer, Lutz   12, 66, 116
Novy, Klaus   320, 337
Oestreich, Gerhard   19, 53, 54
Opitz, Claudia   57
Oppenheimer   105
Paeplow, Fritz   380
Pahl   373
Perlage, H.-G.   320
Pettenkofer, M. v.   80

Peukert, Detlev   11, 54, 55, 230
Plumbohm, Willy   381
Poelzig, Hans   110
Preller, Ludwig   24
Prigge, Walter   101
Prost, Antoine   11, 116
Quarck, Max Ernst   65
Raabe (Hausbesitzer-Verein)   312
Ravenstein, Simon   345
Rebentisch, Dieter   217, 219, 227
Reif, Heinz   99
Reinhard   54
Rhode (StV Ffm.)   290
Richards, Ellen H.   156
Riese (Stadtbaurat)   349
Ritter, Gerhard   14, 230
Röckle, Franz   291
Rodriguez-Lores, Juan   13, 58, 195, 196
Roedern, Siegfried Graf von   43
Roessler, Heinrich   344
Röger (MEA Ffm.)   243
Rosenstock (Königsberg)   39
Roth, Ralf   340, 389
Rudloff (WFG Bln.)   334
Rudloff (Arch.)   356
Rühl, Conrad   336
Rumpf, Hermann   27, 39, 232
Rusch (Stat. Bln.)   33, 34
Sachße, Christoph   52
Saldern, Adelheid von   12, 55, 376
Schacht, Hjalmar   185
Schaefer (MEA Ffm.)   243
Schäfer, H. (StV Ffm.)   274, 279
Schaumann (StR Ffm.)   211, 355, 380
Scheidt, Adolf   48, 203, 253, 256, 299
Scherchen, Hermann   291
Scheuermann, Gustav   257-258, 262
Schmidt, Benno   216
Schmidt, Carlo   375
Schmidt, Friedrich   34, 48
Schmidt, Hans   128
Schmude (StR Ffm.)   168-184
Schönberger (hess. Abgeord.)   80
Schultz, Anna   225, 226, 296
Schultze-Naumburg, P.   178
Schulzen, Anny von   76
Schuster, Franz   375
Schütte-Lihotzky, Margarethe   151-165
Schwab, Alexander   109, 110, 117, 364
Schwabe, Hermann   81, 109
Sender, Toni   222
Seydel (StR Charlottenbg.)   212
Sieburg, Friedrich   378
Sieling (StV/SPD)   360, 361
Silberschmidt (MdR)   37

Spann, Othmar   90
Speyer, Georg   345, 347
Stam, Mart   192-193
Stegerwald, Heinrich   134
Stein (StR Ffm.)   219
Stowe   156
Straus, Caesar   350
Strnad, Oskar   152
Sydow, Reinhold v.   45
Taut, Bruno   59, 111, 113, 122, 126, 144
Taylor, Frederick Winslow   155-156, 365
Teitge, Gustav   239, 240
Tennstedt, Florian   52
Tessenow, Heinrich   152
Thomas (StV/SPD)   218
Tietz (Mag.-Syndikus)   223, 224
Uhlfelder Samuel   345
Ullmann (Hausbesitzer)   259, 260, 261, 263
Varrentrapp, Georg   60, 61, 116, 342
Vogler (Mittelst./StV Ffm.)   296
Voigt, Georg   48, 80, 205, 218, 236, 267, 282, 355, 390
Wagner (AR Ffm.)   220
Wagner, Georg   313
Wagner, Martin   110, 121, 128, 165, 379
Walser, Karin   91
Weber, Max   18, 54, 372
Wedekind, Frank   59
Wehler, Hans-Ulrich   57
Weil, Hermann   291
Weinacht (AFMV)   241
Weisbach (Berlin)   185
Weißer, Gerhard   335, 337
Wertheim (Bankier)   347
Wichert, Fritz   113, 115, 375
Wisell, Rudolf   253
Witte, Irene   143, 153, 157
Wolf, Gustav   117, 121, 127
Wulff (Dortmund)   30
Zabel, W.   222
Zielowski, Otto   207, 209, 213, 216, 217, 221, 223, 225, 226, 227, 228, 270, 273, 276, 282, 290, 292, 362, 374
Zimmermann (SPD)   225
Zull, Gertraud   90
Zweck, Joachim   131

5 Ortsregister

(Frankfurt und seine Stadtteile wurden nicht aufgenommen)

Aachen   33, 34, 35, 332
Altona   33, 34, 35, 330, 331
Augsburg   35
Barmen   33, 34, 35, 282-283
Basel   120
Berlin   25, 33, 35, 37, 44, 45, 56, 67, 77, 81, 88, 89, 90, 93, 105, 110, 123, 148, 158, 172, 185, 186, 238, 244, 275, 282, 300, 320, 334-334, 379
Berlin/Charlottenburg   65, 66, 67, 72, 73, 77, 79, 143, 160, 197, 204, 208, 211, 212
Berlin/Schöneberg   37
Berlin/Spandau   33, 302
Bochum   251
Braunschweig   34
Bremen   60
Breslau   88, 115, 154, 155, 328
Chemnitz   99, 204, 331
Chicago   156
Coburg   60
Danzig   39, 234
Darmstadt   37, 60
Dessau   143, 192
Dresden   119, 247, 249, 339
Dortmund   30
Düsseldorf   35, 79, 331
Elberfeld   34, 35, 62
Erfurt   33, 34, 330
Essen   33, 34, 62, 79
Freiburg   105
Gießen   80
Halle   247, 330, 331, 332
Hamborn   93
Hamburg   55, 60, 80, 97, 186, 302, 375, 379
Hanau   241
Hannover   34, 132, 302, 330, 331, 334
Hindenburg   93, 132
Istanbul   379
Kassel (C)   48, 283, 330, 382
Karlsruhe   115, 192, 256
Kiel   33, 34
Köln   328, 330, 332
Königsberg   39, 93
La Sarraz   128, 365
Lauffen   180
Leipzig   31, 95, 142, 330, 331, 380
Lübeck   60
Lüneburg   79

Magdeburg   34, 330, 331, 332, 335-336-334, 340, 381, 390
Mannheim   256
Minden   79
Moskau   379
München   244, 247, 256, 286, 300, 301, 330
Münster   35, 79, 204, 330
Naumburg a. S.   244
New York   128, 129
Nürnberg   93, 331, 332
Oberhausen   99
Oberursel   37
Offenbach   296
Paris   119
Plauen   304
Prenzlau   77
Potsdam   44
Pomritz   142
Rom   119
Stettin   39
Stuttgart   37, 143, 204, 256, 331
Thyrow i. d. Mark   291
Tübingen   37
Ulm   320
Weimar   331
Wien   127, 136, 137, 152, 153, 154, 158-159, 238, 291, 353, 365, 390
Wiesbaden   48
Worms   74, 80

6 Bildnachweis

Umschlag – Siedlung Römerstadt Ffm. (Schusterblock); S. 141 – Die Frankfurter Küche; S. 167 – Die Frankfurter Küche (Musterküche); S. 171 – Siedlung Römerstadt Ffm. (Schusterblock mit Schule) und Siedlung Römerstadt Ffm.(Luftbild); S. 191 (unten) – Die Wohnung für das Existenzminimum (Wohn- und Schlafraum). Außenganghaus Siedlung Praunheim. Alle Fotos: Historisches Museum Ffm.

S. 118 – Alexander Klein: Schema der rationellen Grundrißbildung. In: Block, Wohnbau der 20er Jahre, S. 134.

S. 124 – Frankfurter Grundrißtyp aus den 60er Jahren des 19. Jahrhunderts und Frankfurter Grundrißtyp aus den 80er und 90er Jahren des 19. Jahrhunderts. In: DNF, H. 5/1927, S. 115.

S. 125 – Grundriß eines Wohnhauses, Letzter Hasenpfad in Ffm. In: Nosbisch, Das Wohnungswesen der Stadt Frankfurt am Main, S. 85.

S. 132 – Die Verteilung der Kleinwohnungen im Deutschen Reich nach der Reichswohnungszählung von 1927. Nach Stat. d. Dt. Reichs, Bd. 362, I., S. I 47.

S. 133 – Rückgang der Wohnungsgrößen infolge Verteuerung des Bauens, 1926-1930. In: DNF 1930, S. 25.

S. 139 – Titelblatt „Billige Wohnungen". DNF H. 11/1929

S. 157 – Mitropa-Speisewagen-Küche. In: Bauwelt H. 9/1927, S. 244.

S. 161 – Entwurfskizze der Frankfurter Küche von M. Schütte-Lihotzky. In: Noever, Die Frankfurter Küche, S.10.

S. 162 – Die Entwicklungsstufen der „Frankfurter Küche". In: DNF, H.5/1926-27, S. 122.

S. 162 – Grundriß der Frankfurter Küche. In: Bauwelt, H. 9/1927, S. 244.

S. 181 – Niddatalsiedlung mit der Gaststätte „Zum neuen Adler". GK

S. 189 (oben) – Grundrißentwurf einer Übergangskleinstwohnung (Zweifamilienhaus), Siedlung Westhausen. In: Kommunalpolitische Blätter, H 8/1929, S. 201.

S. 189 (unten) – Die Wohnung für das Existenzminimum (Wohn- und Schlafraum). Außenganghaus Siedlung Praunheim. In: Kommunalpolitische Blätter, H 8/1929, S. 201.

S. 191 (oben) – Die Wohnung für das Existenzminimum (Wohn- und Schlafraum). Außenganghaus Siedlung Praunheim. In: Kommunalpolitische Blätter, H 8/1929, S. 201.

S. 194 – Außenganghaus in der Siedlung Praunheim, Frankfurt am Main. In: Publikation 2, IVfWW, S. 30.

S. 202 – Titelblatt der Broschüre. Publikation 2, IVfWW, S. 30.

S. 359 – Luftbild und Gartenhof der Siedlung „Zick-Zack-Hausen", Ffm.-Niederrad; S. 363 – Planschbecken im Gartenhof der Siedlung „Zick-Zack-Hausen", Ffm.-Niederrad; S. 385 – Dachterrasse Siedlung „Zick-Zack-Hausen" Ffm.-Niederrad. Alle Fotos: Institut für Stadtgeschichte Frankfurt am Main.

7 Der Autor

Gerd Kuhn, geb. 1954, Dr. phil., von 1989 bis 1995 wissenschaftlicher Mitarbeiter am Institut für Geschichtswissenschaft der Technischen Universität Berlin, ist zur Zeit wissenschaftlicher Mitarbeiter am Institut für Wohnen und Entwerfen der Universität Stuttgart.